新編諸子集成

淮南子集釋

上

何寧　撰

中華書局

淮南鴻烈解敘

淮南王安厲王長子也長高皇帝之子也其母趙氏女為趙王張敖美人高皇帝七年討韓信於銅鞮信亡走匈奴上遂北至樓煩還過趙不禮趙王趙王獻美人趙氏女得幸有身趙王不敢內之於宮為築舍於外及貫高等謀反發覺并逮治王盡收王家及美人趙氏女亦與焉吏以得幸有身聞上上方怒趙王未理也趙美人弟燕因辟陽侯審食其言之呂后呂后不肯白辟陽侯亦不強爭及趙美人生男恚而自殺吏奉男詣上上命呂后母之封為淮南王孝文皇帝即位長弟上書

中都四子本

淮南鴻烈解叙

漢河東高誘撰

淮南王名安厲王長子也長高皇帝之子也其母趙氏女爲趙王張敖美人高皇帝七年討韓信於銅鞮信亡走匈奴上遂北至樓煩還過趙不禮趙王趙王獻美女趙氏女得幸有身趙王不敢内之於宮爲築

萬曆茅一桂刻本

淮南鴻烈兵略閒詁第廿　　高氏注

兵略閒詁（兵防世亂之萌皆在略謀解喻主論用師之意也）

古之用兵者非利壤土之廣而貪金玉之略也（略猶得也）將以存亡繼絶平天下之亂而除萬民之害也凡有血氣之蟲含牙戴角前爪後距有角者觸有齒者噬有毒者

日本藏兵畧閒詁古殘卷

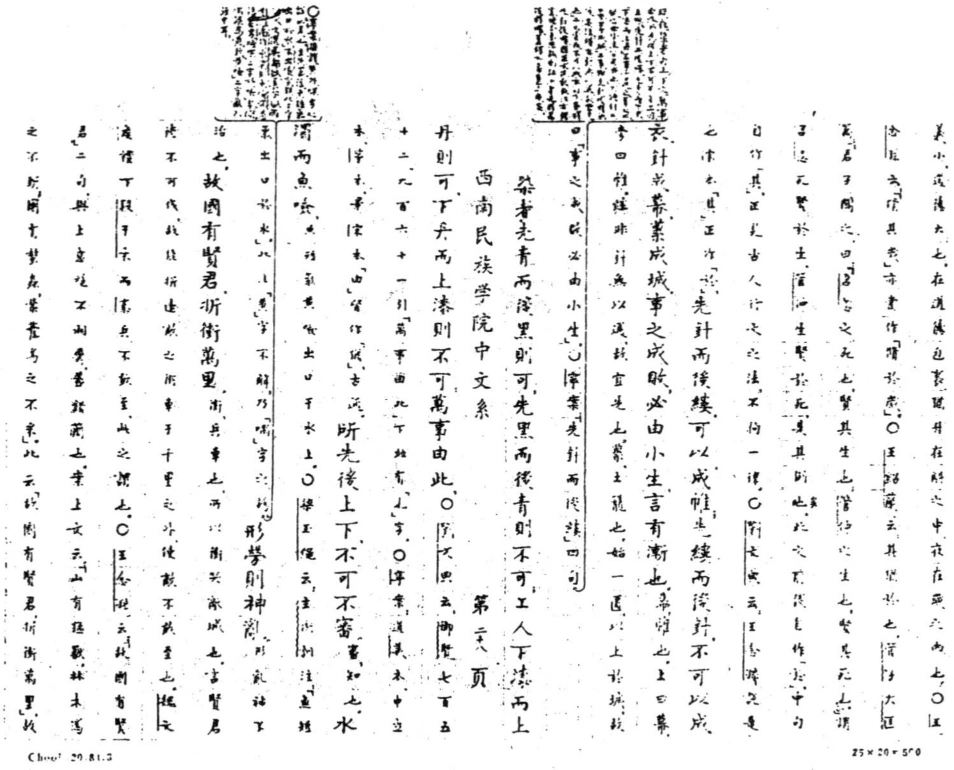

作者《淮南子集釋》手稿

目録

上册

中册

下册

自序

淮南王書，諸多流失，蓋歷二千年傳鈔傳栞，展轉致誤，實使之然。乾、嘉以還，盡心思學力於此書者，頗不乏人，高郵王氏，德清俞氏，其尤可觀者也。二十年代初，劉文典教授甄綜清代諸家之説，爲淮南鴻烈集解，世推詳覈，其用功固亦勤矣。然其正譌析疑，猶有未盡。暨有劉家立淮南集證，其書多依王、俞説輕改原書，或不言所據，臆爲竄易，不足爲訓。自時迄今，七十年矣，其間學者輩出，如吴承仕、楊樹達、向宗魯、馬宗霍、于省吾諸先生，或厝意於原文，或留心於訓説，或書栞面世，或鈔本流傳，各有發明，咸多匡正，亦云盛矣。

一九四七、四八年間，余於四川大學從楊明照先生讀淮南，喜其書博大而元本道德，其辭奇峭俊拔，沉博絶麗，昕夕諷誦，有懷研習。建國後，運動頻繁，無暇是及，十年動亂，斯文陵替，每念學業荒疏，而鬢眉漸白，殊耿耿也。黨十一屆三中全會後，始復留意舊業，東隅雖失，桑榆未晚，爲之猶賢於博弈。

余素諗著書匪易。清代諸師説淮南，首推王懷祖。然其所勘定，每有重引證而疏於上下文義者，如墬形篇「薺冬生中夏死」王改「中」爲「而」，本經篇「秉太一者」謂「秉」字乃後人所加，主術篇「則輕重大小有以相制也」王改「則」爲「言」，道應篇「知者藏書」校作「知者不藏書」，皆有此失。俞氏淮南平議，尤多臆説難據，如原道篇「雖伊尹、造父弗能化」，謂伊尹當爲尹儒，「幷魚不可語大，夏蟲不可語寒」，謂「大」下有「海」字、「寒」下有「雪」字，道應篇「其人焉在」，謂當作「其人在焉」，兵畧篇「養禽獸者必去豺狼」，謂「豺狼」當爲「狼契」，諸説皆有待商榷。以博洽如王、俞，猶不無疏失。寧以末學，席集解之後，妄欲學步前賢，思竭緜力，更爲綜輯，上起乾、嘉，下迄當代，名爲集釋。其於帝虎餘存，燕書待正，管蠡所及，間附微意，以就正於通人。其所不知，蓋闕如也。智固難周，庶幾千慮之一得。

吾師楊明照、周虛白兩先生以耄耋高齡，於拙稿深爲關注，俾得解其疑惑，十年膏燭，草創如斯，非兩先生不足以至此也。一九九一年秋七月，合江何寧於錦城萬里橋西宅。

凡例

一　本書以光緒二年浙江書局刻莊逵吉校刊本爲底本，校以道藏本、道藏輯要本（簡稱蜀藏本）、中立四子本（簡稱中立本）、茅一桂刻本（簡稱茅本）、劉泖生景寫宋本（簡稱景宋本）、唐寫本兵畧殘卷（簡稱古殘卷）暨唐、宋類書所引及諸書凡淮南所出及出自淮南者。

二　所輯各家之説，見附録淮南子書目，故但標作者，不逐條列舉書名。每條前皆加「○」以爲間隔，亦示異於原注。其著己見，以「寧案」二字別之。

三　莊本正文及注，一仍其舊。偶有明顯錯誤徑予改正，或注文脱落徑予增補者，皆在案語中説明所據版本。

四　所輯各家，以時代先後爲序。

五　正文及注文有脱誤，文不成義者，標點暫畧。

六　前人立説，其取義無當，或過於破碎支離者，多從删汰。

叙目

漢涿郡高誘撰○向宗魯云：吕氏春秋序題「漢河東高誘撰」，以此序證之，誘監河東，河東乃其所官之地，非河東人也。水經易水注云：「誘是涿人。」與此正合。

淮南子名安，厲王長子也。長，高皇帝之子也。其母趙氏女，○莊逵吉云：漢書淮南王傳不云趙氏女，而云其弟趙兼。爲趙王張敖美人。高皇帝七年討韓信於銅鞮，信亡走匈奴，上遂北至樓煩。還過趙，不禮趙王。趙王獻美女趙氏女，○莊逵吉云：應云「獻美人趙氏女」。此「女」字疑譌。○向宗魯云：此當以「獻美女趙氏」爲句，「女得幸有身」爲句，與漢書文異。莊失其句讀而妄爲之説。（譚獻亦云「趙氏句絶」。）得幸，有身。趙王不敢内之於宫，爲築舍于外。及貫高等謀反發覺，并逮治王，盡收王家，及美人，趙氏女亦與焉。吏以得幸有身聞上，○寧案：景宋本「吏以」下有「其」字，當據沾。上方怒趙王，未理也。趙美人弟兼因辟陽侯審食其言之吕后，吕后不肯白，辟陽侯亦不强爭。及趙美人生男，恚而自殺。吏奉男詣上，上命吕后母之，封爲淮南王。暨孝文皇帝即位，長弟上書願相見，詔至長安。日從游宴，驕蹇如家人兄弟。怨辟陽侯不爭其母於吕后，因椎殺之。上非之，肉袒北闕謝罪，奪四縣，還歸國。爲黄屋左纛，稱東帝，坐徙蜀嚴道，○莊逵吉云：古巖、嚴字通。○寧案：史記漢書作「嚴道」，道藏本、景宋本字亦作「嚴」。死於雍。上閔之，封其四子爲列侯。時民歌之曰：「一尺繒，好童童。一升粟，飽蓬蓬。兄弟二人，不能相容。」○莊逵吉云：本傳作「一尺布，尚可縫，一斗粟，尚可舂，兄弟二人不相容」。○向宗魯云：「升」當作「什」，卽漢人俗用「斗」字，許君所識人持十爲斗者也。（天文篇注同。）史記淮南傳所載歌與漢書同，唯「不」下亦有「能」字。上聞之曰：「以我貪其地邪？」乃召四侯而封之：其一人病薨，長子安襲封淮南王，次爲衡山王，次爲廬江王。太傅賈誼諫曰：「怨讎之人，不可貴也。」後淮南衡山卒反，如賈誼言。初，安爲辨達，善屬文。皇帝爲從父，數上書，召見。孝文皇帝甚重之，詔使爲離騷賦，○莊逵吉云：本傳作「使爲離騷傳」。○孫詒讓云：此自作賦，與本傳不同。文心雕龍神思篇云「淮南崇朝而賦騷」，卽本高叙。○向宗魯云：漢紀作「賦」，御覽皇親部十六引漢書亦作「賦」，今漢書作「傳」，乃「傅」之誤。傅與賦通，說詳王氏讀書襍志四之九。孫以爲與傳不同，亦非也。（金樓子說蕃篇亦作「傳」，蓋六朝舊本已有誤作「傳」者。）自旦受詔，日早食已。上愛而秘之。天下方術之士，多往歸焉。於是遂與蘇飛、李尚、左吳、田由、雷被、毛被、伍被、晉昌等八人，及諸儒大山、小山之徒，共講論道德，總統仁義，而著此書。其旨近老子，淡泊無爲，蹈虛守靜，出入經道。言其大也，則燾天載地，說其細也，則淪於無垠，及古今治亂存亡禍福，世間詭異瓌奇之事。其義也著，其文也富，物事之類，無所不載，然其大較歸之於道，號曰鴻烈。鴻，大也；烈，明也，以爲大明道之言也。○譚獻云：「鴻，大也，烈，明也」，二句本許君要略注。故夫學者不論淮南，則不知大道之深也。是以先賢通儒述作之士，莫不援采以驗經傳。以父諱長，故其所著，諸「長」字皆曰「脩」。光禄大夫劉向校定撰具，名之淮南。又有十九篇者，謂之淮南外篇。自誘之少，從故侍中、同縣盧君受其句讀，誦舉大義。會遭兵災，天下棋峙，亡失書傳，廢不尋修，二十餘載。建安十年，辟司空掾，除東郡濮陽令，覩時人少爲淮南者，懼遂凌遲，於是以朝餔事畢之間，乃深思先師之訓，參以經傳道家之言，比方其事，爲之注解，悉載本文，并舉音讀。典農中郎將弁揖借八卷刺之，〇莊逵吉云：弁，古卞字，人姓名。〇孫詒讓云：林寶元和姓纂九卞姓云：「濟陰冤句人，魏卞揖生統，爲晉瑯琊内史。生粹，中書令。（此下，據晉書卞壼傳，當有粹生壼云云，永樂大典本挩。）子眕、旰、眈、瞻。」然則此弁揖卽卞揖，（漢隸書「弁」字多作「亣」，後遂變爲「卞」，莊校是也。）爲壼之曾祖。晉書壼傳所載世系，止詳統、粹官爵，而不及揖，此可以補其闕。會揖身喪，遂亡不得。至十七年，遷監河東，復更補足。淺學寡見，未能備悉，其所不達，注以「未聞」。唯博物君子覽而詳之，以勸後學者云爾。

莊序

歲甲辰，逵吉讀道藏於南山之説經臺，覽淮南内篇之注，病其爲後人所删改，質之錢別駕坫。別駕曰：「道書中亦非全本，然較之流俗所行者多十之五六。」爰搯其篋笥以示逵吉。逵吉因是校其同異，正其譌舛，樂得而刻之。并爲之叙曰：漢書淮南王傳稱安招致賓客方術之士數千人，作爲内書二十一篇，外書甚衆。又有中篇八卷，言神仙黄白之術，亦二十餘萬言。安入朝，獻所作，内篇新出，上愛祕之。而藝文志襍家者流有淮南内二十一篇，淮南外三十三篇，天文有淮南襍子星十九卷。傳不及襍子星，而志不載神仙黄白之作，然後代往往傳萬畢術云云，大槩多黄白變幻之事，卽所謂中篇遺蹟歟？西京襍記「安著鴻烈二十一篇。鴻，大也；烈，明也。言大明禮教。」鴻烈之義，一見于本書要略，而高誘叙中亦言「講論道德，總統仁義，而著此書，號曰鴻烈」，是内篇一名鴻烈也。誘又曰：「光禄大夫劉向校定撰具，名之淮南。」藝文志本向、歆所述，是淮南内、淮南外之稱爲劉向之所定。然只題淮南，不必稱子。志論次儒家至小説，名曰諸子十家，後遂緣之而加子字矣。隋書經籍志：淮南子二十一卷，許慎注，又有高誘注亦二十一篇。唐書經籍志淮南子注解二十一卷，高誘撰。又有淮南鴻烈音二卷，何誘撰。新唐書藝文志，鴻烈音亦題高誘撰，而高、許兩家注並列，同隋志。宋史藝文志則云許注二十一卷，高注十三卷。似當時兩本原别。然劉昫無許注，而元脩宋志乃以高書爲十三卷者，攷晁公武讀書志據崇文總目云「亡其三篇」，李淑邯鄲圖志云「亡二篇」，或因删併譌脱而爲此説歟？淮南本二十篇，要略一篇，則叙目也，其例與揚子法言、王符潛夫等書正同，故高似孫直指爲淮南二十篇。説者又以似孫之言互證晁、李，斯更誣矣。高時無切音之學，鴻烈音應如劉昫云何誘，不得改稱高誘。歐陽不精攷古，以名字相涉而亂之，如徐堅初學記、李善文選注、李昉太平御覽引淮南，或並有翻語，即其書也。高則已自言「爲之注解，並舉音讀」矣，寧得于本注之外，别有撰作哉？公武謂許注題「記上」，陳振孫謂今本皆云許注，而詳叙文即是高誘。逵吉以爲，此乃後人誤合兩家爲一，故溷而不分也。如墜形訓「大瀛」，誘注云「在晉」，吕覽則云「未聞」。同爲一人語釋，未必聞于此而不聞于彼也。俶真訓「剞劂」注云：「剞，巧工鉤刀。劂者，規度刺畫墨邊箋，所以刻鏤之具也。」本經訓則云：「剞，巧刺畫盡頭黑邊箋也。劂，鑯刀。」同爲一書語釋，未必前後惑亂如是也。此亦兩家不分之明驗矣。又文選注引許注「三光」云：「日、月、星。」「明月珠」云：「夜光之珠，有似明月。」歐陽詢藝文類聚引許注「柳下惠」云：「展禽樹柳行惠。」釋玄應一切經音義引許注「奇屈之服」云：「屈短奇長。」太平御覽引許注「畫隨灰而月暈闕」云：

「有軍事相圍守。」「土龍致雨」云：「以象雲龍。」皆卽高注。殷敬順列子釋文引許注「策錣」云：「馬策端有利鋒，所以刺不前。」太平御覽引許注「方諸見月」云：「諸，珠也。方，石也。以銅盤受之，下水數升。」皆與高異。文選注引許注「莫鑒于流潦，而鑒于澂水」云：「楚人謂水暴溢爲潦。」「雞棲井榦」云：「皆屋構飾也。」太平御覽引許注「騏麟鬭而日月食，鯨魚死而彗星出」云：「騏麟，大角獸，故與日月符。鯨魚，海中魚之王也。」「一墣塞江」云：「墣，塊也。」皆高之所無。又文選注引「綄之候風」許注云：「綄候風者，楚人謂之五兩。」今高注則「綄」作「俔」，云「世謂之五兩」。「自西南至東南，有裸人國、黑齒民」，許注云：「其民不衣」，「其人黑齒」。今高注則裸國在東南，黑齒在東北，但有「其人黑齒」注語，而無「其民不衣」云云。更可見本之故多殊異，注之互有脱訛矣。故「鈎射鷫鷞」，太平御覽引作「鈎射潚湘」，是足證其殊異。「牛蹏之涔，無尺之鯉；塊阜之山，無丈之材：皆其營宇狹小，而不能容巨大」，太平御覽引作「牛蹏之涔，無經尺之鯉；魁父之山，無營宇之材：皆其狹小，而不能容巨大」，是足證其脱訛。蓋唐、宋以前，古本尚存，皆得展轉引據。今亡之，又爲庸夫散亂，難言攷正耳。別駕校訂是書，既精且博，逵吉亦抒一得之愚，爲之疏通旁證，舉以示歙程文學敦、陽湖孫編修星衍，皆以爲宜付削刀。時侍家君咸寧官舍，謹刊而布之。略攷淮南作書之始末，及高、許注書之端緒，刺于叙目之後，蓋卽別駕所校道書中本也。若此書不亡于天下，而逵吉亦附名以傳，斯爲厚幸云爾。

乾隆戊申五十有三年三月，武進莊逵吉撰。

淮南子集釋卷一

漢涿郡高誘注

原道訓

原，本也。本道根真，包裹天地，以歷萬物，故曰原道，因以題篇。○姚範云：疑「訓」字高誘自名其注解，非淮南篇名所有，即誘序中所云「深思先師之訓」也。要略無「訓」字。○蔣禮鴻云：本篇「昔共工之力，觸不周之山，使地東南傾」，注曰：「天文言天傾西北，地傾東南。」天文篇「天傾西北」注曰：「原道言地東南傾。」主術篇「遷延而入之」注曰：「已説在本經也。」又「表商容之閭」注曰：「繆稱篇又云：老子業於商容，見舌而知守柔矣。」氾論篇「蘇秦經營萬乘之主，服諾諸侯，然不自免於車裂之患」，注曰：「説在詮言之篇。」説山篇「江出岷山」五句注曰：「已説在地形也。」説林篇「晉以垂棘之璧得虞、虢」，注云：「説在齊俗篇也。」又「一夫出死，千乘不輕」，注曰：「主術篇曰：兵莫憯於志，莫邪爲下。」注文凡引淮南篇名，皆無「訓」字，惟精神篇「人大怒破陰，大喜墜陽」，注曰：「已説在原道訓。」「訓」字宋本作「也」，語例與「已説在本經也」「已説在地形也」正同。又氾論篇「甯戚之商歌」，注曰「事在道應訓也」，「訓」字宋本作「説」。案呂氏春秋用衆篇高注：「淮南記曰：萬人之衆無廢功，千人之衆無絶良。」（語在淮南主術篇，「良」字誤。）記謂傳記之言也。此二注宋本皆不作訓，作訓者，後人輒改之耳。題原道訓若俶真訓云云者，猶毛詩題周南關雎詁訓傳、召南鵲巢詁訓傳云爾。

夫道者，覆天載地，道無形而大也。廓四方，柝八極，廓，張也。柝，開也。八極，八方之極也，言其遠。柝，讀重門擊柝之「柝」也。○陶方琦云：大藏音義引許叔重淮南子注云：「㡿，拓也。」是許本當作「斥」。說文作「㡿」，正同。列子黃帝篇「揮斥八極」，亦作「斥」。○吳承仕云：唐卷子本玉篇「庍」字注引此文，竝引許注云：「庍，拓也。」葉德輝曰：「慧琳一切經音義引作『庍，拓也』，『㡿』疑『庍』之異文。」案：高本用假字作「柝」，許本用正字作「㡿」，訓開訓拓皆是也。說文正作「㡿」。古銅器款識或省作「庍」，今隸爲「斥」，即從其形。故玉篇作「庍」而音義皆爲㡿也。葉氏以正文爲異文，其說不了。○向宗魯云：顧廣圻曰：「高讀擊柝之『柝』，疑本作『斥』，或作『柝』。」案：唐本玉篇广部、慧琳音義十五皆引作「㡿」，則顧氏前說是也。雲笈七籤一引作「柝」，疑高本作「柝」，許本作「斥」也。○寧案：大藏音義十五云：「擯㡿，今經文作庍，俗用譌謬也，因草書變體也。」吳說是也。莊子田子方篇「揮斥八極」，釋文云：「斥音尺，李音託。」

高不可際，深不可測，際，至也。度深曰測，一曰盡也。○向宗魯云：高注之「一曰」，即許說。高既訓際爲至，則必訓測爲盡，「度深曰測」，乃許說耳。此當作「測，盡也。一曰度深曰測」。今本錯置耳。說文曰「測，深所至也」，即度深曰測之意。○寧案：向說是也。下文高注：「測，盡也。」主術篇同。又呂氏春秋論人篇高注：「測，盡極也。」下賢篇注：「測，盡也。」足證此文錯置。

包裹天地，稟授無形。稟，給也。授，予也。無形，萬物之未形者，皆生於道，故曰稟授無形也。○馬宗霍云：此之「無形」，疑指道之本體言。蓋萬物之生雖資於道，而道之所給予於萬物者，固無形兆之可尋也。亦即老子所謂「衣養萬物而不爲主」之意。稟之授之，猶衣之養之也。高氏以「無形」爲萬物之未形者，似未允。

原流泉浡，沖而徐盈，混混滑滑，濁而徐清。原，泉之所自出也。浡，湧也。沖，虛也。始出虛徐流不止，能漸盈滿，以喻於道亦然也。滑，讀曰骨也。○吴承仕云：劉泖生景寫北宋本、朱東光中立四子本並作「原，泉之始所出也」。案：宋本、朱本是也。説文：「原，水本也。」記月令「命有司祈祠山川百源」，注：「衆水始所出爲百源。」與此文例同。且注文又有「始出虚徐流不止」之語，更足證莊本之非矣。○寧案：滑，道藏本、中立本、茅本、景宋本皆作汨，注同。雲笈七籤引同。注「所自出」，道藏本亦作「始所出」。**故植之而塞于天地，横之而彌于四海，施之無窮而無所朝夕，**植，立也。塞，滿也。彌猶絡也。施，用也，用之無窮竭也。無所朝夕盛衰。○馬宗霍云：周禮地官遂人「與其施舍者」，鄭玄注云：「施讀爲弛。」本文之「施」，亦與「弛」同。説文弓部云：「弛，弓解也。」又云：「引，開弓也。」弓開則弦張，弓解則弦弛，張弛互相爲用。故弛引申之義則爲引。爾雅釋詁上「矢，引也」，釋詁下「矢，弛也」，即「弛」可通「引」之證也。釋詁下又云：「弛，易也。」郭璞注云：「相延易。」是「弛」之義又通於「延」，故「施」亦與「延」通。詩大雅旱麓篇「施于條枚」，韓詩外傳二、吕氏春秋知分篇引「施」竝作「延」。後漢書黄琬傳注引新序引此詩亦同，皆其證。引之延之，竝有無窮之意。本書修務篇「名施後世」，高氏彼注亦訓施爲延，本文「施」字自以訓引訓延爲當。上文植之、横之，下文舒之、卷之，與本文施之，皆以言道之體，而非言道之用，高氏訓施爲用失之矣。「無所朝夕」者，乃申「無窮」之義。無窮指謂時間，言不可以朝夕計也。高氏以「盛衰」二字釋「朝夕」，亦非。**舒之幎於六合，卷之不盈於一握。**舒，散也。幎，覆也。孟春與孟秋爲合，仲春與仲秋爲合，季春與季秋爲合，孟夏與孟冬爲合，仲夏與仲冬爲合，季夏與季冬爲合，故曰六合，言滿天地間也。一曰，四方上下爲六合。不盈一握，言微妙也。**約而能張，幽而能明，**言道能小能大，能昧能明。**弱而能强，柔而能剛。**道之性也。**横四維而含陰陽，**横，讀桄車之「桄」。○吴承仕云：注當作「横讀車桄之桄」，各本誤倒耳。玄應成實論音義云：「桄，聲類作輄，車下橫木也，今車牀梯轝下橫木皆曰桄。」（玄應語止此。）此注讀橫與車桄之桄同。書堯典「光被四表」，光或作橫，戴震說光爲形譌，王引之以光、桄、橫同聲通用是也，正宜以淮南高讀證之。**紘宇宙而章三光。**紘，綱也，若小車蓋，四維謂之紘，繩之類也。四方上下曰宇，古往今來曰宙，以喻天地。章，明也。三光，日月星。○莊逵吉云：「三光，日月星」，李善文選注作許慎注。說文解字：「維，車蓋維也。」鄭康成注禮記云：「冠有笄者爲紘。紘在纓處，兩端上屬，下不結。」紘非正義，故誘讀從之。○陶方琦云：文選潘岳西征賦引許注曰：「三光，日月星也。」與高注同。案賈逵國語注曰：「三光，日月星也。」此用舊注，故許與高同。○劉家立云：高注「紘，綱也」，「綱」乃「維」字之誤。地形篇「八殥之外而有八紘」，高注「紘，維也」，是其證。**甚淖而滒，甚纖而微，**滒亦淖也。夫饘粥多瀋者謂滒。滒讀歌謳之「歌」。○莊逵吉云：說文解字：「滒，多汁也，讀若哥。」古哥、歌同字。○向宗魯云：惠士奇曰：「淖當爲淖，古潮字。」案：惠說非是，淖猶弱也。管子水地篇「水淖弱以清」，（文選運命論注引作「淖溺」。）是其義。（莊子逍遥遊「淖約若處子」，釋文引李云：「淖約，柔弱貌」。）滒爲饘粥多瀋，亦狀其柔弱之意。此二句對舉，猶言柔弱而纖微耳。下文「淖溺流遁」，又云「夫水所以能成其至德於天下者，以其淖溺潤滑也」，「淖溺」亦與「淖弱」同。文子道原篇皆作「綽約」。○寧案：注「饘粥多瀋者謂滒」，昭七年左傳釋文引孫炎爾雅注云：「鬻，淖糜也。」是饘粥多瀋者亦曰淖，故云滒亦淖也。**山以之高，淵以之深，獸以之走，鳥以之飛，日月以之明，星曆以之行，**○寧案：道藏本、中立本、景宋本「曆」作「歷」，古通用。**麟以之游，鳳以之翔，**以，用也。游，出也。大飛不動曰翔也。**泰古二皇，得道之柄，立於中央，**二皇，伏羲、神農也。指說陰陽，故不言三也。○陶方琦云：御覽七十七引許注云：「庖羲、神農。」案此高氏亦承用舊訓，故與許同。説文「㚖」字下云：「讀若虙羲氏」；「𧦝」字下云：「讀若虙羲氏之虙」；繆稱篇「昔二皇鳳至於庭」，御覽九百十五引許注「二皇，虙羲、神農」，與此注同：知此「庖羲」乃「虙羲」之譌。○向宗魯云：潛夫論五德志：「世傳三皇五帝，多以爲伏羲、神農爲二皇，其一者，或曰燧人，或曰祝融，或曰女媧。」○寧案：廣雅釋訓軫艴，王念孫疏證云：「凡字從包聲者，多轉入職、德、緝、合諸韻。其同位相轉者，若『包犧』之爲『伏犧』，『抱雞』之爲『伏雞』是也。」則此許注作「庖羲」，非誤字也。

神與化游，以撫四方。

撫，安也。四方謂之天下也。○俞樾云：「撫」讀爲「幠」。説文巾部：「幠，覆也。」古書或以「撫」爲之。荀子宥坐篇：「勇力撫世，守之以怯。」楊倞注曰：「撫，掩也。」掩卽覆也。此云以撫四方，猶言以覆四方。上文云「舒之幎於六合」，高誘注曰：「幎，覆也。」幠、幎同義，作「撫」者，叚字耳。高注「撫，安也」，失之。

故能天運地滯，輪轉而無廢，

運，行也。滯，止也。廢，休也。○莊逵吉云：古滯、廛聲相轉，故周禮質人「珍異之有滯者」，注：「故書滯或作廛。」廛之言纏，故廛有止訓，滯之音義皆從之。○于鬯云：莊校引質人誤，當作廛人。彼鄭康成注「故書滯或作廛」，實尚可疑，説見鬯前校周禮卷，茲不贅及。而「滯」與「廛」固一聲相轉，亦不可誣也，則「滯」無不可讀爲「纏」。竊謂如莊氏言，卻合今人地行之説。地行軌道，圖之正呈纏繞之形，不必復訓纏爲止。且訓止之義，「滯」字自明，從「纏」字轉出止義，反不能明。纏自繞義，非止義。説文糸部云：「纏，繞也。」是也。既讀「滯」爲「纏」，卽當從「纏」字生義，曰地纏，非地行而何？且云「輪轉而無廢」，「輪轉」二字，統承天地言，若地止，何以云輪轉乎？讀「滯」爲「纏」，自協淮南文義，則地行之説，儻漢人已悟及乎？○楊樹達云：滯，説文訓凝。楚辭九歎注云：「凝，止也。」滯自有止義，莊校讀爲廛，似失之迂。然釋地滯爲地止，乃與上文「天運」，下文「輪轉而無廢，水流而不止」義恰相反。如讀「滯」爲「纏」，而以今日地球繞日之説説之，不失爲勝義，惜莊氏不及此耳。○寧案：釋地滯爲地止是也。輪自繞軸而轉，無軸之止，則輪不可轉，猶地滯而天運也，故以爲喻，與古説合，非輪轉水流喻地滯也，其義不反。于、楊二氏讀「滯」爲「纏」，欲以二千年後之地行説説之，矜爲勝義，莊氏猶不及，而謂漢人知之，信乎？水流而不止，與萬物終始。風興雲蒸，事無不應；應，當也。雷聲雨降，竝應無窮。窮，已也。鬼出電入，龍興鸞集；鬼出，言無蹤迹也。電入，言其疾也。○劉文典云：文選新刻漏銘注引作「鬼出神入」。○馬宗霍云：高氏以「疾也」釋「電入」，則高所據本自是「電」字，謂疾如電光之激燿也。新刻漏銘原有「鬼出神入」之語，而李善注引淮南證之，則李所據本自是「神」字，蓋正欲證陸倕銘文之本於淮南耳。尋「神」「電」異文之故：説文示部「神」之篆文作「䄓」，「天神引出萬物者也，从示申聲。」雨部「電」之古文作「𩃬」，「从雨，从申。」小徐本作「从雨，申聲。」段玉裁謂「電自其引申言，申亦聲也。」申部云：「申，神也。」籀文作「𦥔」。又部云：「𢁹，引也。从又，𦥔聲。𦥔，古文申。」虫部虹之籀文作「𧈝」，「从申。申，電也。」據此「神」與「電」同从申聲。「申」之義爲神，又爲電，「申」之古籀同作「𦥔」，而「神」篆所從之「申」與古籀合。余疑古者「神」「電」二字，蓋皆假「申」爲之，傳寫遂有作「電」作「神」之異耳。作「神」或是許慎注本亦未可知。然淮南本篇上文云「風興雲蒸」，又云「雷聲雨降」，風雲雷雨，相與爲類。爾雅釋天云：「疾雷爲霆。」穀梁隱公九年傳云：「電，霆也。」是電亦雷之類也。則本文「電入」似以作「神入」爲長，鬼與神亦自爲類也，若作「電」則犯上文矣。○寧案：馬疑許作神而高作電，似是也。兵略篇「神出而鬼行」，神鬼竝舉，覽冥篇「電奔而鬼騰」，電鬼竝舉，前許注而後高注。鈞旋轂轉，周而復帀。鈞，陶人作瓦器法下轉旋者。一曰，天也。○陶方琦云：大藏音義引許注曰：「鈞，陶法也。」高注前一説即許義。大藏音義所引當是約文。漢書注：

「陶家名模下圓轉者爲鈞也。」已彫已琢，還反於樸。無爲爲之而合于道，無爲言之而通乎德，言二三之化，無爲爲之也，而自合于道也；無所爲言之，而適自通于德也。○吴承仕云：高注「二三之化」，「三」當作「王」，王、皇舊多通假。上文「泰古二皇」注云：「二皇，伏羲、神農也。指説陰陽，故不言三也。」此注「二王之化」，正承上文言之。今作「三」者，形近而誤。又「無爲爲之也」，「也」字疑衍。○向宗魯云：韓非子外儲説左上引書曰：「既雕既琢，還歸其樸。」莊子山木篇：「奢聞之，既雕既琢，復歸於朴。」此淮南所本。高注「二三」，藏本作「三皇」。錢坫曰：「『二三』疑『二王』。」承周案：作「二皇」，見上文。恬愉無矜而得於和，恬愉，無所好憎也。無矜，不自大也。有萬不同而便於性。萬事不同，能于便性者不欲也。○顧廣圻云：注「能于便性」，疑是「能便于性」。○寧案：注「不欲也」上，道藏本、中立本、茅本、景宋本有「性」字，然顧説義亦難通。神託於秋豪之末，言微眇也。○寧案：注「眇」，道藏本、中立本、景宋本皆作「妙」。上文注云「言微妙也」，眇、妙通用。而大宇宙之總。宇宙，喻天地。總，合也。○俞樾云：「大」下疑脱「於」字，謂神雖託於秋豪之末，而視宇宙之總合更大也。今脱「於」字，文義未明。○楊樹達云：古書恆省「於」字。史記仲尼弟子傳云：「此國有賢不齊者五人。」漢書翟方進傳云：「斷獄歲歲多前。」西域傳云：「國中大安和翁歸靡時」，皆其比。俞説文義未明，非是。○向宗魯云：俞謂「大」下脱「於」字似是，不知「大」下宋本原是「與」字，七籤引亦同。與猶於也。王氏述聞通説上云：於可訓與，與亦可訓爲於。莊二十三年公羊傳：「桓公之與夷狄，驅之尔。」言桓公之於夷狄，驅之尔也。於、與同義，故二字可以互用。漢書杜欽傳：「況將軍之於主上，主上之與將軍哉。」於亦與也。今本則淺人不解而删之也。○于省吾云：俞説非是。宋本「大」下有「與」字，當從之。與，如也，詳經傳釋詞。此言而大如宇宙之總也。○寧案：

「與」字是也。楊氏雖多爲引證以明今本之可通，非其舊也。宋刊節本、中立本、茅本「大」下皆有「與」字。又案：注「喻」字當依蜀藏本作「諭」。其德優天地而和陰陽，優，柔也，和，調也。○劉文典云：羣書治要、御覽七十七引「優」並作「覆」。○楊樹達云：「覆」字是也。上文云：「覆天載地。」優乃形近誤字。節四時而調五行。五行，金木水火土也。呴諭覆育，萬物羣生，呴諭，温恤也。育，長也。○洪頤煊云：禮記樂記「煦嫗覆育萬物」，鄭注：「氣曰煦，體曰嫗。」正義：「天以氣煦之，地以形嫗之，是天煦覆而地嫗育，故言煦嫗覆育萬物也。」呴諭即煦嫗，古字通用。○向宗魯云：雲笈七籤「諭」作「俞」。案莊子駢拇篇「呴俞仁義」，正如此作。潤於草木，浸於金石，禽獸碩大，豪毛潤澤，羽翼奮也，奮，壯也。角觡生也，角，鹿角也。觡，麋角也。觡讀曰格。獸胎不贕，鳥卵不毈，胎不成獸曰贕，卵不成鳥曰毈。言不者，明其成。○莊逵吉云：説文解字：「毈，卵不孚也。」又天文訓云：「戊子干甲子，胎夭卵毈。」○汪文臺云：雲笈七籤一引「贕」作「殰」，「毈」作「殈」。○楊樹達云：説文歺部云：「殰，胎敗也。」「贕」與「殰」同。毈爲卵不孚，變爲今之「蛋」字。○寧案：説文無「贕」字。玉篇：「贕，卵内敗也。」在卵部。廣韻云：「卵敗。」集韻云：「卵内敗。」又樂記：「胎生者不殰。」管子五行篇：「毛胎者不膭。」房注：「膭，謂胎敗潰也。」「殰」古作「膭」。是在卵曰贕，在胎曰殰，此不當作「贕」也。雲笈七籤引作「殰」，文子道原篇同。父無喪子之憂，兄無哭弟之哀，言無夭死。童子不孤，婦人不孀，無父曰孤，寡婦曰孀也。○陶方琦云：詩桃夭正義引許注「楚人謂寡婦曰霜」，即此注也。如俶真訓許注「楚人謂水暴溢曰瀿」、（文選江賦注引）覽冥訓許注「楚人謂袍曰裋」（列子釋文引）之例，高承舊説，故似同。惟脩務訓（有「題篇」字，爲高注本。）「以養孤孀」，高注「雒家謂寡婦曰孀婦」，（吕覽高注時稱雒家。）與許稱楚人亦異，知二十一篇内稱楚人者，多係許注矣。許注「孀」作「霜」，用假借字。（御覽二十八及八十三引「以養孤霜」正作「霜」，亦是許本。）虹蜺不出，賊星不行，賊星，妖星也。○劉文典云：御覽七十七引許注云：「五星逆行謂之賊星也。」含德之所致也。含，懷也。夫太上之道，生萬物而不有，不以爲己有者也。成化像而弗宰。宰，主也。跂行喙息，蠉飛蝡動，○向宗魯云：説文：「跂，行也。」（段依洞簫賦注作「徐行也，凡生之類行皆曰跂。」鈕訂徐箋皆謂琴賦注、七發、七命注無「徐」字。「凡生」下八字乃李氏語。）漢書匈奴傳亦云「跂行喙息蝡動之類」。師古曰：「跂行，凡有足而行者也。喙息，凡以口出氣者也。」史記文同。小司馬云：「蟲鳥之類，或以踵而行，或以喙而息，皆得其安也。」周書周祝「跂動噦息」、新語道基篇「跂行喘息」、本書俶真篇「跂行噲息」，竝同義。説文：「蠉，蟲行也。」（桂引此文，又引高注「蟲行動貌」，今本無。）此云蠉飛，則字當作「翾」，説文：「小飛也。」論衡齊世篇、鬼谷子揣篇「蜎飛蝡動，跂行喙息」，又用「蜎」字。説文：「蝡，動也。」○寧案：大藏音義五十七：「翾，今作蠉同，隳緣反。説文：『小飛也。』周書『翾飛蝡動』是。」又「蝝，悦全反。公羊傳：『蝝即蠉也。』」又十七：「蜎，或作翾，呼全反，飛貌也。」又五十二、六十五：「蜎，一全反。字林：『蟲貌也。』或作蠉。古文翾同，呼全反，飛貌也。」是蠉、翾、蜎、蝝，古通用。待而後生，莫之知德；不因德之。○吴承仕云：朱本「因」作「恩」，「恩德」是也。下文「莫之能怨」，注云「不怨虐之」，「恩德」與「怨虐」對文，此增字釋義之例也。作「因」者，「恩」字之壞。○向宗魯云：文子道原篇「待」皆作「恃」。老子三十四章云：「萬物恃之而生而不辭」，即此「恃」字之義。作「待」非。待之後死，莫之能怨。不怨虐之。得以利者不能譽，用而敗者不能非。收聚畜積而不加富，收聚畜積，國有常賦也。不加富者，爲百姓，不以爲己有也。布施稟授而不益貧。布施稟授，匡困乏，予不足也。以公家之資，故不益貧也。**旋縣而不可究，纖微而不可勤。**縣猶小也。勤猶盡也。○王念孫云：諸書無訓縣爲小者，「縣」當爲「緜」，字之誤也。（隸書「縣」字或作「緜」，「緜」字或作「縣」，二形相似，故「緜」誤爲「縣」。漢緜竹令王君神道「緜」字作「縣」，是其證也。荀子彊國篇「令巨楚縣吾前」，史記孝文紀「歷日縣長」，今本「緜」字竝誤作「縣」。）逸周書和寤篇曰：「緜緜不絶，蔓蔓若何。」説文：「緜，聯微也。」廣雅：「緜，小也。」故高注亦訓爲小。旋亦小也。方言：「㫋，短也。」郭璞曰：「便旋，庳小貌。」㫋與旋同。此言道至微眇，宜若易窮，而實則廣大不可究也。此言旋緜，下言纖微，其義一也。又主術篇：「鞅鞈鐵鎧，瞋目扼擊，（古腕字。）其於以禦兵刃縣矣。券契束帛，刑罰斧鉞，其於以解難薄矣。」高注曰：「縣，遠也，比於德不及之遠。」案：「縣」亦當爲「緜」，緜，薄也。此言緜，下言薄，其義一也。漢書嚴助傳：「越人緜力薄材。」孟康曰：「緜，薄也。」言德之所禦，折衝千里，若鞅鞈鐵鎧，瞋目扼擊，其於以禦兵刃則薄矣。高訓縣爲遠，而曰「比於德不及之遠」，殆失之迂。○于鬯云：「勤」字無義，疑「勒」字形近之誤。小戴祭統記「勒大命，施于烝彝鼎」，前人謂「勤」者「勒」之誤字，此其例矣。月令記「物勒工名」，鄭注云：「勒，刻也。」廣雅釋詁云：「刻，分也。」字亦作「泐」。考工記鄭注引司農云：「泐，謂石解散也」，蓋泐有分散之義。不可勒者，謂不可分散也。纖微而不可勒，猶中庸記云：「語小天下莫能破焉」。破亦分散之義。○馬宗霍云：説文力部云：「勤，勞也。」又云：「勞，勮也。」（大徐本「勮」作「劇」，从刀，此从段校。）又云：「憥，古文勞，从悉。」采部云：「悉，詳盡也。」勤之本義爲勞，勞之古文從悉，悉訓詳盡，故勤亦有盡義矣。左氏僖公二十八年傳：「令尹其不勤民。」杜預注云：「盡心盡力，無所愛惜爲勤。」與本文高注可相參。又案玄應一切經音義大智度論第一卷，唐勞條引「爾雅『勞，勤也』。舍人曰：『勞，力極也。』」由力極之義引申之，亦與盡同。○于省吾云：注及王説並誤。考上下文均兩句相對，而義各有別，如旋縣有小訓，下不應再言鐵微矣。且旋縣不詞，旋縣仍應讀如字。縣、懸古今字。周禮考工記鳧氏：「鐘縣謂之旋。」注：「旋屬鐘柄，所以縣之也。」旋縣義相屬。凡物之旋轉者，必縣諸空而無所窒礙。上文「鈞旋轂轉」之「鈞旋」，即墨子非命上所稱「運鈞」，亦即「旋縣」之類。旋縣無端可尋，故曰旋縣而不可究極也。○寧案：莊本注脫，據藏本、宋本補。**累之而不高，墮之而不下，益之而不衆，損之而不寡，斲之而不薄，殺之而不殘，鑿之而不深，填之而不淺。忽兮怳兮，不可爲象兮；怳兮忽兮，用不屈兮。**忽怳，無形貌也，故曰不可爲象也。屈，竭也。怳，讀人空頭扣之怳。屈，讀秋雞無尾屈之屈也。○向宗魯云：怳讀人空頭扣之怳者，下「怳」字當作「空」，謂九擈之空首也。詩烈文以邦、崇、功、皇爲韻，卜居以長、明、通爲韻，是東與陽、唐得通也。（下文仰韻動、洞。）說文：「屈，無尾也。」○寧案：向說未安。道藏本「扣」作「怳」，亦不可解。疑當作「怳讀人頭空之空」。「扣」字乃「怳」字之誤而衍，下「怳」字當是「空」字爲後人所臆改，「頭空」又誤倒作「空頭」，遂錯亂不可讀耳。如向說，則作「讀空首之空」，其義已明，何用變「首」爲「頭」，上贅一「人」字，下贅一「扣」字？說文：「甲，人頭空爲甲。」段注：「空腔古今字。人頭空謂髑髏也。」經典釋文易泰荒，鄭讀爲康。荒、怳同音，故此怳亦讀爲腔。（匡，去王切，今人又或讀七央切。）故曰人頭空之空也。**幽兮冥兮，應無形兮；遂兮洞兮，不虛動兮。**洞，達也。道動有所應，故曰不虛動也。○俞樾云：遂讀爲邃。離騷經「閨中既已邃遠兮」，招魂篇「高堂邃宇」，王逸注竝曰：「邃，深也。」洞亦深也。文選西京賦「赴洞穴」，薛綜注曰：「洞穴，深且通也。」是洞有通義，亦有深義。遂兮洞兮，皆言其深也，方與上句幽兮冥兮意義相稱。高注曰「洞，達也」，非是。○寧案：雲笈七籤「遂」正作「邃」。**與剛柔卷舒兮，與陰陽俛仰兮。**卷舒，猶屈伸也。俛仰，猶升降也。

昔者，馮夷、大丙之御也，「夷」或作「遲」，「丙」或作「白」，皆古之得道能御陰陽者也。○莊逵吉云：詩「周道倭遲」，韓詩作「郁夷」，故「夷」或爲「遲」。「丙」「白」字形相近。○陶方琦云：文選七發注引許注云：「馮遲、太白，河伯也。」古夷、遲通。齊俗訓「馮夷得道以潛大川」，許注：「馮夷，河伯也。」文選廣絶交論注引淮南「昔者，馮遲、大丙之御也」，亦作「遲」。莊子秋水篇釋文：「河伯，一名馮遲。」顔籀匡謬正俗云：「古遲、夷通。淮南説馮夷河伯乃爲遲。」師古所云淮南，即許本也。「丙」或作「白」者，廣雅釋蟲：「白魚，蛃魚也。」王氏疏證謂白與丙聲之轉，引淮南「丙或作白」爲證。枚乘七發「六駕蛟龍，附從太白」，以太白爲河伯，是許説之所本。御覽引尚書緯云：「白經天，水決江。」鄭康成注：「白，太白。」○洪頤煊云：「丙」當是「内」字之譌。大内即大豆。呂氏春秋聽言篇：「造父始習於大豆。」内、豆聲相近。説文：「㔷，从匸丙聲。」徐鉉曰：「丙非聲義，當从内會意。」亦其證。○向宗魯云：酉陽雜俎卷十四云：「河伯人面，乘兩龍，一曰冰夷，一曰馮夷，又曰人面魚身。金匱言，一名馮循。河圖言，姓呂名夷。穆天子傳言無夷。淮南子言馮遲。聖賢記言服八石，得水仙。抱朴子言，八月上庚日溺河。」案：柯古頗該洽，其所據淮南作馮遲，亦許本也。（段所云「河伯人面」云云，出海内北經，所引金匱見封禪書正義。文選思玄賦注所引河伯，與後漢書張衡傳注所引河伯云姓呂名公子又異。所引聖賢記與莊子大宗師篇釋文引清泠傳同，而莊子秋水篇釋文云「河伯一云姓呂名公子，馮夷是公子之妻」，抑又乖異。○鍾佛操云：張衡傳注引聖賢冢墓記，不作聖賢記。又引龍魚河圖曰：「河伯姓呂名公子，夫人姓馮名夷。」枚乘七發注引許愼曰：「馮遲，河伯也。」文選思玄賦注引太公金匱曰：「河伯姓馮名脩。」乘雲車，入雲蜺，游微霧，以雲蜺爲其馬也。

游，行也。微霧，天之微氣也。○王念孫云：雲車與雲蜺相複，「雲」當爲「雷」。太平御覽天部十四引此正作「乘雷車」。下文曰：「電以爲鞭策，雷以爲車輪。」覽冥篇曰：「乘雷車，服應龍。」（今本「服」下誤衍「駕」字，辯見覽冥。）皆其證也。「雷」與「雲」字相似，又涉下句「雲」字而誤。「入雲蜺」本作「六雲蜺」。高注：「以雲蜺爲其馬也」，本作「以雲蜺爲六馬也」，（「其」字古作「亓」，形與「六」相似，故「六」誤爲「其」。史記周本紀「三百六十夫」，索隱曰：「劉氏音破六爲古其字。」管子重令篇「明主能勝六攻」，淮南地形篇「通谷六」，易林蠱之臨「周流六虛」，今本「六」字皆誤作「其」。）此言以雷爲車，以雲蜺爲六馬，故曰「乘雷車，六雲蜺」。齊俗篇曰「六騏驥，駟駃騠」，藝文類聚舟車部引尸子曰「文軒六駃題」，韓子十過篇曰「駕象車而六交龍」，司馬相如上林賦曰「乘鏤象，六玉虯」，竝與此「六雲蜺」同義。文選七發「六駕蛟龍，附從太白」，李善曰：「以蛟龍若馬而駕之，其數六也。淮南子曰『昔馮遲大白之御，乘雷車，（今本「雷」字亦誤作「雲」。）六雲蜺』。」此尤其明證矣。今本作「入雲蜺」，太平御覽引作「駕雲蜺」，皆後人不曉「六」字之義而妄改之耳。（若作「入雲蜺」，則與注中雲蜺爲六馬之義，了不相涉。若作「駕雲蜺」，則注但當云以雲蜺爲馬，無煩言六馬也。）

鶩怳忽，歷遠彌高以極往。

鶩，馳也。怳忽，無之象也。往，行也。○王念孫云：「怳忽」當作「忽怳」。（注内「怳忽」同。）文選七發注引作「忽荒」，「荒」與「怳」通。（老子曰：「是謂忽怳。」賈誼鵩鳥賦曰：「寥廓忽荒。」）「怳」與「往」「景」「上」爲韻，（景，古讀若鞅。下文「如響之與景」。與「象」爲韻。大荒西經「正立無景」與「嚮」「往」爲韻。荀子臣道篇「形下如景」與「響」「象」爲韻。）若作「怳忽」則失其韻矣。○李哲明云：王氏念孫謂「怳忽」當爲「忽怳」，與「往」「景」「上」爲韻，此說非。「忽」與「蜺」韻，「蜺」不讀古兮切。廣韻蜺、霓皆入十六屑，與月、曷等韻可通用。「忽」在月韻，可與屑通。張衡東京賦「霓」與「綴」韻，班固北征頌「武旗怒蜺」，與「闕」字韻，皆其證。是「悅忽」可不改。下文「往」「景」「上」自相爲韻。○吴承仕云：高注「無之象也」，朱本作「無形象也」。案：文當作「無形之象也」。天文篇注云：「馮馮翼翼，無形之貌。」文例與此同。○寧案：吴説是也。上文「忽兮怳兮，不可爲象兮」，高注：「忽怳，無形貌也。」猶此曰無形之象也。**經霜雪而無迹，照日光而無景，**行霜雪中無有迹，爲日所照，無景柱也。○劉文典云：俗本有注云：「景，古影字。」孫志祖云：顏氏家訓書證篇景字至晉世葛洪字苑，傍始加彡，而惠氏棟九經古義乃云高誘淮南子注曰：「景古影字。」誘，漢末人，當時已有作景傍彡者，非始於葛洪字苑。案：高誘淮南注並無此語。俗刻原道篇注有之，乃明人妄加。唯大戴禮曾子天圓篇注有「景，古以爲影字」語，盧辯固在葛洪後也。段懋堂則云，惠定字説，漢張平子碑即有影字，不始于葛洪。然則古義之説，蓋誤據俗本淮南子，當改引張平子碑，方合。**扶摇抮抱羊角而上，**扶，攀也，摇，動也。抮抱，引戾也。扶摇直如羊角轉如曲縈行而上也。「抮」讀與左傳「憾而能眕者」同也。「抱」讀詩「克岐克嶷」之「嶷」也。○孫志祖云：本經篇「菱抒紾抱」，注：「紾，戾也。」抮與紾同。段若膺曰：廣雅：「軫⿰車色，轉戾也。」曹憲音⿰車色爲牛力反，疑「抱」乃「⿰車色」之譌。○洪頤煊云：「抮抱」亦作「軫軳」。文選七發李善注引淮南許注：「軫，轉也。」玉篇：「軳，戾也。」廣雅釋訓：「軫⿰車色，轉戾也。」「⿰車色」即「軳」字之譌。○俞樾云：此當作「抮扶摇抱羊角而上」。讀者因淮南書多以「抮抱」連文，高氏此注又曰「抮抱，引戾也」，故移「抮」字於下，使「抮抱」連文，以合於高注。不知高注自總釋二字之義耳，非正文必相連也。扶摇也，羊角也，皆風也。莊子逍遥遊篇「摶扶摇而上者九萬里」，釋文引司馬云：「上行風謂之扶摇。」又曰「摶扶摇羊角而上者九萬里」，司馬云：「風曲上行若羊角。」是其義也。抮扶摇抱羊角而上，猶云摶扶摇羊角而上，今作扶摇抮抱羊角，則義不可通矣。○于鬯云：此注既分釋扶摇爲攀動，攀動未見有直義，而云「扶摇直如」，（扶摇直如，羊角轉如，讀竝於「如」字斷。）是明二義。疑「扶攀也，摇動也」二句是許叔重注，「抮抱」以下爲高誘注。義出兩家，故不同也。又據高注則正文「抮抱」二字當在扶摇之上，正以許注在前，校者因之誤乙耳。○吴承仕云：廣雅釋訓「軫⿰車色，轉戾也」，王念孫疏證改「⿰車色」爲「軳」，爲之説曰：「軳，本讀如『與子同袍』之袍，轉入聲則讀如『克岐克嶷』之嶷。或作抮抱，又作紾抱。淮南子高注讀抱爲嶷，正與曹憲音牛力反合。凡字從包聲者，多轉入職、德、緝、合諸韻。其同位相轉者，若『包犧』之爲『伏犧』，『抱雞』之爲『伏雞』是也。異位相轉者，續漢書五行志注引春秋考異郵云『陰氣之專精凝合生雹，雹之爲言合也』，是雹、合聲相近；玉篇『鮑魚，漬魚也，今謂之裛魚』，鮑、裛聲相近。故軫軳之軳讀爲嶷也。」承仕案：王説非也。廣雅軫⿰車色，从車色聲，與「轖」同字。（色聲嗇聲同屬之部。）楚辭懷沙「鬱結紆軫」，文選七發「中若結轖」，紆軫、結轖，亦與轉戾同意。⿰車色屬之部，故曹憲音牛力反。淮南子抮抱字，疑亦爲「⿰扌色」之形譌，故高誘讀⿰扌色爲嶷。即實言之，則廣雅之連語，當采自淮南，而曹憲之反音，亦即本之高讀也。至若⿰車色、嶷聲紐絶殊，而舊音得相關通者，則由今紐在齒舌間者，古音每斂入喉牙。（其例甚多，前已具説。）廣雅釋詁「抮，盭也」，曹憲音顯，抮之音顯，與⿰車色之音嶷，其比正同。此皆韻部不遷，而聲紐有古今之異者也。王氏説爲軳嶷韻近，證不極成；抱伏相變，由於雙聲，情實異宜，不得牽以爲喻。釋名説雹爲跑，蓋以聲訓；緯書説雹爲合，則以包含凝合之義釋之；鮑魚謂之裛魚，裛蓋淹之異文：皆與聲韻無涉。且合聲邑聲並在緝部，嶷聲自在之部，亦不得妄爲比附也。○寧案：吴説是也。古人書包、色二字不分。干禄字書：「包、色，上俗下正。」因以致譌。「⿰車色」與「⿰嗇欠」同字。唐本玉篇⿰嗇欠，引哀公六年「公羊傳：『⿰嗇欠然而駭。』今爲色字。」又或作「垉」，或作「危」，即「⿰扌色」「色」之譌也，猶此之譌「抱」「軳」也。説文「⿰口疑」字，段注引淮南作「軫軳」，應從段注引及廣雅訂正。軫軳連語，俞説更謬，未爲達詁也。又案：高注「扶摇直如羊角轉如曲縈行而上也」，道藏本、中立本、茅本、景宋本皆無「直」字，應據刪。下「如」字亦涉上而衍。廣雅軫軳，疏證引高注作「扶摇如羊角，轉曲縈行而上也」。爾雅釋天「扶摇謂之猋」，孫炎曰：「迴風從下上曰猋。」又「迴風爲飄」，郭注：「旋風也。」是扶摇卽旋風，不得曰「扶摇直如」。于謂注釋扶摇義出兩家是也，所以説之非。又案：「嶷」字當作「㘈」。唐本玉篇山部嶷字云：「岐嶷爲㘈字，在口部。」説文：「㘈，小兒有知也。詩曰：克岐克㘈。」段注：「大雅『克岐克嶷』，毛曰：『岐，知意也。嶷，識也。』案：此由俗人不識『㘈』字，蒙上『岐』字改從山旁耳。高注淮南曰：『軫軳之軳，讀如克岐克㘈之㘈』。」此應從説文玉篇訂正。本經篇「菱杼紾抱」注同。

經紀山川，蹈騰昆侖，排閶闔，淪天門。經，行也。紀，通也。蹈，躡也。騰，上也。昆侖，山名也，在西北，其高萬九千里，河之所出。排猶斥也。淪，入也。閶闔，始升天之門也。天門，上帝所居紫微宫門也。馮夷、大丙之御，其耐如此。○吴承仕云：紀無通訓，「通」當作「道」，形近之誤也。白虎通云：「紀，理也。」理、道義同。時則篇「月窮于紀」，「發通而有紀」，注竝云：「紀，道也。」是其證。○楊樹達云：高訓騰爲上，近之，訓蹈爲躡，非也。上句云「經紀山川」，經、紀義近，蹈、騰義亦當相近。愚謂「蹈」當讀爲「踔」。史記貨殖傳云：「地踔遠。」索隱云：「踔，遠騰貌也。」後漢書馬融傳李注云：「踔，跳也。」詩小雅菀柳云：「上帝甚蹈。」箋云：「蹈讀曰悼。」「蹈」與「悼」字通，知亦與「踔」通矣。「騰」者，「滕」之同音借字。説文水部云：「滕，水超踊也。」今經傳通作「騰」。吴都賦云：「狖鼯猓然，騰趠飛超。」「趠」「踔」聲類同，彼以「騰趠」連言，猶此以「蹈騰」連言矣。下文云「蹈騰大荒之野」，「蹈」亦當讀爲「踔」。○寧案：襄公三十一年左傳「不如小決使道」，杜注：「道，通也。」吴訓紀爲道，則高注何不可訓紀爲通？「經紀山川」謂通行山川也。又案：「耐」

古「能」字。道藏本、中立本、茅本、景宋本皆作「能」，莊本多改「能」爲「耐」，甚無謂也。末世之御，雖有輕車良馬，勁策利鍛，不能與之爭先。勁，强也。策，箠也。末世之御，言不能與馮夷大丙爭在前也。鍛讀炳燭之炳。○王念孫云：劉績本「鍛」作「錣」，注内「未之感也」作「錣，箠末之箴也」。「鍛讀炳燭之炳」作「錣讀焫燭之焫」，云「錣舊作鍛非」。念孫案：劉本是也。錣謂馬策末之箴，所以刺馬者也。説文：「笍，羊車騶箠也，箸箴其耑，長半分。」玉篇：「陟衛切。」字或作「錣」，玉篇：「錣，竹劣、竹芮二切，針也。」道應篇：「白公勝到杖策，錣上貫頤。」彼注云：「策，馬捶，端有針，以刺馬，謂之錣。」（錣音竹劣、竹芮二反。錣之言鋭也，其末鋭也。韓子喻老篇作「白公勝倒杖策而鋭貫頤」。）氾論篇「是猶無鏑銜策錣而御馯馬也」，注云：「錣，椯頭箴也。」（説文：「椯，箠也。」）義並與此注同。脩務篇云：「良馬不待册錣而行。」（「册」與「策」同。）韓子外儲説右篇云：「延陵卓子乘蒼龍與翟文之乘，前則有錯飾，後則有利錣，進則引之，退則策之。」列子説符篇「白公勝倒杖策，錣上貫頤」，釋文曰：「許慎注淮南子云：馬策端有利鍼，所以刺不前也。」義亦與高注同。錣爲策末之箴，故「勁策」與「利錣」連文。今本「錣」作「鍛」，則義不可通矣。高注「錣，箠末之箴也」，道藏本作「未之感也」，此是「末」誤作「未」，「箴」誤作「感」，又脱去「錣箠」二字耳。茅一桂本改「未之感也」爲「末世之御」，而莊伯鴻本從之，斯爲謬矣。「焫」音如劣反，聲與「錣」相近，故曰「錣讀焫燭之焫」。（焫燭，燒燭也。郊特牲曰：「焫蕭合羶薌。」）秦策「秦且燒焫獲君之國」，史記張儀傳作「燒掇」，是其例也。今本作「鍛」，讀炳燭之炳，則不可通矣。○陶方琦云：説文銴字下云：「羊箠也，端有鐵。」（「鐵」當是「鍼」。）玉篇：「笍或作錣。」説文無「錣」，卽「銴」字也。御覽七百四十六引淮南（脩務訓）「良馬不待册錣而行」，許注：「錣，策端有鍼也。」皆與此説同。廣韻十五鎋錣字下云：「策端有鐵。」（「鐵」應作「鍼」。）

即引許注。○楊樹達云：錣，説文作笍，又作䇲。高注云：「錣讀焫燭之焫。」焫即説文火部之爇字。笍、䇲同字，猶焫、爇之同字，焫與笍，爇與䇲，並同聲也。○寧案：大藏音義六十二：「爇，儒拙反，一作焫、炳。」豈古人書焫、炳不分，猶包、色之不分歟？是故大丈夫恬然無思，澹然無慮，○陶方琦云：文選石壁精舍還湖中詩注引許注：「澹猶足也。」齊俗訓「智伯有三晉而欲不澹」，許注：「澹，足也。」叚「澹」爲「贍」，故曰猶足。又通「詹」。吕氏春秋適音篇「音不充則不詹」，高注：「詹，足也，讀如澹然無爲之澹。」○楊樹達云：許讀非也，「澹」當讀爲「憺」。説文心部云：「憺，安也。」「澹然無慮」與上句「恬然無思」義同，恬亦安也。（見説文。）古人自有複語耳。下文又云「恬然無慮」，此云「澹然無慮」，即彼文「恬然無慮」也。下文又云「澹然無治而無不治也」，又云「澹兮其若深淵」，主術篇云「非澹薄無以明德」，「澹」並當讀爲「憺」。○寧案：楊説是也。大藏音義二，又七引淮南子曰：「憺，滿也。」當是許注。又十引許注淮南子云：「憺，心志滿足也。」又七十六引「楚辭云：『憺，安也。』許注淮南子云：『憺，足也。』」正文皆作「憺」。則憺有二義：訓滿訓足者，乃假「憺」爲「贍」，猶假「澹」爲「贍」也，疑非此處注文。訓安其本義也，此假「澹」爲之。以天爲蓋，以地爲輿，四時爲馬，陰陽爲御，騶，御。乘雲陵霄，與造化者俱。大丈夫，喻體道者也。造化，天地，一曰道也。霄讀消息之「消」。○王念孫云：顧氏寧人唐韻正曰：「『御』本作『騶』。騶，古音則俱反，與俱、區、驟爲韻。（説文：「騶，从馬芻聲。」曲禮「車驅而騶」，釋文：「騶，仕救反，又七須反。」荀子禮論篇「趨中韶護」，正論篇「趨」作「騶」。）注『騶，御也』，『御』字正釋『騶』字，而今本爲不通音者竟改本文『騶』字爲『御』。」案：韻補引此正作『騶』。」念孫案：顧説是也。今本作「御」者，後人依文子道原篇改之耳。太平御覽天部八、兵部九十引此並作「騶」。○陶方琦云：御覽八引許注：「霄其霧。」案：「霄其霧」三字譌文。古字「其」作「亓」，「雲」作「云」相似，故「雲」字譌作「其」字。霧乃譌字。當是「霄，雲也」。人閒訓「脟摩赤霄」，許注：「霄，飛雲也。」玉篇：「霄，雲氣。」或是「霄，雲也，一作霧。」脩務訓「乘雲陵霧」，是其證。○楊樹達云：「以天爲蓋」以下四句，文義一律，以古韻模部字輿、馬、御爲韻，下文以侯部字俱、區、驟爲韻。如顧説則輿、馬二字失其韻矣。下文云「以天爲蓋則無不覆也，以地爲輿則無不載也，四時爲馬則無不使也，陰陽爲御則無不備也」，輿、馬、御爲韻，故下三句亦以載、使、備爲韻。此文第一句蓋字不入韻，故彼下句覆字亦不入韻，其確證也。高注當云「御，驂御」，脱一字耳。○寧案：文選東都賦景福殿賦東方朔畫贊奏彈曹景宗辨命論女史箴新刻漏銘繆熙伯輓歌詩注引皆作「大丈夫恬然無爲，與造化逍遥」，郭景純遊仙詩注引作「大丈夫乘雲凌霄，與造化逍遥」，其所約引異，其作「無爲」「逍遥」同。今本「無思」與「無慮」義複，疑「無思」當作「無爲」，「者俱」二字亦「逍遥」之誤。後人臆改「逍遥」爲「者俱」，欲與上下相叶，不知此文以輿、馬、御爲韻，霄、遥爲韻。楊謂「御」字不誤是也，謂「俱」字與下文爲韻則非。**縱志舒節，以馳大區。**區，宅也。宅謂天也。○吴承仕云：景宋本、朱本並作「大宅謂天」，案：有「大」字是也，宅不得直訓天。注云「大宅謂天」，猶云以大宅諭天也。○寧案：道藏本、茅本注亦作「大宅謂天也」。後漢書馮衍傳「游精神於大宅兮」，李賢注：「大宅謂天地。」此「也」字當是「地」字形殘。下文注「肅慎在北方遠地」，精神篇注「使木生者天地」，「地」字皆當爲「也」。氾論篇「文王處岐周之間也，地方不過百里」，「也」即「地」字之誤而衍。此「地」「也」互誤之證。**可以步而步，可以驟而驟；令雨師灑道，使風伯埽塵，**雨師，畢星也。詩云：「月麗于畢，俾滂沱矣。」風伯，箕星。月麗于箕，風揚沙。○蔣超伯云：鄭康成釋六宗云：「星、辰、司中、司命、風伯、雨師也。星，五緯也。辰，日月所會十二次也。司中、司命，文昌第五第四星也。

風師，箕也。雨師，畢也。」高蓋本鄭君也。相如大人賦：「時若曖曖，將混濁兮。召屏翳，誅風伯，刑雨師。」注：「應劭曰：『屏翳，天神使也。』張揖曰：『風伯字飛廉。』」雨師注缺。○向宗魯云：注「月麗於箕，風揚沙」，本春秋考異郵，鄭玄洪範注亦用之。○鍾佛操云：周禮大宗伯注亦云：「風伯，箕也。雨師，畢也。」風俗通祀典篇、鄭注堯典洪範説亦同。而風俗通引楚辭説：「飛廉，風伯也。」又引春秋左氏説：「玄冥，雨師也。」離騷「後飛廉使奔屬」，（遠游章亦同。）章句云：「飛廉，風伯也。」（遠游章句同。）天問「蓱號起雨」，章句云：「蓱翳，雨師名也。」廣雅釋天：「風師謂之飛廉，雨師謂之荓翳。」呂氏春秋：「雨師曰屏翳，風師曰飛廉」，山海經海外東經「雨師妾在其北」，注：「雨師，謂屏翳也。」漢書郊祀志顔注曰：「風伯，飛廉也。雨師，屏翳也，一曰屏號。而説者乃謂風伯箕星也，雨師畢星也。此志既言二十八宿，又有風伯雨師，則知非箕、畢也。」（王氏漢書褉志駁之。）案：此自古昔傳聞，有此異説，同爲虚搆，遑論是非。（金匱云：「雨師名泳，風伯姨。」史記相如傳正義引韋昭云：「屏翳，雷師。」文選洛神賦注引同。）列仙傳又以赤松子爲雨師，要亦不足辨也。

電以爲鞭策，

電，激氣也，故以爲鞭策。○劉文典云：御覽十三引注「激」作「擊」。○楊樹達云：「激」字是。御覽作「擊」者，聲近誤字也。説文雨部云：「電，陰陽激燿也。」高云激氣，與説文正合，作擊則義不可通矣。○寧案：楊説是也。墜形篇云：「陰陽相薄爲雷，激揚爲電。」春秋元命苞曰：「陰陽激爲電。」故高以電爲激氣也。

雷以爲車輪；

雷，轉氣也，故以爲車輪。

上游於霄雿之野，下出於無垠之門。

霄雿，高峻貌也。無垠，無形狀之貌。霄讀紺綃。雿讀翟氏之「翟」。○王念孫云：霄雿者，虚無寂漠之意。俶真篇曰：「虚無寂漠，蕭條霄雿。」是也。上言霄雿，下言無垠鄂，義本相近。高以正文言上游，遂以霄雿爲高峻貌，非其本指也。「無垠」下有「鄂」字，今本正文及注皆脱去。漢書揚雄傳「紛被麗其亾鄂」，顔師古曰：「鄂，垠也。」「垠鄂」與「霄霓」相對爲文。文選西京賦「前後無有垠鄂」，李善注：「淮南子曰：『出於無垠鄂之門。』許慎曰：『垠鄂，端崖也。』」（七命注同。）是許本有「鄂」字。太平御覽地部二十：「淮南子曰：『下出乎無垠鄂之門。』高誘曰：『無垠鄂，無形之貌也。』」是高本亦有「鄂」字。○陶方琦云：高注作無垠與許引原文亦異。御覽引高注曰：「無垠鄂，無形之貌也。」今高本作「無垠」，亦係譌敚。説文土部：「垠，地垠也。」衆經音義七引説文作「地圻咢也」。楚辭王注：「垠，岸崖也。」天文訓「气有涯垠」，垠通沂，漢書晉灼注：「沂，厓也。」「鍔」即説文刀部之「㓱」字，然應作「鄂」。李善引淮南正文作「鄂」，而引注作「鍔」，墒爲誤字。七命注引許注作「堮」，文選甘泉賦注：「鄂，垠堮也。」莊子天下篇「無端崖之辭」，許説本此。○吴承仕云：王説是也。今本文注「垠」字下，並當據補「鄂」字。又案：洪興祖楚辭補注引「淮南子曰：『出於無垠鄂之門。』注云：『垠鍔，端崖也。』」（洪引止此。）南宋人不得見許注本，蓋從他書轉録之耳。○楊樹達云：霄霓與消遥同，「上游於霄霓之野」，即莊子所謂「逍遥遊」也。霄、消聲類同。爾雅釋訓「懽懽愮愮，憂無告也」，釋文云：「愮，樊本作遥，又作桃。」荀子榮辱篇云「其功盛姚遠矣」，楊注：「姚與遥同。」又王霸篇云「佻其期日而利其巧任」，楊注：「佻與傜同，緩也。」「愮」、「遥」與「桃」，「傜」與「佻」，皆可通作，知「遥」與「霓」亦可通作也。高注「霄霓，高峻貌也」，非是。○向宗魯云：唐本玉篇糸部引正文作「下無垠咢之門」，許注：「無垠咢，無形狀端崖之貌也。」唐本玉篇吅部引同，唯注文「狀」作「兆」。御覽五十五引兩「於」字皆作「乎」，「無垠」作「垠鄂」，引高誘曰云云，合據校。○寧案：鮑本太平御覽引「無垠」作「垠鄂」，脱「無」字，宋本御覽不脱。又案：高注「霄讀紺綃」，據倣真篇注下當補「之綃」二字。

劉覽偏照，復守以全。劉覽，回觀也。劉讀留連之「留」，非劉氏之「劉」也。○莊逵吉云：詩「彼留之子」，鄭康成以爲即「劉」字，故「劉」讀爲「留」。○梁玉繩云：「劉」同

「留」，與「流」通，猶流覽也。○蔣超伯云：莊校云詩「彼留之子」，鄭康成以爲卽「劉」字。案：爾雅「劉劉杙」，注：「劉子生山中，實如梨，酢甜核堅，出交趾。」左太沖吴都賦「棎榴禦霜」，劉逵注：「榴子出山中，實如梨，核堅味酸美，交趾獻之。」此榴子，卽爾雅注之劉子也，則「劉」并通「榴」。漢書霍去病傳「諸宿將常留落不耦」，則「留」又通「流」也。○吴承仕云：劉、留同音，古人隨意書之，高讀云云，當是釋義而非擬音，是讀爲而非讀如。○楊樹達云：「偏」劉家立集證本作「徧」是也。主術篇云「欲以偏照海内」，齊俗篇云「欲遍照海内之民」，「遍」與「徧」同。偏照與劉覽爲對文，作「偏」則義不可通。○向宗魯云：高氏謂讀留連之「留」，非劉氏之「劉」者，蓋漢人讀劉氏之「劉」爲「婁」。劉敬傳「婁者劉也」，即其明證。（武帝紀「膢五日」，注：「如淳曰：『膢音樓。』伏儼曰：『膢音劉。』」無異音。故續漢禮儀志作「劉」，韓非子五蠹、説文、漢儀注、風俗通祀典篇、後漢劉玄傳皆音膢。）故與留連之「留」異讀耳。○馬宗霍云：説文無「劉」字，而有從劉得聲之「瀏」。水部云：「瀏，流清貌。」引申之義則爲流。本文劉覽之「劉」，當通作「瀏」，劉覽猶瀏覽，瀏覽猶流覽也。流覽卽汎覽之意。漢書揚雄傳上「正瀏濫以弘惝兮」，顔師古注云：「瀏濫猶汎濫。」知瀏亦有汎義。偏照之「偏」猶遠也，汎覽與遠照，義正相對。後漢書東夷傳贊「眇眇偏譯」，李賢注云：「偏，遠也。」是偏有遠義之證也。劉家立淮南集證本「偏」作「徧」，不言所據，未必是。○寧案：馬氏説「劉覽」是也，陶潛詩「汎覽周王傳，流觀山海圖」，卽其義。又案：荀子王制篇「分均則不偏」，王念孫云：「偏、徧古字通。」此集證本無煩改字。**經營四隅，還反於樞。**隅猶方也。樞，本也。**故以天爲蓋則無不覆也，以地爲輿則無不載也，四時爲馬則無不使也，陰陽爲御則無不備也。**陰陽次叙以成萬物，無所缺也，故曰無不備。**是故疾而不摇，遠而不勞，四支不動，**○王念孫云：「動」當爲「勤」，字之誤也。（齊語

「天下諸侯知桓公之爲己動也」，管子小匡篇「動」作「勤」。史記十二諸侯年表「楚堵敖囏」，徐廣曰：「囏一作勤。」今本「勤」誤作「動」。）脩務篇「四胑不勤」卽其證。「四支不勤，聰明不損，而知八紘九野之形埒」，卽上文所謂「遠而不勞」也。不勤卽不勞，意與不損相近，若不動，則意與不損相遠矣。且搖、勞爲韻，勤、損爲韻，若作動則失其韻矣。聰明不損，損，減也。而知八紘九野之形埒者，何也？八紘，天之八維也。九野，八方中央也。○陶方琦云：大藏音義引許注曰：「紘，維也。八紘謂之八方。」執道要之柄，而游於無窮之地。○俞樾云：既言要，又言柄，於義未安，當作「執道之柄，而游於無窮之地」。文子道原篇作「執道之要，觀無窮之地也」。彼言要，此言柄，彼言觀，此言游，文異而義同。後人據文子以讀此文，遂有改「柄」爲「要」者，傳寫兩存其字，又誤入上文耳。又案：「地」下亦當有「也」字。蓋此是答問之辭，若無「也」字，則與上文「何也」不相應矣。當據文子補。是故天下之事，不可爲也，爲，治也。因其自然而推之，推，求也，舉也。萬物之變，不可究也，秉其要歸之趣。趣亦歸也。○王念孫云：「秉其要歸之趣」，當作「秉其要趣而歸之」。秉，執也。要趣猶要道也，言執其要道而萬變皆歸也。此與「因其自然而推之」相對爲文，且「歸」與「推」爲韻，今作「秉其要歸之趣」，則句法參差，而又失其韻矣。文子道原篇正作「秉其要而歸之」。夫鏡水之與形接也，不設智故而方圓曲直弗能逃也，智故，巧飾也。鏡水不施巧飾之形，人之形好醜，以實應之，故曰方圓曲直不能逃也。是故響不肆應，而景不一設，○莊逵吉云：古無「影」字，故用「景」。叫呼仿佛，默然自得。得叫呼仿佛之聲狀也。○王念孫云：廣韻去聲五十九鑑黬字注云：「叫呼仿佛，黬然自得。音黯去聲。」所引卽淮南之文。而今本作「默然自得」，疑後人少見「黬」字而以意改之也。○楊樹達云：叫呼謂響，仿佛謂景，此謂響景自得，非謂人得叫呼仿佛之聲狀也。高説殊誤。王校「默」當作「黝」，集證本依改作「黝」是也。説文黑部云：「黝，黝者忘而息也。」與此文自得之義正相會。許君曾注淮南王書，故説文字訓，往往多本淮南，此其一事也。影之仿佛，云默然可也；響之叫呼，安得云默然乎？「默」字之不可通明矣。

人生而靜，天之性也。感而後動，性之害也。物至而神應，知之動也。物，事也。○俞樾云：「害」乃「容」字之誤。禮記樂記作「性之欲也」，「欲」亦「容」字之誤。史記樂書作「性之頌也」，徐廣曰：「頌音容。」蓋古本樂記字本作「容」，故徐廣讀「頌」爲「容」也。靜、性爲韻，動、容爲韻，作「欲」作「害」則皆失其韻矣。且上言動，下言容，容亦動也。説文手部：「搈，動搈也。」「容」即「搈」之叚字，亦或作「溶」。韓子揚搉篇曰「動之溶之」是也。感而後動，即是性之動，故曰性之容也。作欲作害，則皆失其義矣。史記作「頌」者，「頌」與「容」古通用字，若是「欲」字「害」字，則史記無緣誤作「頌」，徐廣又何據而讀爲容乎？故知此與禮記並誤也。説詳羣經平議。○寧案：俞説是也。隸書「容」作「宫」，「害」作「宫」，二字易譌。然俞謂容亦動也，爲「搈」之叚字，疑非。此當從「頌」字本義。説文：「頌，皃也。」感而後動，性之容也」，謂爲外物所感而有動作，此乃表象。下言「物至而神應，知之動也」，謂精神與之相應，則是内在心動。由外及内，行文層次當如是。若言性之動也，則其義不明。

知與物接而好憎生焉，接，交也，情欲也。好憎成形而知誘於外，不能反己，而天理滅矣。形，見也。誘，感也。不能反己本所受天清淨之性，故曰天理滅也，猶衰也。○吴承仕云：注「感」當作「惑」，形近而誤。俶真主術篇注竝云：「誘，惑也。」是其證。○寧案：吴説是也。道藏本，正作「惑」。

故達於道者，不以人易天，天，性也，不以人事易其天性也。一説曰，天，身也，不以人間利欲之事易其身也。外與物化而內不失其情。言通道之人，雖外貌與物化，內不失其無欲之本情也。至無而供其求，時騁而要其宿。言天時自騁，道要其宿會也。○楊樹達云：莊子天地篇云：「故其與萬物接也，至無而供其求，時騁而要其宿。」郭注云，「皆恣而任之，會其所極而已。」小大脩短，各有其具，具猶備也。萬物之至，騰踴肴亂而不失其數。不失其數，各應其度。○楊樹達云：「騰」假爲「滕」。說文水部云：「滕，水超踊也。」踴，說文字作踊，足部云：「踊，跳也。」「肴」字本作「殽」，說文殳部云：「殽，相襍錯也。」是以處上而民弗重，居前而衆弗害，言民戴卬而愛之也。○于省吾云：注說非是，「害」乃「容」之譌字。上文「感而後動，性之害也」，俞樾謂「害」乃「容」字之誤是也。「容」「頌」字通，亦詳俞說。居前而衆弗容，應讀作居前而衆弗頌，與上句「是以處上而民弗重」，義正一貫。若作「弗害」，不但與「弗重」之語例不符，且重、容爲韻，二字古韻並隸東部，作「害」則失其韻矣。下文「天下歸之，姦邪畏之，以其無爭於萬物也」，蓋弗重弗頌，是以無爭。若爲人所重且頌，則事端起矣。上下文義均相涵。○寧案：于說非也。老子第六十六章：「是以聖人處上而民弗重，處前而民不害，是以天下樂推而不猒。以其不爭，故天下莫能與之爭。」河上注：「聖人在民前，不以光明蔽後，民親之若父母，無有欲害之心也。」此淮南及高注所本。又主術篇「故百姓載之上弗重也，錯之前弗害也，舉之而弗高也，推之而弗猒」，亦用老子語。于氏竟欲改「害」爲「容」，以俞樾校前文例此，亦疏矣。又案：注「卬」，古「仰」字。景宋本作「仲」，乃「仰」之誤。道藏本作「仰」。天下歸之，姦邪畏之。以其無爭於萬物也，故莫敢與之爭。○王念孫云：「莫敢」本作「莫能」，此後人依文子道原篇改之也。唯不與萬物爭，故莫能與之爭，所謂柔弱勝剛強也。若云莫敢，則非其指矣。下文曰「攻大礦堅，莫能與之爭」，老子曰「夫唯不爭，故天下莫能與之爭」，又曰「以其不爭，故天下莫能與之爭」，皆其證也。魏徵羣書治要引此正作「莫能與之爭」。夫臨江而釣，曠日而不能盈羅，雖有鉤箴芒距，距，爪也，讀距守之「距」也。○寧案：注「距守之距」，「距」假爲「歫」。本經篇注作「拒」，通。微綸芳餌，加之以詹何娟嬛之數，猶不能與網罟爭得也；詹何、娟嬛，古善釣人名。數，術也。○劉文典云：文選七發注引「箴」作「鍼」，「娟嬛」作「蜎蠉」，又引高注云：「蜎蠉，白公時人。」與從弟君苗君胄書注引「娟嬛之數」作「便嬛之妙」。射者扜烏號之弓，彎棊衛之箭，扜，張也。彎，引也。棊，美箭所出地名也。衛，利也。烏號，桑柘其材堅勁，烏峙其上，及其將飛，枝必橈下，勁能復，巢烏隨之。烏不敢飛，號呼其上。伐其枝以爲弓，因曰烏號之弓也。一説：黄帝鑄鼎於荆山鼎湖，得道而仙，乘龍而上。其臣援弓射龍，欲下黄帝不能也。烏，於也。號，呼也。於是抱弓而號，因名其弓爲烏號之弓也。○莊逵吉云：司馬相如子虛賦注，應劭説烏號，與誘前一義同。○孫志祖云：棊與淇通，衛無利訓，淇衛俱地名。○王引之云：廣雅：「箘簬，⿱竹衛，箭也。」禹貢曰：「惟箘簵楛。」「簵」與「簬」同。戴凱之竹譜曰：「⿱竹衛，細竹也，出蜀志。薄肌而勁，中三續射博箭。⿱竹衛音衛，見三倉。」（以上竹譜。）字通作「衛」。原道篇曰：「射者扜烏號之弓，（扜讀若紆，今本「扜」誤作「扞」，辯見韓子扜弓下。）彎棊衛之箭。」兵畧篇曰：「栝淇衛箘簵。」淇與棊同。淇衛、箘簵對文，皆箭竹之名也。方言曰：「箭或謂之⿱竹衛，或謂之棊。」竹譜曰：「⿱竹衛竹，中博箭。」是⿱竹衛與棊一物也。以⿱竹衛爲博箭謂之棊，以⿱竹衛爲射箭則亦謂之棊耳。棊者，箭莖之名。説文曰：「萁，豆莖也。」豆莖謂之萁，箭莖謂之棊，聲義並同矣。乃高注原道篇云：「棊，美箭所出地名也。衛，利也。」注兵畧篇云：「淇衛，箘簵箭之所出也。」竹譜引淮南而釋之云：「淇園，衛地，毛詩所謂『瞻彼淇奧，緑竹猗猗』是也。」案：淇乃衛之水名，先言淇而後言衛，則不詞矣。晉有澤曰董，蒲之所出也，然不得曰董晉之蒲；楚有藪曰雲，竹箭之所生也，然不得曰雲楚之竹箭；且淇水之地，去堯都非甚遠，當禹作貢時，何反不貢箘簬，而貢者乃遠在荆州乎？○洪頤煊云：「棊」當作「淇」。兵畧訓「淇衛箘簬」，高注：「淇衛，箘簬箭之所出也。」淇在衛地，故曰淇衛。○于鬯云：此注先釋「棊衛」，後釋「烏號」，與正文倒，或「扞，張也」至「衛，利也」十七字亦許注，「烏號」以下爲高注。○劉文典云：風俗通云：「烏號弓者，柘桑之林，枝條暢茂，烏登其上，下垂着地，烏適飛去，從後撥殺，取以爲弓，因名烏號耳。」又御覽三百四十七引古史考云：「烏號，柘樹枝長而烏集，將飛，枝彈烏，烏乃號呼。以柘爲弓，因名曰烏號。」皆與高注前一義同。○吴承仕云：高注「勁能復」下，各本並有「起」字。太平御覽三百四十七引注亦同，應據補。又案：「巢烏隨之」，語不可通，御覽引作「摷」，是也。説文：「摷，拘擊也。」言枝撓復起，擊烏隨之上下，故驚怪而不敢飛也。風俗通曰：「柘桑枝條暢茂，烏登其上，垂下著地，烏適飛去，從復撥殺。」文異而意同。今本「摷」壞爲「巢」，失之遠矣。司馬相如傳索隱引淮南注云：「枝勁復起，摽呼其上。」蓋約文也。摽亦訓擊，此注不作「巢」之切證。○向宗魯云：「棊」字當從宋本作「綦」。（注同。）御覽三百四十七、九百十四同。列子仲尼篇引「烏號之弓，綦衛之箭」，字正作「綦」。史記河渠書「下淇園之竹」，列子釋文亦引作「綦」，是「綦」卽「淇」也。列子張注云：「綦，地名，出美箭。衛，羽也。」與此注合。兵畧篇「淇衛箘簬」，注：「淇衛，箘簬箭之所出。」亦以淇爲地名。王氏禩志所言，自是一義，當竝存耳。（北山經：「沮洳之山，濝水出焉。」濝水卽淇水，疑本此亦作「濝」，後人加水旁耳。）○寧案：高注「衛，利也」，「利」應爲「羽」。藝文類聚六十引「衛，箭羽」，太平御覽三百四十七引同。列子仲尼篇張注亦云：「衛，羽也。」釋名釋兵「箭，其旁曰羽，齊人曰衛，所以導衛矢也」，可訂正此譌。又案：「桑柘」當作「柘桑」。史記司馬相如傳索隱引、太平御覽三百四十七引、俶真篇「烏號之弓」高注，皆作柘桑，又風俗通「烏號弓者，柘桑之枝」云云。是其證。道藏本、中立本、景宋本正作「柘桑」。**重之羿逢蒙子之巧，**〇劉文典云：御覽九百十四引無「羿」字。〇寧案：太平御覽九百十四引，鮑本無「羿」字，偶脱耳。宋本御覽作「羽蓬蒙子」，「羽」字卽「羿」字形殘。三百四十七引，兩本皆有「羿」字。**以要飛鳥，猶不能與羅者競多。**羿，古諸侯有窮之君也。逢蒙，羿弟子。皆攻射而百發百中，故曰之巧。要，取也。競，逐也。**何則？以所持之小也。張天下以爲之籠，因江海以爲罟，又何亡魚失鳥之有乎？**罟，魚网也。詩云：「施罟濊濊。」〇王念孫云：正文、注文內「罟」字皆當爲「罛」，罛，罟聲相近，又涉上文「網罟」而誤也。凡魚及鳥獸之網皆謂之罟，而罛則爲魚網之專稱。爾雅：「鳥罟謂之羅，兔罟謂之罝，麋罟謂之罞，彘罟謂之羉，魚罟謂之罛。」衛風碩人篇「施罛濊濊」，毛傳曰：「罛，魚罟。」此皆高注所本。若專訓罟爲魚網，則失其義矣。（罛字必須訓釋，故引詩爲證。若罟字則不須訓釋，上文「網罟」二字無注，卽其證。）且此文「失鳥」二字，承上籠字言之，「亡魚」二字，則承上罛字言之，若變罛言罟，則又非其指矣。呂氏春秋上農篇「罛罟不敢入於淵」，高彼注云：「罛，魚罟也。」詩云：「施罛濊濊。」正與此注同，足證今本之誤。初學記武部漁類、太平御覽資產部罛類引此並作「因江海以爲罛」。〇劉文典云：舊作「因江海以爲罟」，與上句「張天下以爲之籠」不一律，當據御覽七百六十四、八百三十四補「之」字。〇楊樹達云：莊子庚桑楚云：「一雀適羿，羿必得之，威也。以天下爲之籠，則雀無所逃。」此淮南所本。又高注「要，取也」，「要」當讀爲「徼」。廣雅釋詁云：「徼，遮也。」徼通作邀。西京賦「不邀自遇」，薛注云：「邀，遮也。」高訓取不切。〇寧案：韓非子難三云：「宋人語曰：一雀過，羿必得之，則羿誣矣。以天下爲之羅，則雀不失矣。」與莊子文畧同。又案：劉氏「罟」上補「之」字是也。然太平御覽八百三十四引敓兩「之」字，劉失檢。又御覽兩引

「罠」亦誤「罟」，惟後者以屬罠類，則「罟」爲誤字甚明。故矢不若繳，繳不若無形之像。言其大也。○王念孫云：初學記引此作「矢不若繳，繳不若網，網不若無形之像」是也。上文言「射者不能與羅者競多」，故曰「繳不若網」；又言「張天下以爲籠，因江海以爲罠，又何亡魚失鳥之有」，故曰「網不無魚形之像」。且網與像爲韻，今本脱去四字，則失其韻矣。

夫釋大道而任小數，無以異於使蟹捕鼠，蟾蠩捕蚤，不足以禁姦塞邪，亂乃逾滋。以艾灼蠏匡上，内置穴中，乃熱走，窮穴適能禽一鼠也。蟾蠩，䗐也，跳行舒遲，捕蚤亦不能悉得，故曰不足以禁姦也。逾滋，益甚也。○劉家立云：今注云：「蟾蠩，䗐也。」爾雅釋蟲：「蛄䗐、強蛘。」郭璞注云：「今米穀中小黑蠹蟲是也。」與蟾蠩不類。今案：「䗐」字疑「戚施」二字之譌，因寫者脱去「戚」字，後之校書者遂於「施」字加「虫」以作蟾蠩之注，而不知其義不可通也。李氏賡芸炳燭編嘗辨之曰：「爾雅釋魚『鼁⿰酋黽、蟾諸』，郭注云：『似蝦蟆，居陸地，淮南謂之去蚥。』說文：『⿰酋黽⿱爾黽，詹諸也。』詩云：『得此⿰酋黽⿱爾黽。』蓋即新臺『得此戚施』之異文。⿰酋黽從酋聲，酋與戚雙聲，故⿰酋黽可轉作倉歷切。⿱爾黽從爾聲，從爾之字如纚，亦音式支切，故亦得與施同音。據説文鼀即⿰酋黽之本字，自爾雅鼀譌爲鼁，陸德明即音爲起據反，非也。」○吳承仕云：注當作「蟾蠩，戚施也」。説文「⿰酋黽⿱爾黽，詹諸也。詩曰：『得此⿰酋黽⿱爾黽。』」今毛詩字作戚施。詹諸、戚施皆爲雙聲連語，明不得舍戚言施矣。今本誤脱「戚」字，淺人又改「施」爲「䗐」耳。蛄䗐、強蛘，非其族類。○向宗魯云：譚獻云：「蟾蠩當作詹諸，注當作詹諸⿰酋黽⿱爾黽也。」承周案：御覽九百四十二、又九百五十一引皆作「蟾諸」。

昔者，夏鯀作三仞之城，諸侯背之，海外有狡心。鯀，帝顓頊五世孫，禹之父也。八尺曰仞。鯀作城郭，以其役勞，故諸侯背之，四海之外皆有狡猾之心也。○王念孫云：三仞，藝文類聚居處部三、太平御覽居處部二十並引作九仞是也。初學記居處部引五經異義曰：「天子之城高九仞，公侯七仞，伯五仞，子男三仞。」此謂鯀作高城而諸侯背之，則當言九仞，不當言三仞也。○陶文琦云：注「八尺曰仞」乃許注，今在高注中，乃許注羼入之故也。覽冥訓高注云：「百仞，七百尺也。」又説林訓高注云：「七尺曰仞。」其注呂覽功名、適威等篇均云「七尺曰仞」，此云八尺，乃許義也。説文仞字下云：「伸臂一尋八尺。」知許君注淮南説必同。後人多以許注羼入高注中，非有明白左證，安能別而出之。○于鬯云：惡其有自保之意也。高注謂以其役勞，故諸侯背之，非。○寧案：三仞當作九仞，王説是也。陶氏以爲高注「八尺曰仞」乃許注羼入，非是。八尺乃七尺之誤文。説文仞，許曰「伸臂一尋八尺」，段氏疑非許之舊，引程氏瑤田通藝録以爲尋爲八尺，仞必七尺，其説甚精。覽冥篇説林篇高注皆言七尺曰仞，氾論篇注曰「八尺曰尋」，而許氏「伸臂一尋八尺」不足據，可證此八尺之爲誤字矣。大藏音義九十三城塹注引「淮南子曰：『鯀作九仞之城。』注：『七尺曰仞。』」爲王説是而陶説非之明證。夏鯀作城，説甚夥，世本、呂氏春秋君守、行論二篇及吴越春秋均有記載，而文字互有出入，功過亦殊。世本皇甫謐皆以鯀爲顓頊子。高注以爲顓頊五世孫，本漢書律曆志。禹知天下之叛也，乃壞城平池，散財物，焚甲兵，施之以德，海外賓伏，四夷納職，四夷，海外也。職，貢也。○莊逵吉云：太平御覽作「中外賓服」。○馬宗霍云：「伏」與「服」通。爾雅釋詁云：「賓，服也。」史記司馬相如傳「將往賓之」，司馬貞索隱引賈逵云：「賓，伏也。」是服、伏同義之證。○寧案：宋本、鮑本太平御覽皆作「海外」，不作「中外」，莊失檢。合諸侯於塗山，執玉帛者萬國。塗山在九江當塗縣。玉，圭。帛，玄纁也。故機械之心藏于胸中，則純白不粹，神德不全。機械，巧詐也。藏之于胸臆之内，故純白之道不粹，精神專一之德不全也。粹讀禍祟之「祟」。○寧案：莊子天地篇：「機心存於胸中，則純白不備，純白不備則神生不定。」此淮南所本。在身者不知，何遠之所能懷？懷，來也。是故革堅則兵利，城成則衝生，言攻戰之備，于此生也。○楊樹達云：「衝」假作「䡴」。說文車部云：「䡴，陷陳車也，从車童聲。」「衝」字說文作「衝」，字从行，訓通道。此以音同通假耳。若以湯沃沸，亂乃逾甚。是故鞭噬狗策蹶馬而欲教之，○楊樹達云：說文蹶訓足，蹶馬連文無義，蹶蓋假爲踶。莊子馬蹄篇云：「怒則分背相踶。」李軌云：「踶，蹋也。」聲類云：「踶，躡也。」踶馬與噬狗文正相對。主術篇云：「君德不下流於民而欲用之，如鞭蹶馬矣。」蹶亦假爲踶。雖伊尹造父弗能化。伊尹名摯，郼湯之賢相也。造父，周穆王之臣也，而善御。雖此二人，不能化之。○俞樾云：伊尹不聞以善御名，何得與造父並稱？伊尹疑當作尹儒。呂氏春秋博志篇「尹儒學御三年，夢受秋駕於其師」，即其人也。傳寫脱「儒」字，後人臆補「伊」字於「尹」字之上耳。道應篇作尹需。○寧案：俞說非也。高注云：「伊尹名摯，郼湯之賢相。」則高氏所見淮南，正作伊尹，主術篇：「伊尹，賢相也，而不能與胡人騎騵馬而服騊駼。」高注：「伊尹雖賢，不能與服也。」豈高誘不知伊尹之不以善御名乎？吾斯之未能信。竊謂此以鞭噬狗策蹶馬喻御天下，猶上文言馮夷大丙之御也。曰「伊尹造父弗能化」者，承上文「革堅則兵利，城成則衝生」言之，伊尹言御天下，造父言御狗馬，非謂伊尹御狗馬也。高注云「伊尹，郼湯之賢相」，正謂伊尹乃善御天下者。又云「造父，周穆王之臣也，而善御」，若謂「善御」二字乃總伊尹、造父言之，則當云「皆善御」，上文「昔者，馮夷、大丙之御也」，注云「皆古之得道能御陰陽者也」，是其比。今承造父云「而善御」，其不竝言伊尹明矣。又案：注用「郼」爲「殷」，本呂氏春秋慎大覽，蓋音同相假也。道藏本、中立本、景宋本皆作「殷」。欲害之心亡於中，則飢虎可尾，何況狗馬之類乎？○王念孫云：「欲寅之心」，「寅」當爲「宎」字之誤也。「宎」與

「肉」同。（干禄字書云：「宍、肉，上俗下正。」廣韻亦云：「肉，俗作宍。」墨子迎敵祠篇：「狗彘豚雞食其宍。」太玄玄數：「爲食爲宍。」）欲肉者，欲食肉也。諸本及莊本皆作「欲害之心」，「害」亦「宍」之誤。（「害」字草書作「𡧃」，與「宍」相似。）文子道原篇亦誤作「害」。劉績注云：「古肉字。」則劉本作「宍」可知，而今本亦作「害」，蓋世人多見「害」，少見「宍」，故傳寫皆誤也。（吳越春秋勾踐陰謀外傳「斷竹，續竹。飛土，逐宍」，今本「宍」誤作「害」。論衡感虛篇「厨門木象生肉足」，今本風俗通義「肉」作「害」，「害」亦「宍」之誤。）又齊俗篇「夫水積則生相食之魚，土積則生自穴之獸」，「穴」亦「宍」之誤。自肉謂獸相食也。相食之魚，自肉之獸，其義一也。太平御覽禮儀部二引此作「食肉之獸」，「食」字涉上句「相食」而誤，而「肉」字則不誤。文子上禮篇正作「自肉之狩」。（狩與獸同。）○楊樹達云：「欲肉」不辭，他書亦絕未見。欲、害對文，「害」字是也。○寧案：王説是也，景宋本正作「欲宍之心」。故體道者逸而不窮，任數者勞而無功。夫峭法刻誅者，非霸王之業也；○陶方琦云：文選西征賦注引「峭法刻誅」作「陗法刻刑」，又引許注云：「陗，峻也。」今高本「刑」作「誅」，亦與許本異。説文𨸏部：「陗，陵也。」（「峻」即説文作「陖」。）與注淮南同。○寧案：唐本玉篇𨸏部引「淮南『陏法刻刑』，許叔重曰：『陏，陵也。』」「陏」乃「陗」之形誤。與文選西征賦注引合。又大藏音義九十三、九十六引許注與玉篇同。又七十七引許注：「陗，陵也。」「陵」乃「陖」之誤字。箠策繁用者，非致遠之術也。繁，數也。○王念孫云：「術」當爲「御」，字之誤也。繆稱篇曰：「急轡數策者，非千里之御也。」義與此同。羣書治要引此正作「御」，文子道原篇亦作「御」。○寧案：王説是也。吕氏春秋功名篇注引淮南記曰：「急轡利錣，非千里之御也，嚴刑峻法，非百王之治也。」（「百」乃「伯」字之誤。）文雖畧異，亦作「御」。離朱之明，察箴末於百步之外，離朱者，黄帝臣，明目人也。不能見淵中之魚；師曠之聰，合八風之調，師曠，晉平公樂師子野也。八風，八卦之風聲也。○寧案：「不能」上疑當有「而」字，與下句一律。而不能聽十里之外。故任一人之能，不足以治三畝之宅也；脩道里之數，因天地之自然，則六合不足均也。均，平也。○王念孫云：「脩」當爲「循」，隸書循、脩二字相似，故「循」誤爲「脩」。（說見管子「廟堂既脩」下。）「循道里」，「因天地」，循亦因也。若作「脩」則非其指矣。太平御覽地部二、居處部八引此竝作「循」，文子道原篇亦作「循」。又俶真篇「賈便其肆，農樂其業，大夫安其職，而處士脩其道」，「脩」亦當爲「循」。此四者，皆謂各因其舊也。文選西都賦注引此正作「循」，太平御覽皇王部二引此亦作「循」。又主術篇「橋植直立而不動，俛仰取制焉；人主靜漠而不躁，百官得脩焉」，「脩」亦當爲「循」。言人主靜漠而不躁，則百官皆得所遵循，猶橋衡之俛仰取制於柱也。又齊俗篇「守正脩理不苟得者，不免乎飢寒之患」，「脩」亦當爲「循」。文選東都賦、東京賦注引此竝作「守道順理」，順亦循也。又詮言篇「法脩自然，己無所與」，「脩」亦當爲「循」。謂循其自然而已不與也。文子符言篇作「治隨自然」，隨亦循也。又「欲見譽於爲善，而立名於爲賢，（今本「賢」誤作「質」，辯見詮言。）則治不脩故，而事不須時」，「脩」亦當爲「循」，「須」當爲「順」，皆字之誤也。文子作「治不順理而事不須時」，順亦循也。又「由其道則善無章，脩其理則巧無名」，「脩」亦當爲「循」，循其理卽由其道也。又「由此觀之，賢能之不足任也，而道術之可脩明矣」，「脩」亦當爲「循」。文子道德篇作「道術可因」，因亦循也。又兵畧篇「條脩葉貫萬物百族，由本至末，莫不有序」，「脩」亦當爲「循」，循謂順其序也。俶真篇曰「萬物之疏躍枝舉，百事之莖葉條榟，皆本於一根而條循千萬」是也。又泰族篇「今夫道者，藏精於內，棲神於心，靜漠恬淡，訟繆胸中，邪氣無所留滯。四枝節族，毛蒸理泄，則機樞調利，百脈九竅，莫不順比，其所居神者，得其位也，豈節拊而毛脩之哉」。「脩」亦當爲「循」，循與拊同意也。是故禹之決瀆也，因水以爲師；神農之播穀也，因苗以爲教。禹，鯀之子名文命。受禪成功曰「禹」。因以水性自下，決使東流，以爲後世師法也。神農，少典之子炎帝也。農植嘉穀，神而化之，故號曰神農也。播，布也，布種百穀，因苗之生而長育之，以爲後世之常教也。○馬宗霍云：水有自下之性，順其性而導之，卽孟子所謂「行其所無事」也。是禹之決瀆，實見水之自下，而得決之之法，故曰「因水以爲師」。苗有自生之性，順其性而長之，卽孟子所謂勿助長也。是神農之播穀，實見苗之自生而得播之之法，故曰「因苗以爲教」。高氏謂師爲後世師法，教爲後世常教，似非原文之意。

夫萍樹根於水，萍，大蘋也。○王念孫云：「萍」本作「蘋」。（埤雅引此已誤。）高注「萍，大蘋也」，本作「蘋，大萍也」。「萍」字或作「蓱」。爾雅：「苹，（音平）蓱，（音瓶）其大者蘋。」（音頻）召南采蘋傳曰：「蘋，大蓱也。」說文「蘋」作「薲」，亦云「大蓱也」。此皆以小者爲萍，大者爲蘋，卽高注所本也。呂氏春秋本味篇「菜之美者，昆侖之蘋」，高注曰：「蘋，大萍。」（舊本「大萍」誤作「大蘋」，今改正。）足與此注互相證明矣。後人既改正文「蘋」字爲「萍」，又互改高注蘋、萍二字以就之，而不知其小大之相反也。木樹根於土，鳥排虛而飛，獸蹠實而走，蹠，足也。實，地也。蹠讀捃摭之「摭」。○陶方琦云：文選舞賦注、高唐賦注引許注：「蹠，蹈也。」案：二家注文異。舞賦引許注「蹈」作「踏」。說文足部：「蹈，踐也」。又「蹋，踐也」。俗字作「踏」，蹈、蹋連文而同訓，然此「踏」字乃「蹈」字之譌。大藏音義四十五、九十引許注：「蹠，蹈也，行也」，九十九引作「蹠，蹈也。又曰，行也」。較文選注引多一「行」字。○向宗魯云：陶氏謂大藏音義引許注多一「行」字，非多一字，實多一義也。慧琳引正文「虛」作「空」，蓋許本也。御覽九百十四引亦作「空」。（八百八十九作

「虛」，文選七命辯命論注同。）〇馬宗霍云：説文足部蹠下云：「楚人謂跳躍曰蹠。」義不爲足。廣雅釋詁云：「蹠，履也。」玄應一切經音義五引倉頡篇云：「蹠，躡也。」楚辭九章哀郢篇「眇不知其所蹠」，王逸注云：「蹠，踐也。」亦無訓蹠爲足者。尋慧琳一切經音義四十五菩薩投身餓虎起塔因緣經「蹠踐」條，又九十九廣弘明集卷二十九「蹠實」條並引淮南此文「排虛」作「排空」，又引許叔重注云：「蹠，蹈也，行也。」是許、高二家正文注文皆異。文選宋玉高唐賦「背穴偃、蹠」，李善注引淮南許注曰「蹠，蹈也」，亦與慧琳引合。傅毅舞賦「蹠地遠羣」，李引許注又作「蹠，踏也」。説文無「踏」字，「踏」蓋「蹈」之譌，蹈亦訓踐也。然則，以足踐地謂之蹠，非足謂之蹠。蹠實而走，卽踐地而走，若依高注蹠足之訓，足地而走，於詞爲不馴矣。**蛟龍水居，虎豹山處，天地之性也。**蛟，水蛟，其皮有珠，世人以爲刀劍之口是也。蛟讀人情性交易之「交」，緩氣言乃得耳。〇寧案：公羊傳莊十三年「何以不日？易也」，何休注：「易，猶佼易也。」佼通交。高注「交易」，猶輕慢，蓋以漢時俗語作音釋。**兩木相摩而然，金火相守而流，**流，釋也。**員者常轉，窾者主浮，自然之勢也。**員，輪丸之屬也。窾，空也，舟船之屬也。故曰，自然之勢也。窾讀科條之「科」也。〇寧案：曾慥類説二十五引作「窾者常浮」。上二句以「相摩」「相守」爲對，此二句以「常轉」「常浮」爲對，疑常字是。**是故春風至則甘雨降，生育萬物，**明堂月令曰「清風至則穀雨」是也。育，長也。風，或作分合。〇寧案：注「風或作分合」「分合之分」省文也。劉家立集證删「合」字，非是。**羽者嫗伏，毛者孕育，**嫗伏，以氣剖卵也。孕者懷胎。育，生也。〇陶方琦云：玉燭寶典一引作「剖者嫗伏」，許注：「嫗伏，以氣伏孚卵也。」案：此許注羼入高注中者。玉燭寶典爲隋時人著，所引許注必可徵信。泰族訓「卵割於陵」，初學記白帖竝引作「卵剖於陵」，此正文作「剖」，或同是義。**草木榮華，鳥獸卵胎，莫見其爲**

者，而功既成矣。既，已也。秋風下霜，倒生挫傷，草木首地而生，故曰倒生。挫傷者，彫落也。○寧案：莊子外物篇「草木之到植者過半而不知其然」，「倒生」即「到植」。諸本「倒」作「到」，古今字。鷹鵰搏鷙，昆蟲蟄藏，蟄，讀什伍之「什」。草木注根，魚鼈湊淵，莫見其爲者，滅而無形。滅，没也。形，見也。木處榛巢，水居窟穴，聚木曰榛。○莊逵吉云：說文解字：「榛，菆也。」「菆，蓐也。」「蓐，陳草復生也。一曰：蔟也。」皆轉相訓。注，菆音側鳩切。古菆、聚同聲，聚木即菆木也。○王引之云：榛巢連文，則榛即是巢，猶窟穴連文，則窟即是穴。「榛」當讀爲「橧」。廣雅：「橧，巢也。」禮運曰：「冬則居營窟，夏則居橧巢。」字亦作「曾」。大戴禮曾子疾病篇：「鷹鶽以山爲卑而曾巢其上，魚鼈黿鼉以淵爲淺而蹶穴其中。」羣書治要引曾子「蹶穴」作「窟穴」，以窟穴對曾巢，正與此同。禮運之橧巢，亦與營窟對文也。凡秦聲、曾聲之字，古或相通，若溱洧之「溱」，說文作「潧」是也。高以榛爲榛薄之「榛」（主術篇「入榛薄」，高注：「聚木爲榛，深草爲薄。」）則分榛與巢爲二物，比之下句爲不類矣。說林篇曰：「榛巢者處茂林，安也。窟穴者託埵防，便也。」以窟穴對榛巢，亦與此同。彼言榛巢者處茂林，則榛巢非茂林也。此言木處榛巢，則榛巢亦非木也。若以榛爲榛薄之「榛」，則又合榛與木爲一物矣。○陶方琦云：大藏經音義六十三又七十五引許注：「叢木曰榛。」案：此許注羼入高注中者。說文：「榛，菆也。」（側鳩切。）古菆與藂音義相近，叢木當作菆木。○劉文典云：文選遊天台山賦、左思招隱詩、答張士然詩注引高注並作「叢木曰榛」。○吳承仕云：王仲宣從軍詩注引高注「聚木曰榛」，與此相應。下文「隱於榛薄之中」，注云「藂木曰榛」。即實言之，叢、聚並從取聲，音義相近，注家隨意作之，亦容傳寫錯互，不關弘旨。○向宗魯云：陶說未碻。高於訓詁，豈能全與許異？李善在慧琳之前，引此注明標高誘，非羼入也。此注「聚」當作「叢」。「叢」

或作「蓁」，因誤爲聚。顏氏説同。○寧案：王引之謂「榛」讀爲「橧」是也。晏子春秋内篇諫下第十四云：「古者，嘗有處橧巢窟穴而不惡。」又云：「其不爲橧巢者，以避風也；其不爲窟穴者，以避濕也。」亦作橧巢，與窟穴對文。集韻：「橧，聚薪以居也。」又作「竲」，廣韻：「竲，巢高。」**禽獸有芄**，芄，蓐也。○王念孫云：劉績本「芄」作「艽」。案：劉本是也。廣韻：「艽，獸蓐也。」正與高注合。脩務篇曰：「虎豹有茂草，野彘有艽莦，槎櫛堀虛，連比以像宮室。」此云「禽獸有艽，人民有室，」其義一也。○于鬯云：木處者鳥類也，水居者魚類也。然則禽獸當統言獸，不言鳥獸，若及鳥，與木處之義複矣。猶小戴曲禮記「猩猩能言，不離禽獸」之「禽獸」也。故曰「禽獸有艽」。王念孫襍志引劉績本「芄」作「艽」，云音仇，獸蓐也。王謂劉本是，引廣韻「艽，獸蓐也」，又引脩務篇「野彘有艽莦」，明專指獸而不兼及鳥也。○劉文典云：北堂書鈔一百五十八引「芄」作「杌」，又引許注云：「杌，獸蓐。」孫馮翼輯許慎淮南注未收此條。○向宗魯云：書鈔「艽」作「杌」，古「簋」字，從九旁，故與「艽」通。○寧案：于謂「禽獸」當統言獸是也。白虎通義：「田獵禽者何？鳥獸之總名。」易屯六三「即鹿無虞，以從禽也」，即取獸義。此禽字同。**人民有室，陸處宜牛馬，舟行宜多水，匈奴出穢裘，**匈奴，獫狁，北胡也。**于越生葛絺，**于，吴也。絺，細葛也。○王念孫云：道藏本「于」作「干」，作干者是也。春秋言於越者即是越，而以「於」爲發聲。此言干、越者，謂吴、越也。若是「于」字，則高注不當訓爲吴矣。莊子刻意篇「夫有干、越之劍者」，釋文司馬云：「干，吴也，吴、越出善劍也。」荀子勸學篇「干、越、夷、貉之子」，楊倞曰：「干、越猶言吴、越。」（近時嘉善謝氏刻本改「干」爲「于」，又改楊注「吴、越」爲「於越」，非是。辯見荀子。）漢書貨殖傳「辟猶戎、翟之與于越不相入矣」，「于」亦「干」之誤。干、越皆國名，故言戎、翟之與干、越，猶荀子之言干、越、夷、貉也。顏師古以爲春秋之於越，失之。司馬彪訓干爲吴，正與高注同。莊從劉本作「于」，則與高注相背矣。○金其源云：春秋「於越入吳」，注：「於，發聲也。」越絶書云：「葛山勾踐種葛，使越女治葛布，獻於吳。」可見葛絺生於越，不生於吳。于越乃越，非吳越也。○寧案：莊子言「有干越之劍者」，以吳越出善劍，荀子「干越夷貉之子」，謂其生而同聲，長而異俗，文作干越自通。金據越絶書謂葛絺生於越，不生於吳，則二書不足以例此。漢書地理志云：「越多犀象、毒冒、珠璣、銀、銅、果、布之湊」，韋昭注：「布，葛布也。」於吳則但言「東有海鹽章山之銅」，不言出布，亦金説之一證。各生所急，以備燥濕，各因所處，以禦寒暑，竝得其宜，物便其所。由此觀之，萬物固以自然，聖人又何事焉！事，治也。

九疑之南，陸事寡而水事衆，九疑，山名也，在蒼梧，虞舜所葬也。○劉文典云：藝文類聚七、御覽四十一引「衆」竝作「多」，疑許注本如此。於是民人被髮文身，以像鱗蟲，被，翦也。文身，刻畫其體，内默其中，爲蛟龍之狀，以入水，蛟龍不害也。故曰以像鱗蟲也。○王引之云：諸書無訓被爲翦者，「被髮」當作「劗髮」，注當作「劗，翦也。」漢書嚴助傳「越方外之地，劗髮文身之民也」，晉灼曰：「淮南云：『越人劗髮。』」（見齊俗篇。又曰：「越王勾踐劗髮文身。」）張揖以爲古翦字也。」（字又作「鬋」。逸周書王會篇曰：「越漚鬋髮文身。」墨子公孟篇曰：「越王勾踐翦髮文身以治其國。」史記趙世家曰：「夫翦髮文身，甌越之民也。」）此言九疑之南，正是越地，故亦曰劗髮文身也。主術篇「是猶以斧劗毛」，高彼注曰：「劗，翦也。劗讀驚攢之攢。」故此注亦曰「劗，翦也」。後人見王制有「被髮文身」之語，遂改「劗」爲「被」，竝注中劗字而改之，不知劗與翦同義，故云「劗，翦也」，若是被字，不得訓爲翦矣。（趙世家之「翦髮」，趙策作「祝髮」，錢、曾、劉本竝同，俗本亦改爲「被髮」。）且越人以劗髮爲俗，若被髮則非其俗矣。（漢書地理志「文身斷髮以避蛟龍之害」，應劭曰：「常在水中，故短其髮，文其身，以像龍子，故不見傷害。」即此所云「劗髮文身以像鱗蟲」也。高注訓劗爲翦，亦與漢書「斷髮」同義。）○吴承仕云：高注「内默其中」，「默」讀爲「墨」。周禮司刑「墨罪五百」，注：「墨，黥也，先刻其面，以墨窒之。」是其義。左氏傳作蔡墨，吕氏春秋召類篇作史默，此墨、默通用之證。朱本「默」正作「墨」。

短綣不絝，以便涉游，○楊樹達云：「綣」當讀爲「幝」。説文巾部云：「幝，幒也。從巾軍聲。」或作「褌」。案：所謂犢鼻褌也。短褌不著絝，今習游泳者猶然。卷字古音本在寒部，然多讀爲痕部音。漢書地理志下云「安定郡眴卷」，應劭曰：「卷音箘簬之箘。」禮記喪大記云：「復者朝服，君以卷。」鄭注讀「卷」爲「衮」。釋文云：「卷，本又作衮，音古本反。」淮南以「綣」爲「幝」，猶禮記以「卷」爲「衮」，漢書讀「卷」爲「箘」矣。

短袂攘卷，以便刺舟，因之也。卷，卷臂也。因之，因水之宜也。○寧案：「攘」假爲「纕」。説文：「纕，援臂也。」援，引也，謂引褎而上，出其臂。孟子盡心篇「馮婦攘臂下車」，亦作「攘」，蓋「攘臂」行而「纕臂」廢。「卷」，説文作「絭」。糸部：「絭，纕臂繩也。」臂褎易流，以繩約之。字又作「帣」。史記淳于髡傳「帣韝鞠䠋」，徐廣曰：「帣，收衣褎也。」卷、帣皆同音假借。列女傳趙津女娟傳「娟攘卷操檝而請」，卽古人攘卷刺舟之例。

鴈門之北，狄不穀食，賤長貴壯，俗尚氣力，○王念孫云：「俗」本作「各」，言狄人各尚氣力也。「各」誤爲「谷」，（漢郃陽令曹全碑「各獲人爵之報」，「各」作「㕁」，形與「谷」相似。「各」、「谷」草書亦相似。）後人因加人旁耳。不知不穀食與下文人不弛弓、馬不解勒，皆是狄人之俗，非獨尚氣力一事也。太平御覽兵部八十九引此正作「各尚氣力」。○劉文典云：「俗尚氣力」，義自可通，不必改字釋之。類書所引孤證，不足爲據。且如王説，誤自漢代，則宋代類書引文安得不誤乎？王氏但欲證明「俗」爲「各」字之誤，不知所舉二證實難竝立也。

人不弛弓，馬不解勒，便之也。不穀食，肉

酪而已。北狄，鮮卑也。弛，舍也。便，習也。故禹之裸國，解衣而入，衣帶而出，因之也。裸國在南方，聖人治禮，不求變俗，故曰因之也。○吴承仕云：曲禮曰：「君子行禮，不求變俗。」正義引「鄭荅趙商，以爲衛武公居殷虚，故用殷禮。即引此云：君子行禮，不求變俗」。（正義文止此。）此注正用曲禮文，説義則與鄭志同。以文稱禹事，故變君子言聖人，是也。唯不云行禮而云治禮，則義不可説。疑傳寫失之，無可據正。○寧案：吕氏春秋貴因篇云：「禹之裸國，裸入衣出，因也。」此淮南所本。今夫徙樹者，失其陰陽之性，則莫不枯槁。失猶易也。○寧案齊民要術四引「徙」作「移」。故橘樹之江北，則化而爲枳，鴝鵒不過濟，見于周禮。故春秋傳曰：「鴝鵒來巢。」言非中國之禽，所以爲魯昭公亡異也。○王念孫云：「枳」本作「橙」，此後人依攷工記改之也。不知彼言橘踰淮而北爲枳，此言樹之江北則爲橙，義各不同。注言見周禮者，約舉之詞，非必句句皆同也。埤雅引此作「化而爲枳」，則所見本已誤。文選潘岳爲賈謐贈陸機詩：「在南稱甘，度北則橙。」李善注引淮南曰：「江南橘樹之江北，化而爲橙。」藝文類聚、太平御覽果部橘下竝引攷工記曰：「橘踰淮而北爲枳。」又引淮南曰：「夫橘樹之江北，化而爲橙。」（御覽橙下引淮南同。）然則攷工作「枳」而淮南作「橙」明矣。晉王子升甘橘贊曰：「異分南域，北則枳橙。」此兼用攷工與淮南也。○陶方琦云：大藏音義十四又三十七引許注：「鴝鵒一名寒臯。」○劉文典云：攷工記埤雅字竝作「枳」，即「枳」字不誤之證。此文以枳、濟、死爲韻，作「橙」則失其韻矣。列子湯問篇「渡淮而北而化爲枳焉。鸜鵒不踰濟，貉踰汶則死矣。」與此文正同。説苑奉使篇：「江南有橘，齊王使人取之，而樹之於江北，生不爲橘，乃爲枳。」韓詩外傳十：「王不見夫江南之樹乎？名橘，樹之江北，則化爲枳。」亦皆可證枳字不誤。王説失之。○寧案：使字本作「枳」，則太平御覽橙下不當引淮南，且御覽兩引。疑是許高之異。又案：大藏音義引許注「鴝」作「鸜」，或字也。「臯」作「嘷」，同「號」。貑渡汶而死，形性不可易，勢居不可移也。是故達於道者，反於清凈，反本也。天本授人清凈之性，故曰反也。○寧案：「清凈」當作「清靜」，注同。上文云：「人生而靜，天之性也。」故此高注云：「天本授人清靜之性」也。下文又云：「清靜者，德之至也。」故此云「達於道者，反於清靜」也。景宋本正作「清靜」。究於物者，終於無爲。無爲者，不爲物爲也。○吴承仕云：朱本作「無爲者，不爲物動」。案：各本竝非也。下文云「所謂無爲者，不先物爲也」，疑此注亦當作「不先物爲」。以本文相互釋之，說義至當。以恬養性，以漠處神，則入于天門。

所謂天者，純粹樸素，質直皓白，未始有與襍糅者也。○向宗魯云：「直」當爲「真」。老子第四十一章「質真若渝」，卽此文所本。本經篇「質真而素樸」，尤爲明證。所謂人者，偶𥈟智故，曲巧僞詐，所以俛仰於世人而與俗交者也。劉台拱云：「偶𥈟」未詳，字書無「𥈟」字。孫卿君道篇「天下之變，境内之事，有弛易齵差者矣」，齵，五婁切，差，初宜切，此讀當從之。言人情物態齵齵不正，參差不齊也。又本經篇「衣無隅差之削」，注：「隅，角也。差，邪也。古者質皆全幅爲衣裳，無有邪角。邪角，削殺也。」按：全幅爲衣無殺縫，不能無隅角。隅差與偶𥈟聲義相近。蓋以全幅爲衣，縫無不正，齌無不齊。隅差卽偶𥈟之意。○王念孫云：晏子春秋諫下篇第十四：「衣不務于隅肶之削。」案：「肶」當爲「眦」，字之誤也。「眦」或作「眥」。淮南齊俗篇「衣不務於奇麗之容，隅眥之削」是也。隅眥者，隅差也。隅，角也，差，邪也。幅之削者，必有隅差之形，故曰「衣不務於隅眦之削」，卽淮南所云「衣無隅差之削」也。原道篇又云「偶𥈟智故，曲巧僞詐」，偶𥈟卽隅差，亦卽隅眦也。凡字之從「此」從「差」者，聲相近而義亦相通。鄘風「玼兮玼兮」，沇重云「玼，本或作瑳」，小雅「屢舞傞傞」，説文引作「㛗㛗」，月令「掩骼埋胔」，吕氏春秋孟春篇「胔」作「髊」，皆其例也。○蘇輿云：王説是也。淮南「隅差智故」之「隅」，字或作「偶」，衣邪謂之隅差，人邪謂之偶差，聲義並近矣。故牛岐蹏而戴角，馬被髦而全足者，天也；絡馬之口，穿牛之鼻者，人也。○寧案：莊子秋水篇「牛馬四足是謂天，落馬首，穿牛鼻是謂人」，即淮南所本。循天者，與道游者也；循，隨也。游，行也。隨人者，與俗交者也。夫井魚不可與語大，拘於隘也；夏蟲不可與語寒，言蟬蜩不知寒雪也。篤於時也；曲士不可與語至道，拘於俗，束於教也。○俞樾云：「大」字泛而無指，義不可通，疑本作「夫井魚不可與語大海，拘於隘也；夏蟲不可與語寒雪，篤於時也；曲士不可與語至道，拘於俗，束於教也」。曰大海，曰寒雪，曰至道，皆二字爲文，與莊子秋水篇不同。彼云：「井鼃不可以語於海者，拘於虚也；夏蟲不可以語於冰者，篤於時也；曲士不可以語於道者，束於教也。」曰海，曰冰，曰道，皆一字爲文，古人屬辭，必相稱如此。高注於次句曰「言蟬蜩不知寒雪也」，則其所據本正有「雪」字。若正文但言寒，不言雪，則高注何以横加「雪」字乎？即謂增字以足句，何不據莊子加「冰」字而必加「雪」字乎？此句既有「雪」字，則上句亦有「海」字可知。不然，次句曰「語寒雪」，三句曰「語至道」，而首句獨曰「語大」，文不相稱。且寒以雪言，至以道言，大以何物言乎？文又不備矣。梁張綰文曰：「井魚之不識巨海，夏蟲之不見冬冰。」巨海即大海也。○寧案：「不可語大」「不可語寒」自可通。文云夏蟲，云寒，注蓋以蟬蜩以雪實之，若謂正文即有「雪」字，則「夏蟲」下豈亦當有「蟬蜩」乎？繆稱篇「審一時者不可與言大」，齊俗篇「其見不遠者，不可與語大」，文與此同。繆稱篇注曰：「猶蟬不知寒也。」許氏文亦本此，而「寒」下無「雪」字，是其明證。是知俞説不可從矣。故聖人不以人滑天，不以欲亂情，天，身也，不以人事滑亂其身也，不以欲亂其清淨之性者也。○莊逵吉云：「天竺即身毒，故天有身義。○于鬯云：「高注云『天，身也』，以身訓天，如上文所謂『牛岐蹏而戴角，馬被髦而全足者天也』。然則，人身之五官四體，亦是天也，故曰『天，身也』。此不以聲訓也。莊校云『天竺即身毒，故天有身義』，恐失高意。凡莊校多迂。○吴承仕云：「『天，身』云者，疊韻爲訓，亦高氏之常詁也。梵音印度，此土言月氏，漢、魏間或言身毒、身竺、天竺、捐毒、賢豆，皆音譯之殊，不關義訓，至玄奘乃定名印度耳。莊說失之。○于省吾云：注以『天，身』爲音訓，非是。『故聖人不以人滑天』，乃承上文而申述之。上云『循天者與道游者也，隨人者與俗交者也』，此句即就上文天人爲言也。○寧案：注，道藏本作「不以欲亂其情濁之性者也」，疑藏本是也。「亂其情」與「濁之性」對文，濁之性猶言濁其性也。「情」以形近誤作「清」，如中立本、茅本、景宋本。「清濁之性」義不可通，莊本改「濁」爲「淨」，恐非其舊。

不謀而當，不言而信，不慮而得，不爲而成，詩云：「不識不知，順帝之則。」故曰「不謀而當，不慮而得」也。

精通于靈府，○陶方琦云：莊子釋文引許注：「人心以上，氣所往來也。」高無注。莊子釋文引郭象注：「靈臺，心也，心有靈气能主持也。」○向宗魯云：莊子德充符「不可入於靈府」，郭注：「靈府，精神之宅也。」

與造化者爲人。爲，治也。○王引之云：高未解人字之義，故訓爲爲治。人者，偶也，言與造化者爲偶也。中庸：「仁者，人也。」鄭注曰：「人也，讀如相人偶之人，以人意相存偶之言。」檜風匪風箋曰：「人偶能割亨者。」「人偶能輔周道治民者。」聘禮注曰：「每門輒揖者，以相人偶爲敬也。」公食大夫禮注曰：「每曲揖及當碑揖相人偶。」是人與偶同義。故漢時有「相人偶」之語。上文云「與造化者俱」，本經篇云「與造化者相雌雄」，齊俗篇曰「上與神明爲友，下與造化爲人」，曰俱，曰爲友，曰爲人，曰相雌雄，皆是相偶之意。故本經篇「與造化者相雌雄」，文子下德篇作「與造化者爲人」，此尤其明證矣。莊子大宗師篇「彼方且與造物者爲人」，應帝王篇「予方將與造物者爲人」，天運篇「久矣夫某不與化爲人」，並與淮南同意，解者亦失之。○于省吾云：王引之訓人爲偶，義則近是，而未盡得之。案：甲骨文金文人、尸字通，「尸」古「夷」字。與造化者爲夷，言與造化者爲等夷也。詳莊子新證大宗師篇。

夫善游者溺，善騎者墮，各以其所好，反自爲禍。禍，害也。○寧案：類説引作「各以所好，反爲自禍」。是故好事者未嘗不中，中，傷也。好爲情欲之事者，未嘗不自傷也。爭利者未嘗不窮也。昔共工之力，觸不周之山，使地東南傾，共工，以水行霸於伏羲、神農間者也，非堯時共工也。不周山，昆侖西北。傾，猶下也。天文言「天傾西北，地傾東南」，先言傾，高也。此言東南，後言傾，明其下也。○陶方琦云：文選辨命論注引許注：「昔共工，古諸侯之彊者也。不周之山，西北之山也。」案：二家注文異。史記三皇本紀言「諸侯有共工氏，任智刑以彊，霸而不王，以水乘木，乃與祝融戰，不勝而怒，乃頭觸不周山崩，天柱折，地維缺」。（列子、潛夫論引皆有「怒」字。）高本無「怒」字，應補。離騷「路不周以左轉」，王注：「不周，山名，在昆侖西北。」郝氏懿行山海經箋疏云：「王逸高誘注云不周山在昆侖西北，竝非也，依此經乃在昆侖東南。考西次三經『又西北三百七十里曰不周之山』，竝非指言昆侖西北。」許注西北之山，不專指昆侖是也。列子湯問篇張注「不周山在西北之極」，與許説合。○寧案：文選辨命論注引本文有「怒」字，本書天文篇亦有「怒」字，此蓋傳寫誤脱。又案：天文篇高注云：「不周山在西北」，無「昆侖」二字，此注當亦後人所亂。又「地傾東南」四字衍文。天文篇云：「天傾西北，故日月星辰移焉；地不滿東南，故水潦塵埃歸焉。」無「地傾東南」四字。且云「地傾東南」是先言傾，非此「使地東南傾」注云「後言傾，明其下也」之義。疑涉上「天傾西北」爲後人所妄加。與高辛爭爲帝，高辛，帝嚳有天下之號也。嚳，黄帝之曾孫。○向宗魯云：列子湯問篇注云：「共工氏興霸於伏羲、神農之間，其後苗裔恃其彊，與顓頊爭爲帝」云云。是此共工乃興霸者之後裔耳。互詳本經篇。又案：天文、兵畧二篇但云顓頊與共工爭，列子湯問同，而此及吕氏蕩兵篇注皆作高辛，疑高陽之誤，自高作注時已然。○金其源云：天文訓：「昔者共工與顓頊爭爲帝，怒而觸不周之山。」或云顓頊，或云高辛，前後似出兩岐。竹書紀年云：「術器作亂，辛侯滅之。」山海經云：「共工生術器。」故竹書徐箋謂「術器襲共工之號」。是顓頊爲天子時，術器作亂，帝嚳時爲辛侯滅之，故或稱顓頊，或稱帝嚳。○寧案：天文篇注云：「共工，官名，霸於虙羲、神農之間，其後子孫任知刑以彊，故與顓頊、黄帝之孫爭位。」以此共工乃興霸者之後裔，與湯問本經注同。向失引。**遂潛于淵，宗族殘滅，繼嗣絶祀。**謂共工也。○馬宗霍云：本文「繼嗣」疑當作「斷嗣」。上句言宗族殘滅，滅者盡也，則不得有繼嗣。既有繼嗣，則雖失帝位，不得言絶祀也。**越王翳逃山穴，越人熏而出之，遂不得已。**已，止也。翳，越太子也，賢，不欲爲王，逃於山穴之中，越人以火熏出而立之，故曰遂不得已。在春秋後，故不書于經也。○陶方琦云：此事見莊子吕覽，竝作王子搜。越世家「不壽生王翁，翁生王翳」是也。莊子吕覽竝作丹穴，許作巫山之穴，與高本異也。巫山在南郡巫縣。俶真訓「巫山之上」，高注：「巫山在南郡。」○劉文典云：書鈔百五十八引「翳」作「醫」，「山」上有「巫」字。又引許注云：「醫，越王之太子，當立，讓逃巫山之穴中。薰，以火烟薰之也，遂不得已，立爲王。」孫馮翼輯許注未收此條。○向宗魯云：此巫山非南郡之巫山。越絶書紀地云：「巫山者，越䰡神巫之官，死葬其上，去山陰縣十三里許。」若南郡之巫山，遠隔楚地，非越人所易至也。○寧案：景宋本注「翳」作「醫」，與書鈔同。又「山穴」上有「出」字，疑即「巫」字之誤而今本脱之也。「出」字俗書作「岀」，與「巫」形似。又「火」字當爲「艾」，火不可謂熏也。莊子讓王篇、吕氏春秋貴生篇皆作「薰之以艾」。由此觀之，得在時，不在爭，治在道，不在聖。治，爲也。雖聖不得爲，故曰在道，孔子是也。土處下，不在高，故安而不危。○寧案：「不在高」，「在」當爲「爭」，與下文「不爭先」一例，蓋涉上而誤。道藏本、景宋本正作「爭」。水下流，不爭先，故疾而不遲。昔舜耕於歷山，朞年而田者爭處墝埆，以封壤肥饒相讓；歷山在沛陰城陽也。一曰：沛南歷城山也。墝埆，讀人相墝椽之「墝」。○王念孫云：「封壤」二字義不相屬，「封壤」本作「封畔」，此後人以意改之也。封、畔皆謂田界也。（周官保章氏注、吕氏春秋孟春、樂成二篇注並云：「封，界也。」說文：「畔，田界也。」）史記五帝紀：「舜耕歷山，歷山之人皆讓畔。」（本出韓子難一。）大雅緜傳亦云：「耕者讓畔。」封畔與肥饒相對爲文，下文「以曲隈深潭相予」，曲隈、深潭亦相對爲文。覽冥篇云「田者不侵畔，漁者不爭隈」，此云「田者以封畔肥饒相讓，漁者以曲隈深潭相予」，其義一也。太平御覽皇王部六、爾雅釋草疏引此並作「封畔」。○寧案：王說是也。唐本玉篇石部确字引此亦作「封畔」。又案注「墝椽之墝」，疑當作「譊椓之譊」。說文：「譊，恚聲也。」椓通諑。方言：「諑，愬也。」郭注：「諑譖亦通語也。」故曰人相譊諑也。釣於河濱，朞年而漁者爭處湍瀨，以曲隈深潭相予。漁讀告語。湍瀨，水淺流急少魚之處也。曲隈，崖岸委曲。深潭，回流饒魚之處。潭讀葛覃之「覃」。○陶方琦云：文選南都賦注、七命注、長笛賦注引許注：「湍，水行疾也。」案：說文水部：「湍，疾瀨也。」湍訓爲疾，與注淮南同。又大藏音義八十五引許注：「湍，疾水也。瀨，淺水也。」御覽八十一引淮南舊注：「湍，疾。瀨，淺。」與藏經音義引注相符，是所載舊注卽許注也。（高注「水淺流疾少魚之處」，亦本許義。）○馬宗霍云：唐卷子本玉篇水部潤字下云：「淮南『以曲隈深潤相與』，許叔重曰：『潤入之處也。』」野王案：謂潤利也。廣雅：『潤，益也。澗，濕也。』」據此，是許、高二家正文注文皆異。顧氏以澗利釋澗，與許注又微不同。尋太平御覽八十一引作「以曲限深澗相與」，「與」字正同許本。「澗」「潤」二字形近，以玉篇校之，疑「澗」當作「潤」，知亦據許本也。然玩繹文義，似高本作「深潭」爲長。**當此之時，口不設言，手不指麾，**口不設不信之言也。手不指麾，不妄有所規儗也。○于鬯云：此二句甚明，但謂不言不指耳，無不信不妄之義，高說轉迂。**執玄德於心，而化馳若神。**玄，天也。馳，行也。若神，若有神化之也。**使舜無其志，雖口辯而户説之，不能化一人。**志，王天下之志也。一曰：人心之志也。**是故不道之道，莽乎大哉！**道不可道，故曰不道之道。○楊樹達云：説文水部沆下云：「莽沆，大水。一曰：大澤。」風俗通山澤篇云：「沆者，莽也，言其平望莽莽，無涯際也。」俶真篇云：「茫茫沆沆。」高注云：「盛貌。茫讀王莽之莽。」又云：「其道昧昧芒芒然。」高注云：「芒芒，廣大貌也。」莽、茫、芒竝音近義同。**夫能理三苗，朝羽民，**三苗，堯時所放渾敦、窮奇、叨餮之等。理，治也。羽民，南方羽國之民。使之朝者，德以懷遠也。○向宗魯云：叨餮，宋本、藏本皆作饕餮，此從説文改。**徙裸國，納肅慎，未發號施生而移風易俗者，其唯心行者乎！**徙，化也。裸國在南方，禹所入也。肅慎在北方遠也。傳曰：「肅慎燕亳，吾北土也。」惟神化爲能然也。○劉家立云：「心行」二字，義不可通，疑「仁化」之誤。高注云「惟仁化爲能然也」，下注云「明不如仁心化之爲大」，是正文作「仁化」之證。且移風易俗，正卽所謂仁化也。○吴承仕云：注「遠也」，朱本作「遠地」是也，形殘作「也」耳。○向宗魯云：「徙」字無義，亦無化訓，宋本、藏本皆作「從」。從者服從之義，注當作「從，化也」。主術篇「與之陶化」，注「化，從也」，是其證。又案：注「神化」，宋本、藏本皆作「仁化」。下注云「明不如仁心化之爲大」，則此注當亦是「仁化」。今本因上文「化馳若神」句改「仁」爲「神」，非也。○寧案：向説是也，中立本亦作「從」作「仁化」。又案：「發號施生」，生字無義，道藏本景宋本作「發號施令」，當據正。又案：劉家立以爲「心行」二字義不可通，不知管子形勢篇云「四方所歸，心行者也」，房注：「心行能不見，則四方歸之。」此淮南所本。且繆稱篇許注亦云：「言雖叫呼大語，不如心行真直也。」劉氏改作「仁化」，謬甚。法度刑罰何足以致之也？言不足以致之也，明不如仁心化之爲大。是故聖人内脩其本，而不外飾其末，保其精神，偃其智故，漠然無爲而無不爲也，能無爲，故物無不爲之化。澹然無治也而無不治也。○劉台拱云：「無治也」「也」字衍，當在下文「因物之所爲」下。所謂無爲者，不先物爲也；所謂無不爲者，因物之所爲。順物之性也。所謂無治者，不易自然也；所謂無不治者，因物之相然也。然猶宜也。萬物有所生，而獨知守其根；根，本也。百事有所出，而獨知守其門。門，禁要也。故窮無窮，極無極，照物而不眩，響應而不乏，此之謂天解。眩，惑也。天解，天之解故也，言能明天意也。○莊逵吉云：解故卽詁字。説文解字云：「詁，訓故言也。」是故與詁通。○于省吾云：天猶玄也。天解卽老子所謂「古者謂是帝之玄解」之「玄解」也。上文「執玄德於心」，注：「玄，天也」；下文「萬物玄同也」，注：「玄，天也」，是其證。○馬宗霍云：「此之謂天解」與莊子齊物論「此之謂物化」句例相同。天者，言其自然也。解者，説文訓判，廣雅訓散，鄭玄儀禮大射儀注訓釋，引申之則解猶化也。天解猶言自然之化，卽上文所謂「漠然無爲而無不爲，澹然無治而無不治」也。高釋「天解」爲「天之解故」，意近回穴。

故得道者，志弱而事强，弱，柔也。强，無不勝也。心虚而應當。當，合也。所謂志弱而事强者，○向宗魯云：「而事强」三字涉上文而衍。上文云「志弱而事强」，此云「所謂志弱者」云云，下云「所謂其事强者」云云，卽分疏上文。此著有「而事强」三字，則下文爲贅矣。宋本、藏本皆無此三字，文子道原篇亦無，今據刪。○寧案：向説是也。楊樹達説同。集證本無三字。柔毳安静，藏於不敢，○俞樾云：文子道原篇作「藏於不取」，當從之，即所謂「百姓足，君孰與不足」也。「取」與「敢」形似而誤。○寧案：俞説非也。管子勢篇「行於不敢而立於不能，守弱節而堅處之」，即淮南所本。作「取」非其義。行於不能，恬然無慮，動不失時，與萬物回周旋轉，不爲先唱，感而應之。感，動。應，和。是故貴者必以賤爲號，貴者謂公、王、侯伯。稱孤寡不穀，故曰以賤爲號。○寧案：注，「公王」非尊卑之序也，蜀藏本、中立本作「王公」，當從之。而高者必以下爲基。基，始也。夫築京臺先從下起也。○向宗魯云：今老子三十九章無二「必」字，「號」作「本」，而齊策顔斶引老子語「雖貴必以賤爲本，雖高必以下爲基」，説苑説叢「必貴以賤爲本，必高以下爲基」，（二「必」字倒。）本書道應篇亦引作「貴必以賤爲本，高必以下爲基」，文子道原篇同，則今本老子脱二「必」字也。唯本篇「號」字似杜改，高注已如此，其誤久矣。（文子符言篇無二「必」字而「本」字不誤。）○寧案：向説是也。河上本老子下句有「必」字，猶見今本脱誤之迹。託小以包大，在中以制外，行柔而剛，用弱而强，轉化推移，得一之道而以少正多。而，能也，能以寡統衆。○莊逵吉云：古「能」字爲「耐」，「耐」與「而」通，故訓而爲能。易「眇能視，跛能履」，虞仲翔本皆作「而」。所謂其事强者，遭變應卒，排患扞難，力無不勝，敵無不凌，應化揆時，莫能害之。是故欲剛者必以柔守之，欲强者必以弱保之。積於柔則剛，積於弱則强，觀其所積，以知禍福之鄉。鄉，方也。强勝不若己者，至於若己者而同；夫强者能勝不如己者。同，等也。至于如己者則等，不能勝也。言强之爲小也，道家所不貴也。柔勝出於己者，其力不可量。

夫能弱柔勝己者，其力不能訾也。言柔之爲大也，道家所貴。○寧案：注，「其力不能訾」，「能」當爲「可」。正文「其力不可量」，非謂不能也。道藏本、景宋本皆作「不可訾」。故兵强則滅，木强則折，革固則裂，齒堅於舌而先之敝。兵猶火也，强則盛，盛則衰，故曰「則滅」，以火諭也。木强則折，不能徐詘也。革堅則裂，鼓是也。敝，盡。齒堅于舌，而先舌盡。○李賡芸云：滅、折、裂、舌、敝，韻也。敝，讀如鷩。○寧案：「革固」當作「革堅」。此以堅、强竝舉，上二句言兵强、木強，下二句言革堅、齒堅，下文云「而堅强者死之徒也」，正總二字言之。注云「革堅則裂，鼓是也」，是其明證。景宋本正作「革堅」，説郛引同。類説引作「革堅則裂，齒堅則先舌而敝」。是故柔弱者生之榦也，榦，質也。而堅強者死之徒也。徒，衆也。○向宗魯云：列子黄帝篇引粥子曰：「欲剛必以柔守之，欲彊必以弱保之。積於柔必剛，積於弱必强，觀其所積，以知禍福之鄉。彊勝不若己，至於若己者剛；柔勝出於己者，其力不可量。」（粥子卽鬻子。列子雖晚出晉世，其引鬻子當可信。）又引老子曰：「兵彊則滅，木彊則折。柔弱者生之徒，堅强者死之徒。」（老子七十六章云：「堅彊者死之徒，柔弱者生之徒。是以兵彊則不勝，木彊則共。」）

先唱者窮之路也，後動者達之原也。先者隤陷，故曰窮也。後者以謀，故曰達也。何以知其然也？凡人中壽七十歲，然而趨舍指湊，指，所之也。湊，所合也。指湊，猶言行止也。○金其源云：按荀子引詩「物其指矣」，注：「指與旨同。」本書精神訓「衰世湊學」，注：「湊，趨也。」詩棫樸「左右趣之」，傳：「趣，趨也。」是指湊者，旨趣也，卽下文齊俗訓「故百家之言，指奏相反」、要畧「指奏卷異」之「指奏」。蓋周禮夏官合方氏「津梁相奏」，釋文「奏本作湊」，爾雅釋獸「奏者貙」，釋文「奏本作湊」，湊與奏同也。日以月悔也，積日至月則悔前之非。○馬宗霍云：本文下句云「以至於死」，則上句「以」字不當訓至。以與與通。儀禮鄉射禮「各以其耦進」，鄭注云：「今文以爲與。」詩召南江有汜篇「不我以」，邶風擊鼓篇「不我以歸」，大雅桑柔篇「不胥以穀」，鄭箋竝云：「以猶與也。」是則「日以月悔」之「以」，亦當訓與，言日與月悔，以至於死也。日與月悔，卽下文高注「歲歲悔之」之意。○寧案：道藏本、中立本、景宋本無「趨舍指湊，日以月悔」二句注文，茅本有，當是明人所加。以至於死。故蘧伯玉年五十而有四十九年非。伯玉，衞大夫蘧瑗也。今年所行是也，則還顧知去年之所行非也。歲歲悔之，以至于死，故有四十九年非，所謂月悔朔，日悔昨也。○寧案：文本莊子則陽篇，寓言篇又以爲孔子。何者？先者難爲知，而後者易爲攻也。○于鬯云：「攻」讀爲「功」。先者上高，則後者攀之；先者踰下，則後者蹷之；先者隤陷，則後者以謀；先者敗績，則後者違之。⿱展足，履也。音展非展也。楚人讀「躓」爲「隤」，隤者車承，或言跋躓之「躓」也。○王念孫云：展與蹷聲不相近，「蹷」皆當爲「⿱展足」，字之誤也。⿱展足，女展反，履也，言後者履先者而上也。⿱展足字或作蹍，廣雅：「蹍，履也。」曹憲音女展反。莊子庚桑楚篇「蹍市人之足」，司馬彪云：「蹍，蹈也。」淮南說山篇「足⿱展足地而爲迹」，說林篇「足所⿱展足者淺矣」，修務篇「猶釋船而欲⿱展足水也」，高注竝云：「⿱展足，履也。」⿱展足音女展反而訓爲履，故此注云：「⿱展足，履也。音展非展也。」且攀、⿱展足爲韻，謀、之爲韻，（謀，古讀爲媒，說見唐韻正。）若作蹷則失其韻矣。兵畧篇：「白刃合，流矢接，涉血屬腸，輿死扶傷。」案：「屬腸」二字義不可通，「屬」亦當爲「⿱展足」，謂涉血履腸也。呂氏春秋期賢篇曰：「塵氣充天，流矢如雨，扶傷輿死，履腸涉血。」是其證也。「⿱展足」字本作「⿱㞡足」，其上半與「屬」相似，因誤爲「屬」矣。○吴承仕云：「展非展」，疑是辯家舊義，卽莊子天下篇所云「輪不蹍地」是也。成玄英疏云：「車之運動，輪轉不停，前迹已過，後塗未至，徐却前後，更無蹍時。」輪不蹍地，蓋與展非展同義。高音「展非展」者，猶云讀蹍爲「輪不輾地」之「輾」。蹍、輾音義正同。又高注云「隤者車承」，「車承」義不可說，疑「車承」應作「疐」。廣雅釋言：「蹪，疐也。」蹪、隤同字。此注以疐釋隤，傳寫誤分「疐」爲二形，遂譌作「車承」矣。○寧案：道藏本「蹍」作「蹷」，故王校云然。又案：吴氏疑「車承」二字爲「疐」字分寫之誤，是也。說文足部蹪，引詩「載蹪其尾」，今詩豳風狼跋作「載疐其尾」，爲蹪、疐通用之證，故曰隤者疐也。又「跋」字道藏本、景宋本作「羕」，「羕」即「承」字。蓋「疐」字誤分作「車承」，又脱「車」字，後人以「承蹪」不可通，以詩云「狼跋其胡，載蹪其尾」，故改作「跋蹪」耳。由此觀之，先者則後者之弓矢質的也。質的，射者之準埶也。○莊逵吉云：「準」古作「埻」。說文解字：「埻，射臬，讀若準。」○梁履繩云：「準埶」乃「準𡙇」之譌。吕覽盡數篇「反修于招」，高注：「于招，埻藝也。」即「準𡙇」。○桂馥云：詩行葦：「舍矢既均。」傳云：「已均中𦳨。」箋云：「𦳨，質也。」文六年左傳「陳之藝極」，注云：「藝，準也。」漢書司馬相如傳「弦矢分，𦳨殪仆」，文穎曰：「所射準的爲𦳨。」顏師古曰：「𦳨謂射的，即今之垛上縻也。」「𦳨」讀與「藝」同，字亦作「臬」，音魚列反。」藝、臬聲相近，「𡰪」或作「𧆔」是也。○吴承仕云：注「準埶」當作「準𡙇」。說文：「臬，射埻的也。」古或假「藝」字爲之，左傳「陳之藝極」是也。字亦作「槷」作「隉」，此作埶者，皆以聲近通借。○向宗魯云：「𡙇」即「槷」之省，「藝」亦「槷」之借，「槷」即「臬」字。詩行葦，毛傳借「𦳨」字爲之。箋：「𦳨，質也。」猶錞之與刃，刃犯難而錞無患者，何也？以其託於後位也。錞，矛戈之錞也，讀若頓。刃，矛戈之刃也。刃在前，故犯難；錞在後，故以無患。故曰「其託于後位」也。○莊逵吉云：曲禮曰：「進戈者前其鐏，進矛戟者前其鐓。」注：「鋭底曰鐏，平底曰鐓。」方言「鐏謂之釪。」郭璞注：「鐏，或名爲鐓。」說文解字：「鐏，柲下銅也。」「鐓，柲下銅鐏也。」知鐏即鐓。蓋刃鋭而鐓頓，故讀若頓。然則「錞」應爲「鐓」。此俗

世庸民之所公見也，而賢知者弗能避也。庸，衆也。公，詳也。衆民詳所見，賢知者不能避爲鋒刃也，以喻利欲也。故曰「有所屏蔽」也。○王念孫云：如高注，則正文「避」字下當有「有所屏蔽」四字，而今本脱之也。此承上文而言，言先者有難而後者無患，此庸人之所共見也，而賢知者猶不能避，則爲爭先之見所屏蔽故也。故注云「故曰有所屏蔽也」。凡注内「故曰」云云，皆指正文而言，以是明之。○吴承仕云：公詳之訓，古所未聞，疑「詳」當爲「訟」。兵畧篇「夫有形埒者，天下訟見之」，注：「訟，公也。」訟訓公，則公亦訓訟矣。衆所共見謂之訟見，衆所共聞謂之訟言，蓋古人常語。○馬宗霍云：説文八部云：「公，平分也。从八从厶。」又云：「八，别也。」言部云：「詳，審議也。」「審」之古文作「宷」，「从宀从釆。」「釆，辨别也。」「公」之从「八」，猶「宷」之从「釆」。凡平分者，必加宷别，故公之義得通於詳矣。又案：漢書食貨志下「刑戮將甚不詳」，顔師古注云：「詳，平也。」公訓平分，詳可訓平，又高注以詳釋公之旁證也。「詳」非誤字。○寧案：高注：「公，詳也。」又曰：「衆民詳所見。」馬謂「詳」非誤字是也。兵畧篇「訟」訓「公」，故須訓釋，反之，此公字則無庸訓釋。兵畧篇注以「公」訓「訟」，本篇高注以「詳」訓「公」，取義各殊。王念孫亦以「共見」釋「公見」（淮南襍志），義雖可通，恐非高注原義。又案：注「鋒刃也」下脱「鋒刃」二字，應據景宋本補。**所謂後者，非謂其底滯而不發，凝結而不流，**底讀曰紙。發，動也。凝，如脂凝也。流，行。○王念孫云：竭之言遏也。爾雅曰：「遏，止也。」底、滯、凝、竭皆止也。（爾雅：「底，止也。」原道篇注：「滯，止也。」楚辭九歎注：「凝，止也。」）天文篇曰：「清妙之合專易，重濁之凝竭難。」要畧曰：「凝竭底滯，捲握而不散。」皆其證也。道藏本、朱本、茅本皆作「凝竭」。劉績不知其義而改「竭」爲「結」，莊本從之，謬矣。○寧案：景宋本亦作「凝竭」。**貴其周於數而合於時也。**周，調也。數，術也。合於時，時行則行，時止則止也。夫執道理以耦變，先亦制後，後亦制先。道當勝事爲變，不必待于先人。事當在後，趨時當居先也。○寧案：注「勝事爲變」，景宋本「勝」作「隨」。是何則？不失其所以制人，人不能制也。時之反側，間不容息，言時反側之間，不容氣息，促之甚也。先之則太過，後之則不逮。夫日回而月周，時不與人游，故聖人不貴尺之璧，而重寸之陰，時難得而易失也。禹之趨時也，履遺而弗取，冠挂而弗顧，○寧案：太平御覽七十七引「弗取」作「不納」，齊民要術引同，疑許本如是。又八十二引注云：「冠有所挂著，去不暇顧視。」非爭其先也，而爭其得時也。是故聖人守清道而抱雌節，清，和淨也。雌，柔弱也。○吳承仕云：注，朱本「淨」作「潔」，景宋本作「靜」，作「靜」是也。後文云「清靜者德之至，柔弱者道之要」，文與此同。御覽四百一引注正作「靜」。○寧案：吳說是也。下文云「柔弱以靜」，柔弱承雌節，靜承清道，尤其明證。太平御覽七十七引注亦作「靜」。因循應變，常後而不先。柔弱以靜，舒安以定，舒，詳也。攻大礳堅，莫能與之爭。攻大礳堅，喻難也，無與聖人之爭也。○寧案：太平御覽引礳作「磨」。說文：「礳省作磨。」

天下之物，莫柔弱於水，然而大不可極，深不可測，測，盡也。脩極於無窮，遠淪於無涯，息耗減益，通於不訾，訾，量也。上天則爲雨露，下地則爲潤澤，萬物弗得不生，百事不得不成，大包羣生而無好憎，○王引之云：「無好憎」本作「無私好」，此後人以意改之也。文子道原篇正作「無私好」。此承上文生萬物、成百事而言，言水之利物，非有所私好而然也。下句「澤及跂蟯而不求報」，亦是此意，加一「憎」字則非其指矣。且好與報爲韻，（上下文皆用韻。）若作「無好憎」則失其韻矣。劉本作「無所私」亦非。澤及跂蟯，跂，跂行也。蟯，微小之蟲也。○寧案：跂通蚑，道藏本景宋本作「蚑」。而不求報，施而不有也。富贍天下而不既，贍，足也。既，盡也。德施百姓而不費，德澤加于百姓，不以爲己財費也。行而不可得窮極也，流膏不止也。微而不可得把握也，擊之無創，刺之不傷，斬之不斷，焚之不然，水之性也。淖溺流遁，錯繆相紛，而不可靡散，遁，逸也。錯繆相紛，彼此相糾也。○汪文臺云：御覽地部二十三引「刺」作「⿰身夫」。利貫金石，强濟天下，水流缺石，是其利也。舟船所載無有重，是其強也。濟，通也。動溶無形之域，○寧案：溶通搈，說詳上文「性之害也」句下。而翱翔忽區之上，忽怳之區上也。言其飛爲雲雨，無所不上也。○莊逵吉云：本無「雨」字，依太平御覽加。○王引之云：「忽區」二字，文不成義，「區」當作「芒」。隸書「芒」字作「⿱艹亾」，與「區」相似而誤。（太平御覽地部二十三引原道篇已誤作「區」。）忽芒即忽荒也。莊子至樂篇：「芒乎芴乎，而無從出乎，芴乎芒乎，而無有象乎。」釋文：「芒音荒，又呼晃反。芴音忽。」是芒與荒同。（爾雅「太歲在巳曰大荒落」，史記曆書荒作芒。三代世表帝芒，索隱：「芒，一作荒。」）上文「游微霧，騖忽怳」，高注曰：「忽怳，無形之象。」文選七發注引作「騖忽荒」。忽芒乃無形之貌，故曰「動溶無形之域，而翱翔忽芒之上」也。人閒篇曰：「翱翔乎忽荒之上，析惕乎虹蜺之閒。」是其明證矣。（賈誼鵩賦「寥廓忽荒兮與道翱翔」，亦謂翱翔於忽荒之上也。）○吴承仕云：御覽五十八引注作「無所不止」。案：作「止」是也。無所不止猶言無所不集，意謂蒸水爲雲，密雲爲雨，不崇朝而偏天下，無所不沾洽也。上文云「上天則爲雨露，下地則爲潤澤」，義正與此相應。此注蓋舉本文四語而通釋之，形近誤作「上」，則義不可說。○向宗魯云：王說大謬。人閒篇自作「忽荒」，此篇自作「忽區」，他書自言「忽芒」，不可强爲牽合。若本篇無「區」字，高注便是贅文。精神篇「遊於忽區之旁」，高注：「忽區，忽怳無形之區。」正文、注皆與此篇合，足證王說之誤。○寧案：注，道藏本、中立本、茅本、景宋本皆作「其飛爲雲，無所不上」，太平御覽五十八引始作「其飛爲雲雨，無所不止」。（莊本此注與下句注文合，移在「大荒之野」句下。吴氏以爲「蓋舉本文四語而通釋之」，誤矣。道藏本、景宋本皆二注分釋，今移正。）雲可曰翱翔，雨不可曰翱翔，翱翔則不得曰止也。故曰「其飛爲雲，無所不上」也。莊氏依御覽加「雨」字已非，吴氏又因御覽之誤文爲說，而不知其與正文相乖謬矣。

邅回川谷之間，而滔騰大荒之野，邅回猶委曲。○李哲明云：滔騰猶蹈騰也。上文「蹈騰崑崙」，注：「蹈，躡也。騰，上也。」義與此同。○楊樹達云：楚辭九章云「欲儃佪以干傺」，又云「入溆浦余儃佪」，王注云：「儃佪，猶低佪也。」說文人部云：「儃，儃回也。」（從段校。）邅回、儃佪、儃回並同。

有餘不足與天地取與，授萬物而無所前後，前後皆與之。○俞樾云：「授」上當有「稟」字。上文曰「稟授無形」，又曰「布施稟授而不益貧」，下文曰「稟授於外而以自飾也」，竝以「稟授」連文，是其證也。文子道原篇作「稟授萬物而無所先後」，當據補。

是故無所私而無所公，公私一也。靡濫振蕩，與天地鴻洞，鴻，大也。洞，通也，讀同異之同。無所左而無所右，蟠委錯紾，紾，轉也。與萬物始終，○王念孫云：「始終」當爲「終始」。（上文云：「水流而不止，與萬物終始。」）公、洞爲韻，（高注：「洞讀同異之同。」鴻、洞疊韻字。）右，始爲韻，（右古讀若以，說見唐韻正。）若作「始終」則失其韻矣。○寧案：王說疑非。太平御覽五十八引「始終」下有「流轉」二字，紾、轉同屬獮韻。上句言「蟠委錯紾」，高注「紾，轉也」，文正相應，御覽引二字恐非誤入。

是謂至德。言水之爲德至大，故曰至德也。

夫水所以能成其至德於天下者，以其淖溺潤滑也。故老聃之言曰：「天下至柔，馳騁天下之至堅，出於無有，入於無閒，水是也。○向宗魯云：御覽五十八引「馳騁」下有「於」字，宋本、藏本亦有「於」字。此從今本老子非是。（文子道原篇亦然。）又道應篇罔兩問景條引老子，各本皆無「於」字，唯宋本未脱。○寧案：老子第四十三章無出於二字，道應篇引老子同，蓋敓。劉師培有説，詳道應訓。吾是以知無爲之有益。」有益于生。夫無形者物之大祖也，無音者聲之大宗也。無形生有形，故爲物大祖也。無音生有音，故爲聲大宗。祖、宗皆本也。其子爲光，其孫爲水，皆生於無形乎！光無形，道所貴也，觀之，故子爲光也。水形而不可毁，差之，故孫爲水也。○吴承仕云：「觀」疑當作「親」，草書形近而誤。光亦無形，故曰親之，親則爲子。水有形，故曰差之，差則爲孫。言孫之親，差遠於子也。○吕傳元云：「形」字上不當有「無」字。此猶言其子爲光，其孫爲水，皆非生於形也。若有「無」字，則非其指矣。宋本、藏本皆無「無」字。夫光可見而不可握，水可循而不可毁，故有像之類莫尊於水。○楊樹達云：「循」當讀爲「揗」。説文手部云：「揗，摩也。」此言光可見而不可把握，水可摩揗而不可毁壞。俶真篇云「可切循把握而有數量」，「循」亦當讀爲「揗」。切揗猶言摩切，此以握與揗連言，彼文以切揗與把握連言，爲義正同。○寧案：楊説是也，下文「循之不得其身」同。

出生入死，自無蹠有，自有蹠無，而以衰賤矣。出生，出生道，謂去清淨也。入死，入死道，謂匿情欲也。蹠，適也。自無形適有形，離其本也。自有形適無形，不能復得，道家所棄，故曰而以衰賤也。○寧案：注「清淨」當爲「清靜」，正文「清靜者德之至」是其證。景宋本正作「清靜」。又案：道藏本、中立本、景宋本「情欲」上皆無「匿」字，宋本太平御覽引亦無「匿」字。茅本有，疑明人所加。

是故清靜者德之至也，而柔弱者道之要也，要，約也。虚無恬愉者萬物之用也。萬物由之得爲人用。肅然應感，殷然反本，○莊逵吉云：「殷然」太平御覽作「毅然」。○向宗魯云：「虛無恬愉」句，御覽地部二十三與宋本、藏本皆作「虛而恬愉」，今本「而」作「無」，誤矣。管子心術上篇「虛而無形謂之道」，今本亦改作「虛無無形謂之道」（說詳王氏管子襍志六。）正與此同。蓋淺人習見虛無連文而臆定之耳。則淪於無形矣。所謂無形者，一之謂也。一者道之本。所謂一者，無匹合於天下者也。卓然獨立，塊然獨處，○劉文典云：獨立、獨處，於辭爲複。文選與侍郎曹長思書注引下「獨」字作「幽」。○楊樹達云：一無匹合，故立則獨立，居則獨處，作幽則失其義。御覽所引不可從。○寧案：楊說是也。兩「獨」字與下文兩「九」字、兩「中」字句式正一律，作「幽」偶改耳。劉氏以爲辭複，則下文何以易之？文選鷦鷯賦、答盧諶詩、左太沖襍詩注引皆作「獨處」。上通九天，下貫九野，九天，八方中央也。九野亦如之。員不中規，方不中矩，大渾而爲一，葉累而無根，無根，言微妙也。○楊樹達云：「渾」當讀爲「掍」。說文手部云：「掍，同也。」廣雅釋詁云：「葉，聚也。」又云：「揲，積也。」本經篇云「積牒旋石，以純修碕」，高注：「牒，累也。」葉、揲、牒義竝近。此文葉累，猶云積累，以同義連文。集解以「一葉」爲句誤。○寧案：楊說是也。葉累猶葉貫。主術篇「業貫萬世而不壅」句，王念孫說甚詳。懷囊天地，爲道關門，門，道之門。○劉文典云：御覽五十八引「關」作「開」。又引注作「開道之門」。○寧案：疑作「開門」是也。管子心術篇云：「天曰虛，地曰靜，乃不伐。潔其宮，開其門，去私毋言，神明若存。」其義畧同。曰開門者，謂順理而自存也。注亦當作「開道之門」。若釋「門」字，則注語贅設矣。「關」俗書作「閞」，與「開」形似而誤。穆忞隱閔，純德獨存，穆忞隱閔，皆無形之類也。純，不襍糅也。○吴承仕云：注「無形之類」，「類」當爲「貇」。「貇」爲「貌」之或字，二形相近，傳寫多互譌。後文「漠睧於勢利」，注云「不知足貇」，朱本誤作「類」，是其比。凡雙聲疊韻形頌之詞，注皆宜言貌，其事易明，不煩多證。布施而不既，用之而不勤。既，盡也。勤，勞也。○楊樹達云：用之而不勞，文義難通。上文云「纖微而不可勤」，注云：「勤，盡也。」此勤亦當訓盡，與上句「既」字義同。是故視之不見其形，聽之不聞其聲，循之不得其身，無形而有形生焉，無形，道也。有形，萬物也。無聲而五音鳴焉，音生于無聲也。無味而五味形焉，「形」或作「和」也。○譚獻云：形協韻，「和」當爲「程」。○楊樹達云：「形」字是，「和」字誤也。此文自上文「是故視之不見其形」以下凡七句，以形、聲、身、生、鳴、形、成爲韻，作「和」則失其韻矣。「身」在真部，與青部合韻。淮南書多以二部合韻。無色而五色成焉。是故有生於無，實出於虛，有形生于無形，人也。實，財也。○吴承仕云：注「有形生于無形」，淮南常語，「人」字無義，當是衍文。天下爲之圈，則名實同居。圈，陬也。名，爵號之名也。實，幣之屬也。一曰：仁義之功賞也。○吴承仕云：注朱本、景宋本「幣」下並有「帛」字。案：「幣帛」是也。莊本誤脱，當據補。○楊樹達云：說文口部云：「圈，養畜之閑也。」此與上文「張天下以爲之籠」語意相同。高說非是。○寧案：注，道藏本亦作「幣帛」。音之數不過五，宫、商、角、徵、羽也。而五音之變不可勝聽也；變，更相生也。味之和不過五，甘、酸、鹹、辛、苦也。而五味之化不可勝嘗也；化亦變也。色之數不過五，青、赤、白、黑、黄也。而五色之變不可勝觀也。常事曰視，非常曰觀，春秋魯隱公觀漁于棠是也。○莊逵吉云：易觀盥而不觀薦，非常視也。故夫子曰：「禘自既灌不欲觀。」說文解字：「觀，諦視也。」古字古義，自有一定，誘解得之矣。○向宗魯云：穀梁於「公觀漁於棠」、「公如齊觀社」兩傳皆云「常事曰視，非常曰觀」，卽高注所本。莊氏委曲說之，由未讀穀梁也。故音者，宫立而五音形矣；宫在中央，聲之主也。形，正也。味者，甘立而五味亭矣；亭，平也。甘，中央味也。○俞樾云：說文高部：「亭，民所安定也。」是亭有定義。故文選謝靈運初去郡詩注引蒼頡曰：「亭，定也。」亦通作「停」。釋名釋言語曰：「停，定也，定於所在也。」五味亭矣，猶曰五味定矣。文子道原篇字正作「定」，可證也。高注曰：「亭，平也。」於義轉迂。○向宗魯云：平亦定也，不必詞費。色者，白立而五色成矣；白者，所在以染之，故五色可成也。○吳承仕云：所在以染之，「在」當作「任」，在、任形近多互譌。說林篇：「墨子見練絲而泣之，爲其可以黄可以黑。」注云：「練，白也。」白任所染，故曰「所任以染之」。○向宗魯云：「所在」當作「在所」。○楊樹達云：注當云「在所以染之」，「在所」二字誤倒耳。○寧案：作「在所」是也。孟子告子：「則魯在所損乎？在所益乎？」彼言在所損、在所益，此言在所染，其比同。道者，一立而萬物生矣。是故一之理，理，道也。施四海；一之解，際天地。解，達也。際，機也。解讀解故之「解」也。○吳承仕云：際機之訓，於古無徵，疑「機」當爲「幾」。幾，近也，盡也，竝與際義會。今本作「機」者，傳寫妄著木旁。其全也，純兮若樸；樸，若玉樸也，在石而未剖。○楊樹達云：高讀「樸」爲「璞」。然樸爲木素未斲之稱，與玉在石未剖之璞義同，如字可通，不必讀爲「璞」也。其散也，混兮若濁。濁而徐清，沖而徐盈，澹兮其若深淵，沖，虚也。盈，滿也。澹，定，不動之貌。汎兮其若浮雲，若無而有，若亡而存。萬物之總，皆閲一孔；總，衆聚也。○寧案：注「衆」當爲「皆」，蓋涉下聚字誤爲聚，又誤爲衆耳。廣雅釋詁：「總，皆也。」說文：「總，聚束也。」景宋本正作「皆聚」。百事之根，皆出一門。道之門也。其動無形，變化若神；其行無迹，常後而先。道之先也。是故至人之治也，至道之人。掩其聰明，滅其文章，依道廢智，與民同出於公。公，正。約其所守，寡其所求，去其誘慕，除其嗜欲，誘慕，謂貪榮勢也，故去之也。嗜欲，情欲也，故除之也。○寧案：「約其所守，寡其所求」二句，道藏本、中立本、茅本、景宋本皆無，蓋後人據文子道原篇所臆增，因下文有「約其所守則察，寡其所求則得」，遂以爲上當有此二句而下文釋之也。然「去其誘慕，除其嗜欲，損其思慮」三句不得獨無釋文也。且高誘注「去其誘慕」以下三句而上二句無注，其非原文所有可知矣。損其思慮。常浩淡也。○王念孫云：「損」當爲「捐」，字之誤也。捐與去、除同意，作損則非其指矣。文子道原篇正作「捐其思慮」。又精神篇「忘其五藏，損其形骸」，「損」亦當爲「捐」。捐與忘意相近，即莊子所謂「外其形骸」也，作「損」則義不可通矣。又下文「殘亡其國家，損棄其社稷」，案：社稷可言棄，不可言損，當亦是「捐」字之誤。○吳承仕云：注「活澹」無義，「活」當爲「恬」。下文注云：「寂寞，恬澹也。」○寧案：注，景宋本作「活澹」，吳校是也。莊本作「浩淡」，「浩」亦「恬」字之誤，「淡」乃「澹」之或字。蜀藏本正作「恬澹」。約其所守則察，不煩擾也。寡其所求則得。易供，故得。夫任耳目以聽視者，勞形而不明；以知慮爲治者，苦心而無功。是故聖人一度循軌，一，齊也。軌，法也。不變其宜，不易其常，故準循繩，曲因其當。○寧案：「故」當爲「放」，同「倣」，形近而譌。周禮天官食醫「凡君子之食恆放焉」，鄭注：「放猶依也。」與循義近。道藏本、中立本、茅本、景宋本皆作「放」，太平御覽七百二十引同。詮言篇云：「放準循繩，身無與事。」是其證。

夫喜怒者，道之邪也；道貴平和，故喜怒爲邪也。憂悲者，德之失也；德尚恬和，故憂悲爲失。論語曰：其德坦蕩是也。○俞樾云：上云「喜怒者道之邪也」，下云「好憎者心之過也」，喜之與怒，好之與憎，皆二字相反，此云「憂悲」則非其義矣。「憂悲」當作「憂樂」。下文云「心不憂樂，德之至也」，即承此文而言。精神篇曰：「夫悲樂者德之邪也。」與此文異義同，悲卽憂也。當由別本從彼作「悲樂」，而傳寫誤合之，轉脱「樂」字耳。○楊樹達云：此文疑當作「悲樂」，與精神篇同。莊子刻意篇云「故曰悲樂者德之邪，喜怒者道之過，好惡者德之失」，爲此文所本，是其證也。今本誤作「憂悲」者，淺人見下文有「憂悲多恚，病乃成積」之文，妄改「悲樂」爲「憂悲」耳。下文「心不憂樂」云云，亦本之莊子。上文作「悲樂」，下文作「憂樂」，文異而義同。古人文多變化，不必一律也。○寧案：俞説未安。若謂喜怒、好憎皆二字相反，故「憂悲」當作「憂樂」，則第四句「嗜欲」二字，將安令字義相反邪？若謂下文「心不憂樂，德之至也」卽承此而言，則「人大怒破陰，大喜墜陽，薄氣發瘖，驚怖爲狂，憂悲多恚，病乃成積，好憎繁多，禍乃相隨」八句，尤爲緊接，何獨而不承此言之？而「憂悲多恚」句俞氏不改，是爲不類。究此三段文字，竝非一一嚴密相承，故「人大怒破陰」以下八句，言喜怒、憂悲、好憎而不及嗜欲，至「心不憂樂」以下，主在總以德、靜、虛、平、粹五字，而結在得其内以通於神明，非緊承喜怒、憂悲、好憎、嗜欲言之也。且高注引論語曰「其德坦蕩」是也，論語述而篇云：「君子坦蕩蕩，小人長戚戚。」坦蕩與戚戚義正相反，則高注引坦蕩，正與憂悲相對言之，憂悲猶戚戚，作憂樂則非其義矣。楊樹達又以爲文本莊子刻意篇，議作「悲樂」，其誤同。各仍本書可也。

好憎者，心之過也；嗜欲者，性之累也。心當專一，中扃外閉，反有所好憎，故曰過。性當清靜，以奉天素，而反嗜欲，故爲之累也。**人大怒破陰，大喜墜陽，**怒者，陰氣也。陰爲堅冰，積陰相薄，故破陰。喜者陽氣，陽氣升於上，積陽相薄，故曰墜陽也。○寧案：莊子在宥篇「人大喜邪毗於陽，大怒邪毗於陰」，此淮南所本。**薄氣發瘖，驚怖爲狂，憂悲多恚，病乃成積，好憎繁多，禍乃相隨。故心不憂樂，德之至也；通而不變，靜之至也；**變，更也。○于鬯云：文子道原篇「通」作「一」，義似較勝。○劉文典云：御覽七百二十引「通」作「性」。〇寧案：疑「性」字是。文子作「一」，蓋據莊子刻意篇所改。上文言德之失、心之過、性之累，此「心不憂樂」以下五事，即承德、心、性而言。「心不憂樂」「無所好憎」言心，「性而不變」「嗜欲不載」言性，（注：不載于性。）「不與物殽」言德。（上文言「純德獨存」，此高注云：「粹，純。」）若作「通」作「一」，則於三者無所屬。而、如古通，性而不變，猶言性如不變。上文云：「人生而靜，天之性也，感而後動，性之容也。」（今本「容」誤「害」，依俞樾校改。）故此云「性而不變，靜之至也」。後人不知「而」讀爲「如」，故改爲「通」耳。**嗜欲不載，虛之至也；**不載于性。**無所好憎，平之至也；**〇劉文典云：御覽七百二十引「好」作「愛」。〇寧案：太平御覽引「好」作「愛」非。上文皆作「好憎」，文子道原篇亦作「好憎」。**不與物散，粹之至也。**散，亂。粹，純。〇王引之云：諸書無訓散爲襍亂者，（説文：「散，襍肉也。」「襍」乃「離」之誤，辯見説文攷正。）「散」皆當爲「殽」。隸書「殽」或作「散」，（見漢敿阮君神祠碑。）與「散」相似。「散」或作「散」，（見李翕析里橋郙閣頌。）與「殽」亦相似。故「殽」誤爲「散」。（太平御覽方術部一引原道篇已誤。）莊子齊物論篇「樊然殽亂」，釋文：「殽，郭作散。」太玄玄瑩「晝夜殽者，其禍福襍」，今本「殽」誤作「散」。皆其證也。説文：「殽，相襍錯也。」廣雅：「殽，襍也，亂也。」並與高注同義，則「散」爲「殽」之誤明矣。殽訓爲襍，義與粹正相反，故曰「不與物殽，粹之至也」。文子道原篇作「不與物襍」，襍亦殽也。莊子刻意篇作「不與物交」，交與殽聲義亦相近。精神篇又曰「審乎無瑕而不與物糅」，糅亦殽也。若云不與物散，則非其指矣。**能此五者，則通於神明。通於神明者，得其內者也。是故以中制外，百事不廢；**中，心也。外，情欲。**中能得之，則外能收之。**收，養也。〇王念孫云：「收」當爲「牧」。高注「不養也」，當爲「牧，養也」。此承上文「得其內」而言，能得之於中，則能養之於外。下文「筋力勁強，耳目聰明」，所謂外能養之也。若云外能收之，則非其指矣。且牧與得爲韻（「牧」古讀若「墨」，說見唐韻正。）若作「收」則失其韻矣。俗書「收」字作「収」，形與「牧」相似，故「牧」誤爲「收」。文子道原篇正作「牧」。○寧案：道藏本高注作「不養也」，故王校云然。中立本同今本「不」作「收」，蓋後人所改。中之得則五藏寧，思慮平，五藏寧者，各得其所。思慮平者，不妄喜怒。筋力勁強，耳目聰明，疏達而不悖，悖，謬也。堅強而不鞼，鞼，折。○馬宗霍云：說文革部云：「鞼，韋繡也。」義非本文所施。高訓鞼爲折，蓋匱之借字。詩大雅既醉篇「孝子不匱」，毛傳云：「匱，竭也。」禮記坊記篇引此詩，鄭注云：「匱，乏也。」竭、乏與折損之義近。鞼與匱同從貴聲，故通用。又案：說文匚部匱本訓匣，其訓竭乏，亦引申之義也。無所大過，而無所不逮，處小而不逼，處大而不窕，在小能小，在大能大。其魂不躁，其神不嬈，躁，狡。嬈，煩嬈也。言精神定矣。湫漻寂寞，爲天下梟。湫漻，清靜也。寂寞，恬淡也。梟，雄也。大道坦坦，去身不遠，求之近者，往而復反。近謂身也。○王念孫云：「大道坦坦，去身不遠，求之近者，往而復反」，注「近謂身也」，宋本在「無忘玄伏」下，道藏本無此四句及注。案：「能存之此，其德不虧」，上承「沕穆無窮」以下八句，所謂「穆忞隱閔，純德獨存」也，中間不得有此四句。「感則能應，迫則能動」，上承「湫漻寂寞，爲天下梟」，所謂「寂然不動，感而遂通」也，中間亦不得有此四句。且文子道原篇「大道坦坦，去身不遠，求之遠者，往而復反」，蓋言道在不遠，往求於遠，必將無所得而復反也。今乃云「求之近者，往而復反」，則義不可通矣。正文注文皆後人妄加，當以藏本爲是。迫則能應，感則能動，○王念孫云：此當作「感則能應，迫則能動」。感與應相因，迫與動相因。精神篇曰：「感而應，迫而動。」脩務篇曰：「感而不應，敀而不動。」（「敀」今本誤作「攻」，辯見脩務。）莊子刻意篇曰：

「感而後應，迫而後動。」皆其證。今本「感」「迫」二字互誤。○向宗魯云：王說未碻。感、迫字義既相因，自可互用。說苑指武篇「魯石公劍，迫則能應，感則能動，昒穆無窮，變無形像，優柔委從，如影與響」，與此文正同。○寧案：王說似是也。上文云「感而應之」，又云「肅然應感」，皆以感應連文，一篇中不當前後岐出。說苑疑據誤本淮南若是。物穆無窮，穆，美。○莊逵吉云：「物穆」疑當作「沕穆」。○王念孫云：史記賈生傳「形氣轉續兮變化而嬗，沕穆無窮兮胡可勝言」，漢書作「沕穆無閒」，顏師古曰：「沕穆，深微貌。沕音勿。」說苑指武篇亦云：「昒穆無窮，變無形像。」沕、昒、物古字通。高注專解「穆」字，蓋失之矣。變無形像，言能化也。優游委縱，如響之與景，響應聲，景應形。登高臨下，無失所秉，履危行險，無忘玄伏。玄伏，道也。○向宗魯云：宋本、藏本皆作玄仗，注同。玄仗者，謂玄妙之操，故注曰：「玄仗，道也。」上文云「無失所秉」，此云「無忘玄仗」，仗與秉義相近，（說文無「仗」字。「杖」下云：「持也。」仗即杖之後起字。杖訓持，與秉同義。）作「伏」則失其義矣。又此文以像、景、秉、仗爲韻，（古音皆在段表十部。）作「伏」又失其韻矣。（「動」字亦韻。上文「邃兮洞兮，不虛動兮，與剛柔卷舒兮，與陰陽俛仰兮」，亦以洞、動與仰爲韻，蓋九部十部合韻也。）○馬宗霍云：玄謂道也，伏與服通，服猶執也，執猶守也。此言履危行險，無忘守道也。訓玄爲道，見廣雅釋詁三。以服訓伏，見陸德明周易繫辭釋文引孟京注。訓服爲執，見韋昭國語吴語注。高氏連玄伏二字而以「道也」釋之，似失之簡。○寧案：上文「海外賓伏」，太平御覽引正作「服」。能存之此，其德不虧，萬物紛糅，與之轉化，以聽天下，若背風而馳，疾而易也。是謂至德。至德則樂矣。

古之人有居巖穴而神不遺者，遺，失也。末世有勢爲萬乘而日憂悲者。由此觀之，聖亡乎治人而在于得道，樂亡乎富貴而在于德和，○楊樹達云：亡，不在也。「德」與「得」同，古通用。下文云「故在於小則忘於大，在於中則忘於外，在於上則忘於下，在於左則忘於右」，「忘」與「亡」同，亦謂不在，非謂遺忘也。知大己而小天下，則幾於道矣。幾，近也，許由、務光是。所謂樂者，豈必處京臺、章華，京臺、章華，皆楚之大臺。○俞樾云：京臺即強臺也。戰國策魏策「楚王登強臺而望崩山」是也。「強」字籀文作「彊」，從彊得聲，與京聲相近。「麠」或作「麖」，「鱷」或作「鯨」，皆其例也。故強臺亦稱京臺矣。強臺見道應篇，而文選應璩與滿寵書注引作京臺，此京臺即強臺之明證。○陳直云：俞樾謂京臺即強臺是也。蓋「京」即「勍」字省文，說文：「勍，強也。」游雲夢、沙邱，雲夢，楚澤，在南郡華容也。沙邱，紂臺名也，在鉅鹿也。○劉文典云：藝文類聚二十二引作「游雲夢，陟高丘」。○蔣禮鴻云：類聚作「陟高丘」是也。雲夢，楚澤。高丘，楚山。離騷「哀高丘之無女」，王逸注曰：「楚有高丘之山。」宋玉高唐賦曰：「巫山之陽，高丘之阻。」即離騷之高丘。此脫「高」字，校者輒改「陟」作「沙」耳。耳聽九韶、六瑩，九韶，舜樂也。六瑩，顓頊樂也。○寧案：九韶，呂氏春秋古樂篇作九招。漢書禮樂志「舜作招」，師古曰：「招讀曰韶。」又瑩、莖音近字通。列子周穆王篇作六瑩，漢書禮樂志作六莖，白虎通同，藝文類聚引同。又英、瑩古通。呂氏春秋古樂篇作六英，本書齊俗篇同。許注：「禹兼用顓頊之樂也。」與此注合。蓋許作英而高作瑩也。口味煎熬芬芳，馳騁夷道，夷，平也。釣射鷫鷞之謂樂乎？鷫鷞，鳥名也，長頸緑身，其形似雁。一曰：鳳皇之别名也。○莊逵吉云：太平御覽引作「釣射瀟湘」，當是異本。馬融注左傳：「鷫鷞，雁也。其羽如練，高首而脩頸。」說文解字云：「五方神鳥，西方曰鷫鷞，中央曰鳳皇。」故一曰鳳皇别名也。○呂傳元云：御覽引作「釣射瀟湘」是也，非異本。郭璞西山經注引作「弋釣瀟湘」，御覽與之正同。瀟湘與上文京臺、章華、雲夢一例，若作鷫鷞，便不類矣。○蔣禮鴻云：莊校曰：「御覽引作鈞射瀟湘，當是異本。」莊説是也。蓋上文之京臺、章華與此雲夢、高丘、瀟湘皆爲楚地，是一本也。山海經中次十二經郭璞傳云：「淮南子曰：弋鈞瀟湘」，與此本同。高注以沙丘爲紂臺名，鷫鷞爲鳥名者，是又一本也。高氏所據，其義實短。○寧案：莊、蔣皆謂太平御覽引作「瀟湘」（御覽六十五）當是異本，是也，蓋許本作「瀟湘」而高本作「鷫鷞」。然其説未盡。許本「瀟」當爲「潚」。説文：「潚，深清也。从水肅聲。」（子叔反。）潚湘與夷道對文，夷道卽平道，潚湘卽清湘，唐人詩云「曉汲清湘燃楚竹」是也。中山經「洞庭之山，帝之二女居之，是常遊於江淵，澧沅之風，交瀟湘之淵」，「瀟湘」亦當爲「潚湘」。郭注云：「江、湘、沅水，皆共會巴陵頭，故號爲三江之口，澧又去之七八十里而入江焉。淮南子曰『弋鈞瀟湘』，今所在未詳也。瀟音消。」郭注言江、湘、沅、澧，不及瀟水，而謂淮南「瀟、湘」未詳所在。是中山經本作「潚湘」，不作「瀟湘」，正淮南「潚湘」所本。郭氏所見二書皆誤而未能正。水經湘水注云：「大舜之陟方也，二妃從征，溺於湘江。神遊洞庭之淵，出入瀟湘之浦。瀟者水清深也。」酈注本山海經。説文新附：「瀟，水名，从水蕭聲。」（相邀切）無清深之義，正與「潚」字義合。又湘水注引湘中記曰：「湘川清照五六丈，下見底石，如摴蒲矢，五色鮮明，白沙如霜雪，赤崖若朝霞，是納瀟湘之名矣。」正釋「潚」字清深之義，明湘川所以納瀟湘之名，作「瀟」則非其指矣。知酈注兩「瀟湘」本作「潚湘」，其所見山海經不誤，皆此文誤作瀟湘之證。蓋後人少見「潚」，多見「瀟」，故相譌亂耳。而今所謂瀟水者，乃後人强以營水名之，瀟水行而營水廢矣。「潚湘」脱去水旁，字作「肅相」。校者不解其義，見上有「射」字，（或「弋」字。）遂於「相」上著「雨」爲「肅霜」，加鳥旁爲「鷫鸘」，、又書「鸘」爲「鷞」，而相去益遠矣。高注曰：「鷫鸘，鳥名。」（莊本注作「鷫鸘」，與正文不相一，今從宋本、藏本改

「鶴」爲「鶇」。）鳥可弋射，吾知之也，其可釣乎？又案：注，長頸，諸本誤作「長脛」。酉陽襍俎羽篇云：「鶇鶴，狀如燕，稍大，足短。」是不得曰長脛也。吾所謂樂者，人得其得者也。夫得其得者，不以奢爲樂，不以廉爲悲，廉猶儉也。與陰俱閉，與陽俱開。故子夏心戰而臞，得道而肥。子夏名商，孔子弟子也。入學見先王之道而説之，又出見富貴之樂而欲之，二者交爭，故戰而臞也。先王之道勝，無所復思，故肥也。○王念孫云：「得道」本作「道勝」，淺學人改之也。道勝與心戰相對爲文。高注曰：先王之道勝，無所復思，故肥也。」則正文本作「道勝」明矣。精神篇曰：「子夏見曾子，一臞一肥。曾子問其故，曰：『出見富貴之樂而欲之，入見先王之道又説之，兩者心戰，故臞；先王之道勝，故肥。』」是其事也。（本出韓子喻老篇。）太平御覽人事部一百九引此正作「道勝而肥」。聖人不以身役物，不以欲滑和，不以身爲物役，不以情欲亂中和之道也。○劉文典云：御覽四百六十八引作「聖人不以身徇物，不欲人爲之而自樂也」。○寧案：太平御覽引文有譌亂。「不欲人爲之而自樂也」九字，疑是許注佚文，誤入正文。是故其爲懽不忻忻，忻忻，爲過制也。其爲悲不惙惙，惙惙，爲傷性也。○吳承仕云：注文爲讀于僞反。忻忻，惙惙並當依本文沾一「不」字。注言聖人懽有過制傷性之患，故不忻忻、不惙惙耳。各本誤奪「不」字，文不成義。萬方百變，消搖而無所定，○寧案：後漢書馮衍傳「陟雍時而消搖兮」，李賢注：「消搖猶觀望也。」吾獨慷慨遺物，而與道同出。○陶方琦云：慷慨，高無注。大藏音義二十六又一百引許注：「慷慨，不得志也。」説文「慨」字下云：「忼慨，壯士不得志也。」訓同。○向宗魯云：宋本、藏本「慷」皆作「忼」。是故有以自得之也，自得其天性也。○寧案：文選從斤竹澗越嶺溪行注引無「之」字，道藏本、中立本同。北堂書鈔一百五十八引無「之也」二字，景宋本同。無「之」字是也，下文「無以自得也」，此與同例。喬木之下，空穴之中，足以適情；喬木，上竦少陰之木也。空穴，巖穴也。唯處此中，夫自得者，足以適其情性。○寧案：詩漢廣「南有喬木」，傳：「喬，上竦也。」此高注所本。道藏本、景宋本「竦」作「疏」。「疏」或作「踈」，與「竦」形近而誤。無以自得也，雖以天下爲家，萬民爲臣妾，不足以養生也。言無以自得之人，猶以此爲不足也。能至于無樂者，則無不樂，無不樂則至極樂矣。至樂至德之樂。極亦至也。○王念孫云：「至極樂」本作「至樂極」。「至樂」二字連讀，謂極樂也。極，至也，言人能無不樂，則極樂自至也。高注曰：「至樂，至德之樂。」是正文本以「至樂」連文，今本作「至極樂」，則與注不合。文子九守篇正作「即至樂極矣。」

夫建鐘鼓，列管弦，管，簫也。弦，琴瑟也。席旃茵，傅旄象，傅，著也。旄，旌也。象，以象牙爲飾也。○楊樹達云：「旃」假爲「氈」。說文毛部云：「氈，擽毛也。从毛亶聲。」「旃」字或作「旜」，亦从亶聲，故得假「旃」爲「氈」。○寧案：文選西征賦注引許慎淮南子注曰：「茵，車中蓐也。」耳聽朝歌北鄙靡靡之樂，朝歌，紂都。鄙，邑。紂使師涓作鄙邑靡靡之樂也，故師延爲晉平公歌之，師曠知之曰，亡國之音也。○吴承仕云：師延爲紂作靡靡之樂，師涓聽而寫之，師曠知爲亡國之聲，事見韓非子十過。而史記殷本紀、漢書古今人表竝以師涓爲紂時樂工，與韓子所述異；此注謂紂使師涓作靡靡之樂，則與史記漢表同。疑涓、延疊韻音近，說古事者自有錯互，不盡由傳寫之訛。後文「揚鄭、衛之浩樂」，注亦云晉平公使師延爲桑間、濮上之音，同爲高誘說。至泰族篇注稱師涓、師延事與韓子合者，蓋許慎義也。又案：注言紂使師涓作鄙邑靡靡之樂，文有奪誤。上以邑訓鄙，下不得複言鄙邑。各本竝誤，無可據正。○寧案韓非子十過篇記師延爲紂爲靡靡之樂，師涓爲晉平公奏新聲事。史記樂書記師延、師涓，文本韓子，而殷本紀則謂「紂使師涓作新淫聲」

與韓子又異。淮南本篇乃高注，兩及師延爲晉平公奏新聲，與韓子異。而呂氏春秋本生篇則注云「衛靈公使師涓以琴寫其音」，與此篇自異，而師涓非紂臣與韓子同。吴承仕以爲涓、延疊韻音近，說古事者自有錯互。然史記樂書與殷本紀，高誘注呂覽與淮南，皆文出一人之手，何亦自相錯互如此？泰族篇乃許注，藏本、宋本正文稱「師延爲平公鼓朝歌北鄙之音」（莊本改師涓）而注文則曰紂子師延作靡靡之樂，師涓爲衛靈公寫琴音，尤與正文乖異，非說古事者自相錯互使然也。疑相傳固有二說，而讀者各竄改隨心，故致混亂如是也。又案：注文「紂使師涓作鄙邑靡靡之樂」，「鄙邑」當作「北鄙」，從呂氏春秋本生篇注訂正。

齊靡曼之色，齊，列也。靡曼，美色也。○寧案：集證本「齊」上沾「目」字，不言所據，劉氏校書多若是。

陳酒行觴，夜以繼日，樂不輟也。強弩弋高鳥，走犬逐狡兔，此其爲樂也，炎炎赫赫，怵然若有所誘慕。誘，進也。慕，有所思。怵然猶惕然。○俞樾云：高注曰「怵然猶惕然」，此說非也。下文解車休馬，罷酒徹樂之後，方云忽然若有所喪，悵然若有所亡，則此時不得遽云惕然也。若已惕然，又何樂之有乎？「怵」當讀爲「訹」。說文言部：「訹，誘也。」下言有所誘慕，故上言訹然，義正相應。作怵者，叚字耳。○寧案：俞說是也。漢書武帝紀「怵於邪說」，如淳曰：「見誘怵於邪說也。」顔師古曰：「怵，或體訹字耳。」下文「使心怵然失其情性」同。

解車休馬，罷酒徹樂，而心忽然若有所喪，悵然若有所亡也。是何則？不以內樂外，而以外樂內，樂作而喜，曲終而悲，悲喜轉而相生，精神亂營，不得須臾平。營，惑。察其所以不得其形，不得樂之形也。而日以傷生，失其得者也。是故內不得於中，稟授於外而以自飾也，不浸於肌膚，不浹於骨髓，浸，潤也。浹，通也。不留於心志，不滯於五藏。故從外入者，無主於中不止；從中出者，無應於外不行。○向宗魯云：「從外入者」四句蓋古語，「應」作「匹」，疑後人改之。莊子天運篇：「中無主而不止，外無正而不行。由中出者，不受於外，聖人不出；由外入者，無主於中，聖人不隱。」又則陽篇：「自外入者，有主而不執；由中出者，有正而不距。」莊子兩「正」字，亦「匹」之誤。公羊宣三年傳：「自内出者，無匹不行；自外至者，無主不止。」（何氏解詁：「匹，合也。」）白虎通郊祀篇亦同。莊子公羊同用古語，雖取意各殊，而語出一原。匹、正形近，故今莊子譌作「正」，本書用莊子，又後人改作「應」，俱失之矣。故聽善言便計，雖愚者知説之；稱至德高行，雖不肖者知慕之。

説之者衆而用之者鮮，慕之者多而行之者寡。所以然者，何也？不能反諸性也。夫内不開於中而强學問者，○劉文典云：「内不開於中」，意林引作「内心不開」。○寧案：此承上文「内不得於中」而反復以明之。意林引作「内心不開」與上文「中」字不相承，且與下句「心」字複。下文「夫心者五藏之主也」，下句「是故不得於心」，始承「心」字言之。今本實勝。不入於耳而不著於心。○俞樾云：「不入於耳」句衍「不」字，言雖入耳而不著於心也。「不」字涉上下句而誤衍。○于省吾云：俞説非是。「而」猶「則」也，詳經傳釋詞。此文本謂既不入於耳，則不著於心。下接以「此何以異於聾者之歌也，效人爲之而無以自樂也，聲出於口則越而散矣」，注：「散去耳不聞也。」此喻正與不入於耳則不著於心義符。若如俞説，則聾者之歌爲入於耳，豈不謬哉！○寧案：于説大謬。上言「内不開於中」，中，心也，（見前注。）故曰「不著於心」，與耳聽無涉。若謂内不開於中而强學問者，必先之不入於耳，因之不著於心。則所以不著於心者，蓋因不入於耳也。豈入於耳者，則必著於心乎？上文云：「内不得於中，稟授於外而以自飾也，不浸於肌膚，不浹於骨髓，不留於心志，不滯於五藏。」此云「入於耳」，即承「稟授於外」言之也。若作「不入於耳」，則文適相反，非其義也。

且上文又云：「若聽善言便計，雖愚者知説之；稱至德高行，雖不肖者知慕之。説之者衆而用之者鮮，慕之者多而行之者寡。」愚者不肖者，可謂内不開於中者也，既聽而説之慕之也，何謂不入於耳也？下文以聾者之歌爲喻，蓋謂聾者之歌雖出於口而不入於耳，猶内不開於中而強學問者，雖入於耳而不著於心；非以聾者之歌之散去耳不聞，喻内不開於中而強學問者之亦不入於耳也。于謂「若如俞説，則聾者之歌爲入於耳」，蓋未達此文比喻之義。荀子勸學篇：「君子之學也，入乎耳，著乎心，布乎四體，形乎動静，端而言，蝡而動，一可以爲法則。小人之學也，入乎耳，出乎口，口耳之間，則四寸耳，曷足以美七尺之軀哉！」此淮南文所本。又新論專學篇「若心不在學而強調誦，雖入於耳而不諦於心。譬若聾者之歌，效人爲之，無以自樂，雖出於口，則越散矣」，語又本於淮南，正作「雖入於耳」，無「不」字，可爲俞説之證。此何以異於聾者之歌也，效人爲之而無以自樂也，聲出於口則越而散矣。散去耳不聞也。夫心者，五藏之主也，所以制使四支，流行血氣，馳騁于是非之境，而出入于百事之門户者也。○劉文典云：御覽三百七十六引「血氣」作「氣血」。○寧案：作「氣血」偶倒耳，宋本太平御覽仍作「血氣」。是故不得於心而有經天下之氣，經，理也。是猶無耳而欲調鐘鼓，無目而欲喜文章也，亦必不勝其任矣。

故天下神器，不可爲也，器，物用也。爲，治也。爲者敗之，執者失之。○寧案：「天下神器」下奪「不可執也」四字。四句本老子二十九章語。（今本老子亦無四字。）「爲者敗之」承「不可爲也」言，「執者失之」承「不可執也」言，無四字則於文不備。文子道德篇引老子曰：「天下大器，不可執也，不可爲也。爲者敗之，執者失之。」文選干令升晉紀總論引文子引老子同。王弼注云：「萬物以自然爲性，可因而不可爲也，可通而不可執也。物有常性而造爲之，故必敗也，物有往來而執之，故必失也。」是老子有四字而今本奪之矣。又老子第六十四章云：「爲者敗之，執者失之。聖人無爲故無敗，無執故無失。」「無爲故無敗」承「爲者敗之」，「無執故無失」承「執者失之」，行文正同。此初原有，蓋後人以誤本老子改淮南。夫許由小天下而不以己易堯者，志遺於天下也。許由，陽城人也，箕山之隱士也。堯以其賢，聘之，欲禪天下焉。不肯就，故曰志遺于天下也。○寧案：道藏本、中立本、景宋本皆無「也」字。所以然者，何也？因天下而爲天下也。天下之要，不在於彼而在於我，彼謂堯也，我謂許由。不在於人而在於我身，身得則萬物備矣。○王念孫云：「不在於人而在於我身」，「我」字涉上句而衍。彼我人身，相對爲文，「身」上不當有「我」字。劉本移「我」字於下文「身得」之上，而讀「我身得」爲一句，亦非。文子九守篇正作「不在於人而在於身，身得則萬物備矣」。徹於心術之論，則嗜欲好憎外矣。外，不在心。是故無所喜而無所怒，無所樂而無所苦，萬物玄同也。玄，天也。無非無是，化育玄燿，生而如死。玄，天也。燿，明也。生而如死，言無所欲。○王念孫云：此四句皆以四字爲句，則「萬物玄同」下不當有「也」字。文子九守篇無「也」字。○寧案：注「玄，天也」三字，於正文四句下不當重出，前者當删。此注云「玄天也，燿明也」十四字，乃總正文四句爲注，因「萬物玄同」下誤衍「也」字，令文義斷絶，故後人移「玄天也」三字於上，而此處未删去耳。夫天下者亦吾有也，吾亦天下之有也，天下之與我，豈有閒哉！言相比也。○吴承仕云：「相比」疑當作「相化」，形近而誤。物我玄同，故言相化，謂「化」爲「比」，於義遠矣。○馬宗霍云：説文比部云：「比，密也。」國語吴語「而孩童焉比謀」韋昭注，莊子逍遥遊「行比一鄉」釋文引李頤注，管子五輔篇「中正比宜，以行禮節」尹知章注，荀子臣道篇「有能比知同力」楊倞注，竝云「比，合也」，則高氏此注，蓋亦取密合無閒之意。吴承仕謂「相比疑當作相化，形近而誤」，未必是。夫有天下者，豈必攝權持勢，操殺生之柄，而以行其號令邪？吾所謂有天下者，非謂此也，自得而已。自得其天性也。一曰：不失其身也。自得，則天下亦得我矣。吾與天下相得，則常相有已，又焉有不得容其閒者乎？

所謂自得者，全其身者也。全其身，則與道爲一矣。故雖游於江潯海裔，潯，厓也。裔，邊也。潯讀葛覃之「覃」也。○陶方琦云：文選江賦注、應詔樂遊苑詩注引許注云：「潯，水涯也。」涯卽厓。（説文有厓無涯。爾雅釋水：「滸，水厓。」字或作涯也。）故宣貴妃誄注引許注亦作「潯，涯也」。説文水部：「潯，水旁深也。」（水旁卽水涯。廣雅釋詁：「厓，方也。」方、旁古字通。）亦有水字。字林：「潯，水涯也。」卽本許君淮南注。○寧案：文選江賦注引「游於」作「南游」。又沈休文應詔樂遊苑詩注引許注作「潯，涯也」，無「水」字，大藏音義八十八引同，陶誤。馳要褭，建翠蓋，要褭，馬名，日行萬里。褭，橈弱之弱。翠蓋，以翠鳥羽飾蓋也。○寧案：道藏本、中立本、景宋本注首有「駟駕」二字。顧廣圻云：「『馳』疑當作『駟』，故注如此也。齊俗篇『駟駃騠』，亦可證。」案：顧説是也。「駟」之誤「馳」，猶上文「六雲蜺」「六」之誤「入」，今注蓋後人妄删。又「橈弱之弱」，諸本皆作「橈弱之橈」，作「橈」是也。吕氏春秋離俗篇高注「褭讀如曲橈之橈」，是其證。今本及諸本又脱「讀」字，當據沾。目觀掉羽、武象之樂，掉羽，羽舞。武象，周武王之樂。○楊樹達云：高注：「掉羽，羽舞。」本經篇云「掉羽武象，不知樂也」，高注同。案：「掉」字無義，當讀爲「翟」。説文羽部云：「翟，山雉尾長者。从羽从隹。」爾雅釋鳥云：「鸐，山雉。」樊光注云：「其羽可持而舞。」鸐與翟同。詩邶風簡兮云：「左手執籥，右手秉翟。」毛傳云：「翟，翟羽也。」正義云：「翟，羽舞也。」淮南之掉羽，卽毛詩之翟羽，假「掉」爲「翟」，猶「櫂」字或作「棹」矣。耳聽滔朗奇麗激抮之音，激，揚。抮，轉。皆曲名也。○陶方琦云：一切經音義十七、文選七發注、永明十一年策秀才文注引許注云：「軫，轉也。」說文糸部：「紾，轉也。」許注當是「紾」字。上文「蟠委錯紾」，高注以紾訓轉，正同許說。揚鄭衛之浩樂，結激楚之遺風，鄭聲，鄭會晉平公說新聲，使師延爲桑間濮上之樂。濮在衛地，故鄭、衛之浩樂也。必爲鄭、衛之俗樂，夫結激清楚以娛樂也。遺風，猶餘聲也。○陶方琦云：文選七發注引許注：「鄭、衛，新聲所出國也。皓樂，善倡也。」皓、浩同字。（孟子「浩然」，劉注作「皓然」。）七發「揚鄭、衛之皓樂」，正同許本。說文人部：「倡，樂也。」楚辭：「陳竽瑟兮浩唱。」故許注曰：「善倡也。」○寧案：史記司馬相如傳「激楚結風」，集解：郭璞曰：「激楚，歌曲也。列女傳曰：『聽激楚之遺風』也。」郭以「激楚」爲歌曲。唐獨孤及醉後贈別姚太守置酒留宴詩云：「起舞激楚歌採蓮。」則激楚殆歌舞曲。此「鄭衛」、「激楚」相對，彼「激楚」、「採蓮」相對，高注「結激清楚以娛樂」，失之。又案：高注譌亂。衛靈公會晉平公，事見韓子十過篇，又見史記樂書、論衡紀妖篇，與鄭無涉。此作鄭會晉平公，鄭當爲衛，涉上而誤。「平公」二字當重，「故」下沾「曰」字。又道藏本、中立本、景宋本「浩樂也」下有「結激清楚之聲也」七字。師涓、師延相亂，說見前。

射沼濱之高鳥，逐苑囿之走獸，此齊民之所以淫泆流湎，齊於凡民，故曰齊民。沼，沱也。濱，水厓也。○陶方琦云：莊子釋文引許注云：「齊等之民也。」莊子「下以化齊民」，李注：「齊，等也。」漢書「編户齊民」，如淳曰：「齊，等也。無有貴賤，謂之齊民。」○鍾佛操云：齊民要術序注引史記曰：「齊人無蓋藏。」如淳注曰：「齊，無貴賤。」故謂之齊人者，古今言平人也。聖人處之，不足以營其精神，亂其氣志，營，惑也。○寧案：說文「營，惑也」，段注：「淮南鴻烈漢書皆假瞀爲瞀，高誘注每云：『瞀，惑也。』瞀行而瞀廢。」使心怵然失其情性。○寧案：「怵」讀爲「訹」，説見前。處窮僻之鄉，側谿谷之間，側，伏也。隱於榛薄之中，藂木曰榛，深草曰薄。環堵之室，茨之以生茅，蓬户瓮牖，揉桑爲樞，堵，長一丈，高一丈，面環一堵，爲方一丈，故曰環堵，言其小也。編蓬爲户，以破瓮蔽牖，揉桑條以爲户樞。○向宗魯云：宋本「爲」上多「以」字，文選詣建平王上書注引亦有「以」字。此與上「茨之以生茅」句皆五字爲句。莊子讓王篇「原憲居魯」節文與此畧同。又見韓詩外傳一、新序節士篇。莊子新序皆有「以」字。（外傳「以」作「而」，古通。）上漏下溼，潤浸北房，浸，積也。北房，陰堂也。○寧案：注「積」，道藏本、景宋本作「漬」。説文水部：「瀸，漬也。」莊十七年公羊傳「齊人瀸于遂。瀸者何？瀸，積也。」釋文：「積，本又作漬。」雪霜滾灖，浸潭苽蔣，滾灖，雪霜之貌也。浸潭之潤，以生苽蔣實。苽者，蔣實也，其米曰彫胡。滾讀維繩之「維」。灖讀抆滅之「抆」。苽讀「觚哉」之「觚」也。蔣讀水漿之「漿」也。○莊逵吉云：藏本「灖讀抆滅之抆」作「讀校滅之校」。盧詹事文弨云：「或當作抆滅之抆，因抆、灖聲相近也，故據莊子語改之。」孫編修星衍云：「當作校滅之滅，因滅、灖聲相近也。」當以盧君之言爲是，今依改之。○劉台拱云：氾論訓「黄衰微」，注：「衰讀爲維繩之維，微讀爲抆滅之抆。」又精神訓「芒芠漠閔」，注：「芠讀抆滅之抆。」竝與此注同。或疑灖、微二字不當讀抆，是不然。文、欣二韻偏旁，隋、唐人多收入微韻，故從「軍」之字多讀「揮」，從「斤」之字多讀「祈」。又「殷」讀爲「衣」，「君」讀爲「威」，「賁」讀爲「肥」之類，不一而足。維繩之維，廣韻蘇内切，抆滅之抆，高盎讀如昧，滾灖、衰微皆疊韻字也。滾灖猶霖微也。人名衰微者，取小弱之意，若草木稺弱爲靃靡也。芒芠雙聲字也。芒芠即芒昧，繆稱篇引黄帝曰「芒芒昧昧，從天之道，與元同氣」是也。抆之讀爲昧，猶玫瑰之讀爲枚。○吳承仕云：盧校是也。「滚㵽」字又作「浽溦」，竝屬脂部。脂對轉諄，故音㵽爲拉。〇楊樹達云：「雪霜滚㵽」，疑誤倒，當作「滚㵽雪霜」。此文承上文言之，謂所居環堵之室，上漏下溼，滚㵽於雪霜之中也。此句與下句「浸潭苽蔣」爲對文，誤倒作「雪霜滚㵽」，則與下文不一律矣。文以房、霜、蔣及下文之旁爲韻，誤倒又失其韻矣。浸潭與浸尋同。〇寧案：唐本玉篇水部滚字引作「雨覽滚溦則𣸣潭苽蔣」，當是許本。野王案：「此亦浽字也，浽溦，小雨也。」楊樹達謂「雪霜滚㵽」疑誤倒，未必是。

逍遥于廣澤之中，而仿洋于山峽之旁，

兩山之間爲峽。〇王念孫云：水經江水注曰：「江水又東逕赤岬城西。淮南子曰：『彷徨於山岬之旁。』注曰：『岬，山脅也。』」文選吴都賦：「傾藪薄，倒岬岫。」李善曰：「許慎淮南子注曰：『岬，山旁。』古狎切。」案：水經注所引亦作「岬」而訓爲山脅，疑是高注。山脅即山旁，義與許同也。今本「岬」作「峽」，注云「兩山之間爲峽」，與酈、李所引迥異，疑皆後人所改。玉篇：「岬，古狎切，山旁也。亦作𥐟。」廣韻：「𥐟，古狎切，山側也。」「峽，侯夾切。巫峽，山名。」二字音義判然。後人誤以山脅之岬爲巫峽之峽，故改訓爲兩山之間，不知正文明言山岬之旁，則岬爲山脅而非兩山之間矣。校書者以注訓兩山之間，故又改「岬」爲「峽」，而不知其本非原注也。集韻：「𥐟，古狎切，兩山之間爲𥐟，許慎說。或作岬。」（宋人皆誤以高注爲許注，故云許慎說。）則所見已非原注。但「岬」字尚未改爲「峽」耳。〇陶方琦云：玉篇：「岬，山旁也，亦作𥐟。」廣韻：「𥐟，山側也。」皆本許注淮南說。高本作「峽」，說故異。許義爲長。〇向宗魯云：唐本玉篇山部引許叔重曰：「岬，山旁也。」即本書許文。陶輯本失採。王氏謂兩山之閒之訓，是。唐本玉篇山部引左思吴都賦「倒岬岫」，劉逵注：「兩山間也。」（今文選吴都賦劉注無此文，蓋李善删之。善於西京賦注云：「舊注是者，因而留之。」則李意以爲不是者，必有所削矣。李於「岬」字之訓，從許不從高，故去之。）正與高注合。則高注從「兩山之間」

訓岬，必非後人所改，而高本作「岬」與許不殊明矣。○寧案：向説是也。文選吴都賦六臣注張銑曰：「兩山間曰岬。」蓋劉、張皆本高注。此齊民之所爲形植黎累憂悲而不得志也，聖人處之，不爲愁悴怨懟，懟，病也。而不失其所以自樂也。○王引之云：黎黑，舊本譌作黎累，今據文選詣建平王上書注改。又懟與病義不相近，「懟」皆當爲「慰」。今作「懟」者，後人以意改之也。怨讀爲苑，慰讀爲蔚，苑、蔚皆病也。俶真篇「形傷於寒暑燥溼之虐者，形苑而神壯」，高注曰：「苑，枯病也。」本經篇「則身無患，百節莫苑」，高注曰：「苑，病也。」俶真篇「五藏無蔚氣」，高注曰：「蔚，病也。」是苑、蔚皆病也。荀子哀公篇「富有天下而無怨財」，楊倞注引禮運「事大積焉而不苑」，是苑與怨通。莊子盜跖篇「貪財而取慰，貪權而取竭，可謂疾矣」，疾亦病也。淮南繆稱篇曰：「株儒瞽師，人之困慰者也。」是蔚與慰通。故高注云：「慰，病也。」後人不通古訓而改「慰」爲「懟」，其失甚矣。「不失其所以自樂」，「不」字涉上下文而衍。「不爲愁悴怨慰而失其所以自樂也」作一句讀。○俞樾云：王氏據文選注訂「黎累」爲「黎黑」是也，唯未説「植」字之義。「植」當讀爲「殖」。管子地員篇：「五殖之狀，甚澤以疏，離坼以臞塉。」是殖有臞瘠之義。形植，謂形體臞瘠也。蓋卽從脂膏殖敗之義而引申之耳。○章太炎云：按植者志也，見楚辭招魂注。黎累疊韻兼雙聲，累讀爲儽。洞簫賦「桀跖鬻博儽以頓顇」，寡婦賦「容貌儽以頓顇」，是儽乃本義，而黎則其發聲之辭也。黎累屬形，憂悲屬志。○馬宗霍云：俞説迂曲無當。廣雅釋詁三云：「植，多也。」此謂齊民形多黎黑也。王念孫廣雅疏證云：「植謂蕃植也，字通作殖。殖，積也。」又廣雅釋地：「植，種也。」文選景福殿賦李善注引蒼頡篇：「植，種也。」東京賦「植華平於春圃」，薛綜注云：「植猶種也。」則知植之訓多由於蕃植，蕃植之義又由於種植也。説文木部植本訓户植。户植當爲植立之木，因之種亦曰植矣。○蔣禮鴻云：易大壯九三「羸其角」，釋文：「馬云：『大索也。』王肅作縲，鄭、虞作纍，蜀才作累，張作虆。」「累」即「纍」之省。然則「累」與「羸」通。禮記玉藻篇「喪容纍纍」，鄭注云：「纍纍，羸憊貌。」亦其證也。黎言黑，累言憊，本自不誤，王氏改之非是。俞氏讀植爲殖，訓殖爲瘠，亦不可從。形植即形體。楚辭招魂「去君之恆幹」，幹與植義一也。若如俞說，則形瘠黎黑，豈成文乎？○寧案：章氏據楚辭訓植爲志，是也。管子法法篇「上無固植」，注亦云「植，志」。史記孔子世家「纍纍若喪家之狗」，集解：「王肅曰：喪家之狗，主人哀荒，不見飲食，故纍然而不得意。孔子生於亂世，道不得行，故纍然不得志之貌也。」此文累亦當訓不得志貌。上言形志，下言黎累憂悲而不得志，文正相應。**是何也？則內有以通於天機，**機，發也。○吳承仕云：景宋本作「機，微也」。案：機發之訓，於義稍遠，疑宋本近之。或文本作「幾」，故訓爲微，傳寫譌爲「機」耳。○寧案：「天機」一詞，莊子屢見。文選文賦注：「莊子蚿曰：『今予動吾天機。』司馬彪曰：『天機，自然也。』」又太宗師曰：『其耆欲深者，其天機淺也。』劉障曰：『言天機者，言萬物轉動，各有天性，任之自然，不知所由然也。』」故機有動義。禮大學「其機如此」，鄭注：「機，發動所由也。」故高訓機爲發。藏本同今本。吳說疑非。**而不以貴賤貧富勞逸失其志德者也。**○陶鴻慶云：「是何也」「也」字衍，文當以「是何則」爲句。「何則」之文，本書屢見，不可悉舉。又案：「志德」當爲「至德」。上文云「是謂至德，至德則樂矣」，此與相應。○楊樹達云：「志」當爲「自」，志、自音近，又涉上文「憂悲而不得志」志字而誤。「德」與「得」古字通，自德即自得也。上文云：「吾所謂有天下者，非謂此也，自得而已。自得則天下亦得我矣。」又云：「所謂自得者，全其身者也。」自彼文至此，皆言聖人自得之事。下文又云：「非以一時之變化而定吾所以自得也。」皆足證此文之誤。據高注云：「言體道者，不爲貴賤貧富勞逸易其志」，則所據本已誤。陶鴻慶校「志」爲「至」之誤，亦非是。○寧案：上言齊民處之而不得志」，此言聖人處之則不失其志得，文正反覆相承。「德」字通「得」是也。必欲改「志」爲「至」或「自」，陶説固非，楊亦未必是。高注云：「言體道者，不爲貴賤貧富勢逸易其志」，是其證，非據誤本也。故夫烏之啞啞，鵲之唶唶，豈嘗爲寒暑燥溼變其聲哉！言體道者，不爲貴賤貧富勢逸易其志，如烏鵲之不爲寒暑易其聲。

是故夫得道已定，而不待萬物之推移也，○陶鴻慶云：「不」字衍文。下文「非以一時之變化而定吾所以自得也」，與此反復相明。先言定以待物，非遇物而求定也。衍「不」字則失其旨矣。○寧案：陶説是也。人間篇「故内有一定之操，而外能詘伸，贏縮卷舒，與物推移」，義與此同。彼「與物推移」，即此「待萬物之推移」也。非以一時之變化而定吾所以自得也。吾所謂得者，性命之情處其所安也。夫性命者，與形俱出其宗，宗，本。形備而性命成，性命成而好憎生矣。故士有一定之論，女有不易之行，士有同志同志德也。至其交接，有一會而交定，故曰有一定之論也。貞女專一，亦無二心，雖有偏喪，不復更醮。故曰有不易之行也。○劉文典云：高注「士有同志同志德也」，下「志」字疑涉上文而衍。文選詣建平王上書注引正作「士有同志同德」。又「交定」作「分定」，「不復」作「不須」。○寧案：注作「交定」不誤。文選三國名臣序贊云：「披草求君，定交一面。」是其義。作「分」形近而誤。道藏本、景宋本作「公」亦非。又案：「不復再醮」，明其專一，作「不須」，非無二心，非專一之義也。規矩不能方圓，鉤繩不能曲直。雖規矩鉤繩，無以施於此。天地之永，登邱不可爲脩，居卑不可爲短。○寧案：莊子徐無鬼篇：「天地之養也一，登高不可以爲長，居下不可以爲短。」此淮南所本。是故得道者，窮而不懾，達而不榮，雖窮賤不以爲懾懼也，雖顯達不以爲榮幸也。處高而不機，機，危也。○楊樹達云：高讀機爲幾，故訓危。持盈而不傾，傾，覆也。新而不朗，久而不渝，朗，明也。渝，變也。朗讀汝南朗陵之朗。入火不焦，入水不濡。是故不待勢而尊，不待財而富，不待力而強，平虛下流，與化翺翔。翺翔，猶傾仰也。○吴承仕云：傾訓不正，引申爲顛覆，與仰義異，不成連語。「傾」當爲「頫」，字之誤也。後文云「與道沉浮俛仰」，注云「俛仰猶升降」，文義竝相近。○寧案：吴説是也。匡謬正俗引張揖古今字詁云：「頫，今之俯、俛也。」與「傾」形近而誤。蜀藏本正作「頫」。若然者，藏金於山，藏珠於淵，舜藏金於嶄巖之山，藏珠於五湖之淵，以塞貪淫之欲也。○吴承仕云：「嶄巖」當爲「嶃巖」。泰族篇：「舜深藏黄金於嶃巖之山。」「嶃」亦作「嶔」，穀梁傳「必於殽之嶔巖」是也。各本竝譌爲「嶄」，唯景宋本作「嶃」不誤。○徐仁甫云：陸賈新語術事篇曰：「舜棄黄金於嶃嵓之山，禹捐珠玉於五湖之淵，將以杜淫邪之欲，絶琦瑋之情。」誘注蓋本於此，而字有脱誤，應以此校補之。不利貨財，不貪勢名。勢位爵號之名也。○吴承仕云：注文當作勢，（讀）位。（句）名，（讀）爵號之名也。（句）記禮運注：「勢，勢位也。」上文「名實同居」，注：「名，爵號之名也。」是其證。○寧案：莊子天地篇「若然者，藏金於山，藏珠於淵，不利貨財，不貪貴富」，即淮南所本。是故不以康爲樂，康，安也。不以慊爲悲，慊，約也。慊讀僻向慊之慊。○向宗魯云：上文云「不以廉爲悲」，此「廉」又改作「慊」，當由高、許糅襍也。注「辟向慊」乃「羣公溓」之譌。「羣」隸書作「群」，與「辟」相似。「公」作「[illegible]」，與「向」相似。「慊」與「溓」尤易相亂。春秋文十三年公羊傳云：「羣公廩。」鄭氏易注（坤文言）引作「羣公溓」。（鄭與何本不同，蓋嚴、顧之異。）高所引與鄭同。孟子「吾何慊乎哉」，注：「慊，少也。」爾雅釋言：「廩，鮮也。」高此注：「慊，約也。」義竝相通。○寧案：慊假爲歉。孟子公孫丑「吾何慊乎哉」，趙注：「慊，少也。」此高注「慊，約也」，約亦少也。玉篇：「歉，食不飽也。」穀梁傳襄二十四年「一穀不熟謂之嗛」，（古多假嗛爲歉）故趙訓少而高訓約。注「僻」，道藏本、景宋本皆作「辟」。向謂「辟向慊」當作「羣公濂」。愚疑當作「辟自慊之慊」。呂氏春秋適音篇高注「嫌聽譬自嫌之嫌」，（「聽」字乃「讀」字之誤。）是其證。譬、辟通，嫌、慊、謙通，今本蓋「自」以形近誤爲「向」耳。禮記大學：「此之謂自謙。」鄭注：「謙讀爲慊。」又坊記「貴不慊於上」，鄭注：「慊或爲嫌。」於此不煩改字。高氏取大學語作音釋，不自公羊也。不以貴爲安，不以賤爲危，形神氣志，各居其宜，以隨天地之所爲。

夫形者生之舍也，氣者生之充也，神者生之制也，一失位則三者傷矣。〇王念孫云：「充」本作「元」，此涉下文「氣不當其所充」而誤也。元者本也，言氣爲生之本也。文選養生論注引此正作「元」，文子九守篇亦作「元」。王冰注素問刺禁論云：「氣者生之原。」語即本於淮南。原與元同。一失位則二者傷，謂此三者之中，一者失位則二者皆傷也。各本「二」作「三」，因下文「此三者」而誤。（文子亦誤作「三」。）唯道藏本、朱本作「二」。莊刻依諸本作「三」非也。文選注引此正作「二」。〇楊樹達云：王校竝非也。孟子公孫丑上篇云：「氣，體之充也。」此淮南語所本。且此云：「形者生之舍，氣者生之充，神者生之制。」故下文承此而申言之云：「形者非其所安而處之則廢，氣不當其所充而用之則泄，神非其所宜而行之則昧。」惟形爲生之舍，故云「非其所安而處之」；惟氣爲生之充，故云「氣不當其所充而用之」；惟神爲生之制，故云「神非其所宜而行之」。如改爲「氣者生之元」，則下文「氣不當其所充而用之」句，與此句不相貫注矣。下文又云：「今人之所以眭然能視，營然能聽，形體能抗，而百節可屈伸，察能分黑白，視醜美，而知能別同異，明是非者，何也？氣爲之充而神爲之使也。」能視、能聽、形體能抗、百節可屈伸云云，承此文「形者生之舍」爲言；氣爲之充而神爲之使，又承此「氣者生之充，神者生之制」而言之也。若云氣者生之元，又與此文不相照應矣。春秋繁露循天之道篇云：「精神者，生之内充也。」語意與此相同。文選注及文子作「元」者，「充」與「元」形近致誤，不足據依。王氏不考諸孟子，不詳核之本文，欲據他書之誤字，改不誤之本文，可謂千慮一失矣。（劉文典校補説同。）「一失位則三者傷矣」，作「三者」是。藏本、朱本及文選注引作「二」者，亦形近誤字也。一者，假設之詞。孟子離婁上篇云：「一正君而國定矣。」國策秦策云：「蔡澤駿雄弘辯，彼一見秦王，秦王必相之。」史記藺相如傳云：「相如一奮其氣，威信敵國。」竝其例也。一失位猶云一旦失位，非謂三者之中，有一失其位也。上文云：「吾所謂得者，性命之情，處其所安也。」性命之情處其所安，則得其位也。此云一失位，亦承彼文言之，謂性命之情一失其位，則形、氣、神三者皆傷也。「二」與「三」積畫易誤。王氏不瞭藏本、朱本及文選注所引「二」爲誤字，而欲改諸本之不誤者以從之，謬矣。○寧案：「充」字不誤，楊説是也。精神篇云：「猶充形者之非形也。」高注：「充形者氣也。」充形者氣，猶此言「氣者生之充」也。又管子心術篇云：「氣者身之充。」皆其證。竊疑此句「生」當爲「身」，涉上下句「生」字而誤。孟子曰「體之充」，管子曰「身之充」，體之充卽身之充也。氣可曰充體、充身，不可曰充生，可曰生之元，不可曰身之元或體之元。文選注及文子作「生」，故改「充」爲「元」。王冰注素問作「生」，故云「生之原」。孟子作「體」，管子作「身」，故皆曰充，不作「元」。精神篇云「充形」，形亦體也。此文既「充」字不誤，則「生」爲「身」之誤字可知矣。又案：楊謂「三」字不誤是也，其所以説之非也。一失位則三者傷，蓋謂形、神、氣三者中有一失其位則三者皆傷。一者或詞也，三者全稱也。猶云「一家失熛，百家皆燒」，（見説林篇）若作一失位則二者傷，是失位者不傷，非其義矣。楊謂一失位，蓋謂性命之情一旦失其位。然上文云「形神氣志各居其宜」，下文云「是故聖人使人各處其位，守其職」，謂一爲三者中之一，與上下兩「各」字文正相應，又曰「此三者不可不慎守也」，正謂慎守形神氣三者，毋令失其位。若謂爲性命之情一旦失其位，則義不相屬矣。且下文又云：「夫狂者之不能避水火之難而越溝瀆之險者，豈無形神氣志哉！然而用之異也。失其所守之位，而離其外内之舍，是故舉錯不能當，動靜不能中。」言形神氣志失其所守之位甚明，楊氏偶疏耳。是故聖人使人各處其位，守其職，而不得相干也。故夫形者，非其所安也而處之則廢，氣不當其所充而用之則泄，神非其所宜而行之則昧，昧，不明也。○楊樹達云：「昧」字當作「眜」，形近誤也。說文目部云：「眜，目不明也。从目末聲。」眜、昧形近，又世人多見「昧」，少見「眜」，故「眜」譌爲「昧」。「眜」从本末之「末」得聲，與廢、泄古韻同在月部。若「昧」則從未聲，古韻在沒部，失其韻矣。高訓昧爲不明，正與說文同訓。至說文別有「眛」字，从目未聲，亦訓目不明也，此乃後人誤增之字，不得據以爲說也。此三者，不可不慎守也。夫舉天下萬物，蚑蟯貞蟲，蚑行蟯動之蟲也。蟯讀饒。貞蟲，細腰之屬也。○洪頤煊云：貞蟲不專是蜂，貞蟲猶言昆蟲。地形訓「萬物貞蟲，各有以生」，大戴禮易本命作「昆蟲」。昆蟲即衆蟲也。○劉文典云：本書說山訓「貞蟲之動以毒螫」，高注：「貞蟲，細腰蜂蜾蠃之屬。無牝牡之合曰貞。」案：「貞」當爲「征」之叚字。墨子非樂上篇「今人固與禽獸麋鹿蜚鳥貞蟲異者也」，三朝記謂之「蜚征」。高以「無牝牡之合」釋之，未晐。蠉動蚑作，蚑讀鳥跂步之跂也。皆知其所喜憎利害者何也？以其性之在焉而不離也，忽去之則骨肉無倫矣。去之，去道也，則骨肉靡滅無倫匹也。今人之所以眭然能視，眭讀曰桂。○楊樹達云：「眭」疑與「娃」同。說文女部云：「娃，圜深目皃也。」營然能聽，營讀疾營之營。○陳昌齊云：廣韻「覺」字下引「覺然能聽」。形體能抗，抗讀扣耳之「扣」。○寧案：注，「耳」字疑

「馬」字之誤也。左傳襄公十八年：「太子與郭榮扣馬。」氾論篇「梁由靡扣穆公之驂」，高注：「扣猶牽也。」扣馬言牽馬。而百節可屈伸，察能分白黑，視醜美，而知能別同異，明是非者，何也？氣爲之充而神爲之使也。何以知其然也？凡人之志各有所在，而神有所繫者，其行也，足蹪趎埳，頭抵植木，而不自知也。蹪，躓也，楚人讀「躓」爲「蹪」。知猶覺也。○劉台拱云：字書趎有音無義，但云人名南榮趎。此不當作「趎」。列子說符篇：「意之所屬著，其行足躓株埳，頭抵植木，而不自知也。」株者，橛株也。埳者，坑坎也。足躓株埳與頭抵植木相對爲文。此既襲列子之文，即當從彼作「株」爲是。○楊樹達云：「各有所在」，「各」字疑衍。「蹪」讀爲「隤」。說文𨸏部云：「隤，下隊也。」（杜回切。）玉篇云：「陷，隤也。」原道篇云：「先者隤陷。」字正作「隤」。高彼注亦云：「楚人讀躓爲隤。」尤爲明證。本經篇云：「無蹪陷之患。」「蹪」亦當讀爲「隤」。「抵」當爲「牴」，字之誤也。說文牛部云：「牴，觸也。」此文見列子說符篇，列子亦誤作「抵」。趎、埳二事，植、木亦二事。說文木部云：「植，户植也。」（「趎」當作「株」，劉台拱已言之。）又案：蹪字从足，疑是蹪躓本字，說文漏未采耳。招之而不能見也，呼之而不能聞也，不能見招之者，不能聞呼之者。耳目非去之也，然而不能應者，何也？神失其守也。精神失其所守。故在於小則忘於大，在於中則忘於外，在於上則忘於下，在於左則忘於右。若楚白公勝將欲慮亂，立于朝，倒杖策，上貫其頭，血流至地而不覺，此之類也。○寧案：注，「頭」當爲「頤」，形近而誤也。白公事見韓非子喻老篇，作「鋭貫頤」。又見列子說符篇作「錣上貫頤」，本書道應篇同。說山篇「白公勝之倒杖策也」，注：「倒杖策，傷其頤。」皆其證。景宋本正作頤。無所不充則無所不在。精神無所不充。在，存也。是故貴虛者，以豪末爲宅也。虛者，情無所念慮也。以豪末爲宅者，言精微也。今夫狂者之不能避水火之難，而越溝瀆之險者，○俞樾云：「不能」當作「能不」，傳寫誤倒。豈無形神氣志哉！○劉文典云：御覽八百六十九引「形神氣志」作「形氣神志」。○寧案：作「形氣神志」偶倒耳。上文「亂其氣志」，又「形神氣志，各居其宜」，下文「形神相失」，皆以形神連文，氣志連文，宋本太平御覽引仍作「形神氣志」。然而用之異也。與人異也。失其所守之位，而離其外內之舍，是故舉錯不能當，動靜不能中，當，合也。中，適也。終身運枯形于連嶁列埒之門，運，行也。枯猶病也。形，體也。

連嘍猶離嘍嘍也，委曲之類。列坿，不平均也。連，讀陵聾幽州陵蓮之「連」，嶁讀嶁無松柏之「嶁」。○莊逵吉云：古無「嶁」字，連嶁即連遱也。所謂離嶁，亦即麗廔也。遱、廔葢正字。○王念孫云：廣雅：「讕哰、謰謱也。」此雙聲之相近者也。讕、謰聲相近。魏風伐檀篇「河水清且漣猗」，爾雅「漣」作「瀾」，是其例也。哰、謱聲亦相近。士喪禮「牢中旁寸」，鄭注云：「牢讀爲樓。」是其例也。方言：「讕哰、謰謱，拏也。東齊、周、晉之鄙曰讕哰，讕哰亦通語也。南楚曰謰謱。拏，揚州、會稽之語也。」郭璞注曰：「拏，言譇拏也，平原人呼讕哰也。」玉篇：「譇詉，言不可解也。」說文：「拏，牽引也。」拏與詉通。說文：「遱，連遱也。」「謱，謰謱也。」玉篇：「嗹嘍，多言也。」「謰謱，繁拏也。」楚辭九思云：「媒女詘兮謰謱。」淮南子原道訓「終身運枯形于連嶁列埒之門」，高誘注云：「連嶁，猶離婁也，委曲之貌。」竝字異而義同。劉向熏鑪銘云：「彫鏤萬獸，離婁相加。」說文：「廔，屋麗廔也。」離婁、麗廔，聲與連遱皆相近，故離象傳云：「離，麗也。」王弼注兌卦云：「麗猶連也。」鄭注士喪禮云：「古文麗爲連。」王延壽王孫賦云：「羌難得而觀縷。」玉篇：「覼，力和切。覼縷，委曲也。」覼縷與連遱聲亦相近，故同訓爲委曲矣。○洪頤煊云：說文：「廔，屋麗廔也。」列子力命篇：「居則連欐。」莊子徐無鬼篇：「君亦必無陳鸛列於麗譙之間。」郭象注：「麗譙，高樓也。」皆同聲通用字。廣雅釋室：「埒，隄也。」高注非。○蔣超伯云：連嶁，莊補注以麗廔釋之，非也，當依高注委曲之貌。漢書地理志交阯有羸𨻻縣，殆因山厓曲岪而名。語言繁絮爲嗹嘍，轉而爲䚕𧢱。廣韻：「䚕𧢱，委曲也。」其義一耳。爾雅：「山上有水埒。」列子湯問篇「一源分爲四埒」，張湛注：「山上水流曰埒。」高注「不平均也」，似亦非。○楊樹達云：說文辵部云：「遱，連遱也。」言部云：「謰，謰謱也。」連遱、謰謱、連嶁竝同。蓋雙聲連語，隨義賦形，絶無定字。莊必以遱、廔爲正字，說殊泥。高注謂連嶁卽離嶁，委曲之類，亦非。離嶁、麗廔，言其疏通開朗，連遱、謰謱，言其綴聯不絶，義各有屬，不得混而一之。○蔣禮鴻云：連嶁謂連延之嶁，列埒謂成列之埒，二文相對。連、列皆静字，嶁、埒皆界畔之名，言其綿亘重襲，故入之者終身不得出也。二家說並未得。又案：高注「類」字當作「貇」。下文「漠睧於勢利」，注曰「不知足貇」，亦作豸旁頁。○寧案：此云連嶁、列埒與下句污壑、穽陷對文，當同爲名物之詞，不得謂連嶁爲雙聲連語，獨作形頌之字，蔣禮鴻說是也。又案：注「譬幽州陵陵蓮之連」，疑當作「譬幽州陵遲之陵」。而蹪蹈于污壑穽陷之中。污壑，大壑。壑讀赫赫明明之赫。○王紹蘭云：上文云：「其行也，足蹪趎埳，頭抵植木，而不自知也。」高誘注：「蹪，躓也。楚人謂躓爲蹪。」此文「蹈」當爲「埳」，蹪埳卽足蹪趎埳也。「埳」卽「陷」之今字。說文𨸏部：「陷，高下也。」謂從高陷下也。臼部：「臽，小阱也。」讀淮南者，見下有穽陷字，輒改「埳」爲「蹈」，不知正文本當作「蹪陷於污壑穽臽之中」，非重複也。若如今本作「蹪蹈」，說文「蹈，踐也」，既蹪躓矣，何能復蹈踐乎？於文亦不詞。雖生俱與人鈞，然而不免爲人戮笑者，何也？形神相失也。故以神爲主者，形從而利；以形爲制者，神從而害。神清静，故利。形有情欲，故害也。貪饕多欲之人，漠睧於勢利，誘慕於名位，漠睧，猶鈍瞀，不知足貌。誘，進也。慕，貪。漠溺之漠。瞀讀纖絹緻宓瞀無閒孔之「瞀」也。○王念孫云：「漠瞀」皆當爲「滇眠」，字之誤也。（隸書「真」字作「𡗝」，莫字作「莫」，二形相似而誤。史記高祖功臣侯者表甘泉戴侯莫摇，漢表「莫摇」作「真粘」。朝鮮傳「嘗畧屬真番」，徐廣曰：「真一作莫」。新序褋事篇「黄帝學乎大真」，路史疏仡紀曰：「大真或作大莫，非。」皆其例也。「眠」之爲「瞀」，則涉注文鈍瞀而誤。）滇音顛，眠音莫賢反。「滇眠」或作「顛冥」。文子九守篇作「顛冥乎勢利」，是其證也。莊子則陽篇「顛冥乎富貴之地」，釋文：「冥音眠。司馬云：顛冥猶迷惑也，言其交結人主，情馳富貴。」即此所云「滇眠於勢利，誘慕於名位」也。高以滇眠爲不知足。司馬以顛冥爲迷惑，迷惑與不知足，義相因也。又案：高云：「滇眠猶鈍瞀。」瞀讀齊湣王之「湣」。（見集韻）滇眠、鈍瞀，皆疊韻也。鈍瞀或爲鈍閔，或爲頓愍。方言：「頓愍，惽也。江湘之間謂之頓愍。」淮南脩務篇「精神曉泠，鈍閔條達」，高彼注云：「鈍閔猶鈍惽也。」此注云「鈍瞀，不知足貌」，鈍惽與不知足，義亦相因也。○劉台拱云：注「慕，貪」下當有「也」字，「漠讀」二字。○向宗魯云：正文依王説作「滇眠」，本無「漠」字。此注當作「慕，貪也，讀漠溺之漠。」乃「慕」字之音也。○寧案：向説非也。慕字無煩音釋。王説「漠瞀」（藏本瞀作嗇）乃「滇眠」之誤，則此當作「滇讀滇溺之滇，眠讀纖絹緻密矊無閒孔之矊也。」爾雅釋言：「矊，密也。」莫賢切，與「瞀」形近而誤。「宓」乃「密」之誤。劉説脱字是也，而「漠」字未校。**冀以過人之智，植于高世，**○王念孫云：「植于高世」，當作「植高于世」。故高注曰：「植，立也，庶幾立高名於世也。」今本「高于」二字誤倒，則文不成義。文子作「位高于世」，位亦立也。（周官小宗伯注：「鄭司農云：古者位、立同字。」）○寧案：道藏本、中立本、景宋本有注云：「冀，猶庶幾也。植，立也。庶幾立高名於世也。」茅本無，乃明人臆删而莊刻從之也。**則精神日以耗而彌遠，**○于省吾云：趙萬里云：「以」字衍文。案：趙説是也。「日秏而彌遠」與下句「久淫而不還」對文，多一「以」字則贅於詞矣。又宋本此句下有注云：「秏，秃也。」案：時則篇「秋行冬令秏」，注：「秏，零落也。」零落與秃義相因。○寧案：道藏本亦有注，同宋本。疑「秃」字乃「亂」字之譌也。「亂」字草書作「乱」，與秃形似。精神篇注：「秏猶亂也。」云精神日以秃，義不可通。**久淫而不還，**淫，過。還，復。**形閉中距，則神無由入矣。**神，精神也。清静之性，無從還入也。○馬宗霍云：形謂外也，中猶内也，形閉中距，言外閉内距也。距與閉相對，蓋通作歫。説文足部云：「距，雞距也。」非本文之義。止部云：「歫，止也。一曰搶也。」搶謂相抵，是其義也。漢石經論語「其不可者距之」，彼亦以「距」爲「歫」。經傳多作「拒」。説文無「拒」字，「歫」即「拒」也。**是以天下時有盲妄自失之患。此膏燭之類也，火逾然而消逾亟。**逾，益也。亟，疾也。**夫精神氣志者，静而日充者以壯，躁而日秏者以老。**○俞樾云：下兩「者」字皆衍文。日充以壯，日秏以老，猶言日充而壯，日秏而老也，有「者」字則文不成義。文子九守篇正無兩「者」字。○陶鴻慶云：「日充」「日秏」下兩「者」字衍文，俞氏已訂正矣。「精」當爲「形」，字之誤。上文皆以形神氣志並舉，而此文静、躁以神言，充、秏以氣言，壯、老則以形言也。下云「是故聖人將養其神，和弱其氣，平夷其形」，文義上下相承，尤其明證。今本作「精神」，蓋涉上文而誤。○馬宗霍云：本文兩「者」字不衍。以猶則也，此謂静而日充者則壯，躁而日秏者則老也。若如俞説，訓以爲而，是爲「静而日充而壯，躁而日秏而老」，於詞爲累矣。文子襲用本書多增損，不可盡據。○寧案：陶氏謂「精」當爲「形」，非是。蓋惑於上文以「形神氣志」並舉故也。此作「精神氣志」，蓋緊承「精神日以秏而彌遠」言之。上文亦云：「聖人處之，不足以營其精神，亂其氣志。」此謂「精神氣志者，静而日充者以壯，躁而日秏者以老」，正謂精神氣志之不可營且亂也。使如陶説作形神氣志，而靜躁充秏承神氣言，壯老承形言，實文理不清。蓋形神氣志爲全句主語而異類，靜充壯、躁秏老各爲一類謂語，語法不得如此分承也。至下文言「將養其神，和弱其氣，平夷其形」，陶以爲正分承此形神氣志之明證。不知形神本相依，言神而形自在，若謂此無「形」字則文不相承，泥矣。是故聖人將養其神，和弱其氣，平夷其形，而與道沈浮俛仰，沈浮猶盛衰，俛仰猶升降。恬然則縱之，○劉台拱云：「然」字衍。迫則用之。其縱之也若委衣，其用之也若發機。機，弩機關。言其疾也。○寧案：莊子齊物論篇：「其發若機括。」如是，則萬物之化無不遇，遇，時也。○孫詒讓云：「遇」與「耦」通。齊俗訓云：「夫以一世之變，欲以耦化應時。」要畧云：「所以應待萬方，覽耦百變也。」許注云：「耦，通也。」字亦作「偶」。説林訓云：「聖人之偶物也。」高注云：「偶猶周也。」此云無不遇，亦即周通之義。高釋遇爲時，失之。文子守弱篇襲此文「遇」作「偶」，正與説林訓「偶物」字同。○吴承仕云：孫説非也。此注以「遇時也」三字爲句，正以齊俗篇「耦化應時」之義轉釋此文。萬物之化無不遇者，謂物化與時相應也。訓詁家自有此例。晉語：「人不求及，其能及乎？」韋注：「求及，求及時也。」文例正與此同。孫氏失其讀，故不了耳。○向宗魯云：文子道原篇「萬物之化無不應也，百事之變無不偶也」，亦用此文，孫失引。又案：高注釋遇爲時，亦讀爲「偶」，非誤也。管子心術上云：「其應物也若偶之，言時適也。」足爲高注之證。○寧案：注「遇時也」三字，莊本脱，據道藏本、景宋本補。而百事之變無不應。應，當之也。

淮南子集釋卷二

漢涿郡高誘注

俶真訓

俶，始也。真，實也。道之實始於無有，化育於有，故曰俶真，因以名篇。○寧案：道藏本、中立本、茅本、景宋本「道」上皆有「説」字。

有始者，天地開闢之始也。有未始有有始者，言萬物萌兆，未始有。始者，始成形也。有未始有夫未始有有始者。言天地合氣，寂寞蕭條，未始有也。夫未始有始，仿佛也。有有者，言萬物始有形兆也。有無者，言天地浩大，無可名也。有未始有有無者，○寧案：景宋本此下有注云：「言道微妙，苞裹天地。未始有有無者在有無者之前。有未始有夫未始有有無者，天也。」「有未始有夫未始有有無者」十一字，乃宋本正文誤入注文，「天也」二字乃注。然「天也」二字義不明，疑有脱誤。有未始有夫未始有有無者。○陶鴻慶云：莊子齊物論云：「有始也者，有未始有始也者，有未始有夫未始有始也者。有有也者，有無也者，有未始有無也者，有未始有夫未始有無也者。」即淮南所本。此文「未始有有始者」，「未始有有無者」，皆誤重「有」字。下同。所謂有始者，繁憤，未發萌兆牙蘖，未有形埒垠堮，○王念孫云：覽冥篇「不見朕垠」，高注：「朕，兆朕也。垠，形狀也。」繆稱篇「道之有篇章形埒者」，高注：「形埒，兆朕也。」是垠堮與形埒同義。既言形埒，無庸更言垠堮，疑「垠堮」是「形埒」之注，而今本誤入正文也。且此三句以發、櫱、埒爲韻，若加「垠堮」二字則失其韻矣。○唐百川云：鬼谷子抵戲篇「其施外兆萌牙櫱之謀」，道德經指歸云「其有形兆垠堮」，均爲連語，可證此王説之非，仍舊爲是。當讀作「所謂有始者，（句）繁憤，（讀）未發萌兆牙櫱，（句）未有形埒垠堮。（句）」

無無蝡蝡，將欲生興而未成物類。

繁憤，衆積之貌。發，憤也。○李哲明云：無無，義不可曉，疑當作馮馮。天文篇「馮馮翼翼」，注：「馮馮，無形之貌。」廣雅釋訓：「馮馮，元氣也。」「無」字與「馮」，音形俱近，因而致訛。穆天子傳「河伯，無夷之所都」，注：「無夷，馮夷也。」是其例。詩大雅緜「削屢馮馮」與「捄之陾陾」，馮、陾爲韻。陾從耎聲。此「馮馮陾陾」並言，又極相合，當據正。○吴承仕云：注「衆積」，疑當作「聚積」。此書衆、聚二文，每以形近致譌。説竝詳道應篇。）又案：此文「發」猶云開發、發散耳。注云「發，憤也」，憤字涉上文「繁憤」而誤。

有未始有有始者，天氣始下，地氣始上，陰陽錯合，相與優游競暢于宇宙之閒，被德含和，繽紛蘢蓯，欲與物接而未成兆朕。

競，逐也。暢，達也。和氣也。繽紛，襍糅也。蘢蓯，聚會也。兆朕，形怪也。○陶方琦云：文選魏都賦注引許注：「朕，兆也。」詮言訓注：「朕，兆也。」正與此注同。莊子齊物論釋文引李注：「朕，兆也。」○吴承仕云：注文當云：「和，和氣也。」本篇「抱德煬和」，注云：「抱其志德而炙其和氣。」又「吟德懷和」注云：「吟咏其德，含懷其和氣。」並以和氣釋和，是其明證。古書重文，傳寫者每誤奪其一，本書注文，亦多有之。覽者可自尋之，聊發其例於此。又案：「兆朕，形怪」，義不可通，「怪」當爲「埒」。繆稱篇「道之有篇章形埒」，注云：「形埒，兆朕也。」二語互訓，是其證。○于省吾云：吴承仕謂「怪」當爲「埒」。案：形埒義雖可通，但「埒」與「怪」形不相近，吴説非是。怪係性之譌，性猶體也，見讀書襍志俶真篇「知不能平」條。形性猶形體，乃古人成語。下云「形，物之性也」，言形，物之體也。禮記月令「安形性」，後漢書陳寵傳作「安形體」。此言「未成兆朕」，即未成形體，故注云：「兆朕，形性也。」○寧案：于說未安。原道篇：「夫徙樹者，失其陰陽之性，則莫不枯槁。故橘樹之江北，則化而爲枳；鴝鵒不過濟，貈渡汶而死：形性不可易，勢居不可移也。」上言「失其陰陽之性」，彼「形性」固不釋爲形體也。如于說，何高氏與淮南異趣？且「土」與立「心」形似，「㣺」與「𡈼」形亦似，吴說近之。有未始有夫未始有有始者，天含和而未降，地懷氣而未揚，虛無寂寞，蕭條霄霓，無有仿佛，氣遂而大通冥冥者也。霄讀紺綃之「綃」，霓，翟氏之「翟」也。○寧案：注「霓」下奪「讀」字，據原道篇注補。有有者，言萬物摻落，根莖枝葉，青葱苓蘢，萑蔰炫煌，蠉飛蝡動，蚑行噲息，可切循把握而有數量。摻讀參星之「參」，萑蔰炫煌，采色貌也。蚑讀車蚑轙之「蚑」。噲讀不悦懌外之「噲」。切，摩也。循，順也。萑讀曰唯也。蔰讀曰扈。○莊逵吉云：「噲息」各本皆作「喙息」，唯藏本作「噲」。攷方言：「喙，息也。自關而西，秦、晉之閒曰喙。」說文解字：「噲，咽也。一曰：嚵，噲也。」「嚵，一曰喙也。」嚵有喙訓，噲亦從之，是噲亦有息義矣。後人但知喙息而改「噲」爲「喙」者非是。○王念孫云：雚音灌，與唯字聲不相近。「雚」皆當爲「蓶」，字之誤也。蓶讀若唯諾之「唯」，字从艸，唯聲。蓶扈者，草木之榮華也。後漢書馬融傳廣成頌說植物云：「鋪于布濩，蓶扈蘳熒。」李賢曰：「蓶音以揆反。郭璞注爾雅云：『草木花初出爲荂。』（爾雅：「荂、葟、華，榮。」說文：「荂，艸之皇榮也。」）荂與蓶通。扈音户。」（以上後漢書注。）此言「根莖枝葉，青葱苓蘢，蓶扈炫煌」，義與彼同也。高注讀蓶爲唯，李賢音以揆反，正與高讀合。劉績不知「雚」爲「蓶」之誤而改「雚」爲「萑」，斯爲謬矣。（諸本及莊本同。）又案：蓶蔰之「蔰」，當依後漢書作「扈」，注當作「扈讀曰户」，正文作「蔰」者，因「蓶」字而誤加艸耳。後人不達，又改注文爲「蔰讀曰扈」，以從已誤之正文，則其謬益甚矣。說文、玉篇、廣韻、集韻、類篇皆無蔰字。○于鬯云：道藏本「萑」字誤作「藋」，王襍志因云：「藋當爲蓶。劉績不知藋爲蓶之誤，而改藋爲萑，斯爲謬矣。諸本及莊本同。」鬯竊謂既諸本及莊本皆同，劉作「萑」，何以決「萑」字爲謬，「蓶」字爲是？萑諧隹聲，蓶諧唯聲，唯亦諧隹聲，蓶、萑一也。且「萑」字既劉、莊諸本同，而曾無一本作「蓶」者，亦不見於諸注家諸類書所引，並不見於文子之書，（文子多與淮南同，而此文無之。）而僅見於後漢馬融傳之廣成頌，頌何必出於淮南乎？要之，頌之「蓶扈」，固卽此之「萑蔰」，而彼自作「蓶」字，此自作「萑」字，其義不二，其字不必同也。且道藏本誤作「藋」，以形論之，亦必「萑」誤爲「藋」，非「蓶」誤爲「藋」。蓶字雖有一口，而在左旁，不至譌成「吅」也。「藋」之必知其誤者，以不可通於高注「讀曰唯」一語耳。若萑，何不可讀曰唯乎？而必定從「蓶」，固矣。王氏通古音，而書中此類泥滯，亦竟不少。又謂「蔰」亦當依後漢書作「扈」，以說文、玉篇、廣韻、集韻類篇皆無「蔰」字，此猶或可說。然子集中字亦正未可執字書定之者，況欲輒改高注「蔰讀曰扈」爲「扈讀曰户」乎？○馬宗霍云：高注云：「摻讀參星之參。」案：說文大小徐本手部無「摻」字。詩鄭風遵大路篇孔穎達疏引說文有「摻」字，訓爲「斂也」。方言卷二云：「摻，細也，斂物而細或曰摻。」是孔疏訓義與方言合。但郭璞方言音「摻，素檻反」，與高氏本文音讀異。宋魏了翁謂晉、魏閒避曹操諱改「操」爲「摻」。清顧靄吉隸辨據漢議郎元賓碑「卽有殊摻」，又謂「摻」爲「操」之隸變，且引博雅「摻，操也」爲證，知非避諱字，唐人引說文往往與字林不分，則孔疏所引是否出於許書，尚不敢定。高氏既讀「摻」爲參星之「參」，則字當作「槮」，从木不从手。說文木部云：「槮，木長貌。詩曰：槮差荇菜。」今毛詩作「參差」，是槮、參相通之證。參本星名，「槮」則「參差」正字也。从木从手，隸書易相掍。淮南本文「摻」字，葢爲槮字傳寫之譌。槮落連文，猶言參差錯落，卽褋亂之意，葢以狀萬物之多而且散也。○寧案：注「車蚑轍」衍「轍」字。蚑通跂。修務篇注「蚑讀車跂之跂」，無轍字，是其證。跂又通屐。莊子天下篇「跂蹻爲服」，釋文李云：「屐與跂同。」車跂，車伏兔也。考工記「加軫與轐」，注：「轐謂伏兔也。」疏：「云謂伏兔也者，漢時名，今人謂之車屐是也。」此高注以名物作音釋。又案：「噲讀不説懌外之噲」，應作「不説懌快之快」。説文：「噲，讀若快。」從説文訂正。又案：高注訓循爲順，非是。楊樹達云：「循當讀爲揗。」説在原道篇「水可循而不可毁」句下。有無者，視之不見其形，聽之不聞其聲，捫之不可得也，望之不可極也，儲與扈冶，儲與扈冶，褒大意也。○寧案：本經篇注：「儲與猶尚羊，無所主之貌，一曰褒大貌。」要畧篇許注：「儲與猶攝業，扈冶，廣大也。」高注一曰，正與許注合，疑此乃許注羼入。浩浩瀚瀚，不可隱儀揆度而通光耀者。浩浩瀚瀚，廣大貌也。光耀，無形。○蔣超伯云：兵畧篇云：「兵之所隱議者，天道也。」隱議即隱儀。儀訓度，隱亦訓度。儀通作議。左氏「蔿艾獵城沂，議遠邇」，亦謂度其遠邇。○于省吾云：爾雅釋言注：「隱，度。」廣雅釋詁：「隱，度也。」説文：「儀，度也。」是隱儀揆度四字疊義。有未始有有無者，包裹天地，陶冶萬物，大通混冥，深閎廣大，不可爲外，析豪剖芒，不可爲内，無環堵之宇，而生有無之根。混冥，大冥之中，謂道也。○吴承仕云：本經篇「猶在於混冥之中」，注云：「混，大也。大冥之中，謂道也。」本篇下文亦云：「古之人，有處混冥之中。」並以「混冥」諭道，文例正同，疑此文奪「之中」二字。注文亦有譌錯，應以本經篇注正之。○寧案：吴説非也。下文「混冥」上有「處」字，本經篇「混冥」上有「在」字，故曰「混冥之中」，此云「大通混冥」而曰「之中」，文則累矣。覽冥篇亦云「大通混冥」，無「之中」二字。注文「之中」字，疑後人據本經篇所加。有未始有夫未始有有無者，天地未剖，陰陽未判，剖判混分。四時未分，萬物未生，汪然平静，寂然清澄，莫見其形，汪讀傳「矢諸周氏之汪」同。○馬宗霍云：高注所偁傳，文見左傳桓公十五年。今左傳「矢」作「尸」。爾雅釋詁尸、矢同訓陳。太平御覽引邛季彬禮統云：「尸之爲言矢也，陳也。」疑高氏所據傳文本作「矢」，二字古蓋通用。汪者，說文水部云：「汪，池也。」杜預左傳注與說文合。池水不流，故本文以「汪然」狀平靜之貌。玄應一切經音義四大灌頂經第八卷「汪池」條引通俗文「亭水曰汪」，又其證也。○寧案：道藏本，景宋本「矢」作「尸」，與左傳合。馬疑高氏所據傳文本作「矢」，未必是。若光耀之閒於無有，退而自失也，自失，没不見也。○陳觀樓云：「閒」當作「問」。光耀問於無有，事見莊子知北遊篇。曰：「予能有無，而未能無無也。能有無爲也，未能本性自無爲也，故曰未能無無也。及其爲無無，至妙何從及此哉！」○寧案：「及其爲無無」，下「無」字當爲「有」，涉上而誤，下奪「矣」字。莊子知北遊篇作「及其爲無，有矣，何從至此哉！」謂及其爲無，而又未免於有矣。（說見宣穎南華經解）當據改。「至妙何從及此哉」，謂何從及於無無之至妙也。道應篇誤與此同，惟「有」字又書作「又」，屬下句。

夫大塊載我以形，勞我以生，大塊，天地之間也。逸我以老，休我以死。莊子曰：「生乃徭役，死乃休息也。」故曰休我以死。○向宗魯云：「夫大塊」以下，本莊子大宗師。又莊子齊物論「大塊噫氣」，釋文：「淮南子作『大昧』，解者或以爲無，或以爲元氣，或以爲混成，或以爲天，謬也。」（顧作「昧」疑許本。）善我生者，乃所以善我死也。善我生之樂，乃欲善我死之樂也。明死變化有知，欲勸人同死生也。○馬宗霍云：說文誩部云：「善，吉也。」文選東京賦：「祚靈主以元吉。」薛綜注云：「吉，福也。」廣雅釋詁二云：「福，備也。」備猶全也，故「善」引申之亦有全義。善我生者，乃所以善我死」，猶言全我生者，即所以全我死也。高注謂勸人同死生，是也。不解「善」字而增「之樂」二字於「生」

「死」之下，蓋探下文「爲知生之樂」，「爲知死之不樂」爲説，似非本文之恉。○寧案：兩「我」字疑當是「吾」字。淮南文本莊子大宗師，莊子皆作「吾」字。道藏本、中立本、景宋本下作「吾」而上作「我」，「我」字涉上而誤，其迹甚明。注文皆作「吾」字。是其證。茅本同今本，蓋明人改下句「吾」字作「我」，以與上文一律，又改注文以就之，義雖通，非其舊矣。夫藏舟於壑，藏山於澤，人謂之固矣。雖然，夜半有力者負而趨，趨，走。寐者不知，猶有所遁。夜半有力者，負舟與山走，故寐者不知也。○劉文典云：「猶有所遁」上疑脱「藏小大有宜」五字。莊子大宗師「夫藏舟於壑，藏山於澤，謂之固矣。然而夜半有力者負之而走，昧者不知也。藏小大有宜，猶有所遯。若夫藏天下於天下，而不得所遯，是恒物之大情也。」郭注：「不知與化爲體，而思藏之使不化，則雖至深至固，各得其所宜，而無以禁其日變也。」今脱此五字，與「寐者不知」連讀，文義遂不可通矣。若藏天下於天下，則無所遯其形矣。大丈夫以天下爲室，以藏萬物。物豈可謂無大揚攉乎？揚攉，無慮，大數名也。攉讀鎬京之「鎬」。○陶方琦云：文選蜀都賦注、江賦注及大藏音義引許注曰：「揚搉，粗畧也。」許本作「搉」，與説文同。粗畧卽大畧，是解大揚搉之義。漢書敘傳「揚搉古今」，猶言約畧古今也。莊子釋文引許注作「揚搉，粗畧法度」，多「法度」二字，當從蜀都賦江賦注引。○寧案：文選魏都賦注引淮南子許注：「搉，揚搉，畧也。」文小異。一範人之形而猶喜。範猶遇也，遭也。一説：範，法也。言物一法效人形而猶喜也。○俞樾云：「範」卽「犯」之叚字。周易繫辭傳「範圍天地之化而不過」，釋文曰：「範圍，馬、王肅、張作犯違。」是範、犯古字通也。莊子大宗師篇正作「特犯人之形而猶喜之。」又曰：「今一犯人之形，而曰人耳人耳。」皆其證也。高注曰「範猶遇也，遭也」，此説得之。郭象注莊子曰：「人形乃是萬化之一遇耳。」是亦以遇釋犯也。高注又曰：「一説範，法也。言物一法效人形而猶喜也。」則望文生訓，失之泥矣。○于鬯云：範人者，非人也。故下文云「若人者」，彼「人」字方真指人，明範人非人矣。高注云：「範猶遇也，遭也。一說範，法也。言物一法效人形而猶喜也。」俞蔭甫太史平議據莊子大宗師篇作「特犯人之形而猶喜之」，以此「範」爲「犯」之叚字，主高注前一說，以後一說爲泥。鬯竊謂後一說實近之，但語似不甚明曉。範人之形而可喜者，蓋如國語越語言「王命工以良金寫范蠡之狀而朝禮之」者也。莊子作「犯」，實正當讀「犯」爲「範」。故彼文又云：「今大冶鑄金，金踊躍曰，我且必爲鏌鋣，大冶必以爲不祥之金。今一犯人之形，而曰人耳、人耳，夫造化者必以爲不祥之人。今一以天地爲大鑪，以造化爲大冶，惡乎往而不可哉！」觀彼文上下以鑄金鑪冶取喻，即「犯」字之義可知矣。（特範人之形，指範人，非人也。此之範人又是取喻。）依說文字當作「笵」。竹部云：「笵，法也。」○蔣禮鴻云：莊子大宗師云：「特犯人之形而猶喜之。」王先謙集解曰：「犯與笵同。」是也。字又作「范」。荀子彊國篇曰：「刑范正，金錫美，工冶巧，火齊得，剖刑而莫邪已。」刑范即型笵。莊子下文曰：「今之大冶鑄金，金踊躍曰，我且必爲鏌鋣，大冶必以爲不祥之金。今一犯人之形，而曰人耳，人耳，夫造化者必以爲不祥之人。今一以天地爲大鑪，造化爲大冶，惡乎往而不可哉！」「犯」爲型笵，其義至明，猶逍遥遊篇所謂「陶鑄堯、舜」也。淮南子此文本於莊子，即「範」字義當與之同。俞氏從高注前説，非是。若人者，千變萬化而未始有極也，言死生變化而夢，故曰未始有極也。弊而復新，其爲樂也，可勝計邪？譬若夢爲鳥而飛於天，夢爲魚而没於淵，○劉文典云：御覽三百九十七引作「譬若夢，夢爲鳥而飛於天，夢爲魚而没於淵」，「譬若夢」句絶，語意較完，當據補「夢」字。方其夢也，不知其夢也，覺而後知其夢也。今將有大覺，然後知今此之爲大夢也。始吾未生之時，焉知生之樂也？今吾未死，又焉知死之不樂也？昔公牛哀轉病也，七日化爲虎。轉病，易病也。江、淮之間，公牛氏有易病，化爲虎，若中國有狂疾者，發作有時也。其爲虎者，便還食人，食人者，因作真虎；不食人者，更復化爲人。公牛氏，韓人。淮南之人，因牛食芻，謂之芻豢，有驗於此。其兄掩户而入覘之，則虎搏而殺之。殺其兄。掩讀曰奄。覘，視也。○劉文典云：文選思玄賦注引作「牛哀病七日而化爲虎，其兄啟户而入，哀搏而殺之」。御覽八百八十八、白帖九十七所引畧同，「病」下並無「也」字，疑衍文也。後漢書張衡傳注引作「昔公牛哀病七日化而爲虎，其兄覘之，虎搏而殺之，不知其兄也。」「病」下亦無「也」字。高注曰「江、淮之間公牛氏」，又曰「公牛氏韓人」，疑是高、許二家注，後人合而爲一耳。又文選思玄賦李善注云：「牛哀，魯人牛哀也。」未知其審。○吴承仕云：劉説非也。注文「江、淮之間公牛氏」，此「公牛氏」三字，疑是譌文。注意蓋謂江、淮之間，人有易病，病者亦非一人，故下文云「食人者，因作真虎，不食人者，更復爲人」。使此注確指公牛哀，即不得有食人不食人之别矣。御覽變化部所述人化爲虎事，皆出於豫章尋陽閒，僻在南土，中國蓋以蠻夷視之，故多怪異之辭。近世短書，猶謂廣西邊竟，多有化虎之民。此注以中國狂病爲比，事類正同。注引江、淮閒人以證公牛哀之易病化虎，非正述公牛哀事。劉説爲許、高異義，疑其未諦。又案：以公牛哀爲魯人，見於論衡。王充述舊聞，多本之淮南，又在許、高之前，疑舊説如是。劉乃下引選注，亦非也。又案：文選思玄賦本用舊注，作注之人，在摯虞撰流别以前，則魏、晉人所爲也。李善注語，自有「善曰」二字閒之，劉以舊注爲李注，則尤非矣。又廣韻注云：「公牛哀，齊公子牛之後。」古今姓氏書辨證説同。校魯人韓人説又異，疑以論衡最爲近古。要之，齊、魯、韓皆中國也，去江、淮絶遠，此亦江、淮間不得有公牛氏之明證矣。○寧案：太平御覽八百九十一引淮南萬畢術云：「昔者，牛哀病七日，化而爲虎。其兄啓户而入，虎搏而殺之。」與文選思玄賦注及太平御覽八百八十八引淮南僅一二字異，疑是淮南誤爲淮南萬畢術。又類說引作「牛哀轉病，七日化爲虎。其兄入覘之，虎搏殺之」，與後漢書張衡傳注引更近今本淮南。諸書引「病」下皆無「也」字。劉謂「也」字衍文，似是也。是故文章成獸，爪牙移易，移易人爪牙爲虎爪牙也。志與心變，神與形化。志心皆變，神形皆化。方其爲虎也，不知其嘗爲人也；方其爲人，不知其且爲虎也。二者代謝舛馳，各樂其成形，代，更也。謝，叙也。舛，互也。形謂成虎形人。舛讀舛賣之「舛」。○吴承仕云：注「形謂成虎形人」，義不可通。疑當作「成形，謂人虎形」。今本傳寫譌倒耳。○向宗魯云：注文「舛賣」疑當作「舛背」。慧琳音義六十四、又八十四、又八十九、又九十六引許注：「舛，相背也。」○寧案：吴說未安。上文注云：「食人者，因作真虎；不食人者，更復化爲人。」疑此注當作「成形，謂人成虎形，虎成人形」。「爪牙移易」句注云：「移易人爪牙爲虎爪牙也。」正同一句式。今本「成形」脱「成」字，「人成虎形」脱「人」字，「虎成人形」僅存「人」字，故不可讀耳。脩務篇「猶人之爲人，馬之爲馬」，（依劉文典校）道藏本、景宋本奪「之爲人」三字，誤作「人馬之爲馬」作一句讀，莊本改作「人馬之爲人馬」此誤與彼畧似。狡猾鈍惛，是非無端，孰知其所萌？萌，生也。夫水嚮冬則凝而爲冰，冰迎春則泮而爲水，冰水移易于前後，若周員而趨，孰暇知其所苦樂乎？泮，釋也。趨，歸也。○劉文典云：意林初學記地部下、御覽六十八引「泮」並作「釋」。又「移」字初學記作「施」，御覽作「㢮」。○寧案：「泮」作「釋」，疑是許本。施、㢮皆與移通。天官小宰「斂㢮之聯事」，注：「㢮讀曰施。」漢書衛綰傳「劍，人之所施易，獨至今乎」？如淳曰：「施讀曰移。」說文無「㢮」字，「㢮」與「弛」同。

是故形傷于寒暑燥溼之虐者，形苑而神壯，苑，枯病也。壯，傷也。苑讀南陽苑。○莊逵吉云：「南陽苑」即宛縣字也。古「苑」與「宛」同。○陶鴻慶云：高注云：「苑，枯病也。壯，傷也。」蓋讀「苑」爲「鬱」，讀「壯」爲「戕」，故以病與傷釋之，實非本文之旨。壯當從本義釋爲壯健。「形苑而神壯」，與下文相互爲義。下文云：「神傷乎喜怒思慮之患者，神盡而形有餘。」彼言神傷者形自存，此言形傷者神不敗也。○吴承仕云：朱本「傷」作「盛」。壯訓盛是也。易大壯釋文引王肅云：「盛也。」馬云：「傷也。」二義皆可通。然，此文「形苑而神壯」與下句「神盡而形有餘」對文成義，則壯合訓盛，蓋無可疑。○向宗魯云：説苑指武篇「吴起爲苑守」，字亦作苑。神傷乎喜怒思慮之患者，神盡而形有餘。故罷馬之死也，剥之若槁，罷老氣力竭盡，故若槁也。○劉文典云：御覽九百五引「槁」作「橐」，又引注云：「橐，治橐也，雖含氣而形不能摇。」疑是許本。○吴承仕云：御覽引注「治橐」當作「冶橐」，形近而誤。本經篇「鼓橐吹埵，以銷銅鐵」，注云：「橐，冶爐排橐也。」是其義。橐、槀形近，故二家異讀。然訓爲冶橐，説義轉迂。狡狗之死也，割之猶濡。狡，少也。濡，濡溼，氣力未盡。○劉文典云：御覽九百五引「濡」作「蠕」。又引注云：「蠕，動也。」疑是許本。是故傷死者其鬼嬈，嬈，煩嬈，善行病祟人。○陶方琦云：唐本玉篇引許注本作「魒」，云：「楚辭（應作人）謂剽輕爲害之鬼爲魒。」案：集韻三十五笑魒下云：「剽魒，强死輕爲害之鬼。淮南子説。」即許注也。（衆經音義引説文：「魒，剽捷之鬼。」訓同。）○陶鴻慶云：高注云：「嬈，煩嬈，善行病祟人。」惟其神壯，故能爲祟也。此節論常人之形，隨物消長，與上文冰水移易同一旨趣，故下文又云：「是皆不得形神俱没也。」高下注云：「道家養形養神，皆以壽終，形神俱没，不但漠而已也。」乃曲説不可從。○吴承仕云：唐卷子本玉篇「魒」字注云：「聲類亦魒字，魒，健疾也。」許叔重注淮南：「楚辭謂剽輕爲害之鬼爲魖』。」案：玉篇所引，卽此文之許注也。高本作「嬈」，許本作「魖」，文異而音義畧同。集韻魖字注云：「魖，疾貌，楚俗謂鬼剽輕爲害者。」（類篇同。）葢轉引玉篇許注之文。見行黎刊玉篇作「楚辭」者，明是傳寫之譌。○寧案：魖字吴引集韻五爻與陶方琦引三十五笑畧異，疑笑韻文有倒誤。

時既者其神漠，既，盡也。時既當老者，則神寂漠，漠，定也。○吴承仕云：「時既」與「傷死」對文，一則横死，一則壽終也。注文「時既當老」下疑奪「死」字。又「神寂漠」之「漠」字疑衍。注既以定訓漠，不合更言「寂漠」，如以寂漠釋漠，卽不煩别訓爲定，注例可知。○寧案：吴謂「神寂漠」之「漠」字疑衍，愚謂當衍「寂」字，故下文以定訓漠。若作「則神寂」，則又以寂釋漠也。

是皆不得形神俱没也。道家養形養神，皆以壽終。形神俱没，不但漠而已也。老子曰：「以道竦天下，其鬼不神。」此謂俱没也。○吕傳元云：高注「竦」，宋本作「治」，藏本作「莅」。考老子居位第六十云：「以道莅天下，其鬼不神。」釋文出「以道莅」字云：「古無此字，説文作竦。」此本作「竦」，正與陸元朗説合，宋本、藏本誤矣。

夫聖人用心，杖性依神，相扶而得終始。是故其寐不夢，其覺不憂。精神無所思慮，故不夢。志存仁義，患不得至，故不憂。○寧案：莊子大宗師云：「古之真人，其寢不夢，其覺無憂。」此淮南所本。

古之人，有處混冥之中，神氣不蕩于外，萬物恬漠以愉靜，攙搶衡杓之氣莫不彌靡，攙搶，彗孛也。杓，北斗柄第七星。○王引之云：北斗之星，不聞爲害，高説非也。「衡」當爲「衝」，字形相似而誤。衝、杓皆妖氣也。晉書天文志引河圖曰：「歲星之精，流爲天槍、天衝、熒惑，散爲天欃。」吕氏春秋明理篇曰：「其雲狀有若人，蒼衣赤首，不動，其名曰天衝。」（今本「衝」字亦誤作「衡」，據太平御覽咎徵部四引改。）開元占經妖星占篇引劉向洪範傳曰：「天衝，其狀如人，蒼衣赤首，不動。」史記天官書曰：「五星蚤出者爲贏，晚出者爲縮，必有天應見於杓星。」漢書天文志曰：「太歲在寅，歲星正月晨出，在斗、牽牛。失次，杓，早水，晚旱。」是也。欃、槍、衝、杓，皆妖氣之名，故並言之。○馬宗霍云：高注未解「衡」字，「衡」與「横」同。詩陳風衡門篇「衡門之下」，毛傳云：「衡門，横木爲門。」陸德明釋文云：「衡，横也。沈重云，此古文横字。」考工記玉人「衡四寸」，鄭玄注云：「衡，古文横，假借字也。」即衡、横相通之例。横者，説文木部云：「横，闌木也。」引申之，則陵亙謂之横，充滿亦謂之横。禮記樂記篇「號以立横」，孔子閒居篇「以横於天下」，鄭注竝云：「横，充也。」漢書禮樂志「横泰河」，顔師古注云：「横，充滿也。」後漢書崔駰傳「氛霓鬱以横厲兮」，李賢注云：「横厲，謂氣盛而陵於天也。」皆其證。本文「欃槍衡杓之氣」，蓋謂彗孛之氣充塞斗杓之間也。王引之謂「衡當爲衝，字形相似而誤，衝、杓皆妖氣也」，分衝與杓爲二名，且引妖星有名天衝者以爲證。然謂杓亦妖氣，其説殊爲牽彊，不足據。○寧案：馬謂「衡」與「横」同，其説是也。凡五星贏縮，則見天罰。五星者，歲星、熒惑、填星、太白、辰星也。漢書天文志云：「歲星贏而東南，石氏『見彗星』，甘氏『不出三月乃生彗』；贏東北，石氏『見覺星』，甘氏『不出三月生天棓』；縮西南，石氏『見欃雲』，甘氏『不出三月乃生天槍』；縮西北，石氏『見槍雲』，甘氏『不出三月乃生天欃』。石氏『槍、欃、棓、彗異狀，其殃一也』。」是五星贏縮，則槍、欃、棓、彗見也。又史記天官書云：「五星蚤出者爲贏，晚出者爲縮，必有天應見於杓星。」漢書天文志云：「五星蚤出爲贏，晚出爲縮，五星贏縮，必有天應見杓。」故曰「欃槍衡杓」也。孟康曰：「五星東行，天西轉。歲星晨見東方，行疾則不見，不見則變爲祆星。」「歲星當伏西方，行遲早没，變爲祆星也。」是祆星蓋謂五星贏縮，非謂北斗杓亦祆星也。王氏引天官書「必有天應見於杓星」，引天文志「失次，杓，早水晚旱」，於文義似未達。而不能爲害。當此之時，萬民猖狂，○王念孫云：説文無「猖」字，古但作「昌」。漢書趙充國傳「先零昌狂」，是其證。○寧案：「猖」景宋本作「倡」。離騷「何桀、紂之猖披兮」，王注：「猖，一作昌。釋文作倡。」不知東西，含哺而游，鼓腹而熙，鼓，擊也。熙，戲也。〇陶方琦云：一切經音義引作「含哺而興」，與高本作「游」異。又引許注曰：「哺，口中嚼食也。」大藏音義引作「含哺而與」，引許注作「哺，口中嚼食與之也」。觀大藏經所引，則作「與」字爲是。其卷六十引許注曰：「口中嚼食吐與孩子曰哺。」又多數字。説文：「哺，哺咀也。」元應引字林：「哺，咀食也。」又引：「嚼，咀也。」漢書「輟飯吐哺」，注：「哺，口中所含食也。」〇寧案：陶説未必是也。大藏音義第五十九引此文作「含哺而與」，未引注。第四十六、五十七「乳哺」條引許注淮南云：「哺，口中嚼食也。」（前者但云「許叔重曰」。）第六十引淮南子云：「口中嚼食吐與孩兒曰哺。」第十八引正文仍作「含哺而遊」，引許注云：「口中嚼食啖與孩兒也。」四引許注文雖小異，其爲釋「哺」字則同，非釋「含哺而與」也。淮南文本莊子馬蹏篇。即令許本與高本異，「興」與「遊」義近，作「與」於義無取。交被天和，食于地德，交，俱也。和氣也。地德，五穀。〇寧案：注「和氣也」，當重「和」字，與上文「被德含和」注誤同。彼文吳承仕有説。不以曲故是非相尤，〇寧案：莊子庚桑楚篇：「夫至人者，相與交食乎地而交樂乎天，不以人物利害相攖，不相與爲怪，不相與爲謀，不相與爲事。」又徐無鬼篇文畧同。此淮南所本。茫茫沈沈，是謂大治。曲故，曲巧也。尤，過也。茫茫沈沈，盛貌。茫讀王莽之「莽」。沈讀水出沈沈正白之沈。〇王念孫云：「沈」皆當爲「沆」。（玉篇：何黨切，廣韻又音杭。）茫茫沆沆，疊韻也。説文沆字注云：「莽沆，大水，一曰大澤。」風俗通義山澤篇云：「沆者，莽也。」（今本「沆」誤作「沈」。辯見漢書刑法志「沈斥」下。）言其平望莽莽無涯際也。「莽」與「茫」古同聲，「茫茫沆沆」即「莽莽沆沆」，故高注以爲盛貌也。「莽沆」或作「漭沆」，張衡西京賦「滄池漭沆」是也。倒言之則曰「沆漭」，馬融廣成頌「瀇瀁沆漭」是也。又作「沆茫」，揚雄羽獵賦

「鴻濛沆茫」是也。（顏師古曰：茫音莽。）「沆茫」卽「沆莽」，故曰「茫讀王莽之莽」。漢書禮樂志「西顥沆碭」，顏師古曰：「沆碭，白氣之貌。」故曰「沆讀水出沆沆白之沆」。若作「沈沈」，則與正文注文皆不合矣。又兵略篇「天化育而無形象，地生長而無計量，渾渾沈沈，孰知其藏」，「沈」亦當爲「沆」。渾渾沆沆，廣大貌也。爾雅：「沄，沆也。」說文：「沄，轉流也，讀若混，一曰沆。」（舊本脱此三字，今據爾雅釋文補。）沄、混、渾古同聲，渾渾沆沆卽沄沄沆沆。沄之轉爲沆，猶渾之轉爲沆也。且沆與象、量、藏爲韻，若作沈沈，則義既不合，而韻又不諧矣。（太平御覽兵部二引此已誤。）凡從「亢」之字，隸或作「冗」，故「沆」字或作「沉」，一誤而爲「沉」，再誤而爲「沈」，散見羣書而學者莫之能辨也。（詳見漢書。）於是在上位者，左右而使之，毋淫其性，鎮撫而有之，毋遷其德。是故仁義不布而萬物蕃殖。古者，抱盛德，上質樸，不待仁義而萬物蕃殖也。○蔣禮鴻云：「使」當作「在」，「有」讀作「宥」。莊子在宥篇曰：「聞在宥天下，不聞治天下也。在之也者，恐天下之淫其性也；宥之也者，恐天下之遷其德也。」莊子文卽淮南所本，是其證也。下文曰「心有所至，而神喟然在之，反之於虛」，義與此「在之」同。「左右」讀如易泰象「裁成天地之道，輔相天地之宜，以左右民」之「左右」。賞罰不施而天下賓服。昭其德也。○吴承仕云：朱本「昭」作「服」。注文釋天下賓服之故，故曰「服其德」。呂氏春秋貴當篇「如此者，國日安，主日尊，天下日服」，注云：「服其德也。」文例正同。○寧案：吴説是也。道藏本、景宋本「昭」亦作「服」。下文「有苗與三危通爲一家」，注：「舜時不服者。」藏本「服」誤爲「照」，其比同。其道可以大美興，而難以算計舉也。言天地萬物，但可以大美興而育之，難以算計具也。○俞樾云：「美」當作「筴」，隸書「策」字也。史記五帝紀「迎日推策」，晉灼曰：「策，數也。」是大筴卽大數也。興亦舉也。言止可以大數舉也。「筴」與「美」形似而誤。大戴記易本命篇「此乾坤之策」，盧辯注曰：「三百六十乾坤之策。」而今正文「策」字亦誤作「美」，是其證也。高注曰「言天地萬物但可以大美興而育之」，是其所據本已誤。○馬宗霍云：莊子知北游篇云：「天地有大美而不言，萬物有成理而不說。聖人者，原天地之美而達萬物之理。」此淮南本文「大美」二字所出。高注「言天地萬物但可以大美興而育之」，亦正探莊子以爲釋。陸德明莊子音義云：「大美，謂覆載之美也。」天覆地載，萬物育於其中。陸說又足證成高氏興育之義，俞說非是。○寧案：「大美」有據，俞氏改字不可從。又案：注「天地萬物」，中立本、茅本、景宋本皆作「天性」，性字是也，形近而譌。正文言「萬物」，注不得更言「天地」。「性」卽「生」字。上言生，下言育，文正相應。蜀藏本正作「天生」，是其明證。

是故日計之不足，而歲計之有餘。以限計之，故有餘也。辟若梅矣，百梅足以爲百人酸，一梅不足爲百人酸也。○劉文典云：案高注「一梅不足爲百人酸也」，「百」字蓋「一」字之誤。百梅百人，譬歲計之有餘；一梅一人，譬日計之不足也。若作「百人」，則非其指矣。本書說林訓「百梅足以爲百人酸，一梅不足以爲一人和」，卽此注所本也。

夫魚相忘於江湖，人相忘於道術。言各得其志，故相忘也。○寧案：「日計」二句，出莊子庚桑楚篇。「魚相忘」二句，出莊子大宗師篇。莊子兩「於」字作「乎」，呂氏春秋貴生篇引淮南記此二句亦作「乎」。

古之真人，立於天地之本，中至優游，○馬宗霍云：周禮地官師氏「以三德教國子，一曰至德以爲道本」，鄭玄注云：「至德，中和之德。」通典引馬融注云：「至德，中德也。」是至有中義，兼有和義。本文「中至」連文爲平列字，中至優游猶言中和優游也。劉家立集證本「本」「中」二字互易，改爲「立於天地之中，本至優游」，不言何據，殊爲臆造。

抱德煬和而萬物襍累焉。煬，炙也。抱其志德而炙於和氣，故萬物襍累，言成熟也。煬讀供養之「養」。○孫詒讓云：「襍累」無成熟之義，「襍」

疑當作「炊」。莊子在宥篇云：「從容無爲而萬物炊累焉。」釋文云：「炊，本或作吹同。司馬云：炊累猶動升也。向、郭云：如埃塵之自動也。」淮南書似卽本彼文。高訓爲成熟，則與司馬郭義異耳○。蔣禮鴻云：「炊」「褋」形聲不近，無緣致誤，孫説殆非是。褋累猶葉累也。原道篇：「大渾而爲一，葉累而無根。」廣雅釋詁：「褋、葉，聚也。」説文：「鍱，鍱也。」「鍱，鍱也。」褋之爲葉，猶鍱之爲鍱矣。王氏念孫廣雅疏證卽引原道篇「葉累」以證葉之爲聚。又本篇下文曰：「横廓六合，揲貫萬物。」王氏謂「葉累」、「揲貫」同爲積累之義。（説見主術篇。）是「褋累」「葉累」「揲貫」同義，「揲貫萬物」卽此「萬物褋累」矣。孰肯解構人間之事，以物煩其性命乎？解構猶合會也。煩，辱也。○洪頤煊云：後漢書隗囂傳「勿用傍人解構之言」，竇融傳「亂惑真心，轉相解構」，莊子胠篋篇「解垢同異之變」，詩野有蔓草「邂逅相遇」，綢繆「見此邂逅」，其音義竝同。

夫道有經紀條貫，得一之道，連千枝萬葉。一者道本，得其本，故能連理千枝萬葉，以少正多也。○寧案：注「得其本」，道藏本、中立本、茅本、景宋本「本」上有「根」字。是故貴有以行令，賤有以忘卑，貧有以樂業，困有以處危。夫大寒至，霜雪降，然後知松柏之茂也；○向宗魯云：莊子讓王篇載孔子語曰：「大寒既至，霜雪既降，吾是以知松柏之茂也。」（又見呂氏春秋慎人篇。）卽此文所本。據難履危，利害陳于前，陳，列也。然後知聖人之不失道也。是故能戴大員者履大方，言能戴天履地之道。鏡太清者視大明，立太平者處大堂，太平，天下之平也。大堂，明堂，所以告朔行令也。○于鬯云：從舅氏姚藝諳廣文云：「堂」非堂室之「堂」。釋名：「堂，高顯貌也。」上文員、方、清、明及此平字，均非實義，高注以明堂解，失旨。○向宗魯云：梁仲子曰：東都賦注作「鏡大清者視大明」，管子心術可證。（管子心術下篇：「能戴大圓者體乎大方，鏡大清者視乎大明。」又內業篇：

「乃能戴大圓而履大方，鑒於大清，視於大明。」）案：大、太古同，不必致辯。本書太清屢見。東都「鑒于太清」，即用此文，字亦作太。○馬宗霍云：廣韻十一唐「堂」下引白虎通曰：「堂之爲言明也，所以明禮義也。」廣雅釋詁四云：「堂，明也。」高注訓「大堂」爲「明堂」，「堂」本自有「明」義。劉熙釋名釋宮室云：「堂猶堂堂、高顯貌也。」高顯猶高明也。能游冥冥者，與日月同光。光，明也。諭德道者，能與日月同明也。是故以道爲竿，以德爲綸，禮樂爲鉤，仁義爲餌，投之於江，浮之於海，萬物紛紛，孰非其有？○劉文典云：初學記武部、御覽八百三十四引並作「聖人以道德爲竿綸，以仁義爲鉤餌，投之天地閒，萬物孰非其有哉」！意林引「萬物紛紛，孰非其有」作「萬物皆得」。夫挾依於跂躍之術，跂躍猶齟齬，不正之道也。○陶方琦云：大藏音義四十五引許注曰：「跂，跳也。」許義以跂與躍連文，故釋爲跳。說文：「跳，一曰躍也。」○馬宗霍云：說文足部云：「跂，足多指也。」「躍，迅也。」然則，「跂躍」連文，蓋矜趬之貌，高以齟齬釋之，聲義去之皆遠。又案：莊子馬蹄篇「踶跂爲義」，成玄英疏云：「踶跂，矜恃之容。」跂躍猶踶跂也。提挈人閒之際，撢掞挺挏世之風俗，撢，引。掞，利也。挺挏猶上下也，以求利便也。○莊逵吉云：「挺」，各本皆作「挻」。攷說文解字「挺，拔也」，「挻，長也」。挺挏雙聲，應從藏本作「挺」爲是。○吳承仕云：「掞」訓「利」者，讀與易傳「剡木爲矢」同。覈實言之，撢掞疊韻，挺挏雙聲，皆爲連語，不得別義釋之。而淮南注文多有此例。主術篇：「狡躁康荒。」注云：「康，安。荒，亂。」狡躁康荒，竝以疊韻成義，明不得訓「康」爲「安」，其謬正與此同。不審爲傳寫久譌，抑注家未達訓詁之例也。以摸蘇牽連物之微妙，摸蘇猶摸索，微妙猶細小也。猶得肆其志，充其欲。何況懷瓌瑋之道，忘肝膽，遺耳目，獨浮游無方之外，不與物相弊撥，弊撥猶褾糅。弊音跋涉之「跋」，撥讀楚人言殺。○譚獻云：斃撥猶末殺。○向宗魯云：莊子駢拇篇「敝跬譽無用之言」，釋文云：「分外用力之貌。」此「斃撥」當與「敝跬」同。（跬，郭音屑。）字又作「蹩躠」。莊子馬蹄篇「蹩躠爲仁」，釋文：「蹩，步結反。向、崔本作『弊』，音同。躠，本又作『薛』，悉結反，向、崔本作『殺』，音同。李云：『用心爲仁義之貌』。」案：用心用力，義並得通。向、崔本作「弊殺」，蓋與淮南所據本同。○寧案：高注無言音某者，注「音」字當依道藏本、中立本、景宋本作「讀」。中徙倚無形之域，而和以天地者乎？○俞樾云：和以天地，義不可通，「地」疑「倪」字之誤。莊子齊物論曰：「和之以天倪。」○向宗魯云：陳觀樓曰：「莊子齊物論篇有『和以天倪』語，與此段意義正合，疑『地』當爲『倪』。」案：俞說與陳合。「和以天倪」語，又見莊子寓言篇。○于省吾云：俞說非是。上云「交被天和，食于地德」，又云「是故能戴大員者履大方」，下云「則至德天地之精也」，是「天地」不應改爲「天倪」也。○寧案：俞、陳說是也。上下文自作「天地」，此自作「天倪」，文不相涉。莊子齊物論「何謂和之以天倪？曰忘年忘義，振於無竟，故寓諸無竟。」彼謂「振於無竟」，即此「中徙倚無形之域」也。若然者，偃其聰明，而抱其太素，素，朴性也。○寧案：「太素」連語，注「素」上當有「太」字。要畧篇許注：「純樸，太素也。」是其證。以利害爲塵垢，塵垢，喻輕也。以死生爲晝夜。是故目觀玉輅琬象之狀，耳聽白雪清角之聲，不能以亂其神；玉輅，王者所乘，有琬琰象牙之飾。白雪，師曠所奏太一五弦之琴樂曲，神物爲下降者。清角，商聲也。○陶方琦云：輅，許本當作「璐」。玉璐琬象皆飾也。文選雪賦注引許注：「璐，美玉也。」無可附屬，當是此注，正見二本之異。說文：「璐，玉也。」楚辭王注：「璐，美玉也。」又文選南都賦注引許注：「清角弦急，其聲清也。」管子曰：「凡聽角如雉登木以鳴，音疾以清。」韓非十過：「平公曰：『音莫悲於清徵乎？』師曠曰：『不如清角。』」蔡邕月令章句：「凡弦急則清，緩則濁。」說文：「緍，弦急之聲也。」○向宗魯云：覽冥篇「師曠奏白雪之音，而神物爲之下降」，即此注所本。彼注云：「白雪，太乙五十弦瑟樂名也。」史記封禪書「泰帝使素女鼓五十弦瑟，帝禁不止」，又高注所本。（漢書郊祀志同。）則此五弦之琴，乃五十弦瑟之誤。

登千仞之谿，臨蝯眩之岸，不足以滑其和。蝯臨其岸而目眩也。滑，滑亂。和，適也。○向宗魯云：「是故」六語見慎子。○寧案：注，中立本不重「滑」字，是也。

譬若鍾山之玉，鍾山，昆侖也。○陶方琦云：文選琴賦注、爲范尚書吏部封矦第一表注引許注：「鍾山，北陸無日之地，出美玉。」按西山經西次三經：「又西北四百二十里曰鍾山。」又云：「黃帝乃取峚山之玉榮而投之鍾山之陰。」山北曰陰。郭注：「以爲玉種。」故許注云「出美玉」。海外北經「鍾山之神名燭陰」，即淮南之燭龍。地形訓曰：「燭龍在雁門北，蔽于委羽之山，不見日。」是鍾山卽雁門以北大山也。故許注云：「北陸無日之地。」

炊以爐炭，三日三夜而色澤不變，○王念孫云：「炊」當爲「灼」，字之誤也。玉可言灼，不可言炊。藝文類聚寶部上、太平御覽珍寶部四引作「炊」，皆後人依誤本改之。其御覽地部三引此正作「灼」，白帖七同。呂氏春秋士容篇注作「燔以爐炭」，燔亦灼也。○劉文典云：呂氏春秋重己篇高注引此文亦作「燔以爐炭」，與士容篇注同，是高氏所見本字作「燔」。炊固非，灼亦未必是。

則至德天地之精也。○劉文典云：藝文類聚八十三引作「得天地之精也」。○寧案：太平御覽八百五引同藝文類聚。德、得古通，疑後人不知「德」卽「得」字，故加「則至」二字以足句耳。

是故生不足以使之，利何足以動之；死不足以禁之，害何足以恐之。○向宗魯云：呂覽知分篇：「白圭曰：『利弗能使乎？威弗能禁乎？』夏后啓曰：『生不足以使之，則利曷足以使之矣；死不足以禁之，則害曷足以禁之矣。』」

明於死生之分，達於利害之變，雖以天下之大，易骭之一毛，無所槩於志也。骭，自膝以下，脛以上也。骭讀「閈收」之「閈」也。○向宗魯云：注「閈收」，宋本作「閈牧」，當從之。「閈」與「扞」同，盇讀若左傳（僖二十八年）「誰扞牧圉」之「扞」也。○寧案：向說是也。原道篇「中能得之，則外能收之」，「收」亦「牧」字之誤。

夫貴賤之於身也，猶條風之時麗也，條風，鳴條，言其迅也。麗，過也。○陶方琦云：文選陸機演連珠注引作「猶條風之時灑」，又引許注：「灑猶汎也。」說文：「灑，汎也。」與注同。玄應引通俗文：「以水揜塵曰灑。」文選張華答何劭詩注引淮南「猶條風之時灑」，即許本。○劉文典云：御覽九百四十五引注云：「時麗，忽一過也。」毀譽之於己，猶蚊虻之一過也。○寧案：集證本「己」下沾「也」字，當從之。太平御覽九百四十五引有「也」字，與上句一律。

夫秉皓白而不黑，行純粹而不糅，處玄冥而不闇，休于天鈞而不碼，碼，敗也。天鈞，北極之地，積寒之野，休之輒敗，唯體道能不敗也。○俞樾云：此說天鈞之義，殊爲無據。莊子齊物論篇曰：「是以聖人和之以是非而休乎天鈞。」郭象注曰：「莫之偏任，故付之自鈞而止也。」釋文引崔譔曰：「鈞，陶鈞也。」淮南「休乎天鈞」之文，即本莊子，義亦當與彼同，謂休乎自然之陶鈞，故不敗也。他書無以積寒之地爲「天鈞」者，足徵高注之非矣。○向宗魯云：莊子庚桑楚篇：「若有不即是者，天鈞敗之。」高注訓僞爲敗，即用莊子，俞亦未覈。○寧案：道藏本、景宋本「碼」皆作「僞」，故向云然。「碼」字見列子黃帝篇，後起俗書，未可據以改此。孟門、終隆之山不能禁，孟門，山名，太行之隘也。終隆則終南山，在扶風。皆險塞也。○莊逵吉云：古讀「隆」爲「臨」，故詩「與爾臨衝」，韓詩作「隆衝」。又後漢殤帝諱隆，改隆慮縣爲臨慮縣亦是。南、臨同聲，因之又以終南爲終隆也。唯體道能不敗，○王念孫云：「唯體道能不敗」六字，與上下文義不相屬，乃上文「休于天鈞而不敗」之注誤衍於此。○洪頤煊云：下「湍瀨、旋淵、呂梁之深不能留也，太行、石澗、飛狐、句望之險不能難也」，與上「孟門、終隆之山不能禁」三句連文，不應有「唯體道能不敗」句。「禁」下疑脱「也」字。此六字涉上注而譌。

湍瀨、旋淵、呂梁之深不能留也，湍瀨，急流。旋淵，深淵也。呂梁，水名也，在彭城，皆水險。留，滯也。〇向宗魯云：上文之孟門、終隆，下文之呂梁、太行、飛狐、句注，皆實有其地，則湍瀨、旋淵、石澗，亦必有所指，非泛説也。當詳攷。

太行、石澗、飛狐、句望之險不能難也。太行在野王北上黨關也。石澗，深谿。飛狐在代郡。句望在雁門。皆隘險也。〇莊逵吉云：句望，今漢書地理志作句注，以義攷之，「注」應即「汪」字也。古汪、望同聲。凡古字通者，皆以聲同相通，若「汪」與「注」，乃字之誤耳。古「汪」字作「泩」，「注」字作「洼」，後人但識「注」，不識古字「汪」，因之傳訛矣。〇王念孫云：句望當依劉績作句注，莊説非也。句注之爲句望，草書之誤耳。漢書文帝紀「屯句注」，師古曰：「句音章句之句。」凡昆侖、空桐、薄落、岣嶁之屬，皆山名之疊韻者，句注亦是也。若作句望，則失其讀矣。諸書及本書地形篇皆作句注，無作句望者。乃反以本書偶誤之字爲是，而以諸書之作句注者爲非，且以「注」爲「汪」之誤，「望」爲「汪」之通，見異思遷，展轉附會，此近日學者之公患也。

是故身處江海之上，而神游魏闕之下，魏闕，王者門外闕，所以縣教象之書於象魏也。巍巍高大，故曰「魏闕」。言真人雖在遠方，心存王也。一曰：心下巨闕，神内守也。〇陶方琦云：莊子釋文引許注：「天子兩觀也。」文選弔魏武帝文注引許注作「魏闕，王之闕也。」高注前一説，文選注所引許注相同，當是許説羼入高注。文選莊子所引，乃約文也。且高注内作兩説，多係許、高之異。莊子釋文引淮南作「騩」，是許本。司馬注莊子同作「騩」，云：「騩讀曰魏。象魏，觀闕，人君門也。言心存榮貴。」正揩許義。山海經騩山，或作隗山。説文：「隗，陮隗也。」陮隗即崔巍，故西山經騩山，郭注：「騩音巍。」高注以巍訓魏，是巍、魏、䰟三字音義並通。張衡西京賦「建象魏之兩觀」，注：「象魏，闕也。一曰：觀也。」爾雅孫炎注：「宮門雙闕，舊縣法象，使民觀之，故謂之觀。」水經穀水注引白虎通義：「闕者，所以飾門，別尊卑也。」許注曰「天子」、曰「王」，皆尊者之辭。○向宗魯云：此公子牟語，莊子讓王篇載之。釋文引司馬云：「言心存榮貴。」（又見本書道應篇。）淮南置之於此，不可以原意説也。呂氏春秋審爲篇注：「身在江海之上，言志放也。魏闕，心下巨闕也。心下巨闕，言神内守也。一説：魏闕，象魏也，懸教象之法，浹日而收之，魏魏高大，故曰魏闕。言身雖在江海之上，心存王室，故在天子門闕之下也。」此前説即彼後説，此後説即彼前説，殊難定誰高誰許。而道應篇注云：「言志在於己身心之魏闕也，言内守。」道應既爲許注本，正與此一曰云云相合，則一曰乃許説也。第許既以兩觀釋魏闕，而又以爲心下巨闕神，豈許已爲兩説歟？抑道應許注乃高注羼入歟？非得一原，孰能至於此哉！一原，道之原也。是故與至人居，使家忘貧，使王公簡其富貴而樂卑賤，○寧案：道藏本、中立本、景宋本「富貴」作「貴富」。勇者衰其氣，貪者消其欲，坐而不教，立而不議，虚而往者實而歸，故不言而能飲人以和。論道如川，不言而能飲人以和適也。○吴承仕云：注朱本「論」作「諭」是也。作論者，形近而誤。○寧案：莊子則陽篇：「故聖人其窮也，使家人忘其貧；其達也，使王公忘爵禄而化卑。」「故或不言而飲人以和。」此淮南文所本。注「論」當爲「諭」，吴説是，道藏本、景宋本皆作「論」。是故至道無爲，一龍一蛇，龍能化，蛇能解脱，故道以爲譬。盈縮卷舒，與時變化。外從其風，内守其性，耳目不燿，思慮不營，營，惑也。其所居神者，臺簡以游太清，臺，猶持也。簡，大也。○莊逵吉云：臺簡，注云：「臺，持也。」錢別駕坫云：「臺當作握。説文解字握古文作『𡉚』，𡉚與臺形近致譌耳。」但藏本及各本皆作「臺」字，而本書用古文

「臺」，不用篆文「握」，故仍存原文，不敢擅改。○俞樾云：高注曰：「臺猶特也。」以持訓臺，蓋以聲爲訓。釋名釋宮室曰：「臺，持也。築土堅高，能自勝持也。」是其證也。方言曰：「臺，支也。」支與持義同。錢氏坫謂「臺」當作「臺」，古文「握」字。然臺之訓持，自是古訓，不必疑其字誤也。莊子庚桑楚篇曰：「靈臺者有持，而不知其所持，而不可持者也。」是亦以臺爲持。故釋文曰：「靈臺，謂心有靈智，能任持也。」然則，臺簡即持簡，猶靈臺即靈持矣。○呂傳元云：俞說非也。「臺」爲「臺」之譌。詮言篇「持無所監，謂之狂生」，王氏念孫曰：李善注文選任昉哭范僕射詩曰：「淮南子『臺無所監，謂之狂生』，注曰：『臺，持也。所監者非玄德，故爲狂生。』臺，古握字也。」如李注所引，則今本正文及高注皆經後人删改，明矣。又案：「臺」與「握」不同字，「臺」當爲「臺」，字之誤也。說文：「臺，古文握。」故高注云：「臺，持也。」王氏謂「持無所監」之「持」爲「臺」之誤，極是。此「臺簡」之「臺」，亦應作「臺」。高注「臺猶持也」正與詮言訓「臺，持也」注文一例，故知此當作「臺」矣。○金其源云：按釋名釋宮室：「臺，持也，築土堅高，能自勝持也。」爾雅釋水：「簡，水道平易。」後漢書班彪傳「監乎太清」，注：「太清，無爲之化也。」一切音義引聲類：「無，虛無也。」是臺，持也；簡，平易也；太清，無爲，猶虛無也。下云「虛無者，道之舍，平易者，道之素」，則臺簡以游太清者，猶曰持平易之素而入虛無之舍也。○寧案：釋名疏證補釋宮室「臺」引葉德炯曰：「淮南俶真訓『臺簡以游太清』，高誘注：『臺猶持也。』按說文『握，搤持也』，下重文列古文作『臺』，與『臺』形近，疑古握、臺爲一字，故均有持訓也。握，从手屋聲。屋，从尸从至。臺，从屮从至从高省。說文凡二从字，其一多兼聲。屋、臺疑均从至得聲，至、持一韻，故聲義相通假也。又屋下古文作『臺』，亦與臺、臺形相近。」竊以爲葉說似可從也。莊本高注「持」誤爲「特」，今改正。

引楯萬物，羣美萌生。

引楯，拔擢也。楯讀允恭之「允」。○莊逵吉云：引楯當作「揗」，從手旁。○吴承仕云：舊籍文多主聲，從木從手，不關弘旨。高讀楯同允，則以引楯爲雙聲連語也。漢書敍傳「數遺中盾，請問近臣」，蕭該音義曰：「盾音允。」可知允、盾同音，爲漢、魏以來舊讀，而廣韻從盾之字，並無以允爲聲者，此亦音聲由喉而漸及脣舌之一例也。是故事其神者神去之，事，治也。休其神者神居之。不動擾。道出一原，通九門，九門，天之門。○寧案：注「天」上疑脱「九」字。下句注云「六合之衢」與「九天之門」對文。散六衢，散布于六合之衢也。設於無垓坫之宇，設，施也。垓坫，垠堮也。垓，讀人飲食太多，以思下垓，坫讀爲「筦氏有反坫」之「坫」。○吴承仕云：段玉裁曰：「高注淮南書『垓讀如人飲食太多，以思下垓之垓』，以思下垓乃以息上餩之誤。」餩即噫也。（説文噫字注。）承仕案：段説是也。高讀垓爲飽食息之餩，以通語比況作音，其字不妨作「垓」，不煩改「上垓」爲「上餩」。寂漠以虛無。非有爲於物也，物以有爲於己也。非有爲于物者，不爲爲也。物以有爲于己者，物己爲也。○寧案：注「不爲爲也」，道藏本、中立本、茅本、景宋本皆作「不爲之也」，當據正。之字草書與「〻」相似，故誤重「爲」字也。是故舉事而順于道者，非道之所爲也，道之所施也。

夫天之所覆，地之所載，六合所包，陰陽所呴，雨露所濡，道德所扶，此皆生一父母而閲一和也。父母，天地。閲，總也。和氣也，道所貫也。呴讀以口相吁之「吁」。○蔣超伯云：古「包」「孚」通。孚之爲字，象雞爪伏雛之形。方言：「北燕、朝鮮、洌水之間謂伏雞曰抱。」抱即孚也。左傳「浮來」，公、穀作「包來」。浮丘公即包丘子。他如「罦」通「罦」，「枹」通「桴」，「庖」通「烰」，具詳經典。八觀篇云：「衆有遺苞者，其戰不必勝；道有損瘠者，其守不必固。」遺苞謂遺莩也，苞、莩通也。○劉文典云：「生一父母」不辭，「生」下當有「於」字。御覽九百七十三引正作「皆生於一父母」，是其證也。○于省吾云：劉說非是。御覽隨意竄易字句，不可爲據。覽冥「勞逸若一」注：「一，同也。」一、壹古同用。左昭十年傳「而壹用之」，注：「壹，同也。」言此皆生同父母而閲同和也。「生」下有「於」字，則不詞矣。○寧案：于説近之。太平御覽九百五十四引作「此皆生於父母」，則是後人改「一」爲「於」，九百七十三引，則讀者誤合之耳。又案：注，「氣」上應重「和」字。「道所貫也」，「貫」當爲「貴」，形近而誤。道藏本、中立本、茅本、景宋本皆作「貴」。下文「通於無圻」，注云「道無形」，當依景宋本作「道貴無形」，蜀藏本「貴」亦誤「貫」，是其例。是故槐榆與橘柚合而爲兄弟，言道能化同異物也。

有苗與三危通爲一家。有苗國在南方彭蠡，舜時不服者。三危，西極山名，在辰州。通爲一家，道所化也。○莊逵吉云：辰州疑當作益州。○吴承仕云：邵瑞彭曰：「辰當作瓜。左昭九年傳：『允姓之姦。居於瓜州。』杜注云：『允姓，陰戎之祖，與三苗俱放三危者。瓜州，今敦煌。』此注以三危在瓜州，即杜預所本。莊氏疑爲益州，蓋狃於鄭康成三危在岷山西南之説，（見禹貢疏。）不悟『益』字無由譌爲『辰』也。」案：邵說近之。然瓜本古州名，非漢時郡縣也。高注當云「古瓜州在今敦煌。」疑注有奪誤，未能質定。○寧案：史記五帝本記正義引括地志云：「三危山有三峯，故曰三危，俗亦名卑羽山，在沙州燉煌縣東南三十里。」沙州即瓜州。

夫目視鴻鵠之飛，耳聽琴瑟之聲，而心在雁門之間，一身之中，神之分離剖判六合之内，一舉而千萬里。是故自其異者視之，肝膽胡越；肝膽喻近，胡越喻遠。○陶方琦云：文選曹植求通親親表注引許注曰：「胡在北方，越在南方。」○寧案：莊子德充符篇：「仲尼曰：自其異者視之，肝膽楚越也；自其同者視之，萬物皆一也。」此淮南所本。據莊子，此文「胡越」下當有「也」字。文選鷦鷯賦注、與嵇茂齊書注引皆有「也」字。

自其同者視之，萬物一圈也。圈，陬也。○馬宗霍云：説文囗部云：「圈，養畜之閑也。」

引申之，凡有所範圍者，皆可謂之圈。本文蓋謂物雖萬殊，本原於一，同在天地陶鈞之中，故曰「一圈」也。高訓圈爲阪，説文自部云：「阪，阪隅也。」廣雅釋言云：「隅、阪，角也。」似非其義。**百家異説，各有所出。若夫墨、楊、申、商之於治道，**墨，墨翟也，其術兼愛、非樂，摩頂放踵而利國者爲之。楊，楊朱，其術全性保真，雖拔骭一毛而利天下，弗爲也。申，申不害也，韓昭侯相，著三符之命而尚刻削。商者，魏公孫鞅也，爲秦孝公制相坐之法，嚴猛聞，故封之爲商君也，因謂之商鞅。○向宗魯云：「三符之命當爲申子書中篇名。本書泰族篇「申子之三符」，許注云：「申不害治韓，有三符驗之術。」論衡效力篇：「韓用申不害，行其『三符』，兵不侵境，蓋十五年。」第不知「三符」何説。今考尸子分篇云：「三人之所廢，天下弗能興也；三人之所興，天下弗能廢也。親曰不孝，君曰不忠，友曰不信，天下弗能興也；親言其孝，君言其忠，友言其信，天下弗能廢也。夫符節合之，則是非自見，行亦有符，三者合則自見矣。此所以觀行也。」云云。全篇俱觀人察事之言，「三符」之説，似即本於尸子。商君之學，出於尸佼，則尸子固法家先師，此一證也。尸子分篇云：「令名自正，令事自定。」申子大體篇亦云：「名自正也，事自定也。」（其他正名定分之説，類似甚多。）則申子之説，多本尸子可知。此又一證也。故吾謂申子之三符雖亡，而尸子之「三符」可補其闕佚也。」**猶蓋之無一橑，而輪之無一輻，有之可以備數，無之未有害於用也。**○王念孫云：「蓋之無一橑，輪之無一輻」，本作「蓋之一橑，輪之一輻」，此但言一橑一輻，下乃言其有無之無關於利害。若先言無一橑無一輻，則下文不必更言有無矣。此兩「無」字皆因下文「無」字而衍。○寧案：王説未安。若作蓋之一橑，輪之一輻，則句間無庸贅一「而」字。疑兩「無」字當是兩「爲」字，「無」字草書與「爲」字行書形似，因以致誤。**己自以爲獨擅之，不通之于天地之情也。**○寧案：「不通之于天地之情也」，上「之」字無義，疑衍。下文云「而不通於萬方之際也」，與此同一句式，無上「之」字，是其比。今夫冶工之鑄器，鑄，讀如唾祝之「祝」也。○李賡芸云：祝，本之六切，轉音如「鑄」，如「注」。今河南息縣人讀「祝」如「朱」。說文：「喌喌，呼雞聲」，之六切。而風俗通曰「呼雞朱朱」，皆轉音也。禮記樂記：「封帝堯之後於祝。」注：「祝或爲鑄。」吕氏春秋慎大覽：「命封黄帝之後於鑄。」周禮瘍醫注：「祝讀如注病之注。」金踊躍於鑪中，必有波溢而播棄者，其中地而凝滯，亦有以象於物者矣。其形雖有所小用哉，○向宗魯云：「用」，宋本、藏本皆作「周」，當據正。原道篇「貴其周於數而合於時也」，周、合同義。高彼注云：「周，調也。」調亦合也。楚辭「雖不周於今之人兮」，注：「周，合也。」○寧案：向說疑非。作「形雖有所小周」，與上句「亦有以象於物者矣」義複 中立本、茅本亦作「周」，當是「用」之誤字。蓋上句言形，下句言用，與上文「無之未有害於用也」文正相承，雖小有用而不能保如周鼎，何況比於規形者乎？規形者卽造形者，謂型範，猶言造物者。然未可以保於周室之九鼎也，又況比於規形者乎？其與道相去亦遠矣！○于省吾云：保、寶字通。書大誥「用寧王遺我大寶龜」，魏三體石經「寶」作「保」。漢李氏鏡銘「明如日月世之保」，假「保」爲「寶」，此例不勝繁舉。於猶如也，詳經傳釋詞。此言未可以寶如周室之九鼎也。古以九鼎爲寶器，故云然。今夫萬物之疏躍枝舉，百事之莖葉條梓，皆本於一根而條循千萬也。疏躍，布散也。梓讀詩頌「苞有三蘖」同。○莊逵吉云：「梓」，古文「欁」字也，亦作「櫱」。俗寫「櫱」字爲「蘖」。又劉德引詩「苞有三枿」。說文解字：「欁，伐木餘也。」方言：「枿，餘也。陳、鄭之閒曰枿。」是枿、欁亦同字。若此則有所受之矣，而非所授者。所受者，無授也，而無不受也。○蔣禮鴻云：陶鴻慶曰：「『所受者』當爲『所授者』，承上『非所授』而言。」按：陶校未盡。「所受者，無授也，而無不受也。無不受也者」三句，當作「所授者，無受也而無不授也。無不授也者。」此言萬物受於道，而道無所受也。莊子大宗師篇曰：「夫道自本自根，未有天地，自古以固存。」此所謂無受也。又曰：「神鬼神帝，生天生地。」此所謂無不授也。○寧案：蔣謂「此言萬物受於道，而道無所受」，是也。然於所校似猶有可商榷者。疑文當作「若此則有所授之也，而非所授者。授之者，無受也而無不授也。無不授也者。」六句皆以道爲主語，一氣貫注。「若此則有所授之也」，謂道有所授於萬物也。今本「授」作「受」，則謂萬物有所受於道，接下句「而非所授者」遂義不可通。「而非所授者」，謂道非萬物也，即下文「不與爲溼」之義。（道爲授者，則萬物爲所授者。）「授之者」，謂道，承首句「若此則有所授之矣」而言。今本作「所受者」，固義不可通。蔣從陶説作「所授者」，以爲承上句「所授者」言之，則謂萬物。萬物有所受於道，而下云「無受也而無不授也」，亦義不可通，且不合周雲沉溺萬物之喻。「無受也」以下二句從蔣説。**無不受也者，譬若周雲之蘢蓯，遼巢彭濞而爲雨，**周雲，密雨雲也。蘢蓯，聚合也。遼巢彭濞，藴積貌也。濞楡莢之濞。○莊逵吉云：太平御覽引作「寮摷彭薄」，「薄」與「濞」聲近也。○王念孫云：「彭濞」本作「彭薄」。道藏本作「彭溥」，「溥」即「薄」之誤。後人不知而改爲「濞」，莊本從之，斯爲謬矣。「彭」古讀若「旁」，（説見唐韻正）下文云「渾渾蒼蒼，純樸未散，旁薄爲一」，司馬相如封禪文「旁魄四塞」，義並與此同，故高注以彭薄爲藴積貌。若彭濞則爲水聲，（見上林賦）而非雲氣藴積之貌，與正文注文皆不合矣。舊本北堂書鈔天部二引此正作「彭薄」，太平御覽天部八同。○俞樾云：高注曰：「周雲，密雨雲也。」然密雨之雲，謂之周雲，甚爲未安，殆失之矣。「周」當讀爲「朝」。詩汝墳篇「惄如調飢」，毛傳曰：「調，朝也。」周之爲朝，猶調之爲朝也。朝雲爲雨，即詩所謂「朝隮于西，崇朝其雨」也。鄭箋云：「朝有升氣於西方，終其朝，則雨氣應自然。」升氣卽雲也。文選高唐賦：「王問玉曰：『此何氣也？』玉對曰：『所謂朝雲者也。』」卽可說此周雲之義。○劉文典云：說文口部：「周，密也。」與高注「密雨雲」之義正合。注「雨」字疑涉「雲」字上半誤羨之文。俞說迂曲，殆失之矣。○吴承仕云：王說是也。榆莢云者，葢是讀音，應云「薄讀如榆莢薄之薄。」食貨志：「漢興，以爲秦錢重難用，更令民鑄莢錢。」如淳曰：「如榆莢也。」漢以錢重改鑄，則莢錢薄於秦錢矣。此高注榆莢薄之義。今本正文既誤作「溥」，乃改注文以就之，又有譌奪，遂不可通。沉溺萬物而不與爲溼焉。不與萬物俱溼。

今夫善射者有儀表之度，如工匠有規矩之數，此皆所得以至於妙。有所得儀表規矩之巧也。○陳觀樓云：「所得」上脫「有」字。高注：「有所得儀表規矩之巧也。」是其證。然而奚仲不能爲逢蒙，造父不能爲伯樂者，○寧案：道藏本、中立本、景宋本「逢蒙」下注云：「奚仲巧爲車，逢蒙善於射，言未能相兼也。」又「伯樂者」下注云：「造父善御馬，事周穆王。伯樂善相馬，事秦繆公。」當據補。是曰諭於一曲，而不通於萬方之際也。○寧案：「是曰諭於一曲」，「曰」當爲「皆」，「皆」字上部壞缺而誤。說文：「皆，俱詞也。」總上四人言之也。道藏本誤作「日」，景宋本正作「皆」，當據正。今以涅染緇則黑於涅，以藍染青則青於藍。涅非緇也，青非藍也，茲雖遇其母，而無能復化己。涅，礬石也。母，本也。○顧廣圻云：「涅非緇也」，涅、緇二字疑當互易，承上文「以涅染緇」，與下句承上文「以藍染青」一例。○孫詒讓云：賈公彦周禮鍾氏、儀禮士冠禮疏引「染緇」並作「染紺」，疑據許本。齊俗訓云：「夫素之性白，染之以涅則黑。」則此本爲長。然賈兩引以證紺色，則唐時自有作紺之本。○于鬯云：「遇」當作「過」。○向宗魯云：士冠禮疏凡兩引此文，一作「緅」，一作「紺」，「緅」亦「紺」之誤。是何則？以諭其轉而益薄也。何況夫未始有涅藍造化之者乎，其爲化也，雖鏤金石，書竹帛，何足以舉其數！鏤讀婁數之「婁」。由此觀之，物莫不生於有也，有，猶往也。小大優游矣。言饒多也。夫秋豪之末，淪於無閒，而復歸於大矣；秋豪微妙，故能入於無閒。閒，孔。言道無形，以豪末比道，猶復爲大也。○陶鴻慶云：高注「以豪末比道，猶復爲大也」，此失其旨。上文云：「物莫不生於有也，小大優游矣」，言物得其分則小大不殊，秋豪之末雖小，而積小可以成大，即列子「有物不盡」，莊子「莫大乎秋豪之末而太山爲小」之意。原道篇云：「神託於秋豪之末而大於（從俞說補正。）宇宙之總」，可證此文之義。○寧案：上文言物莫不生於有，自此以下言無形而生有形，以闡明道貴無形。秋豪蘆苻雖微薄，然而有形，以道觀之，皆所不取。故下文云：「若夫無秋豪之微，蘆苻之厚，其襲微重妙，挺挏萬物，揣丸變化，天地之間，何足以論之。」又云：「夫與蚑蟯同乘天機，受形於一圈，飛輕微細者，猶足以脱其命，又況未有類也。」原道篇「神托於秋豪之末而大與宇宙之總」，與此異義。高注不誤。蘆苻之厚，通於無墊，而復反於敦龐。厚，猶薄。蘆，葦也。苻，蘆之中白苻，言其薄。柯則歸於葦，故曰「反於敦龐矣」。苻讀麫麱之「麱」也。○寧案：「敦龐」下當有「矣」字，與「而復歸於大矣」一律，注「故曰」重述正文有「矣」字，是其證。若夫無秋豪之微，蘆苻之厚，四達無境，通於無圻，道無形，秋豪蘆苻已有形，故曰「無秋豪之微，蘆苻之厚，而四達無境，通於無圻」。圻，垠字也。○莊逵吉云：說文解字垠或從斤作「圻」。○劉文典云：墊，古垠字，又或從斤作圻。上既言「通於無墊」，此不得復言「通於無圻」。上文「通於無墊」與「淪於無閒」相對，句法一律，下文有「通於無圻」四字，不惟重複，句法亦不一律。此疑一本作「通於無墊」，一本作「通於無圻」，校者旁注，寫者誤入於此。墊字下無注，而圻字下有注云：「圻，垠字也。」疑亦後人所加，非高氏舊注也。○呂傳元云：注「道無形」，藏本作「道貫無形」，貫，貴之譌也。宋本、汪本、茅本正作「貴」。○寧案：劉説似是也。然高注有「通於無圻」四字。若謂四字亦後人所加，則「故曰」下重舉正文三句，文氣未完。細審注云「道貴無形，秋豪蘆符已有形」，葢釋「無秋豪之微，蘆符之厚」，疑「故曰」云云，其中「四達無境」二句，皆非原注所有。今本「四達無境」上又衍一「而」字，諸本皆無。又案：「道無形」，中立本亦作「道貴無形」，呂説是也。下文注云：「未有形象，道所尚也。」義與此同。

而莫之要御夭遏者。○于省吾云：管子君臣「要淫佚」，注：「要，謂遮止之也。」漢書趙充國傳集注：「要，遮也。」素問脉要精微論「是門户不要也」，注：「要謂禁要。」禁與遮義相因，御、禦古同用，是要御猶言禁禦也。**其襲微重妙，挺挏萬物，揣丸變化，**道之所能。**天地之間，何足以論之！**言道所化者大。**夫疾風教木而不能拔毛髮，**教亦拔也。○于省吾云：廣雅釋詁：「挬，拔也。」「挬」同「教」，古文从攴从手一也。○寧案：高注「教亦拔也」四字，莊本與「雲臺」句注合，今依道藏本、景宋本移正。**雲臺之高，墮者折脊碎腦，而蟁蝱適足以翺翔。**臺高際於雲，故曰雲臺。蟁蝱微細，故翺翔而無傷毀之患，道所貴也。○王念孫云：「適足以翺翔」，當作「適足以翾」。高注「翺翔而無傷毀之患」，當作「翾飛而無傷毀之患」。説文：「翾，（許緣反。）小飛也。」原道篇曰「跂行喙息，蠉飛蝡動」，蠉與翾同。下文曰「飛輕微細者，猶足以脱其命」，「飛輕」二字，正承「翾」字言之。若翺翔則爲鳥高飛之貌，蟁蝱之飛，可謂之翾，不可謂之翺翔也。又下文「雖欲翺翔」，高注曰：「翺翔，鳥之高飛，翼上下曰翺，直刺不動曰翔。」而此注不釋翺翔之義，則正文本無「翺翔」二字明矣。隸書「翺」字或作「翱」，（見漢唐公房碑。）形與「翾」相近，故「翾」誤爲「翺」。後人不知「翺」爲「翾」之誤，因妄加「翔」字耳。藝文類聚蟲豸部引此正作「蟁蝱適足以翾」。○劉文典云：文選於安城答靈運詩注引「碎腦」作「碎脛」。○向宗魯云：王説未諦。類聚所引，或是許本耳。鶡冠子備知篇云：「蚑蟯墜乎千仞之谿，乃始翺翔而成其容」，正與此文相應。王謂下文始釋「翺翔」二字，此注不釋「翺翔」二字，爲正文本無「翺翔」二字之證，尤誤。上篇「與化翺翔」，注云：「翺翔，猶頫仰也。」此文當從其訓，故不復釋耳。且上篇「與化翺翔」之前，尚有「翺翔忽區之上」，句亦無注，豈得因下文始釋「翺翔」二字，亦斷爲正文無之乎？○寧案：文本鶡冠子天權篇，非備知篇也，向失檢。抱朴子外篇知止篇：「蚑蟯墮山，適足翺翔；兕虎之墜，碎而爲虀。」雖亦語本鶡冠，又足證王説之誤。蚑蟯而曰翺翔，蓋誇飾之辭，無害也。又文選引「碎腦」作「碎脛」，腦字於義爲長。雲臺之高，豈直碎脛而已哉！故抱朴子曰「碎而爲虀」也。疑脛乃腦字形譌。

夫與蚑蟯同乘天機，蚑行蟯動，諭微細也。天機，神馬。○寧案：文選陸士衡文賦注引莊子「蚿曰：今予動吾天機」，司馬彪曰：「天機，自然也。」又大宗師「其耆欲深者，其天機淺也」，劉障曰：「言天機者，言萬物轉動，各有天性，任之自然，不知所由然也。」（司馬説，秋水釋文闕。）夫受形於一圈，飛輕微細者，猶足以脱其命，又況未有類也？類，形象也。未有形象，道所尚也。○王念孫云：「也」與「邪」同。下「夫」字因上「夫」字而衍。「夫與蚑蟯同乘天機，受形於一圈」二句連讀，不當更有「夫」字。

由此觀之，無形而生有形亦明矣。是故聖人託其神於靈府，而歸於萬物之初。視於冥冥，聽於無聲。○寧案：莊子天地篇「視乎冥冥，聽乎無聲。冥冥之中，獨見曉焉；無聲之中，獨聞和焉」，此淮南所本。劉氏集證改「冥冥」爲「無形」，臆説不可從。冥冥之中，獨見曉焉；曉，明也。寂漠之中，獨有照焉。其用之也以不用，其不用也而後能用之；其知也乃不知，其不知也而後能知之也。夫天不定，日月無所載；載，行也。地不定，草木無所植；植，立也。所立於身者不寧，是非無所形。形，見也。○寧案：「所立於身者不寧」當作「身不寧」。「所立」原作「所植」，涉上而衍。後人以兩「所植」複，依高注改「植」爲「立」，又於「身」上加「於」字，「身」下加「者」字以就誤文耳。天不定，日月無所載；地不定，草木無所植；身不寧，是非無所形：皆以八字排比爲句，作「所立於身者不寧」，則句法參差，且義不可解矣。文子精誠篇正作「身不寧，是非無所形」，是其證。是故有真人然後有真知。知不詐，故曰真也。○寧案：注，景宋本「詐」下有「諂」字，諂乃謟之誤也。爾雅釋詁：「謟，疑也。」左傳昭公二十六年「天道不謟」，杜注：「謟，疑也。」又哀公十七年「天命不諂」，注「諂，疑也」，正文注文「謟」亦誤爲「諂」。爾雅釋詁郭注引正作「天命不謟」。釋文：「謟，本又作滔。」案文選西京賦「天命不滔」，李善注：「滔與謟音義同。」謟、諂形似易誤。今本無「諂」字，蓋後人不知其誤所臆删。其所持者不明，庸詎知吾所謂知之非不知歟？○寧案：莊子齊物論篇：「庸詎知吾所謂知之非不知邪？」釋文李云：「庸，用也。詎，何也。」道藏本、中立本、景宋本「庸」下誤衍「愚」字。

今夫積惠重厚，累愛襲恩，以聲華嘔苻嫗掩萬民百姓，○向宗魯云：宋本、藏本「苻」作「符」。莊子人閒世「以下傴拊人之民」，釋文引李云：「傴拊，謂憐愛之也。」崔云：「猶嘔呴，謂養也。」此「嘔苻」亦「傴拊」。本書本經訓：「以相嘔咐。」讀符命之「符」。使知之訢訢然人樂其性者仁也。○王念孫云：「使」下不當有「知」字，此因上文「所謂知之」而誤衍也。劉本無「知」字是。○陶方琦云：漢書萬石君傳晉灼注引許注「訢訢古欣字」，當此處注也。原道訓「其爲歡不忻忻」，從心旁。此從言旁，尚是許君舊本，故與漢書傳注引許説正合。説文「訢」下云：「憘也，从言斤聲。」又

「欣」下云：「笑喜，从欠斤聲。」音義相類，葢古今字。○寧案：中立本無「知」字，「使」上有「而」字，與下文「而萬物和同者德也」同句式，疑「知」即「而」字之誤而誤倒。知、而草書形似。舉大功，立顯名，體君臣，正上下，明親疏，等貴賤，存危國，繼絶世，決挐治煩，○劉文典云：文選吴都賦注引許注：「挐，亂也。」當是此處注也。說文：「挐，牽引也。」宋玉九辯「枝煩挐而交横」，王注：「柯條糾錯而崩嶷。」牽引、糾錯，亦皆有亂義。○劉家立云：「決挐治煩」四字，此誤衍也。主術篇云：「今人之才，有欲平九州，從方外，存危國，繼絶世，志在直正道邪，決挐理煩。」云云。疑後人據彼文以增之。不知彼言人之才欲存危繼絶，非具直正導邪，決挐理煩之志，不能任之，與此言仁義之道不同，不得據彼以增此也。文子精誠篇作「舉大功，顯令名，體君臣，正上下，明親疏，存危國，繼絶世，立無後者，義也」，亦無此四字。○寧案：劉家立删「決挐治煩」四字，以爲後人據主術篇所增，非是。大藏音義八十引「淮南子云：『決挐治煩。』許曰：『挐，亂也。』」是淮南本有「決挐治煩」之文。劉文典以文選引許注爲此處注文，其説是也。主術篇作「決煩理挐」，與此文不合，其非大藏音義所引甚明。劉家立引主術篇文作「決挐理煩」，（「直道正邪」又誤作「直正道邪」）亦疏矣。若謂文子無此四字，文子襲此文本有删節，不得據以改此。興毁宗，立無後者，義也。閉九竅，藏心志，棄聰明，反無識，芒然仿佯于塵埃之外，而消摇于無事之業，○俞樾云：廣雅釋詁：「業，始也。」無事之業，謂無事之始也。文子精誠篇作「無事之際」，乃淺人不得其義而臆改。九守篇亦作「無事之業」。含陰吐陽，而萬物和同者，德也。是故道散而爲德，德溢而爲仁義，仁義立而道德廢矣。百圍之木，斬而爲犧尊，犧讀曰希，猶疏鏤之尊。○向宗魯云：注文藏本作「犧讀曰疏，猶疏鏤之疏。」莊子天地篇釋文：「音羲，又素何反。」鏤之以剞䂽，裸之以青黃，華藻鏄鮮，龍蛇虎豹，曲成文章。剞，巧工鉤刀也。劂者，規度刺畫墨邊箋也。所以刻鏤之具也。青黃，采色之飾。剞，讀技之「技」。劂，讀詩「蹶角」之「蹶」也。華藻，華文也。鏄，今之金尊也。鮮，明好也。龍蛇虎豹者，刻尊彝爲蟠龍伏虎之狀，故曰「曲成文章」。〇洪頤煊云：「鏄」當是「鋪」字之譌，即「敷」字。易說卦「震爲旉」，釋文干寶注：「旉，花之通名爲鋪，花朶謂之敷。」華藻鋪鮮，皆謂其刻鏤之美，非金尊也。〇俞樾云：高注曰：「華藻，華文也。鏄，今之金尊也。鮮，明好也。」此說於「鏄」字之義未得。「鏄鮮」連文，若是金尊，則與「鮮」字不屬矣。陳氏壽祺左海經辨說以說文金部之鏄鱗，謂「鮮」當爲「鱗」。然鏄鱗自是鐘上橫木之飾，此言犧尊，非所施也。今按：鏄從尃聲，尃猶敷也，謂以金敷布其上也。古者，以金飾物謂之鏄。史記禮書注「金薄璆龍」，索隱引劉氏曰：「薄猶飾也。」薄即鏄之叚字也。「鮮」讀爲「獻」。禮記月令篇「天子乃鮮羔開冰」，注曰：「鮮當爲獻。」是其證也。明堂位篇「周獻豆」，注曰：「獻，疏刻之。」然則，鏄獻謂疏刻而以金飾之也。畫爲華藻之形，疏刻而金飾之，是爲華藻鏄獻。〇陶方琦云：文選魏都賦注引許注：「剞劂，曲刀也。」說文：「剞劂，曲刀也。」與淮南注正同。淮南「劂」應作「剧」。韓集送文暢師北游詩注引淮南「鏤之以剞剧」，注：「剞剧，曲刀也。」此即許注，字作「剧」。王逸注哀時命：「剞劂，刻鏤刀也。」亦以剞劂爲一物。廣雅：「剞劂，刀也。」高氏此注與本經訓同。〇章太炎云：按鏄從尃聲，尃從甫聲，此借爲「黼」。釋言：「黼黻，彰也。」華藻鏄鮮者，華藻彰明也。〇吳承仕云：俞說是也。洪焱祖注爾雅翼引此文許注云：「鏄，今之金鏄也。」蓋漢人以金飾物，謂之金鏄。高誘以見行語釋之，猶今江南人之稱錫薄矣。今本作金尊者，涉下文尊彝字而誤也。又案：俶真篇爲高注本，此處亦無許高錯襍之文，注釋剞劂與本經篇注義同，皆是高說。證一。許訓剞劂爲曲刀，與說文相應，與高義異。（陶方琦說。）證二。御覽七百六十一引此注作高誘曰。證三。然則洪氏蓋誤高爲許耳。尋宋人引淮南注，大抵以高爲許，或稱許愼注，或稱許愼記。如陸佃埤雅，黄朝英靖康湘素記，政和證類本草，羅願爾雅翼，洪焱祖爾雅翼注，洪邁容齋筆記，吳仁傑離騷草木疏，姚寬西溪叢話，許緬祖學齋佔畢，陳元靚歲時廣記，徐子光蒙求注，白珽湛淵靜語等皆是也。證知宋、元間流布最廣之本，實與現行景宋本同。又案：本經訓「無所錯其剞劂削鋸」，注云：「剞讀技尺之技。」則此注似奪一「尺」字。然技尺之義，亦所未聞。○寧案：注「蹶」與「厥」通。釋名釋疾病「厥」，史記扁鵲倉公傳正義引作「蹷」，五經文字「蹶」又作「蹷」。書泰誓：「若崩厥角。」故曰「蹶角之蹶」也。詩經無此文，疑詩當作書。又案：俞、吳謂漢人以金飾物謂之金鐏，然則高注作「金尊」者「薄」字脱去水旁，與「尊」形近致誤耳。

然其斷在溝中，壹比犧尊溝中之斷，則醜美有閒矣，閒，遠也，方其好醜，相去遠也。然而失木性鈞也。鈞，等。○劉文典云：「然其斷在溝中」句，疑有脱誤。莊子天地篇作「其斷在溝中」，亦非。惟御覽七百六十一引莊子作「其一斷在溝中」不誤。今本「一」字誤置「比」字上，傳寫又改爲「壹」，義遂不可通矣。○蔣禮鴻云：「其斷作溝中」與「溝中之斷」兩「斷」字正相應，如劉氏改上句爲「其一斷在溝中」，豈下句亦將云「溝中之一斷」乎？此兩「斷」字乃由動字轉成之名字，謂斬木爲尊之餘材，棄在溝中者也。有斬則有斷，有斷則有棄，故棄材曰斷。書盤庚中篇云：「乃祖乃父，乃斷棄女，不救女死。」是其義矣。劉氏據其一以改其二，傎矣。究其所以改之者，則以「壹比」語不經見，疑爲不可通耳。不知「壹」與「一」皆語助辭，並無實義，王氏經傳釋詞舉證甚博。新序襍事篇：「老古振衣而起曰，一不意人君如此也。」羣書治要引「一」作「壹」，即爲發語之詞，又何疑乎？又按：「壹比犧尊溝中之斷」八字當一句讀。莊子作「比犧尊於溝中之斷」，語意尤明，此省「於」字耳。胡適爲劉君作集解序，讀「壹比犧尊」爲句，則「溝中之斷」四字成疣綴矣。是故神越者其言華，越，散也，言不守也，故華而不實。德蕩者其行僞。蕩，逸。僞，不誠也。至精亡於中，而言行觀於外，此不免以身役物矣。與物爲役。夫趨舍行僞者，爲精求於外也。○劉家立云：此承上文「神越者其言華，德蕩者其行僞」而言，應作「言華行僞」，方與上文相合。今本「言華」譌作「趨舍」，義不可通。○寧案：「言華」無由誤作「趨舍」也。王念孫云「行僞」即「行爲」，說在下文「襍道以僞」句下，王說是也。劉氏集證憑臆斷改「趨舍」爲「言華」，下文採王氏說，又删去王氏校此文一段，亦異矣。精有湫盡而行無窮極，則滑心濁神而惑亂其本矣。○寧案：廣雅釋詁：「湫，盡也。」王念孫疏證：「湫讀爲遒。玉篇廣韻竝云：『遒，盡也。』廣韻湫、遒竝即由切。」其所守者不定，而外淫於世俗之風，風，化也。所斷差跌者，而內以濁其清明，○向宗魯云：「所斷差跌者」當作「所斷者差跌」，與上「所守者不定」對文。是故躊躇以終，而不得須臾恬澹矣。是故聖人內修道術，而不外飾仁義，不知耳目之宣，而游於精神之和。○俞樾云：「宣」當作「宜」，字之誤也。莊子德充符篇「夫若然者，且不知耳目之所宜，而遊心乎德之和」，即淮南所本。文子精誠篇作「知九竅四肢之宜，而遊乎精神之和」，字正作「宜」，但「知」上脱「不」字耳。若然者，下揆三泉，上尋九天，橫廓六合，揲貫萬物，此聖人之游也。若乎真人則動溶于至虛，而游于滅亡之野，○馬宗霍云：亡，猶無也，古通作無。滅亡之野，猶莊子逍遥遊篇所謂「無何有之鄉」也。騎蜚廉而從敦圄，蜚廉，獸名，長毛有翼。敦圄似虎而小。一曰：仙人名也。○陶方琦云：史記索隱二十六引許注：「淳圄，仙人也。」高注中一曰，乃許氏說，如氾論訓「段干木晉國之大駔」，高注「駔，驕怚。一曰：駔，市儈也」，而御覽引許注正作「駔，市儈也」之例。羽獵賦「靈圉燕于閒觀」，集解引郭璞注：「靈圉，淳圉，仙人名也。」即用許氏淮南注。○向宗魯云：史記相如傳索隱引「張揖云：『靈圉，衆仙號』。淮南子云『騎飛龍，從淳圉』，許慎曰：『淳圉，仙人也。』」案：許本作「龍」作「淳」，與高本異。馳於方外，休乎宇内，○王念孫云：「宇内」當爲「内宇」。（内宇猶宇内也，若谷中謂之中谷，林中謂之中林矣。）内宇與外方相對爲文，宇與野、圉、雨、父、女爲韻，（野，古讀若墅，說見唐韻正。）若作宇内，則失其韻矣。○寧案：王襍志據藏本作「外方」，查道藏本、景宋本皆作「方外」，疑「宇内」句不入韻。燭十日而使風雨，臣雷公，役夸父，夸父仙人，棄其杖而爲鄧林也。○向宗魯云：夸父事見大荒北經、海外北經、列子湯問篇。○寧案：注，「杖」字道藏本、中立本、景宋本皆作「策」。今本作「杖」，疑依山海經、列子所改。妾宓妃，妻織女，○寧案：文選張平子思玄賦注引高誘注云：「素女，黄帝時方術之女也。」疑許本作「妻素女」，文選引乃許注佚文，蓋誤許爲高也。宋刊六臣本不稱高誘注。又案：宓妃事詳史記、漢書相如傳注、文選上林賦洛神賦注。天地之間，何足以留其志？是故虚無者道之舍，平易者道之素。素，性也。

夫人之事其神而嬈其精，營慧然而有求於外，此皆失其神明而離其宅也。事，治也。嬈，煩也。營慧，求索名利者也。宅，離精神之宅也。○李哲明云：營慧，義難通曉，注似强爲之辭。竊疑「營慧」當卽「營營」疊字。莊子庚桑楚篇「全汝形，抱汝生，無使汝思慮營營」，卽與此文同意。○吴承任云：注，朱本作「離宅，離精神之舍」，景宋本作「離宅，離精神之宅」。案：二本並通，唯莊本不可讀耳。○向宗魯云：營慧猶儇慧。方言一：「儇，慧也。」說文：「儇，慧也。」又「譞，慧也」。營之爲儇，猶「自營」之爲「自環」，「煢煢」之爲「嬛嬛」也。劉申叔以「精營」連讀，謂卽老子「載營魄」之「營」，於文義不合，非是。○寧案：注「者也」下脱「故曰有求於外離」七字，道藏本、中立本、景宋本皆有七字，吳校未盡也。日本諸子大成改正淮南鴻烈解有「離」字，無「故曰有求於外」六字，蓋明人所删。

是故凍者假兼衣于春，而暍者望冷風于秋，夫有病於內者，必有色於外矣。夫梣木色青翳，而蠃瘉蝸睆，

梣木，苦歷，木名也。生於山，剥取其皮，以水浸之正青，用洗眼，瘉人目中膚翳，故曰「色青翳」。青，色象也。蠃蠡，薄蠃。蝸睆，目疾也。○王引之云：「色青翳」當作「已青翳」。（注內「色青翳」同。）已與瘉相對爲文，已亦瘉也，言梣木可以瘉青翳也。「瘉」今作「愈」。吕氏春秋至忠篇「王之疾必可已也」，高注曰：「已，猶愈也。」故此注云：「用洗眼，已人目中膚翳，故曰已青翳也。」今正文及注皆作「色青翳」者，涉注內「青色」而誤耳。「蠃瘉蝸睆」當作「蠃蠡瘉燭睆」。（注內「蝸睆」同。）據高注云「蠃蠡，薄蠃」，則「蠃」下原有「蠡」字明矣。太平御覽鱗介部十三引此作「蠃蠬瘉燭睆」，又引注云：「蠃，附蠃。蠬，細長蠃也。燭睆，目中疾。」一切經音義二十引許慎注云：「燭睆，目內白翳病也。」名醫别録曰：「蝸籬，味甘無毒，主燭館明目。」蠃蠬、蝸籬，並與蠃蠡同。（士冠禮「蠃醢」，今文「蠃」爲「蝸」，內則作「蝸醢」。）「燭館」與「燭睆」同。蠃、蠡聲相亂，故「蠃」下脱「蠡」字。燭、蝸草書相似，故「燭」誤爲「蝸」。宋證類本草引此已誤。○陶方琦云：二家注文異，許本作「蠃蠬瘉燭睆」，與高本正文並異。唯御覽引作「燭晲，目內病」，「晲」乃「睆」字之譌，又脱去「白翳」二字。衆經音義五及十七引許注，又脱去「燭」字，卷二十引有「燭」字。「鮒螺」當作「蚹蠃」。爾雅釋魚：「蚹蠃，螔蝓。」説文：「蠃，一曰虒蝓。」「蚹蠃」聲同「蒲蠃」，吳語「其民必移就蒲蠃於東海之濱」是也。又轉作「僕纍」，即「蹼螺」。見中山經。（高注「薄蠃」即本此，或「蒲蠃」之轉聲。）廣雅：「蠡蠃、蝸牛，螔蝓也。」説文：「蝸，蠃也。」本草云：「蛞蝓，一名陵蠡。」（古今注作陵螺。）别

録云：「一名附蝸。」附蝸即蚹螺也。説文無「蠡」字。方言：「蚰蜒，或謂之蛝蠡。」廣雅：「蛝蠡，蚰蜒也。」葢蚹蠃有殼，蠡無殼。蠡細長如螺形，並居旱，非水中之螺，天雨即出，俗猶以其涎清凉可愈熱毒，故名醫别録云：「蝸籬味甘無毒，主燭館明目，生江夏。」「蝸籬」即「蠃蠡」，「燭館」即「燭晥」。○郝懿行云：以今所見海蠃有數種，總名海薄蠃。吴語云：「其民必移就蒲蠃於東海之濱。」「蒲蠃」即「薄蠃」也，蒲、薄二字，古多通用。韋昭不知蒲蠃乃一物，反以蒲爲深蒲，蠃爲蚌蛤之屬，誤矣。西山經郭璞注云：「蠃母即蟔螺也。」夏小正傳云：「蜃者，蒲盧也。」蒲盧即蒲蠃，蟔螺即薄蠃，俱一聲之轉。爾雅釋魚云：「蠃小者蜬。」郭注：「螺大者如斗，出日南漲海中，可以爲酒杯。」然則爾雅舉小，郭璞舉大，廣異語也。○劉家立云：注「青色象也」，衍「青」字，應在「必有色於外矣」句下。王念孫襍志謂「句内有脱文。梣木色青，象目中青翳之色，故以同色者治之」，此説非也。正文「已」字，今誤作「色」，後人遂將此注移作下文「色」字之注，又於「色」上增「青」字，以爲訓梣木之色，文義俱不能明，王氏因疑其有誤也。此皆治目之藥也。人無故求此物者，必有蔽其明者。○寧案：太平御覽九百四十一引作「人無故而求此物者，必有蔽其明也」。疑御覽「也」上當沾「者」字，今本「故」下脱「而」字，下「者」字下脱「也」字，可互校。聖人之所以駭天下者，真人未嘗過焉；○寧案：道藏本、中立本、景宋本有注云：「駭，動也。」當據沾。賢人之所以矯世俗者，聖人未嘗觀焉。矯，拂也。○向宗魯云：莊子外物篇云：「聖人之所以駴天下，神人未嘗過而問焉；賢人所以駴世，聖人未嘗過而問焉；君子所以駴國，賢人未嘗過而問焉；小人所以合時，君子未嘗過而問焉。」此淮南文所本。夫牛蹏之涔，無尺之鯉；涔，潦水也。涔讀延祜曷問，急氣閉口言也。○寧案：太平御覽九百三十六引作「牛蹄之踵，無盈尺之鯉」，注：「踵，牛蹄踐處。」當是許本。塊阜之山，無丈之材。小山也，在陳留。○馬宗霍云：「塊阜之山」「山」上著一「之」字，蓋以「塊阜」二字狀小山之形耳，與上文以「牛蹏」二字狀涔水之形同。「牛蹏」非水名，知「塊阜」亦非山名也。高云「在陳留」，以地實之，似非原文之意。太平御覽地部三引「塊阜」作「魁父」，藝文類聚山部上引又作「魋府」，皆聲近之字。○寧案：「魁」通「塊」。漢書東方朔傳「魁然無徒」，師古曰：「魁讀曰塊。」國語周語「幽王蕩以爲魁陵」，韋注「小阜曰魁」，與高注合。說文段注：「魁，卽說文𠂤字之叚借。」又𠂤字注：「其字俗作堆，堆行而𠂤廢矣。」是「塊阜」卽「堆阜」，謂土堆耳。馬說是也。又案：注首應有「塊阜」二字。

所以然者何也？皆其營宇狹小，而不能容巨大也。○莊逵吉云：太平御覽引作「牛蹏之涔，無徑尺之鯉；魁父之山，無營宇之材」，無下「營宇」二字。○王念孫云：此御覽誤，非今本誤也。「尺之鯉」「丈之材」相對爲文，若作「營宇之材」則文不成義，且與上句不對。營宇狹小，所以不能容巨大，若無「營宇」二字，則文義不明。鈔本御覽作「牛蹏之涔，無徑尺之鯉；魁父之山，無丈之材，營宇狹小而不能容巨大也。」「尺」上有「徑」字，乃後人不識古文辭而妄加之。（後人以「尺之鯉」文義未足，故加一「徑」字，此未識古人句法也。原道篇曰：「聖人不貴尺之璧，而重寸之陰。」呂氏春秋舉難篇曰：「尺之木，必有節目；寸之玉，必有瑕適。」屬句竝與此同。加一「徑」字，則與下句不對矣。御覽鱗介部八引此又作「無盈尺之鯉」，「盈」字亦後人所加。）其「無丈之材」及「營宇狹小」，則皆與今本同。刻本御覽作「無營宇之材」，而下文無「營宇」二字，此皆後人妄改，不足爲據。藝文類聚山部上引作「牛蹄之涔，無尺之鯉；魋府之山，無丈之材：皆其營宇狹小，而不能容巨大也」，正與今本同，足證刻本御覽之誤。（劉晝新論觀量篇：「蹄窪之內，不生蛟龍；培塿之上，不植松柏：營宇隘也。」意皆本於淮南。彼言「營宇隘」，猶此言「營宇狹小」耳，亦足證刻本御覽無「營宇」二字之誤。）「尺」上無

「徑」字，并足證鈔本御覽之誤。○寧案：王説是也。宋本太平御覽引作「牛蹄之涔，無徑尺之鯉；魁父之山無文林：營宇狹小而不能容巨大也」，「文林」二字乃「丈材」形近之誤，「丈」下又脱「之」字，所據本應與鈔本御覽同。鮑刻本御覽作「牛蹄之涔，無徑尺之鯉；魁父之山，無文林之材：營宇狹小而不能容巨大也」，蓋不知「文林」二字乃「丈之材」之脱誤，更不知「徑」字乃後人所加，乃又於「文林」下加「之材」二字，以與上句相儷，文不成義，其謬殊甚。然皆作「營宇狹小」，無作「營宇之材」者，則莊氏所據本，「營宇」二字蓋出後人妄自移改，明矣。又況乎以無裹之者邪！無裹，無形。○吳承仕云：上文言營宇狹小不能容巨大，此云以無爲營宇則無所不包，非以無裹爲名身也。注當云「無，無形」，猶云「和，和氣」，訓詁之例正同。繆稱篇「能包天地，曰唯無形者也」，此注義與彼文相應。各本誤衍「裹」字，文不成義。此其爲山淵之勢亦遠矣。此無有譏長大。夫人之拘於世也，必形繫而神泄，故不免於虛。形繫者，身形疾而精神越泄，不處其守，故曰「不免於虛疾」。○陶鴻慶云：高注未得「虛」字之義。莊子秋水篇云：「井鼃不可以語於海者，拘於虛也。」陸氏釋文云：「虛音墟，本亦作墟。」蓋「虛」之本義爲大邱，而與居同聲，故引申有居止之義。昭十七年左傳「大辰之虛也」，疏云：「虛者，舊居之處。」是也。然則不免於虛者，猶言不免於繫著也。○于鬯云：高注云「故曰不免於虛疾」，則正文「虛」下亦當有「疾」字，疾蓋與上文世、泄音近相叶也。文子精誠篇作「故不免於累」，累亦與世、泄叶也。○寧案：「虛」下當有「疾」字，于説是也。虛承神言，疾承形言。陶氏不知脱「疾」字，故就「虛」字爲説，失之矣。使我可係羈者，必其有命在於外也。○王念孫云：「有命在於外」，當作「命有在於外」，言既爲人所係羈，則命在人而不在我也。今本「命有」二字誤倒，則文義不明。文子精誠篇正作「必其命有在外者矣」。莊子山木篇「物之所利，乃非己也，吾命有在外者也」，卽淮南所本。至德之世，甘暝于溷澖之域，而徙倚于汗漫之宇，澖讀閑放之「閑」，言無垠虛之貌。徙倚猶汗漫。無生形，形生，元氣之本神也。故盧敖見若士者言曰「吾與汗漫期于九垓之上」是也。宇，居也。〇劉文典云：御覽七十七引「至德之世」下有注云：「謂太古三皇之時」。又「甘」作「其」，「溷澖」作「混淆」，「汗漫」作「瀾漫」。〇向宗魯云：徙倚不可訓汗漫，疑上文當從御覽作「而徙倚於瀾漫之宇」，注：「瀾漫猶汗漫。」高氏恐人不諭「瀾漫」當爲「汗漫」之意，故又以道應篇之「汗漫」證成其義也。注文「徙倚」二字，涉正文而誤耳。〇馬宗霍云：本文「徙倚」二字指人言，「汗漫」二字指宇言。楚辭屈原遠遊篇「步徙倚而遥思兮」，王逸注以「彷徨東西」釋之。又嚴夫子哀時命篇「獨徙倚而彷徉」，王注云：「徙倚猶低徊也。」是徙倚所以狀人之行遊，汗漫蓋廣大無涯涘之貌。尋繹文意，蓋謂至德之世，人皆遊遨於廣大之宇也。高云「徙倚猶汗漫」，失之。〇寧案：太平御覽「甘」作「其」，非，精神篇亦作「甘瞑」。甘瞑卽甘眠，下文注云：「但甘卧，治化自行」是也。提挈天地而委萬物，以鴻濛爲景柱，而浮揚乎無畛崖之際。一手曰提。挈，舉。委，棄也。言不以身役物。鴻濛，東方之野，日所出，故以爲景柱。浮揚猶遨翔也。無畛崖畔界，因以爲名也。〇劉文典云：御覽七十七引「浮揚」作「浡揚」。〇寧案：太平御覽作「浡揚」，非是。上文云「獨浮游無方之外」，「中徙倚無形之域」，與此「徙倚于汗漫之宇」，「浮揚乎無畛崖之際」義同。浮揚猶浮游也。浡、浮形似，因以致誤。是故聖人呼吸陰陽之氣，而羣生莫不顒顒然仰其德以和順。〇劉文典云：御覽七十七引「顒顒」作「喁喁」，「和順」下有「止」字。〇寧案：詩大雅卷阿「顒顒卬卬」，箋：「體貌則顒顒然敬順。」爾雅釋訓：「顒顒卬卬，君之德也。」是顒顒乃向德之意。又史記司馬相如傳「喁喁然皆争歸義」，正義：「喁，口向上也。」向德、歸義，其義實同，是字可相通，蓋許作「喁」而高作「顒」也。又案：疑此文衍「以」字，「和順」二字乃注文誤入正文。太平御覽引作「和順止」，「止」字乃注文「也」字之誤。注文羼入正文，與上文不屬，故後人加「以」字耳。宋本太平御覽引「和順止」上無「以」字，爲「以」字後加之證。「顒顒然仰其德」，即和順之意，文義已足，又著「以和順」三字，義則累矣。太藏音義五十五、九十八引作「羣生莫不喁喁然仰其德」，又七十七、九十六引「德」下有「也」字，皆無「以和順」三字，是其明證。

當此之時，莫之領理決離，隱密而自成，渾渾蒼蒼，純樸未散，旁薄爲一，而萬物大優。渾渾蒼蒼，混沌大貌，故曰純樸未散也。優，饒也。○劉文典云：御覽七十七引「隱密」作「隱愍」，「蒼蒼」作「若若」。○吴承仕云：注「混沌大貌」，「大」當爲「之」，形近而誤。○寧案：「密」「愍」聲近，字又作「閔」。原道篇「穆忞隱閔」，注：「皆無形之貌。」（今本「貌」誤「類」。）「若若」乃「蒼蒼」形似之誤。漢書石顯傳「綬若若耶」，師古曰：「若若，長貌。」高訓混沌之貌，若若非其義也。

是故雖有羿之知而無所用之。是說上古之時也，但甘卧，治化自行，故曰雖有羿之知其無所用之。是堯時羿，善射，能一日落九烏，繳大風，殺窫窳，斬九嬰，射河伯之知巧也，非有窮后羿也。○劉文典云：御覽七十七引「是故雖有羿之知而無所用之」作「是故雖有明知無所用之」。○寧案：太平御覽引疑「明」乃「羿」字殘形，又脱之字。注「是堯時羿，善射，能一日落九烏」，文有倒誤。「羿」下當有「也」字。「善」字當是「謂」字，蓋後人所改。「射能」當作「能射」，「一」字乃「十」字脱去一筆。茅本同今本，乃莊刻所據。道藏本、中立本、景宋本正作「是堯時羿也，謂能射十日」，可訂此誤。因「謂能射十日」誤作「善射能一日」，文不成義，故後人又據本經篇高注「十日竝出，羿射去九」沾「落九烏」三字以足句，非其舊也。本經篇云：「堯乃使羿誅鑿齒於疇華之野，殺九嬰於凶水之上，繳大風於青丘之澤，上射十日而下殺猰貐，斷修蛇於洞庭，禽封豨於桑林」，是卽高注所本。高注約舉五事以概其全，故但云「能射十日，繳大風、殺窫窳，斬九嬰，射河伯」，每事三字，以「能」字一氣貫注，不得云「善射，能一日落九烏」，令文句參差不類也。且古書不云后羿畢其功於一日也。

及世之衰也，至伏羲氏，其道昧昧芒芒然，吟德懷和，伏羲氏以木德王天下，號曰太昊。昧昧，純厚也。芒芒，廣大貌也。吟咏其德，含懷其和氣，未大宣布也。○王念孫云：吟非吟咏之「吟」，乃「含」字也。原道篇「含德之所致也」，高彼注曰：「含，懷也。」此云「含德懷和」，本經篇云「含德懷道」，含、懷一聲之轉，其義一也。含字從口今聲，移口於旁，字體小異耳。若訓爲吟咏之「吟」，則與懷和不類矣。漢書禮樂志「靈安留，吟青黃」，服虔曰：「吟音含。」是「含」字古或作「吟」也。○吳承仕云：注「純厚」下疑脫「貌」字，尋注例可知。被施頗烈，被讀「光被四表」之「被」也。被其德澤，頗烈施於民。而知乃始昧昧晽晽，皆欲離其童蒙之心，昧昧，欲明而未也。晽晽，欲所知之貌也。離，去也。○王念孫云：說文玉篇廣韻集韻皆無「晽」字，「晽晽」當爲「楙楙」。（注同。）昧昧楙楙，一聲之轉，皆欲知之貌也。文子上禮篇作「昧昧懋懋」，「懋」與「楙」古字通。（皋陶謨「懋遷有無化居」，漢書食貨志「懋」作「楙」。）今作「晽晽」者，「楙」誤爲「林」，又因「昧」字而誤加日旁耳。楊慎古音餘乃於侵韻收入「晽」字，吳志伊字彙補又云「晽音林」，竝引淮南子「昧昧晽晽」，皆爲俗本所惑也。○陶鴻慶云：王念孫曰，「晽晽」爲「楙楙」之誤，是也。「昧」當爲「冒」。襄二十六年左傳「昧於一來」，注云：「昧，冒也。」文選吳都賦「昧潛險」，注云：「昧，冒也。」然則昧昧猶冒冒，亦不知而强求其知之貌，與楙楙之義正同。高注云「昧昧，欲明而未也」，則與上文「昧昧芒芒然」義無區別矣。而覺視於天地之間，是故其德煩而不能一。煩，多也。一，齊也。○馬宗霍云：漢書五行志下之上引京房易傳曰：「德無常，茲謂煩。」本文「煩」字似當取無常之義。惟其無常，是以不能一也。乃至神農黃帝，○王念孫云：「乃」當爲「及」，字之誤也。文子上禮篇正作「及」。又氾論篇「故聖人之見存亡之迹，成敗之際也，非乃鳴條之野，甲子之日也」，「乃」亦當爲「及」。言夏、殷之將亡，聖人早已知之，非及鳴條之野，甲子之日而後知之也。道藏本、劉本竝作「乃」，朱本改「乃」爲「待」，而莊本從之，義則是而文則非矣。剖判大宗，竅領天地，襲九窾，重九熱，竅，通也。領，理也。襲，因也。窾，法也。熱，形也。言因九天九地之形法以通理也。○王念孫云：說文玉篇廣韻集韻皆無「熱」字。「熱」當爲「墊」，字之誤也。玉篇：「墊，古文垠字。」（字從土犾聲。說文：「犾，讀若銀」。）「九墊」即「九垠」也。上文曰：「蘆苻之厚，通於無墊。」「無墊」即「無垠」也。兵畧篇「不見朕墊」，覽冥篇作「朕垠」。彼注云：「垠，形狀也。」故此注亦云：「墊，形也。」○寧案：太平御覽七十八引作「襲九空，重九望」，注云：「九空，九天也。九望，九地也。」當是許本。提挈陰陽，嫥捖剛柔，枝解葉貫萬物百族，嫥捖，和調也。族，類也。使各有經紀條貫，貫，位也。於此萬民睢睢盱盱然，莫不竦身而載聽視。睢睢盱盱，聽視之貌也。○劉家立云：「莫不竦身而載聽視」，文義欠明。文子上禮篇作「莫不竦身而思，戴聽而視」，於義爲長。載與戴古通用。○寧案：高注以睢睢盱盱爲聽視之貌，不言思貌，則本文自作「竦身而載聽視」也。文子變易其文，劉氏集證不當據彼改此。載猶事也，見周禮地官序官載師鄭玄注。是故治而不能和。下和，協也。○寧案：道藏本、景宋本於「和」字句絶，「下」字下屬，是也。上言「煩而不能一」，此言「治而不能和」，文例正同，當據正。棲遲至於昆吾夏后之世，昆吾，夏伯。桀世也。○寧案：國語鄭語「昆吾爲夏伯也」，此高注所本。桀世不當釋昆吾，「桀世」上脱「夏后之世」四字。嗜欲連於物，聰明誘於外，而性命失其得。性命之本。○吴承仕云：得、德古字通。莊子：「物得以生謂之德。」失其得猶云失其本矣。注當作「失性命之本」，蓋以本訓得也。原道篇「悲喜相生，精神亂營，不得須臾平，而日以傷生，失其得者也」，文義正同。施及周室之衰，○王引之云：「之衰」二字，後人所加也。尋繹上文，自伏羲氏以下，皆爲衰世，則方其盛時，亦謂之衰，不待其衰而後爲衰也。下文「周室衰而王道廢」，始言周室之衰耳。若此句先言周室之衰，則下文不須更言衰矣。文子上禮篇作「施及周室」，無「之衰」二字。澆淳散樸，「施」讀難易之「易」也。○寧案：文選陸士衡招隱詩、王元長承明九年策秀才文、劉孝標廣絶交論注引許慎淮南子注：「澆，薄也。」大藏音義十八、又八十、又九十一、又九十七引同。褋道以僞，儉德以行，褋，粗。○王念孫云：「褋」當爲「離」，字之誤也。「儉」讀爲「險」（險、儉古字通，説見經義述聞大戴禮「惠而不儉」下。）莊子繕性篇「德又下衰，澆淳散樸，離道以善，險德以行」，（郭象注：「有善而道不全，行立而德不夷。」）此正淮南所本。文子作「離道以爲僞，險德以爲行」，又本於淮南。然則原文作「離道」明矣。高注訓褋爲粗，則所見本已誤作「褋」。又案：「僞」古「爲」字，（説見史記淮南衡山傳「爲僞」下。）爲亦行也。齊俗篇「矜僞以惑世，伉行以違衆」，矜僞猶伉行耳。（上文曰：「夫趨舍行僞者，爲精求於外也。」荀子儒效篇曰：「其衣冠行僞已同於世俗矣。」行僞即行爲。）「離道以僞，險德以行」，言所爲非大道，所行非至德也。與詐僞之「僞」不同。下句「巧故萌生」，始言詐僞耳。文子改作「以爲僞」、「以爲行」，失之。而巧故萌生。巧言爲詐。周室衰而王道廢，儒、墨乃始列道而議，分徒而訟。儒，孔子道也。墨，墨翟術也。徒，黨也。訟，争是非也。於是博學以疑聖，華誣以脅衆，博學楊、墨之道，以疑孔子之術，設虚華之言，以誣聖人，刦脅徒衆也。〇王引之云：「疑」讀曰「擬」。「博學以擬聖」，謂博學多聞以自比於聖人也。鄭注周官司服曰：「疑之言擬也。」史記平準書「人徒之費，擬於南夷」，漢書食貨志「擬」作「疑」。文子作「狙學以擬聖」，是其證。莊子天地篇「博學以擬聖，於于以蓋衆」，即淮南所本也。高說失之。〇寧案：王說是也。高誘生漢武獨尊儒術之後，故以聖人爲孔子，淮南意非如此也。上文「其寐不夢，其覺不憂」，高以爲「心存仁義，患不得至，故不憂」，誤與此同。弦歌鼓舞，緣飾詩書，以買名譽於天下。爲以求之。繁登降之禮，飾紱冕之服，聚衆不足以極其變，積財不足以贍其費。於是萬民乃始慲觟離跂，慲，讀𥳑𥳑無逢際之「慲」。觟，傒徑之「傒」也。〇蔣超伯云：「慲觟」或別爲「滿稽」。管子侈靡篇：「今周公斷指滿稽，斷首滿稽，斷足滿稽，而死民不服，非人性也，敝也。」「滿稽」疑當時方言，滿莫一音，莫可稽考之意。莊子天地篇有：「門無鬼與赤張滿稽觀於武王之師。赤張滿稽曰：『不及有虞氏乎！故離此患也。』」莊子多寓言，其爲方言可見也。〇李哲明云：注「𥳑𥳑無逢際」難曉，疑當作「蕭蕭無邊際之邊」。古音寒、桓、先、仙通用。「㒼」聲從「芇」，廣韻在二十六桓，而二仙亦有「芇」字，與臱、櫋、𩓣、㦤等字類厠，是㒼、臱聲相通也。〇于省吾云：注，景宋本「傒」作「徯」是也。說文：「慲，忘也。」忘徯與離跂對文。〇寧案：蔣、李說非也。朱駿聲云：「淮南俶真注『慲，讀𥳑𥳑無逢際之慲』，下『慲』字即『㒼』也。今以皮冒鼓曰㒼，言平帖無縫也。」（見說文通訓定聲「㒼」字下。）依朱說則「𥳑𥳑」蓋「㒼㒼」之誤。「蕭」字行書作「蕭」，與「㒼」形似，故又誤爲「𥳑」耳。說文：「㒼，平也。」「逢」即「縫」，故曰「㒼㒼無縫際之㒼」也。又案：「慲觟離跂」荀子非十二子篇作「綦谿利跂」。又云：「離縱而跂訾。」（今本「縱」誤「縰」，依王念孫說改。）王念孫云：「離縱、跂訾皆疊韻字，大抵皆自異於衆之意也。凡疊韻字其意即存乎聲，求諸其聲則得，求諸其文則惑矣。」王說是也。此云「離跂」，彼云「離縱」、

「跂訾」，其義一也。「綦谿」亦疊韻字，此「憐觟」與「離跂」連文，猶「綦谿」與「利跂」連文，亦大抵謂自異於衆耳。注，于氏謂「傒」當爲「徯」是也，徯同蹊。謂憐觟爲忘徯，非也。「徯徑之徯」乃讀音，「觟」下當沾「讀」字。各欲行其知僞，以求鑿枘於世而錯擇名利，錯，施也。擇，取也。求，索也。言施其巧僞，索榮顯之名利也。故下言「曼衍于淫荒之陂」也。○于鬯云：注先釋錯擇，後釋求，與正文倒，疑「錯，施也，擇，取也」六字是許注。○于省吾云：按注訓錯爲施非是。楚辭國殤「車錯轂兮短兵接」，注：「錯，交也。」錯擇名利謂交取名利，既取名又取利也。是故百姓曼衍於淫荒之陂，而失其大宗之本。「陂」或作「野」。夫世之所以喪性命，有衰漸以然，所由來者久矣。○俞樾云：衰乃等衰之衰。上文自伏羲氏而歷數之，以至于周室之衰，每降而愈下，故曰「有衰漸以然」。

是故聖人之學也，欲以返性於初而游心於虚也。人受天地之中以生。孟子曰：性無不善，而情欲害之。故聖人能返其性於初也。游心於虚，言無欲也。達人之學也，欲以通性於遼廓而覺於寂漠也。若夫俗世之學也則不然，擢德攓性，内愁五藏，外勞耳目，擢，取也。攓，縮也。皆不循其理，故愁其思慮也。耳妄聽，目妄視，淫故勞也。○陶方琦云：文選爲顧彦先贈婦詩注、七啟注、華嚴音義上引許注：「擢，引也。」説文：「擢，引也。」與注淮南同。○于鬯云：文子上禮篇「攓」，作「攓」同字。（下文「擢拔吾性，攓取吾情」，此書亦作「攓」。）云「擢德，自見也。攓性，絶生也」，此古義。○于省吾云：漢書司馬相如傳「襞積褰縐」，集注引張揖：「褰，縮也。」攓、褰字通，故注訓爲縮。然下云「擢拔吾性，攓取吾情」，是「攓」不應訓縮。「攓」同「攓」。列子天瑞「攓蓬而指」，注「攓，拔也。」方言十：「攓，取也，楚謂之攓。」廣雅釋詁：「擢，拔也。」注釋擢爲取，是擢訓拔訓取，攓亦訓拔訓取，擢與攓義同，互文耳。莊子駢拇作「擢德塞性，「塞」亦「寋」之譌，應讀爲「搴」。○寧案：「搴」說文作「攓」，引楚詞「朝攓批之木蘭」，今本作「搴」同。爾雅釋樂「徒鼓磬謂之寋」釋文引李巡云：「置擊衆聲寋連也。」莊子駢拇作「塞」，蓋「搴」之譌也。

乃始招蟯振繾物之豪芒，搖消掉捎仁義禮樂，暴行越智於天下，以招號名聲於世，搖消掉捎仁義禮樂，未之能行也。越，揚也。暴，卒也。越揚其詐譎之智以取聲名也。○于省吾云：注訓暴爲卒，非是。穀梁隱五年注「暴師經年」，釋文：「暴，露也。」漢書中山靖王勝傳「數奏暴其過惡」，注：「暴謂披布之。」字亦通「襮」。廣雅釋詁：「襮，表也。」呂氏春秋忠廉「臣請爲襮」，注：「襮，表也。」露也，披布也，表也，義均相仿。布行與揚智對文。○寧案：大藏音義六十四：「掉捎：掉，搖也，振也。捎，動也。」

此我所羞而不爲也。是故與其有天下也，不若有說也。說，樂也，不若有人說樂之也。○馬宗霍云：「說」當通作「稅」。儀禮士昏禮「主人說服于房」，鄭注云：「今文說作稅。」鄉飲酒禮「說屨」，鄭注云：「今文說爲稅。」禮記檀弓「稅驂於舊館」，文王世子「不稅冠帶」，少儀「車則稅綏」，左氏莊公九年傳「及堂阜而稅之」，陸德明釋文並云：「稅本作說。」皆「說」與「稅」通之證。爾雅釋詁云：「稅，舍也。」然則「不若有說也」者，猶言不若有所舍也。有所舍，即舍而不有之意。「說」與「稅」又通作「脫」。國語魯語「求說其侮」，韋昭注云：「說，古脫字。」文選陸士衡招隱詩「稅駕從所欲」，李善注云：「脫與稅古字通。」是舍而不有，亦即脫棄天下之意。易言之，即與其有天下，不若無天下也。然有「有無」之見存于心，猶未爲聖達，故下文云：「與其有說也，不若尚羊物之終始而條達有無之際。」高注以爲不若有人說樂之，則是莊子所謂「不能使人無汝保，感豫出異，搖而本身」者矣。

與其有說也，不若尚羊物之終始也而條達有無之際。○俞樾云：「終始」下衍「也」字。「不若尚羊物之終始，而條達有無之際」兩句一氣相屬，今衍「也」字則文義隔絶矣。○寧案：俞說是也。道藏本、中立本、景宋本「也」字在「始」字上，其爲衍文尤明。是故舉世而譽之不加勸，舉世而非之不加沮，定于死生之境，而通于榮辱之理，雖有炎火洪水彌靡於天下，神無虧缺於胷臆之中矣。若然者，視天下之閒猶飛羽浮芥也，芥，中也。○莊逵吉云：「中」字疑當作「艸」。○陶鴻慶云：「天下」當爲「天地」，涉上文「彌靡於天下」而誤也。○吳承仕云：莊說近之而未盡也。「中」爲「屮」之形譌，漢書「草」字多爲「屮」。朱本正作「芥，草也」，則校者改從今文耳。邵瑞彭說同。○馬宗霍云：諸書無訓芥爲中者。莊逵吉謂「中」字疑當作「艸」，余謂中、屮形近，「中」蓋「屮」字傳寫之誤。說文屮部云：「屮，艸木初生也，象丨出形有枝莖也。古文或以爲艸字。」是「屮」即「艸」也。漢高彪碑「狱獄生屮」，即以「屮」爲「草」之證。尚書禹貢「厥草惟繇，厥木惟條」，漢書地理志作「屮繇木條」。顏師古注云：「屮，古草字也。」趙充國傳「逐水屮」，顏注同。草又艸之俗也。（說文草訓草斗櫟實，即「皁」之本字。）莊子逍遥遊篇「覆杯水於坳堂之上，則芥爲之舟」，陸德明釋文引李頤云：「芥，小草也。」以芥爲舟，正淮南本文所謂「浮芥」矣。○寧案：下文注云：「閒，上下之閒也。」則此不可言「天下之閒」。陶氏謂「天下」當爲「天地」，義亦未安。疑「之閒」二字乃傳寫誤入。此承上文「與其有天下也，不若有說也」言之，故曰「視天下猶飛羽浮芥」也。且此若作「天地之閒」，則「閒」字注不當在下文「天地之閒」句下。孟子曰：「舜視棄天下，猶棄敝屣也」，句義與此文同。孰肯分分然以物爲事也！分猶意念之貌。○吳承仕云：「分分」疑當作「介介」，形近而誤。（分、介互錯，其例至衆。）後漢書馬援傳「介介獨惡是耳」，李注：「介介猶耿耿也。」說山篇「念慮者不得卧」，注以詩「耿耿不寐」說之，此注當云「介介猶意念之貌」，始與雅詁相應。今本注文「介」亦誤爲「分」，又奪一「分」字，故不可解。○向宗魯云：陳昌齊、譚獻俱云「分分」當作「介介」。案：荀子儒效篇「分分兮其有終始也」，亦「介介」之訛。説見王氏襍志，足爲此文當作「介介」之證。

水之性真清而土汨之，人性安靜而嗜欲亂之。○王念孫云：「真」字於義無取，疑後人所加。太平御覽方術部一引此作「夫水之性清而土汨之，人之性安而欲亂之」，於義爲長。呂氏春秋本生篇云：「夫水之性清，土者汨之，故不得清；人之性壽，物者抇之，故不得壽。」「抇」與「汨」同。○寧案：宋本、鮑刻本太平御覽引皆作「夫水之性清而沙土汨之，人之性安而嗜欲亂之」，與王引又異。夫人之所受於天者，耳目之於聲色也，口鼻之於芳臭也，○王念孫云：下句本作「口鼻之於臭味」，謂口之於味，鼻之於臭也。後人誤讀臭爲腐臭之「臭」，而改「臭味」爲「芳臭」，則與「口」字義不相屬矣。太平御覽引此正作「鼻口之於臭味」。○寧案：「口鼻」當作「鼻口」，始與「臭味」上下相應。太平御覽九百二十引正作「鼻口」，文子九守篇同，可證。肌膚之於寒燠，○于鬯云：「燠」下例當有「也」字，文子十守篇作「肌膚之于寒温也」可證。其情一也。或通於神明，或不免於癡狂者，何也？其所爲制者異也。○寧案：太平御覽七百二十引「所」下有「以」字，文子九守篇亦有「以」字。是故神者智之淵也，淵清則智明矣；智者心之府也，智公則心平矣。○王念孫云：以下二句例之，則「淵清」當爲「神清」，此涉上句「淵」字而誤也。太平御覽引此正作「神清」，文子九守篇同。○寧案：長短經昏智篇引亦作「神清則智明」。又莊本上「則」字作「者」，今據道藏本、景宋本改。人莫鑑於流沫而鑑於止水者，以其静也；沫，雨潦上沫起覆甌也，言其濁擾不見人形也。○王念孫云：「流沫」本作「沫雨」，故高注及説山篇俱作「沫雨」。又太平御覽服用部十九、方術部一並引淮南子「人莫鑑於沫雨而鑑於止水」，今本作「流沫」者，後人以意改之耳。又案：「沫雨」者，「流雨」之譌也。水動則濁，静則清，故曰「人莫鑑於流雨而鑑於止水者，以其静也。」動與静相對，流與止相對「流」隸或作「泺」，（見魯相史晨饗孔廟後碑）形與「沫」相似，因譌爲「沫」。高以爲雨潦上覆甌，非也。據高云「沫雨」或作「流潦」，（文子九守篇亦作「流潦」，文選江賦注引作「流瀿」，又引許慎注云：「楚人謂水暴溢爲瀿。」）則「沫」爲「泺」字之譌明矣。莊子德充符篇「人莫鑑於流水而鑑於止水」，崔譔本「流」作「沫」，亦是「泺」字之譌。○俞樾云：説山篇「人莫鑑於沫雨而鑑於澄水者，以其休止不蕩也」，注曰：「沫雨，雨潦上覆瓮也。沫雨或作流潦。」今案此當以「流潦」爲正，流潦即行潦也。詩泂酌篇毛傳曰：「行潦，流潦也。」孟子公孫丑篇趙注曰：「行潦，道旁流潦也。」是其義也。流潦與止水正相對爲文。莊子德充符篇「人莫鑑於流水而鑑於止水」，流潦猶流水也。文子九守篇亦作「流潦」，可知古本如此矣。高本作「流沫」者，疑「流泉」之誤。隸書「泉」字或作「湶」，楊君石門頌「平阿湶泥」是也。古本作「流潦」，别本作「流泉」，義初不異。「湶」與「沫」相似，因誤爲「沫」矣。高據誤本作注，而以「雨潦上沫起覆甌」説之，葢謂是水中浮漚耳，其説迂曲。而説山篇之「沫雨」，則又涉高注而誤。因高注「沫雨」二字相連，淺人妄謂是舉正文而釋之，遂改正文「流沫」作「沫雨」，又於注文「雨」下加「雨」字以從既改之正文，斯爲謬矣。王氏念孫謂當作「流雨」，「流雨」之文，殊不成義，不可從也。文選江賦注引作「流瀿」，「瀿」即説文泉部「瀿」字之異文。許君云「泉水也」，此正可爲别本作「流泉」之證。○陶方琦云：文選江賦注引作「莫鑒於流瀿而鑒於澄水」，又引許注「楚人謂水暴溢曰瀿」，是許本作「流瀿」，與高本正文亦異。高本「流沫」當作「流潦」。下文「樹木者灌以瀿水」，注：「瀿或作潦。」御覽七百二十引高注正作「灌以潦水」。是作「瀿」者許氏本，作潦者高氏本也。玉篇「瀿，水暴溢也，波也」，即本許氏淮南注。○寧案：陶説近之。又宋本太平御覽十引注「覆甌」作「覆盂」，鮑刻本作「覆葢」，「葢」乃「盂」之誤。

莫窺形於生鐵，而窺於明鏡者，以

覩其易也。 易讀河間易縣之「易」。〇王念孫云：「以覩其易也」，「以」下本無「覩」字。「以其靜也」、「以其易也」相對爲文，則不當有「覩」字。太平御覽服用部十九、方術部一引此並無「覩」字。「夫唯易且靜，形物之性也」，語意未明。御覽方術部引作「夫唯易且靜，故能形物之性情也」。（高注：「形，見也。」）較今本爲善。文子作「神清意平，乃能形物之情也。」〇俞樾云：太平御覽服用部、方術部引此文竝無「覩」字，是「覩」爲衍文。「以其易也」與上句「以其靜也」正相對，惟「易」字於義無取，疑「明」字之誤。「明」字从日从月，而「易」字據説文引秘書説「日月爲易，象陰陽也」，則亦从日从月，故「明」誤爲「易」耳。〇陶鴻慶云：俞氏據太平御覽引此文無「覩」字，疑爲衍文。然「覩」字無緣致衍，疑本作「覩其易也」，涉上文「以其靜也」而誤衍「以」字耳。易者，變易也，窺鏡者隨形而變易。止水之靜以體言，故曰「以其靜也」；明鏡之易以用言，故曰「覩其易也」。〇劉文典云：王、俞以「覩」字爲衍文，是也。北堂書鈔一百三十六引作「莫窺形於生鐵，而窺形於明鏡者，以其易也」，亦無「覩」字。〇呂傳元云：俞説非也，「易」字不誤。下文云「惟易且靜」，即承此而言。且高讀「易」爲「河間易縣之易」，則本作「易」明矣。〇向宗魯云：「窺於生鐵」與「鑑於流沫」對文，「鑑」下無「形」字，則「窺」下亦不當有「形」字。且下文「而窺於明鏡」，「窺」下亦無「形」字，亦可證。御覽七百二十引不誤。〇馬宗霍云：王念孫據御覽引證明覩爲衍文，是也。俞樾謂「易」字於義無取，疑爲「明」字之誤，非也。今案易猶平也，平猶清也，「以其易也」，猶言「以其清也」。鏡明則清，正承上文「明鏡」爲義。爾雅釋詁云：「平，易也。」漢書晁錯傳「若夫平原易地」，顔師古注云：「易亦平也。」是「易」有平義之證。呂氏春秋序意篇「蓋聞古之清世」，高誘彼注云：「清，平。」是「平」有清義之證。若如俞説作「以其明也」，則與「明鏡」字複，於句亦爲累矣。〇寧案：向説未必是也。玉篇：「鑑，形也。」是鑑卽有形義，故「鑑」下不必更有「形」字。說文：「窺，小視也。」玉篇同。作「窺於生鐵」，則其義不明，故曰「窺形於生鐵」也。北堂書鈔一百三十六引作「莫窺形於生鐵，而窺形於明鏡者，以其易也」，蓋今本「窺於明鏡」奪「形」字，「睹」字蓋後人妄加。**夫唯易且靜，形物之性也。**形，見。○寧案：太平御覽引作「故能形物之情性」，王念孫誤倒作「性情」。**由此觀之，用也必假之於弗用也。**○王念孫云：「用也」二字文不成義。太平御覽方術部引此作「用者必假之於弗用者」，是也。今本兩「者」字皆作「也」，涉上文而誤耳。文子作「故用之者必假於不用者」，莊子知北遊篇曰「是用之者假不用者也」，皆其證。○馬宗霍云：兩「也」字似不誤。鮑刻本御覽亦作「用也必假之于勿用者也」，與王氏所據御覽異，而與今本淮南同。下「也」字上多一「者」字，疑後人意增。古「也」與「者」通，「也」猶「者」也，王氏經傳釋詞舉例頗多。念孫乃於此文「用也」二字以爲文不成義，失之。○寧案：馬說是也。上文云：「其用之也以不用。」此云「用也」，猶彼云「其用之也」；此云「必假之於弗用也」，猶彼云「以不用」：文義實同，知「也」字不誤也。宋本太平御覽作「由此觀之用者也」，有脫文。由末三字知與鮑刻本同，蓋兩「用」字相亂，故「用者也」上脫七字耳。**是故虛室生白，吉祥止也。**虛，心也。室，身也。白，道也。能虛其心，以生于道，道性無欲，吉祥來止舍也。○寧案：注文譌亂。虛不得訓心。既曰「虛，心也」，則下不得言「能虛其心」，且「室」字無著。當作「室，心也。白，道也。能虛其心，以生于道」。淮南文本莊子人間世。釋文司馬云：「室比喻心，心能空虛，則純白獨生。」是其證。**夫鑑明者，塵垢弗能薶；**薶，污也。薶讀倭語之「倭」。**神清者，嗜欲弗能亂。**神清者，精神內守也。情之嗜欲，不能干亂。**精神已越於外而事復返之，**越，散也。事，治也。○于省吾云：「事，治也」，注說非是。金文「事」「使」同字，「而事復返之」本應作「而使復返之」。上文「是故事其神者神去之」，「事」亦本應作「使」。○寧案：道藏本、中立本、景宋本「已」作「以」，古通。是失之於本而求之於末也。外内無符，而欲與物接，弊其元光，而求知之於耳目，元光，内明也。一曰：元，天也。○寧案：元，諸本作「玄」，莊本避諱改。是釋其炤炤而道其冥冥也。是之謂失道。心有所至而神喟然在之，○馬宗霍云：本文高氏無注，「喟然」之「喟」，疑當作「謂」。爾雅釋詁云：「謂，勤也。」詩召南摽有梅篇「迨其謂之」，邶風北門篇「謂之何哉」，小雅隰桑篇「遐不謂矣」，鄭箋竝云：「謂，勤也。」卽本爾雅爲訓。「謂然」與「謂矣」「謂之」詞例同。劉熙釋名釋書契云：「謂猶謂也，猶得赦不自安謂謂然也。」畢沅釋名疏證亦引釋詁訓謂爲勤，謂「勤則有不敢自安之義」。（案説文言部云「謂，報也」，㚔部云「報，當罪人也」，蓋刑與罪相當謂之報。釋名入「謂」字於書契類，與「約」「敕」等字同列，疑漢時報當刑罪名曰謂，故成國以「得赦不自安」釋之。）然則「謂然」亦猶「謂謂然」，「謂謂然」蓋卽勤勤之貌。在者，爾雅説文皆訓「存」，爾雅「在」與「存」又同訓「察」。賈子道術篇「纖微皆審謂之察」，是「察」有注視之意。本文「心有所至而神謂然在之」者，猶言神逐心移，心有所至而神亦勤勤然存注之。爾雅説文「勤」又訓「勞」，易言之，卽勞其神以從心之所至也。後人不知「謂」有勤義，疑「謂然」不可通，乃改「謂」爲「喟」。説文口部云：「喟，太息也。」若從喟之本義詁之，則不成詞矣。○于省吾云：按「喟然」係嘆息之聲，於文義不符。「喟」同「嘳」，應讀作「快」。説文「喟」重文作「嘳」。爾雅釋詁：「㕧，息也。」釋文：「㕧，本作快，又作嘳。」是其證也。○寧案：釋名：「謂猶謂也，猶得赦不自安謂謂然也。」釋名疏證補王先謙曰：「吴校『謂猶謂也』作『謂猶喟喟』，謂謂作喟喟。」若然者，則喟猶謂謂，馬氏必欲改字，詞費矣。反之於虚則消鑠滅息，此聖人之游也。反之於虚，則情欲之性消鑠滅息，故曰「聖人之游」。游，行也。故古之治天下也，必達乎性命之情。其舉錯未必同也，其合於道一也。

夫夏日之不被裘者，非愛之也，燠有餘於身也；○劉文典云藝文類聚六十九引「燠」作「煖」。○寧案：「煖」字是也。太平御覽六百九十四、又七百二引皆作「煖」。呂氏春秋有度篇「夏不衣裘，非愛裘也，煖有餘也」，冬不用翣，非愛翣也，清有餘也」，此淮南所本。今本作「燠」者，蓋涉上「肌膚之於寒燠」而誤。冬日之不用翣者，非簡之也，清有餘於適也。翣，扇也。翣讀騃鶩食喽喋之「喽」。簡，賤也。夫聖人量腹而食，度形而衣，節於己而已，貪污之心奚由生哉！故能有天下者，必無以天下爲也；能有名譽者，必無以趨行求者也。以，用也。○俞樾云：「趨」乃「越」字之誤。越之言逸也，蹶也。越行猶言過行也，謂不以過甚之行求名譽也。文子九守篇作「能有名譽者，必不以越行求之」，是其證。○劉文典云：「趨行」猶奔走馳騖也。謂聖人無貪污之心，不奔走馳騖以求名譽也。俞氏以「趨」爲「越」，謂不以過甚之行求名譽，其説迂曲難通，名譽安可以過甚之行求之？文子九守篇雖作「越行」，疑字之誤，未可據彼改此也。○寧案：劉氏謂「趨」字不誤是也。「趨行」即趨舍行爲。上文云：「趨舍行僞者，爲精求於外也。」下文又云：「誠達於性命之情而仁義固附矣，趨舍何足以滑心？」上言「趨舍行僞」，此言「趨行」，下言「趨舍」，文義一脈相承。且雲笈七籤九十一引文子作「趨」不作「越」也，是知俞説之誤。聖人有所于達，達則嗜欲之心外矣。外，棄也。孔墨之弟子，皆以仁義之術教導於世，然而不免於儡。身猶不能行也，又況所教乎？儡身，身不見用，儡儡然也。儡讀雷同之「雷」。○莊逵吉云：説文解字：「儡，相敗也，讀若雷。」道德經「儡儡兮若無所歸」，本或作「乘乘」者是。○王念孫云：高説非也。「儡」字上屬爲句。不免於儡，謂躬行仁義而不免於疲也。（儡之言羸也。廣雅曰：「傫傫，疲也。」説文曰：「儽，垂貌。」亦疲憊之意。玉藻「喪容纍纍」，鄭注曰：「纍纍，羸憊貌也。」王褒洞簫賦曰：「桀、跖、鬻、博儡以頓顇。」儽、儡、傫、累，並字異而義同。）「身」字下屬爲句。呂氏春秋有度篇曰：「孔墨之弟子徒屬充滿天下，皆以仁義之術教導於天下，然而無所行教者。術猶不能行，又況乎所教。」句法正與此同。是何則？其道外也。夫以末求返於本，許由不能行也，又況齊民乎？齊民，凡民，齊于民也。誠達于性命之情，而仁義固附矣，趨舍何足以滑心？若夫神無所掩，心無所載，通洞條達，恬漠無事，無所凝滯，虛寂以待，勢利不能誘也，説，惑也，進也。○寧案：注「説」乃「誘」字之誤，據道藏本、景宋本訂正。辯者不能説也，説，釋也。聲色不能淫也，美者不能濫也，濫，覦也，或作監。不能使之過濫。○顧廣圻云：正文「濫」疑當作「監」，注疑當作「監，覦也，或作濫」云云。「監」即「闞」也。（左傳闞止韓策作監止。説文：「闞，望也。」華嚴經音義上引珠叢曰：「覦謂有所冀望也。」「闞」與「覦」同義而字通作「監」，故曰「監，覦也。」）注兩解，前「監」後「濫」，誤以後解之字爲正文，而又互改其注也。（又案：覽冥篇「手微忽怳」，注兩解，前「微」後「徵」，而正文作「徵」；又「席羅圖」，注兩解，前「羅」後「蘿」，而正文作「蘿」；本經篇「繳大風於青邱之澤」，注兩解，前「徼」，後「繳」，而正文作「繳」：皆以後解之字爲正文，其誤與此同也。）○于鬯云：「美」蓋讀爲「媚」，眉聲美聲古音同部。小爾雅廣詁云：「媚，美也。」是二字義亦相通，媚可訓美，則美亦可訓媚矣。智者不能動也，勇者不能恐也，○俞樾云：「聲色」句移在「辯者」句前，則勢利、聲色，以類相從，辯者、美者、智者、勇者亦以類相從矣。文子九守篇正如此，可據以訂正。此真人之道也。○王念孫云：「道」本作「遊」，此後人以意改之也。文子九守篇正作「遊」。遊者，行也，言真人之所行如此也。上文曰：

「心有所至而神喟然在之，反之於虛則消鑠滅息，此聖人之遊也。」高注曰：「遊，行也。」精神篇「是故真人之所游」，高注亦曰：「游，行也。」莊子天運篇「古之至人，假道於仁，託宿於義，以遊逍遥之虛，食於苟簡之田，立於不貸之圃，古者謂是采真之遊」，並與此真人之遊同意。若然者，陶冶萬物，與造化者爲人，爲，治也。○寧案：王引之云，高未解「人」字之義，說見原道。天地之間，宇宙之內，莫能夭遏。間，上下之間也。內，四方之內也。夫化生者不死，而化物者不化。化生者天也，化物者德也。○俞樾云：「化生」當作「生生」，涉下句而誤。精神篇曰：「故生生者未嘗死也，其所生則死矣；化物者未嘗化也，其所化則化矣。」是其證也。○向宗魯云：文子九守篇作「夫生生者不生，化化者不化」，蓋因列子天瑞篇「不生者能生生，不化者能化化」之文而臆定也。列子又云：「生物者不生，化物者不化」，正與此文相合。則本書「化生者」乃「生物者」之譌，俞說誤。（精神篇文亦與文子不同，而與列子他條合。）又此文「死」字亦當從列子文子作「生」。神經於驪山太行而不能難，驪山，今在京兆新豐縣南也。太行，今在河內野王縣北也。入於四海九江而不能濡，四海，四方之海也。九江，江分爲九也。處小隘而不塞，橫扃天地之間而不窕。扃猶閉也。○俞樾云：高注曰「扃猶閉也」，則與「橫」字之義不貫矣。儀禮士冠禮鄭注曰：「扃，所以扛鼎。」考工記匠人注曰：「大扃，牛鼎之扃，長三尺。小扃，膷鼎之扃，長二尺。」是扃者橫木，以扛鼎者也。宣十二年左傳服注曰：「扃，橫木，校輪間。一曰：車前橫木也。」是凡橫木皆謂之扃，故以橫扃竝言。不通此者，雖目數千羊之羣，耳分八風之調，目視耳聽也。八風，八卦之風。調，和也。足蹀陽阿之舞，而手會綠水之趨，陽阿，古之名倡也。綠水，舞曲也。一曰：綠水，古詩也。趨，投節也。○陶方琦云：文選注十六引淮南曰：「足蹀陽阿之舞。」高注：「陽阿，古之名倡也。」文選南都賦注引許注：「蹀，蹈也。」是高本作「躡」與許本作「蹀」微異。魏都賦注引聲類：「蹀，躡也。」説文：「躡，蹈也。」廣雅釋詁：「蹀，蹈履也。」主術訓「足躡郊兔」，御覽三百八十六引作「足蹀狡兔」，是許本作「蹀」之證。〇吳承仕云：文選吳都賦注引高注曰：「綠水，古詩也。趨，節也。」（七命注答東阿王牋注引畧同。）舞賦注引高注曰：「陽阿，古之名倡也。」據此則高注自有一曰，蓋不敢質言，故兼存兩説，以廣異聞耳。且時則篇注中所有一説，每與呂氏十二紀注文相應，其非許、高異義，灼然可知。苟無他證，唯以一曰別異許、高，則近於魯莽矣。〇寧案：大藏音義二十四引許注淮南子云：「蹀，蹈也。」智終天地，〇劉文典云：「終」當爲「絡」，形近而譌也。莊子天道篇：「故古之王天下者，知雖落天地，不自慮也。」卽此文所本。（「落」與「絡」同。秋水篇「落馬首，穿牛鼻，是謂人」，本書原道篇作「絡馬之口，穿牛之鼻者，人也。」）御覽四百六十四引此文正作「智絡天地」，尤其明證矣。〇馬宗霍云：終猶周也，智周天地，謂周知天地之理，猶易繫辭傳上所謂「知周乎萬物」也。左氏昭公二十年傳「以周事子」，杜預注云：「周猶終竟也。」是「終」亦得訓周之證。劉文典據太平御覽四百六十四謂「終當爲絡，形近而譌」，未必是。文子九守篇作「知統天地」，蓋亦意改。〇寧案：劉校是也。漢書揚雄傳下「緜絡天地」，亦可借證。馬氏强説不可從。明照日月，辯解連環，澤潤玉石，猶無益於治天下也。澤，潤澤也。〇王念孫云：「澤潤玉石」本作「辭潤玉石」。高注「澤，潤澤也」，本作「潤，澤也」。此解「潤」字之義，非解「澤」字之義。辭潤玉石，謂其辭潤澤如玉石也。「目數千羊」二句，以耳目言之；「足蹀陽阿」二句，以手足言之；「智終天地」二句，以心言之；「辯解連環」二句，以口言之。若云「澤潤玉石」，則文不成義矣。今案正文「澤」字涉注文「潤，澤也」而誤。（太平御覽人事部一百五引此已誤。）後人不達，又於注內加一「澤」字，以從已誤之正文耳。文子九守篇正作「辭潤玉石」。○寧案：王據文子謂「澤」當爲「辭」，似是也。然文子「玉石」作「金石」，金石不可言潤，玉石始可言潤，作「金」當是誤字。又注文四字莊本脱，據宋本、藏本補。

静漠恬澹，所以養性也；和愉虚無，所以養德也。外不滑内，則性得其宜，性不動和，則德安其位。養生以經世，抱德以終年，可謂能體道矣。若然者，血脈無鬱滯，五藏無蔚氣，蔚，病也。○蔣超伯云：蔚氣即鬱氣，蔚、鬱、豌、菀，四字古通。荀子富國篇「夏不宛暍，冬不凍寒」，宛暍即鬱暍也。○金其源云：後漢書仲長統傳「彼之蔚蔚」，注：「蔚與鬱古字通。」爾雅釋詁：「鬱，盛氣也。」恬澹和愉，故五藏無盛氣。禍福弗能撓滑，非譽弗能塵垢，故能致其極。極，至。非有其世，孰能濟焉？有其人，不遇其時，身猶不能脱，又況無道乎！道不得行。○向宗魯云：「又況無道乎」，義不可通。「無」當爲「夫」，「夫」譌作「无」，故譌爲「無」。此文之意，謂有道者不遇其時，身猶不能免禍，況欲行道乎？故高釋其意云：「道不得行。」若作「無」，則與高注不相應矣。（文子九守篇亦作「無」，則所據已誤矣。）上文「身猶不能行也，又況所教乎」，與此文又相似，可互證也。○寧案：向説是也。景宋本文子「無」正作「无」，是其致誤之迹。且人之情，耳目應感動，心志知憂樂，手足之攢疾𧖴，辟寒暑，所以與物接也。○李哲明云：案字書無「攢」字，當是「拂」之異文。地形篇「日之所曊」，廣雅作「昲」。此淮南變從「弗」之字爲從「費」之字。廣雅「拂，去也，除也」，是其義。「𧖴」即「蛘」之異體，俗作「癢」非。○于省吾云：「𧖴」即「蛘」之異文。説文：「蛘，搔蛘也。」字亦作「痒」、作「癢」、作「養」。「疾𧖴」乃古人成語。荀子榮辱「骨體膚理辨寒暑疾養」，彊國「疾養緩急之有相先者也」，正名「疾養滄熱滑鈹輕重以形體異」，均其證也。蜂蠆螫指而神不能憺，螫讀解釋之「釋」。憺，定也。蚉蝱噆膚而知不能平。噆，噬，猶穿。〇王念孫云：「知不能平」四字義不相屬，「知」本作「性」。性猶體也。平，静也。（鬼谷子摩篇：「平者，静也。」）謂體不能静也。莊子天運篇蚊虻噆膚則通昔不寐」是也。後人不知性之訓爲體，故妄改之耳。太平御覽蟲豸部二引此正作「性不能平」。〇俞樾云：知猶志也。禮記緇衣篇：「爲上可望而知也，爲下可述而志也。」鄭注曰：「志猶知也。」是「知」與「志」義通。「知不能平」者，平，定也，謂志不能定也。與上句「蜂蠆螫指而神不能憺」，高注曰「憺，定也」，義正一律。太平御覽蟲豸部引作「性不能平」，恐後人不達「知」字之義而臆改，未足爲據。王氏念孫謂性猶體也，此恐不然。神也，志也，皆就在内者而言。故下文曰「夫憂患之來攖人心也，直蜂蠆之螫毒而蚉蝱之慘怛也」，言「攖人心」，不言「攖人體」，則此不當以體言矣。〇寧案：太平御覽九百四十五引「憺」作「惔」，又注云：「噆，齧也。」當是許本。夫憂患之來攖人心也，攖，迫也。〇寧案：「夫」字疑「今」字之誤也。「今」字下二筆畧上，因誤爲「夫」。此云「今憂患之來攖人心」，下云「今萬物之來擢拔吾性，攓取吾情」，文正相應。淮南一書，於時政多怨責之語，其詞急切，此於兩「今」字見之。太平御覽九百四十五引正作「今」，是其證。非直蜂蠆之螫毒而蚉蝱之慘怛也，而欲静漠虚無，奈之何哉！夫目察秋豪之末，耳不聞雷霆之聲；〇劉文典云：「雷霆之音」舊作「雷霆之聲」，與下「耳調玉石之聲」重複。傳寫宋本及御覽三百六十六引並作「耳不聞雷霆之音」，今據改。〇寧案：劉氏集解本改「雷霆之聲」爲「音」，謂兩「聲」字複，改其重複是也，改前「聲」字爲「音」非也。説文：「音，聲也。生於心，有節於外，謂之音。絲、竹、金、石、匏、土、革、木，音也。」故此當改後「聲」字爲「音」。又玉與石爲同類，八音言石不言玉，此「玉」字當爲「金」，金、石所以概八音也。今作「玉」乃「金」字形殘。文子九守篇「目察秋毫之末者，耳不聞雷霆之聲；耳調金石之音者，目不見太山之形」，是其二證。宋本及太平御覽音、聲互誤，後人以雷霆不當言音，故改如今本耳。耳調玉石之聲，目不見太山之高。何則？小有所志而大有所忘也。今萬物之來擢拔吾性，攓取吾情，有若泉源，雖欲勿禀，其可得邪？禀，猶動用也。○俞樾云：國語晉語「將禀命焉」，楚語「是無所禀命也」，韋注竝曰：「禀，受也。」此言萬物之來擢拔吾性，攓取吾情，吾雖欲勿受之而不可得也。高注曰「禀猶動用也」，於辭意未合，且「禀」字亦無動用之義。今夫樹木者，灌以瀿水，○莊逵吉云：孫編修星衍云：文選注引許脅淮南子注有「楚人謂水暴溢爲瀿」云云，當是此下原文。而各本有「瀿波暴溢也」五字，藏本皆無之，附錄以俟考。○寧案：文選江賦注引許注「楚人謂水暴溢爲瀿」，乃上文「人莫鑑於流沫」下注文。（許本「流沫」作「流瀿」，陶方琦說見前。）各本「瀿，波暴溢也」，劉文典疑爲後人據玉篇所加，故藏本無之。宋本亦無。疇以肥壤，疇，雍。「壤」或作「嘹」。○吳承仕云：朱本注云：「繁或作嘹。」景宋本畧同。案：注當云「瀿或作潦」。上文「人莫鑑於流沫而鑑於止水」，文子九守篇作「流潦」，文選江賦注引作「流瀿」。據此，是「流沫」、「流潦」、「流瀿」，字異而義同，舊文每多通用。此文「灌以瀿水」，別本有作「灌以潦水」者，故注云「瀿或作潦」。朱本僅形近之譌，莊本誤「瀿」爲「壤」，則謬以千里矣。（御覽八百二十三引此文曰：「夫樹林者灌以梁水，疇以肥壤」，並引注云：「梁或作潦。」案「梁」疑即「沫」字之形譌，此亦傳寫失之，非其舊也。）○向宗魯云：此注文譌。注云「疇，雍」，以雍訓疇也。御覽八百二十三引注作「疇，壟也。梁或作潦。」（「壟」當作「壅」。「梁」當作「繁」。「雍」即「壅」。）更可證。「壤」字宋本、藏本皆作「瀿」，謂「瀿水」之「瀿」或作「潦」也。上文「人莫鑑於流潦」，許本「潦」作「瀿」，是其明證。御覽七百二十、又九百五十二引此文「瀿」作「潦」，正與此或本同，蓋亦高、許之異也。○馬宗霍云："此注「壤」「嘹」二字皆誤。太平御覽七百二十方術部一、九百五十二木部一引正文並作「灌以潦水，疇以肥壤」，又八百二十三資産部三引正文作「灌以粱水，疇以肥壤」，兼引注云："「疇，壟也。粱或作潦。」雖小有異同，但「嘹」爲「潦」誤無疑。潦指水言，不指土言，與「壤」無涉，則高注「壤」爲誤字又無疑。既指水言，而瀿、粱、潦三字錯出者，尋説文水部無「瀿」字，俞樾以爲即泉部「𤃖」字之異文。許君訓𤃖爲泉水，（本篇上文云「人莫鑑於流沫」，文選江賦注引作「莫鑑於流瀿」，又引許慎云："「楚人謂水暴溢爲瀿。」案泉水自地湧出，與暴溢義近，是亦瀿、𤃖同字之證。）則灌以瀿水，猶言以泉水灌之也。「粱水」無義，疑傳寫失之。是此字正文當從今本作「瀿」。而别本有作「潦」者，潦爲雨水大貌，義亦可通，故高注及之。御覽方術部、木部引作「潦水」，即據别本也。陶方琦於本注「壤或作嘹」改正爲「瀿或作潦」與蜀刊道藏輯要二十八卷本注合，得之矣。（劉家立集證本從陶改，吴承仕説畧同。）高注訓疇爲雍者，案「雍」爲「雝」之隸變。説文隹部云："「雝，雝𪆫也。」本義爲鳥名。此注之「雍」，當讀曰「壅」。白虎通辟雍篇云："「雍之爲言壅也。」即其證。雍以肥壤者，壤爲柔土，謂以肥柔之土壅之也。御覽資産部引注作「壟」。説文土部壠訓丘壠，非其義。○寧案：注「壤」當爲「瀿」，吴説是也。然先釋疇，後釋「瀿」，與注例不合，疑是後人所加。上文「人莫鑑於流沫而鑑於止水」，陶方琦云："許本作「流瀿」，高本「流沫」當作「流潦」。從陶説，則此文「瀿」亦當爲「潦」，太平御覽七百二十引正作「灌以潦水」。是正文本無「瀿」字，高注安得云「瀿或作潦」乎？今本作「瀿」者，蓋後人依許本改「潦」爲「瀿」，故於注文加「瀿或作潦」四字。讀者又以四字在「疇，雍」之下，故又改「瀿」爲「壤」，以合注例，而不知其義不可通矣。一人養之，十人拔之，則必無餘栙，栙，櫱。○王念孫云："「一」當爲「十」，「十」當爲「一」。此言養之者雖有十人，而一人拔之，則木必死也。下文曰「今盆水在庭，清之終日，未能見眉睫；濁之不過一撓，而不能察方員」，意此與同。魏策亦云：「十人樹楊，一人拔之，則無生楊矣。」今本「十」「一」二字互誤，則非其指矣。太平御覽資産部三所引與今本同，亦後人依誤本改之。其方術部一引此正作「十人養之，一人拔之」。○劉文典云：王説是也。御覽九百五十二引作「千人養之，一人拔之」，文雖小異，而作「一人拔之」則同。韓非子説林上篇「然使十人樹之而一人拔之，則毋生楊矣」，卽淮南所本。又況與一國同伐之哉！雖欲久生，豈可得乎？○寧案：太平御覽七百二十、又九百五十二引作「況以一國同伐之，雖欲久生，豈可得哉」，文小異。又案：道藏本、中立本、景宋本作「有況」，古「又」字。今盆水在庭，清之終日，未能見眉睫；濁之不過一撓，而不能察方員。察，見。人神易濁而難清，猶盆水之類也，況一世而撓滑之，曷得須臾平乎！

古者，至德之世，賈便其肆，農樂其業，大夫安其職，職，事。而處士脩其道。道，先王之道也。○寧案：王念孫云：「脩」當爲「循」。説在原道篇。文選西都賦注、太平御覽七十七引正作「循」。當此之時，風雨不毁折，草木不夭，九鼎重味，珠玉潤澤，九鼎，九州貢金所鑄也。一曰象九德，故曰九鼎也。重，厚也。潤，澤，有光也。○莊逵吉云：太平御覽作「草木不夭死，九鼎重」，無「味」字。下有注云：「王者之德休明則鼎重，姦回則鼎輕。」○王念孫云：「風雨不毁折，草木不夭死」，相對爲文，則有「死」字者是也。文子道德篇亦有「死」字。「九鼎重味」，「味」字於義無取，蓋卽下文「珠」字之誤而衍者也。御覽引此作「九鼎重」，又引注云「王者之德休明則鼎重」，（此蓋許注。）則無「味」字明矣。○寧案：王謂「味」字衍文，是也。未校「澤」字。「九鼎重，珠玉潤」對文，不得更有「澤」字，令句法參差矣。上文「辭潤金石」，注：「潤，澤也。」（今本「辭」誤「澤」，注文「潤」上衍「澤」字，依王念孫校改。）此注云：「潤，（讀）澤，（讀）有光也。（句）」正與彼注同。廣韻：「潤，澤也。」當又本之高注。高氏釋「潤」不釋「澤」，則正文無「澤」字明矣。若謂以「有光」釋「潤澤」，則原道篇「豪毛潤澤」不注，何也？「潤澤」其義已明，故原道篇不注「潤」字。此注後人誤以「潤澤」連讀，故以爲正文「潤」下有「澤」字，又於「九鼎重」下强加一「味」字與之相儷，而不知其再誤矣。又案：太平御覽七十七引「九鼎重」下注云：「姦回淫亂則鼎輕。」莊引脱「淫亂」二字。**洛出丹書，河出綠圖，故許由、方回、善卷、披衣得達其道。**許由，陽城人也，堯所聘而不到也。方回、善卷、披衣，皆堯時隱士，姓名不可得知。其人方直回旋，因曰方回。見其善卷披衣而行，因曰披衣。得達，樂其所修先王之道也。○吴承仕云：「披衣」，莊子作「蒲衣」，又作「被衣」，皆一聲之轉。「善卷」，吕氏春秋作「善綣」。此注以其姓名不可知，故望文説之。「見其善卷」下，當有「因曰善卷」四字，傳寫誤脱耳。○寧案：太平御覽七十七引「方回」下有注云：「堯使方回求列子藥得之。」疑是許注。**何則？世之主有欲利天下之心，是以人得自樂其閒。**自樂其道於天地之間也。或作文德自樂其間先王之道也。**四子之才，非能盡善蓋今之世也。**○向宗魯云：「善」字疑衍。蓋，掩也，謂四子之才，不能高出於今世之人而盡掩蓋之也。「蓋」字俗作「盖」，與「善」相似，一本誤作「善」，校者旁注「蓋」，遂誤入正文耳。御覽七十七引「善」作「大」，又因「善」字不可通而肊改之也。既言盡，則不必又言大矣。○寧案：本文自通。盡善，謂極盡其善。論語八佾「子謂韶盡美矣，又盡善也」，即此「盡善」之義。謂四子之才，非能極盡其善而高出於今世之人也。向疑衍「善」字，恐非。**然莫能與之同光者，遇唐虞之時。**光，譽。○寧案：太平御覽七十七引「時」下有「也」字。「者」「也」相呼應，於義爲長。下文「不遇其世」下亦當有「也」字。

逮至夏桀、殷紂，燔生人，辜諫者，○李哲明云：周禮「殺王之親者辜之」，鄭注：「辜之言枯也，謂磔之。」卽此「辜」字之義。○劉文典云：「辜」當爲「罪」，字之誤也。「罪」古作「辠」，傳寫遂誤爲「辜」耳。御覽六百四十七引「辜」正作「辠」。○于省吾云：御覽不可爲據，劉説非是。辜謂辜磔也。周禮掌戮：「殺王之親者辜之。」注：「辜之言枯也，謂磔之。」大宗伯：「以疈辜祭四方百物。」鄭司農注：「罷辜披磔牲以祭，若今時磔狗祭以止風。」字亦作「殆」。説文：「殆，枯也。」「磔，辜也。」字亦作「枯」。荀子正論「斬斷枯磔」，「枯磔」卽「辜磔」。上言「燔生人」，與「辜諫者」對文。下云「爲炮烙，鑄金柱」，燔之事也；「剖賢人之心，析才士之脛」，辜之事也。説林篇「紂醢梅伯，文王與諸侯構之；桀辜諫者，湯使人哭之」，辜與醢對，猶此文辜與燔對，不得改「辜」爲「罪」矣。○寧案：李、于説是也。上下文曰燔、曰剖、曰析、曰醢、曰菹，皆具言桀、紂用刑之酷，而於諫者獨泛言曰罪，於文不類。且所以燔之、剖之、析之、醢之、菹之者，寧非罪乎？查宋本太平御覽作「辜」不作「辠」，則劉所據本之爲誤字審矣。

爲炮烙，鑄金柱，鑄金柱，然火其下，以人置其上，墜陊火中而對之笑也。○王念孫云：呂覽過理篇「肉圃爲格」，卽所謂炮格也。後人多改「炮格」爲「炮烙」，段氏若膺嘗正其誤，見盧氏鐘山札記中。○寧案：注，道藏本、中立本、景宋本「墜」作「墮」，上有「人」字，是也。呂氏春秋過理篇高注作「以人置上，人爛墮火而死」，今本當據正。

剖賢人之心，析才士之脛，賢人，比干也。析，解也。剥解有才士脚，觀其有奇異。脛，脚也。○向宗魯云：僞泰誓「斮朝涉之脛」，傳云：「冬月見朝涉水者，謂其脛耐寒，斬而視之。」疏云：「其事或當有所出也。」水經淇水注：「老人晨將渡水而沉吟難濟。紂問其故。左右曰：『老者髓不實，故晨寒也。』紂乃于此斮脛而視髓也。」亦不言所出，而耐寒與不耐寒正相反。呂氏春秋過理篇「截涉者脛而視其髓」，注云：「以其涉水能寒也，故視其髓，欲知其與人有異不也。」說與僞孔合。本書主術篇「紂斮朝涉之脛」，高無注。然呂覽注即高義也。此注云「剝解有才士腳，觀其有奇異」，夫才不才無涉於腳，「才」疑「材」之借，蓋材勇之「材」，材士猶言材官耳。呂氏春秋古樂篇注「斷材士之股」，先識篇注「析材士之肝」，（畢沅校「肝」當作「股」。）皆其證。○寧案：注「觀其有奇異」下，依呂氏春秋當沾「不」字。**醢鬼侯之女，菹梅伯之骸。**鬼侯、梅伯，紂時諸侯。梅伯說鬼侯之女美好，令紂妻之。女至，紂以爲不好，故醢鬼侯之女，菹梅伯之骸也。一曰：紂爲無道，梅伯數諫，故菹其骸也。○寧案：戰國策趙策三：「鬼侯有子而好，故入之於紂，紂以爲惡，醢鬼侯。」又史記殷本紀作「醢九侯」。（徐廣曰：一作鬼侯。）皆謂非其女也。呂氏春秋過理篇：「刑鬼侯之女而取其環。」注：「聽妲己之譖，殺鬼侯之女以爲脯，而取其所服之環也。」亦與此畧異。

當此之時，嶢山崩，三川涸，嶢山，蓋在南陽。三川，涇、渭、汧也。涸，竭也。傳曰：「山崩川竭。」亡國徵也。○寧案：嶢山，覽冥篇注云「在雍州」。三川，國語周語注、史記周本紀集解俱云「涇、渭、洛」。二書皆記幽王二年事「三川竭，岐山崩」。周語云：「川竭山必崩。」注：「水泉不通，枯竭而崩。」是川竭與山崩相因也。史記正義云：「涇、渭二水在雍州北，洛水在雍州東北，則此嶢山當在雍州，不當在南陽矣。**飛鳥鎩翼，走獸擠腳。**紂田獵禽荒，無休止時，故飛鳥折翼，走獸毀腳，無不被害也。○陶方琦云：文選注引作「飛鳥鎩羽，走獸廢足」，又引許注：「鎩羽，殘羽也。」「鎩」或通作「殺」。周禮「放弒其君則殘之」，注：「殘，殺也。」此鎩訓殘，義得相通。蜀都賦注引許注作「鎩，殘也」，敓二「羽」字。一切經音義引作「鎩羽而飛」，當從辨命論五君詠注引。○寧案：文選蜀都賦注引「飛鳥鎩羽，走獸廢足」乃覽冥篇文，非此篇文也，蓋此作「擠」而覽冥作「廢」，陶氏不應置此。蜀都賦注引許注「鎩，殘也」，五君詠、於安城答謝靈運、江淹雜體詩注引許注作「鎩，殘羽也」，前者敓二「羽」字，後者敓一「羽」字，唯辨命論注引作「鎩羽、殘羽也」，字不敓。蓋高本作「翼」而許本作「羽」。當此之時，豈獨無聖人哉？然而不能通其道者，不遇其世。言聖人不能通其道，行其仇者，不遭世也。○劉家立云：上文「當此之時，嶢山崩三川涸」，至「豈獨無聖人哉」，一氣相注，「豈獨無聖人」上不當又有「當此之時」四字，乃涉上句而誤衍也。今刪去。○寧案：劉說非也。若「豈獨無聖人」上刪「當此之時」四字，令上文「當此之時」以下六句一氣相注，則是以嶢山崩，三川涸，飛鳥鎩翼，走獸擠腳四者與聖人出相因爲義，似謂四者出則聖人亦當出，四者出而獨不出聖人則不可解，故以反語詰之。若此則成何文字矣！故更著「當此之時」四字以隔斷文氣，則不至有文義不明之弊。細省可知，不得以語複目之矣。又案：注「行其仇」，（道藏本同。）「仇」乃「化」字形近而譌。景宋本正作「化」，當據改。夫鳥飛千仞之上，獸走叢薄之中，禍猶及之，又況編戶齊民乎？聚木曰叢，深草曰薄。猶及之，田獵不時也。由此觀之，體道者，不專在于我，亦有繫于世矣。○寧案：景宋本「矣」上有「者」字，於義爲長。

夫歷陽之都，一夕反而爲湖，○莊逵吉云：「反」太平御覽作「化」。勇力聖知與罷怯不肖者同命；歷陽，淮南國之縣名，今屬江都。昔有老嫗常行仁義，有二諸生過之，謂曰：「此國當没爲湖。」謂嫗視東城門閫有血，便走上北山，勿顧也。自此嫗便往視門閫。閽者問之，嫗對曰如是。其暮，門吏故殺雞，血涂門閫。明旦，老嫗早往視門，見血，便上北山，國没爲湖。與門吏言其事，適一宿耳。一夕且而爲湖也。勇怯同命，無遺脱也。○劉文典云：意林引注畧同，惟末有「母遂化作石也」六字。莊氏逵吉所引御覽當爲六十六。然八百八十八引又仍作「反」，與今本合。一百六十九引作「歷陽之都，一夕爲湖」。有注云：「漢明帝時淪爲麻湖。」○吴承仕云：文選辨命論注引淮南子曰：「歷陽，淮南之縣名，今屬九江郡。」李善實引淮南注，今作淮南子曰者，傳寫誤奪「注」字耳。地理志：「九江郡，秦置。高帝四年，更名爲淮南國。武帝元狩元年復故，歷陽縣屬之。」續郡國志：「歷陽亦屬九江郡。」此注云淮南國之縣名者，指淮南王作書時，云今屬九江郡者，則注家作注時也。江都縣前漢屬廣陵國，後漢屬廣陵郡，非其地也。今本注文誤奪「九」字，又譌「郡」爲「都」，失之遠矣。此當據選注以正淮南注者。又案：御覽及寰宇記引淮南子云：「歷湖初陷之時，有一老母，提雞籠上山，乃化爲石。」疑是此注佚文。又引淮南子云：「歷陽淪爲湖，在明帝時。」不獨淮南本文不應有此，即許、高作注，亦非所宜言，蓋别有所出也。要之神怪舊事，傳聞異辭，傅會矯妄，難可保任。故搜神記稱秦時長水縣陷没爲湖，事狀亦頗相類，竝難質言也。○向宗魯云：注江都當從文選辨命論注作九江郡。脱一字，譌一字，餘亦互有詳畧。○寧案：藝文類聚九引正文仍作「反而爲湖」，不作「化」。史記項羽本紀集解引作「一夕而爲湖」無「反」字。又案：吴、向校江都當作九江郡是也。元和郡縣志云：「和州歷陽郡，秦爲歷陽縣，屬九江郡。漢爲淮南國。」太平御覽八百八十八引此文稍畧，正作「歷陽屬九江郡」。又案：「一夕旦而爲湖也」上脱「歘曰」二字。「旦」字乃「反」字之誤，此重述正文。又述異記記此事作「此縣門石龜眼出血，此地當陷爲湖」，又小異。巫山之上，順風縱火，膏夏紫芝與蕭艾俱死。巫山在南郡。膏夏，大木也，其理密白如膏，故曰膏夏。紫芝皆喻賢智也。蕭、艾賤草，皆喻不肖。○李哲明云：案「夏」即「檟」字。説文：「檟，楸也。」爾雅釋木作「榎」，云「楸小葉曰榎」。又「槄，山榎」，郭云：「今之山楸。」玉篇「檟」之重文爲「榎」。此作「夏」，又「榎」之省也。○寧案：注「故曰膏夏」下當重「膏夏」二字。云「皆喻賢智」，即謂膏夏與紫芝也。本草經云：「紫芝一名木芝。」引名醫曰：「紫芝生高夏地上。」高夏卽膏夏，故此膏夏、紫芝竝舉以喻賢智。故河魚不得明目，穉稼不得育時，其所生者然也。河水濁，故不得明目。穉稼爲霜所凋，故不得待其自熟時。故曰「其所生者然也」。○向宗魯云：「育」當作「胥」，字之誤也。「胥」與「須」同。（史記趙奢傳「胥後令」，索隱：「胥、須古通用。」）士昏禮「敢不敬須」，鄭注：「須，待也。」（說文：（䇓，待也。」）此注云「不得待其自熟時」，正以「待」釋「胥」，其所見本必作「胥」。「胥」俗作「肻」，故誤爲「育」耳。荀子君道篇「狂生者不胥時而落」，（韓詩外傳五「胥」作「須」。）本書說林篇「華太早者不胥時落」，呂氏有胥時篇，皆「胥時」連用之證。故世治則愚者不能獨亂，○寧案：「能」字道藏本、中立本、景宋本皆作「得」。世亂則智者不能獨治。身蹈于濁世之中，而責道之不行也，是猶兩絆騏驥而求其致千里也。兩者，雙也。○于鬯云：「兩」當讀爲「緉」。左宣十二年傳「御下兩馬」，陸德明釋文云：「兩，徐云或作『掚』。」「掚」蓋卽「緉」字。說文有「緉」無「掚」，糸部云：「緉，絞也。」是兩絆者，絞絆也。高注云「兩者，雙也」，誤矣。周禮太宰職「九兩」，疑彼「兩」亦讀「緉」，說已見彼校。○寧案：忓說是也。方言：「緉緛：絞也。關之東西或謂之緉，或謂之緛。絞，通語也。」絆亦有絞義，說文：「緉，履兩枚也。」詩南山「葛屨五兩」，叚兩爲緉。置猨檻中，則與豚同，非不巧捷也，無所肆其能也。肆，極。舜之耕陶也，不能利其里，所居之里。南面王則德施乎四海。四海，天下。○寧案：太平御覽一百九十五引尸子曰：「舜之方陶，不能利其巷也，及南面而君天下，蠻夷皆被其福。」此淮南所本。仁非能益也，處便而勢利也。古之聖人，其和愉寧靜，性也；其志得道行，命也。命，天命也。是故性遭命而後能行，命得性而後能明。得其本清靜之性，故能明。烏號之弓，谿子之弩，不能無弦而射；烏號，柘桑也。谿子爲弩所出國名也。或曰：谿，蠻夷也。以柘桑爲弩，因曰「谿子之弩」也。一曰：谿子陽，鄭國善爲弩匠，因以名也。○陶方琦云：史記集解索隱、文選閒居賦注、御覽三百四十八竝引許注：「南方谿子蠻夷柘弩，皆善材也。」高注所云或曰，即是許說。索隱引作「南方谿子蠻出柘弩及竹弩」，引文小異。御覽引古史考：「烏號以柘枝爲之，柘桑其材堅勁，可爲弩。」○寧案：注「因以名也」，道藏本、中立本、景宋本作「因以爲名也」。越舲蜀艇，不能無水而浮。舲，小船也。蜀艇，一版之舟，若今豫章是也。雖越人所便習，若無其水，不能獨浮也。○陶方琦云：御覽三百四十八引許注：「舼，小船；艇，大船：皆一木。」（此因上「南方谿子」注連引，定爲許注。）廣雅：「舼、艇，船也。」玉篇：「舼，小船也。」即本許義。意林引作「越舼蜀艇」，事類賦舟部、御覽七百七十一、後漢書馬融傳注所引並同，皆許本也。方言：「南楚江、湘之間小艒䑿謂之艇。」釋名：「二百斛以下曰艇，其形徑挺，一二人所乘行也。」小爾雅：「小船謂之艇。」玉篇：「艇，小船也。」無訓爲大船者。然高注「一版之舟」與許注「一木」，義亦相類，是訓蜀爲一也。○寧案：越舲、蜀艇對文，高云一版，蓋言艇小，非訓蜀爲一也。既謂高注「一版」與許注「一木」同義，則許云「皆一木」，並越舲言之，不足以明高氏訓蜀爲一。陶氏蜀一之訓雖本廣雅，不可從也。今矰繳機而在上，罛罟張而在下，雖欲翺翔，其勢焉得？矰，弋射身短矢也。機，發也。翺翔，鳥之高飛，翼上下曰翺，直刺不動曰翔。○吳承仕云：注「身」字無義，卽「射」字形誤而衍。天文篇「音比無射」，注云「無有射出見也」，景宋本作「無有身出見也」，「射」譌爲「身」，是其比。○寧案：吳說是也。呂氏春秋直諫篇高注「矰，弋射短矢」，無「身」字，可爲吳說之證。說文：「矰，隿䠶矢也。」蓋高從許說。故詩云：「采采卷耳，不盈傾筐，嗟我懷人，寘彼周行。」以言慕遠世也。詩周南卷耳篇也。

言采采易得之菜，不滿易盈之器，以言君子爲國，執心不精，不能以成其道，采易得之菜，不能盈易滿之器也。「嗟我懷人，寘彼周行」，言我思古君子官賢人置之列位也。誠古之賢人，各得其行列，故曰「慕遠」也。○劉文典云：毛傳：「寘，置。行，列也。思君子官賢人，置周之列位。」胡承珙云：「此釋懷人二句，全同傳義。其釋上二句，意當亦本之毛公。」（毛詩後箋）是也。惟荀子解蔽篇：「詩云：『采采卷耳，不盈傾筐，嗟我懷人，寘之周行。』頃筐易滿也，卷耳易得也，然而不可以貳周行。」申公之學出於荀卿，魯詩卷耳之義，卽本於此。高注所謂「易得之菜」，「易盈之器」，又用魯義爲解。俶真篇爲高本，引詩「寘之」作「寘彼」，復與毛同，然則高誘固不分今古文者也。○馬宗霍云：淮南本文引詩及高注，後之治詩者多采之。陳奐謂「此陳古刺今，或本三家詩」。陳喬樅謂「淮南治魯詩，高注卽用魯義爲解」。胡承珙云：「此蓋謂亂世之臣，險阻憂危而不見體恤，故因卷耳之詩而思慕古之賢人，寘之列位，各得其所，義與毛詩序正相應。高注釋懷人二句，全同傳義，其釋上二句，意當亦本之毛公。」

淮南子集釋卷三

漢涿郡高誘注　錢塘補注

天文訓

文者象也。天先垂文象，日月五星及彗孛，皆謂以譴告一人。故曰天文，因以題篇。

天墜未形，○錢塘補曰：「墜」，籀文「地」。馮馮翼翼，洞洞灟灟，故曰太昭。馮翼洞灟，無形之貌。洞讀挺挏之「挏」。灟讀以鐵頭斫地之「鐲」也。○補曰：楚辭天問：「馮翼何象？何以識之？」王逸注云：「言天地既分，陰陽運轉，馮馮翼翼，何以識知其形象乎？」○吴承仕云：鐲應作钃，形近之譌也。钃爲田器，説文作欘，云「斫也。齊謂之兹其」。爾雅「斪斸謂之定」，李巡云：「鉏也。」此言鐵頭斫地，正説钃之形用耳。氾論訓「洞洞屬屬」，注云：「屬讀犂欘之欘。」正與此同意。鐲訓鉦，音義俱不相應。道始于虚霩，○補曰：「霩」古「廓」字。説文：「霩，雨止雲罷貌。臣鉉等曰：「今別作廓，非是。」」○王引之云：書傳無言天地未形名曰太昭者，馮翼洞灟，亦非昭明之貌。「太昭」當作「太始」，字之誤也。易乾鑿度曰：「太始者，形之始也。」太平御覽天部一引張衡元圖曰：「元者，無形之類，自然之根，作於太始，莫之與先。」是太始無形，故天地未形，謂之太始也。「道始于虚霩」當作「太始生虚霩」，即承上文太始而言。王逸注楚辭天問曰：「太始之元，虚廓無形。」（「廓」與「霩」同。）正所謂太始生虚霩也。後人以老子言道先天地生，故改「太始生虚霩」爲「道始于虚霩」，而不知與「故曰太始」句文不相承也。御覽引此作「道始生虚霩」，「太」字已誤作「道」，而「生」字尚不誤。虚霩生宇宙，宇宙生氣，氣有涯垠。宇，四方上下也，宙，往古來今也，將成天地之貌也。涯垠，重安之貌也。○莊逵吉云：太平御覽作宇宙生元氣。「涯」，俗本作「漢」誤。○補曰：御覽卷一引作「涯垠」。○王念孫云：此當爲「宇宙生元氣，元氣有涯垠」。下文清揚爲天，重濁爲地，所謂元氣有涯垠也。今本脱去兩「元」字，「涯」字又誤爲「漢」。太平御覽天部一元氣下引此正作「宇宙生元氣，元氣有涯垠」。○鍾佛操云：文選陸士龍大將軍宴會被命作詩注引「虚霩生宇宙，宇宙生天地」，「天地」即「元氣」二字之譌。「元」與「天」形近。「氣」與「地」聲近。魏文帝與吴季重書「天氣和暖，衆果具繁」，書鈔一百五十四引作「天地和孺，衆果俱登」，是「氣」誤爲「地」之證。又案藝文類聚天部一引禮統曰：「天地者，元氣之所生，萬物之祖也。」即謂宇宙生元氣也。清陽者薄靡而爲天，薄靡者，若塵埃飛揚之貌。重濁者凝滯而爲地。○補曰：黄帝素問陰陽應象大論曰：「積陽爲天，積陰爲地。故清陽爲天，濁陰爲地。」清妙之合專一作「專」。易，重濁之凝竭難。○補曰：「專」古通「摶」。易「夫乾其靜也專」，陸績作「摶」是也。史記王翦傳「專委於我」，徐廣曰：「專，一作摶。」今淮南注別本云「一作專」者，傳寫誤。天言「合專」者，楚辭「乘精氣之摶摶兮」，王逸云：「楚人名員曰摶也。」此其義也。「結」一作「竭」。○馬宗霍云：爾雅釋詁云：「歇，涸竭也。」方言十二云：「歇，涸也。」説文水部云：「涸，渴也。」是「竭」「歇」「渴」三字皆相通而義皆爲涸。涸之言固，然則凝竭猶言凝固，與此上文「清妙之合專易」爲對文，蓋言地氣重濁，其凝固較難也。高氏於本文「凝竭」無注。時則篇「水始涸」，彼注云：「涸，凝竭。」與本文可互照。故天先成而地後定。天地之襲精爲陰陽，襲，合也。精，氣也。陰陽之專精爲四時，四時之散精爲萬物。積陽之熱氣生火，火氣之精者爲日，○陶方琦云：開元占經二十三引淮南閒詁云：「日者，火也。」案閒詁乃許注本也，故高本無注。積陰之寒氣爲水，水氣之精者爲月。日月之淫爲精者爲星辰。○王引之云：「積陽之熱氣生火，積陰之寒氣爲水」，本作「積陽之熱氣久者生火，積陰之寒氣久者爲水」，言熱氣積久則生火，寒氣積久則爲水。今本無「久者」二字，後人删之也。初學記天部上、太平御覽天部四竝引此云：「積陰之寒氣久者爲水。」隋蕭吉五行大義辨體性篇引此云：「積陽之熱氣反者爲火，積陰之寒氣反者爲水。」藝文類聚天部上引此云：「積陰之寒氣大者爲水。」「反」與「大」皆「久」字之誤，則原有「久者」二字明矣。「日月之淫爲」本作「日月之淫氣」，此因上下文「爲」字而誤。廣韻星字注引此云：「日月之淫氣精命爲星辰。」日月之淫氣與積陽之熱氣、積陰之寒氣文正相對，精者爲星辰與精者爲日、精者爲月文亦相對，下文「天地之偏氣怒者爲風」、「天地之合氣和者爲雨」，句法亦相同。○顧廣圻云：宋本「爲水」上「者」字未脱。○馬宗霍云：本文「淫爲」二字，廣韻十五青星字注引淮南子作「淫氣」，王引之從之，是也。説文水部云：「淫，浸淫隨理也。一曰久雨爲淫。」引申之，淫有流散之義。素問庳論「淫氣喘息」，王冰注云：「淫氣謂氣之妄行者。」妄之言放。禮記哀公問篇「淫德不倦」，鄭玄注云：「淫，放也。」放，猶散也。本文淫氣，正謂日月光氣散放流移，其精者則爲星辰也。○寧案：「爲水」上道藏本亦有「者」字。天受日月星辰，地受水潦塵埃。昔者，共工與顓頊爭爲帝，怒而觸不周之山，共工，官名，伯于虙羲神農之間。其後子孫任智刑以強，故與顓頊、黄帝之孫爭位。不周山在西北也。天柱折，地維絶。○向宗魯云：柱折維絶，疑後人依列子互易。楚辭天問：「康回馮怒，墜何故以東南傾。」王注云：「淮南子言共工與顓頊爭爲帝，不得，怒而觸不周之山。天維絶，地柱折。」大荒西經郭注引本書亦作「天維絶，地柱折」。文選思玄賦注引同。天傾西北，故日月星辰移焉；傾，高也。原道言地東南傾，傾，下也。此先言傾西北，明其高也。○寧案：高注「此先言傾西北，明其高也」，文義不明，疑當作「此言西北，先言傾，明其高也」。原道篇「使地東南傾」，高注「此言東南，後言傾，明其下也」，是其比。蓋「此」下脱「言」字，「先言傾」三字又誤在「西北」上，故不可通耳。**地不滿東南，故水潦塵埃歸焉。**○補曰：事見列子湯問篇。古蓋天之説也。祖暅天文録云：「古人言天地之形者有三：一曰渾天，二曰蓋天，三曰宣夜。蓋天之説又有三體：一云天如車蓋，遊乎八極之中；一云天形如笠，中夾高而四邊下；一云天如欹車蓋，南高北下。」南高北下，即東南高西北下也。禹所受地説書曰：「崑崙東南方五千里，名曰神州，帝王居之。」河圖括地象曰：「地部之位，起形高大者有崑崙山，其山中應于天，居最中，八十一域布繞之。中國，東南隅，居其一分。」此亦蓋天之説。然則，中國地西北高，東南下，蓋天既以天爲東南高，西北下，地又西北高，東南下，于是以天之西北爲傾，地之東南爲不足。楊炯渾天賦曰：「有爲蓋天之説者曰：天則西北既傾而三光北轉，地則東南不足而萬穴東流。」其明證也。古言天雖有三家，太初以後始用渾天，其前皆蓋天也。淮南亦主蓋天，故持載其説。王充作論衡，不信蓋天。其説日篇云：「鄒衍曰『方今天下在地東南，名赤縣神州』。天極爲天中，如今天下在地東南，視極當在西北。今正在北，方今天下在極南也。」不知天以辰極爲中，地以崑崙爲中，二中相值，俱當在人西北。人居崑崙東南，視辰極則在正北者，辰極在天，隨人所視，方位皆同，無遠近之殊，處高故也。崑崙在地，去人有遠近，則方位各異，處卑故也。不妨今天下在極南，自在地東南隅矣。案：崑崙所在，其説不一。酈道元以爲是阿耨達大山，劉元鼎以爲即悶摩黎山，蒲蔡都實又謂是亦耳麻莫不剌山。但此諸山本不名崑崙，特中國人名之耳。中國自有崑崙山，山無别名者。是禹貢崑崙屬雍州。漢書地理志金城郡「臨羌西北塞外有西王母石室，西有弱水、崑崙山祠」。續漢書郡國志金城郡「臨羌有崑崙山」。十六國春秋前涼録馬岌傳云：「岌上言酒泉南山卽崑崙之體也。周穆王見王母，樂而忘歸，卽謂此山。此山上有石室、王母堂，珠璣鏤飾，焕若神宮。」禹貢崑崙山在臨羌之西，卽此明矣。然則崑崙近在雍州之西北隅，故爾雅言「西北之美者，有崑崙之球琳琅玕焉」。卽山海經穆天子傳所言崑崙，皆謂此山也。太史公曰：「自張騫使大夏之後也，窮河源，惡睹所謂崑崙者乎？」葢譏武帝舍近求遠，非謂無崑崙也。故曰：「言九州山川，尚書近之矣」。晉鴻臚卿張匡鄴使于闐，作行程記云：「玉河在于闐城外，其源出崑崙，西流一千三百里，至于闐界牛頭山。」然則崑崙在于闐東，明卽臨羌之崑崙。蓋天家見中國之山，唯此最高，用爲地中，以應辰極，故曰天如敧車蓋。周禮說冬至祀天皇太帝，夏至祀崑崙，亦卽此意。若神州之神祭于建申之月，猶祭感生之帝于建寅之月，以神州在地東南隅，非大地故也。楚辭天問曰：「斡維焉繫？天極焉加？八柱何當？東南何虧？康回馮怒，地何故以東南傾？南北順隋，其衍幾里？崑崙縣圃，其凥安在？四方之門，其誰從焉？西北辟闢，何氣通焉？」此皆據楚先王廟之所圖而問之，知淮南所說，其備古矣。注以天傾爲高，則天北高南下。傾可言下，亦可言高，唯所命之而已。○向宗魯云：列子湯問篇「水潦塵埃」作「百川水潦」，疑「塵埃」二字誤。

天道曰圓，地道曰方。方者主幽，圓者主明。明者吐氣者也，是故火曰外景；幽者含氣者也，是故水曰内景。

○顧廣圻云：「火曰」疑當作「火日」。「水曰」疑當作「金水」。大戴禮曾子天圓篇云：「故火日外景而金水内景。」卽淮南子所本可證也。高注精神篇云：「金内景。」蓋又據此而言之。○洪頤煊云：大戴禮天圓篇「明者吐氣者也，是故外景；幽者含氣者也，是故内景。故火日外景而金水内景」。張衡靈憲：「日譬猶火，月譬猶水，火則外光，水則含景。」此本作「火日外景，水月内景」。兩「日」字是俗人所改。

吐氣者施，含氣者化，是故陽施陰化。

○補曰：以上皆見大戴禮曾子天圓篇，蓋孔氏微言也。天圓地方之義，曾子答單居離言之曰：「天之所生者上首，地之所生者下首，上首之謂圓，下首之謂方。如誠天圓而地方，則是四角之不掩也。」此即渾天之理，而蓋天亦然。周髀算經曰：「圓出於方，方出於矩。環矩以爲圓，合矩以爲方。方屬地，圓屬天，天圓地方。」趙君卿注云：「物有方圓，數有奇耦。天動爲圓其數奇，地靜爲方其數耦。此配陰陽之義，非實天地之體也。」足與曾子相備。「火曰外景」，「水曰内景」者，周易離爲火，崔憬曰：「取卦陽在外，象火之照也」；坎爲水，宋衷曰：「卦陽在中，内光明，有似于水」是也。**天之偏氣怒者爲風，地之含氣和者爲雨。**○王念孫云：劉本删去下句「天」字而莊本從之。案大戴禮曾子天圓篇：「陰陽之氣，偏則風，和則雨。」藝文類聚天部下引曾子曰：「天地之氣和則雨。」是風雨皆天地之氣，豈得以風屬之天，雨屬之地乎？下句當依道藏本作「天地」，上句當補「地」字。又案「含氣」當爲「合氣」。「合」「含」字相似，又涉上文「含氣」而誤也。「合氣」與「偏氣」正相對，作「含」則非其指矣。○寧案：景宋本「地」上亦有「天」字。**陰陽相薄，感而爲雷，**薄，迫也。感，動也。**激而爲霆，**○鍾佛操云：文選廣絶交論注引「霆」作「電」。○楊樹達云：說文霆訓「雷餘聲」。此文之霆乃指電言，不當如說文之訓。左傳襄公十四年云：「畏之如雷霆。」莊子天運篇云：「吾驚之以雷霆。」釋文並云：「霆，電也。」說文云：「電，陰陽激燿也。」此云「激而爲霆」，與說文義合。此文偏言天象雷、霧、雨、露、霜、雪，而獨不及電，以霆爲雷餘聲，則與雷義複，以是知之。墬形篇云：「陰陽相薄爲雷，激揚爲電。」亦此文霆當訓電之明證也。○寧案：楊說是也。天官書正義云：「陰陽交感，激爲雷電，和爲雨，怒爲風，亂爲霧，凝爲霜，散爲露。」文即本此。**亂而爲霧，陽氣勝則散而爲雨露，**散，霧散也。**陰氣勝則凝而爲霜雪。**

毛羽者，飛行之類也，故屬於陽。介鱗者，蟄伏之類也，故屬於陰。日者陽之主也，是故春夏則羣獸除，除，冬毛微墮也。○陶方琦云：初學記一引許注：「除角。」案此條乃初學記連正文而引，惟「除角」二字爲許注也。孫氏問經輯本連正文竝引爲許説，非也。然「除角」當作「除毛」。日至而麋鹿解，日冬至，麋角解。日夏至，鹿角解。○陶方琦云：御覽九百四十一引許注「解角」。説文麋下云：「麋冬至而解其角。」月者，陰之宗也，是以月虛而魚腦減，月死而蠃蛖膲。宗，本也。減，少也。膲，肉不滿，言應陰氣也。「膲」讀若物醮炒之「醮」也。○補曰：一本云：「讀若物少之醮也。」語較明。○王念孫云：「虛」當爲「虧」，字之誤也。（「虧」字脱去右半，因誤而爲「虛」。埤雅引此已誤。）月可言盈虧，不可言虛實。太平御覽鱗介部十三引此正作「月虧」。藝文類聚天部上、御覽天部四引此竝作「月毀」。（蓋許慎本）毀亦虧也。○陶方琦云太平御覽九百四十一引「月死而蠃蛖膲」作「月死而螺蚌瘷」。又引許注：「瘷，減蹴也。」案：廣雅：「瘷，縮也。」縮即減蹴義。通俗文：「縮小曰瘷。皺不伸曰縮朒。」説文：「縮，一曰蹴也。」則減蹴即減縮。○吳承仕云：道藏本作「膲讀若物醮少醮醮」，一本作「讀若物少之醮也」。（一本據錢塘天文訓補注引。）承仕案：道藏本近之，而文有誤倒，劉泖生景宋本作「膲讀若物醮少之醮」，是也。説文：「潐，盡也。」爾雅「水醮曰厬」，釋文云：「本又作潐。」潐、膲、醮音同。潐，少義近。本文作「膲」，高讀作「醮」，並「潐」之假字。「讀若醮少之醮」者，作音兼釋義也。繆稱訓「滿如陷」，注云：「陷，少也。」陷少、膲少，皆縮朒不滿密之稱。莊本改「少」作「炒」，文不成義。火上蕁，「蕁」讀葛覃之「覃」。○補曰：「蕁」當爲「燅」。有司徹云：「乃燅尸俎。」注：「燅，溫也。古文『燅』皆作『蕁』。記或作『燖』。春秋傳曰：『若可燖也，亦可寒也。』」案今春秋傳作「尋」，是「尋」、「燅」古今字。「蕁」又「尋」之借也。注讀爲「覃」，又即

「燂」字。説文云：「燂，火熱也。從火覃聲。」「覃」、「燂」聲同，故讀從之。○李哲明云：案「蕁」借爲「炎」。詩「憂心如惔」，古本毛詩「惔」作「炎」。廣雅：「炎，爇也。」毛傳：「惔，燔也。」釋文：「惔，韓詩作炎。」火上蕁者，猶言火上炎也。「蕁」借爲「炎」，亦猶「尋」借爲「燅」耳。内則「燂湯清浴」釋文：「燂，温也。」「燂」即「燅」，亦即「尋」。或作「燖」者，俗字。「蕁」所以讀爲「覃」也。○馬宗霍云：説文艸部云：「蕁，芜藩也。」是蕁之本訓爲艸名，非此文之義。高氏以葛覃之「覃」讀之。葛覃爲詩周南篇名。毛傳云：「覃，延也。」是高於本文之「蕁」蓋取延蔓之義，謂火性嚮上延蔓也。訓「覃」爲延，亦見爾雅釋言。陸德明爾雅音義云：「覃，徒南反。本又作潯字。孫叔然云，古覃字同。」案説文「蕁」之或體从彡作「薚」。據孫叔然説，知古「蕁」與「覃」蓋通用。水下流，故鳥飛而高，魚動而下。○王念孫云：「飛」本作「動」，此後人妄改之也。同一動也，而有高下之殊。故曰鳥動而高，魚動而下。猶睽象傳言「火動而上，澤動而下」也。若鳥言飛，則魚當言游矣。太平御覽鱗介部七引此正作「鳥動而高」。物類相動，本標相應，「標」讀刀末之「標」。○劉家立云：「物類相動」，「動」字應作「感」，與「本標相應」之「應」字相對。作動者涉上句而誤也。○寧案：注「刀末之標」，説文段注引作「刀末爲鏢」。漢書王莽傳「摽末之功」，服虔曰：「摽音刀末之摽。」「鏢」「摽」古通。此高注作「標」，當是「摽」字之誤。修務篇注正作「刀摽之摽」。道藏本、景宋本作「刀末之末」，下「末」字亦「摽」字之誤。故陽燧見日則燃而爲火，○補曰：論衡率性篇：「陽燧取火于天，五月丙午日中之時，銷鍊五石，鑄以爲器，磨礪生光，仰以向日，則火來至。」方諸見月則津而爲水，陽燧金也。取金杯無緣者，熟摩令熱，日中時以當日下，以艾承之，則燃得火也。方諸陰燧，大蛤也。熟摩令熱，月盛時以向月下，則水生，以銅盤受之，下水數滴。先師説然也。○莊逵吉云：太平御覽引許昚注云：「諸，珠也。方，石也。以銅盤受之，下水數升。」又引高誘注同此。知高、許二家注本原別矣。○補曰：舊唐書禮儀志引作「下水數石」，出于李敬貞所竄易。方諸下水，不得有數石也。御覽引有許慎注云：「諸，珠也。方，石也。以銅盤受之，下水數升。」高所云「先師說」殆謂此。（淡春臺案：誘自序云：「自誘之少，從故侍中同縣盧君受其句讀，誦舉大義。」又云：「深思先師之訓，爲之注解。」盧君者，植也。誘所云「先師」當是盧植。）周禮秋官注：「夫遂，陽遂也。鑒，鏡屬，取水者，世謂之方諸。」攷工記：「金錫半，謂之鑒燧之齊。」是二器俱用金也。方諸亦有用石者。萬畢術「方諸取水」，注云「形若杯，合以五石」是也。依本注，陽燧爲鏡，方諸爲蚌。符子曰：「鏡以曜明，故鑒人，蚌以含珠，故內照。曜明故能取火，含珠故能下水。」義可知也。方諸一名蚌鏡，故古謂之鑒。（淡案：御覽引許慎注如此。又引高誘注與此本同，知高、許兩家注本無別。先生所列原注係高注無疑。後引許注者復有數條，義亦如是。）○陶方琦云：華嚴音義引「燃」作「熯」。音義及太平廣記一百六十一引許注：「陽燧五石之銅精，圓而仰日則得火。」案說文作「鐆」，云「陽鐆也」。周禮考工輈人謂之「鑒鐆之齊」。注：「鑒鐆，取水火於日月之器也。」唐釋輔行記引鄭注論語：「金鐆，火鏡也。」論衡率性篇：「陽燧取火於天，五月丙午日中之時，銷鍊五石，鑄以爲器，摩礪生光，仰以向日，則火來至。」參同契：「陽燧以取火，非日不生光。」衆經音義引「鐆，五石之銅精也，圓以仰日，即得火」，即許氏淮南注。藝文類聚火部引舊注曰：「日高三四丈，持以向日，燥艾承之寸餘，有頃焦，吹之即得火。」與今高注義同而文異，或是許注。又華嚴音義上、太平廣記一百六十一、御覽四、事類賦月部、續博物志、藝文類聚引許注「方諸，五石之精，作圓器似杯圩而向月，則得水也。諸，珠也。方，石也。以銅盤受之，下水數升」。案高注云「以銅槃受之，下水數滴」，與御覽所引許注說同，知所云先師說然，先師疑卽許氏也。蓋古人尊聞之意。（或云高言先師卽盧植，以序中曾云從同縣盧君受其句讀。琦謂當是馬融。後漢馬融傳言融有淮南注。高誘之師爲盧植，植之師卽爲馬融。知高注本中必多承用馬注。所云先師，或卽是馬氏也。）說文鑑字下：「一曰鑑諸，可以取明水於月。」周禮司烜鄭注：「鑑，鏡屬，取水者也，世謂之方諸。」御覽五十八引淮南萬畢術「方諸取水」，注曰：「方諸，形若杯，無耳，以五石合治，以十二月夜半作之，以承水卽來。」與許說合。○鍾佛操云：古今注云：「陽燧以銅爲之，形如鏡，向日則火生，以艾承之則得火也。」據古今注所記，陽燧銅製如鏡，高注則云金杯無緣者，是其形似凹鏡也。則與今用凹面鏡就焦點取火正同。又案注「下水數滴」，藝文類聚天部上引作數石也。○馬宗霍云：說文聿部云：「𦘔，聿飾也。从聿从彡。」水部云：「𣳚，水渡也。从水𦘔聲。」血部云：「𧖴，氣液也。从血𦘔聲。」三字皆讀「將鄰切」。音同義别。自隸書變彡爲氵，於是書「𦘔」作「津」，而「𣳚渡」「𧖴液」字亦省作「津」。三字相溷，鮮有能辨其本字本義者矣。此文「津而爲水」，當取𧖴液之義。津在句中作動詞用。廣雅釋水云：「津，因也。」然則「津而爲水」者，蓋言方諸見月，因氣化成液而爲水也。素問湯液醪醴論「津液充郭」，王冰注云：「津液者水也。」亦其旁證。王念孫廣雅疏證謂「津因」之「津」字當是「伊」字之譌。未必確。○寧案：方諸注，道藏本、中立本、景宋本「熟摩」下有「拭」字。太平御覽四、藝文類聚天部上、事類賦一引注同。**虎嘯而谷風至，龍舉而景雲屬，**虎，土物也。風，木風也。木生於土，故虎嘯而谷風至。龍，水物也。雲生水，故龍舉而景雲屬。屬，會也。○補曰：初學記引高誘注云：「虎，陽獸，與風同類。」與此注異。疑此出許注也。管輅别傳云：「龍者陽精，以潛爲陰，幽靈上通，和氣感神，二物相扶，故能興雲。夫虎者陰精而居于陽，依木長嘯，動于巽林，二氣相感，故能運風。」○陶方琦云文選劉孝標廣絶交論注、御覽九百二十九、事類賦風部引許注：「虎，陰中陽獸，與風同類。」御覽九百二十九又引許注：「龍，陽中陰蟲，與雲同類。」案：御覽引春秋元命苞：「猛虎嘯，谷風起，類相動也。龍之言萌也，陰中之陽也，故言龍舉而雲興。」論衡寒温篇：「虎嘯而谷風至，龍興而景雲屬，同氣共類，共相招致。」管輅别傳曰：「龍者陽精，以潛爲陰，幽靈上通，和氣感神，二物相扶，故能興雲。虎者陰精，而居于陽，依木長嘯，動於巽林，二氣相感，故能運風。」皆與許説合。○劉文典云：白帖二引作「虎嘯而谷風生」。又案初學記一引高注：「虎陽獸，與風同類。」此文下既有高注云：「虎，土物也。風，木風也。木生于土，故虎嘯而谷風至。」則初學記所引必許注也。○寧案：太平御覽九百二十九引「至」亦作「生」。又景宋本注作「谷風，木風也」。今本脱「谷」字。**麒麟鬬而日月食，**○莊逵吉云：太平御覽此下有許昚注云：「麒麟，大角獸，故與日月同符。」○補曰：御覽引許昚注云：「麒麟，獨角之獸，故與日月相符。」○陶方琦云：初學記一、事類賦日部引許注：「騏驎，大角之獸，故與日月相動。」御覽四引「日月相動」作「相符」。又「大角」事類賦引作「一角」。説文「麒，仁獸也，麕身、牛尾、一角」。爾雅「麐，麕身、牛尾、一角」。春秋感精符曰：「麟，一角，明海内共一主也。」公羊疏引許君五經異義曰：「公羊説云：麟者木精，一角，赤目，爲火候。」亦或引作大角者。作一角義是。春秋元命包：「麒麟鬬，日無光。」宋均曰：「麒麟，少陽之精，鬬於地則日月亦將爭于上。」抱朴清鑒：「日月蝕則識騏驎之共鬬。」初學記二十九及張華博物志竝引作「騏驎鬬則日月蝕」，皆同許注本。開元占經引許注本亦作「蝕」。○吴承仕云：陶方琦云：「大角」作「一角」義是。案本作「大角」是也。續漢志劉昭注引靈憲曰：「明堂之房，大角有席，天市有坐。」御覽六引蔡邕月令章句曰：「天官五獸之於五事也，中有大角軒轅，騏驎之信。」據此，則大角者，中宫星名，騏驎上應大角，故與日月相符。「大角」誤作「一角」，祇説獸形，復與日月何涉。爾雅翼引淮南此文而説之曰：「歲星散爲麟。

（承仕案：此語出春秋保乾圖。）歲失其序則麟鬬，麟鬬則日月蝕矣。」視許注少異，而本之舊義則同。陶氏舍大從一，致爲疏失。○寧案：太平御覽四兩引俱作「麒麟鬬則日月蝕」。事類賦日部魚部兩引「而」亦作「則」。開元占經卷九、卷十七引春秋考異郵亦云：「麟龍鬬則日月蝕。」**鯨魚死**○陶方琦云：一切經音義十九、御覽九百三十八引許注：「鯨，海中魚之王也。」案覽冥訓「鯨魚死而彗星出」，高注云：「鯨魚，大魚，長數里，死于海邊。」與許注文微異。說文作「鱷」，云「海大魚也」，字或从京作「鯨」。一切經音義引注云無「海中」二字。御覽引魏武四時食制曰：「東海有大魚如山，長五六里，謂之鯨鯢。」春秋演孔圖：「海精，鯨魚也。」薛綜西京賦注：「海中大魚名鯨。」當從御覽補「海中」二字。○寧案：大藏音義十五鯨鯢引許注云：「魚之王也。」五十六引許注淮南云：「鯨，魚之王也。」八十一引作「鯨魚，海中最大魚也」。八十三、八十六引云：「鯨者，魚之王也。」九十二引云「鯨即魚之王也」。陶氏以爲許注當從太平御覽補「海中」二字，疑非。**而彗星出，**○補曰：初學記引許慎注云：「彗，除舊布新也。」○陶方琦云：初學記一引許注：「彗，除舊布新也。」白帖引作「彗，所以除舊布新」。案左昭十七年傳「彗，所以除舊更新也」，五行志引作「布新」。劉向洪範五行傳：「彗，除穢布新也。」覽冥訓高注：「彗星爲變異，人之害也。」與許注亦異。○寧案：大藏音義八十六、九十二引「出」作「見」。**蠶珥絲而商弦絶，**蠶老絲成，自中徹外，視之如金精珥，表裏見，故曰珥絲。一曰弄絲於口。商音清，弦細而急，故先絶也。○向宗魯云：覽冥篇「珥」作「咡」。注云：「老蠶上下絲於口，故曰咡絲。新絲出，故絲脆，商於五音最細而急，故絶也。」即此注之後說。玉燭寶典四引春秋說題辭：「蠶珥絲在四月。」宋均注云：「珥，吐也。」御覽八百二十五引春秋文耀鉤云：「商弦絶，蠶舍絲。」注云：「絃將絶，蠶舍絲以待用也。」皆與後說畧同。覽冥注又云：「咡或作珥。蠶老時，絲在身中正黄，達見於外如珥也。」即此注之前説。疑許、高兩本，一作「珥」。注中兩義，一爲高説，一爲許説也。董子郊語篇：「蠶珥絲于室而絃絶于堂。」○馬宗霍云：説文玉部云：「珥，瑱也，从玉，耳聲。」又云：「瑱，以玉充耳也，从玉，真聲。」又玉下云：「鰓理自外，可以知中。」然則珥爲玉器。玉既中外通理，是珥之引申，亦有表裏瑩徹之義。高注所謂自中徹外表裏見，正與許説合。高又云如金精者，亦喻其光色如金耳。又案春秋考異郵亦有「蠶珥絲」之文。宋均注云：「珥，吐也。」此則與高所稱一説「弄絲於口」合。

賁星墜而勃海決。賁星，客星也，又作孛星。墜，隕也。勃，大也。決，溢也。○陶方琦云：占經七十四引許注：「奔星，流星也。」案占經引爲許慎説云云，益知二家之本不同也。高注云：「又作孛星。」「孛」即「奔」字之誤。知高云「又作」乃許本也。「奔」「賁」古字通。○于鬯云：「賁」讀爲「奔」。小戴表記引詩「鶉之賁賁」，今詩作「奔奔」。孟子盡心篇「虎賁」，陸釋云：「丁音奔。先儒言如猛虎之奔。」素問繆刺論王冰注云：「賁謂氣奔也。」是二字音義俱通。賁星者，奔星也。爾雅釋天云：「奔星爲彴約。」郭璞注云：「流星。」文選上林賦李善注亦云：「奔星，流星也。」是也。高注云：「賁星，客星也，又作孛星。」疑非。○寧案：「勃」錢塘注本作「渤」。「勃」「渤」古今字。人主之情，上通於天。故誅暴則多飄風，暴，虐也。飄風，迅也。○吴承仕云：注當云：「飄風，迅風也。」傳寫誤奪一「風」字。詩卷阿「飄風自南」，傳曰：「飄風，迴風也。」是其比。枉法令則多蟲螟，食心曰螟，穀之災也。○陶方琦云：占經一百二十引許注：「穀惡生孽，則蟲食心。」按食心之訓，皆本疋義。○劉文典云：「枉法令」與上句「誅暴」文不一律。意林引此文「枉法令」作「法苛」。誅暴、法苛正相對成義，當從之。殺不辜則國赤地，赤地，旱也。令不收則多淫雨。干時之令不收納，則久雨爲災。○寧案：意林引作「殺不辜則多赤地，令不時則多淫雨」，當據改，上下句皆言多，第三句應一律。注云「干時之令」，正釋

「令不時」，若作「令不收」，則「干時」云者，彼惡知之。蓋涉注「不收納」而誤。

四時者，天之吏也；日月者，天之使也；星辰者，天之期也；虹霓彗星者，天之忌也。期，會也。雄爲虹，雌爲霓也。虹者，襍色也。忌，禁也。○馬宗霍云：左氏昭公七年傳：士文伯對晉侯曰：「日月之會是謂辰。」杜預注云：「一歲日月十二會謂之辰。」孔穎達疏云：「日月會謂之辰者，辰，時也，言日月聚會有時也。」又案尚書堯典「厤象日月星辰」，孔疏引鄭玄注以星辰爲一。孔氏申之云：「日月所會與四方中星俱是二十八宿。舉其人目所見，以星言之；論其日月所會，以辰言之：其實一物，故星辰共文。」又孟子離婁篇下「星辰之遠也」，趙岐注云：「星辰，日月之會。」凡此皆足證成高注訓期爲會之義。

天有九野，九千九百九十九隅，去地五億萬里。九野，九天之野也。一野千一百一十一隅也。○王念孫云：開元占經天占篇引此作「億五萬里」。太平御覽地部一引詩含神霧亦云「天地相去億五萬里」。然則「億五」二字，今本誤倒也。○寧案：山海經海外東經注引詩含神霧云「天地相去一億五萬里」，與太平御覽引同。楚辭天問補注引淮南此文仍作「五億萬里」。五星，八風，二十八宿，五星：歲星、熒惑、鎮星、太白、辰星也。八風，八卦之風也。二十八宿：東方角、亢、氐、房、心、尾、箕，北方斗、牛、女、須、危、室、壁，西方奎、婁、胃、昴、畢、觜、參，南方井、鬼、柳、星、張、翼、軫也。○王引之云：「二十八宿」四字及注「二十八宿」云云，皆後人所加也。下文於九野、五星、八風、五官、六府，皆一一釋之，而不及二十八宿。但於所說九野中附以「其星角、亢、氐」云云。使有「二十八宿」四字，下文不應不爲解釋，且不應以二十八宿併入「九野」條內，使綱目不相當也。然則此處原文無「二十八宿」四字明矣。注於牽牛、須女、營室、東壁、觜觿、東井、輿鬼七星，皆省一字稱之，文義苟簡，決非漢人所爲。七星但稱星，則無以別於他星，牽牛謂之牛，營室謂之室，觜觿謂之觜，皆文不成義。又案下文「星分度：角十二，亢九，氐十五，房五，心五，尾十八，箕十一四分一，斗二十六，牽牛八，須女十二，虛十，危十七，營室十六，東壁九，奎十六，婁十二，胃十四，昴十一，畢十六，觜巂二，參九，東井三十三，輿鬼四，柳十五，七星七，張、翼各十八，軫十七：凡二十八宿也」。「凡二十八宿」句，亦後人所加。此説星之分度，非説星之全數也，無緣得有此句。五官，六府，五官，五行之官。六府，加以穀。○補曰：六府具下，即時則訓之六合也，非左傳所説夏書六府。紫宮、太微、軒轅、咸池、四守、天阿。皆星名，下自解。○洪頤煊云：下文「太微者太一之庭也，紫宮者太一之居也，軒轅者帝妃之舍也，咸池者水魚之囿也，天阿者羣神之闕也，四宮者所以爲司賞罰。」高注：「四宮：紫宮、軒轅、咸池、天阿。」此「天阿」上不應有「四守」二字，當是衍文，涉下「四宮」而譌。○王引之云：高注曰：「皆星名，下自解。」又下文「太微者太一之庭也，（「太一」當作「五帝」，説見下。）紫宮者太一之居也，軒轅者帝妃之舍也，咸池者水魚之囿也，天阿者羣神之闕也，四守者所以司賞罰」注曰：「四守：紫宮、軒轅、咸池、天阿。」據前注，則四守亦星名；據後注，則四守乃總括四星之稱，非星名也。前後注意迥殊。今細繹原文，前注是也。紫宮、太微、軒轅、咸池、四守、天阿，列其名也，太一之庭、太一之居、帝妃之舍、水魚之囿、羣神之闕及所以司賞罰，則明其職也。故前注曰「皆星名，下自解」。後注以四守爲紫宮、軒轅、咸池、天阿，其不可通有三：太微、紫宮竝舉，何以數紫宮而不數太微？其不可通一也；四守若爲紫宮、軒轅、咸池、天阿之總稱，則上文「四守」二字，當列於紫宮前爲統下之詞，或列於天阿後爲統上之詞，其義乃通，何以裸厠諸星之間，而云紫宮、太微、軒轅、咸池四守天阿邪？其不可通二也；軒轅帝妃之舍，咸池水魚之囿，皆與賞罰之事無涉，其不可通三也。初學記、太平御覽竝引許慎注曰：「四守：紫宮、軒轅、咸池、天阿也。」然則此乃許注，後人移入高本，而前後遂相矛盾矣。「天阿」本作「天河」，後人以天河非星名，故改爲天阿也。案開元占經甘氏中官占引甘氏曰：「天阿一星在昴西，以察山林之妖變也。」與門闕之義無涉。且天阿非黄道所經，不得言羣神之闕也。北堂書鈔、太平御覽引此竝作「天河」。又引高注曰：「天河星名。闕猶門也。」（各本脱「天河星名」四字。）又初學記、太平御覽引許注，以天河爲四守之一，是許本亦作「天河」。天河蓋卽北河、南河也。夾河之南北，故總謂之天河。天官書曰：「鉞北，北河；南，南河；兩河天闕間爲關梁。」開元占經石氏中官占引郗萌曰：「兩河戍與戉（卽「鉞」字），俱爲帝闕。」又占曰：「兩戍閒爲天門，日月五星常出其門中。」故曰：「天河者羣神之闕也。」高注訓闕爲門，正合郗萌之說。羣神卽日月五星之神也。韓子飾邪篇曰：「豐隆、五行、太一、王相、攝提、六神、五括、天河、殷槍、歲星。」所謂天河，蓋卽指此。天官書曰：「中宮天極星，其一明者，太一常居也。環之匡衞十二星，藩臣，皆曰紫宮。」開元占經石氏中官占引春秋合誠圖曰：「紫微者，太一之常坐。」太一在紫宮之中，非太微中所有，不得言「太微，太一之庭」。諸書亦無言太一之庭者。此「太一」二字，蓋因下文「太一之居」而誤。（太平御覽引此已誤。）「太一之庭」當作「五帝之庭」。天官書曰：「太微匡衞十二星，藩臣。其内五星，五帝坐。」太平御覽引天官星占曰：「紫宮，太一坐也。太微之宮，天子之庭，五帝之坐也。」卽此所云太微五帝之庭，紫宮太一之居也。續漢書天文志注引張衡靈憲曰：「紫宮爲皇極之居，太微爲五帝之廷。」（「廷」「庭」古字通。）又其一證矣。注内「太一，天神也」，亦當爲「五帝，天神也」。蓋正文既誤爲太一，後人又改注以從之耳。

何謂九野？○補曰：此所説皆引呂氏春秋有始覽之文，因采高誘彼注補之。

中央曰鈞天，其星角、亢、氐，韓鄭之分野也。○補曰：高誘云：「鈞，平也。爲四方主，故曰鈞天。角、亢、氐，東方宿，韓鄭分野。」○洪頤煊云：二十八宿皆隨斗杓所指而言。角、亢、氐離斗杓最近，故古法以此三星爲中央天。○向宗魯云：自「何謂九野」起至「其星張、翼、軫」，與呂氏有始覽文同，而又一人所注，此注頗有脱落，當據彼注補。又五行大義一論九宫數引淮南子云云，當出舊注，待攷。○馬宗霍云：説文金部云：「鈞，三十斤也。」高訓鈞爲平，葢通作「均」。説文土部云：「均，平徧也。」是也。莊子齊物論「而休乎天鈞」，陸德明釋文云：「鈞本作均。」詩小雅節南山篇「秉國之均」，漢書律曆志作「秉國之鈞」，即「鈞」「均」相通之證。東方曰蒼天，其星房、心、尾；○補曰：高誘云：「東方二月建卯，木之中也。木青色，故曰蒼天。房、心、尾，東方宿。房、心，宋分野，尾、箕，燕分野。」○向宗魯云：上下文「其星」云云，皆有注。此其星房、心、尾下當有注云：「房、心：宋分野。」（「尾」字見下注。）東北曰變天，其星箕、斗、牽牛；尾箕一名析木，燕之分野。斗，吴之分野。牽牛一名星紀，越之分野。陽氣始作，萬物萌芽，故曰變天。○補曰：高誘云：「東北，水之季，陰氣所盡，陽氣所始，萬物向生，故曰變天。斗、牛北方宿。尾、箕一名析木之津，燕之分野。斗、牛，吴、越分野。」○俞樾云：周易説卦傳：「艮，東北之卦也，萬物之所成終而成始也。」正義曰：「東北在寅丑之間，丑爲前歲之末，寅爲後歲之初，則是萬物之所成終而所成始也。」東北變天之義，亦取諸此。以其居終始之交，故以變名。高注以萬物萌芽説之，尚未盡「變」字之義。○向宗魯云：注「斗，吴之分野。牽牛一名星紀，越之分野」，文有譌謬。爾雅釋天：「星紀，斗、牽牛也。」則二星共名星紀，不得云牽牛一名星紀也。○寧案：注「陽氣始作，萬物萌芽，故曰變天」十二字，當在正文「東北曰變天」句下。注例可知。道藏本、中立本、景宋本不誤。北方曰玄天，其星須女、虛、危、營室；虛、危一名玄枵，齊之分野。○補曰：高誘云：「北方，十一月，建子，水之中也。水色黑，故曰玄天。婺女，亦越之分野。虛、危，齊分野。營室，衞分野。〇寧案：呂氏春秋「須女」作「婺女」。廣雅釋天：「須女謂之婺女」。西北方曰幽天，其星東壁、奎、婁，幽，陰也。西方季秋，將卽於陰，故曰幽天。營室、東壁，一名承委，衞之分野。奎、婁，一名降婁，魯之分野。〇補曰：高誘云：「西北，金之季也，將卽大陰，故曰幽天。東壁，北方宿，一名豕韋，衞之分野。奎、婁，西方宿，一名降婁，魯之分野。」〇吳承仕云：注「一名承委」，各本同。呂氏春秋有始覽注云：「東壁，北方宿，一名豕韋。」是也。帝王世紀曰：「自危十七度至奎四度，曰豕韋之次，今衞分野。」（劉昭注補郡國志引。）與高誘說同，蓋舊義也。今作「承委」者，形聲相近而誤，應據呂氏高注正。〇向宗魯云：注文「承」當作「豕」，「委」當作「韋」。廣雅釋天：「營室謂之豕韋。」是也。呂覽不誤。〇寧案：注「西方」當作「西北」，故曰季秋。據正文及呂氏春秋注改。西方曰顥天，顥，白也。西方金色白，故曰顥天。或作「昊」字。〇莊逵吉云：俗本此字皆作「昊」，惟藏本作「顥」。其星胃、昴、畢；昴、畢一名大梁，趙之分野。〇補曰：高誘云：「西方，八月，建酉，金之中也。金色白，故曰顥天。昴、畢，西方宿，一名大梁，趙之分野。」西南方曰朱天，其星觜巂、參、東井；觜巂、參一名實沉，晉之分野。朱，陽也，西南爲少陽，故曰朱天。〇補曰：高誘云：「西南，火之季也，爲少陽，故曰朱天。觜巂、參一名實沉，晉之分野。東井，南方宿，一名鶉首，秦之分野。〇寧案：注「朱，陽也」以下十二字，當據道藏本、中立本、景宋本移在正文「西南方曰朱天」下。南方曰炎天，寧案：文選顏延年夏夜呈從兄散騎車長沙詩引淮南子曰「南方曰炎天」，高注：「南方五月建午，火之中也。火性炎上，故曰炎天。」今本敚，當據補。（呂氏春秋高注「火性」作「火曰」。書洪範「火曰炎上」，疑「曰」字是。）其星輿鬼、柳、七星；柳、七星，周之分野，一名鶉火。〇補曰：高誘云：「南方，五月，建午，火之中也。火曰炎上，故曰炎天。輿鬼南方宿，秦之分野。柳、七星南方宿，一名鶉火，周之分野。」○吴承仕云：錢塘天文訓補注曰：「注文七星下有張字，莊刻本無。張宿在下東南方，此是衍字。今刪。」承仕案：各本竝誤衍「張」字。莊、錢刪之是也。有始覽「南方曰炎天，其星輿鬼、柳、七星」，注云：「柳、七星，南方宿，一名鶉火。」文義正同。劉文典集解沿莊本之誤者衆矣。此注獨用誤本，不從莊錢之説，失之。○寧案：注「一名鶉火」四字，當在「柳、七星」下。據吕氏春秋及本書注例移正。東南方曰陽天，其星張、翼、軫。東南純乾用事，故曰陽天。翼、軫一名鶉尾，楚之分野。○補曰：高誘云：「東南，木之季也，將卽太陽，純乾用事，故曰陽天。張、翼、軫，南方宿。張、翼，周之分野。翼、軫一名鶉尾，楚之分野。」○向宗魯云：九天之名，尚書考靈耀云：「何謂九野？中央鈞天，其星角、亢；東方皡天，其星房、心；東北變天，其星箕、斗；北方玄天，其星須女；西北幽天，其星奎、婁；西方成天，其星胃、昴；西南朱天，其星參狼；南方赤天，其星輿鬼、柳；東南陽天，其星張、翼、軫。」（開元占經三、御覽一引。）楚辭天問注、廣雅釋天所載九天之名亦同。

何謂五星？○補曰：春秋運斗樞云：「太微宫中有五帝座。」星河圖云：「蒼帝神名靈威仰，赤帝神名赤熛怒，黄帝神名含樞紐，白帝神名白招拒，黑帝神名汁光紀。」春秋文曜鉤云：「赤熛怒之神爲熒惑，位南方，禮失則罰出填。黄帝含樞紐之精，其體璇璣中宿之分也。」尚書攷靈曜云：「歲星木精，熒惑火精，鎮星土精，太白金精，辰星水精也。」然則五緯卽是五帝，常居太微則曰帝，運行周天則曰緯耳。文曜鉤又言：「東宫蒼帝，其精爲龍；南宫赤帝，其精爲朱鳥；西宫白帝，其精白虎；北宫黑帝，其精玄武。」則五帝布精四方，又爲二十八宿矣。淮南言五星有五方、五帝、五佐、五神、五獸。其五帝五佐乃人神之配天神者，則五方當謂五行，五獸卽二十八宿及軒轅。知獸有軒轅者，以史記言「軒轅，黄龍體」故也。東方木也，○陶方琦云：占經二十三引許注曰：「木冒地而生也。」按：説文木部下云：「冒地而生，東方之行。」隋蕭吉五行大義引許注作「木者冒也，言冒地而出」。此合淮南説文而竝採。上一説定爲淮南注。其帝太皞，太皞，伏犧氏有天下號也，死託祀於東方之帝也。○補曰：周禮小宗伯「兆五帝于四郊」，康成云：「五帝，蒼曰靈威仰，太昊食焉。」月令注云：「此蒼精之君。」○陶方琦云：占經二十三引許注：「天神五帝，太皞主東方。」按時則訓「盛德在木」，高注：「太皞之神治東方也。」亦與許注合。其佐句芒，○補曰：高誘吕氏春秋正月紀注云：「句芒，少昊氏之裔子曰重，佐木德之帝，死爲木官之神。」然重亦託祀也。墨子明鬼篇曰：「昔者，鄭穆公當晝日中處於廟，有神人入門而左，鳥身，素服三絶，面狀正方。鄭穆公再拜稽首曰：『敢問何神？』曰：『予爲句芒。』」山海經：「東方句芒，鳥身人面，乘兩龍。」郭璞注：「木神也，方面素服。」知天神自有句芒。重爲木正，故亦曰句芒。月令注云：「木官之臣。」執規而治春。○陶方琦云：占經二十三引許注：「規者圓也。」按説文圓字下云：「圓者規也。」與淮南注説同。○向宗魯云：漢書魏相傳云：「東方之神太昊，乘震執規司春。南方之神炎帝，乘離執衡司夏。西方之神少昊，乘兑執矩司秋。北方之神顓頊，乘坎執權司冬。中央之神黄帝，乘坤艮執繩司下土。兹五帝所司，各有時也。」詩沔水疏引孝經援神契云：「春執規，夏持衡，秋執矩，冬持權。」其神爲歲星，其獸蒼龍，其音角，其日甲乙。木色蒼，龍順其色也。角，木也。甲乙皆木也。○補曰：史記律書：「九九八十一以爲宫。三分去一，五十四以爲徵。三分益一，七十二以爲商。三分去一，四十八以爲羽。三分益一，六十四以爲角。」即黄鐘爲宫，林鐘爲徵，太簇爲商，南吕爲羽，姑洗爲角也。以之分屬五時，則春姑洗應，夏林鐘應，長夏黄鐘應，秋太簇應，冬南吕應。此止就黄鐘一宫言之也。十二月各用其律，則太簇爲無射之角，夾鐘爲應鐘之角，姑洗爲黄鐘之角，以春三月應；中呂爲無射之徵，蕤賓爲應鐘之徵，林鐘爲黄鐘之徵，以夏三月應；夷則爲蕤賓之商，南呂爲林鐘之商，無射爲夷則之商，以秋三月應；應鐘爲太簇之羽，黄鐘爲夾鐘之羽，大呂爲姑洗之羽，以冬三月應。而黄鐘之宫，獨應于長夏，其義可知。至以十日配四時，亦有二義。一由日行所在。尚書攷靈曜云：「萬世不失九道謀。」康成注引河圖帝覽嬉曰：「黄道一，青道二，出黄道東；赤道二，出黄道南；白道二，出黄道西；黑道二，出黄道北。日春東從青道，夏南從赤道，秋西從白道，冬北從黑道也。」隋志云：「晉侍中劉智云：昔者，聖王正厤明時，作圓蓋以圖列宿。極在其中，廻之以觀天象。分三百六十五度四分度之一，以定日數。日行于星紀，轉廻右行，故規圓之，以爲日行道。欲明其四時所在，故于春也，則以爲青道；于夏也，則以爲赤道；于秋也，則以爲白道；于冬也，則以爲黑道。四季之末，各十八日，則以爲黄道。」此一義也。一由月體所象。虞翻周易注云：「甲乾乙坤相得合木，謂天地定位也；丙艮丁兑相得合火，山澤通氣也；戊坎己離相得合土，水火相逮也；庚震辛巽相得合金，雷風相薄也；天壬地癸相得合水，陰陽相薄而戰乎乾。故曰五位相得而各有合。」參同契云：「三日出爲爽，震庚受西方。八日兑受丁，上弦平如繩。十五乾體就，盛滿甲東方。十六轉就緒，巽辛見平明，艮直于丙南，下弦。二十三坤乙。三十日東方喪其朋，壬癸配甲乙，乾坤括始終。」又一義也。乾坤卽青道，艮兑卽赤道，坎離卽黄道，震巽卽白道，天地卽黑道。既日從青道，而甲乙在東方，則其日甲乙矣。此二義固相因也，其餘倣此。日名甲乙者，月令注云：「乙之言軋也。日之行，春東從青道，發生萬物，月爲之佐，時萬物皆解孚甲，自抽軋而出，因以爲日名焉。」○向宗魯云：案此文蒼龍、朱鳥、黄龍、白虎、玄武皆謂之獸者，蓋古之獸爲動物之通稱。攷工記：「天下之大獸五：脂者、膏者、臝者、羽者、鱗者。」是羽者、鱗者皆得稱獸也。管子幼官篇有倮獸、羽獸、毛獸、介蟲、鱗獸之稱。房注卽用淮南爲釋。

○寧案：注，道藏本、中立本、茅本、景宋本重「蒼」字，當據補。依注例，則下文「丙丁」下注應補「火色赤，朱鳥，順其色也」九字。「黄龍」下注云「土色黄也」，當作「土色黄，黄龍，順其色也」。「庚辛」下注當補「金色白，白虎，順其色也」九字。「壬癸」下注當補「水色黑，玄武，順其色也」九字。集證本補戊己、庚辛、壬癸而不補丙丁。南方火也，○陶方琦云：五行大義一引許注：「火者炎上也。」説文火字下云：「燬也。南方之行，炎而上，象形。」其帝炎帝，炎帝，少典子也，以火德王天下，號曰神農，死託祀於南方之帝。○補曰：小宗伯注云：「赤曰赤熛怒，炎帝食焉。」月令注云：「此赤精之君神也。」其佐朱明，舊説云：祝融。○補曰：爾雅釋天云：「夏爲朱明。」故淮南以爲南方之帝佐。山海經曰：「南方祝融，獸身人面，乘兩龍。」郭璞注：「火神也。」楚辭九歎云：「絶廣都以直指兮，歷祝融于朱冥。」「冥」「明」聲相近，是朱明即祝融也。月令注云：「火官之臣。」○陶方琦云：占經三十引許本作祝融。案高云舊説，卽許本也。占經引淮南天文閒詁作「其佐祝融」，確是許本。執衡而治夏。○陶方琦云：占經三十引許注：「衡，平也。」按衡義同準。説文：「準，平也。」其神爲熒惑，熒惑，五星之一也。其獸朱鳥，朱鳥，朱雀也。其音徵，其日丙丁。徵，火也，丙丁皆火也。○補曰：月令注云：「丙之言炳也。日之行，夏南從赤道，長育萬物，月爲之佐，時萬物皆炳然著見而强大，又因以爲日名焉。」

中央土也。○陶方琦云：五行大義一引許注曰：「土者吐生者也。」中間引王肅説。下又引許慎曰：「其字『二』以象地之下與地之中，以一直畫象物初出地也。」下數語皆説文。其帝黄帝，黄帝，少典之子也，以土德王天下，號曰軒轅氏，死託祀於中央之帝。○補曰：小宗伯注云：「黄曰含樞紐，黄帝食焉。」月令注云：「此黄精之君。」其佐后土，○補曰：月令注云：「土官之臣。」執繩而制四方。○陶方琦云：占經三十八引許注：「繩，直也。」按下文「子午卯酉爲二繩」，高注

「繩，直」，亦同許説。○寧案：上云治春治夏，下云治秋治冬，此「制」亦當爲「治」，聲近而誤。漢書魏相傳：「東方之神太昊，乘震執規司春；南方之神炎帝，乘離執衡司夏；西方之神少昊，乘兑執矩司秋；北方之神顓頊，乘坎執權司冬；中央之神黄帝，乘坤艮執繩司下土。兹五帝所司，各有時也。」此言治春、治夏、治秋、治冬、治四方，彼言司春、司夏、司秋、司冬、司下土，其比同。集證本改「治」是也。其神爲鎮星，其獸黄龍，土色黄也。其音宮，其日戊己。宮，土。戊、己，土也。○補曰：史記天官書黄鐘宮案六十律始於戊子，則己丑爲林鐘徵，丑衝未，故林鐘爲六月律。林鐘徵也，其宮黄鐘。算律宮生徵，亦徵生宮，六倍黄鐘，即九倍林鐘是也。宮徵相生，律吕之要盡矣。律中黄鐘之徵者唯六月，故兼中黄鐘之宮。由此推之，十二月律各自爲徵，即各有其宮。不言者，非宮徵之始也。五行土寄王於未申，故坤爲土而位西南。宮，土音也，六月中之必矣。日名戊己者，月令注云：「戊之言茂也。己之言起也。日之行，四時之間從黄道，月爲之佐。至此萬物皆枝葉茂盛，其含秀者，屈抑而起，故因以爲日名焉。」○劉文典云：御覽二十三引注作「宮，土也。戊己，土日也。」西方金也。○陶方琦云：五行大義引許注曰：「金者，禁也，陰氣始起，萬物禁止也。」説文金字下云：「五色金也，黄爲之長，久薶不生衣，百鍊不輕，從革不違，西方之行。生於土，從土左右注，象金在土中形。」故五行大義又引下一説與説文同。是又采説文也。許君淮南注「萬物禁止」之説，亦本之白虎通。其帝少昊，少昊，黄帝之子青陽也，以金德王，號曰金天氏。死託祀於西方之帝。○補曰：小宗伯注云：「白曰白招拒，少昊食焉。」月令注云：「此白精之君。」其佐蓐收，○補曰：高誘呂氏春秋七月紀注云：「少昊氏裔子曰該，皆有金德，死託祀爲金神。」然晉語云：「虢公夢在廟，有神人面白毛，虎爪，執鉞立于西阿。公懼而走。覺，召史嚚而占之。曰：『如君之言，則蓐收也。』」山海經云：「西方蓐收，左耳有蛇，乘兩龍。」郭璞注：「金神也。」明蓐收本天神，該爲金正，故亦名蓐收。月令注云：「金官之臣。」執矩而治秋。其神爲太白，其獸白虎，其音商，其日庚辛。商，金也。庚、辛皆金也。○補曰：月令注云：「庚之言更也，辛之言新也。日之行，秋西從白道，成孰萬物，月爲之佐，萬物皆肅然改更，秀實新成，人因以爲日名焉。」北方水也。其帝顓頊，顓頊，黄帝之孫，以水德王天下，號曰高陽氏。死託祀於北方之帝。○補曰：小宗伯注云：「黑曰汁光紀，顓頊食焉。」月令注云：「此黑精之君。」其佐玄冥，○補曰：高誘注十月紀云：「玄冥，水官也。少昊氏之子曰脩，爲玄冥師，死祀爲水神。」然山海經云：「北方禺強，人面鳥身，珥兩青蛇，踐兩青蛇。」郭璞注云：「玄冥，水神也。」莊周曰：「禺彊立於北極。」則玄冥本天神，循爲水正，因得是名。月令注云：「水官之臣。」執權而治冬。其神爲辰星，其獸玄武，其音羽，其日壬癸。羽，水也。壬、癸皆水也。○補曰：月令注云：「壬之言任也，癸之言揆也。日之行，冬北從黑道，閉藏萬物，月爲之佐。時萬物懷任於下，揆然萌芽，又因以爲日名焉。」太陰在四仲，則歲星行三宿。仲，中也。四中，謂太陰在卯、酉、子、午四面之中也。○補曰：楊泉物理論曰：「歲行一次，謂之歲星。」○陶方琦云：占經二十三引許注：「太陰，謂太歲也。四仲，子、午、卯、酉也。」又假令歲星在卯，星守須女、虚、危，故曰三宿。按下文「太陰在寅爲攝提格」，爾雅作「太歲在寅曰攝提格」。知太陰卽太歲。廣雅：「太陰，太歲也。」本許義。太陰在四鉤，則歲星行二宿。丑鉤辰，申鉤巳，寅鉤亥，未鉤戌，謂太陰在四角。○補曰：此以四辰成一鉤也。本或作亥鉤戌者非，此太陰謂歲陰。周禮保章氏注：「歲星爲陽，右行于天，太歲爲陰，左行于地，十二而小周。」鄭所謂陰，據太歲對歲星言之，尚非謂歲陰。此歲陰則歲雌也。既太歲、歲星行有左右，則與斗建日躔無異。故樂説云：「歲星與日常應太歲月建以見。」謂歲星與日同次之月，其斗所建之辰常有太歲也。古人視歲星以知太歲，因以太歲名年。爾雅「太歲在甲曰閼逢，太歲在寅曰攝提格」是也。至西漢時，復因太歲而知歲陰，命其時所用顓頊曆上元爲太歲甲寅，推前三百三十八算而得太陰甲寅，于六十干支後三十八算，于十二辰則後二算。必三百三十八算者，畧以五星通率推得之。其氣朔則正月朔旦啟蟄也。故天官書曰：「攝提格歲，歲陰左行在寅，歲星右轉居丑。」丑爲星紀，日月五星于是始。故治曆者，必用此爲十二次之首，即以爲歲陰在攝提格之歲，其太歲則在子。是以孝武太初元年，太歲在丙子，而詔以爲復得焉逢攝提格之歲，蓋用歲陰名也。小司馬不知其義，遂謂史漢厤法不同，誤矣。歲星在丑，歲陰在寅，則歲星在子，歲陰在卯，歲星在酉，歲陰在午可知。由是一左一右，周行十二辰。歲星居四仲，歲陰亦必居四仲；歲星居四鉤，歲陰亦必居四鉤：但視歲星，可知歲陰。淮南由太陰以推歲星，義正同也。必仲有三宿，鉤止二宿者，左傳言「婺女，玄枵之維首」，又言「玄枵，虚中也」，則危爲玄枵之次末。玄枵有次三宿，則大梁、鶉火、大火亦必三宿，其餘八次僅得二宿可知。此宿次傳自周秦之代，故淮南以爲言也。後漢鄭康成說周易爻辰亦用之。○陶方琦云：占經二十三引許注：「四鉤，謂丑寅爲一鉤，辰巳爲一鉤，未申爲一鉤，戌亥爲一鉤。又假令歲陰在寅，歲星在斗、牛，故曰二宿也。按即本下文丑寅、辰巳、未申、戌亥爲四鉤說也。

二八十六，○補曰：歲星在四鉤，積八歲行十六宿。三四十二，○補曰：歲星在四仲，凡四歲行十二宿。故十二歲而行二十八宿，○補曰：即一周也。康成依三統法謂之小周。小周者，漢志云：木金相乘爲十二，是謂小周。小周乘巛策，爲一千七百二十八，是爲大周。木三金四乘爲十二，即仲三鉤二之義也。十二周天而超一辰，其積百四十四，即巛策。十二超辰而爲一終，其積千七百二十八，故以小周乘巛策而爲大周也。三統之法，分一次爲百四十五分，歲星歲行一次，又剩行一分，積百四十四歲而剩行分竟，故有超辰。大衍曆議謂昔僖公六年，歲陰在卯，星在析木；昭公三十二年，亦歲陰在卯，而星在星紀。故三統曆因以爲超辰之率是也。星有超辰，則太歲、歲陰隨之俱超。故太歲、歲陰皆當以歲星爲宗，不當遽以六十年周定其歲名。東京順帝時，妄謂歲無超辰，遂以滿六十甲子爲青龍一周，且置太陰不講矣。康成云：「然則今曆太歲非此也。」謂太歲不應歲星。○錢大昕云：四仲謂子午卯酉也。四鉤謂丑寅、辰巳、未申、戌亥也。太陰在卯，歲星舍須女、虛、危；太陰在午，歲星舍胃、昴、畢；太陰在酉，歲星舍柳、七星、張；太陰在子，歲星舍氐、房、心：是爲四仲行三宿。太陰在寅，歲星舍斗、牽牛；太陰在辰，歲星舍營室、東壁；太陰在巳，歲星舍奎、婁；太陰在未，歲星舍觜巂、參；太陰在申，歲星舍東井、輿鬼；太陰在戌，歲星舍翼、軫；太陰在亥，歲星舍角、亢；太陰在丑，歲星舍尾箕：是爲四鉤行二宿。此在淮南書信而有徵者也。漢書天文志晉灼注云：「太歲在四仲，則歲星行三宿。太歲在四孟四季，則歲星行二宿。」史記正義引晉灼說亦同。本據淮南之文而改太陰爲太歲，則失淮南之旨。蓋古法太陰與太歲不同，太歲與歲星左右行不同，而常相應。如歲星在星紀，則太歲必在子，歲星在玄枵，則太歲必在丑，推之十二辰皆然也。今云歲星舍斗、牽牛，是星紀之次也，太歲當在子，而卻云在寅；歲星舍須女、虛、危，是玄枵之次也，太歲當在丑，而卻云在卯：是淮南所云太陰，非即太歲矣。如果太歲在寅，則歲星當舍營室、東壁，不當在斗、牽牛；果太歲在卯，則歲星當舍奎、婁，不當在須女、虛、危也。淮南雖不言太歲，而卽歲星以見太歲，此古人以一反三之例也。太史公天官書多承淮南之文，唯改太陰爲歲陰。其說歲星晨出之月，與淮南常差兩月，一舉夏正，一用天正，似異而實同。太史公亦以歲陰紀年，如太初元年閼逢攝提格，其明證矣。自太初改憲以後，劉子駿三統術但有推太歲所在法，別無言太陰者。蓋疇人子弟失其傳，已非一日。班氏天文志雖承史公之文，而改歲陰爲太歲，不復言太陰，是東漢人已不知太陰、太歲之有别矣。晉灼晉人，宜其仍太陰爲太歲也。

日行十二分度之一，歲行三十度十六分度之七，十二歲而周。周，徧。○補曰：古歲星無超辰，故以十二歲爲通率。星有見伏留逆則罯之矣。歲星見月爲太歲所在，則一見伏必十三中氣有奇，而十二歲有十一見伏。法以十二歲之積日剖爲十一分，卽得一見伏之日數。一見盡一歲，于見伏日内減去一歲日，餘卽伏日也。依此推之，十二歲積四千三百八十三日，每見伏有三百九十八日十一分日之五，其伏日則三十三日二十刻又十一分之五也。其見伏行度，亦以周天分爲十一分，得每分三十三度二千分又十一分之五。以一次三十度四千三百七十五分減之，餘二度七千六百七十五分，卽伏行度也。欲知歲行分者，古曆度分母四，是乘爲十六，以通周天三百六十五度四分一，得五千八百四十四爲實，以十二次爲法除之，得四百八十七。又用爲實，以十六爲法除之，得三十度不盡七，卽一歲歲星所行度分也。然則一次有四百八十七分，故歲有餘分七，積十二次而五千八百四十四分盡，故十二歲而周天也。欲知度行日者，以五千八百四十四爲一度之積分，四百八十七爲一日之行分，以日分除度分，得十二無餘分，是十二日行一度也。如是計之，歲星一見，行盡一次，見後伏三十日十六分日之七而復見，積十二歲而有十一見，則周天也。熒惑○補曰：天官占云：「其精爲風伯，惑童兒歌謠嬉戲也。」常以十月入太微，○馬宗霍云：史記天官書司馬貞索隱引宋均曰：「太微，天帝南宫也。」受制而出行列宿，司無道之國。爲亂，爲賊，爲疾，爲喪，爲饑，爲兵，出入無常，辯變其色，時見時匿。此皆所以譴告人君。○補曰：熒惑亦以五千八百四十四爲實，計十四終，有十六周天。卽以實爲積度，如十四而一，得一終行四百十七度十四分度之六。欲知星行與歲日俱終者，則三十二歲有十五終也。因倍實以爲積日，如十五而一，得七百七十九日十五分日之三也。其一見六百三十二日行三百度，餘即伏行日度。通率二十八日行十五度。十月入太微受制者，熒惑在陬訾，太微在鶉尾，一歲可行百九十二度，則近太微矣。○陶方琦云：占經七十四引許注：「衆星，庶民之象，與列宿俱亡，中國微滅也。」按許注即洪範「庶民惟星」之意。○馬宗霍云：辯猶變也。辯變連文，其義不異，葢爲複語。易坤卦文言「猶辯之不早辯也」，陸德明釋文云：「辯，荀爽作變。」是其證。鎮星以甲寅元始建斗。○補曰：此太歲在甲寅，非太陰也。時用顓頊曆人正月，五星會陬訾之次，太歲正在甲寅。若太陰在甲寅，歲星必在星紀矣。○陶方琦云：占經三十八引許注：「甲寅元始，曆起之年也。建斗，填星起于斗也。」按高無注。今高本作鎮星。歲鎮行一宿。○王念孫云：「行」字因上下文而衍。既云歲鎮一宿，則無庸更言行。開元占經填星占引此無「行」字，史記天官書亦無。○寧案：各本皆有「行」字。漢書天文志注引晉灼曰：「常以甲辰元始建斗之歲，填行一宿，二十八歲而周天也。」填謂填星，即鎮星。史記索隱引晉灼曰疑脱「行」字。王説未必是。當居而弗居，其國亡土；未當居而居之，其國益地，歲熟。日行二十八分度之一，歲行十三度百一十二分度之五，二十八歲而周。鎮星一徧。○補曰：鎮星亦以五千八百四十四爲實，十六乘二十八爲法，得歲行十三度四百四十八分度之二十分，各四除之，即百十二分之五也。鎮星歲一見伏，見三百三十日，行八度；伏三十五日四分日之一，行五度百十二分之五也。太白元始以正月建寅，與熒惑晨出東方，○補曰：正月甲寅者，甲寅歲人正月之名也。古歲、月俱首甲寅，爲建首人正之定法，紀年用太陰、太歲皆同。太初元年月名畢聚，用太陰紀年之甲寅月也。顓頊曆元首月名畢陬，用太歲紀年之甲寅月也。自用天正爲首月，而歲月俱始甲子矣。又甲寅爲正月朔旦立春之日，即顓頊曆去千一百四十算，其冬至則己巳也。〇王引之云：此本作「太白元始以甲寅正月與營室晨出東方」。甲寅正月者，甲寅年之正月也。下文太陰元始建於甲寅，開元占經填星占篇引舊注曰：「甲寅元始，曆起之年也。」大衍曆議引洪範傳曰：「曆紀始於顓頊上元太始閼蒙攝提格之歲，畢陬之月，朔月己巳立春，七曜俱在營室五度。」閼蒙與閼逢同。太歲在甲曰閼逢，在寅曰攝提格。閼逢攝提格之歲者，甲寅之歲也。正月爲陬，畢陬之月者，正月也。七曜者，日、月及太白、歲星、辰星、熒惑、鎮星也。上元太始閼逢攝提格之歲，畢陬之月，太白在營室，故曰太白元始以甲寅正月與營室晨出東方也。天官書說太白曰：「其紀上元以攝提格之歲與營室晨出東方。」開元占經太白占篇引甘氏亦曰：「太白以攝提格之歲正月與營室晨出於東方。」皆其明證。後人不審其義，遂改「甲寅正月」爲「正月甲寅」，又改營室爲熒惑，不知甲寅者，甲寅年也。若云正月甲寅，則是甲寅日矣。顓頊曆元所起之日爲己巳，非甲寅也。其謬一也。甲寅正月，先年而後月。若云正月甲寅，則不知在何年矣。其謬二也。（莊本改「甲寅」爲「建寅」尤非。）太白與營室晨出東方，猶下文「歲星與營室東壁晨出東方」，皆以所在之宿言之。若云與熒惑晨出東方，則不知在何宿矣。其謬三也。（漢書天文志晉灼注「太白常以正月甲寅與熒惑晨出東方」，亦後人依誤本淮南改之。）二百四十日而入，入百二十日而夕出西方。〇補曰：入百二十日非是。晉灼漢書注改作四十日亦非。二百四十日而入，入三十五日而復出東方。出以辰戌，入以丑未。當出而不出，未當入而入，天下偃兵；當入而不入，當出而不出，〇補曰：天官書作「未當出而出」，宜從之。天下興兵。〇補曰：太白八歲而出入東西各五，則一歲十六分歲之六，而晨夕各一見伏。此以五百八十四日四十刻爲兩見日數也。兩見四百八十日，餘爲兩伏日。晨伏不足九十日，夕伏十六日。云「入百二十日、入三十五日」

者，皆誤。○王念孫云：「當出而不出」已見上文，此當作「未當出而出」。太白主兵，故當出而不出，未當入而入，則天下偃兵（見上文），當入而不入，未當出而出，則天下興兵也。史記天官書、漢書天文志及開元占經太白占引石氏星經竝云：「未當出而出，當入而不入，天下起兵。」是其證。○寧案：王說是也。太白主兵，入則偃，出則興。蜀藏本正作「當入而不入，未當出而出，天下興兵」。

辰星正四時，○補曰：宋均元命苞注云：「辰星正四時之法，得與北辰同名也。」常以二月春分効奎婁，以五月下以五月夏至効東井輿鬼，○寧案：「以五月下」四字涉「以五月夏」聲近而衍。道藏本、景宋本無四字。漢書天文志注晉灼曰：「常以二月春分見奎、婁，五月夏至見東井，八月秋分見角、亢，十一月冬至見牽牛。」亦無四字。以八月秋分効角、亢，以十一月冬至効斗、牽牛。効，見。○陶方琦云：占經五十三引許注：「効，見也。」按此許注羼入高注中者，故同。說文「効」作「效」，「象也」。占經又引春秋緯云：「辰星春分立卯之月夕効于奎、婁。」宋均注：「見于奎、婁也。」亦以見訓効。○寧案：効，藏本、宋本同，唯「五月」句宋本作「效」。玉篇、廣韻皆以「効」爲「效」之俗字。出以辰戌，入以丑未，出二旬而入。晨候之東方，夕候之西方。一時不出，其時不和；四時不出，天下大飢。穀不熟爲飢也。○莊逵吉云：飢，依高義應作「饑」。本或作「饑」。飢，餓也。饑，穀不熟也。兩字訓異。○補曰：辰星百六十年有五百十二終。以五千八百四十四日十倍之爲實，三十二乘十六爲法，法除實，得百十四日五百十二分日之七十二，爲晨夕兩見伏之日數。兩見八十日，餘即兩伏日。伏皆十七日有奇，而見歲有六見伏有奇，則四仲月俱得有辰星，故可以正四時。○向宗魯云：此文與天官書略同，「飢」正作「饑」。漢志云：「一時不出，其時不和；四時不出，天下大饑。」開元占經荆州占云：「一時不效，其時不和；二時不效，風雨不適；三時不效，水旱不調；四時不效，王者憂紀綱，天下饑荒，人民流亡去其鄉。」字皆作饑。此誤。

何謂八風？○補曰：河圖括地象云：「天有八氣，地有八風。」易緯云：「八節之風，謂之八風。」春秋考異郵云：「八風殺生，以節翱翔。」○馬宗霍云：八風亦見呂氏春秋有始覽與本書墬形篇，而立名不同。彼竝主方位言，此文則主時節言。三注皆出高氏，皆以卦氣定之。太平御覽九引易緯云：「八節之風，謂之八風。」即本文之八風也。又引禮緯云：「風，萌也，養物成功，所以八風象八卦也。」又高氏以卦定風之所本也。白虎通八風篇與本文合，御覽引春秋考異郵亦然。史記律書則名稱同淮南，而方位同呂覽。

距日冬至四十五日條風至。艮卦之風，一名融。爲笙也。○補曰：史記律書云：「條風居東北，主出萬物。條之言條治，條治萬物而出之，故曰條風。」呂氏春秋有始覽云：「東北曰炎風。」高誘曰：「炎風，艮氣所生，一曰融風。」是條風即炎風，融與炎聲相轉。條者調也，調即融矣。周語云：「先立春五日，瞽告有協風至。」亦卽此風也。易通卦驗云：「立春，條風至。」宋均注云：「條風者，條建萬物之風是也。」樂説云：「艮主立春，樂用塤。此云笙者，服虔左氏傳注：『艮音匏，其風融。』匏卽笙。八風于遁甲爲八門，條風當生門。」○馬宗霍云：易緯云：「立春，條風至。」白虎通云：「條者，生也。」春秋考異郵云：「條者，達生也。」宋均注云：「自冬至後四十五日而立春，此風應其方而來生萬物。」

條風至四十五日明庶風至。震卦之風也。爲管也。○補曰：律書云：「明庶風居東方。明庶者，明衆物之盡出也。」易通卦驗云：「春分，明庶風至。」有始覽云：「東方曰滔風。」高誘曰：「震氣所生，一曰明庶風。」是古名明庶風曰滔也。樂説云：「震主春分，樂用鼓。此云管者，服虔云：『震音竹，其風明庶。』竹卽管。明庶風當傷門。」○馬宗霍云：易緯云：「春分，明庶風至。」白虎通云：「明庶者，迎衆也。」春秋考異郵與白虎通同。宋均注云：「春分之候，言庶衆也，陽以施惠之恩德迎衆物而生之。」

明庶風至四十五日清明風至。巽卦之風也。爲柷也。○補曰：律書云：「清明風居東南維，主風吹萬物而西之軫。」通卦驗云：「立夏，清明風至。」有始覽云：「東方曰薰風。」高誘云：「薰風或作景風，巽氣所生，一曰清明風。」是也。樂説：「巽主立夏，樂用笙。此云柷者，服虔云：『巽音木，其風清明。』木卽柷。清明風當杜門。」○馬宗霍云：易緯云：「立夏，清明風至。」白虎通云：「清明者，青芒也。」春秋考異郵云：「清明者，芒也。精芒挫收。」宋均注云：「立夏之候也。挫猶止也，時蕎麥之屬秀出已備，故挫止其鋒芒，收之使成實。」

清明風至四十五日景風至。離卦之風也。爲弦也。○補曰：律書云：「景風居南方。景者，言陽氣道竟，故曰景風。」通卦驗云：「夏至，景風至。」有始覽曰：「南方曰巨風。」高誘注：「離氣所生，一曰凱風。詩曰：『凱風自南。』」然巨，大也，景亦大也，故巨風爲景風也。樂説云：「離主夏至，樂用絃。服虔云：『離音絲，其風景。』絃卽絲也。八音唯離、兑無異説。景風當景門。」○馬宗霍云：易緯云：「夏至，景風至。」白虎通云：「景者，大也，言陽氣長養也。」春秋考異郵云：「景者，強也，強以成之。」宋均注云：「夏至之候也。強，言萬物強盛也。」

景風至四十五日涼風至。坤卦之風也。爲塤也。○補曰：律書云：「涼風居西南維，主地。地者，沈奪萬物氣也。」通卦驗云：「立秋，涼風至。」有始覽云：「西南曰淒風。」高誘注：「坤氣所生，一曰涼風。」是也。樂説：「坤主立秋，樂用磬。此爲塤者，服虔云：『坤音土，其風涼。』土卽塤。涼風當死門。」○馬宗霍云：易緯云：「立秋，涼風至。」白虎通云：「涼，寒也，陰氣行也。」春秋考異郵云：「涼風者，寒以閉也。」宋均注云：「立秋之候也。閉，收也，言陰寒收成萬物也。」

涼風至四十五日閶闔風至。兑卦之風也。爲鐘也。○補曰：律書云：「閶闔風居西方。閶者，倡也。[a] 闔者，藏也。言陽氣導萬物，闔黄泉也。」通卦驗云：「秋分，閶闔風至。」有始覽云：「西方曰飂風。」高誘云：「兑氣所生，一曰閶闔風。」是也。樂說：「兑主秋分，樂用鐘。服虔云：『兑音金，其風閶闔。』金即鐘。閶闔風當驚門。」○馬宗霍云：易緯云：「秋分，閶闔風至。」白虎通「閶闔」作「昌盍」。云：「昌盍者，戒收藏也。」春秋考異郵云：「閶闔者，當寒天收也。」宋均注云：「秋分之候也。閶闔，盛也。時盛收物蓋藏之。」**閶闔風至四十五日不周風至。**乾卦之風也。爲磬也。○補曰：律書云：「不周風居西北，主殺生。」攷異郵云：「不周者，不交也，陽陰未合化也。」通卦驗云：「立冬，不周風至。」有始覽曰：「西方巨厲風。」高誘云：「乾氣所生，一曰不周風。」是也。樂說：「乾主立冬，樂用柷敔。此云磬者，服虔云：『乾音石，其風不周。』石即磬。不周風當開門。」○馬宗霍云：易緯云：「立冬，不周風至。」白虎通云：「不周者，不交也，言陰陽未合化也。」春秋考異郵與白虎通同。宋均注云：「立冬之候也。未合化，言消息純坤無陽也。」**不周風至四十五日廣莫風至。**坎卦之風也。爲鼓也。○補曰：易緯云：「八節之風，謂之八風。立春條風至，春分明庶風至，立夏清明風至，夏至景風至，立秋涼風至，秋分閶闔風至，立冬不周風至，冬至廣莫風至。」律書云：「廣莫風居北方。廣莫者，言陽氣在下，陰莫陽廣大也，故曰廣莫。」通卦驗云：「冬至，廣莫風至。」有始覽曰：「北方曰寒風。」高誘云：「坎氣所生，一曰廣莫風。」是也。樂說：「坎主冬至，樂用管。此云鼓者，服虔云：『坎音革，其風廣莫。』革即鼓也。所以有此四十五日之距者，攷異郵云：『陽立於五，極於九。』五九四十五日且變以陰合陽，故八卦八風距同，各四十五日也。廣莫風當休門。」○馬宗霍云：易緯云：「冬至，廣莫風至。」白虎通云：「廣莫者，大莫也，開陽氣也。」春秋考異郵云：「廣莫者，精大滿也。」宋均注云：「冬至之候也。言冬物無見者，風精大滿美無偏。」○寧案：周禮保章氏疏引攷異郵「五九四十五且變以陰合陽」，惠校本作「五九四十五日一變風，以陰合陽」，錢塘據本「日一」誤作「且」，「變」下脱「風」字。**條風至則出輕繫，去稽留。**

立春，故出輕繫。○馬宗霍云：白虎通作「出輕刑，解稽留」。通卦驗作「赦小罪，出稽留」。明庶風至則正封疆，修田疇。春分播穀，故正疆界，治田疇也。○馬宗霍云：白虎通作「修封疆，理田疇」。通卦驗與本文同。○寧案：注「正疆界」，道藏本、中立本、茅本、景宋本皆作「正封疆」。清明風至則出幣帛，使諸侯。立夏長養，布恩惠，故幣帛聘問諸侯也。景風至則爵有位，賞有功。夏至陰氣在下，陽盛於上，象陽布施，故賞有功，封建侯也。○王念孫云：有位則有爵。此言「爵有位」，於義不可通。太平御覽時序部八引作「施爵位」。文選任昉王文憲集序注引作「施爵祿」。○俞樾云：既云有位，又何爵焉？「爵有位」之文，殊不可通。「位」疑「德」字之誤。有德有功，相對爲文。草書「德」字作「𢛳」，與「位」相似，故德誤爲「位」耳。白虎通義八風篇正作「爵有德，封有功」，可據以訂正。○劉文典云：注「封建侯也」不詞，「侯」上當有「諸」字。御覽二十三引注正作「封建諸侯」，是其證。○向宗魯云：俞說似是。尚書大傳及本書時則南方之令亦云「爵有德，賞有功」。初學記一、玉燭寶典五引京房占曰：「夏至離王，景風用事，人君當爵有德，封有功。」皆俞說之證。（董子五行順逆篇作「賞有功，封有德」，亦其證。）○寧案：注「封建侯」中立本作「封諸侯」，似是也。太平御覽作「封建諸侯」，與上句於文不對。涼風至則報地德，祀四郊。立秋節，農乃登穀嘗祭，故報地德，祀四方神也。○馬宗霍云：白虎通作「報土功，祀四鄉」。通卦驗與白虎通同。又案詩小雅甫田篇「以社以方」，毛傳云：「社，后土也。方，迎四方氣於郊也。」鄭箋云：「秋祭社與四方，以報其功也。」可爲本文之證。閶闔風至則收縣垂，琴瑟不張。秋風殺氣，國君憯愴，故去鐘磬縣垂之樂也。○蔣超伯云：縣垂謂瓜蓏之屬。王延壽王孫賦：「ε瓜縣而瓠垂。」王充論衡「處顛者危，勢豐者虧，頹墜之類，常若縣垂」，若是樂縣，豈得云頹墜耶？高注非是。○馬宗霍云：白虎通作「申象刑，飾困倉」，與本文全異。通卦驗上句「收」字作「解」，下句同。不周風至則修宮室，繕邊城。立冬節，土工其始，故治宮室。繕修邊城，備寇難也。○馬宗霍云：白虎通作「築宮室，修城郭」。通卦驗上句與本文同，下句「繕」字作「完」。廣莫風至則閉關梁，決刑罰，象冬閉藏，不通關梁也。罰刑疑者，于是順時而決之。○補曰：文亦見通卦驗，唯以「爵有位」爲「辯大將」，以「閉關梁，決刑罰」爲「誅有罪，斷大刑」。○王念孫云：「祀四郊」本作「祀四鄉」。四鄉，四方也。越語「皇天后土四鄉地主正之」，韋注曰：「鄉，方也。」故高注云：「祀四方神」，即月令所謂「命主祠祭禽于四方也」。易通卦驗曰：「涼風至，報土功，祀四鄉。」白虎通義曰：「涼風至，報地德，祀四鄉。」皆其明證也。若作四郊，則失其義矣。且「鄉」與「功」「張」爲韻。（「功」字合韻讀若「光」。月令「神農將持功」，與「昌」「殃」爲韻。老子「不自伐，故有功」，與「明」「彰」「長」爲韻。「自伐者無功」，與「行」「明」「彰」「長」「行」爲韻，韓子主道篇「去賢而有功」與「明」「強」「常」「常」爲韻。楚辭惜誓「惜傷身之無功」，與「狂」「長」爲韻。）若作「郊」則失其韻矣。「決刑罰」本作「決罰刑」。故高注云：「罰刑疑者，於是順時而決之。」下文曰「斷罰刑」，時則篇曰「休罰刑」，又曰「斷罰刑」，皆其證也。太平御覽時序部十二引此亦作「斷罰刑」。「刑」與「城」爲韻，若作「刑罰」則失其韻矣。○馬宗霍云：白虎通作「斷大辟，行刑獄」。通卦驗作「誅有罪，決大刑」。

何謂五官？東方爲田。南方爲司馬。西方爲理。北方爲司空。中央爲都。田主農。司馬主兵。理主獄。司空主土。都爲四方最也。○補曰：春秋繁露云：「木者司農也，火者司馬也，金者司徒也，水者司寇也。」又云：「東方者木，農之本。司農尚仁。南方者火也，本朝。司馬尚智。中央者土，君官也。司營尚信。西方者金，大理司徒也。司徒尚義。北方者水，執法司寇也。司寇尚禮。」彼所説，即此五官。此司空即彼之司寇，故彼又云，「百工惟時，以成器械。」然則水土同官。○俞樾云：「都」上疑脫「官」字。官都者，官之都總也。蓋以二字爲官名。管子問篇曰：「問五官有度制，官都其有常斷，今事之稽也何待？」此五官有官都之塙證。又揆度篇云：「自言能爲司馬，不能爲司馬者，殺其身以釁其鼓。自言能治田土，不能治田土者，殺其身以釁其社。自言能爲官，不能爲官者，劓以爲門父。故無敢姦能誣祿至於君者矣。故相任寅爲官都。」按司馬及治田土，卽此東方、南方之官也。然則官都亦卽此五官之一矣。何謂六府？子午、丑未、寅申、卯酉、辰戌、巳亥是也。○補曰：時則訓云：「孟春與孟秋爲合，仲春與仲秋爲合，季春與季秋爲合，孟夏與孟冬爲合，仲夏與仲冬爲合，季夏與季冬爲合，卽六府也。」太微者，太一之庭也，太微，星名也。太一，天神也。○補曰：春秋元命包云：「太微爲天庭，五帝合明。」天官書云：「南宮朱鳥，權、衡。衡，太微，三光之庭。」集解孟康曰：「軒轅爲權，太微爲衡。」索隱宋均曰：「太微，天帝南宮也。」然太微主式法，故爲衡。辰在巳，王者象之，立明堂于其地也。○俞樾云：下文曰：「紫宮者，太一之居也。然則，太一自在紫宮，不在太微，此太一乃『天子』二字之誤。太平御覽引天官星占曰：紫宮，太一坐也。太微之宮，天子之庭，五帝之坐也。」是其明證。○劉文典云：俞說近塙。文選江文通襍體詩三十首顏特進詩注引「太一」作「天一」，足攷「天子」誤作「太一」之迹。○向宗魯云：王、俞乃因下句云「紫宮太一之居」，疑此文不當又言太一庭，是也。唯一則謂「太一」當爲「五帝」，一則謂「太一」當爲「天子」，俱無塙據。選注引作「天一」，當原文如此。鄭注乾鑿度以天一、太一爲一神，五行大義五已辯之。又引九宮經云：「天一之行，始於離宮，太一之行，始於坎宮；天一主豐，太一主水旱。」二者竝舉，正與此同。後人多見太一，少見天一，因改從今文，而不知其重複不可通也。紫宮者，太一之居也，○補曰：天官書云：「中宮天極星，其一明者，太一常居也。環之匡衛十二星，藩臣。皆曰紫宮。」索隱曰：「案春秋合誠圖云：『紫宮，大帝室，太一之精也。』元命包云：『紫之言此也，宮之言中也，言天神運動，陰陽開閉，皆在此中也。』」又晉書天文志云：「鉤陳口中一星曰天皇大帝，其神曰耀魄寶，主御羣靈，執萬神圖。天一星在紫宮門右星南，天帝之神也，主戰鬭，知人吉凶者也。太一星在天一南，相近，亦天地之神也，主使十六神，知風雨水旱、兵革饑饉、疾疫災害之國也。」然紫宮太一即耀魄寶。故隋志云：「北極大星，太一之坐也。」義與史記合。**軒轅者，帝妃之舍也，**○補曰：天官書云：「權，軒轅。軒轅，黃龍體。前大星，女主象；旁小星，御者後宮屬。」索隱曰：「援神契云：『軒轅十二星，後宮所居。』石氏星贊以軒轅龍體，主后妃也。」文選謝玄暉齊敬皇后哀册文注引高誘淮南子注：「軒轅，星也。」當在此。○劉文典云：文選月賦注引高注：「軒轅，星名。」當據補。（齊敬皇后哀册文注引作「軒轅，星也」。）下文「天阿者，羣神之闕也」，北堂書鈔百五十亦引注云：「天河，星名也。」正與此注一例。疑此注本作「軒轅，星名也」。）**咸池者，水魚之囿也，**咸池，星名。水魚，天神。○補曰：隋書天文志云：「五車五星在畢北，中有五星曰天潢，天潢南三星曰咸池，魚囿也。」○劉文典云：北堂書鈔百五十引「魚」作「衡」。疑此文「魚」本作「奐」，即古「衡」字，形與「魚」近，傳寫遂譌爲「魚」矣。若本爲「魚」字，無緣誤爲「衡」也。**天阿者，羣神之闕也：**闕猶門也。○補曰：御覽卷六引有注「天河，星名也」句。正文「阿」亦作「河」。案韓非子「天河」，何犿注：「吉星。」即謂此天阿，蓋古「阿」「河」通也。隋志云：「坐旗西四星曰天高，天高西一星曰天河，主察山林妖變。一曰：天高，天之闕門。」○俞樾云：高注曰「闕猶門也」。然開元占經甘氏中官占引甘氏曰：「天阿一星在昴西，以察山林之妖變也。」則非門闕之謂。北堂書鈔、太平御覽引此竝作「天河」。然天河非星也。偏攷書傳，無以天河爲星名者。今案「天河」當作「兩河」。史記天官書曰：「鉞北，北河；南，南河。兩河天闕。」是其證也。「天」字篆文作「亣」，與「兩」字相似，故「兩」誤爲「天」矣。○寧案：史記天官書曰：「鉞北，北河；南，南河；兩河、天闕間爲關梁。」非作「兩河，天闕」絶句也。正義曰：「闕丘二星在南河南，天子之雙闕，諸侯之兩觀，亦象魏縣書之府。金、火守之，主兵戰闕下也。」是天闕謂闕丘二星，非謂兩河也。俞氏斷章取義，不可從。四宮者，所以守司賞罰。四宮，紫宮、軒轅、咸池、天阿。○補曰：「四宮」御覽卷六引作「四守」，「守」爲是也。四方之宿，古謂四宮，非此四星也。彼引許慎注與此同，而「宮」亦爲「守」，知前云「四宮」「天阿」，當爲「四守」「天河」也。○陶方琦云：初學記一、御覽六引許注：「四守：紫宮、軒轅、咸池、天河也。」案王氏淮南褉志曰：上文「紫宮、太微、軒轅、咸池、四守、天阿，高注曰『皆星名，下自解』。此作『四守』乃統搯之詞，前後不應矛盾若此。蓋後人以許注羼入高注中，遂至於此。」王説是也。今高本「四宮」乃「四守」之誤，「天阿」當作「天河」。（韓非子「天河」，何犿：「隋志：天高西一星名天河。」）今北堂書鈔及御覽引高注曰：「天河，星名。」知「阿」乃「河」之譌文。○寧案：北堂書鈔一百五十、太平御覽六引作「四守者，所以司賞罰」，道藏本、景宋本作「所以爲司賞罰」，衍「爲」字。莊本「爲」作「守」，尤非。

太微者，主朱雀。主猶典也。○陶方琦云：占經六十六引許注：「朱鳥，太微之鄉。」按上文「其獸朱鳥」，高注：「朱鳥，朱雀也。」似本文當作「朱鳥」。○寧案：道藏本、中立本、景宋本皆作「朱鳥」，茅本作朱雀，蓋明人所改而莊本從之也。又案上文「四守者所以爲司賞罰」，已爲束上之詞，此忽重提太微，與上下不相屬，疑有敚誤。紫宮執斗而左旋，○補曰：天官書云：「斗爲帝車，運于中央，臨制四鄉。分陰陽，建四時，均五行，移節度，定諸紀，皆繫于斗。」春秋運斗樞云：「北斗七星，第一天樞，第二旋，第三機，第四權，第五衡，第六開陽，第七摇光。第一至第四爲魁，第五至第七爲杓，合而爲斗。展陰布施，故稱北斗。」○寧案：補注引春秋運斗樞「北斗七星第五衡」，衡乃衡字形譌，據藝文類聚一、太平御覽五引改正。日行一度以周于天。○補曰：謂北斗也。北斗左旋，卽天之行，日行一度，故一歲而周。或以爲説日之行，則下不應重有日文矣。日冬至峻狼之山，南極之山。○陶方琦云：占經六十七引許注：「駿狼之山，冬至所止也。」按玉篇引作「日冬至入駿狼之山」，蓋許本也。日移一度，凡行百八十二度八分度之五，而夏至牛首之山，牛首，北極之山。○補曰：此六月所行度分也。日移一度，故半歲而有此行數。「月」上疑脱「六」字。劉績以爲「月」當作「凡」也。○陶方琦云：占經六十七引許注：「牛首之山，夏至所止也。」按中山經「又北三十里曰牛首之山」，郭注：「今長安西南有牛首山。」太平寰宇記：「神山縣黑山一名牛首。」○向宗魯云：「凡」，宋本、藏本皆作「月」。譚獻曰：作「凡行」者寫誤。反覆三百六十五度四分度之一而成一歲。○補曰：四乘周天爲千四百六十一，欲半之者倍其法，故以八除之而得百八十二度八分之五也。反覆之卽成一歲。凡此分母俱生于四分也。周髀算經曰：「何以知天三百六十五度四分度之一？古者，庖犧神農制作爲曆，度元之始，見三光未如其則，日月列星未有分度。日主晝，月主夜，晝夜爲一日。日月俱起建星，月度疾，日度遲，日月相逐于二十九日、三十日間，而日行天二十九度餘，未有定分。于是三百六十五日南極景長，明日反短。以歲終日景反長，故知之。三百六十五日者三，三百六十六日者一，故知三百六十五日四分日之一，歲終也。」天一元始，○補曰：「天一」當爲「太一」，字之譌也。太一，卽前所云以太微爲庭，紫宮爲居之耀魄寶，曆家謂之太歲者也。天一，則直斗口之陰德，曆家謂之太陰矣。天一、太一紀歲，人正俱建寅。知非天一者，顓頊曆上元太歲甲寅正月，七曜俱在營室，如下所言也。若太陰甲寅，太歲實在丙子，歲星尚在星紀，何由得至營室？○陶方琦云：占經五引許注：「天一元始，初有日月五星之時也。」錢塘曰：「天一當作太一。天一、太一紀歲，人正俱建寅。知非天一者，顓頊曆上元歲甲寅正月，七曜俱在營室，如下所言也。若太陰甲寅，太歲實在丙子，歲星當在星紀，何得至營室？」**正月建寅，日月俱入營室五度。**○補曰：漢書張蒼傳贊謂「專遵用秦之顓頊曆」。蔡邕命論云「顓頊曆術曰天元正月己巳朔旦立春」，俱以日月起于天廟營室五度。今月令孟春之月，日在營室，其言宿度與淮南合，明淮南所用即顓頊曆也。而大衍曆議云：「顓頊曆上元甲寅歲正月甲寅晨初合朔立春，七曜皆直營室指斗在艮維之首。其後呂不韋得之以爲秦法，更攷中星，斷取近距，以乙卯歲正月己巳合朔立春。」洪範傳曰：「曆紀始于顓頊上元太始閼蒙攝提格之歲，畢陬之月，朔日己巳立春，七曜俱在營室五度」是也。案一行謂秦用顓頊曆，是已。謂古顓頊曆本太歲甲寅，秦時斷取近距用乙卯，則非是。蔡邕所謂「正月朔旦己巳立春」，春者，乙卯元也。而洪範所言氣朔與邕同，其太歲則是甲寅，蓋本是一曆，止緣歲星有超辰，則太歲與之俱超。高帝元年，歲星在鶉首，則太歲在甲午，因謂之甲寅元。孝武太始二年，歲星超一辰，至世祖建武元年，歲星在壽星，太歲在乙酉，因名乙卯元。自此以後，紀歲不攷歲星，于是乙卯元之名遂定。古人必攷歲星，則上元太歲隨時改易，所恃入部積年氣朔不誤耳。不然者，秦時已用此曆，而呂氏春秋謂「維秦八年，歲在涒灘」，高誘注謂：「始皇即位八年。涒灘，申也。」則上元不在癸丑乎？蓋始皇元年，積千二百六十算加四十算爲高帝元年，再加二百三十算爲世祖元年。如元有定名，即不得有是三者之異矣。若求甲寅歲甲寅晨初合朔立春之顓頊曆，不過去千一百四十年耳，如是而任加數十百元，俱可名上元也。何者？顓頊曆己巳立春，則甲申冬至。試從甲申始列二十部名，至第十六部而己巳爲冬至部名。己巳冬至，則立春甲寅也。一紀千五百二十年，十五部千一百四十年，去十五部，則始皇元年止百二十算，高祖元年止百六十算，各以其時所定太歲命之可矣。然則上元甲寅仍從西漢人說，依東漢則又名乙卯耳。超辰之法，剏自劉歆。歆之前後，皆無此術。然觀其命曆上元及攷歲星行度，則其理固具于中矣。○陶方琦云：占經五引許注：「日月如連璧，五星若貫珠，皆右行。」按尚書中候云：「日月若連璧，五星如編珠。」許注本此。**天一以始建**○補曰：「天一」亦宜作「太一」。**七十六歲，日月復以正月入營室五度無餘分，**○陶方琦云：占經五引許注：「餘分，小分也。」按或引占經引淮南許注作「餘分，小餘也」。當作小分是。**名曰一紀。**○補曰：古曆至朔同日謂之章，同在日首謂之部。章十九歲，積餘日九十九日，有餘分四之三；七十六歲爲部，積餘日三百九十九，無餘分。紀卽部。**凡二十紀，一千五百二十歲大終，日月星辰復始甲寅元。**○補曰：古曆部周六旬謂之紀，歲朔又復謂之元年。七十六歲，積餘日三百九十九，無小餘，有大餘。至千五百二十歲，積餘日七千九百八十日，大小餘俱盡，故爲大終。元卽紀。此云元者，以大終爲一元也。古人命歲，必視歲星所在，不限六十年一周之例，故不以四千五百六十歲爲一元。甲寅元，卽前所云己巳立春，去千一百四十算所得之甲寅朔旦立春也，在周顯王三年。此爲近距，益知一行之說非矣。○王引之云：「大終」下當有「三終」二字。下文曰：「一終而建甲戌，二終而建甲午，三終而復得甲寅之元。」蓋一終而建甲戌，積千五百二十歲；二終而建甲午，積三千四十歲；三終而復得甲寅之元，積四千五百六十歲。（劉績謂每終二十年，三終共六十年，大誤。）故曰「千五百二十歲大終，（句）三終，日月星辰復始甲寅之元」也。千五百二十歲一終，但至甲戌，不得復始甲寅之元，故知脱「三終」二字也。日月五星起於營室，乃顓頊曆元。（見太歲攷）開元占經古今曆積篇曰：「黃帝曆元法四千五百六十。顓頊曆同。」則顓頊曆以四千五百六十歲爲一元，若非三終，不得有此數矣。漢書律曆志曰：「三終而與元終。」續漢志曰：「三終歲復，復青龍爲元。」是其例也。開元占經日占篇引此已脱「三終」二字。日行一度而歲有奇四分度之一，○王引之云：「日行一度」本作「日行危一度」，後人删去「危」字耳。日行危一度而歲有奇四分度之一者，言每歲日行至危之一度，而有四分一之奇零也。蓋四分度之一，微茫難辨，其所在本無定處。推步者視周天之度起於何宿，則附餘數於度所止之宿，如殷曆以冬至日躔起度，則度起牽牛而以四分度之一附於斗。開元占經北方七宿占篇引石氏曰：「斗二十六度四分度之一」是也。斗、牽牛爲星紀，度起星紀，則以四分度之一附於析木。下文曰：「星分度：箕十一四分一。」是也。（尾、箕，析木也。）顓頊曆以立春日躔起度，則度起營室，而以四分度之一附於危，即此所云「日行危一度而歲有奇四分度之一」是也。廣雅説七曜行道曰：「日月五星行黄道，始營室、東壁。」又曰：「行須女、虚、危，復至營室。」是度起營室而止於危，月令所謂「日窮於次」也，故以四分度之一附於危焉。危不止一度而獨附於一度者，星度多少，古今不同，唯第一度不異，故附於此耳。開元占經日占篇引此正作「日行危一度」。又引注曰：「危，北方宿也。」則有「危」字明矣。若如今本作「日行一度」，則所謂四分度之一者，不知附於何宿矣。甚矣！其不可通也。故四歲而積千四百六十一日而復合，故舍八十歲而復故曰。○補曰：一歲三百六十五日四分一，四歲冬至歷子、卯、午、酉四正時已周，第五歲復得子正冬至爲復合，故處一歲有大餘五，小餘一，四歲成二十一日，八十歲積四百二十日，六十去之恰盡，爲復故日。（「日」一作「曰」，誤。）千五百二十歲，以十九歲一章計之，得八十章；以八十歲一復計之，有十九復。理正相通。○黄楨云：「曰」當作「日」。一歲凡三百六十五日四分日之一，八十歲計有四百八十七甲子而餘分皆盡，仍復故日干支也。

子午、卯酉爲二繩。繩，直也。○補曰：南北爲經，東西爲緯，故曰二繩。丑寅、辰巳、未申、戌亥爲四鉤。○補曰：丑寅鉤，辰巳鉤，未申鉤，戌亥鉤。（淡案：四仲之外，餘皆爲鉤。此以太陰在四角而釋其鉤義如此，與前高注通四辰爲一鉤同也。若推歲行所在，則太陰在寅歲在丑，太陰在辰歲在亥，太陰在巳歲在戌，太陰在未歲在申，則辰與亥鉤，巳與戌鉤，與此稍異。）東北爲報德之維也。報，復也。陰氣極於北方，陽氣發於東方，自陰復陽，故曰報德之維。四角爲維也。○鍾佛操云：易通卦驗「虙羲作易，仲命德維紀衡。」注云：「維者，四角之卦艮、巽、坤、乾也。」案：顧亭林日知録三十云：「曆家天盤二十四時有所謂艮、巽、坤、乾者，不知其所始。所謂報德之維，常羊之維、背陽之維、蹏通之維，即艮、巽、坤、乾也。後人省文，取卦名當之耳。」西南爲背陽之維。西南已過，陽將復陰，故曰背陽之維。○唐百川云：原本玉篇引「信陽之維」，「信」乃「倍」之譌。首句報德之維無「也」字，當從之。東南爲常羊之維。常羊，不進不退之貌。純陽用事，不盛不衰常如此，故曰常羊之維。○莊逵吉云：「常羊」即「相羊」，亦即「倘佯」。漢書吴王濞傳又作「方洋」，司馬相如上林賦又作「襄羊」，皆是也。亦古字通用。○寧案：注，道藏本、景宋本作「東南純陽用事」，莊本當補「東南」二字。西北爲蹏通之維。西北純陰，陽氣閉結，陽氣將萌，蹏始通之，故曰蹏通之維。○莊逵吉云：「蹏」，各本皆作「蹏」，疑藏本誤。○補曰：東北，艮也，始萬物，終萬物，德莫大焉，故曰報德。西南，坤也，純陰無陽，故曰背陽。東南，巽也，爲進退，故曰常羊。漢書禮樂志云：「周流常羊。」師古曰：「常羊，猶逍遥也。」西北，乾也，天門在焉，呼號則通，故曰號通。四維之卦，周髀有之。漢書禮樂志云：「祠太一於甘泉，就乾位也。」則以四卦置于四維，其來古矣。○譚獻曰：中立本作「號通」。錢本注：「陰氣閉結，陽氣將萌，號使通之，故曰號通之維。」○向宗魯云：唐本玉篇系部引作「號」。〇馬宗霍云：據莊氏校語，作「蹏」既是藏本，則各本作「蹏」，疑當是「嗁」字之誤。「蹏」「嗁」形近音同，傳寫易捝。說文口部云：「嗁，號也。」蓋字作「嗁」，而義爲號，未必正文作「號」也。下文「指蹏通之維」與此同。〇寧案：「蹏」道藏本作「⿰𧾷虎」，茅本同。「⿰𧾷虎」「號」形近，故誤爲「蹏」。若本作「嗁」，「口」何由誤爲「足」？作「號」字是。

日冬至則斗北中繩，〇馬宗霍云：本文所謂繩，卽周髀算經立表測日「以繩繫表顛，引繩致地而識之」之「繩」也。「中」讀陟仲切，義與「當」同。「中繩」謂與繩適相當，又卽周髀算經所謂「相直」也。「直」亦「當」也。陰氣極，陽氣萌。〇補曰：太玄經云：「陰不極則陽不萌。」注：「陽萌於十一月。」故曰冬至爲德。德，始生也。〇補曰：京氏易積算傳云：「龍德十一月，子在坎，左行。」是也。日夏至則斗南中繩，陽氣極，陰氣萌。〇補曰：太玄經云：「陽不極則陰不芽。」注：「陰芽於六月。」故曰夏至爲刑。刑，始殺也。〇補曰：京氏易積算傳曰：「虎刑五月，午在離，右行。」是也。陰氣極則北至北極，下至黃泉，〇補曰：蓋天之法，天旁遊四表，地升降于天之中。冬至天南遊之極，地亦升降極上，故北至北極，下至黃泉；夏至天北遊之極，地亦升降極下，故南至南極，上至朱天；春分天西遊之極，秋分天東遊之極，地皆升降正中。義具鄭注考靈曜及周髀算經。以渾天論之，冬至，日行赤道南二十四度，而晝漏極短；夏至，日行赤道北二十四度，而晝漏極長；二分，日正行赤道上，而晝漏適均，卽其理也。〇寧案：道藏本、景宋本「北極」「黃泉」二句互倒，與下文參錯。故不可以鑿地穿井。〇王念孫云：太平御覽地部三十二池下引此作「鑿池穿井」，於義爲長。萬物閉藏，蟄蟲首穴，故曰德在室。陽氣極則南至南極，上至朱天，故不可以夷邱上屋。〇陶方琦云：占經五引許注：「夷，平也。」案說文「夷，平也」，與注淮南同。〇鍾佛操云：玉燭寶典引許注：「夷，平也。」萬物蕃息，五穀兆長，故曰德在野。日冬至則水從之，日夏至則火從之，故五月火正而水漏，火正，火王也，故水滲漏。一説火星正中地。漏，漯也。○寧案：注「火星正中地」，錢注本改「地」爲「也」，是也。中立本正作「也」。十一月水正而陰勝。水正，水王也，故陰勝也。一説營室正中于南方。○補曰：古曆夏至昏中星去日百十八度，秦曆立春日在營室五度，則夏至日在鬼三度、心二度正中也。冬至昏中星去日八十二度，秦曆日在牽牛五度，則奎十六度正中，其前月營室已中也。月令云：「中冬之月，昏東壁中。中夏之月，昏亢中。」謂月本也。○俞樾云：此文有錯誤。冬至水王，夏至火王，豈得但曰水從之、火從之？一也。火正與水漏有二義，水正與陰勝則止一義耳。兩文不稱，二也。且連下文讀之曰：「陽氣爲火，陰氣爲水，水勝故夏至溼，火勝故冬至燥。」夫冬至水從之，夏至火從之，則夏至何以溼、冬至何以燥乎？前後不相應，三也。今按「日冬至則水從之，日夏至則火從之」，「水」「火」二字當互易。冬至一陽生，故日冬至而火從之也；夏至一陰生，故日夏至而水從之也。五月火正而水漏，正説夏至水從之之義。言五月火方用事而水氣已滲漏也。十一月水正而陰勝，「陰」乃「火」字之誤，「勝」字當讀爲「升」，「勝」「升」古通用。謂十一月水方用事而火氣已上升也。正説冬至火從之之義。如此則與下文一貫矣。陽氣爲火，陰氣爲水；水勝故夏至溼，火勝故冬至燥；燥故炭輕，溼故炭重。○補曰：前漢書天文志云：「冬至短極，縣土炭。」孟康曰：「先冬至三日，縣土炭於衡兩端，輕重適均，冬至而陽氣至，則炭重；夏至陰氣至，則土重。」晉灼曰：「蔡邕曆律記：『候鍾律權土炭，冬至陽氣應黄鍾通，土炭輕而衡仰，夏至陰氣應蕤賓通，土炭重而衡低。進退先後，五日之中。』」案續志「炭」作「灰」，恐傳寫之誤。○劉文典云：白帖十六引作「水勝故夏至溼，火勝則冬至燥；燥則輕，溼則重。故先冬至、夏至，縣土炭於衡，各一端，令適停。冬至陽氣至，則炭仰而鐵低，夏至則炭低而鐵仰也」。「故先冬至夏至」以下，疑是注語，而今本脱之也。○向宗魯云：白帖十六引本書「故先」云云，疑是注文。漢書天文志「冬至短極，縣土炭」注孟康曰：「先冬至三日，縣土炭於衡兩端，輕重適均，冬至而陽氣至，則炭重；夏至陰氣至，則土重。」晉灼曰：「蔡邕曆律記『候鍾律權土炭，冬至陽氣應黄鍾通，土炭輕而衡仰，夏至陰氣應蕤賓通，土炭重而衡低。進退先後，五日之中』。（史記天官書集解引同。續漢律曆志、宋書律志同。）孟説既云縣土炭於衡兩端，令適停，（停，平也。）則一端爲土，一端爲炭，不容别有鐵權。蔡邕説則置土炭於一端而權之，乃當别有鐵權耳。漢書李尋傳：「政治感陰陽，猶鐵炭之低卬。」孟康曰：「天文志云『縣土炭』也，以鐵易土耳。先冬夏至，縣鐵炭於衡，各一端，令適停。冬，陽氣至，炭卬而鐵低。夏，陰氣至，炭低而鐵卬。以此候二至耳。」正與白帖所引合。蓋古法止用土炭，俱爲燥溼移易，其差甚微，乃易土以鐵耳。

日冬至，井水盛，盆水溢，羊脱毛，○陶方琦云：今本「羊脱毛」，玉燭寶典引作「羊乳」。又引許注曰：「羊脱毛也。」疑卽許注誤入正文。**麋角解，鵲始巢，**○寧案：「羊乳」，「乳」疑「毦」之誤。廣韻：「毦，毛解也。」廣雅釋詁「孚」，疏證：「各本譌作乳。」此「毦」之譌「乳」亦如之。「鵲始巢」，玉燭寶典十一引作「鵲始架巢」，疑此「巢」上脱「加」字。「加」「架」通。下文「鵲始加巢」可證。文選子虛賦引淮南注「加，制也」，當卽此處注文。「羊脱毛」，「鵲始巢」，皆後人泥於句法一律所改。**八尺之脩日中而景丈三尺。**○寧案：八尺之脩，日中而景丈三尺，不知景屬何物。疑當作「八尺之表，日中而景脩丈三尺」。下文「八尺之景脩徑尺五寸」，藝文類聚三引作「八尺之表，景脩尺五寸」，太平御覽二十三引作「八尺之表，景脩尺有五寸」，知此「八尺之」下亦脱「表」字。「脩」字當在「景」字下。漢書天文志云：「夏至立八尺之表而晷景長尺五寸八分，冬至立八尺之表而晷景長丈三尺一寸四分。」句法同。唯淮南取成數耳。玉燭寶典十一引作「八尺之柱脩，日中而景長丈三尺」。此後人不知「脩」字當在「景」字下，而於「脩」上加「柱」字，「景」下加「長」字耳。淮南「長」字固作「脩」也。日夏至而流黃澤，石精出，流黃，土之精也，陰氣作於下，故流澤而出也。石精，五色之精也。○吳承仕云：玉燭寶典引注云：「石精，五石之精。」是也。五石，謂五色之石。論衡率性篇云：「道人消鑠五石，作五色之玉。」太平廣記百六十一引淮南注云：「陽燧、方諸，皆五石之精。」（玄應一切經音義十八引畧同，然有誤字。）五石，蓋漢人常語也。各本誤「石」爲「色」，義不可通。（御覽二十三引亦作五色，誤同。）○鍾佛操云：玉燭寶典引「夏至」下無「而」字。引注「出」上無「而」字，下無「也」字。蟬始鳴，半夏生，半夏，藥草。蟁蝱不食駒犢，鷙鳥不搏黃口；五月微陰在下，駒犢黃口，肌血脆弱未成，故蟁蝱鷙鳥，應陰不食不搏也。八尺之景脩徑尺五寸。○補曰：周禮馮相氏「冬夏致日，春秋致月」，鄭注云：「冬至日在牽牛，景丈三尺；夏至日在東井，景尺五寸。此長短之極，極則氣至，冬無僭陽，夏無伏陰。春分日在婁，秋分日在角，而月弦於牽牛、東井，亦以其景知氣之至否。春秋冬夏氣皆至，則是四時之序正矣。」此所説二至景長，即其事也。表用八尺者，周禮土圭之長尺五寸，夏至日景爲測驗之始，長必與土圭等，唯八尺始合也。此在地中爲然。風土記云：鄭仲師曰：「夏至之日，立八尺之表，景尺有五寸，謂之地中。一云陽城，一云洛陽，古亦即以此知日去人遠近。考靈曜云：「四遊升降于三萬里中，則半之爲萬五千里，而當夏至之景。」此千里差一寸之率，大司徒所用以測土深、求地中者。而冬至日去人一十三萬里，夏至日去人萬五千里，則發斂之極也，皆憑八尺之修測而得之。周髀測天之高，離地八萬里，亦以千里爲寸也。淮南後術用一丈之表，故以爲天高十萬里，其理正同。景脩則陰氣勝，景短則陽氣勝。陰氣勝則爲水，陽氣勝則爲旱。○補曰：漢書天文志云：「景者所以知日之南北也。日，陽也。陽用事則日進而北，晝進而長，陽勝，故爲温暑；陰用事則日退而南，晝退而短，陰勝，故爲寒凉也。若日之南北失節，晷過而長，爲常寒，退而短，爲常燠。一曰，晷長爲潦，短爲旱。」易通卦驗云：「冬至之日，置八神，樹八尺之表，日中視其晷，晷進則水，晷退則旱。」鄭玄注云：「晷進謂長于度，日之行黄道外則晷長，晷長者則陰勝，故水。晷短于度者，日之行入進黄道内，故晷短，晷短者陽勝，是以旱。」○寧案：玉燭寶典五、太平御覽二十三引作「景脩則陰氣勝，短則陽氣勝」，無下「景」字。今本疑涉上而衍。漢書天文志云：「晷長爲潦，短爲旱。」句法同，是其比。

陰陽刑德有七舍。○補曰：卽周髀之「七衡」。管子四時篇曰：「日掌陽，月掌陰；陽爲德，陰爲刑。」此陰陽刑德之義也。淮南以爲北斗雌雄之神，日卽日躔，月爲厭對，舍謂刑德所居，自子至午有七辰，故七舍。何謂七舍？室、堂、庭、門、巷、術、野。○補曰：室爲子，堂爲丑亥，庭爲寅戌，門爲卯酉，巷爲辰申，術爲巳未，野爲午。此七舍以門爲中，在門内者庭、堂、室也，在門外者巷、術、野也。十二月德居室三十日，○王念孫云：「十二月」當爲「十一月」。上文云「冬至德在室」是也。○黄楨云：「十二月當作十一月。」上文云：「陰氣極，陽氣萌，故曰冬至爲德。」又曰：「萬物閉藏，蟄蟲首穴，故曰德在室。」冬至爲十一月中氣，則此十一月無疑也。先日至十五日，後日至十五日，而徙所居各三十日。德在室則刑在野，德在堂則刑在術，德在庭則刑在巷，陰陽相德則刑德合門。○補曰：「十一月」或作「十二」誤。日至，冬至也。冬至日躔星紀之中，先十五日爲十一月之始，後十五日爲十一月之終，合三十日也。十一月斗建子，日在丑，丑居子爲德；厭亦在子，子對午爲刑。故德在室，刑在野。十二月斗建丑，日在子，子居丑爲德；厭在亥，亥對巳爲刑。故德在堂，刑在術。正月斗建寅，日在亥，亥居寅爲德；厭在戌，戌對辰爲刑。

故德在庭，刑在巷。二月斗建卯，日在戌，戌居卯爲德；厭在酉，酉對卯爲刑。故刑德合門。由此推之，三月德在巷則刑在庭，四月德在術則刑在堂，五月德在野則刑在室，而六月如四月，七月如三月，八月如二月，九月如正月，十月如十二月，刑德周矣。○馬宗霍云：「陰陽相德」之「德」，通作「得」，言陰陽二氣相得也。禮記樂記篇云：「德者得也。」又鄉飲酒禮篇云：「德也者，得於身也。」皆德義爲得之證。詩魏風碩鼠篇「莫我肯德」，吕氏春秋舉難篇作「莫我肯得」；易升卦象辭「君子以順德」，陸德明釋文云：「姚本德作得」：又「德」可通「得」之證也。錢塘淮南天文訓補注逕改「相德」爲「相得」，其意雖是，其改字非也。○寧案：七舍中「術」字無義，與六者不類。五行大義七作「街」，當據改。蓋形近而譌。

八月、二月，陰陽氣均，日夜分平，故曰刑德合門。○劉家立云：按此「八月二月」十八字，乃「刑德合門」之注文。德南則生，刑南則殺。故曰二月會而萬物生，八月會而草木死。○補曰：二月後，德出而刑入，故生。八月後，德入而刑出，故死。漢書五行志：「劉向以爲于易，雷以二月出，其卦曰豫，言萬物隨雷出地，皆逸豫也；以八月入，其卦曰歸妹，言雷復歸。入地，則孕毓根核，保藏蟄蟲，避盛陰之害。」此六日七分法，理亦同也。

兩維之間，九十一度十六分度之五，而升自東北至東南爲兩維，帀四維三百六十五度四分度之一。一度者，二千九百三十二里千四百六十一分里之三百四十八。○補曰：四乘度分母爲十六，四分周天爲九十一度不盡一度四分度之一。故以十六通之爲二十，復四分之而成整數五也。○吴承仕云：朱本、景宋本注文説度里皆無奇零之數。洪興祖楚辭補注引此注亦與朱本、景宋本同。疑舊本僅舉大數，不言分數。○寧案：道藏本、茅本注文亦無分數。日行一度，十五日爲一節，○補曰：四乘周天爲一千四百六十一，以二十四氣分之，得六十不盡二十一，置所得如四而一爲十五日，即一節之日也。其餘分二十一，滿氣法從小餘，小餘滿四，方從大餘也。周易乾鑿度云：「天氣三微而成一著。」鄭注：「五日爲一餘，十五日爲一著。故五日爲一候，十五日成一氣也。」以生二十四時之變。○王念孫云：九十一度十六分度之五作一句讀。其高注「自東北至東南」云云，本在「十六分度之五」下。道藏本誤入「九十一度」下，「度」下又衍「也」字，遂致隔斷上下文義。劉績本删去「也」字是也，乃又移高注於下文「而升」二字之下，而莊本從之，則其謬益甚矣。「升」當爲「斗」，字之誤也。（隸書「斗」字作「什」，形與「升」相似，傳寫往往譌溷。）「而斗日行一度」作一句讀。言斗柄左旋，日行一度，而以十五日爲一節也。上文云「紫宮執斗而左旋，日行一度以周於天」，下文云「斗指子則冬至」，「加十五日指癸則小寒」皆其明證也。斗指子則冬至，音比黃鐘；黃鐘，十一月也。鐘者，聚也，陽氣聚於黃泉之下也。○寧案：注，各月下均應有「律」字，諸本皆敚。道藏本、中立本、茅本、景宋本太蔟、大呂未敚。呂氏春秋侈樂篇高注：「黃鐘，十一月律。」是其證。加十五日指癸則小寒，音比應鐘；應鐘，十月也。陰應於陽，轉成其功，萬物應時聚藏，故曰應鐘。○寧案：注「陰」字上據道藏本、中立本、茅本、景宋本沾「言」字。加十五日指丑則大寒，音比無射；無射，九月也。陰氣上升，陽氣下降，萬物隨陽而藏，無有射出見也。故曰無射。○于省吾云：按注讀射如字，非是。詩思齊「無射亦保」，箋訓「無射」爲「無射才」，其誤正同。「射」乃「斁」之同音假字。毛公鼎：「肆皇天亡斁，静毀，静學無斁。」「斁」與「斁」均「斁」之古文。此應言「萬物隨陽而藏，無厭斁也」。下文云：「無射入無厭也」，是其證。加十五日指報德之維，則越陰在地。故曰距日冬至四十六日而立春，陽氣凍解，音比南呂；南呂，八月也。南，任也。言陽氣内藏，陰侶於陽，任成其功，故曰南呂也。○王引之云：「陽氣凍解」，文不成義，當作「陽凍解」。陽凍，地上之凍也。陰凍，地中之凍也。立春之日，地上之凍先解，故曰陽凍解。管子臣乘馬篇曰：「日至六十日而陽凍解，七十日而陰凍釋。」是也。今本「陽」下有「氣」字，因注内「陽氣」而衍。加十五日指寅則雨水，音比夷則；夷則，七月也。夷，傷。則，法也。陽衰陰發，萬物彫傷，應法成性，故曰夷則也。○寧案：注「陽衰」上依道藏本、中立本、茅本、景宋本沾「言」字。加十五日指甲則雷驚蟄，音比林鐘；林鐘，六月也。林，衆。鐘，聚也。陽極陰生，萬物衆聚而盛，故曰林鐘。加十五日指卯中繩，故曰春分，則雷行，音比蕤賓；蕤賓，五月也。陰氣萎蕤在下，似主人，陽在上似賓客，故曰蕤賓也。加十五日指乙則清明風至，音比仲吕；仲吕，四月也。陽在外，陰在中，所以吕中於陽，助成功也。故曰仲吕也。○寧案：「吕中於陽」，「吕」當爲「侶」。下文大吕注：「吕，侶也。」是其證。景宋本正作「侶」。加十五日指辰則穀雨，音比姑洗；姑洗，三月也。姑，故也。洗，新也。陽氣養生，去故就新，故曰姑洗也。○于省吾云：按余所藏周代石磬，「姑洗」作「古先」。加十五日指常羊之維則春分盡，故曰有四十五日而立夏，○黄楨云：凡言四十六日，舉成數言之。其實四十五日又三十二分日之二十一。○寧案：道藏本、中立本、茅本、景宋本皆作四十六日。莊本「六」改「五」，無義。大風濟，濟，止。音比夾鐘；夾鐘，二月也。夾，夾也。萬物去陰夾陽地而生，故曰夾鐘也。○劉文典云：注「夾，夾也」，義不可通。疑當作「夾，莢也」。下文云：「夾鐘者，種始莢也。」是其證。又案：御覽二十三引注無「地」字。○吕傳元云：劉説非也。下文「夾鐘者，種始莢也」，五行大義引作「種始夾也」。此訓詁字之互訓也。下文「音比太蔟」，高注：「蔟，蔟也。」與此「夾，夾也」一例。易序卦傳：「蒙者，蒙也。」「比者，比也。」孟子：「徹者，徹也。」皆其證。加十五日指巳則小滿，○劉文典云：御覽二十三引注：「滿，冒也。」音比太蔟；

太蔟，正月也。蔟，蔟也。陰衰陽發，萬物蔟地而生，故曰太蔟。〇寧案：注「陰衰」上脱「言」字。據道藏本、中立本、茅本、景宋本沾。加十五日指丙則芒種，音比大呂；大呂，十二月也。呂，侣也。萬物萌動於下，未能達見，故曰大呂。所以配黄鐘，助陽宣功也。加十五日指午則陽氣極，故曰有四十六日而夏至，音比黄鐘；加十五日指丁〇劉文典云：御覽二十三引注云：「斗杓指丁。」〇寧案：上文云「斗指子則冬至」，以下二十三氣「加十五日」云云，皆承「斗」字言之。且上文明言「斗日行一度，十五日爲一節，以生二十四時之變」，則此「指丁」爲斗杓所指，其義甚明，無庸設注。太平御覽引注疑後人所加。則小暑，音比大呂；加十五日指未則大暑，音比太蔟；加十五日指背陽之維則夏分盡，故曰有四十六日而立秋，涼風至，音比夾鐘；〇于省吾云：案余所藏周代石磬，「夾鐘」作「介鐘」。「夾」「介」音近，又均有輔佐之義，是二字音義竝相通。加十五日指申則處暑，音比姑洗；加十五日指庚則白露降，音比仲呂；加十五日指酉中繩，故曰秋分雷戒，蟄蟲北鄉，〇王念孫云：「戒」當爲「臧」，字之誤也。「臧」古「藏」字。「秋分雷藏」與上文「春分雷行」相應。時則篇云「八月雷不藏」，是其證也。且「臧」與「鄉」爲韻，若作「戒」則失其韻矣。「藏」字古皆作「臧」，故説文無「藏」字。今書傳中作「藏」者多，作「臧」者少，大抵皆後人所改也。此「臧」字若不誤爲「戒」，則後人亦必改爲「藏」矣。音比蕤賓；加十五日指辛則寒露，音比林鐘；加十五日指戌則霜降，音比夷則；加十五日指蹏通之維則秋分盡，故曰有四十六日而立冬，草木畢死，音比南呂；加十五日指亥則小雪，音比無射；加十五日指壬則大雪，音比應鐘；〇王引之云：冬至音比黄鐘當爲音比應鐘。下當云小寒音比無射，大寒音比南呂，立春音比夷則，雨水音比林鐘，驚蟄音比蕤賓，春分音比仲吕，清明音比姑洗，穀雨音比夾鐘，立夏音比太蔟，小滿音比大吕，芒種音比黄鐘，其日冬至音比林鐘，亦當爲音比應鐘。蓋音以數少者爲清，數多者爲濁。冬至以後逆推十二律，由清而濁，夏至以後順推十二律，由濁而清。冬至應鐘，其數四十二，爲最清。小寒無射，其數四十五，則濁於應鐘矣。大寒南吕，其數四十八，則又濁於無射矣。立春夷則，其數五十一，則又濁於南吕矣。雨水林鐘，其數五十四，則又濁於夷則矣。驚蟄蕤賓，其數五十七，則又濁於林鐘矣。春分仲吕，其數六十，則又濁於蕤賓矣。清明姑洗，其數六十四，則又濁於仲吕矣。穀雨夾鐘，其數六十八，則又濁於姑洗矣。立夏太蔟，其數七十二，則又濁於夾鐘矣。小滿大吕，其數七十六，則又濁於大蔟矣。芒種黄鐘，其數八十一，則最濁矣。故曰日冬至音比應鐘，浸以濁也。夏至以後，與此相反。故曰日夏至音比黄鐘，浸以清也。夏至音比黄鐘，爲音之最濁者，則冬至之音當爲最清者。最清者非應鐘而何？後人但知月令仲冬律中黄鐘之文，遂改冬至音比應鐘爲音比黄鐘，而移應鐘於小寒，且并無射以下遞移其次，（高注亦遞移。）而不知月令所言者十二月之律，此所言者二十四時之律，本不相同也。至改日冬至音比應鐘爲音比林鐘，則謬益甚矣。（宋書律志引此已誤。）又案：驚蟄本在雨水前，穀雨本在清明前。今本驚蟄在雨水後，穀雨在清明後者，後人以今之節氣改之也。漢書律曆志曰：「諏訾中驚蟄，今曰雨水，降婁初雨水，今曰驚蟄；大梁初穀雨，今曰清明，中清明今曰穀雨。」是漢初驚蟄在雨水前，穀雨在清明前也。桓五年左傳正義引釋例曰：「漢太初以後，更改氣名，以雨水爲正月中，驚蟄爲二月節。」月令正義引劉歆三統曆「雨水正月中，驚蟄二月節」。又引易通卦驗「清明三月節，穀雨三月中」。藝文類聚歲時部上引孝經緯曰：「斗指寅爲雨水，指甲爲驚蟄，指乙爲清明，指辰爲穀雨。」三書皆出太初以後，故氣名更改，（三統曆與緯書皆出西漢末。)不應淮南王書先已如是，其爲後人所改明矣。(逸周書周月篇「春三月中氣，驚蟄、春分、清明」，今本作「雨水、春分、穀雨」。時訓篇「驚蟄、雨水、穀雨、清明」，今本雨水在驚蟄前，清明在穀雨前，皆後人所改。辯見盧氏紹弓校定本。)日知録謂淮南子已先雨水後驚蟄，失之。加十五日指子。○補曰：此分十二辰爲二十四，古堪輿法也。亦見史記律書，此爲詳明矣。八節中有四十六日者五，舉整日三百六十五日言之，故不及四分日之一。以數推之，冬至至立春凡三節，有小分六十三，不滿一日。至立夏九節，有小分一百八十九，得一日九十六分日之九十三。至夏至十二節，有小分二百五十二，得二日九十六分日之六十。至立秋十五節，有小分三百一十五，得三日九十六分日之二十七。至立冬二十一節，有小分四百四十一，得四日九十六分日之五十三。亦舉整日，故即得五日。至來歲冬至，則有小分五百四，始得五日九十六分日之二十四，而此不言明，以不離五日故也。注所言十二月之律，自是隨月律之正法，非即淮南所云。何以明之？應鐘十月律也，而小寒之音比焉。小寒，十二月節，以後月之節屬前月之中，亦在十一月，不得比十月律也。此自以二十四氣比十二律，故冬至比黄鐘，小寒比應鐘。自冬至以後逆比十二律，夏至以後順比十二律，所謂二十四時之變，明其用變法也。故曰，陽生於子，陰生於午。○補曰：子，乾初九復也。午，坤初六姤也。周易集解荀爽曰：「乾起坎而終於離，坤起離而終於坎。坎離者，乾坤之家而陰陽之府，大明終始也。」陽生於子，故十一月日冬至，鵲始加巢，人氣鍾首。○寧案：玉燭寶典十一引「鐘」作「種」。又引許注云：「陽氣動，故人頭種之也。」疑高作鐘而許作種。下文云：「鐘者氣之所種也。」陰生於午，故五月爲小刑。薺麥亭歷枯，冬生草木必死。○寧案：「必」通「畢」。玉燭寶典五月引作「亭歷冬生草木畢死」。脱「枯」字。

斗杓爲小歲，斗第一星至第四爲魁，第五至第七爲杓。○補曰：說文云：「杓，斗柄也。」司馬貞云：「卽招搖也。」

正月建寅，月從左行十二辰。○陶方琦云：文選謝莊月賦注引許注「歷十二辰而行」，占經六十七引作「越歷十二辰而行」。按說文歲字下「越歷二十八宿」，「越」字應增。咸池爲太歲，○補曰：淮南有兩太歲，此太歲非太一也。或說「太」當爲「大」，然義則同。○王念孫云：錢氏曉徵答問曰：「問淮南以咸池爲太歲，與它書所言太歲異，何故？」曰：淮南書云『斗杓爲小歲，咸池爲大歲』。『大時者，咸池也。小時者，月建也』。皆以大小相對，初未嘗指咸池爲太歲。其作太歲者，乃後人轉寫之譌。吳斗南兩漢刊誤謂『淮南不名天一爲太歲，又自以咸池名之』。則南宋本已誤矣。」念孫案：錢說是也。二月建卯，月從右行四仲，終而復始。○補曰：咸池直參，參主斬伐，咸池在其上，故不可向。太史公曰「西宫咸池」，猶言西宫白虎也。東方朔七諫云「哀人事之不幸兮，屬天命而委之咸池」，亦以咸池爲凶神。咸池所建，當以日所在定之。正月日在亥加時酉則咸池在午，二月日在戌加時巳則咸池在卯，三月日在酉加時丑則咸池在子，四月日在申加時酉則咸池在酉。以此差次，夏三月加時如春三月，秋冬亦然。而寅午戌之月，咸池常在午，亥卯未之月，咸池常在卯，巳酉丑之月，咸池常在酉，申子辰之月，咸池常在子。所以然者，咸神屬金，巳酉丑三時亦金也。故必以其時居於四正，而其月自以木火金水爲類，不相淩越也。太歲迎者辱，背者强，左者衰，右者昌，小歲東南則生，西北則殺，不可迎也，而可背也，不可左也，而可右也，其此之謂也。大時者，咸池也；小時者，月建也。○楊樹達云：敦煌出土漢簡云：「正月，大時，害卯。小時，丑在東方，害寅。」天維建元，常以寅始起，右徙一歲而移，十二歲而大周天，終而復始。○補曰：「而移」之「而」，舊作「不」，誤。通占大象曆經云：

「天維三星在尾北斗杓後。」然則入析木之次，太陰在攝提格之歲，正月日在陬訾加時亥，卽天維在寅，星辰復位昨也。自後加時，歲退一辰，故右徙一歲而移。云十二歲而大周天者，十二月加時，每退二辰卽一月，而移十二月而周天也。月爲小周天，則歲爲大周天，言大，明有小矣。〇王引之云：「起」字上當有脱文。蓋言甲寅之年，歲星在娵訾之次，（營室、東壁也。詳見下條。）是歲星所起也。「起」與二「始」字二「子」字韻也。（二「子」字見下文。）必言歲星所起者，太歲與歲星相應而行，故言太歲建元必以歲星也。漢書律曆志曰：「木金相乘爲十二，是爲歲星小周。小周乘巛策，爲一千七百二十八，是爲歲星歲數。」鄭注周官保章氏曰：「歲星爲陽，右行於天，太歲爲陰，左行於地，十二歲而小周。」馮相氏疏曰：「太歲在地，與天上歲星相應而行。歲星爲陽，右行於天，一歲移一辰。又分前辰爲一百四十四分而侵一分，則一百四十四年跳一辰。十二辰帀，則總有千七百二十八年，十二跳辰帀。以此而計之，十二歲一小周，謂一年移一辰故也。千七百二十八年一大周，十二跳帀故也。歲左行於地，一與歲星跳辰年數同。」（以上賈疏。）然則「右徙」「周天」，皆謂歲星，若建寅之太歲，左行於地，不得謂之「右徙」「周天」矣。「起」字之上有脱文無疑。「周天」上本無「大」字，後人加之也。歲星十二歲而小周天，不得謂之大周。淮南王時，未有歲星超辰之説：亦無大周、小周之分。上文曰：「歲星歲行三十度十六分度之七，（句）十二歲而周。」無「大」字。

淮南元年冬，太一在丙子，〇王引之云：太一乃北極之神，與紀歲無涉。「太一」當作「天一」。此因「天」字脱去上畫，後人又加點於下耳。廣雅曰：「天一，太歲也。」漢元封七年，太歲在丙子。上推至文帝十六年，（下距元封七年凡六十年。）爲淮南王安始封之年，太歲亦當在丙子，故曰天一在丙子也。古者天一、太歲、大陰名異而實同。詳見太歲攷。〇洪頤煊云：漢書淮南王傳：「文帝十六年，乃徙阜陵侯安爲淮南王。」是年歲在丁丑，而云「太一在丙子」者，據冬至在年前，立算從冬至甲午，距立春四十三日而得丙子，以節氣盈縮，故下文云「日冬至子午，夏至卯酉」，「壬午冬至，甲子受制，木用事」亦四十三日而得立春也。冬至甲午，立春丙子，淮南王作書之元年也。一曰淮南王長，孝文皇帝異母弟也，僭號自稱東帝，以徙嚴道，道死于雝。其四子皆爲列侯。時人歌之曰：「一尺繒，好童童；一斗粟，飽蓬蓬：兄弟二人，不能相容。」文帝聞之曰：「以我爲利其土邪？」皆召四侯而王之。是則淮南王安即位之元年，以紀時也。○補曰：注後説是也。「丙子」二字，亦宜在注下。武帝太初元年，太歲在丙子。淮南王安以文帝十六年自阜陵侯進封，是年下距太初元年六十算，則太歲亦在丙子矣。以術推之，顓頊曆入紀一千三百四十二算，不用超辰，以六十除去之，不盈二十二，數從甲寅起，亦太歲在丙子。淮南以太歲爲太一者，春秋文耀鉤云：「中宮大帝，其北極星下明者爲太一之光，含元氣，以斗布常。」春秋合誠圖云：「天皇大帝，北辰星也，含元秉陽，舒精吐光，居紫宮中，制御四方，冠有五采文。」初學記引五經通義曰：「天神之大者曰昊天上帝。」注：「即耀魄寶也。亦曰皇天大帝，亦曰太一。」然則太一入玄枵之次，歲星在星紀而加丑，則太一在子，歲星在玄枵而加丑，則太一亦在丑。自後十二歲而周。丑爲星紀，故歲星必加之，而見太一之所在，以此紀歲，因亦名太一爲太歲也。淮南從其本名，故曰太一。太一在丙子，即閼逢攝提格之歲。推其冬至，顓頊曆少周曆百十八算，入癸卯部四十二算，周曆此年積千四百六十算，入乙酉部十六算，天正氣大餘二十四，無小餘。冬至己酉，加四十五日三十二分之二十一得甲午立春。然則此云甲午，本立春之日，冬至上脱其日名耳。重文丙子自言太一，下釋其義。（淡案：「歲星在玄枵，而加丑，則太一亦在丑」，當作「太一亦在子」。歲星在玄枵而加丑，是歲行一周，仍在星紀。歲星在星紀，則太歲仍在子矣。歲星與太歲左右行不同，故推合如此。作丑者，當是傳寫之誤。）○王引之云：潛研堂文集曰：「淮南天文訓『冬至甲午，立春丙子』必有譌。蓋冬至與立春相去四十五日有奇古今不易。自甲午迄丙子僅四十三日，此理之所必無者。以術推之，是年冬至蓋己酉日，立春則甲午日耳。」案錢説非也。下文「日冬至子午，夏至卯酉，冬至加三日則夏至之日也。歲遷六日，終而復始」。高注曰：「遷六日，今年以子冬至，後年以午冬至也。」則冬至之日，非子卽午明矣。下文「壬午冬至，甲子受制」，謂立春也，與此「冬至甲午，立春丙子」，其法正同，不得以甲午爲己酉之譌也。「立春丙子」與上文「始」「起」「始」「子」爲韻。若作「立春甲午」，則失其韻矣。冬至甲午至立春丙子四十三日，與後人曆法不同者，古法多疏故也。下文壬午冬至至甲子受制亦四十三日，以是明之。○黄楨云：「『甲午』字有誤。依顓頊壬申蔀推之，當得庚寅日酉初冬至，丙子日辰末立春。篇首以顓頊原起。案漢書言漢興襲用秦正朔，以北平侯張蒼言用顓頊曆。史記又言張蒼爲淮南厲王相。則此用顓頊曆可知也。○唐百川云：「『丙子』二字乃注文譌入正文。宋大字本在注之首。明本妄自移動，則不可考矣。移「丙子」二字於注則無不合，而免諸家費辭矣。○鍾佛操云：日知録二十：「漢時諸侯王得自稱元年。」漢書諸侯王表「楚王戊二十一年，孝景三年」，「楚王延壽三十二年，地節元年」之類是也。淮南天文訓「淮南元年冬，太一在丙子」，謂淮南王安始立之年也。注者不達，乃曰淮南王作書之元年，又曰淮南王僭號，此爲未讀史記漢書者矣。○寧案：注「雝」字，諸本及高序、史記淮南王傳皆作「雍」。正義：「今岐州雍縣也。」「雝」「雍」古通。晉語「邢侯與雝子争田」，左傳作「雍」。書禹貢「黑水西河唯雍州」，爾雅釋地作「雝」。皆其例。

二陰一陽成氣二，二陽一陰成氣三，陰麤觕，故得氣少。陽精微，故得氣多。一説上得二，下得三，合爲五，故曰「合氣而爲音」，音數五也。○補曰：此釋太一始于丙子之義也。二陰一陽，謂坎子之位也，二陽一陰，謂離丙之位也。坎陰不中，故二陰成一氣；離陰得中，故一陰成一氣。離三坎二，合之爲五，即五行之氣也。坎爲水，離爲火。坎之所生者一，木也；離之所生者二，土也，金也。太一居子，其衡爲丙，故太一始于丙子。不然，太歲在甲曰閼逢，太歲在寅曰攝提格，何不竟首甲寅而必別屬之太陰乎？○王引之云：二陰當作一陰，一陰一陽，所以成氣二也。高注：「陰麤犅，故得氣少，陽精微，故得氣多。」正以一陰與一陰爲二，一陽與二陽爲三，陰數少而陽數多也。續漢書天文志引律術曰：「陽性動，陰性靜，動者數三，靜者數二。」是也。二陰而分言之，則各爲一陰矣。○俞樾云：陽之數以三而奇，陰之數以二而偶，所謂參天兩地也。周書武順篇曰：「男生而成三，女生而成兩。」是其義也。二陰一陽則二二如四，一三如三，其數七。除五生數，則得成數二，所謂二陰一陽成氣二也。二陽一陰則二三如六，一二如二，其數八。除五生數，則得成數三，所謂二陽一陰成氣三也。高注未得其解。此陰陽之數，即易少陽少陰之數。說詳羣經平議。合氣而爲音，合陰而爲陽，合陽而爲律，故曰五音六律。音自倍而爲日，律自倍而爲辰，故日十而辰十二。○補曰：合氣爲音者，以土火金水木爲宮徵商羽角也。素問天元紀大論云：「甲己之歲，土運統之；乙庚之歲，金運統之；丙辛之歲，水運統之；丁壬之歲，木運統之；戊癸之歲，火運統之。」此以相生爲次也。而六十律戊癸爲宮，甲己爲徵，則戊癸土而甲己火。所以者，宮能生徵，徵不能生宮，故以火爲土，以土爲火。然則五運火生土，五音土生火。禮家說火土同宮，黎爲祝融，亦爲后土，非無義矣。土生火，故火生金，而自金以下無不與五運合，故五音始于宮而終于角也。合陰爲陽者，坎二離三，約六爲五也。論卦畫則坎離各有三，以陰之數當陽之數，即合陰爲陽。合陽爲律者，坎有重坎，離有重離，則陰陽各六，先取六陽以爲六律，故曰合陽爲律。一律而有五者，因而重之，則音有十，在陽律者爲宮、商、角、徵、羽，在陰律者爲變宮、變商、變角、變徵、變羽。故地形訓云：「宮生變徵，徵生變商，商生變羽，羽生變角，角生變宮」也。以當十日，則始于戊而終於丁，是爲音自倍而爲日。陽律生陰律，陰律亦生陽律，一律而生十二律，以當十二辰，則始于黄鐘子，終於中吕亥，是爲律自倍而爲辰。劉歆亦曰：「六律六吕而十二辰立矣。五聲清濁而十日行矣。」蓋皆謂音生日，律生辰也。楊雄則云：「聲生于日，律生于辰。」

月日行十三度七十六分度之二十六，「六」或作「八」。○補曰：一紀日周七十六，月周千一十六，以日周除月周，得十三度七十六分度之二十八，是以月周比每日之月行得此數，故定爲一日之月行也。三統四分月十九分度之七。此七十六分度之二十八，卽子母各四乘之數。「六」當作「八」，傳寫之誤。○黄楨云：作「八」是也。七十六分度之二十八，卽十九分度之七也。作「六」字誤。○向宗魯云：作「八」者是。周髀算經云：「無慮後天十三度十九分度之七。」月令疏引尚書考靈曜云：「月行十三度十九分度之七。」此云七十六分度之二十八，以四約之，正得十九分度之七。二十**九日九百四十分日之四百九十九而爲月，而以十二月爲歲。**○補曰：一紀月數九百四十，日數二萬七千七百五十九。以月數除日數得二十九日九百四十分日之四百九十九，是以紀月比一月之日分得此數，故定爲一月之日分也。續漢志四分之法如此。祖冲之曰：「古之六術咸同四分。」于淮南此文信之。紀月九百四十，以七十六歲除之得十二，卽每歲之月數也。不盡二十八，爲四章之閏月。**歲有餘十日九百四十分日之八百二十七，故十九歲而七閏。**○補曰：四乘周天爲千四百六十一，四分九百四十爲二百三十五，相乘得三十四萬三千三百三十五，爲周天分。一月積分二萬七千七百五十九，以十二乘之，得三十三萬三千一百八，爲朔積分。兩數相減，餘一萬二百二十七，以九百四十除之，得十日又九百四十分日之八百二十七也。又以十九乘餘日，得百九十日；乘餘分得一萬五千七百三十二。如九百四十而一，得十六日，併之得二百六日，即大月三，小月四，爲一章之閏月也。（淡按：「三十二」應作「二十三」。又「如九百四十而一得十六日」下脱「餘分六百七十三」七字。）

日冬至子午，夏至卯酉，冬至加三日，則夏至之日也。冬至後三日則明年夏至之日。○補曰：冬至距夏至有百八十二日十六分日之十，去百八十日，餘二日過半，舉整數言三日。大抵算上算外相間命之。注以爲明年者，用人正也。從天正則在一歲。歲遷六日，終而復始。遷六日，今年以子冬至，後年以午冬至也。○補曰：亦舉整數言之，實五日四分日之一，積四年方成二十一日，無餘分。壬午冬至，○補曰：此淮南改定顓頊曆上元冬至也。劉向謂己巳立春，則甲申冬至也。入殷曆甲子部六十一算，天正朔大餘六，庚午朔氣大餘二十，十五日甲申冬至，加殷曆五十七算爲周曆。顓頊曆入癸卯部四十二算，天正朔大餘二十六，己巳朔氣大餘四十，十五日癸未冬至，再加五十七算爲四分曆。顓頊曆入壬午部二十三算，天正朔大餘四十六，戊辰朔氣大餘盡十五日，壬午冬至。顓頊曆元如故，而日至不同者，由入部各别耳。遞加五十七算則遞先一日，此合天之善術也。推己酉冬至，甲午立春，必用周曆，餘二曆俱不合。此又改入四分部内，殆以歲實漸消，豫爲後世法歟？四分東漢始用之，其元早見于此。甲子受制，木用事，火煙青。木色青也。東方。七十二日丙子受制，火用事，火煙赤。火色赤也。南方。七十二日戊子受制，土用事，火煙黄。土中央，其色黄。七十二日庚子受制，金用事，火煙白。西方金，其色白。七十二日壬子受制，水用事，火煙黑。北方水，其色黑。七十二日而歲終，庚子受

制。○補曰：置一歲日，以五氣分之，則七十二日爲一節，而得其用事之日。藝文志有古五子十八篇，師古云：「自甲子至壬子，説易陰陽。」始卽淮南所云也。易稽覽圖曰：「甲子卦氣起中孚，復生坎七日。」是冬至常爲甲子受制。而淮南云「壬午冬至，甲子受制」，至歲終而「庚子受制」，則冬至受制，歲易一子，計五運周環，亦當然也。由是推之，秦曆首年甲子，二年庚子，三年丙子，四年壬子，五年戊子，至六年而復得甲子。故七十歲而與日周也。五子以五行受制用事，而五色獨用火煙，古記二十四氣，于五音用徵不用宮故也。五子受制，與二十四氣同法。**歲遷六日，以數推之，七十歲而復至甲子。**○補曰：以五子分一歲日，尚餘六日，亦據壬午冬至歲言也。其他歲，餘日尚不盈六日。淮南子「甲子受制」之明年，云「庚子受制」，庚子在甲子後三十六日，是五子受制，歲遷三十六也。七十歲積二千五百二十日，適盈四十二旬周，故復至甲子，至是五子已五十四周矣。○王引之云：上文言「壬午冬至，甲子受制」。由甲子受制以歲遷六日推之，一日乙丑，二日丙寅，三日丁卯，四日戊辰，五日己巳，六日庚午，則當作「庚午受制」。今本作「庚子」，涉上文「庚子」而誤也。由甲子受制每歲以遷六日推之，至十歲而六十甲子，終而復始，則當作「十歲而復至甲子」。今本「十」上有「七」字，涉上文「七十二日」而衍也。**甲子受制則行柔惠，挺羣禁，開闔扇，通障塞，毋伐木。**甲，木也。木王東方，故施柔惠。蟄伏之類出由户，故開闔扇，通障塞。春木王，故毋伐木也。○于鬯云：時則訓「挺重囚」，高注云：「挺，緩也。」此當同義。又案：此文上下高皆説之，獨不及此句，而於時則始出「緩」訓，疑高本無此句。（今案時則訓又言「脩羣禁」在孟冬，蓋「挺」義與「脩」義反對，而彼下文言「申羣禁」。又彼篇亦有「挺羣禁」之文。）○馬宗霍云：禮記月令「挺重囚」，鄭玄注云：「挺猶寬也。」本文「挺羣禁」之「挺」義同，言寬羣禁也。**丙子受制，則舉賢良，賞有功，立封**

侯，出貨財。火用事，象陽明，識功勞，故封建侯，出貨財。○向宗魯云：「立封侯」三字不詞。高注「故封建侯，出貨財」乃複舉正文，是正文本作封建侯也。本書時則篇南方之令正作「封建侯」。上文「景風至則爵有位，賞有功」下注文亦云「封建侯」。戊子受制，則養老鰥寡，行粰鬻，施恩澤。土用事，象土長養，故施恩澤也。○王念孫云：「養老鰥寡」當作「養長老，存鰥寡」。今本脱「長」「存」二字，則句法與上下文不協。時則篇曰：季夏「存視長老，行粰鬻」，仲秋「養長老，行粰鬻飲食」。春秋繁露治水五行篇曰：「土用事則養長老，存幼孤，矜寡獨，施恩澤。」開元占經填星占篇引巫咸曰：「填星受制則養老，（蓋脱「長」字。）存鰥寡，行饘粥，施恩澤。」皆其證。○馬宗霍云：説文米部無「粰」字。玉篇米部有之，云：「粰，扶牛切，[米建]也。」廣雅釋器云：「粰，饘也。」曹憲音「粰」爲「浮」。「[米建]」即「饘」之別體，是「粰鬻」即「饘鬻」也。庚子受制，則繕牆垣，修城郭，審羣禁，飾兵甲，儆百官，誅不法。金用事，象金斷割，故誅不如法度也。○馬宗霍云：「飾」通作「飭」，讀與「勅」同。飭猶整也，治也。「飾兵甲」謂整治兵甲也。禮記樂記篇「合情飾貌者」，陸德明釋文云：「飾本作飭。」莊子漁父篇「飾禮樂」，陸氏釋文云：「飾本作飭。」是二字相通之證。國語吳語「周軍飭壘」，韋昭注云：「飭，治也。」漢書高后紀「匡飭天下」，顔師古注云：「飭，整也。」是飭有整治之義也。匡謬正俗卷八飭字條乃謂「飭字從食從力，其脩飾之字從巾，曲學之士不能詳別，遂使書寫訛謬，飾飭兩字混而爲一。」似偶昧古字通假之理矣。壬子受制，則閉門閭，大搜客，禁搜客，出新客。○譚獻云：注「搜」當依時則訓注作「舊」，據昭十八年左氏傳。○吳承仕云：注，朱本作「禁舊客」。（景宋本亦作「禁搜客」，與莊本同。）案舊客是也。左氏昭十八年傳：「使司寇出新客，禁舊客，勿出於宮。」時則篇：「大搜客。」注云：「傳曰：『禁舊客，爲露情也。有新客搜出之，爲觀釁也。』」注正用左氏説。莊本「舊」誤作「搜」，失之。○寧案：蜀藏本與朱本同。**斷刑罰，殺當罪，息關梁，禁外徙。**水用事，象冬閉固，故禁外徙也。○寧案：「刑罰」依道藏本、景宋本作「罰刑」。本書時則篇孟冬亦云：「命有司，修羣禁，禁外徙，閉門閭，大搜客，斷罰刑，殺當罪。」**甲子氣燥濁，丙子氣燥陽，戊子氣溼濁，庚子氣燥寒，壬子氣清寒。**○補曰：春秋繁露治水五行篇云：「日冬至七十二日木用事，其氣燥濁而青。七十二日火用事，其氣慘陽而赤。七十二日土用事，其氣溼濁而黃。七十二日金用事，其氣慘淡而白。七十二日水用事，其氣清寒而黑。七十二日復得木。」其説木用事有「至于立春」，火用事有「至于立夏」之文。以冬至木即用事，立春在其後四十五日，驚蟄前三日火即用事，立夏在後六十三日故也。其小滿前六日火用事，立秋前九日金用事，霜降前九日水用事，各當王時，故不言至于夏至及立秋、立冬也。是甲子明起冬至。而素問陰陽類論篇云：「孟春始至，黄帝燕坐，臨觀八極，正八風之氣，而問雷公。雷公對曰：『春甲乙青，中主肝，治七十二日。』」王冰謂：「孟月春始至，謂立春之日也。」則甲子又起立春。故管子五行篇云：「日至，睹甲子木行御，天子出令，七十二日而畢。睹丙子火行御，天子出令，七十二日而畢。睹戊子土行御，天子出令，七十二日而畢。睹庚子金行御，天子出令，七十二日而畢。睹壬子水行御，天子出令，七十二日而畢。」尹知章以日至爲春日氣至也。文耀鉤云：「蒼帝受制，其名靈威仰，赤帝受制，其名赤熛怒，黄帝受制王四季，其名含樞紐，白帝受制，其名白招拒，黑帝受制，其名汁光紀。」依此則甲子起立春爲是。而淮南則五子更迭受制，蓋既有冬至、立春二法，即不妨更爲變通耳。又有從七十二日受制之術，推爲求五德日名者。乾鑿度云：「孔子曰：『至德之數，先立木金水火土德，合三百四歲，五德備，凡一千百日，二十歲大終復初。』」其求金木水火土德日名之法，道一紀七十六歲，因而四之，爲三百四歲。以一歲三百六十五日四分一乘之，凡爲十一萬一千三十六。以甲爲法除之，餘三十六。以三十六甲子始數元立算皆爲甲，旁算亦爲甲。以日次次之毋算者，乃木金火水土德之日也。德益三十六，五德而止六日名。甲子木德，主春，春生三百四歲；庚子金德，主秋，成收三百四歲；丙子火德，主夏，長三百四歲；壬子水德，主冬，藏三百四歲；戊子土德，主季夏，致養三百四歲。六子德四正，四正，子午卯酉也，而期四時，凡一千五百二十歲終一紀。是淮南亦德益三十六，故冬至不常甲子受制也。五歲受制，與一紀無異理耳。丙子干甲子，蟄蟲早出，木氣温，故早出。○補曰：「木」當爲「火」。故雷早行。○寧案：春秋繁露治亂五行篇：「火干木，蟄蟲早出，蚿雷早行。」盧文弨云：「蚿疑當作眩，謂電光也。」此「故」字疑亦「眩」字之誤。戊子干甲子，胎夭卵㱉，○補曰：説文云：「㱉，卵不孚也。」鳥蟲多傷。庚子干甲子，有兵。壬子干甲子，春有霜。○補曰：此謂甲子七十二日。戊子干丙子，霆。庚子干丙子，夷。夷，傷也。「夷」或爲「電」。○馬宗霍云：上文云：「戊子干丙子，霆。」下文云：「壬子干丙子，雹。」則本文當以作「電」爲長。説文虫部「虹」之籀文「𧈅」，從申。申，電也。是「電」之籀文作「申」，與「夷」之篆文作「夷」，二形相涉，故致掍耳。○寧案：「申」與「夷」形不相似，馬説未必是也。春秋繁露治亂五行篇「金干火，草木夷」。此「夷」上當據補「草木」二字。壬子干丙子，雹。甲子干丙子，地動。○補曰：此謂丙子七十二日。庚子干戊子，五穀有殃。壬子干戊子，夏寒雨霜。甲子干戊子，介蟲不爲。不成爲介蟲也。○莊逵吉云：「爲」讀如「譌」。書「平秩南譌」，譌，化也。亦古字通用。高義未晰。○補曰：前書天文志云：「戎菽爲。」孟康曰：「爲，成也。」○馬宗霍云：莊説非也。廣雅釋詁三云：「爲，成也。」是「爲」本有「成」義。介蟲不爲，猶言介蟲不成也。故高注以「成」字足之。下文「魚不爲」義同。

又案本經篇「五穀不爲」，高氏彼注云：「不爲，不成也。」與本文詞例正同，又其切證。○寧案：馬説是也。如莊説，則下文「禾不爲」「菽麥不爲」義不可通矣。丙子干戊子，大旱，苽封熯。苽，蔣草也，生水上，相連特大如薄者也，名曰封。旱燥，故熯也。○補曰：此論戊子七十二日。○寧案：注「相連特大如薄」，「特」當爲「持」，「薄」讀爲「蒲」，衍「大」字。史記周本紀「成王東伐淮夷，殘奄，遷其君薄姑」，左傳作「蒲姑」。公羊傳哀公四年「蒲社災」，禮郊特牲作「薄社」，此蒲、薄相通之證。齊民要術十引廣志云：「菰可食，以作席，温於蒲。」晉書音義引珠叢：「菰艸叢生，其根盤結，名曰葑。」故曰「相連持如蒲」也。苽同菰，封同葑。蜀藏本「特」作「持」，「薄」作「蒲」，是其證。壬子干庚子，大剛魚不爲。不成爲魚。○王引之云：「大剛」二字義不可通。「大」字蓋因上文「大旱」而衍。「剛」當爲「則」，字之誤也。「則魚不爲」四字連讀。（高注：「不成爲魚。」）春秋繁露治亂五行篇曰：「水干金則魚不爲。」是其證。甲子干庚子，草木再死再生。○寧案：「再死」二字義不可通。春秋繁露治亂五行篇云：「木干金則草木再生。」無「再死」二字。丙子干庚子，草木復榮。今八月九月時，李柰復榮生實是也。戊子干庚子，歲或存或亡。○補曰：此論庚子七十二日。○馬宗霍云：歲不可言存亡。本文「存」字疑當作「有」。「亡」與「無」同。「歲或有或亡」，猶言或有歲或無歲也，亦卽歲或豐或歉之意。詩魯頌有駜篇「自今以始，歲其有」，毛傳云：「歲其有，豐年也。」周禮地官均人豐年、中年、無年並言，鄭玄注以無歲釋無年，云「歲無贏儲也」。無贏儲卽歲歉也。「有」與「存」形近，存亡對言，人所習知，「有無」之「無」通作「亡」，人所尠見，傳寫遂誤以「有」爲「存」矣。○寧案：馬説是也。書盤庚上「若農服田力穡，乃亦有秋」，有秋猶有歲也。春秋繁露治亂五行篇云：「土干金，五穀不成。」卽歲或有或亡之義。甲子干壬子，冬乃不藏。地氣發也。

〇補曰：木氣温。〇寧案：道藏本、中立本、景宋本注首出「不藏」二字。丙子干壬子，星隊。隊，隕。〇寧案：道藏本、中立本、茅本、景宋本「隊」作「墜」，本字。戊子干壬子，蟄蟲冬出其鄉。庚子干壬子，冬雷其鄉。〇補曰：此論壬子七十二日。〇于鬯云：「其鄉」二字涉上文衍。

季春三月，豐隆乃出，以將其雨。豐隆，雷也。〇寧案：玉燭寶典三引「將」下有「猛」字。引許注：「豐隆，雷神。」至秋三月，季秋之月。地氣不藏，乃收其殺，百蟲蟄伏，靜居閉户。殺氣。〇吴承仕云：御覽十九引此注作「殺氣安静」。案注文「殺氣」二字當在「乃收其殺」下，蓋以「殺氣」訓「殺」，猶以「和氣」訓「和」矣。注文「安静」二字當在「静居閉户」下，蓋以「安静」通釋「百蟲蟄伏，静居閉户」二語也。各本並譌亂不可讀。〇寧案：「不藏」「不」當爲「下」。「不」「下」形近，又涉上「冬乃不藏」而誤也。時則篇季秋之月「以會天地之藏」，是其證。若地氣不藏，則不得曰百蟲蟄伏，静居閉户也。青女乃出，以降霜雪。青女，天神，青霄玉女，主霜雪也。〇吴承仕云：「青霄」之「霄」，朱本作「皇」。景宋本作「娱」。初學記卷三兩引作「要」。御覽十四、十六引作「天」。二十四引作「霄」。承仕案：初學記引作「青要」是也。漢書司馬相如傳：「載玉女而與之歸。」張揖曰：「玉女，青要，乘弋等也。」此注文當爲「青要」之證。能改齋漫録、緯畧、歲時廣記引淮南此注，並作青要玉女。（邵説同。）〇寧案：吴説是也。玉燭寶典七月引亦作「青要」。又案：春秋感精符云「季秋霜始降」，則至秋三月不得言雪。玉燭寶典作「以降霜露」，引高注「青要女司霜也」。詩云「白露爲霜」，故注祇出霜字。北堂書鈔百五十四、初學記二引竝脱露字，今本殆出後人臆補。行十二時之氣，以至于仲春二月之夕，乃收其藏而閉其寒。收斂其所藏而閉之。〇王念孫云：太平御覽時序部四引此本作「乃布收其藏而閉其寒」。引高注本作「收斂其所藏而出布之，閉其陰寒令不得發泄」。後人既不解「布收」二字之義而削去「布」字，又刪改高注以滅其迹，甚矣其妄也。又案布收其藏者，「布」讀爲「敷」。周頌賚篇箋云：「敷猶徧也。」言徧收其藏而閉其寒也。上文云「至秋三月，地氣下藏，百蟲蟄伏」。故此言「仲春之夕乃布收其藏而閉其寒」。「布」字在「收其藏」之上，本謂徧收其藏，非謂收其所藏而出布之也。高氏誤解「布」字，後人求其説而不得，遂以「布」爲衍文而削之矣。○俞樾云：高注曰：「收斂其所藏而閉之。」然二月非收斂之時，義不可通。太平御覽時序部引作乃「布收其藏而閉其寒」。引高注作「收斂其所藏而出布之」。是今本脱「布」字。然布收連文，義亦未安。「收」疑「攽」字之誤。尚書洛誥篇「乃惟孺子頒」，説文攴部作「乃惟孺子攽」。是「布攽」即「布頒」，猶言頒布也。上文云至秋三月地氣下藏，故至二月乃布頒之也。高氏據誤本作注，後人以布收異義不得連文，遂以「布」爲衍字而削之矣。**女夷鼓歌，以司天和，以長百穀禽鳥草木。**女夷，主春夏長養之神也。○王念孫云：「禽鳥」當爲「禽獸」。藝文類聚歲時部上引作「以養百穀禽獸草木」。太平御覽時序部四、百穀部一並引作「以長百穀禽獸草木」。是其證。○寧案：玉燭寶典二引「鳥」亦作「獸」。（錢塘所據本與玉燭寶典同。）引高誘曰：「女夷天帝之女，下司時，知春陽，嘉興故鼓樂。」有誤字。太平御覽八百二十七引注作「女夷，天帝之女，下司時，和春陽，喜樂鼓歌也」。玉燭寶典「知」當作「和」，「嘉興故鼓樂」當作「喜樂故鼓歌」。太平御覽奪「故」字。二本可互校。太平御覽十九引注同今本。蓋許注羼入高本也。**孟夏之月，以熟穀禾，雄鳩長鳴，爲帝候歲。**雄鳩，布穀也。○吴承仕云：御覽九百二十一引注「布穀」上有「蓋」字。朱本、景宋本同。案玉燭寶典引此注亦有「蓋」字，是也。吕氏春秋仲春紀「鷹化爲鳩」，注云：「鳩蓋布穀鳥。」與此同意。不質言之，故偁蓋也。○寧案：道藏本、茅本注亦有「蓋」字，爲後人妄删。是故天不發其陰，則萬物不生；地不發其陽，則萬物不成。○補曰：周禮大宗伯云：「以天産作陰德，以地産作陽德。」莊周亦言「至陰肅肅出乎天，至陽赫赫出乎地」。天圓地方，道在中央。日爲德，月爲刑。○補曰：天文志引星備云：「日者德也，月者刑也。故曰日食修德，月食修刑。」月歸而萬物死，日至而萬物生。○補曰：太玄云：「日一南而萬物死，日一北而萬物生。」遠山則山氣藏，遠水則水蟲蟄，遠木則木葉槁。日五日不見，失其位也。聖人不與也。與猶説也。○馬宗霍云：本文「與」蓋通作「豫」，故高注以「説」釋之，「説」謂「説樂」也。儀禮鄉飲酒禮「賓介不與」，鄭玄注云：「古文與爲豫。」漢書淮南王安傳「猶與十餘日」，顔師古注云：「與讀曰豫。」玄應一切經音義十八襍阿毗曇心論第二卷猶豫條云：「豫古文與同。弋庶反。」皆「與」「豫」相通之證。易豫卦陸德明釋文引馬融云：「豫，樂。」李鼎祚集解引鄭玄云：「豫，喜豫説樂之貌也。」是「與」亦得訓「説」之證也。

日出于暘谷，○補曰：王逸引作「湯」。御覽作「陽」。○劉文典云：文選潘安仁西征賦「且似湯谷，夕類虞淵」注、張景陽襍詩十首「朝霞迎白日，丹氣臨湯谷」注引「暘谷」並作「湯谷」。又史記五帝本紀索隱引亦作「湯谷」，云：史記「舊本作湯谷，今並依尚書字」。○吴承仕云：劉文典曰：文選西征賦、張景陽襍詩注引竝作「湯谷」，五帝本紀索隱引亦作「湯谷」。案作「湯谷」者，許慎注本也。史記司馬相如傳「右以湯谷爲界」，張守節正義引許慎云：「熱如湯。」此許注佚文也。各家竝失引。○向宗魯云：離騷王注引作「湯谷」。海外東經、天問俱作「湯谷」。○寧案：文選西京賦、東京賦、西征賦注引及思玄賦注兩引並作「暘谷」。蜀都賦月賦注引作「湯谷」。吴説是也。太平御覽三引作「陽谷」，下文注「自陽谷至虞淵凡十六所」亦作「陽谷」，當是「暘」之誤字。浴于咸池，拂于扶桑，是謂晨明。拂猶過。一曰至。○莊逵吉云：太平御覽有注云：「扶桑，東方之野。」○補曰：「扶」說文作「榑」。登于扶桑，○補曰：藝文類聚引有「之上」二字。初學記引有注云：「扶桑，東方之野。」○吴承仕云：御覽三引此文有注云：「扶桑，東方之野。」而歲時廣記、鼠璞引文注與御覽正同。可見南宋人所見尚有善本，今無注者，蓋輾轉傳寫失之也。此節注文，誤奪甚多，可以御覽校之，不具出。爰始將行，是謂朏明。朏明，將明也。朏讀若「朏諸皋」之「朏」也。至於曲阿，○莊逵吉云：案：太平御覽有注云：「曲阿，山名。」○補曰：初學記引有注云：「曲阿，山名。」是謂旦明。平旦。○劉文典云：藝文類聚、初學記、御覽引「旦」竝作「朝」。北堂書鈔百四十九引注云：「旦明，平旦也，曲阿所由明也。」至於曾泉，是謂蚤食。○莊逵吉云：太平御覽有注云：「曾，重也。早食時在東方多水之地，故曰曾泉。」○補曰：諸家引「至」俱作「臨」。初學記引有注云：「曾，重也。早食時在東方多水之地，故曰曾泉。」○劉文典云：藝文類聚、初學記、御覽引並作「臨于曾泉」。至于桑野，○莊逵吉云：太平御覽作「次于桑野」。○補曰：諸書「至」作「次」。是謂晏食。至于衡陽，○莊逵吉云：太平御覽作「臻于衡陽」。是謂隅中。○補曰：「至」或作「臻」。「隅」舊作「禺」。至于昆吾，○莊逵吉云：太平御覽作「對于昆吾」。是謂正中。昆吾邱在南方。○補曰：文選思玄賦注以爲高誘注也。「至」舊作「對」。○鍾佛操云：注當從後漢書作「昆吾，邱名，在南方」。至于鳥次，是謂小還。鳥次，西南之山名也。鳥所宿止。○莊逵吉云：太平御覽作「靡于鳥次」。「還」作「遷」。○補曰：「至」舊作「靡」。「還」諸家俱作「遷」。○鍾佛操云：藝文類聚天部一引「鳥次」有注「西南曰大壑」五字。○寧案：依下句注例「西南」下當有「方」字。太平御覽三引正作「西南方之山名」。藝文類聚引注「西南曰大壑」，當是下句注文亂入。至于悲谷，是謂餔時。悲谷，西南方之大壑。言其深峻，臨其上令人悲思，故曰悲谷。○補曰：「餔」，舊作「晡」。○陶方琦云：大藏音義三十四引許注曰：「日行至申爲餔時。悲谷者，日入處也。」案説文「餔，日加申時食也。從食甫聲」。與淮南注義亦合。元應經引淮南子「日行至于悲谷爲晡時」，謂加申時也。此亦許君注義。至于女紀，是謂大還。女紀，西北陰地。○莊逵吉云：太平御覽作「迴于女紀」。「還」亦作「遷」。○補曰：「至」舊作「迴」。初學記「還」作「遷」。注「西北」作「西方」。○王念孫云：小還、大還當爲小遷、大遷，字之誤也。遷之爲言西也。日至昆吾，謂之正中，至鳥次則小西矣，故謂之小遷。至女紀則大西矣，故謂之大遷。漢書律曆志曰：「少陰者，西方，西，遷也，陰氣遷落物。」白虎通義曰「西方者，遷方也，萬物遷落也。」是「遷」與「西」同義。若作小還、大還，則義不可通矣。舊本北堂書鈔天部一及藝文類聚、初學記天部上、太平御覽天部三引此竝作小遷、大遷。至于淵虞，是謂高春。淵虞，地名。高春，時加戌，民碓春時也。○莊逵吉云：太平御覽作「經于隅泉」。○補曰：「至」舊作「經」。「虞」舊作「隅」。初學記引有注云：「言尚未冥，上蒙先春，曰高春。」○王念孫云：「淵虞」當作「淵隅」，「隅」「虞」聲相亂，又涉下文虞淵而誤也。桓五年公羊傳疏、舊本北堂書鈔及藝文類聚、初學記、太平御覽引此竝作「淵隅」。楚辭天問補注引此亦作「淵隅」，則南宋本尚不誤。○鍾佛操云：類聚天部一引作「泉隅」，蓋避唐諱也。○寧案：注「高春」十字，乃許注羼入高本也。初學記所引乃高注。上文大藏音義引許注「日行至申爲晡時」，此言「時加戌」；高注此言「尚未冥」，下春言「將欲冥」，文方合。又案「淵虞」，景宋本注正作「淵隅」不誤。太平御覽三引作「隅泉」乃「泉隅」誤倒。至於連石，是謂下春。連石，西北山。言將欲冥，下象息春，故曰下春。「連」讀腐爛之「爛」。○

莊逵吉云：太平御覽作「頓于連石」。○補曰：「至」舊作「頓」。○吴承仕云：注朱本、景宋本並作「西北山名也」。案初學記一引亦作「西北山名」。尋上下文鳥次、蒙谷並云山名，莊本誤奪「名」字，應據補。○寧案：吴説是也。道藏本、茅本「山」下亦有「名」字。北堂書鈔、太平御覽引同。至于悲泉，爰止其女，爰息其馬，是謂縣車。○莊逵吉云：太平御覽此四句引作「爰止羲和，爰息六螭，是謂縣車」。○補曰：洪興祖云：「虞世南引云：『爰止羲和，爰息六螭，是謂縣車。』」案：徐堅引注云：「日乘車，駕以六龍，羲和御之，日至此而薄于虞淵，羲和至此而迴。六螭即六龍也。」虞引無末六字。山海經云：「東南海外有羲和之國，有女子名曰羲和，是生十日，常浴于甘泉。」故日至悲谷，云「爰止其女」也。○鍾佛操云：書鈔一百四十九引「馬」作「武」。嚴校于「武」字旁着圈，示古本之特異處。今淮南作「馬」。考説文「馬，武也」。原可相通。至于虞淵，○莊逵吉云：太平御覽作「薄于虞淵」。是謂黄昏。○補曰：文選琴賦注「至」作「入」。又引高誘注云：「視物黄也。」至于蒙谷，是謂定昏。蒙谷，北方之山名也。盧敖所見若士之所也。○莊逵吉云：太平御覽作「淪于蒙谷」。蒙谷即尚書昧谷。「蒙」「昧」聲相通。○補曰：「至」舊作「淪」。○王念孫云：「至」本作「淪」，此涉上文諸「至」字而誤也。淪，入也，没也。淪于蒙谷與上出于扶桑相對。舊本北堂書鈔及藝文類聚、初學記、太平御覽引此竝作「淪」。楚辭補注同。○劉文典云：北堂書鈔引注作「蒙谷，北極山之名也」。日入于虞淵之汜，曙于蒙谷之浦。曙，明。浦，涯。○莊逵吉云：太平御覽此二句引作「日入崦嵫，經細柳，入虞泉之地，曙于蒙谷之浦」。有注云：「崦嵫，落嘗山口。細柳，西方之野。蒙谷，蒙汜之水。」又有「日西垂，景在樹端，謂之桑虞」九字，注云：「言其光在桑榆樹上。」○補曰：初學記引注云：「蒙谷，蒙汜之水。」○劉文典云：初學記引作「日入崦嵫，經於細柳，入虞泉之池，曙於蒙谷之浦。日西垂，景在樹端，謂之桑榆」。又引注：「嵫音兹。亦曰落棠山。細柳，西方之野。蒙谷，蒙汜之水。桑榆，言其光在桑榆樹上。」御覽引「嵫」作「滋」。「經於細柳」作「經細柳」。餘同。白帖一引作「入於虞泉」。○寧案：離騷王注引淮南子曰：「日入崦嵫，經細柳，入虞淵之汜。」與初學記、太平御覽引同。疑今本「日入」下奪「崦嵫經細柳入」六字，蓋兩「入」字相亂而誤。上言「拂于榑桑」，此言「入崦嵫」，覽冥篇云「朝發榑桑，入日落棠」是也。初學記、御覽引注當是高注，今本乃許注羼入。行九州七舍，有五億萬七千三百九里，自陽谷至虞淵，凡十六所，爲九州七舍也。禹以爲朝、晝、昏、夜。○補曰：論衡説日篇云：「五月之時，晝十一分，夜五分。六月晝十分，夜六分。從六月往至十一月，月減一分。歲日行天十六道也。」王充所説「十六道」，與此「十六所」合。然則此卽漏刻矣。日有百刻，以十六約之，積六刻百分刻之二十五而爲一所。二分晝夜平，各行八所。二至晝夜短長極，則或十一與五。而分、至之間，以此爲率而損益焉。尚書正義馬融云：「古制刻漏，晝夜百刻：晝長六十刻，夜短四十刻；晝短四十刻，夜長六十刻；晝中五十刻，夜亦五十刻。」今置二分之漏五十刻十之，如六刻百分刻之二十五而一，適得八所，夏至則多八刻百分刻之七十五，冬至則少八刻百分刻之七十五。所以然者，夏至晝六十刻，謂日出寅末，入戌初，而此出寅中，入戌中；冬至晝四十刻，謂日出辰初，入申末，而此出辰中，入申中，各較三十度故也。蓋蒙谷子也，暘谷癸丑間也，咸池艮也，扶桑寅甲間也，曲阿卯也，曾泉乙辰間也，桑野巽也，衡陽巳丙間也，昆吾午也，鳥次丁未間也，悲谷坤也，女紀申庚間也，淵虞酉也，連石辛戌間也，悲泉乾也，虞淵亥壬間也。其命名之義，因此可想。虞淵蒙汜諸名，見于楚詞，而尚書言暘谷，洵乎其傳古矣。○王念孫云：「禹」字義不可通，「禹」當爲「離」。俗書「離」字作「離」，脱去右畔而爲「禹」耳。離者分也，言分爲朝晝昏夜也。精神篇「別爲陰陽，離爲八極」，文義與此同。○于省吾云：王謂當爲「離」是也。惟「離」古文省作「离」，非脱去右畔也。古化離石之「離」作「离」。古文四聲韻引王存乂切韻有「离」字，是其證。夏日至則陰乘陽，是以萬物就而死；冬日至則陽乘陰，是以萬物仰而生。晝者陽之分，夜者陰之分，是以陽氣勝則日脩而夜短，陰氣勝則日短而夜脩。○補曰：此下道藏本接「帝張四維」爲是。別本脱誤在後。

帝張四維，○莊逵吉云：太平御覽有注云：「帝，天帝也。」運之以斗，運，旋也。月徙一辰，復反其所。正月指寅，十二月指丑，○莊逵吉云：太平御覽作「十一月指子」。一歲而匝，終而復始。○王引之云：「十二月指丑」本作「十一月指子」，後人改之也。指寅指子，皆曆元所起，故以二者言之。晉書律曆志引董巴議曰：「顓頊曆以今之孟春正月爲元，其時正月朔旦立春，五星會于天歷，營室也。湯作殷曆，更以十一月朔旦冬至爲元首，下至周魯及漢，皆從其節。」是顓頊曆起寅月，殷曆起子月也。故下文「指寅，寅則萬物螾螾然也」，先言指寅，顓頊曆之遺法也。上文「斗指子則冬至」，先言指子，殷曆之遺法也。指寅指子，皆言其始，一歲而匝，乃言其終。蓋起於寅者，至丑而匝，起於子者，至亥而匝也。後人不知古曆有二法，而改爲十二月指丑，非也。指丑則一歲已匝，不須更言一歲而匝矣。且子與始爲韻，若作丑則失其韻矣。太平御覽時序部一引此正作「十一月指子」。○寧案：景宋本作「十二月指子」。蓋「一」誤作「二」，後人遂改「子」爲「丑」以就「二」字之誤耳。指寅，則萬物螾螾也，動生貌。○莊逵吉云：本皆作「萬物螾」，藏本同，惟太平御覽作「螾螾也」。依義御覽是，今從之。○補曰：律書云：「寅，言萬物始生螾然也。」漢志云：「引達于寅。」説文「螾，側行者。螾或從引」。則螾有引義。○王念孫云：此當作：「指寅，（句）寅，（句）則萬物螾螾然也。（句）」寅則萬物螾螾然者，猶云寅者，言萬物螾螾然。故高注曰「動生皃」。史記律書亦曰：「寅者，言萬物始生螾然也。」今本「寅」下脫一「寅」字，「螾」下又脫「螾然也」三字，則文不成義，且句法與下文不協矣。太平御覽時序部一引此正作「寅則萬物螾螾然也」。○寧案：道藏本、中立本、景宋本注首有「螾」字。動生皃蓋釋螾螾然，則注首當出「螾螾」二字，而今本竝脫之也。律受太蔟。太蔟者，蔟而未出也。○莊逵吉云：太平御覽作「湊而未出也」。下有注云：「太蔟，正月律。」○補曰：漢志云：「族，奏也。」周語云：「所以金奏贊陽出滯也。」注賈、唐云：「太簇正聲爲商，故爲金奏。」白虎通云：「族，湊也，聚也。」是簇、蔟、族同義，謂奏聚而欲上出也。「奏」又即「湊」矣。指卯，卯則茂茂然，○補曰：律書云：「卯之言茂也。」漢志云：「冒茆于卯。」說文「卯，冒也。二月萬物冒地而出，象開門之形」。白虎通云：「卯，茂也。」案說文又云：「茂，草豐盛。」「萺，草也。」則茂、萺同義。「冒」猶「萺」也。律受夾鐘。夾鐘者，種始莢也。○莊逵吉云：太平御覽下有注云：「夾鐘，二月律。」○補曰：白虎通云：「夾，孚甲也，言萬物孚甲，種類分也。」釋名云：「甲，孚也。萬物解孚甲而生也。」是「夾」即「甲」。指辰，辰則振之也，○補曰：漢志云：「振羨于辰。」說文：「辰，震也。三月陽氣動，雷電振，民農時也，物皆生。」律受姑洗。姑洗者，陳去而新來也。○莊逵吉云：太平御覽下有注云：「姑洗，三月律。」○補曰：白虎通云：「姑，故也。」是姑爲陳，「洗」即「灑」。古先、西通。趙世家「先俞于趙」，徐廣曰：「爾雅西俞，雁門是也」。西，滌也，故新來。灑又通禋，潔祀也。故周語云：「故洗所以修潔百物，考神納賓也。」即陳去新來之義。指巳，巳則生已定也，○補曰：漢志云：「已盛于巳。」釋名云：「巳，已也，陽氣畢布已也。」律書云：「巳者，言陽氣之已盡也。」詩斯干「似續妣祖」，箋云：「似讀如巳午之巳。巳續妣祖者，言巳成其宮廟也。」則古讀巳午字若「㠯」。佀亦㠯聲，故鄭讀「佀」爲巳午之

「已」。「已」又語詞，故古俱訓爲語詞之「已」也。律受仲呂。仲呂者，中充大也。○莊逵吉云：太平御覽下有注云：「仲呂，四月律也。」○補曰：白虎通云：「言陽氣將極，中充大也。」周語云：「宣中氣也。」説文云：「仲，中也。」○向宗魯云：「仲」本作「中」，此後人改之也。五行大義四、御覽十六引竝作「中」。宋書律志引下文亦作「中」。又大義引「中充大也」作「中宛也」。「宛」疑「元」之誤。指午，午者，忤也。○補曰：律書云：「午者，陰陽交。」大射儀云：「若丹若墨，度尺而午。」注謂「一從一横曰午」，卽陰陽交也。説文云：「五，五行也。从二。陰陽在天地間交午也。此古文五省。」是午卽五，故五月謂午。説文又云：「午，啎也。」屈原傳「重華不可啎兮」，集解王逸云：「啎，逢也。」索隱曰：「楚辭作遻。」漢志云：「遻布于午。」「遻」卽「啎」矣。此「忤」字亦當爲「啎」，作「忤」者，流俗傳寫使然。遻之言遇，易曰：「遘，遇也，天地相遇，品物咸章。」是也。律受蕤賓。蕤賓者，安而服也。○莊逵吉云：太平御覽下有注云：「蕤賓，五月律。」○補曰：周語云：「所以安靖神人，獻酬交錯也。」律書云：「言陰氣幼少，故曰蕤。痿陽不用事，故曰賓。」案釋名云：「委，萎也，萎蕤就之也。」萎蕤猶甤痿矣。説文云：「甤，草木實甤甤也。讀若綏。」「蕤，草木華垂皃。从艸，甤聲。」是「蕤」卽「綏」。樛木傳「綏，安也」。故蕤爲安。○于省吾云：按奠井叔鐘「用妥賓」。「妥」古「綏」字。綏、蕤音近字通。文選甘泉賦：「鸞鳳紛其衡蕤。」注引晉灼「蕤，綏也」。周語：「四曰蕤賓，所以安靖神人，獻酬交酢也。」綏有安訓，故曰綏賓者，安而服也。指未，未，味也。○補曰：漢志云：「昧薆于未。」釋名云：「昧也，日中則昃，向幽昧也。」○王念孫云：「未」下脱「者」字。「昧」本作「味」，後人以漢書律曆志云「昧薆於未」，故改「味」爲「昧」，不知淮南自訓「未」爲「味」，與漢書不同也。五行大義論支榦名篇及太平御覽引淮南並云：「未者，味也。」白虎通義及廣雅竝云：「未，味也。」説文：「未，味也，六月滋味也。」（「六月」下有脱文。）史記律書：「未者，味也。言萬物皆成，有滋味也。」義並與淮南同。○馬宗霍云：漢書律曆志云「昧薆於未」。釋名釋天云：「未，昧也。日中則昃，嚮幽昧也。」並與淮南本文合。五行大義云：「未者，味也。陰氣已長，萬物稍衰，體薆昧也。」卽本漢志爲説。玉燭寶典引詩氾歷樞云：「未者，味也。味者，盛也。」此以「盛」釋「味」，蓋物理無常，薆極則盛，又義之相反而相成者也。又案史記律書云：「未者，言萬物皆成，有滋味也。」説文未部云：「未，味也，六月滋味也。」此則與淮南説異。然説文又云：「五行，木老於未。」「老」亦有「昧薆」之意。白虎通禮樂篇云：「味之爲言昧也」。知「味」「昧」又通訓也。王念孫據五行大義及太平御覽引淮南，證以史記、説文，謂本文「昧本作味」。未必是。律受林鐘。林鐘者，引而止也。○莊逵吉云：太平御覽下有注云：「林鐘，六月律。」昧作味。○補曰：説文云：「綝，止也。从糸林聲。」是「林」卽「綝」。

指申，申者，呻之也，○補曰：律書云：「言陰用事，申賊萬物。」説文云：「呻，吟也。」釋名云：「吟，嚴也。其聲本出于憂愁，使人聽之凄歎也。」然則呻之者，謂陰氣賊物，物呻吟也。申，申束之。安世房中歌「敕身齋戒，施教申申」是也。○王念孫云：「之」字當在上文「引而止」下。今本誤在「申」字下，則文不成義。五行大義論律吕篇、論支幹名篇及太平御覽引此，竝云「林鐘者，引而止之也。申者，呻也」。是其證。○馬宗霍云：「申者，呻之也。」五行大義引作「申，呻也」，太平御覽引作「申者，呻也」，皆無「之」字。王念孫據兩書所引，謂「之」字當在上文「林鐘者，引而止」下，其説是也。但何以釋申爲呻，王氏未之言。錢塘曰：「律書云：『言陰用事，申賊萬物。』説文云：『呻，吟也。』釋名云：『吟，嚴也。其聲本出於憂愁，使人聽之凄歎也。』然則呻之者，謂陰氣賊物，物呻吟也。」此亦可備一説。又案説文申部云：「申，神也。七月陰氣成，體自申束，从臼。自持也。」示部云：「神，天神，引出萬物者也。从示，申聲。」據此，則申有約束之義，又有引申之義。史記律書

「申賊萬物」，集解引徐廣曰：「賊一作則。」則者，法也，法則與約束義近，是「申則」猶「申束」。余疑「申」之訓「呻」，蓋謂物因約束求伸，故發爲呻吟耳。律受夷則。夷則者，易其則也，德以去矣。○莊逵吉云：太平御覽下有注云：「夷則，七月律。德以去，生氣盡也。」○補曰：律書云：「夷則者，言陰氣之賊萬物也。」徐廣曰：「一作則。」漢志云：「則，法也。言陽氣正法度，而使陰氣夷當傷之物也。」然左傳言「毁則爲賊」，故陰氣賊物爲夷則。陰氣賊物，易其則之謂也。德已去矣者，管子四時篇云：「德始於春，長於夏，刑始於秋，流於冬。」然則七月刑之始，故德去也。指酉，酉者，飽也，○補曰：律書云：「酉者，萬物之老也。」漢志云：「留孰于酉。」説文云：「酉，就也。八月黍成，可爲酎酒。」是卽飽之義也。律受南吕。南吕者，任包大也。○莊逵吉云：太平御覽下有注云：「南吕，八月律。」○補曰：漢志云：「南，任也。言陰氣旅助夷則，任成萬物也。」尚書大傳云：「南方者，任方也。」説文云：「南，草木至南方有枝任也。」方言：「戴鵀一名戴南。」是「南」卽「任」。指戌，戌者，滅也，○補曰：律書云：「戌者，言萬物盡滅。」漢志云：「畢入於戌。」説文云：「戌，滅也。九月陽氣微，萬物畢成，陽下入地也。五行土生于戊，盛于戌，从戊含一。」「威，滅也。从火戌聲。火死于戌，陽氣至戌而盡滅也。」故戌言滅。律受無射。無射，入無厭也。○莊逵吉云：太平御覽作「入之無厭也」。下有注云：「無射，九月律。」○補曰：漢志云：「射，厭也，言陽氣究物，而使陰氣畢剥落之，終而復始，亡厭已也。」爾雅釋詁：「射，豫，厭也。」故無射言無厭。○寧案：依前後文「無射」下例當有「者」字。太平御覽十六引正作「無射者，入之無厭也」。指亥，亥者，閡也，○補曰：律書云：「亥者，該也，言陽氣藏于下，故該也。」漢志云：「該閡于亥。」説文云：「亥，荄也。」「荄，草根也。」「閡，外閉也。」然則萬物歸根，兼晐而外閉之，故曰閡也。「該」與「晐」通矣。律受應鐘。應鐘者，應其鐘也。○莊逵吉云：太平御覽下有注云：「應鐘，十月律。」○補曰：周語云：「均用利器，俾應復也。」律書云：「陽氣之應，不用事也。」漢志云：「言陰氣應亡射，該藏萬物而裸陽閡種也。」指子，子者，兹也，○補曰：律書云：「子者，滋也。滋者，萬物滋于下也。」漢志云：「孳萌于子。」説文云：「子，十一月陽氣動，萬物滋，人以爲偁。𢀈，籀文子。」「孳，汲汲生也。𡥜，籀文孳。」「滋，益也。」「茲，草木多益。」是「滋」「兹」同義，皆謂孳也。孳從子，故子言孳。律受黄鐘。黄鐘者，鐘已黄也。○莊逵吉云：太平御覽下有注云：「黄鐘，十一月律。」○補曰：律書云：「言陽氣踵黄泉而出也。」周語云：「夫六，中之色也，故命之曰黄鐘。」韋昭云：「六者，天地之中。天有六氣，降生五味，天有六母，地有六子，十一而天地畢矣，而六爲中。黄，中之色也。鐘之言陽氣鐘聚于下也。」説文云：「黄，地之色也。从田，从炗。炗，古文光。」然則六亦地也。陽氣鐘於地中，故黄。坤六五「黄裳」。指丑，丑者，紐也，○補曰：律書云：「言陽氣在上未降，萬物厄紐未敢出。」漢志云：「紐牙于丑。」説文云：「十二月萬物動用事，象手之形。時加丑，亦舉手時也。」「紐，系也。一曰結而可解。」則厄紐、紐牙同義。律受大吕。大吕者，旅旅而去也。○莊逵吉云：太平御覽下有注云：「大吕，十二月律。」○補曰：周語云：「助宣物也。」漢志云：「吕，旅也，言陰大，旅助黄鐘宣氣而牙物也。」説文云：「吕，脊骨也。昔太岳爲禹心吕之臣，故封吕侯。膂，篆文吕。」是「吕」即「膂」，「膂」省爲「旅」也。旅旅而去，猶言進旅退旅矣。旅，徒旅也。○向宗魯云：「吕者」上衍「大」字。兩「旅」間當有「也」。五行大義四引作「吕者，旅也，旅而去也」。是其證。（御覽已誤同今本。）其加卯酉，則陰陽分，日夜平矣。○王引之云：此三句不與上文相承，尋繹文義，當在前「日短而夜脩」之下。云其加卯酉者，（王弼注老子曰：「加，當也。」）承夏日至、冬日至言之。彼言冬、夏至，此言春秋分也。言陰陽分，日夜平者，承陽勝、陰勝，日夜脩短言之，言至春秋分則陰陽無偏勝，日夜無脩短也。寫者錯亂在此，今更定其文如左：「夏日至則陰乘陽，是以萬物就而死；冬日至則陽乘陰，是以萬物仰而生。晝者陽之分，夜者陰之分。是以陽氣勝則日脩而夜短，陰氣勝則日短而夜脩。其加卯酉，則陰陽分，日夜平矣。」故曰：規生矩殺，衡長權藏，繩居中央，爲四時根。〇補曰：漢志云：「權與物鈞而生衡，衡運生規，規圜生矩，矩方生繩，繩直生準，準正則平衡而鈞權矣。是爲五則。以陰陽言之，太陰者，北方。北，伏也，陽氣伏於下，于時爲冬。冬，終也，物終藏，乃可稱。水潤下。知者謀，謀者重，故爲權也。太陽者，南方。南，任也，陽氣任養物，于時爲夏。夏，假也，物假大，乃宣平。火炎上。禮者齊，齊者平，故爲衡也。少陰者，西方。西，遷也，陰氣遷落物，于時爲秋。秋，䪞也，物䪞斂，乃成孰。金從革，改更也。義者成，成者方，故爲矩也。少陽者，東方。東，動也，陽氣動物，于時爲春。春，蠢也，物蠢生，乃動運。木曲直。仁者生，生者圜，故爲規也。中央者，陰陽之內，四方之中，經緯通達，乃能端直，于時爲四季。土稼穡蕃息。信者誠，誠者直，故爲繩也。」

道曰規始於一，〇王念孫云：「曰規」二字與上下文義不相屬，此因上文「故曰規生矩殺」而誤衍也。宋書律志作「道始於一」，無「曰規」二字。〇馬宗霍云：宋書律志雖有「道始於一」之語，不言出本文，尚非切證。五行大義論律呂引淮南子云：「數始於一，一而不能生，故分爲陰陽，陰陽合而生萬物。」此正引本文也。亦無「曰規」二字，而又作「數始於一」。易「道」爲「數」，可以備參。一而不生，故分而爲陰陽，陰陽合和而萬物生。故曰：「一生二，二生三，三生萬物。」〇補曰：老子文。天地三月而爲一時，故祭祀三飯以爲禮，喪紀三踊以爲節，兵重三罕以爲制。〇王念孫云：「重」「罕」二字義不可通。「重」當爲「革」。祭祀、喪紀、兵革皆相對爲文。「革」字古文作「革」，隸省作「単」，與「重」相似而誤。「罕」當爲「軍」。言兵革之事，以三軍爲制也。「軍」字草書作「𡨥」，與「罕」相似而誤。○馬宗霍云：本文「重」字似不誤。「罕」字與「單」形近，疑當作「單」。「兵重三單」者，猶詩大雅公劉篇「其軍三單」也。毛傳云：「三單，相襲也。」本文「重」讀直容切，義爲重複，正與毛傳之「襲」合。孔穎達疏申傳云：「重衣謂之襲。三單相襲者，謂三行皆單而相重爲軍也。此謂發郃在道及初至之時，以未得安居，慮有寇鈔，故三重爲軍，使强壯在外，所以備禦之也。」孔氏此説，可借以釋本文。蓋古者行軍有此制，故曰「兵重三單以爲制」耳。又案五行大義論律呂引淮南子云：「所以祭有三飯，喪有三踊，兵有三令，皆以三爲節。」此所引卽本文之畧加删節者。而又作「兵有三令」，「令」字義亦可通。史記孫武傳，「約束既布，乃設鈇鉞，卽三令五申之」。是三令亦軍中約束之所重。惟若作「兵重三令」，則「重」字當讀輕重之「重」。**以三參物，三三如九，故黄鐘之律九寸而宫音調。**調，和也。**因而九之，九九八十一，故黄鐘之數立焉。**○補曰：管子地員篇云：「凡將起五音，凡首，先主一而三之，四開以合九九，以是生黄鐘小素之首以成宫。」主一而三之者，置一而三之也。四開以合九九者，置一而四三之也。三爲一開，九爲二開，二十七爲三開，八十一爲四開，故曰以合九九，則黄鐘之積也。其長爲百分尺之九十分，故漢志云「九十分黄鐘之長。一爲一分，十分爲寸，十寸爲尺」。而唐都落下閎造太初曆亦曰律容一籥，積八十一寸，則一日之分也。史記言黄鐘八寸十分一，則約九十分爲八十一分，使外體中積相應，以便布算，而後人言史記用十分寸，漢志用九分寸，誤矣。淮南寸法，與史記、漢志同。**黄者，土德之色，鐘者，氣之所種也。日冬至德氣爲土，土色黄，故曰黄鐘。**○補曰：漢志云：「黄者，中之色，君之服也；鐘者，種也。天之中數五，五爲聲，聲上宫，五聲莫大焉。地之中數六，六爲律，律有形有色，色上黄，五色莫盛焉。故陽氣施種于黄泉，孳萌萬物，爲六氣元也。以黄色名元氣律者，著宫聲也。」是冬至爲元氣之始，黄鐘宫應焉，故以爲名。而季夏亦中黄鐘之宫者，此則七十二日五子受制之術，當是吹律聽聲而得之，故曰律中。蓋立春甲子受制，則穀雨前三日丙子受制，小暑前六日戊子受制，白露後六日庚子受制，小雪後三日壬子受制，合之月令所云其日甲乙、其日丙子者，無不相應，則季夏自中黄鐘之宫也。若以冬至爲黄鐘之宫，則出於候氣，謂之隨月律，律管最長，十二宫聲中亦最尊，故與元氣相應。然二法雖異，理實相通。何者？冬至時，候氣既效，即吹律亦無不中，可知。而季夏候氣，則用林鐘耳。樂聲儀云：「作樂制禮時，五音使于上元戊辰夜半冬至北方子。」鄭玄注云：「戊辰土位，土爲宫，宫爲君，故作樂尚之，以爲君也。夜半子，以天時之始，稽命徵起于太素十一月閼逢之月，歲在攝提格之紀。」是云作樂制禮，蓋作樂則有禮通其反耳。東漢時所云攝提格之歲，未必太歲即在丙子。要是黄鐘起于冬至，則正有其本耳。律之數六，分爲雌雄，故曰十二鐘，以副十二月。○補曰：吕氏春秋五月紀曰：「黄帝又命伶倫與榮將鑄十二鐘，以和五音。」隋志以爲即鎛鐘。每鐘垂一簨虡，各應律吕之音。徐景安謂之律鐘。大司樂注：「國語曰：『律所以立均出度也。古之神瞽，攷中聲而量之，以制度律均鐘。』言以中聲定律，以律立鐘之均。」是謂律鐘。唐志：「鎛鐘十二，在十二辰之位。」而尚書大傳云：「天子左五鐘，右五鐘。」鄭注謂天子宫縣黄鐘蕤賓在南北，其餘則在東西。賈公彦以爲十二零鐘，非鎛鐘也。淮南十二鐘，知即律鐘。賈誼新書六術篇曰：「一歲十二月，分而陰陽各六月。是以聲音之器十二鐘，鐘當一月。其六鐘陰聲，六鐘陽聲。」是也。十二各以三成，故置一而十一，三之，爲積分十七萬七千一百四十七，黄鐘大數立焉。○補曰：前漢志云：「太極元氣，函三爲一。極，中也。元氣行于十二辰，始動于子。參之于丑，得三。又參之于寅，得九。又參之于卯，得二十七。又參之于辰，得八十一。又參之于巳，得二百四十三。又參之于午，得七百二十九。又參之于未，得二千一百八十七。又參之于申，得六千五百六十一。又參之于酉，得萬九千六百八十三。又參之于戌，得五萬九千四十九。又參之于亥，得十七萬七千一百四十七。」凡十二律，黃鐘爲宮，太蔟爲商，姑洗爲角，林鐘爲徵，南呂爲羽。○補曰：五音配五行，正五方，而律之長短，聲之清濁，實爲五音之序。宮最長而濁，商次長亦次濁，角長短清濁半，徵次短亦次清，羽最短而清。十二均皆然。物以三成，音以五立，三與五如八，故卵生者八竅。律之初生也，寫鳳之音，故音以八生。○補曰：呂氏春秋五月紀曰：「昔黃帝令伶倫作爲律。伶倫自大夏之西，乃之阮隃之陰，取竹于嶰谿之谷，以生空竅厚鈞者，斷兩節間，其長三寸九分而吹之，以爲黃鐘之宮。次日『含少』。次（淡案：『次曰』或作『次日』。今從畢氏校刊呂覽據説苑定作『曰』。）制十二筒，以之阮隃之下，聽鳳皇之鳴，以別十二律。其雄鳴爲六，雌鳴亦六，以比黃鐘之宮，適合。黃鐘之宮，皆可以生之，故曰黃鐘之宮，律呂之本。」前漢志云：「陰陽相生，自黃鐘始而左旋，八八爲五。」孟康曰：「從子數辰至未得八，下生林鐘。數未至寅，上生太簇。律上下相生，皆以此爲率。」按十二律之次，黃鐘子，林鐘丑，太簇寅，南呂卯，姑洗辰，應鐘巳，蕤賓午，大呂未，夷則申，夾鐘酉，無射戌，中呂亥，是隔一相生也。故六十律黃鐘宮後，即以應鐘、無射爲宮，無射之商，黃鐘也，則用半律。何則？十二律長短相間，至中宮而窮。黃鐘半律在無射、中呂之次，故以爲商。若以十二律直十二月，則林鐘、南呂、應鐘、大呂、夾鐘、中呂各居其衝，而得隔八相生之次，其律則自長而短，至應鐘而窮矣。前法是陽下生，陰上生。後法則蕤賓、夷則、無射陽，上生，大呂、夾鐘、中呂陰，下生。故林鐘、南呂、應鐘退居西北，而大呂、夾鐘、中呂進居東南也。黃鐘爲宮，宮者，音之君也，故黃鐘位子，其數八十一，○補曰：黃鐘體中之積也。漢志橫黍九十分爲長，用以除積，則九分爲圓冪，依密術求方冪，得十一分四十五釐九十豪，開方得三分三釐八豪五絲一忽爲徑，更以密術求圓周，得十分零六釐三豪四絲六忽。十二律皆用此圍徑而遞減其長，故算術必先定黃鐘之圍徑也。以此律圍乘九寸之長，實得九十五寸七分一釐一豪四絲爲體周，而能容千二百黍。孟康以九分爲圍，以圍乘長，得積八十一寸，則體周過小。晉、宋、隋、唐間依以制律，皆不能容千二百黍，其明驗也。主十一月，下生林鐘。林鐘之數五十四，○補曰：林鐘體中之積也。置黃鐘之數二，因而三除之，得此數。以術推之，一寸之積實有九寸，則林鐘六寸積五十四寸也。以九約六寸，則長亦五十四分。律書云：「五寸十分四。」主六月，上生太蔟。太蔟之數七十二，○補曰：太蔟體中之積也。置林鐘之數四，因而三除之，得此數。以上三律，十分爲寸，則數爲積寸，九分爲寸，則數爲積分，皆得相應，故古人以當天地人三才。其餘則不能密合矣。要之，數兼分寸則俱同也。淮南獨言數者以此。律書云：「七寸十分二。」主正月，下生南呂。南呂之數四十八，○補曰：置太蔟之數二，因而三除之，得此數。續志：「南呂律五寸三分小分三强。」今以九乘之，得四十八微弱，以强補弱，即得整數。九除四十八亦得彼數。律書云：「四寸十分八。」主八月，上生姑洗。姑洗之數六十四，○補曰：置南呂之數四，因而三除之，得此數。續志：「姑洗律七寸一分小分一微强。」今以九乘之，得六十四寸微弱，以强補弱，亦得整數。九除六十四，亦得彼數。此二律强弱相補，數猶適合，于黃鐘宮則羽角也。餘唯無射一律適合陽律之終，其他則否矣。律書云：「六寸十分四。」主三月，下生應鐘。應鐘之數四十二，○補曰：置姑洗之數二，因而三除之，得此數。續志：「應鐘律四寸七分小分四微强。」今以九乘之，得四十二寸六分六釐。

九除四十二，得四寸六分六釐，尚有三之二。是彼之積寸較多，此之積分較少也。彼是實數，此則不能無所棄，法使之然也。律書云：「四寸二分三分二。」○向宗魯云：宋志「二」作「三」。五行大義仍作「二」。案作「二」是。○寧案：晉書律曆志亦仍作「二」。主十月，上生蕤賓。蕤賓之數五十七，○補曰：置應鐘之數四，因而三除之，當爲五十六。以前有所棄，故此益其一也。續志：「蕤賓律六寸三分小分二微强。」今以九乘之，得積五十六寸九分弱。此收九分弱爲一寸，所謂半法以上亦得一也，積寸如此，積分可知。九除五十七得六寸三分小分三，尚有三分一，則益一，整數之故。律書云：「五寸六分三分一。」○向宗魯云：五行大義「七」作「六」。宋志仍作「七」。案作「七」是。○寧案：晉書律曆志亦作「七」。主五月，上生大呂。○向宗魯云：御覽十六引京氏律術作「蕤賓下生大呂」。漢志同。此半律正律之異。（晉志亦云「蕤賓下生」。）大呂之數七十六，○補曰：漢志作「下生大呂」，生半律也。此云「上生」，生正律也。大呂、夾鐘、中呂，以陰律而主夏至以前之月，故必上生。大呂之數七十六者，置蕤賓之數四，因而三除之，得此數。續志：「大呂律八寸四分小分三弱。」今以九乘之，得積七十五寸八分半强。九除七十六，得長八寸四分小分四半弱，皆以蕤賓所收稍多之故。古人只取整數，不得不然。律書云：「七寸五分三分一。」主十二月，下生夷則。夷則之數五十一，○補曰：漢志作「上生夷則」，亦生正律也。夷則、無射雖陽律，而主夏至後之月，故此從下生。夷則之數五十一者，置大呂之數二，因而三除之，當爲五十又三分之二，在半法以上，故收爲一也。續志：「夷則律五寸六分小分二弱。」今以九乘之，得積五十寸六分弱。九除五十一得長五寸六分小分六又三分二也。律書云：「五寸四分三分二。」（淡案：「亦生正律也」，「正」當作「倍」。作「正」者，傳寫誤也。漢志「上生六而倍之，下生六而損之，皆以九爲法」。依術推之，正得一尺一寸二分有奇，倍律。若作正律，是用下生法，非漢志所云上生矣。又「二因而三除」之「二」，誤書作「四」。律書云「五寸四分三分二」，誤奪「四分」二字，今并校正。）主七月，上生夾鐘。夾鐘之數六十八，○補曰：漢志云「下生夾鐘」，亦生半律。夾鐘之數六十八者，置夷則之數四，因而三除之，得此數。續志：「夾鐘律七寸四分小分九微強。」今以九乘之，得積六十七寸四分小分一強。九除六十八，得長七寸五分小分五，尚有九之五也。律書云：「六寸七分三分二。」○向宗魯云：宋志「八」作「七」，五行大義仍作「八」，案作「七」是。主二月，下生無射。無射之數四十五，○補曰：漢志作「上生」。無射之數四十五者，置夾鐘之數二，因而三除之，得此數。尚有三之一則棄之。續志：「無射律四寸九分小分九強。」今以九乘之，當爲四十五弱，以強補弱，故得積四十五，其一分不容不棄矣。九除四十五，得長五寸，亦與續志近。律書云：「四寸四分三分二。」主九月，上生仲呂。仲呂之數六十，○補曰：漢志云：「下生仲呂。」仲呂之數六十者，置無射之數四，因而三除之，得此數。以九乘之，得積五十九寸七分半強。此收其餘分，故六十也。前有所棄，後必收之，與蕤賓同。九除六十，得長六寸六分小分六又三之二，則所收過多也。以上十二律，用九分十分二寸法互算，有合有否。十分寸爲實，九分寸爲變法。故九分爲寸，有棄有收。而淮南用九不用十者，有故焉。十二律自長至短，以次而殺。九分爲寸，黃鐘長於蕤賓二十四，是每月減四也。應鐘短於中呂十八，是每月減三也。以此爲通率，則不妨有棄有收。十分爲寸，則所減無通率矣。此淮南之所以用九不用十也。律書云：「五寸九分三分二。」主四月，○補曰：十二律主十二月，由于候氣。律者，述陽氣之管也，故所候皆爲陽氣。十一月，陽氣動于黃泉，入地中八寸十分一，故以黃鐘候之。十月陽氣窮于地，上迫地面四寸十分二，故以應鐘候之。應鐘短于黃鐘三寸十分九，盈月得冬至，則當以三寸十分九減本律三分，爲黄鐘氣應之限。中間四寸十分二，卽陽氣從下而上之處也。而五月陰生之始，蕤賓短于黄鐘二寸十分四，長于應鐘減過之數一寸十分八。是陽氣之長，其數二十四；陽氣之消，其數一十八；中間四十二，又卽消長之總數也。陰氣消長之數如陽。其初陰上陽下，與黄鐘應。經六月而陽長二十四，則陰至黄鐘之分。是時陽上陰下，與蕤賓應。經六月而陽消一十八，則陰至蕤賓之分矣。蓋陽氣初長時，陰氣適滿二十四，至消爲一十八，則陽滿二十四矣。陰氣初長時，陽氣適滿二十四，至消爲一十八，則陰滿二十四矣。應鐘氣應逾月，而後黄鐘氣應，此應鐘之所以爲應鐘也。以十二律論之，黄鐘減五爲大吕，此陽氣之驟長也。自後每月減四，至中吕則減三，爲蕤賓，所長微矣。自蕤賓以後，月減三分，五月至應鐘盈月又減三，而陽氣復萌矣。蓋陰陽二氣初長時，皆驟長五分，未消時已暗消一分。故二至之月，俱至黄鐘、蕤賓之分也。應鐘倍律長于黄鐘三分，減之，卽得黄鐘，猶減中吕三分而爲蕤賓，皆氣應盈月之驗也。吕覽黄鐘長三寸九分，卽減應鐘正律所得，其義亦然。而自古無悟及者，何歟？或説黄鐘以後，六律候陽氣，蕤賓以後，六律候陰氣，此殊不然。周易卦氣，自下而上，律氣亦然。蕤賓之月，陽氣自黄鐘而進，正滿二十四分，而可謂之陰氣乎？律之用減不用增，皆由陽氣之自下而上爲之也。故曰述陽氣之管。且陽動陰静，灰之飛也，非其證乎？然則何以律有陰陽？曰：律之陰陽，從十二辰名之，在陽曰陽律，在陰曰陰律而已。

極不生。

○補曰：「不」，舊作「下」，今依晉志所引改。宋書注云：「極不生，鐘律不復能相生。」疑采元注。然極不生者，不生黄鐘全律也，黄鐘之半律則生之矣。何者？旋宫之法，黄鐘爲商、角、徵、羽，爲變宫、變徵，必用半律，非中吕生之而誰生乎？置中吕之數一，因而四除之，止積四十，未盈八十一之半。然應鐘益一而生蕤賓，則中吕不可益之而生黄鐘乎？益四分分之三則能生矣。由是黄鐘自相生而半律備，則旋宫之用不窮。依續漢志十分寸，則倍中吕之實，爲二十六萬二千一百四十四分一，以三除之，止八萬七千三百八十一又三分一，半黄鐘之實，有八萬八千五百七十三又十之五，少一千一百九十二有奇，則誠不足以生黄鐘，因而上生執始。此二法之所以始通而終判也。淮南用六十律，唯以正半相參，與京房異，則中吕必生黄鐘。**徵生宫，宫生商，**○劉績云：當作宫生徵，徵生商。○王念孫云：劉説是也。上文云黄鐘爲宫，太簇爲商，林鐘爲徵。又曰黄鐘下生林鐘，林鐘上生太簇，所謂宫生徵，徵生商也。宋書律志、晉書律曆志竝作「宫生徵，徵生商」。地形篇亦曰：「變宫生徵，變徵生商。」（高注：變猶化也。）**商生羽，羽生角，角生姑洗，**○王引之云：音律相生，皆非同位者。上文云姑洗爲角，則角與姑洗爲一，不得云角生姑洗也。「生」當爲「主」。角主姑洗，猶言姑洗爲角耳。「主」與「生」相似，又因上下文「生」字而誤。宋書律志亦誤作「生」。**姑洗生應鐘，**○補曰：「宫生徵，徵生商，商生羽，羽生角，角生應鐘。」晉志所引如此。舊作「徵生宫，宫生商，商生羽，羽生角，角生姑洗，姑洗生應鐘」，誤也。**比于正音，故爲和；**應鐘，十月也，與正音比，故爲和。和，從聲也。一曰和也。○補曰：注中「故」字，宋書引作「效」，「從」字引作「徙」。**應鐘生蕤賓，不比正音，故爲繆。**○補曰：宋書采元注云：「繆，音相干也。周律故有繆和，爲武王伐紂七音也。」案：應鐘，黄鐘之變宫，蕤賓，黄鐘之變徵。謂之變宫、變徵者，六十律旋宫，則黄鐘宫，姑洗角，下生應鐘宫。應鐘爲宫，復下生蕤賓徵。今八十四聲旋宫，以應鐘宫二律歸入黄鐘宫，應鐘比黄鐘半律稍下，蕤賓比林鐘正律稍下，故云變也。云和、繆者，五音宫最長，商角徵羽以次而殺，律長則聲濁，律短則聲清。故月令注云：「宫最濁，商次濁，角清濁半，徵次清，羽最清。」此變宫從角下生，是清于羽也。順次而降，故爲和。變徵從變宫上生，是濁于徵也。逆抗而升，故爲繆。是以祖孝孫八十四調之法，一宫，二商，三角，四變徵，五徵，六羽，七變宮，而以變宮爲清宮，變徵爲正徵。云「清宮」是也，「正徵」當云濁徵。十二律皆有二變，此特舉其一耳。○劉績云：「以序論之，黃鐘爲宮，以次而商角徵羽。姑洗生應鐘變宮，在南呂羽之後，故曰比於正音爲和；應鐘生蕤賓變徵，閒入正音角羽之閒，故曰不比正音爲繆。」○王引之云：劉説非也。七音之序，周回相次。變宮在羽之後，宮之前，變徵在角之後，徵之前。（唐武后樂書要録説七聲次第曰：「假令十一月黃鐘爲宮，隔一月以正月太簇爲商，又隔一月以三月姑洗爲角，又隔一月以五月蕤賓爲變徵，即以其次之月六月林鐘爲徵，又隔一月以八月南呂爲羽，又隔一月以十月應鐘爲變宮，周廻，還與十一月相比也。」）其道相同，豈有順逆之分乎？「比」讀如易比卦之「比」。比，入也，合也。閔元年左傳曰「屯固比入」，又曰「合而能固」是也。（説林篇「黃鐘比宮，太簇比商」，與此「比」字同義。）「比于正音故爲和」，本作「不比于正音故爲和」。注內「與正音比」，本作「不與正音比」。不比于正音者，不入于正音也。言應鐘是宮之變音，故不入于正音，不入于正音，則命名當有以別之，故謂之曰和。和者，言其調和正音也。蕤賓是徵之變音，故亦不入于正音，不入于正音，則命名當有以別之，故謂之曰繆。（音目。）繆之言穆，穆亦和也。（大雅烝民箋曰：「穆，和也。」）「穆」「繆」古字通。）言其調和正音也。（周語「以七同其數，而以律和其聲，於是乎有七律」。昭二十年左傳正義釋其義曰：「變宮變徵，舊樂無之，聲或不會，而以律調和其聲，使與五音諧會。」是應鐘、蕤賓二律，皆所以調和其聲也。）漢書揚雄傳甘泉賦説風聲曰：「陰陽清濁，穆羽相和兮，若夔牙之調琴。」「穆」與「繆」同。穆在變音之末，言穆而和可知矣。羽在正音之末，言羽而宮商角徵可知矣。變聲與正聲相調和，故曰穆羽相和。（張晏曰：「穆然相和」，殆未達「穆」字之義。）以律管言之，則變宮爲和，變徵爲穆。以琴弦言之，則當以少宮爲和，少商爲穆。琴亦有和穆二音，故曰「穆羽相和，若夔牙之調琴」也。

然則變音之「繆」，本與「穆」同。而穆之命名，正取相和之義明矣。後人誤讀「繆」爲「紕繆」之「繆」，以爲和與繆相反，（宋書引舊注曰「繆，音相干也」，亦誤解「繆」字。）遂於「應鐘不比于正音」句删去「不」字，以别於蕤賓，并注中「不」字而亦删之。古訓之不通，其勢必至於妄改矣。宋書律志正作「姑洗生應鐘，不比於正音，故爲和」。載注文正作「不與正音比」。晉書律曆志引淮南王安曰：「應鐘不比正音，故爲和。」足證今本之謬。**日冬至，音比林鐘，浸以濁。日夏至，音比黄鐘，浸以清。**○補曰：周語韋昭注云：「十一月黄鐘，乾初九也。十二月大吕，坤六四也。正月太簇，乾九二也。二月夾鐘，坤六五也。三月姑洗，乾九三也。四月中吕，坤上六也。五月蕤賓，乾九四也。六月林鐘，坤初六也。七月夷則，乾九五也。八月南吕，坤六二也。九月無射，乾上九也。十月應鐘，坤六三也。」乾鑿度云：「乾貞于十一月子，左行陽時六。坤貞于六月未，右行陰時六。」注謂陰則退一辰者，謂左右交錯相避。此所云即其義也。而又反用之，何則？冬至本在子，今從坤初之例，退居于未。自後一氣厤一辰，則六中氣當坤六爻矣。夏至本在午，今從乾初之例，進居于子。自後一氣厤一辰，則六中氣當乾六爻矣。冬至後欲察陰，故轉比坤六律；夏至後欲察陽，故轉比乾六律。自林鐘至應鐘用正律，黄鐘至蕤賓用半律，則音漸清。因清知濁，故曰音漸濁，陽長故也。若十二辰俱用正律，亦音漸清。就清知清，故直曰音漸清，陰長故也。此必合前二十四時所比之音論之，其理方明。蓋前冬至比黄鐘，小寒比應鐘。黄鐘用半律則音漸濁，即此比林鐘後所知也。前夏至亦比黄鐘，小暑比大吕。黄鐘用正律，亦音漸清。即此比黄鐘後所知也。冬至何以用半律？夏至何以用正律？以夏至戊子受制，律中黄鐘之宫也。**以十二律應二十四時之變。**○補曰：一律當一氣，前二法俱非月律之正，故曰變。**甲子，仲吕之徵也；丙子，夾鐘之羽也；戊子，黄鐘之宫也；庚**

子，無射之商也；壬子，夷則之角也。○補曰：五子皆謂黃鐘各居其宮，則各應其聲。以律配日，則黃鐘適配五子，始于戊子，卒于丁亥，而六十律成矣。甲子爲中呂之徵者，中呂爲亥，十月也，大雪之末日也，下生黃鐘半律。甲子冬至，黃鐘應，中呂爲宮，則黃鐘爲徵也。丙子爲夾鐘之羽者，丙子在甲子後第十三日，其前三日，律直夾鐘，夾鐘爲宮，則黃鐘爲羽。戊子爲黃鐘之宮者，戊子在甲子後第二十五日，黃鐘自爲宮。庚子爲無射之商者，庚子在甲子後第三十七日，其前二日，律直無射，無射爲宮，則黃鐘爲商。壬子爲夷則之角者，壬子在甲子後第四十九日，其前五日，律直夷則，夷則爲宮，則黃鐘爲角。甲有六而子惟五，故止有五子。五子中惟戊子用全律，餘俱半律。全律尊，不爲商、角、徵、羽也。六十律一周，則雨水矣。又十二日而得丙子，故丙子起驚蟄前三日。又一周，則將穀雨矣。又十二日而得戊子，故戊子起小滿前六日。又一周，則將小暑矣。又十二日而得庚子，故庚子起大暑後六日。又一周，則過白露矣。又十二日而得壬子，故壬子起寒露後三日。此七十二日，五子受制之律也，而冬至爲徵，則其餘皆爲徵。是故丙子後三日爲驚蟄，太簇之南呂也。戊子後六日爲小滿，則應鐘之蕤賓也。庚子後六日爲大暑，亦應鐘之蕤賓也。壬子前三日爲寒露，則夷則之夾鐘也。至復于甲子，則歲周矣。甲子起于冬至，易稽覽圖云「甲子卦氣起中孚」是也。戊子亦在大暑前六日，是爲季夏，故月令云：「中央土，其日戊己，其音宮，律中黃鐘之宮。」蓋六十日旬周，與七十二日受制，均得通也。乾鑿度云：「日十干者，五音也。」注謂「甲乙角也，丙丁徵也，戊己土也，庚辛商也，壬癸羽也」。此論其正法。旋宮則以甲己爲徵，乙庚爲商，丙辛爲羽，丁壬爲角，戊癸爲土。柔日從剛，則惟宮商不變，此其所以爲宮商也。太玄云：「甲己之數九，乙庚八，丙辛七，丁壬六，戊癸五。」律書云：「上九，商八，羽七，角六，宮五，徵九。」皆謂是也。注者不知，故別釋之。

古之爲度量輕重，生乎天道。○寧案：宋書律曆志作「古人爲度量輕重，皆生乎天道。」黄鐘之律脩九寸。物以三生，三九二十七，故幅廣二尺七寸。古者，幅比皆然也。○補曰：説文云：「幅，布帛廣也。」食貨志：「布帛廣二尺二寸爲幅。」鄭志：「二尺四寸爲幅。」與此異。○王引之云：「物以三生」下，本有「三三九」一句。後人以上文已言三三如九，故删去此句。不知上文三三如九，九九八十一，與此文三三九，三九二十七，皆上下相承爲義。物以三生，故必先以三自乘而得九，然後以三乘九而得二十七。且上文與此相離甚遠，不得因彼而省此也。宋書正作「三三九，三九二十七」。「幅廣二尺七寸」下，本有「古之制也」四字。故高注曰：「古者，幅皆然也。」（各本皆上衍「比」字，今删。）脱去此句，則注文爲贅設矣。宋書正作「故幅廣二尺七寸，古之制也」。音以八相生，故人脩八尺，尋自倍，故八尺而爲尋。○補曰：説文云：「周制以八寸爲尺，十尺爲丈，人長八尺，故曰丈夫。」又曰：「周制寸、尺、咫、尋、常、仞諸度，皆以人之體爲法。」然則尋卽周之丈也。人布指知寸，布手知尺，舒肘知尋。人脩一尋，故曰丈夫。周禮典瑞：「璧羨以起度。」玉人：「璧羨度尺，好三寸以爲度。」康成云：「徑廣八寸，袤一尺。」是八寸爲尺，起于璧廣；十寸之尺，則其羨也。獨斷曰：「夏以十三月爲正，十寸爲尺。殷以十二月爲正，九寸爲尺。周以十一月爲正，八寸爲尺。」有形則有聲。音之數五，以五乘八，五八四十，故四丈而爲匹。○補曰：説文云：「匹，四丈也。八揲一匹。」然「八，别也」，匹，往相辟耦也。是判八爲四，合四成八。匹从匸，匸讀若傒，藏也。匹藏八義，故又从八。揲，取也。取物以五數，故四丈爲匹耳。（淡按：説文：「匸，衺徯有所俠藏也。讀與傒同。」非「讀若俠，藏也」。疑此傳寫有誤。）匹者，中人之度也。一匹而爲制。○補曰：杜子春云：「制謂匹長。然制匹爲衣，故匹言制。」左傳云：「晳幘而衣貍製。」又云：「陳子衣製。」皆謂衣。「製」與「制」通，故説文同訓「裁」也。○王引之云：此文多不可通。人脩八尺，尋自倍，則丈六尺矣。而云「人脩八尺，尋自倍，故八尺而爲尋」，其不可通一也。「音以八相生」，音卽聲也，何須更云「有形則有聲」？其不可通二也。匹長四丈，人之長安得有此？而云「匹者中人之度」，其不可通三也。蓋寫者譌舛失次，兼有脱文。宋書已與今本同，則後人以誤本淮南改之也。今更定其文而釋之如左：「有形則有聲。音以八相生，故人臂修四尺，尋自倍，故八尺而爲尋。尋者中人之度也。音之數五，以五乘八，五八四十，故四丈而爲匹，一匹而爲制。」云「有形則有聲」者，有形謂上文「黄鐘之律脩九寸」也；有聲謂「音以八相生」也。云「人臂脩四尺」者，一切經音義卷十七引淮南云：「人臂四尺，尋自倍，故八尺曰尋。」是也。云「尋者中人之度也」者，考工記曰「人長八尺」是也。○向宗魯云：王校郅確。董子循天之道篇云：「法人八尺，四尺其中也。宫者，中央之音也。甘者，中央之味也。四尺者，中央之制也。」亦以四起數。○寧案：大藏音義十五引淮南子云：「五尺者，中人之常度也。以五乘八，五八四十成匹。」又一百引云：「五音之數五，以五乘八節，五八四十，故四丈而爲匹。匹者，中人之兩手度也。」兩引互異。與今本文亦異。**秋分蔈定，蔈定而禾熟。**蔈，禾穗，粟孚甲之芒也。定者，成也，故禾熟。「蔈」讀如詩「有貓有虎」之「貓」，古文作「秒」也。○莊逵吉云：説文解字：「秒，禾芒也。」蓋正字應作「秒」。此借白花蔈之「蔈」當之以通用。○補曰：宋志作「禾穮」，注云：「穮，禾穗芒也。」説文云：「蔈，苕之黄華也。一曰末也。」「秒，禾芒也。」是「蔈」「秒」通。説文「稱」下注云：「春分而禾生，日夏至，晷景可度禾有秒。秋分而秒定，律數十二秒而當一分，十分而寸。其以爲重，十二粟爲一分，十二分爲一銖，故諸程品皆從禾。」○王念孫云：隋書律曆志引此作「秋分而禾蔈定，蔈定而禾熟」，是也。宋書律志同。今本脱「而禾」二字，則文義不明。○陶方琦云：説文稱字下注引「秋分而秒定」，是許本淮南作「秒」也。說文「秒，禾芒也」。宋書及隋律曆志引淮南舊注云：「穮，禾穗芒也。」字作「穮」，義正與許氏說文合，其爲許注無疑。高注云「古文作秒」，蓋古本也。疑卽舉許氏之本。主術訓「寸生於穮」，高注「穮，禾穗穮，孚榆頭芒也」。與此注說正同。律之數十二，故十二蔈而當一粟，十二粟而當一寸。律以當辰，音以當日，日之數十，十，從甲至癸日。○吳承仕云：注文「日」字，景宋本作「也」。案作「也」是也。墬形篇云：「日數十。」注云：「從甲至癸也。」是其證。故十寸而爲尺，十尺而爲丈。○王引之云：十二蔈當一粟，十二粟當一寸，則百四十四蔈而當一寸也。主術篇「寸生於穮」，（「蔈」「穮」並與「秒」同。今本「穮」誤作「穛」。辯見主術。）高注曰：「十二穮爲一分，（今本脫「二」字。）十分爲一寸，十寸爲一尺，十尺爲一丈。」說文亦曰：「律數十二秒而當一分，十分而寸。」則是百二十蔈而當一寸，與此不同也。許、高二家之說俱本於此篇，使原文作「十二蔈而當一粟，十二粟而當一寸」，則二家之說，何以竝言十二蔈爲分，十分爲寸乎？且主術篇明言寸生於穮，不得又以粟參之也。然則今本爲後人所改明矣。宋書律志與今本同，則其誤已久。今依主術篇及許、高二家之說而更定之如左：「律之數十二，故十二蔈而當一分。律以當辰，音以當日。日之數十，故十分而爲寸，十寸而爲尺，十尺而爲丈。」其以爲量，十二粟而當一分，分，言其輕重分銖也。○補曰：說文云：「量，稱輕重也。从重省。」故淮南以輕重爲量。十二分而當一銖，○王念孫云：「量」當爲「重」。「重」「量」字相近，又因上文「度量」而誤也。自「十二粟」以下，皆言其重之數，非言其量之數。說文禾部注及宋書律志並作「其以爲重」。○陶方琦云：大藏音義四十五引兩「當」字作「重」。一引許注：「銖，十桼之重。」案說文「銖，權十分桼之重也」，訓正同。或曰「桼」字當作「絫」，以十桼之重爲絫也。然荀子富國篇注亦云「十黍之重爲銖」。○寧案：大藏音義凡三引許注。七十六、九十五引作「十二粟而重一分，十二分爲一銖」。四十五引「爲」作「重」，餘同，皆稱「許注淮南子」云云。蓋許君釋正文「當」字，非引正文如是也。四十五釋「銖」字，引説文「十黍之重」，非謂許注云「十黍之重」也。陶誤。十二銖而當半兩。衡有左右，因倍之，○寧案：「因」下當有「而」字，與下文「因而四之」「因而六之」同例。宋書律曆志作「因而倍之」。故二十四銖爲一兩。天有四時，以成一歲，因而四之，四四十六，故十六兩而爲一觔。三月而爲一時，三十日爲一月，故三十觔爲一鈞。四時而爲一歲，故四鈞爲一石。○補曰：漢志云：「度者，分、寸、丈、尺、引也。本起黄鐘之長。以子穀秬黍中者，一黍之廣，度之九十分，黄鐘之長。一爲一分。」「權者，銖、兩、斤、鈞、石也。本起于黄鐘之重。一龠容千二百黍，重十二銖，兩之爲兩。」「量者，龠、合、升、斗、斛也。本起于黄鐘之龠。合龠爲合。」則一黍爲分，十黍爲寸，百黍爲尺，千黍爲丈，萬黍爲引，此五度之積也。百黍爲銖，二千四百黍爲兩，三萬八千四百黍爲斤，百一十五萬二千黍爲鈞，四百六十萬八千黍爲石，此五權之積也。千二百黍爲龠，二千四百黍爲合，二萬四千黍爲升，二十四萬黍爲斗，二百四十萬黍爲斛，此五量之積也。淮南以權爲量，即是以權準量。半兩爲龠，一兩爲合，十兩爲升，六斤四兩爲斗，六十二斤八兩爲斛，而數起於十二蔈，則百四十四而當漢志之十也。此寸有十二粟，彼寸有十黍，蓋是粟小于黍耳。其以爲音也，○補曰：舊本「爲」上有「以」字。此從晉志所引。一律而生五音，十二律而爲六十音，○補曰：續漢志載京房六十律相生之法曰：「陽下生陰，陰上生陽，終于中呂，而十二律畢矣。中呂上生執始，執始下生去滅，上下相生，終于南事，六十律畢矣。」其法近淮南所言而實異。何者？淮南云中呂「極不生」，又云「甲子，中呂之徵也」，謂不生正律，生半律，黄鐘短于中吕也。房則中吕生執始，中吕爲宫，執始爲徵，執始律長，反過中吕。一也。姑洗之依行，當下生應鐘宫律，黄鐘之包育，當自中吕上生，而房則依行上生包育，非隔八相生之法。二也。六十律當終于中吕宫中，而房則終于蕤賓之南事。三也。又六十律各主一日，而房則參差不齊。四也。在房自有義例，不得云誤。然實非古旋宫之法。**因而六之，六六三十六，故三百六十音以當一歲之日。**○補曰：隋志云：「宋錢樂之因京房南事之餘，更生三百律。至梁博士沈重，依淮南本數，用京房之術求之，得三百六十律。各因月之本律以爲部，以一部律數爲母，以一中氣所有日爲子，以母命子，隨所多少，各一律所建日辰分數也。以之分配七音。」案重雖據淮南，其法亦異。淮南三百六十律，即用六十律，而六十律又即十二律，兼正半亦止二十四，無三百六十也。何者？有二十四律，即可旋宫爲六十律，無待他律也。且律以當日，六十日之外，寧有他日乎？其所以不爲他律者，亦以應鐘生蕤賓，中吕一半生黄鐘。至于中吕之半，則其數窮矣。房術中吕不能生黄鐘，因生執始，至于南事而其數不窮，則雖爲三百六十律，猶不窮也，特以當一歲之日，則不復相生耳矣！**故律曆之數，天地之道也。下生者倍，以三除之；上生者四，以三除之。**鐘律上下相生，誘不敏也。○補曰：誘，河東高氏名也。注出其手，故云耳。上下相生之法，即律書所云「以下生者，倍其實，三其法。以上生者，四其實，三其法」也。是先乘後除法。大師職鄭注云：「下生者三分去一，上生者三分益一。」乃是先除後除法。漢志又言：「上生六而倍之，下生六而損之，皆以九爲法。」又是加一倍法矣。管子地員篇是其所本也。○劉文典云：高氏於其所不知，皆直謝不敏。吕氏春秋上農篇「皆知其末，莫知其本真」，下亦有注云：「不敏也。」正與此一例。惟吕氏春秋古樂篇高注：「法鳳之雌雄，故律有陰陽，上下相生，故曰黄鐘之宫皆可以生之。」音律篇注：「律吕相生，上者上生，下者下生。」疑高氏注淮南在前，當時猶未明鐘律上下相生之理，及注呂氏春秋，已通其義，故此注直言不敏，而彼注則爲之解也。太陰元始建于甲寅，○補曰：此太陰在閼蒙攝提格之歲，非太歲也。天官書曰：「前列直斗口三星，隋北端兑，若見若否，曰陰德，或曰天一。」淮南本篇以天一爲太陰，是太陰即陰德矣。于辰直卯，歲星居丑，太歲在子。以丑加子，則太陰在寅，歲星居子，太歲在丑。以子加子，則太陰在卯。由是歲徙一辰，歲星常加子矣。此太陰紀年之義也。（淡案：「于辰直卯，歲星居丑，太歲在子。以丑加子，則太陰在寅，歲星居子，太歲在丑。以子加子，則太陰在卯。由是歲徙一辰，歲星常加子矣。」當作「于辰直卯，歲星居子，太歲在丑。以丑加子，則太陰在寅，歲星居丑，太歲在子。以子加丑，則太陰在卯」云云。所由知其然者，太陰在卯則歲行三宿，正在玄枵，太歲正在星紀。以丑加子，則太陰在寅，太陰在寅，則歲行二宿，正在星紀，太歲正在玄枵。以子加丑，則太陰復在卯矣。歲徙一辰，至十二歲而一周。其明年則歲星乃在玄枵。故曰「常加子矣」。太陰與太歲左行，歲星右行，故推合如是。此當是傳寫誤也。）一終而建甲戌，二終而建甲午，三終而復得甲寅之元。○補曰：千五百二十歲爲大終，其餘數二十。凡言終者，皆舉餘數也。三終則餘數六十，故復得甲寅之元。韓非子言「四千五百六十歲爲一元」是也。歲徙一辰，立春之後，得其辰而遷其所順，○補曰：此推太陰以合日辰也，由是建除之法生焉。前三後五，百事可舉。前後，太陰之前後也。太陰所建，蟄蟲首定而處，鵲巢鄉而爲户。○于鬯云：姚藝諳廣文云：「定」疑「穴」字之誤。上文云：「蟄蟲首穴。」○寧案：姚説是，道藏本、景宋本正作「首穴」，太平御覽九百四十四引同。太陰在寅，朱鳥在卯，句陳在子，玄武在戌，白虎在酉，蒼龍在辰。○補曰：晉志云：「勾陳，後宮屬也，大帝之常居也。勾陳口中一星曰天皇大帝，其神曰耀魄寶。」説苑辨物篇：「書曰：『在璿璣玉衡以齊七政。』璿璣，謂北辰勾陳樞星也。」○王引之云：下文「天神之貴者，莫貴於青龍，或曰天一，或曰太陰」。是太陰卽蒼龍也。既云太陰在寅，不當復云蒼龍在辰矣。下文「凡徙諸神，朱鳥在太陰前一，句陳在後三，玄武在前五，白虎在後六」，而不言蒼龍所在，正以太陰卽蒼龍也。「蒼龍在辰」四字，蓋淺人所加。**寅爲建，卯爲除，辰爲滿，巳爲平，主生。午爲定，未爲執，主陷。申爲破，主衡。酉爲危，主杓。戌爲成，主少德。亥爲收，主大德。子爲開，主太歲。丑爲閉，主太陰。**○補曰：此建除法也。史記日者傳有建除家。太公六韜云：「開牙門當背建向破。」越絶書云：「黄帝之元，執辰破巳。霸王之氣，見于地户。」漢書王莽傳云：「十一月壬子直建，戊辰直定。」論衡偶會篇云：「正月建寅，斗魁破申。」是也。案建除有二法：越絶書從歲數，淮南書及漢書從月數。後人惟用月也。

太陰在寅，歲名曰攝提格。○補曰：攝提格，星名也。天官書云：「大角者，天皇帝庭。其兩旁各有三星，鼎足勾之，曰攝提。攝提者，直斗柄所指，以建時節，故曰攝提格。」晉志云：「攝提六星，直斗杓之南，主建時節。」然則斗杓所建，攝提同也。十二歲斗杓所建星見其方，首年用本名，其下十一名卽其別稱也。天官書言「歲星一名攝提格」爲此，知太陰卽知太歲矣。如太陰在攝提格，太歲必在子也。○王引之云：「太陰」二字，乃下屬爲句，與下文「太陰在卯」之屬相同。「主」下當别有所主之事，而今脱去。王應麟小學紺珠始誤讀「主太陰」爲句。劉本遂重「太陰」二字，而各本及莊本從之，非也。上文云太陰在寅，何得又言主太陰乎？且下文曰「天神之貴者莫貴於青龍，或曰天一，或曰太陰」，而無太歲之名。「天一元始」、「太陰元始」之屬，皆太歲也，而謂之天一、太陰，不謂之太歲。「咸池爲太歲」則又「大歲」之譌。

（說見上。）然則天文篇無稱太歲者也。此「太歲」亦當作「大歲」，寫者誤加點耳。斗杓爲小歲，咸池爲大歲。（見上文。）上文「酉爲危，主杓」，杓，小歲也。此文「子爲開，主大歲」，大歲，咸池也。太歲月從右行四仲，與歲從左行之太陰迥殊，若作大歲，則與太陰無異。上言太陰在寅，下言子主太歲，是太陰主太陰矣。義不可通。開元占經歲星占篇引此篇舊注曰：「太陰，謂太歲也。」（蓋許慎注。廣雅「太陰，太歲也」本此。）使篇内太歲、太陰分爲二注者，必不爲此注矣。可見「太歲」乃「大歲」之譌，而太歲、太陰之未嘗分也。偏攷書傳，亦無分太歲、太陰爲二者。或據淮南譌脱之文，以爲太歲、太陰不同之證，非也。○陶方琦云：占經二十三引許注：「太陰在天爲雄歲星，在地爲太陰。」按「雄」字衍。周禮保章氏鄭注：「歲星爲陽，右行于天；太歲爲陰，左行于地。」太陰卽太歲，故曰「在天爲歲星，在地爲太陰」，說正同也。**其雄爲歲星，**○補曰：太玄云：「倉靈之雌不同宿而離失，則歲功之乖。」注以歲星爲倉靈，失度爲不同宿，然則雌謂太陰也。太陰爲雌，明歲星爲雄。太歲所在之辰，星以其月出，此歲星之所以爲雄也。太陰所在之辰，斗以其月建，此太陰之所以爲雌也。歲星必與太陰相應而行，有盈縮則有失次，失次非卽超辰，故太陰不移，是謂不同宿，失次有應見于衡辰。占具天官書。**舍斗、牽牛，**○補曰：天官書云：「以攝提格歲，歲陰左行在寅，歲星右轉居丑。」天文志云：「太歲在子曰困敦。」太初曆歲星在建星、牽牛，本是同歲，而太陰、太歲異其名也。劉歆云：「漢曆太初元年，歲星在星紀、婺女六度，故漢志曰歲名困敦。正月歲星出婺女是也。曆書載武帝詔曰：『年名焉逢攝提格。』歲名、年名，卽是太歲、太陰之辨。歲星自在星紀耳。」星云正月出，殆是天正。**以十一月與之晨出東方，東井、輿鬼爲對。**○補曰：天官書云「正月」，天文志作「十一月」。史記用周正，淮南、漢志用夏正。○陶方琦云：占經二十三引許注：「東井、輿鬼在未，斗、牽牛在丑，故爲對。」按「十二月」應作「正月」，淮南建寅，非太初法也。○寧案：占經引正文「十一」誤作「十二」，故陶云然。

太陰在卯，歲名曰單閼。「單」讀明揚之「明」。○吴承仕云：章先生曰：「明揚之明，當爲丹楊之丹，丹誤爲明，楊綠書多作揚。」承仕案：爾雅釋文單閼音丹，章説近之。然丹、明二文，形不比近，無緣致譌，未聞其審。歲星舍須女、虚、危，以十二月與之晨出東方，柳、七星、張爲對。○補曰：天官書云：「單閼歲，歲陰在卯，星居子，以二月與婺女、虚、危晨出。」天文志云：「太歲在丑曰赤奮若。歲星十二月出。太初在婺女、虚、危。」

太陰在辰，歲名曰執徐。歲星舍營室、東壁，以正月與之晨出東方。翼、軫爲對。○補曰：天官書云：「執徐歲，歲陰在辰，星居亥，以三月與營室、東壁晨出。」天文志云：「太歲在寅曰攝提格。歲星正月晨出東方。太初曆在營室、東壁。」

太陰在巳，歲名曰大荒落。歲星舍奎、婁，以二月與之晨出東方，角、亢爲對。○補曰：天官書云：「大荒落歲，歲陰在巳，星居戌，以四月與奎、婁、胃、昴晨出。」天文志云：「太歲在卯曰單閼。歲星二月出。太初在奎、婁。」

太陰在午，歲名曰敦牂。歲星舍胃、昴、畢，以三月與之晨出東方，氐、房、心爲對。○補曰：天官書云：「敦牂歲，歲陰在午，星居酉，以五月與胃、昴、畢晨出。」天文志云：「太歲在辰曰執徐。歲星三月出。太初出胃、昴。」

太陰在未，歲名曰協洽。歲星舍觜巂、參，以四月與之晨出東方，尾、箕爲對。○補曰：天官書云：「協洽歲，歲陰在未，星居申，以六月與觜巂、參晨出。」天文志云：「太歲在巳曰大荒落。歲星四月出。太初在參、罰。」

太陰在申，歲名曰涒灘。歲星舍東井、輿鬼，以五月與之晨出東方，斗、牽牛爲對。○補曰：天官書云：「涒灘歲，歲陰在申，星居未，以七月與東井、輿鬼晨出。」天文志云：「太歲在午曰敦牂。歲星五月出。太初在東井、輿鬼。」太陰在酉，歲名曰作「作」讀「昨」。鄂。歲星舍柳、七星、張，以六月與之晨出東方，須女、虛、危爲對。○補曰：天官書云：「作鄂歲，歲陰在酉，星居午，以八月與柳、七星、張晨出。」天文志云：「太歲在未曰協洽。歲星六月出。太初在注、張、七星。」太陰在戌，歲名曰閹茂。歲星舍翼、軫，以七月與之晨出東方，營室、東壁爲對。○補曰：天官書云：「閹茂歲，歲陰在戌，星居巳，以九月與翼、軫晨出。」天文志云：「太歲在申曰涒灘。歲星七月出。太初在翼、軫。」太陰在亥，歲名曰大淵獻。歲星舍角、亢，以八月與之晨出東方，奎、婁爲對。○補曰：天官書云：「大淵獻歲，歲陰在亥，星居辰，以十月與角、亢晨出。」天文志云：「太歲在酉曰作詻。歲星八月出。太初在角、亢。」太陰在子，歲名曰困敦。「困」讀「羣」。歲星舍氐、房、心，以九月與之晨出東方，胃、昴、畢爲對。○補曰：天官書云：「困敦歲，歲陰在子，星居卯，以十一月與氐、房、心晨出。」天文志云：「太歲在戌曰掩茂。歲星九月出。太初在氐、房、心。」太陰在丑，歲名曰赤奮若。歲星舍尾、箕，以十月與之晨出東方，○王引之云：十一月當爲正月，十二月當爲二月，正月當爲三月，二月當爲四月，三月當爲五月，四月當爲六月，五月當爲七月，六月當爲八月，七月當爲九月，八月當爲十月，九月當爲十一月，十月當爲十二月。史記天官書曰：「歲陰左行在寅，歲星右轉居丑，以正月與斗、牽牛晨出東方。歲陰在卯，星居子，以二月與婺女、虛、危晨出。歲陰在辰，星居亥，以三月與營室、東壁晨出。歲陰在巳，星居戌，以四月與奎、婁晨出。歲陰在午，星居酉，以五月與胃昴畢晨出。歲陰在未，星居申，以六月與觜觿、參晨出。歲陰在申，星居未，以七月與東井、輿鬼晨出。歲陰在酉，星居午，以八月與柳、七星、張晨出。歲陰在戌，星居巳，以九月與翼、軫晨出。歲陰在亥，星居辰，以十月與角、亢晨出。歲陰在子，星居卯，以十一月與氐、房、心晨出。歲陰在丑，星居寅，以十二月與尾、箕晨出。」漢書天文志曰：「太歲在寅，歲星正月晨出東方。在卯，二月出。在辰，三月出。在巳，四月出。在午，五月出。在未，六月出。在申，七月出。在酉，八月出。在戌，九月出。在亥，十月出。在子，十一月出。在丑，十二月出。」開元占經歲星占篇引甘氏曰：「攝提在寅，（此攝提謂太陰。）歲星在丑，以正月與建星、牽牛、婺女晨出於東方。」皆其證也。後人以太初曆太歲在子，歲星十一月出，在建星、牽牛，（見天文志。）故改正月爲十一月，以合太初之法，而自此以下，皆遞改其所出之月。不知太陰在寅，則歲星亦以寅月出。樂動聲儀所謂歲星常應太歲月建以見也。（見前太一在丙子下。）若以十一月出，則是子而非寅，與太陰所在不相應矣。太初曆之太歲始建於子，故以歲星與日同次之十一月定之，所謂子年應子月矣。淮南之太歲始建於寅，故以歲星晨出之正月定之，所謂寅年應寅月也。豈得以建子之法，襍入於建寅之法乎？況「太陰在寅」以下，俱本於石氏，（天文志：「太歲在寅，歲星正月晨出東方。石氏在斗、牽牛。」天官書索隱亦云「歲星正月晨見東方已下，皆出石氏星經文」。）又豈有用其說而改其月者乎？開元占經引淮南已與今本同，則其誤改在唐以前矣。錢氏曉徵謂「史記歲星正月晨出，以天正言之，其實與淮南無別」。（見潛研堂文集。）今案天官書曰：「歲陰左行在寅，歲星右轉居丑。以正月與斗、牽牛晨出，色蒼蒼有光。歲陰在子，星居卯，以十一月與氐、房、心晨出，玄色甚明。」正月德在木，故星色蒼。（天官書凡言正月者七，皆謂建寅之月。）十一月德在水，故星色玄。若以正月爲天正，則是夏正之十一月矣，何以不云色玄而云色蒼乎？且寅年正月日在娵訾，歲星在星紀，中隔玄枵一次，故歲星晨見有光。若十一月則與日同次，其光不能見矣，安得云蒼蒼有光乎？此由不知淮南之十一月爲後人所改，故曲爲之說，而終不可通也。觜巂、參爲對。〇補曰：天官書云：「赤奮若歲，歲陰在丑，星居寅，以十一月與尾、箕晨出。」天文志云：「太歲在亥曰大淵獻，歲星十月出。太初在尾箕。」史漢所說，似異實同，亦合於淮南。案：歲星首年以中氣日見，滿一歲，行盡一次而伏，則來年見日，已在後月中氣後。及第十一見伏竟，而十二歲已周。其第十二年有歲星者，以第十一見近次末，不數日，而已入第十二年之次也。何以明之？歲星無超辰，當以十二歲之積日分爲十一分，以爲見伏一終之日數，即前所云三百九十八日四十五刻十一分之五也。内減去一歲爲見日，其伏日有三十三日二十刻十一分之五十，伏三百三十二日四十五刻十一分之五，以一中氣三十日四十三刻四分一去之，得十氣餘二十七日六十七刻有奇算外，即第十一次星見日。以所餘轉減一中氣日，餘二日七十六刻四分三強，以并一中氣日，仍得三十三日二十刻十一分之五。則是見在氣，未即見在度末，以其見時尚在第十一年之次，故第十一年有歲星，不數日而入第十二年之次，遂爲第十二年之歲星也。

太陰在甲子，〇補曰：太一在丙戌之歲也。刑德合東方宮，常徙所不勝，合四歲而離，離十六歲而復合。所以離者，刑不得入中宮，而徙於木。〇補曰：淮南說刑德有二：一是一歲之刑德，前言陰陽七舍是也；一是二十歲之刑德，此所説也。此刑德從太陰支幹生。甲子之歲，德在甲，刑在卯，子刑卯，故刑德合東方宮。徙所不勝，則自東而西，謂乙丑之歲，德在庚，刑在戌，丑刑戌，故合西方宮。又徙所不勝，則自西而南，謂丙寅之歲，德在丙，刑在巳，寅刑巳，故合南方宮。又徙所不勝，則自南而北，謂丁卯之歲，德在壬，刑在子，卯刑子，故合北方宮。此四歲是刑德合也。自此而離，則戊辰之歲，德在戊，刑在辰，戊爲中，辰爲木，故曰刑不德入中宮，而徙于木也。二十年之中，德以東西南北中爲序，刑以東西南北爲序，周而復始，故唯有四年之合。一合一離爲一小終，一終而得甲申，二終而得甲辰，三終而復於甲子。積七十六小終而爲一大終，三大終而復於甲子之元。古曆上元本起甲寅，刑德獨始甲子者，據始合言之也。太陰所居，曰德，○補曰：「曰德」二字當作「日爲德」。辰爲刑。○補曰：太陰所居，謂十幹也。辰卽十二枝。幹從日，故曰德；枝從月，故曰刑。開元占經云：「干德甲、丙、戊、庚、壬爲陽，陽德自處。甲德在甲，丙德在丙，戊德在戊，庚德在庚，壬德在壬，此謂自處。乙、丁、辛、己、癸爲陰，陰德在陽。乙德在庚，丁德在壬，己德在甲，辛德在丙，癸德在戊，此謂在陽。取合爲德也。三刑：子刑卯，卯爲刑下，子爲刑上；丑刑戌，戌爲刑下，未爲刑上；寅刑巳，巳爲刑下，申爲刑上；卯刑子，子爲刑下，卯爲刑上；辰刑辰；巳刑申，申爲刑下，寅爲刑上；午刑午；未刑丑，丑爲刑下，戌爲刑上；申刑寅，寅爲刑下，巳爲刑上；酉刑酉；戌刑未，未爲刑下，丑爲刑上；亥刑亥。謂之三刑，刑上、刑下、自刑也。此卽淮南之刑德。攷其原，則干德本之律曆，三刑生于風角。何者？曆此年中節在甲者，後年則在己；此年在丙者，後年則在辛。六十律則戊、癸爲宫，甲、己爲徵，五日一周，終而復始。故甲己合，乙庚合，丙辛合，丁壬合，戊癸合也。日有剛柔，聲有陰陽，以剛統柔，以陽唱陰，則陽德自處，而陰德從陽矣。翼氏風角占曰：「木落歸本，水流歸末，故木刑在亥，水刑在辰。金剛火强，各立其鄉，故火刑於午，金刑於酉。」此皆謂自刑也。十二辰分爲孟仲季。四孟亥自刑，則寅巳申相刑；四仲午酉自刑，則子卯相刑；四季辰自刑，則丑未戌相刑。相刑者，互爲上下，故有刑上刑下也。王莽傳云：「今年刑在東方。」張晏曰：「是歲在壬申，刑在東方。」莽傳又曰：「倉龍癸酉，德在中宫。」張晏曰：「太歲起于甲寅爲龍，東方倉，癸德在中宫也。」德，綱曰日倍因，柔曰徙所不勝。○補曰：申在東，丙在南，戊在中，庚在西，壬在北，爲自倍因。乙從庚，丁從壬，己從甲，辛從丙，癸從戊，爲徙所不勝。「綱」卽「剛」，古通。「日」當爲「自」。刑，水辰之木，木辰之水，金、火立其處。○補曰：子辰申，水也，刑在卯辰，寅爲水辰之木。卯未亥，木也，刑在子丑，亥爲木辰之水。丑巳酉，金也，刑在戌申。酉爲金，立其處。寅午戌，火也，刑在巳未。午爲火，立其處。水、木、金、火，一從三合，一從四時。後漢書朱穆傳云：「丁亥之歲，刑德合於乾位。」注謂「太歲在丁壬歲，德在北宮；太歲在亥卯未歲，刑亦在北宮，故曰合于乾位」是也。然淮南則用太陰。凡徙諸神，朱鳥在太陰前一，鉤陳在後三，玄武在前五，白虎在後六，虛星乘鉤陳而天地襲矣。襲，和也。○補曰：太陰在寅，諸神分居四正方，則鉤陳在子，子爲玄枵。玄枵虛中，是謂虛星乘鉤陳。歷十二歲，而鉤陳仍在子，于是天地襲矣。此言六神歲徙之法，特附刑德而見。何以明之？太陰元始，乃德木刑火之歲，非始合東方之歲也。凡日，甲剛乙柔，丙剛丁柔，以至于癸。○王引之云：「日德」「日」下脱「爲」字。日爲德，辰爲刑，相對爲文也。「綱」當爲「剛」，剛日柔日，甲剛乙柔是也。「癸」上當有「壬」字。此以剛柔對言，不當但言癸也。

木生于亥，壯于卯，死于未，三辰皆木也。火生于寅，壯于午，死于戌，三辰皆火也。土生于午，壯于戌，死于寅，三辰皆土也。金生于巳，壯于酉，死于丑，三辰皆金也。水生于申，壯于子，死于辰，三辰皆水也。○補曰：二十歲而一終，六十歲而三終，則甲有寅戌午，乙有卯亥未，丙有辰子申，丁有巳酉丑。自戌以下，周而復始，故以三辰爲合，從其壯者命之，而五行定矣。漢書翼奉傳注孟康曰：「北方水，生于申，盛于子。東方木，生于亥，盛于卯。南方火，生于寅，盛于午。西方金，生于巳，盛于酉。辰，窮水也。未，窮木也。戌，窮火也。丑，窮金也。」京房易積算傳云：「寅中有生火，亥中有生木，巳中有生金，申中有生水，丑中有死金，戌中有死火，未中有死木，辰中有死水，土兼乎中。」是也。然其原起于曆。素問六微旨大論云：「寅午戌歲氣同會，卯未亥歲氣同會，辰申子歲氣同會，巳酉丑歲氣同會，終而復始。」王冰注：「陰陽法以爲三合，緣其氣會同也。」案：其法分一歲爲六氣。甲子之歲，初之氣始于水下一刻寅初也，六之氣終于二十五刻辰末也，謂之初六。乙丑之歲，初之氣始于二十六刻巳初也，六之氣終于五十刻未末也，謂之六二。丙寅之歲，初之氣始于五十一刻申初也，六之氣終于七十五刻戌末也，謂之六三。丁卯之歲，初之氣始于七十六刻亥初也，六之氣終于水下百刻丑末也，謂之六四。四歲爲一節。戊辰之歲，初之氣復始于水下一刻，常如是無已，周而復始，故謂之三合。古曆俱同四分，則四歲之後，中節刻漏俱同，術家以推五行，醫經以分六氣，莫不由此。故五勝生一、壯五、終九；○補曰：五勝，五行相勝也。生于一，壯于五，終于九，各以其辰命之。五九四十五，故神四十五日而一徙；以三應五，故八徙而歲終。○補曰：靈樞九宮八風篇云：「太一常以冬至之日居叶蟄之宮四十六日，明日居天留四十六日，明日居倉門四十六日，明日居陰洛四十五日，明日居天宮四十六日，明日居元委四十六日，明日居倉果四十六日，明日居新洛四十五日，明日復居叶蟄之宮，冬至矣。」凡用太陰，左前刑，右背德，○王引之云：此當爲「右背刑，左前德」，寫者顛倒耳。五行大義論配支幹篇曰：「從甲至癸爲陽，從寅至丑爲陰。陽則爲前爲左爲德，陰則爲後爲右爲刑。」右背刑、左前德者，所以順陰陽也。史記天官書曰：「太白出東爲德，舉事左之迎之吉，出西爲刑，舉事右之背之吉。」是其例矣。○曾國藩云：背卽後也。孫子曰：「右背山陵，前左水澤。」亦以背與前爲對。擊句陳之衝辰，以戰必勝，以攻必剋。○補曰：漢書藝文志兵書「陰陽十六家。陰陽者，順時而發，推刑德，隨斗擊，因五勝，假鬼神而爲助者也」。其術即淮南所云。又志陰陽家有天一兵法三十五篇，五行家有天一六卷，刑德七卷，殆亦説其事。欲知天道，以日爲主，六月當心，左周而行，分而爲十二月，與日相當，天地重襲，後必無殃。星正月建營室，二月建奎、婁，三月建胃，「星」宜言「日」。明堂月令：孟春之月，日在營室，仲春之月在奎、婁，季春之月在胃。此言「星正月建營室」，字之誤也。○補曰：皆謂日所在星也。大衍曆議云：「秦曆十二次，立春在營室五度。」○王引之云：不言日所建者，承上文兩「日」字而省。高注以「星」爲日之誤，非也。四月建畢，五月建東井，六月建張，七月建翼，八月建亢，九月建房，十月建尾，十一月建牽牛，十二月建虛。○補曰：宋書志云：祖冲之曰：「漢代之初，即用秦曆，冬至日在牽牛六度。」○王引之云：「二月建奎、婁」，備舉是月日所在之星也。由此推之，則正月當云建營室、東壁，三月當云建胃、昴，四月當云建畢、觜巂、參，五月當云建東井、輿鬼，六月當云建柳、七星、張，七月當云建翼、軫，八月當云建角、亢、氐，九月當云建房、心，十月當云建尾、箕，十一月當云建斗、牽牛，十二月當云建須女、虛、危。蓋月令日在某星，但舉一月之首言之。而此則舉其全也。後人妄加删節，每月但存一星之名，獨二月建奎、婁尚仍其舊，學者可以考見原文矣。不然，豈有月令季夏日在柳，而此言建張，仲秋日在角，而此言建亢，仲冬日在斗，而此言建牽牛，季冬日在婺女，（即須女。）而此言建虛者乎？

星分度：○補曰：此赤道度也，東京始有黄道度。角十二，亢九，氐十五，房五，心五，尾十八，箕十一四分一，○補曰：東方七十五度四分一。四分一，兩京附于斗末，謂之斗分，算從冬至始也。此附箕末者，秦以十月爲歲首，箕立冬後宿從小雪始也。大衍曆議云：「夏曆章、部、紀首皆在立春，故其課中星揆斗建與閏餘之所盈縮，皆以十有二節爲損益之中。」卽其理也。斗二十六，牽牛八，須女十二，虛十，危十七，營室十六，東壁九，○補曰：北方九十八度。奎十六，婁十二，胃十四，昴十一，畢十六，觜巂二，參九，○補曰：西方八十度。東井三十三，○莊逵吉云：「三十三」，藏本作「三十」，葉近山本作「三十四」，「四」字非。今以漢書攷正。○寧案：律曆志作「三十三」，正合周天分度。輿鬼四，柳十五，星七，○向宗魯云：此當作「七星七」。古書言七星，無只作星者。（王氏說。）莊氏作「星七」，非也。宋本、藏本作「七星」，無下「七」字。則似七星與張、翼同爲十八，與南方七宿百一十二度之數不合也。張、翼各十八，軫十七，凡二十八宿也。○補曰：南方百一十二度，凡三百六十五度四分度之一也。星部地名：角、亢鄭，氐、房、心宋，尾、箕燕，斗、牽牛越，須女吳，○王引之云：諸書無言斗但主越，須女但主吳者。「斗、牽牛越，須女吳」，當作斗、牽牛、須女吳、越。開元占經分野畧例曰：「淮南子曰：『斗，吳越也。』」（「斗」下脫「牽牛須女」四字。）高誘注呂氏春秋曰：『斗，吳也。牽牛，越也。』」（以上開元占經）然則呂氏春秋注分言吳越，而淮南則合言之也。蓋分野之說，鄭、魏、趙竝列。（戰國時多謂韓爲鄭。）則在三家分晉之後，其時吳地已爲越有，故但可合言吳越。若分言某星主越，某星主吳，則當時豈有吳國乎？後人以吳越二國不應同分野，故移「越」字於「斗、牽牛」下，而不知其不可分也。晉書天文志引費直說周易、蔡邕月令章句曰：「起斗至須女，吳越之分野。」又引陳卓、范蠡、鬼谷先生、張良、諸葛亮、譙周、京房、張衡並曰「斗、牽牛、須女吳、越。」足證今本之謬。○向宗魯云：王氏未諦。上文「東北曰變天，其星箕、斗、牽牛」，高注：「斗，吳之分野。牽牛，越之分野。」疑此文本作「斗，吳。牽牛、須女，越」。有始覽注云：「婺女亦越之分野。」故高據以爲説。左昭三十二年傳：「越得歲而吳伐之，必受其凶。」鄭玄云：「天文分野斗主吳，牽牛主越。此年歲星在牽牛，故吳伐之凶。」（見正義引。孔氏駁之未是。全讀左曰辨之。」此其明證也。○寧案：呂氏春秋有始覽高注：「斗、牛，吳越分野。」與占經引分言吳、越異。虚、危齊，營室、東壁衞，奎、婁魯，胃、昴、畢魏，觜巂、參趙，○向宗魯云：諸書皆以昴、畢爲趙分野，觜巂、參爲魏分野，無言胃、昴、畢魏，觜巂趙者。（惟乙巳占分野篇云：「胃、昴趙之分野。畢觜、參晉魏之分野。」越絶書軍氣云：「晉，觜也。趙，參也。」小有不同。然乙巳占惟「畢」字爲異，越絶惟「參」字爲異，且似誤文，未有純如今本淮南之云者。）此文「魏」「趙」二字當互易。上文「其星胃、昴、畢」注云：「昴、畢一名大梁，趙之分野。」又「其星觜巂、參」注云：「觜巂、參一名實沈，晉之分野。」（晉即魏也。戰國人皆稱魏爲晉，韓爲鄭。）呂氏有始覽注亦同。高氏親注淮南，必不與所注之書相反。今本二字互譌，明非高本之舊也。廣雅釋天言分野皆與淮南同，亦云「胃、昴、畢趙，觜巂、參魏」。彼文正本淮南，亦足證今本之誤。周禮保章氏以星土辨九州之地，所封域皆有分星。鄭注云：「大梁，趙也。實沈，魏也。」漢書地理志下編云：「魏地觜觽、參之分野，趙地胃、昴、畢之分野也。」（「胃」字王補。）蔡邕月令章句云：「自胃一度至胃六度謂之大梁之次，趙之分野。自畢六度至井十度（畢、井之間觜巂、參。）謂之實沈之次，魏之分野。」（後漢志、晉志、玉燭寶典引。）又費直、陳卓皆以大梁爲趙之分野，實沈爲魏之分野，與蔡畧同。又范蠡、鬼谷先生、張良、諸葛亮、譙周、京房、張衡並云畢、昴趙，觜、參魏。皇甫謐帝王世紀亦云：「大梁之次，今趙分野。實沈之次，今晉、魏分野。」（費直以下並見晉紀，世紀見續漢志。）皆可證此文之誤。今本所以致誤者，蓋淺人欲以魏之大梁，傅合天之大梁，而不知其與古書相戾也。東井、輿鬼秦，柳、七星、張周，翼、軫楚。○補曰：保章氏注引堪輿云：「星紀，吳越也。玄枵，齊也。娵訾，衛也。降婁，魯也。大梁，趙也。實沈，晉也。鶉首，秦也。鶉火，周也。鶉尾，楚也。壽星，鄭也。大火，宋也。析木，燕也。」與淮南異者三：吳、魏、趙也。初學記曰：「周官天星皆有州國分野。角、亢、氐，兗州。房、心，豫州。尾、箕，幽州。斗、牽牛、婺女，揚州。虛、危，青州。營室、東壁，并州。奎、婁、胃，徐州。昴、畢，冀州。觜嶲、參，益州。東井、鬼，雍州。柳、七星、張，三河。翼、軫，荆州。堪輿家云：玄枵爲齊之分，星紀吳越之分，析木之津燕之分，大火宋之分，壽星鄭之分，鶉尾楚之分，鶉火周之分，鶉首秦之分，實沈魏之分，大梁趙之分，降婁魯之分，娵訾衛之分。」左氏昭二十三年傳云：「越得歲而吳伐之，必受其凶。」杜預注：「此年歲在星紀，星紀，吳、越之分野也。」然吳、越同屬星紀，何以獨得歲星？案漢志以後皆以斗爲吳分野，牛、女爲越分野。時歲星初入星紀，反是吳得歲矣。惟越絕書云：「越，南斗也。吳，牛、須女也。」然後越獨得歲。此以須女爲吳，正與越絕合。但須女爲玄枵之次而得爲吳者，秦曆冬至在牛六度，則小寒當在虛一度，須女盡入星紀之次矣。韓、趙、魏，三晉也，堪輿有晉無魏，以魏得晉故都，而昴爲大梁。淮南以魏易趙，殆從其名。越絕亦曰：「梁，畢也。晉，觜也。趙，參也。」知淮南所本古矣。越絕又言：「韓，角、亢也。鄭，角、亢也。」淮南言鄭卽言韓，三晉備矣。

歲星之所居，五穀豐昌。其對爲衝，歲乃有殃。當居而不居，越而之他處，主死國亡。○補曰：當居者，歲星常率也。有盈縮，則越而之他處。太陰治春，則欲行柔惠温凉。木德仁，故柔凉也。○俞樾云：温凉異義，不得連文。「凉」當作「良」，聲之誤也。○寧案：俞説是也，北堂書鈔百五十三、太平御覽十七引正作「温良」。太陰治夏，則欲布施宣明。火德陽，故布施宣明也。○吳承仕云：朱本、景宋本注文並作

「布施偏明」。案御覽十七引亦作「偏明」。是也。時則篇「必宣以明」，注云：「宣，偏也。」此注亦以「偏」釋「宣」。太陰治秋，則欲修備繕兵。金德斷割，故脩兵也。太陰治冬，則欲猛毅剛彊。純陰閉固，水澤冰凍，故剛彊也。○補曰：太陰各以其歲治其月，故月與太陰相應。治春者，寅卯辰之歲也，治夏者，巳午未之歲也，治秋者，申酉戌之歲也，治冬者，亥子丑之歲也。政必如其治，所以法天道。○莊逵吉云：太平御覽「剛」作「堅」。注同。三歲而改節，六歲而易常。○補曰：改節，如春爲夏。易常，如申破寅。故三歲而一饑，六歲而一衰，○莊逵吉云：太平御覽下有注云：「衰，疾也。」○寧案：宋本、鮑本太平御覽引注：「衰，疫疾也。」十二歲一康。康，盛也。○補曰：史記貨殖傳云：「計然曰：『歲在金，穰；水，毀；木，饑；火，旱。六歲穰，六歲旱，十二歲一大饑。』」又曰：「太陰在卯，穰；明歲衰惡。至午，旱；明歲美。至酉，穰；明歲衰惡。至子，大旱；明歲美，有水。至卯，積著率歲倍。」越絶書則云：「計倪曰：『太陰三歲處金則穰，三歲處水則毀，三歲處木則康，三歲處火則旱。』又曰：『天下六歲一穰，六歲一康，凡十二歲一饑。』」說本不殊，而特以歲爲太陰。天官書直謂之太歲矣。意古人候歲特詳，故有太歲、太陰二法也。淮南自用太陰。越絶書又言「范子曰：『夫八穀貴賤之法，必察天之三表卽決矣。火之勢勝金，陰氣蓄積大盛，火據金而死。故金中有水，如此者歲大敗，八穀皆貴。金之勢勝木，陽氣蓄積大盛，金據木而死，故木中有火，如此者歲大美，八穀皆賤。』」金、木、水、火更相勝，此天之三表者也。然則金不必皆穰，木不必皆饑。太陰在卯，穰，卽淮南後説也。○莊逵吉云：太平御覽「康」作「荒」。下有注云：「蔬不熟爲荒也。」疑是許昚注，故義異。○王念孫云：注「盛」當爲「虛」，此淺學人改之也。康之爲言荒也。康、荒皆虛也。（小雅賓之初筵篇「酌彼康爵」，鄭箋：「康，虛也。」爾雅：「漮，虛也。」方言：「㰠，空也。」並字異而義同。郭璞爾雅音義曰：「溓，本或作荒。」大雅桑柔篇「具贅卒荒」，毛傳：「荒，虛也。」泰九二「包荒」，鄭讀爲「康」，云：「康，虛也。」「康」「荒」古字通。）襄二十四年穀梁傳：「一穀不升謂之嗛，二穀不升謂之饑，三穀不升謂之饉，四穀不升謂之康。」范甯曰：「康，虛也。」（廣雅「四穀不升曰歉」。說文「歉，飢虛也」。逸周書謚法篇「凶年無穀曰穅。穅，虛也」。並字異而義同。）「康」與「荒」古字通，故韓詩外傳作「四穀不升謂之荒」。史記貨殖傳曰：「十二歲一大饑。」鹽鐵論水旱篇曰：「六歲一饑，十二歲一荒。」義與此同也。自「三歲一饑」以下，皆年穀不登之名，但有小大之差耳。太平御覽時序部二引此作「十二歲而一荒」，是康卽荒也。若訓「康」爲「盛」，則與正文顯相違戾矣。且四穀不升謂之康，乃春秋古訓，十二年一荒，亦漢時舊語。是之不知，而訓「康」爲「盛」，明是淺學人所改，漢人無此謬也。

甲齊，乙東夷，丙楚，丁南夷，戊魏，己韓，庚秦，辛西夷，壬衛，癸越，○補曰：漢書天文志「衛」作「趙」，「越」作「北夷」。○王念孫云：開元占經日辰占邦篇引此「越」作「趙」。案齊近東夷，楚近南夷，魏近韓，秦近西夷，衛近趙，則作「趙」者是也。若作「越」，則與南夷相複矣。○寧案：廣雅釋天、五行大義二配支幹篇皆作「癸北夷」。子周，丑翟，寅楚，卯鄭，辰晉，○補曰：漢志作「邯鄲」。巳衛，午秦，未宋，○補曰：漢志作「中山」。申齊，酉魯，戌趙，○補曰：漢志作「吴、越」。亥燕。○補曰：漢志作「代」。此以日干支爲占也。崔浩之占姚興，謂庚午之夕，辛未之朝，天有陰雲，熒惑之亡，當在二日，必入秦矣。後八十餘日，熒惑果出東井，留守勾已，時人服其精妙。事具魏書。○寧案：漢志「楚」作「趙」，「晉」作「邯鄲」，「宋」作「中山」，「趙」作「吴越」，「燕」下有「代」字。

甲乙寅卯，木也。丙丁巳午，火也。戊己四季，土也。庚辛申酉，金也。壬癸亥子，水也。水生木，木生火，火生土，土生金，金生水。子生母曰義，母生子曰保，子母相得曰專，母勝子曰制，子勝母曰困。○補曰：抱朴子登涉篇云：「靈寶經曰：『所謂寶日者，謂支干上生下之日也，若甲午、乙巳之類是也。甲者木也，午者火也，乙亦木也，巳亦火也，火生于木故也。又謂義日者，支干下生上之日也，若壬申、癸酉之日是也。壬者水也，申者金也，癸者水也，酉者金也，水生于金故也。所謂制日者，支干上克下之日也，若戊子、己亥之日是也。戊者土也，子者水也，己亦土也，亥亦水也，五行之義，土克水也。所謂伐日者，支干下克上之日也，若甲申、乙酉之日是也。甲者木也，申者金也，乙亦木也，酉亦金也，金克木故也。』」不言專日，其義可知。論衡詰術篇曰：「甲乙有支干，支干有加時。支干加時，專比者吉，相賊者凶。」是不獨日有五者。京房易積算傳云：「八卦鬼爲繫爻，財爲制爻，天德爲義爻，福德爲寶爻，同氣爲專爻。」「寶」卽「保」。「繫」當爲「擊」，卽淮南之「困」，抱朴子之「伐」也。以勝擊殺，勝而無報；○王引之云：上文「子生母曰義，母生子曰保，子母相得曰專，母勝子曰制，子勝母曰困」，其名有五。下文「以專從事」，「以義行理」，「以保畜養」，「以困舉事」，分承專、義、保、困四字，不應於「制」字獨不相承。然則此句當作「以制擊殺」明矣。今本「制」作「勝」者，因上下文「勝」字而誤。「制」爲母勝子之名，若作「勝」，何以別於子勝母乎？以專從事而有功，○寧案：「以專從事」下，錢塘據本有「專」字是也。以制擊殺，勝而無報，以專從事，專而有功，對文。中立本作「以專從專，事而有功」，雖「事」「專」二字誤倒，可爲「專」字脱誤之證。以義行理，名立而不墮；以保畜養，萬物蕃昌；以困舉事，破滅死亡。○補曰：越絶書云：「舉兵無擊太歲上物，卯也始出，各利以其四時制曰，是之謂也。」

北斗之神有雌雄，十一月始建於子，月從一辰，○王念孫云：「從」當爲「徙」，字之誤也。上文云：「帝張四維，運之以斗，月徙一辰，復反其所。」是其證。雄左行，雌右行，五月合午謀刑，○陶方琦云：占經六十七引許注：「刑爲煞，故薺麥死也。」按即上文「五月爲小刑，薺麥亭歷枯」之義。十一月合子謀德。○補曰：周禮「占夢掌其歲時，觀天地之會」，注謂「厭建所處之日辰」。厭建即此雌雄之神也。雌爲陰建，雄爲陽建，陽建斗柄，陰建太陰。然太陰非歲陰，乃是厭日。堪輿天老曰「假令正月陽建於寅，陰建在戌」是也。十一月陽建在子，日躔星紀，日前爲陰建，故合子冬至陽生，故謀德。五月陽建在午，日躔鶉首，日前爲陰建，故合午夏至陰生，故謀刑。由是陰陽刑德遂有七舍也。○陶方琦云：占經六十七引許注：「德爲生問射于振末。」按注文多譌。「射于」當作「射干」。易通卦驗：「冬至蘭、射干生。」後漢陳寵傳：「冬至陽氣萌動，故十一月有蘭、射干、芸荔之應。」「問射于」即「蘭、射干」。太陰所居辰爲厭日，○補曰：十二月之日躔，與十二月之斗建，交錯貿處如表裏，然故爲合辰。周禮太師疏云「斗柄所建十二辰而左旋，日體十二月與月合宿而右轉」是也。日左旋，太陰在日前追笮之，故謂所居爲厭日。說文：「厭，笮也。」陽建可見，陰建不可見。○王引之云：「太陰所居辰」當作「雌所居辰」。雌，北斗之神右行者也，月徙一辰。太陰則左行而歲徙一辰。兩者各不相涉。「太陰」二字，因下文「太陰所居」而誤也。「爲厭日」本無「日」字，此因下句「厭日」而衍也。厭者，鄭注周官占夢曰：「天地之會，建厭所處之日辰。」疏曰：「建謂斗柄所建，謂之陽建，故左還於天。厭謂日前一次，謂之陰建，故右還於天。」是也。今人猶謂陰建爲月厭，是雌所居辰名爲厭，不名爲厭日也。厭日不可以舉百事。堪輿徐行，雄以音知雌，故爲奇辰。○補曰：楊雄傳注，張晏曰：「堪輿，天地總名也。」孟康曰：「堪輿，神名，造圖宅書者。」藝文志五行家有堪輿金匱十四卷。文選甘泉賦注引淮南云：「堪輿行雄以知雌。」與此小異。許慎云：「堪，天道也。輿，地道也。」○陶方琦云：文選楊雄甘泉賦注、漢書藝文志注、後漢書王景傳注引許注：「堪，天道也。輿，地道也。」按高無注。楊雄傳張晏注曰：「堪輿，天地總名也。」藝文志五行家有堪輿金匱十四卷。數從甲子始，子母相求，○補曰：子爲辰，母爲日，律書言「十母十二子」是也。所合之處爲合。十日十二辰，周六十日，凡八合。○補曰：八合者，陰建所對之日，合于陽建所對之辰也。堪輿之方二十四，日八而辰十二，故有四辰無合也。十一月陽建子，陰建亦在子，子對午，午近丙，故丙午爲一合。二月陽建卯，陰建酉，酉對卯，卯對酉，卯近乙，故乙酉爲二合。三月陽建辰，陰建申，辰對戌，申對寅，寅近甲，故甲戌爲三合。四月陽建巳，陰建未，巳對亥，未對丑，丑近癸，故癸亥爲四合。五月陽建午，陰建亦在午，午對子，子近壬，故壬子爲五合。八月陽建酉，陰建卯，卯對酉，酉對卯，酉近辛，故辛卯爲六合。九月陽建戌，陰建寅，戌對辰，寅對申，申近庚，故庚辰爲七合。十月陽建亥，陰建丑，亥對巳，丑對未，未近丁，故丁巳爲八合。鄭志答趙商問云：「按堪輿，黄帝問天老事云：『四月陽建于巳，破于亥，陰建于未，破于癸。』是謂陽破陰，陰破陽，故四月有癸亥爲陰陽交會，十月有丁巳爲陰陽交會，言未破癸者，即是未與丑對而近癸也。」周禮占夢「以日月星辰占六夢之吉凶」，注謂「今八會其遺象也」。緣其掌觀天地之會，是此建厭所處之日辰，故以爲占此八會。史墨爲趙簡子占夢云：「吴其入郢乎？必以庚辰。」用此術也。越絶書云：「太歲八會壬子數九。」隋志有八會堪輿一卷。唐六典：「太卜令，凡曆注之用六：大會、小會、禶會、歲會、除建、人神。」合於歲前則死亡，合於歲後則無殃。○

補曰：吴越春秋子胥曰：「今年七月辛亥平旦，大王以首事。辛，歲位也；亥，陰前之辰也，合壬子歲，前合也，利以行武，武決勝矣。」此策吴王伐齊戰艾陵，事在哀公十一年。又范蠡曰：「今年十二月戊寅之日，時加日出。戊，囚日也；寅，陰後之辰也，合庚辰歲，後會也。夫以戊寅日聞喜，不以其罪罰日也。」此策吴王欲釋勾踐不果事。又子胥曰：「今年三月甲戌，時加鷄鳴。甲戌，歲位之會將也，青龍在酉，德在土，刑在金，是日賊其德也。」此諫吴王釋句踐事。俱在哀公六年。以統曆推之，哀公十一年，太歲在甲寅，太陰在壬辰，八月辛亥朔，在其前年，則首事之日也。左氏十年傳：「秋，吴子使來復請師。」注：「伐齊未得志故。」然則首事者，得請而爲之備也。曆八月，吴之七月矣，置閏不同故也。是年太陰在辛卯，故辛爲歲位，亥爲陰前，壬子爲歲前合。句踐以哀公三年入臣于吴，至六年，夫差欲釋之，以伍胥諫而止。其年正月戊寅朔，越以爲年前十二月，亦置閏不同之故。十二月水王，故戊囚。此時太陰在丙戌，故寅爲陰後辰。庚辰，其月三日也，爲歲後會。後三月，夫差終釋句踐，伍胥諫不納。三月甲戌者，哀公六年四月二十九日也，太陰在丁亥，故爲歲後會將。云「位」，或誤。青龍，謂太歲在己酉，故德土、刑金。甲乘己爲日賊其德。甲戌，即三月合日，占之爲宜。壬子，五月合日，而七月占之。庚辰，九月合日，而十二月占之。此則鄭志所言。若有變異之時，十二月皆有建厭對配之義也。吴越春秋所謂歲前者，太陰未至之辰；所謂歲後者，太陰已歷之辰，其限則半旬周也。所以者，過半周則前轉爲後，後轉爲前矣。此所云以歲前合爲吉，歲後合爲凶，淮南則反之。前後可以互稱，義得通也。甲戌，燕也；乙酉，齊也；丙午，越也；丁巳，楚也；庚申，秦也；○補曰：「申」當爲「辰」，字之誤也。辛卯，戎也；壬子，代也；○莊逵吉云：「代」諸本皆作「趙」，惟藏本作「代」。癸亥，胡也；○補曰：此八合方面所有，下八合中宫所直。戊戌，己亥，韓也；己酉，己卯，魏也；戊午、戊子，○王念孫云：錢氏答問曰，「庚申」當作「庚辰」，八合猶八會也。今依堪輿天老説推衍之。（天老説見周官占夢疏所引鄭志内。）正月陽建寅，破於申，陰建戌，破於辰。二月陽建卯，破於酉，陰建酉，破於卯，乙近卯，故二月乙酉爲八會之一。三月陽建辰，破於戌，陰建申，破於寅，甲近寅，故三月甲戌爲八會之二。四月陽建巳，破於亥，陰建未，破於丑，癸近丑，故四月癸亥爲八會之三。五月陰陽建俱在午，而破於子，壬近子，故五月壬子爲八會之四。六月陽建未，破於丑，陰建巳，破於亥。七月陽建申，破於寅，陰建辰，破於戌。八月陽建酉，破於卯，陰建卯，破於酉，辛近酉，故八月辛卯爲八會之五。九月陽建戌，破於辰，陰建寅，破於申，庚近申，故九月庚辰爲八會之六。十月陽建亥，破於巳，陰建丑，破於未，丁近未，故十月丁巳爲八會之七。十一月陰陽建俱在子，而破於午，丙近午，故十一月丙午爲八會之八。十二月陽建丑，破於未，陰建亥，破於巳。此建厭所在及八會之名也。淮南所列甲戌至癸亥，蓋大會之日。其下又有戊戌、己亥、己酉、己卯、戊午、戊子，當是小會之日而尚缺其二。以例推之，當是戊辰、己巳也。案錢説是也。戊辰當在戊戌上，己巳當在己亥上。堪輿家所謂小會，三月戊辰、四月己巳、九月戊戌、十月己亥也。又戊辰、戊戌及戊午、戊子下，皆當有所主之國，而今脱之。地在天下之中者，韓、魏而外，更有趙、宋、衞、中山及周，未知以何國當之也。八合天下也。○補曰：脱戊辰、己未二合。所以又有此八合者，土居中宮，分王四時，故甲丙庚壬卽戊乙丁辛，癸卽己，其合之月與前同也。取陽建衝辰命之卽得。太陰、小歲、星、日、辰五神皆合，其日有雲氣風雨，國君當之。○補曰：越絶書計倪内經曰：「陰陽萬物，各有紀綱。日月星辰刑德，變爲吉凶，金木水火土更勝，月朔更建，莫主其常，順之有德，逆之有殃。是故聖人能明其刑而處其鄉，從其德而避其衡，必順天地四時，參以陰陽。用之不審，舉事有殃。」天神之貴者，莫貴於青龍，或曰天一，或曰太陰。○補曰：皆謂陰德也。入卯宮，故曰青龍。古亦以青龍爲太歲。太陰所居，不可背而可鄉。北斗所擊，不可與敵。○補曰：艾陵之役，以太陰辛卯歲七月辛亥平旦首事。故子胥曰：「德在合，斗擊丑。」辛爲德，辛卯爲合，是德在合。六壬法七月將太乙時加寅，則天罡在丑，是斗擊丑。越，南斗也，吳雖勝齊，其患在越，此其兆矣。易林亦云：「魁罡所當，初爲敗殃。」

天地以設，分而爲陰陽。陽生於陰，陰生於陽。陰陽相錯，四維乃通。或死或生，萬物乃成。蚑行喙息，莫貴於人。孔竅肢體，皆通於天。○補曰：素問生氣通天論云：「生之本，本于陰陽。天地之間，六合之內，其氣九州，九竅、五藏、十二節，皆通于天氣。」天有九重，人亦有九竅。○補曰：楚辭天問云：「圜則九重，孰營度之？」太玄云：「九天：一爲中天，二爲羨天，三爲從天，四爲更天，五爲睟天，六爲廓天，七爲咸天，八爲沈天，九爲成天。九竅：一六爲前爲耳，二七爲目，三八爲鼻，四九爲口，五五爲後。九天即其首名。一六水，二七火，三八木，四九金，五五土也。」案：太玄九天，即淮南九野，非九重也。此文雖言九重，而其說不詳。今西人言曆則有九層：第一層宗動天，第二層恒星天，第三層填星天，第四層歲星天，第五層熒惑天，第六層日輪天，第七層太白天，第八層辰星天，第九層月輪天。此殆中國失傳而流入異域者歟？天有四時以制十二月，人亦有四肢以使十二節。○補曰：元命包云：「陽數成于三，故時別三月。」素問寶命全形論云：「天有陰陽，人有十二節。」注：「節謂節氣，外所以應十二月，內所以主十二經脈也。」靈樞五亂篇云：「經脈十二者，以應十二月。十二月者，分爲四時。四時者，春、夏、秋、冬。其氣營衛相隨，陰陽已和，清濁不相干，如是則順之而治。」天有十二月以制三百六十日，人亦有十二肢以使三百六十節。○補曰：春秋繁露人副天數篇云：「天以歲終之數，成人之身。故小節三百六十，副日數也；大節十二，副月數也；內有五藏，副五行也；外有四肢，副四時也。」靈樞九針解云：「節之交三百六十五會者，絡脈之灌滲諸節者也。」故舉事而不順天者，逆其生者也。○補曰：韓非解老云：「人之身，三百六十節四肢九竅，其大具也。四肢與九竅十有三者，十有三者之動靜，盡屬于生焉，屬之謂徒也，故曰生之徒十有三者。至其死也，十有三具者，皆還而屬之于死，死之徒亦十三。故曰生之徒十有三，死之徒十有三。」

以日冬至數來歲正月朔日，五十日者民食足；不滿五十日，日減一斗；有餘日，日益一升。○王念孫云：太平御覽時序部十三、十四引此「數」下有「至」字，（數，色主反。）五十日上有「滿」字，「一斗」作「一升」，皆是也。有其歲司也，○補曰：曆法至、朔同日爲章首，自此氣差而後朔差，而前三歲一閏，五歲再閏，積十九歲後而至、朔復同，則滿一章。計章首之歲，至在朔日，去正月朔有五十九日，爲極多；至第九歲，以十一月二十九日冬至，去正月朔僅三十一日，爲極少。顓頊曆用人正，則加得天用部首，即可得相去多少之數。淮南五十日爲中數，視其增減，以占歲豐凶，兼首尾數。○王引之云：此本作「其爲歲司也」。今本衍「有」字，（因上文「有餘日」而衍。）脫「爲」字。太平御覽時序部十三引此正作「其爲歲司也」。又引注曰：「司，候也。」（「司」古「伺」字。）爲歲司者，爲歲候豐凶也。尋繹文義，「其爲歲司也」乃起下之詞。下文「攝提格之歲，歲早水晚旱」云云，正謂候歲也，當直接此句下。作圖者誤列圖於此句之後，隔絕上下文義，遂使此句成不了之語。且自上文「以日冬至」至下文「民食一升」，皆言占歲之事，中間不應有圖。

圖蓋後人所爲，故置之非其所耳。劉績不能是正，又移上文「帝張四維」一段於此句之下，大誤。○吴承仕云：王念孫曰：「日減一斗」，御覽引作「一升」，是也。王引之曰：「有其歲司」，御覽引作「其爲歲司。」又引注曰：「伺，候也。」承仕案：玉燭寶典引「日減一斗」正作「日減一升」，「有其歲司」作「爲其歲司」。是「有」字卽「爲」字草書之譌耳。並引高誘注曰：「言從今年冬至日，數至明年正月朔日，得五十日者民食過足。（承仕案：「過」當爲「適」，形近而譌。）不行五十日者，減一升，比爲食不足也。（承仕案：文有譌互。）有餘日，不翅五十日也。日益一升者，言有餘，謂年穀豐熟也。爲其歲司，爲此數日之歲司。司，候也。」注文計七十六字，應據補。○寧案：玉燭寶典引注「不行五十日者」「行」字乃「得」字之譌。「翅」卽「啻」。（原書此處有圖，爲排版方便，原圖及錢塘校改均移置下頁。）

（淡案：此明太陰在四仲、四鉤，歲星行三宿二宿，并太歲所在圖也。漢初雖以太陰紀歲，然亦間紀太歲所在，如「淮南元年冬，太一在丙子」，卽太歲也。淮南從其本名，故曰太一。四仲，四鉤，案圖易推；太歲所在，則非説不明。莊刻本作「甲寅、丙巳、丁未、庚酉、辛戌」。日辰剛柔相值，無作「丙巳、庚酉、辛戌」者，其爲「丙午、庚申、辛酉」之誤無疑。此本所列無誤。惟作「壬子、癸丑、乙卯」，與莊刻本異。攷歲星與太歲爲合辰，古人視歲星見月以知太歲。西漢時，復因太歲而知太陰。淮南復由太陰以推歲星、太歲，其術正同。星有超辰，太歲、太陰隨之俱超，則太陰在四仲、四鉤，歲星仍行三宿、二宿，而太陰所在之辰，太歲仍後兩辰。如圖（見下頁），太陰在甲寅，則太歲在丙子；太陰在甲申，則太歲在丙午；太陰在庚申，則太歲在壬午；太陰在庚寅，則太歲在壬子；太陰在乙酉，則太歲在丁未；太陰在乙卯，則太歲在丁丑；太陰在辛卯，則太歲在癸丑；太陰在辛酉，則太歲在癸未。循環互推，無不合者。其他未列者，亦可由此而推。故于所列日辰，互文以見義。先

井東鬼輿柳星七張翼軫
丙巳金生
午火壯土生
丁未木老
參觜畢昴胃婁奎
申水生
庚酉金壯
辛戌土老火壯
角亢氐房心尾箕
甲寅火生土老
卯木壯
辰水老
亥木生
子水壯
丑金老
壁室危虛須女牽牛斗

錢塘校改

井東鬼輿柳星七張翼軫
丁未木壯
丙午火生土壯
巳金生
參觜畢昴胃婁奎
生壯壯
水金土
申酉火老
庚辛戌
亥木生
壬子水壯
癸丑金老
壁室危虛須女牽牛斗
甲寅火生土老
乙卯水壯
辰水老
角亢氐房心尾箕

生于子上加壬，丑上加癸，卯上加乙，更爲周密易曉。元寫本亦間有舛置，既爲改正，并畧疏其義云。）

攝提格之歲，格，起，言萬物承陽而起也。○補曰：史記正義孔文祥云：「以歲在寅，正月出東方，爲衆星之紀，以攝提宿，故曰攝提。以其爲歲月之首，起於孟陬，故云格正也。」案：所言雅合曆理。元注俱同李巡。歲早水晚旱，稻疾，蠶不登，登，成也。菽麥昌，民食四升。寅。在甲曰閼蓬。言萬物鋒芒欲出，擁遏未通，故曰閼蓬也。單閼之歲，單，盡。閼，止也。陽氣推萬物而起，陰氣盡止也。○寧案：注「陽氣」上據道藏本、中立本、景宋本沾「言」字。五行大義引亦有「言」字。下文「執徐之歲」注「伏蟄」上脱與此同。歲和，稻菽麥蠶昌，民食五升。卯。在乙曰旃蒙。在乙，言萬物遏蒙甲而出，故曰旃蒙也。執徐之歲，執，蟄。徐，舒也。伏蟄之物，皆散舒而出也。歲早旱晚水，小饑，蠶閉，麥熟，民食三升。辰。在丙曰柔兆。在丙，言萬物皆生枝布葉，故曰柔兆也。○呂傳元云：攝提之歲至赤奮若之歲，高注悉本李巡爾雅釋天「歲陽歲陰」注也。此高注言萬物皆生枝布葉，李巡作「垂枝布葉」。疑「生」乃「垂」之誤字。大荒落之歲，荒，大也，方萬物熾盛而大出，霍然落落大布散。○寧案：注「方」字無義。依上下文注例當是「言」字草書之形誤。五行大義一引正作「言」。歲有小兵，蠶小登，麥昌，菽疾，民食二升。巳。在丁曰强圉。在丁，言萬物剛盛，故曰强圉也。敦牂之歲，敦牂，敦，盛。牂，壯也。言萬物皆盛壯也。歲大旱，蠶登，稻疾，菽麥昌，禾不爲，民食二升。午。在戊曰著雝。在戊，言位在中央，萬物繁養四方，故曰著雝也。協洽之歲，協，和。洽，合也。言陰欲化，萬物和合。○呂傳元云：注言陰欲化，當有譌脱。占經二十三引李巡注爾雅作「言陰陽化生，萬物和合」，當據改。歲有小兵，蠶登，稻昌，菽麥不爲，民食三升。

未。在己曰屠維。在己，言萬物各成其性，故曰屠維。屠，別。維，離也。涒灘之歲，涒，大。灘，脩也。言萬物皆脩其精氣也。〇桂馥云：兩「脩」字寫誤，並當爲「循」。高注呂氏春秋序意篇「歲在涒灘」云：「涒，大也。灘，循也。萬物皆大循其情性也。」李巡説爾雅云：「萬物皆循精氣，故曰涒灘。」歲和，小雨行，蠶登，菽麥昌，民食三升。申。在庚曰上章。在庚，言陰氣上升，萬物畢生，故曰上章也。作鄂之歲，作鄂，零落也。萬物皆陊落。〇寧案：注例「萬物」上當有「言」字。歲有大兵，民疾，蠶不登，菽麥不爲，禾蟲，民食五升。酉。在辛曰重光。在辛，言萬物就成熟，其煌煌，故曰重光也。〇吴承仕云：注文當作「其光煌煌」。郝懿行爾雅義疏引有「光」字，蓋依義補之。掩茂之歲，掩，蔽。茂，冒也。言萬物皆蔽冒。歲小饑，有兵，蠶不登，麥不爲，菽昌，民食七升。戌。在壬曰玄黓。在壬，言歲終包任萬物，故曰玄黓也。〇寧案：正文及注兩「玄」字，莊本作「元」，避諱改。大淵獻之歲，淵，藏。獻，迎也。言萬物終于亥，大小深藏窟伏以迎陽。歲有大兵，大饑，蠶開，菽麥不爲，禾蟲，民食三升。〇補曰：此當云「亥。在癸曰昭陽」。錯簡在下，以圖「癸」居「子丑」間之故。困敦之歲，困，混。敦，沌也。言陽氣皆混沌，萬物牙蘖也。歲大霧起，大水出，蠶稻麥昌，民食三斗。〇王念孫云：「蠶」下脱「登」字，「稻」下脱「疾」字。「蠶登」爲句，「稻疾」爲句，「菽麥昌」爲句。民食三斗，「斗」當爲「升」。開元占經引此正作「蠶登，稻疾，菽麥昌。民食三升」。〇寧案：中立本、景宋本、蜀藏本「麥」上皆有「菽」字，今本脱。王據正統道藏本云然。子。在癸曰昭陽。在癸，言陽氣始萌，萬物合生，故曰昭陽。〇補曰：當云「亥在癸」。〇吴承仕云：「合生」當作「含生」，字之誤也。郝懿行引正作「含」，亦依義正之。赤奮若之歲，奮，起也。若，順也。言陽奮物而起之無不順其性也。赤，陽色。○寧案：五行大義引注作「奮，起也。若，從也。言陽氣奮迅萬物而起，無不順其性。赤，陽色也」。曆書正義引李巡云：「陽氣奮迅萬物而起，無不若其性，故曰赤奮若。赤，陽色。奮，迅也。若，順也。」今本有脱文。歲有小兵，早水，蠶不出，稻疾，菽不爲，麥昌，民食一升。○補曰：十二歲太陰之名，皆以攝提格所見之月爲義。其所在十名則歲德也。六十年而周。

正朝夕：先樹一表東方，操一表却去前表十步，○補曰：此表在東方表西，所以正夕。以參望日始出北廉。日直入，○補曰：日東表北廉，則景入西表南廉。○陳昌齊云：「直」疑作「且」。又樹一表於東方，○補曰：此表在東方表東南，所以正朝。因西方之表以參望日，方入北廉，則定東方。○補曰：日入西表北廉，則景入東南表南廉，定東方在東二表間也。所以日出入用表北廉者，日行十六所，登于扶桑爲朏明，寅甲間也，頓于連石爲下舂，辛戌間也，此夏至之日出入皆近北方。即以二分論之，至於曲阿爲旦明，旦明，卯也，經于淵虞爲高舂，高舂，酉也。而出則自北而南，入則自南而北，半出以前，半入以後，仍在北方。張胄元用後魏渾天鐵儀測知，春、秋二分，日出入卯酉之北，不正當中，與何承天所測頗同，皆日出卯三刻五十五分，入酉四刻二十五分盡。具載隋志。此黄道邪行使然。古雖用蓋天，其實測固無異也。望日用北廉，則表常居中，而不能無偏于北。于是乎有南表，使景在表南，則表始近中耳。兩表之中與西方之表，則東西之正也。○補曰：東表、西表近北，東南表近南，兩表之中，直西表之南，爲正東西。周髀云：「以日始出立表而識其晷，日入復識其晷，晷之兩端相直者，正東西也。中折之指表者，正南北也。」攷工記：「匠人建國，水地以縣。置槷以縣，視以景，爲規識日出之景與日入之景。晝參諸日中之景，夜攷之極星，以正朝夕。」康成注：「日出日入之景，其端則正東、西也。又爲規以識之者，爲其難審也。自日出而畫其景端，以至日入既，則爲規，測景兩端之内規，規之交乃審也。度兩交之間，中屈之以指臬，則南北正。」與淮南法異而理同。

日冬至，日出東南維，入西南維。至春、秋分，日出東中，入西中。夏至，出東北維，入西北維。至則正南。

○補曰：周髀云：「冬至晝極短，日出辰而入申，陽照三不覆九，東西相當正南方。夏至晝極長，日出寅而入戌，陽照九不覆三，東西相當正北方。日出左而入右，南北行。故冬至在坎，陽在子，日出巽而入坤，見日光少，故曰寒；夏至在離，陰在午，日出艮而入乾，見日光多，故曰暑。」所説卽淮南法也。辰爲巽初，申爲坤末，戌爲乾初，寅爲艮末。艮、巽、坤、乾，卽四維也。在六十所，則冬至日出入當桑野之初，悲谷之末；夏至日出入當咸池之末，悲泉之初，卽四維之分也。此古人特以大判爲言，故合之。馬融所説刻漏盈縮至較八刻百分刻之七十五也。

欲知東西、南北廣袤之數者，○補曰：東西爲廣，南北爲袤。

立四表以爲方一里歫，○補曰：測平遠者，先求其率，用四表，所以求率也。測日初出，故爲平遠。入表數爲首率，東西一里爲次率，南北一里爲三率，去日里數爲四率。四表者，一爲艮，二爲乾，三爲巽，四爲坤也。地形訓云：「禹乃使大章步自東極至於西極，二億三萬三千五百里七十五步；使豎亥步自北極至於南極，二億三萬三千五百里七十五步。」明是正方，故四表亦方一里。

先春分若秋分十餘日，○補曰：二分日半出半入，時正當卯酉之中。先春分則近南，先秋分則近北。日周行十六所，爲度三百六十，是一所天行二十二度有半也。冬至五所，天行百一十二度五分，半之爲歫午中之度，則日出于辰一十八度七十六分，入于申一十一度二十六分。夏至十一所，天行二百四十七度五分，半之爲歫午中之度。則日出于寅二十六度二十六分，入于戌三度七十六分也。分至所較，皆三十三度七十五分，氣有六，以氣除度，得一氣差五度六百二十五分，即可知先春分秋分十餘日之日出入度矣。從岠北表參望日始出及旦，以候相應，相應則此與日直也。○補曰：用岠北表，即用北廉同意。及旦者，所謂至于曲阿，是謂旦明，二分日出之所也。一氣有三候，氣差五度六百二十五分，則候差一度八百七十五分，故必以候相應。一候所差，尚宜以日出入分之，則不盈一度。日始出多近北，故二分之前，同用岠北表也。輒以南表參望之，以入前表數爲法，○補曰：北表參望日直，則南表參望日常不直，從日至南北後二表即勾股也。其弦斜至日處，而截南前表于弦外，即是入前表之數，成一倒勾股也。而二勾股比例正等，故用以爲率。何以明之？試以大勾股倒轉，即小勾股必在其端，而比例正等矣。除舉廣，除立表袤，以知從此東西之數也。○補曰：日入前表數爲小句，前後二表相去爲小股，南北後二表相去爲大句，北後表至日下爲大股。小句者，大句股之率也。除舉廣，謂以小句除小股，知有幾倍也。除立表袤，亦謂以小句除大句，知有幾倍也。知此，而以二句股爲比例，即知大股之長。蓋小句得小股幾分之一，則大句亦必得大股幾分之一，故以此知從此東西之數也。假使視日出，入前表中一寸，是寸得一里也。○補曰：周髀算經云：「周髀長八寸，句之損益寸千里。」注：「句謂景也。言懸天之景，薄地之儀，皆千里而差一寸。」案周髀以髀爲股，以景爲句，日中立八尺之股，南北二千里，景差二寸，故寸有千里，故人以爲通率，以測東西。于小句股，則一里高遠與平遠之別，亦一表與四表之辨也。一里積萬八千寸，得從此東萬八千里。○補曰：三百步爲里，六十寸爲步，寸乘步得萬八千寸，此小股之長也。小句一寸，小股長萬八千寸，則大句一里，大股即長萬八千里。大股之于大句，若小股之于小句，而得從前表至日處之里數。以此知近世四率之法，古人已先有之。小句首率，小股次率，大句三率，求得大股爲四率。視日方入，入前表半寸，則半寸得一里。○補曰：論算術，東入一寸，西亦當入一寸。淮南云半寸，則設術也。半寸爲里，則所得必倍，如倍半寸爲一寸，所得卽同。半寸而除一里積寸，得三萬六千里，○補曰：置一里積寸萬八千，以五爲法除之，卽得此。則日遠于前一倍，乃爲虛數，故必除而後得實數也。除則從此西里數也。○補曰：除，謂除前萬八千里，猶倍半寸爲一寸也。并之東西里數也，○補曰：凡三萬六千里。則極徑也。未春分而直，已秋分而不直，此處南也。未秋分而直，已春分而不直，此處北也。分至而直，此處南北中也。○補曰：此求地中也。直，謂表與日直。十六所以曲阿、淵虞爲二分，日所出入之處，此南北中也。未春分，日行其南，故處南則直。直在春分前，則直亦必在秋分後，雖已秋分，尚未直也。未秋分，日行其北，故處北則直，直在秋分前，則直亦必在春分後，雖已春分，尚未直也。惟二分氣至而直，方處南北之中，皆視日道之南北爲定也。從中處，欲知中南也。○補曰：知中則知南矣。周髀算經云：「冬至日加酉之時，立八尺之表，以繩繫表顛，希望北極中大星，引繩致地而識之。又到旦明日加卯之時，復引繩希望之，首及繩致地而識其端，相去二尺三寸，故東西極二萬三千里。其兩端相去，正東西；中折之，以指表，正南北。」法雖不同，理無異也。未秋分而不直，此處南北中也。○補曰：秋分直，故未秋分不直。言秋分，則春分可知。隋志曰：「周禮大司徒職：『以土圭之法，測土深，正日景，以求地中。』此則渾天之正說，立儀象之大本。故云：『日南則景短多暑，日北則景長多寒，日東則景夕多風，日西則景朝多陰。日至之景，尺有五寸，謂之地中。天地之所合也，四時之所交也，風雨之所會也，陰陽之所和也。然則百物阜安，乃建王國焉。』又攷工記匠人：『建國，水地以縣。置槷以縣，眂以景。爲規，識日出之景，與日入之景。晝參諸日中之景，夜攷之極星，以正朝夕。』案土圭正景，經文闕畧，先儒解説，又非明審。祖暅錯綜經注，以推地中。其法曰：『先驗昏旦，定刻漏，分辰次。乃立儀表于平準之地，名曰南表。漏刻上水，居日之中，更立表於南表景末，名曰中表。夜依中表以望北極樞，而立北表，令參相直。三表皆以縣準定，乃觀。三表直者，其立表之地，即當子午之正；三表曲者，地偏僻。每觀中表，以知所偏：中表在西，則立表處在地中之西，當更向東求地中；若中表在東，則立表處在地中之東也，當更向西求地中；取三表直者，爲地中之正。又以春、秋二分之日，旦始出東方半體，乃立表於中表之東，名曰東表。令東表與日及中表參相直。是日之夕，日入西方半體，又立表於中表之西，名曰西表。亦從中表西望西表及日，參相直。乃觀三表直者，即地南北之中也。若中表差近南，則所測之地在卯酉之南；中表差在北，則所測之地在卯酉之北；進退南北，求三表直正東西者，則其地處中，居卯酉之正也。』」所説求東西地中，淮南無之。其求南北地中，即與淮南同理。從中處欲知南北極遠近，從西南表參望日，日夏至始出與北表參，則是東與東北表等也。○補曰：夏至日出東北維，故從西南表參望。東北、西南兩表與日參，如北前、北後兩表與日參無異，即可借春秋分表位爲夏至表位，借春秋分日入前表之數，爲夏至日入前表之數，故云東與東北表等也。正東萬八千里，則從中北亦萬八千里也。倍之，南北之里數也。○補曰：倍之爲三萬六千里，與東西正等。其不從中之數也，○補曰：此爲處南北者言之。以出入前表之數益損之。表入一寸，寸減日近一里，表出一寸，寸益遠一里。○補曰：處南則表出，處北則表入。何者？處南者，未春分而直也。至分時而日北，故表出。處北者，未秋分而直也。至分時而日南，故表入。寸益損一里，則通率也。○寧案：集證本「遠」上沾「日」字，當從之。欲知天之高，樹表高一丈，○補曰：天高不可知，測之以景。樹表所以求景也。此亦以句股比例而知，蓋同有大小兩句股也。正南北相去千里，同日度其陰，○補曰：度日中景。北表一尺，○補曰「一」當爲「二」。○寧案：景宋本、道藏本「一」字作「二」。南表尺九寸，是南千里陰短寸，○補曰：表近日則陰短，表遠日則陰長。二表相去千里，故北表陰二尺，南表陰尺九寸，卽爲寸差千里之通率。南二萬里則無景，是直日下也。○補曰：千里短寸，則萬里短尺。據北表陰二尺，故南二萬里則無陰。既得千里短寸之率，卽棄南表不用，但用北表陰以推日下之數也。陰二尺而得高一丈者，南一而高五也。○補曰：置表高一丈，以陰二尺除之，得五，是南萬里而日高五萬里也。此爲高率。然日無高下，有高下者，地圓使然。故曰：蓋天卽渾天也。則置從此南至日下里數，因而五之，爲十萬里，則天高也。○補曰：二萬里爲實，高五爲法，乘之得十萬里，此天高之數。必知天高十萬里者，以表高一丈，中有百寸，寸得千里，百之而成十萬故也。然則表卽天高之率，故以直日下無景爲天高。周髀云：「周髀長八尺，夏至之日晷一尺六寸。髀者，股也；正晷者，句也。正南千里，句一尺五寸；正北千里，句一尺七寸。日益表，南晷日益長，候句六尺。從髀至日下六萬里，而髀無影。從此以上至日則八萬里。」卽其理也。六萬里者，設法詞，實測則不然，故曰日夏至南萬六千里，日中無影。若使景與表等，則高與遠等也。○補曰：以千里差寸率之，則去日下十萬里，景與表等。卽可從日遠以知天高，至此則勾股適均矣。

（後附錢塘天文訓補注圖表十五幅）

八十歲日復之圖第一

顓頊立春 寅未子巳亥辰酉寅申丑午亥巳戌卯申

殷曆冬至 子巳戌卯酉寅未子午亥辰酉卯申丑午

甲己甲己乙庚乙庚丙辛丙辛丁壬丁壬

戊癸戊癸己甲己甲庚乙庚乙辛丙辛丙

壬丁壬丁癸戊癸戊甲己甲己乙庚乙庚

丙辛丙辛丁壬丁壬戊癸戊癸己甲己甲

庚乙庚乙辛丙辛丙壬丁壬丁癸戊癸戊

右皆天正人正中節氣之日也。曆法七十六歲爲一部，第一部命爲甲寅、甲子，第二部縮上四算命爲癸巳、癸卯，至二十部終于乙亥、乙酉，是爲一紀，則歲日有一十九復矣。

八十歲日復之圖第二

秦曆立春辰酉寅未丑午亥辰戌卯申丑未子巳戌

戊癸戊癸己甲己甲庚乙庚乙辛丙辛丙

壬丁壬丁癸戊癸戊甲己甲己乙庚乙庚

丙辛丙辛丁壬丁壬戊癸戊癸己甲己甲

庚乙庚乙辛丙辛丙壬丁壬丁癸戊癸戊

甲己甲己乙庚乙庚丙辛丙辛丁壬丁壬

舊説秦曆上元己巳立春，淮南以爲壬午冬至，冬至後四十六日立春，則戊辰也，故復爲此圖。

咸池右行四仲日所在圖

正月	日在亥	加時酉	咸池在午
二月	日在戌	加時巳	咸池在卯
三月	日在酉	加時丑	咸池在子
四月	日在申	加時酉	咸池在酉
五月	日在未	加時巳	咸池在午
六月	日在午	加時丑	咸池在卯
七月	日在巳	加時酉	咸池在子
八月	日在辰	加時巳	咸池在酉
九月	日在卯	加時丑	咸池在午
十月	日在寅	加時酉	咸池在卯
十一月	日在丑	加時巳	咸池在子
十二月	日在子	加時丑	咸池在酉

日行十六所合堪輿之圖

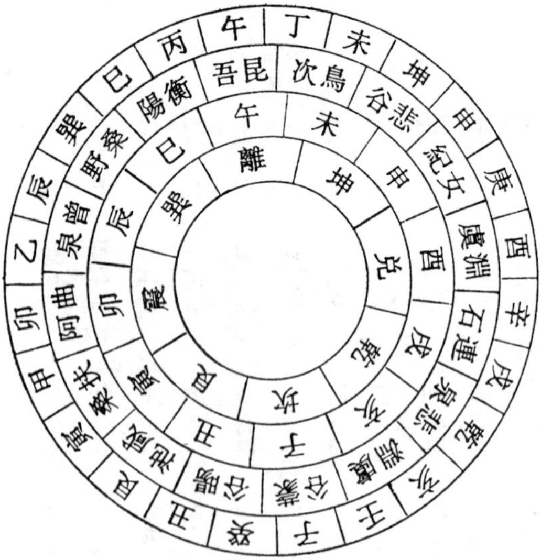
午
丁
未
坤
申
庚
酉
辛
戌
乾
亥
壬
子
癸
丑
艮
寅
甲
卯
乙
辰
巽
巳
丙
昆吾
鳥次
悲谷
女紀
虞淵
連石
悲泉
扶桑
曲阿
曾泉
桑野
衡陽
離
坤
兌
乾
坎
艮
震
巽

律應二十四氣之變圖

冬至後，六中氣比坤六爻律；夏至後，六中氣比乾六爻律，卽二十四氣反覆比十二律也。而自黃鐘至蕤賓七律，冬至後用半，夏至後用全耳。其冬至後音漸濁，夏至後音漸清之理，卽前所云十五日爲一節，以生二十四時之變也。何者？此冬至音比林鐘，前音比黃鐘，比林鐘卽比黃鐘也。此小寒音比夷則，前音比應鐘，比夷則卽比應鐘也。夷則清于林鐘，而黃鐘七律俱用半律，應鐘不較濁乎？由是推之，此芒種比蕤賓半爲最清，而前比大呂正爲最濁。淮南因清以知濁，故曰音漸濁。夏至則此比黃鐘，前亦比黃鐘，小暑此比大呂，前亦比大呂，至大雪則同比應鐘，故黃鐘七律俱用全律，故直曰音漸清也。二者皆非隨月律之正法，是以同謂之變。前二至俱比黃鐘，則此二至俱得比林鐘，是故小暑前比大呂，今比蕤賓，猶小寒之比夷則、應鐘也；大暑前比太簇，今比中呂，猶大寒之比南呂、無射也；至于大雪，則前比應鐘，今比夷則，而終夷則，至應鐘俱用倍律，則亦可云音漸濁矣。此又因清以知濁也。

六十律旋宮圖

宮	徵	商	羽	角
黃鐘戊子	林鐘己丑	太簇庚寅	南呂辛卯	姑洗壬辰
應鐘癸巳	蕤賓甲午	大呂乙未	夷則丙申	夾鐘丁酉
無射戊戌	中呂己亥	黃鐘庚子	林鐘辛丑	太簇壬寅
南呂癸卯	姑洗甲辰	應鐘乙巳	蕤賓丙午	大呂丁未
夷則戊申	夾鐘己酉	無射庚戌	中呂辛亥	黃鐘壬子
林鐘癸丑	太簇甲寅	南呂乙卯	姑洗丙辰	應鐘丁巳
蕤賓戊午	大呂己未	夷則庚申	夾鐘辛酉	無射壬戌
中呂癸亥	黃鐘甲子	林鐘乙丑	太簇丙寅	南呂丁卯
姑洗戊辰	應鐘己巳	蕤賓庚午	大呂辛未	夷則壬申
夾鐘癸酉	無射甲戌	中呂乙亥	黃鐘丙子	林鐘丁丑
太簇戊寅	南呂己卯	姑洗庚辰	應鐘辛巳	蕤賓壬午
大呂癸未	夷則甲申	夾鐘乙酉	無射丙戌	中呂丁亥

旋宮六十律之圖，舊時有之，然黃鐘宮後次以林鐘，由是終于中呂之宮，雖合相生之序，而六十律不復周環。此圖從黃鐘一律生爲六十律，可得以律直日之法。因而六之，卽周一歲之日。而黃鐘之分屬五子及七十二日，五行受制之理俱見。逆而次之，則冬至後十二氣所比之音也；順而次之，則夏至後十二氣所比之音也，而十二月之律，亦可從逆數而得，皆推淮南之意知之也。

七均清濁和繆之圖

宮	最濁	黃鐘 一	大呂 一	太簇 一	夾鐘 一	姑洗 一	中呂 一	蕤賓 一	林鐘 一	夷則 一	南呂 一	無射 一	應鐘 一
徵	次清	林鐘 五	夷則 五	南呂 五	無射 五	應鐘 五	黃鐘 五	大呂 五	太簇 五	夾鐘 五	姑洗 五	中呂 五	蕤賓 五
商	次清	太簇 二	夾鐘 二	姑洗 二	中呂 二	蕤賓 二	林鐘 二	夷則 二	南呂 二	無射 二	應鐘 二	黃鐘 二	大呂 二
羽	最清	南呂 六	無射 六	應鐘 六	黃鐘 六	大呂 六	太簇 六	夾鐘 六	姑洗 六	中呂 六	蕤賓 六	林鐘 六	夷則 六
角	半清濁	姑洗 三	中呂 三	蕤賓 三	林鐘 三	夷則 三	南呂 三	無射 三	應鐘 三	黃鐘 三	大呂 三	太簇 三	夾鐘 三
變宮	和	應鐘 七	黃鐘 七	大呂 七	太簇 七	夾鐘 七	姑洗 七	中呂 七	蕤賓 七	林鐘 七	夷則 七	南呂 七	無射 七
變徵	繆	蕤賓 四	林鐘 四	夷則 四	南呂 四	無射 四	應鐘 四	黃鐘 四	大呂 四	太簇 四	夾鐘 四	姑洗 四	中呂 四

八十四聲，舊亦有圖，次與六十律同。今亦更定，則一律而爲八十四，相生不絕。以祖孝孫所次自一至七之等，志于其下，即律之短長、聲之清濁以明，而和繆之義盡顯。蕤賓以後，上下相生之序，諸家不同。以是圖觀之，則重上生者。變徵生正宮也；其下生者，非變徵正宮，而爲它聲者也。以十二律主十二月，則皆爲正律，而生之者爲變徵，故必從上生。大呂、夾鐘、中呂以陰律主夏至以前之月，故不從上下相生之正。然則晉志謂取其諧韻者，殆未盡得其實也。

候氣三律圖

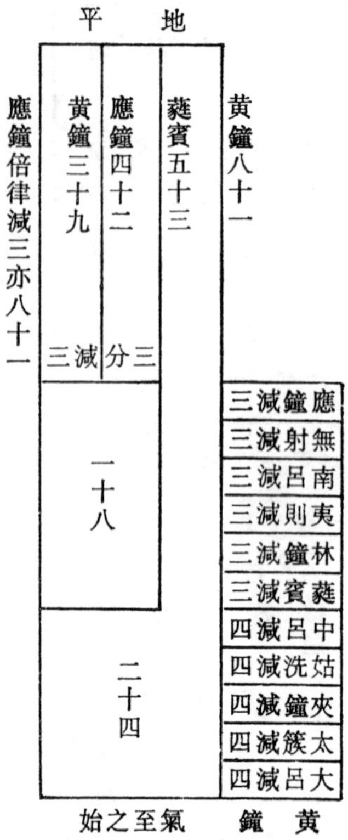

候氣之律，以黄鐘、蕤賓、應鐘爲三限。應鐘氣至盈月得黄鐘，故減應鐘正律，或減應鐘倍律，俱可爲黄鐘。此淮南云黄鐘八十一，而吕覽謂黄鐘三寸九分也。論十二月氣至，則冬至陽消之極，在上，爲數一十八；陰長之極，在下，爲數二十四，陰下陽動。夏至陰消之極，在上，爲數一十八；陽長之極，在下，爲數二十四，陽下陰動。二十四者，子午相距之數也，爲南北之極，故長數居之。其上爲消數所居。長數五分時，消數二十二。長數九分時，消數二十一。長數十三分時，消數二十。長數十七分時，消數十九。長數二十一分時，消數十八。長數二十四分時，消數亦十九。

二十歲刑德離合圖

甲子申辰德甲刑卯寅辰	甲戌午寅德甲刑未午巳
乙丑酉巳德庚刑戌酉申	乙亥未卯德庚刑亥丑子
丙寅戌午德丙刑巳未午	丙子申辰德丙刑卯寅辰
丁卯亥未德壬刑子亥丑	丁丑酉巳德壬刑戌酉申
戊辰子申德戊刑辰卯寅	戊寅戌午德戊刑巳未午
己巳丑酉德甲刑申戌酉	己卯亥未德甲刑子亥丑
庚午寅戌德庚刑午巳未	庚辰子申德庚刑辰卯寅
辛未卯亥德丙刑丑子亥	辛巳丑酉德丙刑申戌酉
壬申辰子德壬刑寅辰卯	壬午寅戌德壬刑午巳未
癸酉巳丑德戊刑酉申戌	癸未卯亥德戊刑丑子亥

八合之圖

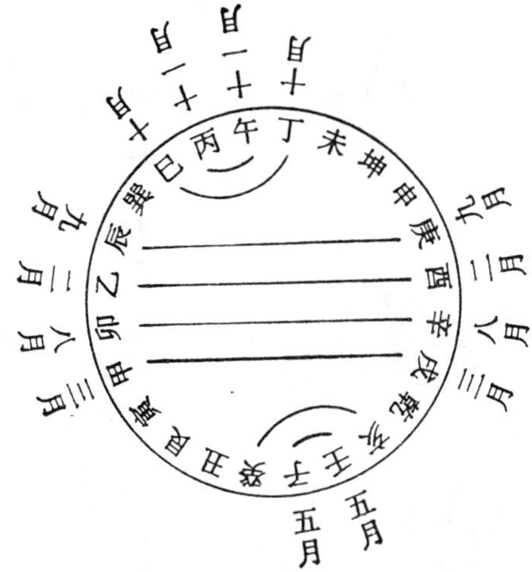

此方面八合也，其占皆主四方。以戊易陽幹，己易陰幹，卽復成八合，而占在中原及天下所。謂大會八，小會亦八。

正朝夕圖

正朝日：在甲樹一表東方，景到庚，又樹一表西方，從北廉望日，是西表在景北也。正夕日：在辛復樹一表東方，亦從北廉望日，即西表則在景南，而景至乙，此則二景交于西表之東，而爲正中也。故取東二表之中，以直西方之表，而得正東方。此卽後世三角法之祖。

測日遠句股比例圖

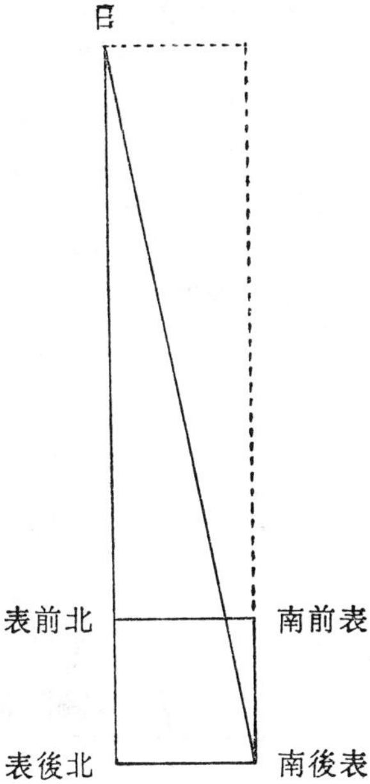

從日至北後表爲股，至南後表爲弦，兩後表相距爲句。弦截南前表于外，得日入表之數。從南前表引虛線而東，從日引虛線而南，成長方形，依弦破之，爲倒順兩大句股也。南二表及弦間有小句股之倒者，以比大句股，其倒正等，蓋倒順兩大句股積數無異，故小句股雖倒，可以比大句股之順者也。

測日高句股比例圖

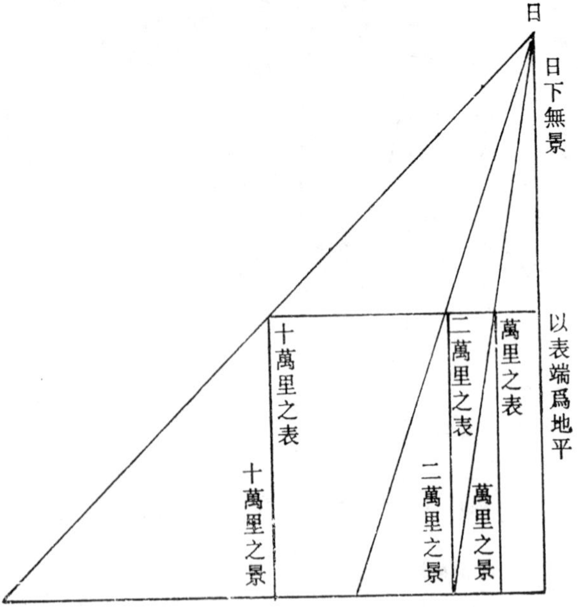

以景二尺，除表高一丈，得南一高五爲率。比南至日下二萬里，知爲日高十萬里。二萬里之表，在日北成小句股，日下二萬里成大句股，比例正等，是故去日萬里則景一尺，去日二萬里則景二尺，直日下則無景。若去日十萬里，則景一丈，而與表等，日高常十萬里也。試以表端爲地平，卽地下之景，必與去日里數正等，其理顯矣。

日景出入前表益損之圖

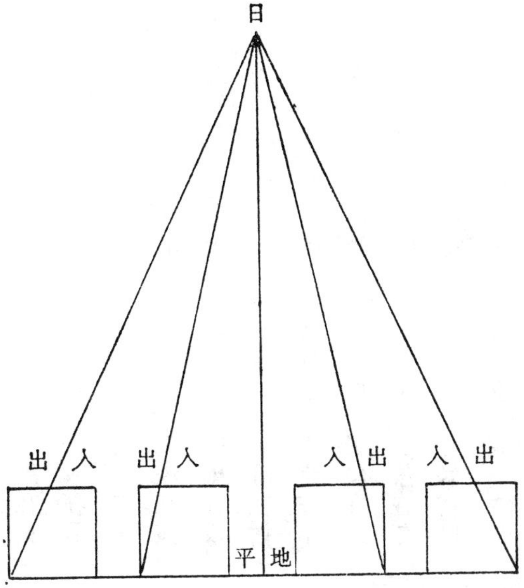

二分日當卯酉之中，故地中景與表直中垂一線是也。不處地中，景必有出入之數。處南則弦入表北而表出，處北則弦出表南而表入。出多則遠日，出少則近日，處南然也。入多則近日，入少則遠日，處北然也。蓋南用南後表，北用北後表，其前表則常用南耳。如改用北表，則處南者以入少爲遠日，入多爲近日；處北者以出少爲近日，出多爲遠日，法正相反。

天維十二月小周天之圖

正月	日在亥	加時亥	天維在寅
二月	日在戌	加時酉	天維在丑
三月	日在酉	加時未	天維在子
四月	日在申	加時巳	天維在亥
五月	日在未	加時卯	天維在戌
六月	日在午	加時丑	天維在酉
七月	日在巳	加時亥	天維在申
八月	日在辰	加時酉	天維在未
九月	日在卯	加時未	天維在午
十月	日在寅	加時巳	天維在巳
十一月	日在丑	加時卯	天維在辰
十二月	日在子	加時丑	天維在卯

淮南子集釋卷四

漢涿郡高誘注

墬形訓

紀東西南北山川藪澤，地之所載，萬物形兆所化育也，故曰地形，因以題篇。

墬形之所載，六合之間，四極之内，四極，四方之極，無復有外，故謂之内也。○王念孫云：此篇皆言地之所載，「地」下不當有「形」字，此因篇名而誤衍耳。高釋篇名云：「紀東西南北山川藪澤，地之所載，萬物形兆所化育也。」則正文本作「地之所載」明矣。海外南經云：「地之所載，六合之間，四海之内」云云。此即淮南所本。○陶方琦云：爾雅釋文釋地序目引許注：「地，麗也。」按楊泉物理論：「地，著也。」説文：「麗，附著也。」易離「百穀艸木麗乎土」，王肅作「麗乎地」。地、麗諧聲之訓。○寧案：道藏本、景宋本注首有「六合已説在原道」句。譚獻云：「此誘表注例，全書多寫漏。」照之以日月，經之以星辰，紀之以四時，要之以太歲。要，正也，以太歲所在正天時也。○寧案：以上見海外南經，又見列子湯問篇。（列子無首句。）道藏本、景宋本「照」皆作「昭」，「照」之省文。山海經、列子作「照」。天地之間，九州八極，八極，八方之極也。○王念孫云：八極當爲八柱，「柱」與「極」草書相近，故「柱」誤爲「極」。初學記地部上太平御覽地部一及白帖一引此竝作「天有九部八紀，地有九州八柱」。又太平御覽州郡部三引作「天地之間，九州八柱」。楚辭天問曰：「八柱何當？東南何虧？」初學記引河圖括地象曰：「地下有八柱，柱廣十萬里。」皆其證也。又案文選張協襍詩注云：「淮南子曰：『八紘之外有八極。』高誘曰：『八極，八方之極也。』」是高注云云，本在下文「八紘之外，乃有八極」下，後人不知此處「八極」爲「八柱」之譌，又移彼注於此以曲爲附會，甚矣，其謬也。土有九山，山有九塞，澤有九藪，風有八等，水有六品。何謂九州？東南神州曰農土，東南辰爲農祥，后稷之所經緯也，故曰農土。○寧案：注「農祥」，見國語周語上：「農祥晨正。」韋注：「農祥，房星也。晨正，謂立春之日晨中於午也。農事之候，故曰農祥也。」又周語下「辰馬農祥」，韋注：「祥猶象也。房星晨正而農事起焉，故謂之農祥。」又史記封禪書集解引張晏曰：「龍星左角曰天田，則農祥也。」正南次州曰沃土，沃，盛也。五月建午，稼穡盛張，故曰沃土也。○吴承仕云：御覽百五十七引注作「稼穡長」。案文當作「稼穡盛長」。各本「長」誤爲「張」，失之。○于省吾云：按吴説非是。張、長古字通。莊子山木「而王長其閒」，釋文：「長本作張。」是其證。漢人注書，多用借字，未可輒改也。西南戎州曰滔土，滔，大也。七月建申，五穀成大，故曰滔土也。○吴承仕云：御覽百五十七引注作「萬物壯大，故曰滔土」。案御覽引注近之。壯大與成熟異義，亦有時節先後之分。下文注云「成熟」，則此注不得復言「成大」矣。正西弇州曰并土，并猶成也。八月建酉，百穀成熟，故曰并土也。正中冀州曰中土，冀，大也。四方之主，故曰中土也。○寧案：太平御覽百五十七引注作「爲四方内主」。疑太平御覽引是也。「内」字正釋「中」字。西北台州曰肥土，正北泲州曰成土，未聞。東北薄州曰隱土，薄猶平也。氣所隱藏，故曰隱土也。○寧案：注「氣所隱藏」，不知隱藏者爲何氣。當作「隱，陽氣所隱藏」。道藏本、景宋本作「隱，氣所隱藏」，脱「陽」字。太平御覽百五十七引作「陰氣所隱伏」，「陰」即「陽」字之誤，又上脱「隱」字。下文「蒼門」下注云：「東北木將用事，青之始也。」又下句注云：「陰氣盡於北，陽氣復起東方。」（今本「方」誤

「北」。）故東北當云「陽氣所隱藏」也。正東陽州曰申土，申，復也。陰氣盡於北，陽氣復起東北，故曰申土。○楊樹達云：此文九州自冀州與禹貢九州偶同外，餘皆與禹貢違異，蓋即鄒衍所謂大九州也。首舉東南神州，即史記孟荀傳所謂中國名曰赤縣神州者也。論衡難歲篇云：「鄒衍論之，以爲九州之内五千里，竟合爲一州，在東南位，名曰赤縣州。」以赤縣州在東南，與此文合，亦足爲證。○寧案：正文謂「正東陽州曰申土」，注云「申，復也」，則下當云陽氣復起東方。蓋隱於東北，復起於東方。今本作「復起東北」，其誤甚明。太平御覽百五十七引正作「東方」可證。何謂九山？會稽、泰山、王屋、首山、太華、岐山、太行、羊腸、孟門。會稽山在會稽郡。泰山今在泰山郡，是爲東嶽。王屋山在今河東垣縣東北，沇水所出也。首山在蒲坂縣南河曲之中，伯夷所隱。太華今宏農華陰山也，是爲西嶽。岐山今扶風美陽縣北，周家所邑也。太行在今上黨太行關，直河内野王縣是也。羊腸，山名也。說苑曰：「桀之居，左河沛，右太華，伊闕在其南，羊腸在其北。」今太原晉陽西北九十里通河西上郡關曰羊腸坂是。孟門，太行之限也。○向宗魯云：注「沇水」二字，宋本、藏本俱無之，呂覽注作濟水。○寧案：「何謂九山」下當有「曰」字。上文「何謂九州」，明其所屬方位，「曰」在句中。下文「八風」同例。九塞、九藪、六水，直舉地名，「曰」在句首。九山應與同例。又案：注「沇水」，當依有始覽高注作「濟水」。漢書地理志：「道沇水，東流爲濟。」師古曰：「泉出王屋山，名爲沇，流去乃爲濟也。」道藏本、景宋本脱二字。今本作沇水者，當是後人臆補。此篇乃高注，不得與呂覽異也。又「泰山今在泰山郡」，「今在」二字誤倒。今在豈昔日不在邪？呂覽注正作「在今」。又「太華，今宏農華陰山也」，漢書地理志顔師古注：「太華即今華陰山。」與高注合。呂覽注作「太華在弘農華陰縣」，此上下注文皆與呂覽同，言某山在某郡某縣，而此太華獨異，似與注例不合。何謂九塞？曰：

太汾、澠阨、荆阮、方城、殽阪、井陘、令疵、句注、居庸。太汾在晉。澠阨，今宏農澠池是也。荆阮、方城皆在楚。殽阪，宏農郡澠池殽欽吟是也。井陘在常山，通太原關是也。令疵在遼西。句注在雁門，陰館句注是也。居庸在上谷沮陽之東，通渾都關是也。○顧廣圻云：呂氏春秋有始覽「太汾令疵」，高注皆云未聞。此注疑出許氏。○孫詒讓云：注「欽」當作「嶔」。鹽鐵論險固篇云：「敗秦師崤嶔崟。」公羊傳作「嶔巖」，穀梁作「嶔唫」。釋文云：「唫，本作崟。」吟、唫字同。「欽吟」即「嶔崟」也。○于鬯云：此並楚塞也。説見呂氏春秋有始覽校。高注謂「太汾在晉，澠陀，今宏農澠池」非也。且使澠陀爲澠池，與下文殽阪複矣。○吴承仕云：有始覽澠阨作冥阨，餘文並同。高注云：「太汾，處則未聞。冥阨、荆阮、方城皆在楚。魯定四年，吴伐楚，楚左司馬請塞直轅冥阨以擊吴人者也。令疵，處則未聞。」餘説並同。畢沅曰：「淮南注太汾在晉，此云未聞，澠阨説亦不同，豈彼乃許慎注歟？」承仕案：畢説非也。墬形篇九山、九藪、八風、六水之文，皆爲高注，已有明徵，無緣於此九塞之文，羼入許説。尋呂氏春秋高誘序曰：「誘正孟子章句，作淮南、孝經解畢訖，家有此書，輒爲之解焉。」是則先説淮南，後解呂氏。淮南注以澠阨、殽阪同在澠池，是一縣有二塞矣。即實言之，澠、冥本一聲之轉，澠阨即冥阨，有始覽注以左氏證之是也。可知舊説偶疏，後則棄而不用。言太汾、令疵未聞者，亦其慎耳，不得以兩注有異，遂定爲許説也。○向宗魯云：「澠阨」，呂氏有始覽作「冥阨」。注云：「冥阨、荆阮、方城皆在楚。」又引左定四年傳楚左司馬請塞直轅冥阨爲證，則此注必後人妄竄，因「澠」字而傅之澠池也。「澠」與「冥」聲近通用，依説文當作「鄍」。楚策云「填黽塞之内」，韓策「秦欲踰兵於澠隘之塞」，墨子非攻「冥隘之徑」，皆此地也。史記蘇秦傳「殘均陵，塞澠阨」，（又見燕策。）集解徐廣曰：「鄍，江東鄍縣。」（索隱同。）正義以鄍阨爲平靖關，在信陽州東南九十里。太平寰宇記百三十二信陽軍信陽縣下引此文而云，今羅山即澠之塞也，則樂氏所據淮南注，必無澠池之說。高於呂覽不誤，而此乃妄以澠池之說，其爲淺人妄竄明矣。且下文殽阪高既云澠池，何得又以澠池別爲一塞？呂覽注於大汾云「處未聞」，此注則又以爲大汾在晉，何以聞於此不聞於彼？蓋亦後人以汾爲晉水而臆爲此說，與澠阨之爲澠池同科。畢校呂覽，顧校淮南，皆疑此爲許注，故與呂覽不合，不知此等謬妄之說，不足以誣許君也。又案呂覽注云「令疵處則未聞」，此云在遼西，蓋亦後人以傅合遼西之令支。又渾都，宋本、藏本皆作「運都」。顧廣圻曰當作「均都」，案呂覽注作「居都」，蓋「君都」之譌。**何謂九藪？**藪，澤也。**曰：越之具區，**具區在吳、越之間也。○向宗魯云：呂覽越作吳。爾雅釋地云：「吳、越之間有具區。」則吳、越皆可通。高注呂覽亦云：「具區在吳、越之間。」周禮職方氏云：「東南曰揚州，其澤藪曰具區。」**楚之雲夢，**雲夢在南郡華容也。○馬宗霍云：漢書地理志「南郡華容，雲夢澤在南，荆州藪」，爲高注所本。**秦之陽紆，**陽紆蓋在馮翊池陽，一名具圃。○莊逵吉云：具圃，左傳作具囿，疑字誤。○馬宗霍云：「陽紆」，呂氏春秋有始篇作「陽華」，爾雅釋地作「楊陓」，「陽」「楊」同音，「紆」「華」「陓」三字雙聲。高氏於本文注云：「陽紆蓋在馮翊池陽，一名具圃。」於呂覽注云：「陽華在鳳翔，或曰在華陰西。」兩注不同。郭璞爾雅注云：「楊陓今在扶風汧縣西。」其說又殊。錢坫謂「今池陽爲西安府涇陽縣地，並無高原大澤」。郝懿行謂「鳳翔之名非高所得聞，錢氏所謂後人附入者，不足依據。高引或說以爲在華陰西，亦無的指，難以取證」。余案高氏本注於池陽之說，下一「蓋」字，蓋者，本疑而未定之辭，錢氏又以今地擬之，似未可以相難也。又案周禮夏官職方，冀州藪曰「楊紆」，雍州藪曰「弦蒲」。鄭玄於楊紆注云「所在未聞」，於弦蒲注云「在汧」。漢書地理志：「右扶風汧北有蒲谷鄉弦中谷，雍州弦蒲藪。」即鄭注所本。據此則郭注爾雅楊陓所在之地，實即職方之弦蒲。職方既別有楊紆之名，依郭說，是彼與爾雅之楊陓非一地矣。劉昭注續漢郡國志，於宏農郡華陰下引呂氏春秋及高注，於右扶風汧下引爾雅及郭注。依劉說，是呂覽之楊華與爾雅之楊陓，（劉昭引作楊紆。）又非一地矣。但爾雅、呂覽、淮南三書，同系之秦，名又相近，似不應各異其地。諸說參差，殊無以定之。晉之大陸，大陸，魏獻子所游，焚焉而死者是也。○向宗魯云：爾雅孫、郭注並以晉之大陸爲廣阿澤。彼文無趙之鉅鹿。○馬宗霍云：左氏定公元年傳：「魏獻子田於大陸，焚焉。還卒於甯。」蓋高注所本。杜預曰：「禹貢大陸在鉅鹿北，嫌絶遠。疑此田在汲郡吴澤荒蕪之地。甯，今修武縣，近吴澤。」是吴澤卽本文大陸之所在矣。鄭之圃田，圃田在今河南中牟。傳曰：「鄭有原圃，猶秦之具圃也。吾子取其麋鹿，以閒敝邑。」是也。○馬宗霍云：高氏所引傳文見左傳僖公三十三年。漢書地理志：「河南郡中牟，圃田澤在西，豫州藪。」續漢郡國志亦云：「河南尹中牟有圃田澤。」並與高注合。西周時圃田在東都畿內，故小雅車攻云「東有甫草」，鄭箋以爲圃田之草也。東遷後屬於鄭。呂氏春秋有始篇鄭作梁。蓋自魏、趙、韓列爲諸侯，韓哀侯滅鄭并其國，其後圃田又爲魏有。史記魏世家索隱謂「圃田，鄭藪，屬魏」。魏卽梁也。○寧案：注「原囿」，「囿」乃「圃」字之誤，依左傳改。宋本、藏本不誤。宋之孟諸，孟諸在今梁園睢陽東北澤是也。○向宗魯云：孟諸，職方作望諸。鄭云：「望諸，明都也。」○馬宗霍云：注文梁園之「園」當作「國」，蓋形近傳寫之誤。漢書地理志：「梁國睢陽，故宋國，微子所封。禹貢盟諸澤在東北。」是高注所本也。盟諸卽孟諸，盟、孟雙聲字。呂氏春秋注作「孟諸在梁國睢陽之東南」，「國」字不誤。但「東北」又誤作「東南」。郭璞爾雅釋地注與高注本文合。齊之海隅，海隅猶崖，蓋近海濱是也。○馬宗霍云：九藪之名，八藪皆實指其地，惟此泛舉海濱者，司馬相如子虛賦言齊王畋於海濱，與楚之雲夢對舉。雲夢爲楚藪，故高注釋海隅爲海濱以當齊藪。郭璞爾雅釋地注亦訓海隅爲「海濱廣斥」，與高注合。邵晉涵謂：「海濱魚鹽之地，有草木禽獸之藪，不專屬一地而言。」是也。○寧案：注「海隅猶崖」衍「海」字。呂氏春秋有始覽高注：「隅猶崖也。」無「海」字。爾雅釋地義疏引此注亦無「海」字。趙之鉅鹿，今鉅鹿黄河澤是也。○莊逵吉云：黄阿澤卽廣阿，古字「黄」「廣」通用。○馬宗霍云：呂氏春秋注「黄阿」作「廣阿」，「黄」、「廣」古通用。易説卦「巽爲廣顙」，陸德明釋文云：「廣，鄭作黄。」卽其證。説文廣從黄聲。以「黄」爲「廣」，聲借字也。爾雅釋地有大陸而無鉅鹿。郭璞注云：「大陸，今鉅鹿北廣河澤是也。」「廣河」蓋「廣阿」之誤，是合晉、趙兩藪爲一矣。郭注又本於孫炎。緣禹貢大陸澤在鉅鹿之北，（見漢書地理志。）與左傳之大陸異地而同名，故遂掍而不分耳。○寧案：道藏本、景宋本「黄阿」作「廣阿」。燕之昭余。昭余，今太原郡是，古者屬燕也。○馬宗霍云：「昭余」，呂氏春秋有始篇作「大昭」。爾雅釋地作「昭余祁」。郝懿行謂「呂覽淮南無祁字者，省文耳」。漢書地理志：「太原郡鄔縣，九澤在北，是爲昭餘祁，并州藪。」卽高注所本。何謂八風？東北曰炎風，艮氣所生，一曰融風也。東方曰條風，震氣所生也，一曰明庶風。東南曰景風，巽氣所生也，一曰清明風。南方曰巨風，離氣所生也，一曰愷風。○俞樾云：「巨」乃「豈」之壞字。「豈」讀爲「愷」。高注云「一曰愷風」，「愷」正字，「豈」借字，「巨」誤字耳。説詳呂氏春秋。○于省吾云：俞氏以「巨」爲誤字，非是。「巨」「豈」形殊，無由致誤。「巨」乃「愷」之音假，詳呂氏春秋新證有始覽。（「巨」「豈」雙聲，如詎古訓豈，詎從巨聲，乃音訓字也。）西南曰涼風，坤氣所生也。西方曰飂風，兑氣所生也。○吴承仕云：有始覽注云：「兑氣所生，一曰閶闔風。」是也。各本誤奪，應據補。○楊樹達云：書鈔引注有「一曰閶闔風」五字是也。上文云「東北曰炎風」，注云：「一曰融風也。」「東方曰條風」，注云：「一曰明庶風。」「東南曰景風」，注云：「一曰清明風。」「南方曰巨風」，注云：「一曰愷風。」「西北曰麗風」，注云：「一曰不周風。」（今本「不周」誤作「閶闔」，説見下。）「北方曰寒風」，注云：「一曰廣莫風。」諸風皆舉一名，不應飂風之下畧而不舉，一也。又高注所稱「一曰」者，皆據本篇下文爲説。下文曰：「諸稽攝提，融風之所生也。（今本「融」誤作「條」，説見下。）通視，明庶風之所生也。赤奮若，清明風之所生也。共工，愷風之所生也。（今本「愷」誤作「景」，説見下。）諸比，凉風之所生也。皐稽，閶闔風之所生也。隅強，不周風之所生也。窮奇，廣莫風之所生也。」蓋炎風、融風，同是艮卦之風，條風、明庶風，同是震卦之風，景風、清明風，同是巽卦之風，巨風、愷風，同是離卦之風，麗風、不周風，同是乾卦之風，寒風、廣莫風，同是坎卦之風。故高注炎風一曰融風，條風一曰明庶風，景風一曰清明風，巨風一曰愷風，麗風一曰不周風，寒風一曰廣莫風。惟西南曰凉風，注不舉一名者，以下文「諸比，凉風之所生也」亦稱凉風，與此文無異，故無可舉也。據注飂風爲兑氣所生。下文云「皐稽，閶闔風之所生也」，注云「兑爲閶闔風」，是兑卦之風明有二名，與坤卦之凉風止有一名者不同，注自不得漏舉，二也。下文云「西方曰閶闔之門」，飂風既爲西方之風，則其風一名閶闔風，與閶闔之門義正相合，三也。**西北曰麗風**，乾氣所生也，一曰閶闔風。○吴承仕云：有始覽「西北曰麗風」，注云「乾氣所生，一曰不周風」，是也。此注「一曰閶闔風」，乃飂風之注文誤植於此，皆傳寫之譌也。應據書鈔校補。○向宗魯云：「一曰閶闔風」五字，乃上文飂風之注，此當作「一曰不周風」。史記律書、易通卦驗、春秋考異郵、白虎八風篇、説文風部、廣雅釋天、釋名釋天、左傳服注及本書天文，皆以閶闔風屬西風，不周風屬西北風。吕氏有始覽「西方曰飂風」，注：「一曰閶闔風。」「西北曰厲風」，（即麗風。）注云：「一曰不周風。」皆不誤。則此必非高注之舊。玉燭寶典引此文「西方曰飂風」，注云：「兑氣所生，一曰閶闔風。」北堂書鈔同。又引下注亦作「一曰不周風」。是杜、虞所見本固未誤也。○楊樹達云：書鈔引注「閶闔」作「不周」。按作「不周」者是也。下文云：「皋稽，閶闔風之所生也。隅強，不周風之所生也。」注云：「兑爲閶闔風」，「乾爲不周風」。麗風既是乾氣所生，而非兑氣所生，則一名當爲不周風，不當爲閶闔風明矣。下文云：西方曰閶闔之門，西北曰不周之山。麗風既是西北之風，而非西方之風，則其風之一名當爲不周，不當爲閶闔又明矣。考其所以致誤者，上文「西方曰飂風」之下，注文本當有「一曰閶闔風」五字，（説見上。）寫者誤移於此句之下，遂致彼注則缺佚不全，而此文則乖舛難通耳。**北方曰寒風**坎氣所生也，一曰廣莫風。○鍾佛操云：注「廣莫風」，書鈔引作「大莫風」，避隋諱耳。○寧案：此文舉八風多誤。天文篇云：「何謂八風？距日冬至四十五日條風至，（注：艮卦之風，亦名融。）條風至四十五日明庶風至，（注：震卦之風也。）明庶風至四十五日清明風至，（注：巽卦之風也。）清明風至四十五日景風至，（注：離卦之風也。）景風至四十五日涼風至，（注：坤卦之風也。）涼風至四十五日閶闔風至，（注：兑卦之風也。）閶闔風至四十五日不周風至，（注：乾卦之風也。）不周風至四十五日廣莫風至，（注：坎卦之風也。）」又本篇下文云：「諸稽攝提，條風之所生也。（注：艮爲條風。）通視，明庶風之所生也。（注：震卦之所生也。）赤奮若，清明風之所生也。（注：巽爲清明風也。）共工，景風之所生也。（注：離爲景風。）諸比，涼風之所生也。（注：坤爲涼風。）皋稽，閶闔風之所生也。（注：兑爲閶闔風。）隅強，不周風之所生也。（注：乾爲不周風。）窮奇，廣莫風之所生也。（注：坎爲廣莫風。）」所舉八風及注言八卦所生，與天文篇同，此不得與之乖謬也。此文注中所舉「一曰，」即下文及天文篇所舉八風。（唯愷風舉異名。）此文「東北曰炎風」，注：「艮氣所生，一曰融風。」呂氏春秋有始覽同。同爲東北艮氣所生，此曰炎風，一曰融風，下文及天文篇曰條風，而天文篇注條風一曰融風，是炎風即融風即條風也。楊樹達謂「諸稽攝提，條風之所生也」「條」字乃「融」字之誤，非也。天文篇高注是其證。此文「東方曰條風」，

注：「震氣所生，一曰明庶風。」而天文篇云：「條風至四十五日明庶風至。」則二風有先後，不得曰條風亦曰明庶風。且與東北風複矣。史記律書云：「條風居東北。」廣雅釋天：「東北條風。」周禮保章氏疏引春秋考異郵曰：「艮爲條風。」山海經南山經郭注：「東北風爲條風。」是條風固東北風也，不得出東方。呂氏春秋云「東方曰滔風」，此「條風」疑「滔風」之誤。楊樹達謂條風與明庶風同爲震卦之風，非是。此一事也。此文「東南曰景風」，注：「巽氣所生也，一曰清明風。」「南方曰巨風」，注「離氣所生也，一曰愷風」。案天文篇云：「清明風至四十五日景風至。」二風有先後，不得曰「東南曰景風，一曰清明風也」。史記律書云：「景風居南方。」説文風部：「南方曰景風。」廣雅釋天：「南有景風。」是景風乃南方之風。楊樹達謂景風，清明風同是巽卦之風，非是。呂氏春秋亦云「南方曰巨風」，注「離氣所生，一曰凱風」。俞樾以爲「巨」即「凱」之誤字。（于省吾以爲借字是也。）案凱風卽景風也。楊樹達謂下文「共工，景風之所生也」爲「凱」誤作「景」，蓋誤以景風爲巽卦之風故也。呂氏春秋云：「東南曰熏風。」注：「或作景風，巽氣所生，一曰清明風。」疑此景風乃熏風之誤。呂氏春秋注「或作景風」四字，蓋後人據誤本淮南所加。八風皆云「一曰」，唯熏風更云「或作」也。此二事也。此文「西南曰涼風」，呂氏春秋云「西南曰凄風」，注「坤氣所生，一曰涼風」。疑此注「坤氣所生也」下當有「一曰凄風」四字。諸風皆有「一曰」，不得西南風獨無也。楊樹達以爲無可舉，非是。此三事也。此文「西方曰飂風」，吳承仕據呂氏春秋及北堂書鈔引於注文補「一曰閶闔風」，是也。天文篇云「涼風至四十五日閶闔風至」，亦一證也。此文「西北曰麗風」，吳、楊皆謂注文「一曰閶闔風」當作「一曰不周風」，是也。天文篇云：「閶闔風至四十五日不周風至。」西方飂風一曰閶闔風，故麗風當云一曰不周風。五行大義四論八卦八風云：「淮南子曰：東北方曰蒼門，生條風；東方曰開明門，生明庶風；東南方曰陽門，生清明風；南方曰暑門，生

景風，西南方曰白門，生凉風，西方曰閶闔門，生閶闔風，西北方曰幽都門，生不周風，北方曰寒門，生廣莫風。」今淮南無此文。向宗魯以爲蕭氏所引，當是下文八門之風注文，則於以上諸條，又其明證矣。何謂六水？曰：河水、赤水、遼水、黑水、江水、淮水。河水出昆侖東北陬。赤水出其東南陬。遼水出碣石山，自塞北東流，直遼東之西南入海。黑水在雝州。江水出岷山，在蜀西徼外。淮水出桐柏山南陽平氏也。○吴承仕云：注「碣石」當作「砥石」。下文「遼出砥石」。水經大遼水注云：「遼水亦言出砥石山，自塞外東流。」即本淮南説也。有始覽注亦作砥石，應據正。碣石臨海，非其地。又地理志「南陽平氏，禹貢桐柏大復山在東南，淮水所出」。(郡國志、水經注等説竝同。)莊本、朱本並作南陽平氏。是也。下文「淮出桐柏山」，注云「桐柏山在南陽」，則省文耳。唯景宋本作「南平陽」，此乃傳寫之譌。劉文典集解獨依誤本作「南平陽」，愚所未諭。○向宗魯云：吕覽注「碣石」作「砥石」，是也。本篇下文亦云「遼出砥石」。水經「大遼水出塞外衛白平山」，注云：「遼水亦言出砥石山。」驪城之大碣石，東海中之碣石，皆與遼水無涉。闔四海之内，東西二萬八千里，南北二萬六千里，子午爲經，卯酉爲緯，言經短緯長也。水道八千里，○向宗魯云：吕覽「八千里」下尚有「受水者亦八千里」句。此挩，當據補。中山經云：「出水之山者八千里，受水者八千里。」孝經援神契、管子地數篇、廣雅釋地皆云「出水者八千里」。通谷其名川六百，○陳觀樓云：吕氏春秋有始篇作「通谷六，名川六百。」此「其」字當爲「六」之譌。○于省吾云：陳説是也。古文「其」字作「亓」，故易譌也。陸徑三千里。陸徑，袤徑也。陸，地也。

禹乃使太章步自東極至于西極，二億三萬三千五百里七十五步。使豎亥步自北極至于南極，二億三萬三千五百里七十五步。太章、豎亥，善行人，皆禹臣也。海内東西長，南北短，極内等也。○馬宗霍云：劉昭注續漢郡國志云：「山海經稱禹使太章步自東極至於西垂，二億三萬三千五百里七十一步，又使豎亥步南極北盡于北垂，二億三萬三千五百里七十五步。」據此，是淮南本文蓋出於山海經。惟淮南東西極與南北極步數相同，故高注謂「極内等」。劉引山海經則東西極少於南北極四步，爲小異耳。廣雅釋天云：「天圜廣南北二億三萬三千五百里七十五步。東西短，減四步。」正與山海經合。且知四極步數乃天圜之數。而太章、豎亥則推步天象之人。文選陸機演連珠注引鄭玄注尚書大傳云：「步，推也。」本文步字正當訓推。推謂推算，非步行也。高氏以太章、豎亥爲「善行人」，似失其義。又案今本山海經海外東經稱「帝命豎亥步自東極至于西極，五億十選九千八百步」。郭璞注云：「選，萬也。」其數與劉昭所引不符，又無「禹使太章」云云之語，未知劉引所據爲何本。畢沅疑「或俗本脱之」，亦無以明也。郭注又云「豎亥健行人」，健行猶善行，其失與高同。本經下文明言「豎亥右手把筭」，筭爲計數之器，亦步爲推算之旁證也。○寧案：文選七命注引前數作二億三萬三千五百里七十步，後數作二億三萬三千五百七十里。太平御覽三十六引俱作二億三萬三千五百七十里。疑御覽引近之。億萬里之遥，何得作奇零之數？又案：馬謂本文步當訓推，是也。左傳文六年疏：「日月轉運於天，猶如人之行步，故推曆謂之步曆。」陳振孫直齋書録解題載步天歌一卷，皆可證。惟此太章豎亥所推者地，非曆耳。凡鴻水淵藪自三百仞以上，二億三萬三千五百五十里有九淵。○王念孫云：「三百仞之「百」，五十里之「里」，九淵之「淵」，皆衍文。此言鴻水淵藪自三仞以上者，共有二億三萬三千五百五十九也。廣雅曰：「滰，潭淵也，自三仞以上二億三萬三千五百五十有九。」即用淮南之文。禹乃以息土填洪水，以爲名山，息土不耗減，掘之益多，故以填洪水。名山，大山也。掘昆侖虚以下地，掘猶平也。「地」或作「池」。○吴承仕云：水經河水注引此文，並引高誘曰：「地或作池。」然則注中某或作某云者，皆舊注文，非後人校語。○向宗魯云：「以爲下地」，與上「以爲名山」對文，今本挩「爲」字則文不成義，當依水經河水注卷一引補。中有增城九重，○于鬯云：據此，古人亦有掘地事，即今西地學家所謂地下有城郭宮室萬物各類者，蓋上古淪没者也。「增」當讀爲「層」。○寧案：于氏香草續校書讀作「掘昆侖虛以下，（句）地中有增城九重，（句）」非也。當從向宗魯校「以」下沾「爲」字。其高萬一千里百一十四步二尺六寸。中，昆侖虛中也。增，重也。有五城十二樓，見括地象。此乃誕，實未聞也。○俞樾云：萬一千里，言城之高，則百一十四步二尺六寸當言城之厚。然其數奇零，疑有脱誤。○向宗魯云：楚辭天問：「增城九重，其高幾里？」王注云：「淮南言崑崙之山九重，其高萬二千里也，二或作五。」案王所見與今異。離騷「邅吾道夫崑崙兮」，王注引河圖括地象言「崑崙在西北，其高萬一千里」。水經河水篇同。則王注所引淮南，作「二」作「五」皆誤也。○鍾佛操云：釋迦方志引作萬一千一百里十四步二尺六寸。○寧案：水經河水注引「二尺」作「三尺」。紀案：「近刻譌作二尺。」上有木禾，其脩五尋。上，昆侖虛上也。五尋長三十五尺。○寧案：木禾見海内西經。郭璞曰：「木禾，穀類也，生黑水之阿，可食。」又案：據覽冥、説林、吕氏春秋功名、適威諸篇，高注以爲七尺曰仞。此注云「五尋長三十五尺」，則是以尋爲七尺。説文：「度人之兩臂爲尋，八尺也。」尋爲八尺，此注疑非高氏原文。珠樹、玉樹、琁樹、不死樹在其西，在木禾之西也。沙棠、琅玕在其東，皆玉名也，在木禾之東也。一説沙棠木名也。吕氏春秋曰：「果之美者，沙棠之實也。」○吴承仕云：御覽八百三引此文有注云：「沙棠琅玕，珠類也。」案：説文：「琅玕，似珠者。」鄭注尚書云：「琅玕，珠也。」此以琅玕爲珠類，與説文相應，則許説也。今本注文「皆玉名也」，與許異義。而一説云云，又與呂氏春秋本味篇注同。然則，今本注文，皆高誘說矣。不得以一說別異許高，此亦一證也。○向宗魯云：呂氏春秋本味篇：「沙棠，木名也，崑崙山有之。」則此一說乃高注，前說疑出許君也。西山經云：「昆侖之丘有木焉，其狀如棠，黃華赤實，其味如李而無核，名曰沙棠。」則後說是也。○寧案：吳說是也。向疑前說出許君，未審。**絳樹在其南，**絳，赤色。**碧樹、瑶樹在其北。**碧，青玉也。木禾之北。○吳承仕云：文選西都賦注引高誘曰：「碧，青石也。」是也。（後漢書李賢注引同。）說文：「碧，石之青美者。」蓋碧石類玉，不得質言玉也。各本誤作青玉，失之。○寧案：吳說是也。文選子虛賦上林賦皆引高注「碧，青石也」。吳失引。**旁有四百四十門，**○向宗魯云：宋本、藏本有注云：「面有十門也。」顧千里引段君說，云「四百」二字疑衍。蓋以四面各十門，適得四十門，故段云然，然安知注文「有」字非「百」字之誤也？御覽百八十三引「崑崙旁有四百四十門」，可證舊有二字。水經河水注一已如此。**門間四里，里間九純，純丈五尺，**純，量名也。○俞樾云：門間四里，言每門相距之數也。里間九純，義不可通。疑本作「門九純」，言門之廣也。「門」誤爲「間」，後人遂妄加「里」字耳。**旁有九井，玉横維其西北之隅，**横猶光也。「横」或作「彭」。彭，受不死藥器也。○劉文典云：御覽七百五十六引作「旁有九井，玉横受不死藥」。又引注云：「横或作彭，器名也。」今高注亦云：「彭，受不死藥器也。」疑「玉横」下舊有「受不死藥」四字而今本脫之。○向宗魯云：海内西經云：「面有九井，以玉爲檻。」此卽所本。玉横亦玉檻之意。○寧案：劉說非也。太平御覽七百五十六引譌。山海經海内西經云：「旁有九井，以玉爲檻。」郭璞注：「檻，欄。」是淮南所見山海經作「横」，或作「彭」，故高注兩釋之。郭注本作「檻」，見本異也。向宗魯氏以爲卽淮南所本，則高氏何不曰「或作檻」？且高釋横、彭，其義與檻又異，向以爲玉横卽玉檻之意，則高注何不曰「横，檻也」？宋本、鮑本太平御覽引注「横或作彭，器名也」七字作雙行，在正文「玉横」下；「受不死藥」四字作正文，在注下，與「彭」字相接。則四字乃注文誤入正文，其迹甚明，非「玉横」下舊有正文作「受不死藥」之本也。北門開以内不周之風。傾宫、旋室、傾宫，宫滿一頃。旋室，以旋玉飾室也。一説室旋機關可轉旋，故曰旋室。○顧廣圻云：依注，「傾宫」當作「頃宫」。○向宗魯云：旋室之旋，依注前説當從上文瓊樹作「琁」，後説自作「旋」耳。○寧案：「傾」「頃」古通。主術篇「頃襄好色」，道藏本、景宋本皆作「傾襄」。此無庸改字。縣圃、涼風、樊桐在昆侖閶闔之中，閶闔，昆侖虚門名也。縣圃、涼風、樊桐，皆昆侖之山名也。樊，讀如麥飯之「飯」。○鍾佛操云：涼風，離騷補注引作閬風。廣雅釋山：「昆侖虚有三山：閬風、板桐、玄圃。」文選思玄賦注引淮南子曰：「崑崙虚有三山，閬風、桐版、（版桐之誤。）玄圃，層城九重。」案縣圃與玄圃同，閬風或作涼風，版桐或作樊桐，蓋縣玄、閬涼、版樊俱聲同，古通用。水經崑崙説曰：「崑崙之山三級：下曰樊桐，一名板桐；二曰玄圃，一名閬風；上曰層城，一名天庭。」○于省吾云：按水經河水注引崑崙説：「崑崙之山三級：下曰樊桐，一名板桐；二曰玄圃，一名閬風；上曰層城，一名天庭。」板、飯並諧反聲。玄圃即縣圃，涼風即閬風。惟此書以縣圃涼風竝列，所記各異。是其疏圃。疏圃之池，浸之黄水，黄水三周復其原，原，本也。是謂丹水，飲之不死。○王念孫云：「丹水」本作「白水」，此後人妄改之也。水經河水注引此作丹水，亦後人依俗本改之。楚辭離騷「朝吾將濟於白水兮」，王注曰：「淮南言白水出崑崙之原，飲之不死。」文選思玄賦「斟白水以爲漿」，李善即引王注。太平御覽地部二十四亦云：「淮南子曰：白水出崑崙之原，飲之不死。」則舊本皆作「白水」明矣。又案：楚辭惜誓「涉丹水而馳騁兮」，王注曰：「丹水猶赤水也。淮南言赤水出崑崙也。」此是引下文「赤水出東南陬」之語。若此文本作「丹水」，則王注當引以爲證，何置此不引，而別指赤水以當之乎？河水出昆侖東北陬，貫渤海，入禹所導積石山。渤海，大海也。河水自昆侖由地中行，禹導而通之，至積石山。書曰：「道河積石。」入猶出也。赤水出其東南陬，西南注南海丹澤之東。赤水之東，弱水出自窮石，窮石，山名也，在張掖北塞水也。○吴承仕云：「在張掖北塞水」，文不成義。疑「水」當作「外」，草書水、外形近，故譌。西域傳：「安息長老傳聞條支有弱水，西王母亦未嘗至也。」弱水原出外國。荒遠之地，未能的指，故云塞外。至于合黎，餘波入于流沙，絶流沙，南至南海。絶猶過也。流沙，流行也。○王引之云：崑崙四隅爲四水所出，説本海内西經。上文言東北陬、東南陬，下文又言西北陬，無獨缺西南陬之理。此處原文當作「弱水出其西南陬，絶流沙，南至南海」。其「弱水出窮石，入于流沙」及注「窮石，山名」云云，則當在下文「江出岷山」諸條間。王逸注離騷引淮南子「弱水出於窮石，入於流沙」，郭璞注海内西經引淮南子「弱水出窮石」，正與「江出岷山」諸條文義相同也。蓋弱水本出窮石，而海内西經言出崑崙西南陬，故兩存其説。（此文言河出崑崙東北陬，下文又言河出積石，亦是兩存其説。）後人病其不合，則從而合併之。於是取下文之「弱水出窮石，入於流沙」及注文，皆移置於此處，而删去「弱水出其西南陬」七字，又妄加「赤水之東」四字，（「弱水出」下又加一「自」字。）「至于合黎餘波」六字，而淮南原文遂錯亂不可復識矣。今案上文赤水次於河水，而不言在河水之某方，下文洋水次於弱水，而不言在弱水之某方，則「弱水」二字前安得有「赤水之東」四字乎？括地志曰：「蘭門山一名合黎，一名窮石山。」引淮南子「弱水源出窮石山」。（見史記夏本紀正義。）使淮南原文「弱水出窮石」下有「至於合黎」之文，則合黎非窮石矣，志何得言合黎一名窮石山乎？其爲後人取禹貢之文附入，較然甚明。況既言「絶流沙」，則弱水入其中可知，何必又言「入於流沙」？區區餘波，又安能絶流沙而過乎？後人但知取下文「入於流沙」句，增入「餘波」二字，而不知其與本文相抵悟也。高注「絶流沙」曰：「絶猶過也。流沙流行也。」（「流行」下當有「之沙」二字。）如有「餘波入于流沙」句在前，則注當先釋「流沙」，後釋「絶」字，不得先釋「絶」字，後釋「流沙」也。然則「絶流沙」前，本無「餘波入于流沙」句，而「弱水出窮石，入于流沙」當在「江出岷山」諸條間，明矣。○吴承仕云：王引之曰，「流行」下當有「之沙」二字。案文當云：「流沙，沙流行也。」舊籍重文作「〃」，傳寫每奪其一，此其例也。呂氏春秋本味篇注云：「流沙，沙自流行。」與此注畧同。○寧案：王引之云，此處原文當作「弱水出其西南陬，絶流沙，南至南海。」王説是也。廣雅釋水「崑崙虚，赤水出其東南陬，河水出其東北陬，洋水出其西北陬，弱水出其西南陬。河水入東海，三水入南海」。其文即本淮南也。又吴承仕云注脱「沙」字，引呂氏春秋本味篇高注爲例。案今諸本呂覽作「流沙自流行」，亦脱「沙」字。畢校本有而畢氏無説。楚辭招魂「流沙千里些」，王注：「流沙，沙流而行也。」可證。

洋水出其西北陬，入于南海羽民之南。洋水經隴西氐道，東至武都爲漢。陽或作養水也。○莊逵吉云：「洋」或作「養」，「養」應作「瀁」，亦作「漾」，即漢水也。「東至武都爲漢陽」，「陽」字疑衍。○劉家立云：莊説是也。「陽」乃「洋」之誤字。此句應作「東至武都爲漢，洋，或作瀁也」。「也」上「水」字亦衍文，陳校宋本無「水」字，是其證。○向宗魯云：西山經「洋水出焉」，郭注云：「出山西北隅。或作清。」「清」疑「瀁」之誤。注「陽或作養水」，「陽」當作「洋」，聲近而誤。「凡四水者」，水經注一引作「凡此四水」。○寧案：水經漾水注引華陽國志曰：「漢水有二源，東源出武都氐道縣漾山，爲漾水。」又引闞駰云：「漢或爲漾，漾水出崑崙西北隅，至氐道，重源顯發而爲漾水。」是洋水即漾水，字之異也。又案爾雅釋訓：「悠悠洋洋，思也。」郝疏引詩邶風「中心養養」爲證，則「洋」又通「養」。高注「養」字不誤。凡四水者，帝之神泉，以和百藥，以潤萬物。昆侖之丘，或上倍之，假令高萬里，倍之二萬里。是謂涼風之山，登之而不死。○鍾佛操云：「而」乃「不」之譌衍。○馬宗霍云：「登之而不死」，而猶乃也。下文「登之乃靈」，「登之乃神」，句例正同，字皆作「乃」，可證也。或上倍之，是謂懸圃，○王念孫云：上文縣圃、涼風、樊桐，高注云「皆崑崙之山名」，上文又云「崑崙之邱，或上倍之，是謂涼風之山」，則此懸圃下亦當有「之山」二字。水經河水注引此作「是謂玄圃之山」，是其證。（洪興祖楚辭補注引此亦有「之山」二字。）登之乃靈，能使風雨。或上倍之，乃維上天，登之乃神，是謂太帝之居。太帝，天帝。○孫詒讓云：倍之爲言乘也，登也。或者，又也。或上倍之，謂又登其上也。莊子逍遥遊篇云：「故九萬里則風斯在下矣，而後乃今培風。」此「倍」與莊子之「培」，義正同。莊子釋文云：「培，重也，本或作陪。」「倍」「培」「陪」字並通。高訓倍爲加倍，陸訓培爲重，皆未得其義。「涼風」，穆天子傳郭注引作「閬風」。閬、涼一聲之轉。扶木在陽州，日之所曊。扶木，扶桑也，在湯谷之南。曊猶照也。陽州，東方也。曊讀無枝⿰扌費之「⿰扌費」也。○李哲明云：按廣雅釋詁：「曊，曝也。」廣韻：「昲，日光。」「曊」與「昲」音義同。「昲」之爲「曊」，猶「拂」之爲「⿰扌費」也。高讀「無枝⿰扌費」，「枝」當作「披」，「無」蓋「如」字之誤，「披⿰扌費」即「披拂」也。○向宗魯云：天文篇：「拂於扶桑。」「曊」與「拂」同。建木在都廣，建木其狀如牛，引之有皮，若瓔黄蛇，葉若羅。都廣，南方山名也。○劉文典云：御覽四「都廣」下引注云「南方山名」，與今本合。九百六十一引注云「廣都，方都南山也」。疑是許注。○向宗魯云：後漢書張衡傳注、文選思玄賦注、御覽九百六十一引作「廣都」。賦「躔建木於廣都」，正用此文。是張所見本作「廣都」也。吕氏有始覽「白民之南，建木之下，日中無景，呼而無響，蓋天地之中也」。注云：「建木在廣都，南方衆帝所從上下也。」即本淮南。注亦作「廣都」。海内西經「后稷之葬，山水環之」，郭注云：「在廣都之野。」蓋本海内西經爲説，字亦作「廣都」。今海内經云：「西南黑水之間，有都廣之野，后稷葬焉。」是山海經亦有二本也。（楚辭九歎作「都廣」，王注同。本篇下文及卷六亦作「都廣」。）此注本海内南經。彼文「瓔」作「纓」，郭注云：「如人冠纓及黄蛇狀也。」則此文「瓔」字乃「纓」字之誤。又海内經云：「有木青葉紫莖，玄華黄實，名曰建木。百仭無枝，有九欘，下有九枸。其實如麻，其葉如芒。太皞爰過，黄帝所爲。」衆帝所自上下，日中無景，呼而無響，蓋天地之中也。衆帝之從都廣山上天還下，故曰「上下」。日中時，日直人上無景晷，故曰「蓋天地之中」。○寧案：高注釋「日中無景」，不釋「呼而無響」，則「故曰蓋天地之中」與正文不相應。吕氏春秋有始篇注云：「日正中將下，日直人下，皆無景；大相叫呼，又無音響人聲，故謂蓋天地中也。」當據補「大相叫呼，又無音響人聲」十字。若木在建木西，○莊逵吉云：太平御覽引作「弱水在東，建木在西」。○寧案：太平御覽引誤。若作「弱水在東，建木在西」，則下文「末有十日」，乃謂建木之末，而非若木之末，非其指矣。末有十日，其華照下地。末，端也，若木端有十日，狀如蓮華。華猶光也，光照其下也。○莊逵吉云：「蓮華」太平御覽作「連珠」。○譚獻云：「其華照下地」御覽引作「其華照地」，初學記引同。然離騷注、大荒北經注皆有「下」字。○吴承仕云：「蓮華」作「連珠」是也。洪興祖楚辭補注引此注云：「若木端有十日，狀如連珠。華，光也，光照其下也，一云狀如蓮華。」證知唐宋人所見本皆作「連珠」。洪説一云蓮華者，蓋指當時誤本言之，非注家異義也。十日連貫如珠，故曰連珠，今本誤爲「蓮華」，於義無取。○寧案：吴説是也。蓋「連」下脱「珠」字，後人與「華」字連讀，遂改「連」爲「蓮」，又重「華」字，故如今本耳。北堂書鈔百四十九、初學記天部上引注皆作「連珠」。又案：「光照其下也」「也」乃「地」字殘形。正文言

「下地」，注不得無「地」字。太平御覽三引注正作「下地」。疑正文衍「下」字，注以「下」字足成「地」字之義。

九州之大，純方千里。純，緣也，亦曰量名也。九州之外，乃有八殥，亦方千里。殥猶遠也。殥讀允嗣之「允」。○吴承仕云：御覽三十六引此文竝有注云：「一曰不温曰寅澤。」案：殥即衍也。大司徒：「辨其山林川澤丘陵墳衍原隰之名物。」鄭注：「下平曰衍。」小爾雅云：「澤之廣者謂之衍。」衍、澤義近。御覽引注當作「一曰下濕曰寅」，亦舊義也。「不温」卽下濕之譌。「澤」字誤賸。○于省吾云：按景宋本作「殯」，説文有「夤」字，皆誤字也。秦公毁：「嚴龔夤天命」，夤字从肉，不从夕，乃形近而譌。易艮九三「列其夤」，釋文：「夤，鄭本作䐔。」「䐔」卽「夤」字。○寧案：文選與楊德祖書注引：「九州之外，是有八澤，八澤之外，乃有八紘。」又上林賦、魏都賦注引：「八澤之外，乃有八紘。」又吴都賦注引：「九州外有八澤，方千里，八澤之外有八紘，亦方千里。」漢書司馬相如傳注張揖曰：「淮南子云：九州之外曰八澤，八澤之外，乃有八紘。」以上注引蓋許本也，是「殥」字許本作「澤」也。今本太平御覽引作「九州之外，乃有八寅，（注：一曰不温曰寅澤。）亦方千里。自東北方曰大澤（注：無漸洳曰澤也。）曰無通」，當作「九州之外，乃有八澤，（注：漸洳曰澤也，一曰下濕曰澤。）亦方千里。東北方曰大澤曰無通」。（「無漸洳曰澤」衍「無」字。「不温」乃「下濕」之誤，從吴校。）因高本作「寅」，許本作「澤」，讀者注「寅」字於「澤」字旁以示異文，寫者不知，誤入注中，故作「下濕曰寅澤」也。後人以注中有「寅」字，而高本又作「八寅」，故改許本正文「八澤」爲「八寅」，又將注文「無漸洳曰澤也」移於「東北方曰大澤」之下，以就正文「寅」字之誤，如今本太平御覽引，而正文與注遂錯亂不堪矣。曰「一曰」者，乃標異義之詞。吴承仕謂當作「一曰下濕曰寅，澤字誤賸」，則注家釋寅之文安在？蓋吴氏去不誤之「澤」而留誤入之「寅」矣。原注既當作「一曰下濕曰澤」，而下句又注云

「漸洳曰澤」，不得於相鄰二句兩釋「澤」字，故「漸洳曰澤」，正注家釋「澤」之義，當在「一曰」上，其錯亂之迹甚顯也。又案注兩「允」字，道藏本、景宋本皆作「胤」，「允」「胤」雙聲古通，書胤征一作允征，是其例。**自東北方曰大澤，曰無通；**大澤、無通，皆藪名也。○俞樾云：此當作「自東北方曰無通，曰大澤」，方與下文「東方曰大渚、曰少海，東南方曰具區、曰元澤，南方曰大夢、曰浩澤，西南方曰渚資、曰丹澤，西方曰九區、曰泉澤，西北方曰大夏、曰海澤，北方曰大冥、曰寒澤」文義一律。蓋無通也，大渚也，具區也，大夢也，渚資也，九區也，大夏也，大冥也，所謂八殥也。大澤也，少海也，元澤也，浩澤也，丹澤也，泉澤也，海澤也，寒澤也，所謂八澤也。故下文總之曰：「凡八殥八澤之雲，是雨九州。」今無通、大澤，傳寫誤倒，則先澤而後殥，與下不一律矣。高注「大澤、無通，皆藪名也」，本作「無通，藪名也」。蓋無通是藪，大澤是澤，澤名已顯，故不必注，藪名未顯，故必注之。因無通、大澤，傳寫誤倒，遂增大澤於無通之上，而以爲皆澤名矣。其注少海曰：「東方多水，故曰少海，亦澤名也。」上注無「澤名」之文，而此云「亦」者，亦大澤也。大澤是澤名，少海亦是澤名，特因東方多水，故從大稱，而曰海耳。實亦澤也，故言「亦」也。卽此可見大澤與少海同在八澤之數。然則大澤不應在無通之上，其證一矣。下文浩澤注曰：「浩亦大也。」上注無「大」文，而此云「亦」者，亦大澤也。大澤以大得名，浩澤亦以大得名，故言「亦」也。卽此可見大澤與浩澤同在八澤之數。然則大澤不應在無通之上，其證二矣。○劉文典云：文選吴都賦注引淮南子曰：「九州外有八澤，方千里。八澤之外有八紘，亦方千里。」今本唯下文「凡八殥八澤之雲，是雨九州」句兩見「八澤」二字，疑古有而今敚失之也。選注所引，亦足與俞説互相參證。○吴承仕云：御覽二十六引此文並有注云：「無漸洳曰澤也。」案公羊僖四年傳「大陷于沛澤之中」，何注：「漸洳曰澤。」此注誤衍一「無」字。**東方**

曰大渚、曰少海；水中可居者曰渚。東方多水，故曰少海，亦澤名也。○寧案：東山經作幼海，郭注「卽少海也。淮南子曰：東方有渚曰少海」。幼猶少也。初學記地理部引作「沙海」，當是「少」字形譌。東南方曰具區、曰元澤；元讀常山人謂伯爲穴之「穴」也。○莊逵吉云：古讀「元」爲「兀」，故説文解字元从一，从兀爲聲。又「髡」一作「髨」，其從兀從元皆爲聲，是此讀「元」爲「穴」之證。古聲兀、穴相同也。○王念孫云：莊説非也。「元澤」當爲「亢澤」，字之誤也。「亢」與「沆」同。（水經巨馬河注曰：「督亢溝水東逕督亢澤。風俗通曰：『沆，漭也。』言平望漭漭無崖際也。」是「沆」「亢」古字通。）爾雅：「沄，沆也。」郭璞曰：「水流漭沆。」説文曰：「沆，漭沆，大水。一曰大澤。」風俗通義引傳曰：「沆者，莽也，言其平望莽莽無涯際也。」（舊本「沆」譌作「沉」，今據水經注改。）此言亢澤，亦取大澤之義。初學記地部上、太平御覽地部一引此並作「沆澤」，是其證也。高注「常山人謂伯爲穴」，「穴」亦「亢」字之誤。「伯」，古阡陌字也。（管子四時篇曰：「脩封疆，正千伯。」史記酷吏傳「置伯格長」，徐廣曰：「街陌屯落，皆設督長也。」又漢書食貨志、地理志阡陌字並作「仟伯」。）「亢」與「吭」同。（廣雅曰：「吭，陌道也。」釋名曰：「鹿兔之道曰亢。行不由正，亢陌山谷草野而過也。」是吭、亢古字通。）説文曰：「趙、魏謂伯爲吭。」漢之常山郡，戰國時趙地也。此云常山人謂伯爲亢，正與説文相合。沆、吭古同聲而並通作「亢」，故曰「亢讀常山人謂伯爲亢之亢」。南方曰大夢、曰浩澤；夢，雲夢也。浩亦大也。西南方曰渚資、曰丹澤；蓋近丹水，因其名，故曰丹澤也。○寧案：西山經：「西南三百八十里曰臯塗之山，薔水出焉，西流注於諸資之水。」諸資，渚資也。西方曰九區、曰泉澤；西北方曰大夏、曰海澤；○寧案：北山經：「景水東南流，注於海澤。」北方曰大冥、曰寒澤。北方多寒水，故曰寒澤也。○寧案：呂氏春秋求人篇：「北至人正之國，夏海之窮。」高注：「夏海，大冥也。北方純陰，故曰大冥。」凡八殥八澤之雲，是雨九州。○寧案：「八澤」二字疑衍。下文「八紘八殥八澤之雲」，「八澤」當作「八極」。上文云「九州之外，乃有八殥」，不言「八澤」。俞氏謂無通、大渚、具區、大夢、渚資、九區、大夏、大冥爲殥，大澤、少海、元澤、浩澤、丹澤、泉澤、海澤、寒澤爲澤，非也。蓋無通卽大澤，大渚卽少海，具區卽元澤，大夢卽浩澤，渚資卽丹澤，九區卽泉澤，大夏卽海澤，大冥卽寒澤。吴承仕云：「殥猶衍也，衍澤義近。」故殥卽澤也。蓋高本作殥，許本作澤。故許本訓澤不訓殥，曰「漸洳曰澤也。一曰下濕曰澤」。高本訓殥不訓澤，曰「殥猶遠也」。（説見上文「九州之外，乃有八殥」下。）上文言「九州之外，乃有八殥」，故此當結曰：「凡八殥之雲，是雨九州。」後人誤以殥、澤有别，（如俞樾説。）離八方藪名各爲二，又於此「八殥」下沾「八澤」二字，而不知與上文不相應也。下句「八殥之外，而有八紘」，「八殥」下無「八澤」二字，蓋卽承上「乃有八殥」言之。上下俱不言「八澤」，則此「八澤」二字爲後人所加明矣。下文釋八紘曰：「東北方曰和丘，曰荒土，東方曰棘林，曰桑野，東南方曰大窮，曰衆女，南方曰都廣，曰反户，西南方曰焦僥，曰炎土，西方曰金丘，曰沃野，西北方曰一目，曰沙所，北方曰積冰，曰委羽。」結曰：「凡八紘之氣，是出寒暑，以合八正，必以風雨。」若此將分八殥爲八殥與八澤，則八紘將何以分之？又下文「八紘之外，乃有八極」，曰：「自東北方曰方土之山曰蒼門，東方曰東極之山曰開明之門，東南方曰波母之山曰陽門，南方曰南極之山曰暑門，西南方曰編駒之山曰白門，西方曰西極之山曰閶闔之門，西北方曰不周之山曰幽都之門，北方曰北極之山曰寒門。」結曰：「凡八極之雲，是雨天下，八門之風，是節寒暑。」蓋八極之山，卽八極之門也，非謂八山之外别有八門，亦猶無通卽大澤，非謂無通之外，别有大澤也。以上三段文章，分言八殥、八紘、八極，而總結語曰：「八紘、八殥、八澤之雲，以雨九州而和中土。」三段中無「八澤」而總結曰「八澤」，末段言「八極」而總結無「八極」，則「八澤」爲「八極」之誤明矣。蓋末段結語與總結語緊接爲文，讀者誤將二結語混而爲一，以爲兩「八極」字複。又不知上文「八殥八澤之雲是雨九州」衍「八澤」二字。故改後「八極」爲「八澤」以與上文相應，而不知其謬矣。高注謂「大澤、無通皆藪名」，於義似未了。俞氏又謂殥、澤當分，殥爲藪，澤則澤；劉文典據選注引，則謂「八澤」二字疑古有而今敓失之，以與俞説相參證：兩失之矣。八殥之外，而有八紘，紘，維也。維落天地而爲之表，故曰紘也。○陶方琦云：文選歐陽堅石臨終詩注、答賓戲注引許注：「紘，維也。」此許、高並用舊訓，故同。或卽羼入之許説。説文：「紘，冠卷維也。」説正合。原道訓：「紘宇宙而章三光。」高注：「紘，綱也。若小車蓋，四維謂之紘，繩之類也。」亦方千里。○于鬯云：此「亦方千里」四字，疑涉上文而衍。上文云：「九州之大，純方千里。」是九州統方千里也。故又云：「九州之外，乃有八殥，亦方千里。」是八殥各方千里也。然則統方三千里矣。此云「八殥之外，而有八紘」，是八紘又在統方三千里之外，則安得亦方千里乎？據下文「八紘之外，乃有八極」，下不言方里，故疑此「亦方千里」四字，涉上而衍。若必言其數，則八紘當各方三千里也。自東北方曰和丘，曰荒土；鳳所自歌，鸞所自舞，名曰和邱，曰荒土也。○莊逵吉云：「鳳所自歌，鸞所自舞」八字，出山海經。東方曰棘林，曰桑野；東南方曰大窮，曰衆女；○莊逵吉云：太平御覽下有注云：「民少男多女。」南方曰都廣，曰反户；都廣，國名也。山在此國，因復曰都廣山，言其在鄉日之南，皆爲北鄉户，故反其户也。○寧案：「言其在鄉日之南」，義不可通。「鄉」字涉下「鄉」字而衍。太平御覽三十六引無「鄉」字。西南方曰焦僥，曰炎土；焦僥，短人之國也，長不滿三尺。○莊逵吉云：太平御覽注作「焦僥，人長三尺，衣冠帶劍」。○寧案：焦僥，見海外南經。郭注引外傳云：「民長三尺。」又大荒南經注同。西方曰金丘，曰沃野；西方，金位也，因爲金邸。沃猶白也，西方白，故曰沃野。○楊樹達云：說文金部云：「鋈，白金也，从金，𣹢省聲。」可證高注沃白之訓。○寧案：太平御覽三十六引注：「金丘，金所出也。」御覽引八紘八方，當是許注。西北方曰一目，曰沙所；國人一目，在面中央。沙所，蓋流沙所出也。一曰，澤名也。○寧案：海外北經：「一目國，一目中其面而居。」北方曰積冰，曰委羽。北方寒，冰所積，因以爲名。委羽，山名，在北極之陰，不見日也。○寧案：文選江淹袁太尉詩注引高誘曰：「北方寒冰所積，因以爲名積冰也。」思玄賦注引高誘曰：「北方寒冰所積，名積冰也。」與此合。太平御覽三十六引注作「積冰，至寒也。委羽山名。委羽之北，蓋不見日也。」正許、高之異。凡八紘之氣，是出寒暑，以合八正，必以風雨。八正，八風之正也。以風雨八紘之內。

八紘之外，乃有八極。自東北方曰方土之山，曰蒼門；東北木將用事，青之始也，故曰蒼門。○向宗魯云：五行大義四論八卦八風云：「淮南子曰：東北方曰蒼門，生條風。東方曰開明門，生明庶風。東南方曰陽門，生清明風。南方曰暑門，生景風。西南方曰白門，生涼風。西方曰閶闔門，生閶闔風。西北方曰幽都門，生不周風。北方曰寒門，生廣莫風。」案下文「八門之風，是節寒暑」，蕭氏所引八門所生之風，當是彼文之注。東方曰東極之山，曰開明之門；明者，陽也，日之所出也，故曰開明之門。東南方曰波母之山，曰陽門；東南月建在巳，純陽用事，故曰陽門。據天下諸城，東南角門皆陽門，是其類也。○寧案：大荒東經云：「大荒東南隅，有山名皮母。」當即波母也。南方曰南極之山，曰暑門；南方盛陽，積溫所在，故曰暑門。西南方曰編駒之山，曰白門；西南月建在申，金氣之始也。金氣白，故曰白門。○寧案：大荒西經云：「西南大荒之中隅，有偏勾常羊之山，當即此編駒之山也。文選思玄賦注引作「偏駒」。西方曰西極之山，曰閶闔之門；西方八月建酉，萬物成濟，將可及收斂。閶，大也。闔，閉也。大聚萬物而閉之，故曰閶闔之門也。西北方曰不周之山，曰幽都之門；幽，闔也。都，聚也。玄冥將始用事，順陰而聚，故曰幽都之門。○向宗魯云：注「幽，闔也」，「闔」當爲「闇」，涉上文而誤。五行大義論八卦八風全録此注，「闔」作「闇」，「闇」與「暗」同。北方曰北極之山，曰寒門。積寒所在，故曰寒門。凡八極之雲，是雨天下，八門之風，是節寒暑。八紘、八殥、八澤之雲，以雨九州而和中土。中土，冀州。東方之美者，有醫毋閭之珣玗琪焉。醫毋閭，山名，在遼東屬國。珣玗琪，玉名也。○寧案：太平御覽三十六引注作「醫毋閭，東夷之山也。珣玗琪，玉名也」。蓋許注。自此以下九句，見爾雅釋地，末句文小異，餘盡同。東南方之美者，有會稽之竹箭焉。會稽山在今會稽山陰縣之南，禹所葬。竹箭，今會稽郡出好竹箭是也。南方之美者，有梁山之犀象焉。梁山在會稽長沙湘南，有犀角、象牙，皆物之珍也。○顧廣圻云：會稽涉上注而衍。○寧案：顧說是也。職方：「荆州，其山鎮曰衡山，其利丹銀齒革。」鄭注：「衡山在湘南。齒，象齒也。革，犀兕革也。」郝懿行云：「高據職方，以梁山即衡山。」西南方之美者，有華山之金石焉。金，美金也。石，含玉之石也。華山，今宏農華陰南山是也。西方之美者，有霍山之珠玉焉。出夜光之珠，五色之玉也。今河東永安縣也。○寧案：職方：「冀州，其山鎮曰霍山。」鄭注：「霍山在彘。」疏：「後爲縣名，漢改爲永安縣。」西北方之美者，有昆侖之球琳琅玕焉。球琳、琅玕，皆美玉也。○吴承仕云：御覽三十六引「球」作「璆」。又引注云：「璆琳、琅玕，珠名也。」案上文「沙棠、琅玕」，高訓玉，許訓珠。此注兩義，與彼相應，則亦高、許異説也。然球琳爲珠，古所未聞，疑有譌誤。○寧案：爾雅釋地郭注：「璆琳，美玉名。琅玕，狀似珠也。」郝懿行疏説球琳爲玉，琅玕爲珠，甚詳，今本與太平御覽引文皆不備。北方之美者有幽都之筋角焉。古之幽都在雁門以北，其畜宜牛羊馬，出好筋角，可以爲弓弩。東北方之美者，有斥山之文皮焉。斥讀斥邱之「斥」。文皮，虎豹之皮也。傳曰「無終子使孟樂因魏莊子納虎豹之皮也請和諸戎」是也。○顧廣圻云：「斥山，御覽作徒格山，「徒格」蓋「斥」字之音。○吴承仕云：「納虎豹之皮也」，朱本「也」作「以」。案作「以」是也。左氏襄四年傳：「無終子嘉父使孟樂如晉，因魏莊子納虎豹之皮以請和諸戎。」○寧案：吴説是也。道藏本、景宋本「也」下有「以」字，蓋誤衍「也」字。莊本不刪「也」而刪「以」，亦疏矣。中央之美者，有岱嶽以生五穀桑麻，魚鹽出焉。岱嶽，泰山也。王者禪代所祠，因曰岱嶽也。五穀桑麻魚鹽，所養人者。出猶生也。

凡地形東西爲緯，南北爲經，山爲積德，川爲積刑。山仁，萬物生焉，故爲積德；川水智，智制斷，故爲積刑也。論語曰：「仁者樂山，智者樂水。」是也。○向宗魯云：「地」下本無「形」字，此後人因篇名「地形」而臆加之也。（篇首「地形之所載」，「形」字亦後人所加。王氏已辨之。）經緯者，叚空之名，以記道里，非地形本如是也。（上注「子午爲經，卯酉爲緯」亦然。春秋元命苞曰：「神農世，怪義生，白阜圖，地服道。」則地圖之興，遠自炎皇。爲圖者必假立經緯，以記道里。子夏引此文稱山書，則本書亦引山書爲説。度其書必有圖有説，如山海經然，故有經緯之名也。）大戴易本命、家語執轡篇「地」下皆無「形」字。高者爲生，下者爲死；高者陽主生，下者陰主死。邱陵爲牡，谿谷爲牝；邱陵高敞，陽也，故爲牡。谿谷污下，陰也，故爲牝。水圓折者有珠，方折者有玉；圓折者，陽也，珠陰中之陽。方折者陰也，玉陽中之陰也。皆以其類也。○寧案：大戴記勸學篇：「珠者，陰之陽也，故勝火。玉者，陽之陰也，故勝水。」此高注所本。管子侈靡篇作「玉者陰之陰也」，上「陰」字乃「陽」字之誤。房注：「玉生於山而藏於山，故爲陰之陰。」案丘陵爲牡爲陽，則玉生於陽，不得曰陰之陰也。清水有黄金，龍淵有玉英。清水澂，故黄金出焉。龍淵，龍所出游淵也。玉英轉化有精光也。○寧案：太平御覽五十八引尸子曰：「凡水有方折者有玉，其圓折者有珠，清水有黄金，龍淵有玉英。」此淮南所本。（藝文類聚八文選蜀都賦吴都賦文賦顔延年贈王太常詩注亦節引尸子。）土地各以其類生。○王念孫云：此本作「土地各以類生人」。今本衍「其」字，脱「人」字。（陳祥道禮書引此已誤。）史記天官書正義、藝文類聚水部上、白帖六、太平御覽天部十五、地部二十三、疾病部一、疾病部三引此並無「其」字，有「人」字。是故山氣多男，澤氣多女，障氣多喑，風氣多聾，○王念孫云：「障氣」本作「水氣」，後人以水與澤相複，故妄改爲「障」耳。（禮書引此已誤。）不知凡水皆謂之水，而水鍾乃謂之澤。（見周官大司徒注。）且澤氣與山氣相對，水氣與風氣相對，義各有取。改「水」爲「障」則義不可通矣。太平御覽天部十五、疾病部一、疾病部三（此篇内兩引。）引此並作「水氣」。酉陽襍俎廣知篇同。○寧案：太平御覽十五、七百三十八、七百四十（此卷兩引。）引「喑」作「瘖」，史記天官書正義引同。「瘖」字是也。説文：「瘖，不能言也。」主術篇：「聾者可令嗺筋，而不可使有聞也；瘖者可使守圉，而不可使通語也。」泰族篇：「瘖者不言，聾者不聞，既瘖且聾，人道不通。」皆以瘖、聾對舉。此亦當以瘖、聾對舉。蓋瘖、聾皆病也，故太平御覽入疾病部。説文：「宋齊謂兒泣不止曰喑。」玉篇：「喑，啼極無聲。」廣韻同。兒泣不止，啼極無聲，此皆常態，不得曰「障氣多喑」也。林氣多癃，木氣多傴，自此上至「山氣多男」，皆生子多有此病也。○于鬯云：木氣卽林氣也。上文既言「林氣多瘴」，此又言「木氣多傴」，義殊複疊，疑「木」乃「水」字之誤。王襍志據太平御覽諸引及酉陽襍俎廣知篇，以上文「障氣」爲「水氣」之誤。鬯竊謂此如作「水氣多傴」，則上文「障氣多暗」不誤；若上文作「水氣多暗」，則此合作「障氣多傴」，要水、障二字互誤有之。若王氏以「障」字爲後人妄改，是直謂憑空改出一「障」字，後人雖妄，未至此也。「木」與「水」形近，故知「木」字爲必誤耳。○寧案：上文「障氣多瘖」「障」當是「瘴」之叚字。後漢書楊終傳「南方暑濕，障毒互生」，是其例也。醫籍瘴當訓淫邪，廣韻謂熱病，與風適對，王以爲後人妄改「水」爲「障」，雖多引類書爲證，未可從也。于氏謂「木氣」當爲「水氣」，或「水、障二字互誤有之」。然上文云「土地各以類生人」，木與傴類，似爲近之，作「水」或「障」，則不可解矣。若謂林、木複疊，然木與林異，猶王氏釋水與澤異，不得曰木氣即林氣也。又案：大藏音義二、七十八引許注：「瘴，癘也。」

岸下氣多尰，○王念孫云：「尰」本作「尰」，此亦後人妄改之也。（禮書引此已誤。）尰音諸勇反，尰音市勇反。凡尰疾皆謂之尰，而尰足則謂之尰。「尰」字從「尢」，尢讀若汪，跛曲脛也，（見下條。）故「尰」字從之。岸下氣下濕，故有尰足之疾。小雅巧言篇：「居河之麋，既微且尰。」鄭箋曰：「居下濕之地，故生微尰之疾。」爾雅曰「既微且尰，骭瘍爲微，尰足爲尰」是也，若作「尰」則非其指矣。太平御覽天部十五引此正作「尰」。又引高注云：「岸下下濕，尰足曰尰。」（今脱此注。）又疾病部一、疾病部三引此並同。○吳承仕云：御覽十五引注云：「岸下下濕尰足曰尰。」又七百三十八引注云：「溫氣所生。」案「溫」當作「濕」，形近之譌也。兩引不同，當是許、高異説。

石氣多力，象石堅也。險阻氣多癭，上下險阻，氣衝喉而結，多癭咽也。○梁玉繩云：文選養生論注引作「險阻之氣多癭。謂人居於山險，樹木瘤臨其水上，飲此水則患癭」。與此注別。○吳承仕云：呂氏春秋盡數篇：「輕水所多，禿與癭人。」注云：「癭，咽疾也。」此注「咽」下亦合有「疾」字。○向宗魯云：五行大義五引家語亦有「之」字。暑氣多夭，夭折不終也。○寧案：太平御覽十五引作「暑氣多殀」。注「音夭」。無「夭折不終」字。引上文注稱「高誘曰」，高注無云音某者，二字蓋後人所加。玉篇：「短折曰殀，亦作夭。」宋本御覽七百三十八引「夭」作「殘」，注：「殘折不終。」蓋許本。今本注「夭折不終也」，疑是許注羼入，改「殘折」爲「夭折」耳。寒氣多壽，谷氣多痹，邱氣多狂，○王念孫云：「狂」當爲「尪」。説文：「尢，跛，曲脛也。从尢，象偏曲之形。」古文作「尪」。一切經音義十八引蒼頡篇曰：「痹，手足不仁也。」痹與尪皆肢體之疾，故連類而及之，若狂則非其類矣。篆書「尪」「狂」二字相似，隸書亦相似，故「尪」誤爲「狂」。天官書正義、太平御覽引此作「狂」，亦傳寫之誤。酉陽褋俎正作「尪」。呂氏春秋盡數篇：「輕水所多，禿與癭人；重水所多，尰與躄人；苦水所多，尪與傴人。」「癭」「尰」「尪」「傴」四字皆與此篇同。○向宗魯云：上文「腫」字及此文「狂」字，王氏以爲誤。然腫尰、狂尪皆可通用。五行大義五引家語正與今本淮南同。衍氣多仁，下而污者爲衍也。○莊逵吉云：太平御覽「衍」作「廣」。注云：「下而平者爲廣也。」○寧案：太平御覽十五引作「廣」。史記天官書正義引作「廟」，亦「廣」字之誤。「廟」字俗書作「庙」，古文作「庿」，與「廣」形近。小爾雅「澤之廣者謂之衍」，漢書司馬相如傳「注平皋之廣衍」，是廣猶衍也。御覽七百三十八引此仍作「衍」，注：「下而平也。」此注「污」字乃「平」字之誤。「平」篆書作「亏」，與「污」右半形近。周禮大司徒鄭注「下平曰衍」，即注所本。蓋高作「廣」（御覽十五引注稱「高誘曰」。）而許作「衍」。今本正文及注兩「衍」字，疑後人據許本所改。陵氣多貪，○寧案：太平御覽十五、七百三十八引注「象陵積聚也」。今本脱。輕土多利，重土多遲，利，疾也。清水音小，濁水音大，音，聲也。湍水人輕，遲水人重，湍，急流悍水也。中土多聖人：皆象其氣，皆應其類。故南方有不死之草，北方有不釋之冰，南方温，故草有不死者。北方寒，故冰有不泮釋者。○劉文典云：御覽六十八引「南方」作「淮海」。意林引注云：「寒温異也。」疑皆據許本也。東方有君子之國，東方木德仁，故有君子之國。其人衣冠帶劍，食獸，使二文虎也。○莊逵吉云：説文解字曰：「東夷從大，大，人也。夷俗仁，仁者壽，有君子不死之國。」即與此解同。○寧案：海外東經：「君子國在其北，衣冠帶劍，食獸，使二文虎在旁，其人好讓不爭。」此高注所本。又見大荒東經。西方有形殘之尸。寢居直夢，人死爲鬼，西方金，金斷割，攻戰之事，有形殘之尸也。寢，寐也。居，處也。金氣方剛，故其寢寐處夢，悟如其夢，故曰「直夢」。不終其命，死而爲鬼，能爲袄怪病人也。一説曰：形殘之尸，於是以兩乳爲目，腹臍爲口，操干戚以舞。天神斷其手，後天帝斷其首也。以無夢，故曰寢居直夢。○莊逵吉云：一説即山海經之形天也。古聲天、殘相近。○劉家立云：莊説云云。按桂氏未谷曰：「形天」當作「形夭」。唐等慈寺碑作「形夭」。蓋「形夭」即「形殘」也。○吴承仕云：朱本作「操干戚以舞，無夢天神斷其手，後天帝斷其首也，故寢居直夢」。朱本「舞」下多「無」字，即「舞」字形近而衍，「手」則「首」字聲近而誤也。注謂夢斷其首，其後即有天帝斷首之應，故曰「直夢」。論衡紀妖篇：「人有直夢，夢見甲明日則見甲，夢見君明日則見君。」潛夫論夢列篇亦有直夢，此直夢之説也。然此注終有譌亂，又與山海經形天説異，未聞其審。○于省吾云：按注讀尸如字，非是。「尸」「夷」古字通。金文凡言蠻夷之「夷」均作「尸」。易豐九四「遇其夷主」，即遇其尸主，詳易經新證。周禮凌人「大喪共夷槃冰」，注：「夷之言尸也。」禮記喪大記「男女奉尸夷於堂」，注：「夷之言尸也。」是經傳亦「尸」、「夷」互通。「西方有形殘之夷」，與上句「東方有君子之國」對文。淮南書襍采古籍，此猶存古字，可寶也。○寧案：吴承仕據朱本「天神」上沾「夢」字是也，其所以説之非也。朱本「故曰寢居直夢」上無「以無夢」三字亦非也。今本「以無夢」乃「如其夢」之誤。「夢天神斷其首，（「首」字從吳校。）後天帝斷其首也」，故曰「如其夢」也。前説云：「悟如其夢，故曰直夢。」二説雖不同，而以「如其夢」釋「直夢」則相同，此不得無三字。今本作「以無夢」則義不可通。蓋「如」「以」草書相似。「其」字古作「亓」，與「无」形近，景宋本正作「无」，是其致誤之迹。又景宋本「以無夢」三字在「天神」上，寫者誤倒耳。「天神」上本有「夢」字，重文作「〻」，傳寫脱其一，本又或脱「以」字，如藏本、朱本。莊本移復三字之舊而不能校。吳氏不解其義，從朱本，曰「終有譌亂」而未能察也。又案：「故曰寢居直夢」當與「故曰直夢」易置。後説「夢天神斷其首，後天帝斷其首也，如其夢」，但釋「直夢」，不釋「寢居」也。前説「故其寢寐處夢，悟如其夢」，乃釋「寢居直夢」，非但釋「直夢」也。是其説。**磁石上飛，雲母來水，**○馬宗霍云：此文高氏無注。太平御覽八百八引此文，又引注云：「雲母石可致水。」疑即許慎注也。陶方琦、葉德輝所輯淮南許注皆未之及。**土龍致雨，燕鴈代飛，**湯遭旱，作土龍以象龍，雲從龍，故致雨也。燕，玄鳥也，春分而來，鴈春分而北詣漠中也。燕秋分而去，鴈秋分而南詣彭蠡也。故曰代飛。代，更也。○莊逵吉云：太平御覽引許昚注：「湯遭旱，作土龍以象雲龍。」即此注而小異。○陶方琦云：初學記一、白帖二、御覽十一、歲華紀麗二注引許注：「湯遭旱，作土龍以象雲從龍也。」按此亦疑許説羼入高注本，故同。桓子新論：「問求雨所以爲土龍者，何也？曰：龍見者輒有風雨興起以送迎之，故緣其象類而爲之。」論衡亂龍篇：「董仲舒申春秋之雩，謂土龍以招雨，其意以雲龍相致。易曰『雲從龍』，以類求之，故設土龍。」許注謂湯時事，必係古説。又御覽九百四十二引「燕鴈代飛」，許注云：「燕春南而鴈秋北。」文選江淹襍體詩注引敚一「秋」字，義固未足。然御覽加一「雁」字，義又未安。當是「燕春南而秋北，雁春北而秋南」。管子「桓公曰：鴻雁春北而秋南，不失其時」，文亦相類。○寧案：

太平御覽引許注「雲」上奪「龍」字，莊引御覽「雲」下又敚「從」字，非文異也。**蛤蠏珠龜，與月盛衰。**與猶隨也。○馬宗霍云：太平御覽九百四十二引此文「蠏」字作「跳」，「蛤跳」無義，疑當作「珧」。爾雅釋魚：「蜃小者珧。」郭璞注云：「珧，玉珧，即小蚌。」（御覽九百四十三引臨海水土物志云：「玉珧似蚌，長二寸，廣五寸，上大下小。」字作「蛛」。說文虫部無「蛛」字，古蓋假「珧」爲之。「珧」字從玉，因有玉珧之名。）蛤爲蜃屬，蜃者大蛤也。「蛤珧」連文，猶「蛤蚌」也，蓋爲同類。作「蛤蛛」似較「蛤蠏」爲長。御覽又引呂氏春秋曰：「月者羣陰之本，月望則蚌蛤實，羣陰盈；月晦則蚌蛤虛，羣陰湫。夫月形於天而羣陰化於淵。」又引左思賦曰：「蚌蛤珠胎，與月虧全。」又案大戴禮記易本命篇云：「蚌蛤龜珠，與月盛虛。」並可與本文「與月盛衰」一語相參。彼皆「蚌蛤」連言而不及「蠏」，亦其旁證也。○寧案：馬說是也。東山經：「嶧皐之水，其中多蜃珧。」郭注：「蜃，蚌也。珧，玉珧，亦蚌屬。」與注爾雅同。太平御覽引作「珧」，此作「蠏」，疑是許、高之異。**是故堅土人剛，弱土人肥；**○俞樾云：下文「壚土人大，沙土人細，息土人美，秏土人醜」，大與細對，美與醜對，剛與肥則不對矣。「肥」當作「脃」。廣雅釋詁：「脆，弱也。」「脆」即「脃」之俗體。堅土人剛，弱土人脃，正相對成義。家語執轡篇作「堅土之人剛，弱土之人柔」，柔亦脃也。○寧案：俞說是也。大戴記易本命作「堅土之人肥」。盧注：「肥者，象地堅實。」此言「堅土人剛」，是肥與剛爲類，故弱土不得言肥也。**壚土人大，沙土人細；**壚讀纑繩之「纑」。細，小也。**息土人美，秏土人醜。食水者善游能寒，**魚鼈鶩鷥之屬是也。○陶方琦云：意林引許注：「魚是也。」當是高承許注。○馬宗霍云：「能」古通作「耐」，能寒猶耐寒也。意林引此文作「食水者善浮而耐寒」，字正作「耐」。又句中有「而」字，與下文「無心而慧」「多力而爨」「善走而愚」「有絲而蛾」「勇敢而悍」「神明而壽」「知慧而夭」「不死而神」諸句一律，則今本無「而」字，疑傳寫奪之，似可據意林所引補。食土者無心而慧，蚯蚓之屬是也。○俞樾云：蚯蚓之屬，何慧之有？大戴記易本命篇作「無心而不息」。盧辯注曰：「蚯蚓之屬，不氣息也。」此文「慧」字疑亦「不息」二字之誤。○陶方琦云：意林引許注：「蚯蚓是也。」此高承用許注。○向宗魯云：俞說是也。大戴、家語俱作「不息」。酉陽雜俎十六云：「食葉者有絲，食土者不息」，即用本書之文，（知非用家語、大戴者，以彼上文皆用淮南，且「葉」字獨淮南爲然，他書皆作「桑」也。）是唐本尚不誤也。○寧案：俞謂「慧」字乃「不息」之誤，疑當作「慧」字乃「息」字之誤，「而」字乃「不」字之誤。「而」字篆書作「𦓐」，「不」字篆書作「𣎵」，二形相似，又涉下文而誤耳。上下文七句皆七字句，何得於此句獨多一字？（大戴記作「無心而不息」，「而」字涉下而衍。）太平御覽三百九十五引作「食水者善游而耐寒」，（意林同。）「而」字亦涉下而衍。九百四十四引作「善游能寒」，無「而」字。又引下句作「無心不惠」，「不」字未誤爲「而」，「息」以形近誤爲「惠」，通「慧」。食木者多力而奰，熊羆之屬是也。奰，煩腸黄理也。奰讀「内奰于中國」之「奰」，近鼻也。○陶方琦云：意林引許注：「熊羆是也。」此亦高承用許注。○向宗魯云：奰，大戴作「拂」。盧注：「熊犀之屬。拂，戾也。」家語作「不治」二字。王注：「淮南子曰：『多力而弗。』戾亦不治之貌也。」案：子雍所見淮南作「弗」，「弗」與「拂」同，正與大戴合。（家語注「戾」字當是「弗，戾也」。）王蓋以戾釋弗，與大戴注同。）弗與奰皆唇音，古韻同在段表十五部，故可通用。高注「煩腸黄理」，義不可通，疑本作「煩愓背亂」也。詩蕩毛傳「不醉而怒曰奰」，與高注「煩愓背亂」義近，與拂、戾義亦近。食草者善走而愚，麋鹿之屬是也。○陶方琦云：意林引許注：「麋鹿是也。」亦是高承用許注。食葉者有絲而蛾，蠶是也。○王念孫云：「食葉」本作「食桑」，後人以蟲之食葉者多化爲蛾，故改「食桑」爲「食葉」，不知正文本作「食桑」，故高注專訓爲蠶。若作食葉，則與高注不合矣。爾雅「蛓羅」，郭璞曰：「蠶蛾。」說文：「蛾，蠶化飛蟲。」或作「蛓」。是古人言蛾者，多專指蠶蛾言之，故曰「食桑者有絲而蛾」，故高注專訓爲蠶也。大戴禮易本命篇、家語執轡篇並作「食桑」，太平御覽資産部五蠶下引淮南亦作「食桑」，意林及藝文類聚蟲豸部並同。○劉文典云：上文「食木者」「食草者」，下文「食肉者」「食穀者」，木也、草也、肉也、穀也，皆共名也。此似不應獨舉專名曰「食桑者」。蟲之食葉者多化爲蛾，此生民之所共見。且據藝文類聚，高注實作「蠶屬是也」。此「蠶是也」乃許注也。既曰蠶屬，則非專訓爲蠶可知。王說泥矣。○寧案：劉說是也。酉陽襍俎十六引淮南正作「食葉者」。且高注上下均訓爲某之屬，此不得獨訓爲蠶也。食肉者勇敢而悍，虎豹鷹鸇之屬是也。○陶方琦云：意林引許注作「虎豹是也」。食氣者神明而壽，仙人松、喬之屬是也。○陶方琦云：意林引許注：「龜蛇之類，王喬、赤松是也。」食穀者知慧而夭，

莊逵吉云：唐馬總意林引此云：「食水者善浮而耐寒，魚屬也。食土者無心而惠，蚯蚓是也。食木者多力而愚，麋鹿是也。食桑者有絲而蛾，蠶屬也。食肉者勇敢而悍，虎豹是也。食氣者神明而壽，魚蛇之類，王喬赤松是也。食穀者知慧而夭，人是也。」與本文不同，蓋所見之本異，又并注語相亂故耳。浮卽游，耐古能字，惠與慧字通用。「食木者多力而愚」，并兩語爲一，其誤甚矣。總所案引諸子書，多以意删改，無所依據，不足取信者也。○陶方琦云：意林引許注：「人是也。」高無注，乃敚文也。不食者不死而神。凡人民禽獸萬物貞蟲，各有以生。貞蟲，諸細要之屬也。○于鬯云：貞，大戴易本命記、家語執轡篇並作「昆」。高注云：「貞蟲，諸細要之屬也。」細要之屬謂而之貞蟲，實無義。○寧案：說山篇高注：「貞蟲，細腰蜂蜾蠃之屬。無牝牡之合曰貞。」或奇或偶，或飛或走，莫知其情，唯知通

道者能原本之。○寧案：「知通」二字義複，衍「知」字。齊俗篇：「故通於道者，若車軸不運於己。」又「不通於道者若迷惑。」詮言篇：「通於道者，物莫不足滑其調。」皆但言通而不言知通。氾論篇：「今不知道者，見柔懦者侵則矜爲剛毅。」詮言篇：「不知道者，釋其所已有而求其所未得。」又「知道者不惑。」此皆言知而不言知通。又詮言篇「知道者不惑」，文子符言篇作「通道者不惑」，是知猶通也。「知」字涉上句「莫知其情」而衍也。大戴記易本命篇：「夫易之生人、禽獸、萬物、昆蟲，各有以生。或奇或偶，或飛或行，而莫知其情，惟達道德者能原本之矣。」達卽通也。又海外南經云：「神靈所生，其物異形，或夭或壽，唯聖人能通其道。」意亦與此畧同，字正作「通」，是其明證矣。

天一，地二，人三。一，陽，二，陰也。人生於天地，故曰三也。三三而九，九九八十一，一主日，日主十，十，從甲至癸也。日主人，人故十月而生。八九七十二，二主偶，偶以承奇，奇主辰，○寧案：下文云：「辰主月。」謂十二辰建十二月也。上文「日主十」，高注云：「十，從甲至癸也。」疑此亦當注云「辰，從子至亥也」，而今本敚之也。呂氏春秋孟春紀高注：「辰，十二辰，從子至亥也。」辰主月，月主馬，馬故十二月而生。七九六十三，三主斗，斗主犬，犬故三月而生，六九五十四，四主時，時主彘，彘故四月而生。五九四十五，五主音，音主猿，猿故五月而生。○寧案：猿，道藏本、景宋本皆作猨。大戴記同。玉篇，「猿」乃「猨」之俗字。四九三十六，六主律，律主麋鹿，○莊逵吉云：大戴禮記作禽鹿。麋鹿故六月而生。三九二十七，七主星，星主虎，虎故七月而生。二九十八，八主風，風主蟲，蟲故八月而化。○向宗魯云：大戴記此下有「其餘各以其類也」句。盧注：「謂貍兔魚鼈之屬。各以其類化者，言亦有主而生之也。」

家語亦有「其餘各以其類矣」句。蓋物類衆多，不能備陳，故以此句括其餘。若無此句，則文有所不滿。疑淮南亦當有，今本佚之。○楊樹達云：「月」字集證本作「日」，是也。説文十三篇下風部云：「風動蟲生，故蟲八日而化。」論衡商蟲篇亦云：「蟲八日而化。」並其證。大戴禮易本命篇亦誤作「月」。○寧案：楊説是也。蓋涉上諸「月」字而誤。五行大義五引春秋考異郵亦作「蟲八日而化」。太平御覽九百四十四引同。

鳥魚皆生於陰，陰屬於陽，○王念孫云：下「陰」字蒙上而衍。此謂鳥魚皆屬於陽，非謂陰屬於陽也。大戴禮、家語並作「鳥魚皆生於陰而屬於陽」。盧辯曰：「生於陰者，謂卵生也。屬於陽者，謂飛游於虚也。」則無下「陰」字明矣。文選辯命論注、太平御覽羽族部一引淮南皆無下「陰」字。○寧案：王説是也。文選七發注引曾子曰：「鳥魚皆生於陰而屬於陽，故鳥魚皆卵生。魚游於水，鳥飛於雲。」下陰字作「而」。**故鳥魚皆卵生，魚游於水，鳥飛於雲。**○向宗魯云：「卵」下本無「生」字，此後人依家語加之也。大戴記無「生」字，御覽九百十四引淮南亦無「生」字。**故立冬燕雀入海化爲蛤。**○莊逵吉云：大戴禮記「蛤」作「蚧」。○寧案：大戴記解詁王聘珍云：「蚧當爲蛤。夏小正曰：『雀入於海爲蛤。』説文作『盒』，云『百歲燕所化』。」**萬物之生而各異類：蠶食而不飲，蟬飲而不食，蜉蝣不飲不食，**○莊逵吉云：盧辯注大戴禮記引本書云：「蠶食而不飲，三十二日而化；蟬飲而不食，三十日而死；蜉蝣不飲不食，三日而終。」○寧案：盧注引説林篇文也。**介鱗者夏食而冬蟄。**介，甲。龜鼈之屬也。鱗，魚龍之屬。**齕吞者八竅而卵生，**鳥魚之屬。○寧案：注，「魚」字涉正文「鳥魚皆卵生」而衍。上句注云「鱗，魚龍之屬」，此不得又言魚也。盧注大戴記正作「鳥之屬」。**嚼咽者九竅而胎生，**○陶方琦云：大藏音義引許注云：「嚼，咀也。」案大戴禮引此文作「咀嚾者九竅而胎生」(「嚾」應作「嗺」，即「噍」字。廣雅：「嗺，茹也。」）是嚼咀通訓之證。說文：「噍，齧也。」或作「嚼」。蒼頡篇：「咀，嚼也。」○向宗魯云：酉陽襍俎用本書「嚼咽」作「咀嚼」，與大戴記合。家語作「齟齬」，即「咀嚼」。**四足者無羽翼，戴角者無上齒，無角者膏而無前，**膏，豕也，熊猿之屬。無前，肥從前起也。**有角者指而無後。**指，牛羊麋之屬。無後，肥從後起也。○莊逵吉云：「指」應作「脂」，見周禮注所謂「戴角者脂，無角者膏」是也。又王肅家語注引本書正作「脂」。○劉文典云：莊校是也。御覽八百六十四、八百九十九引「指」竝作「脂」。說文肉部：「戴角者脂，無角者膏。」一切經音義引三倉：「有角曰脂，無角曰膏。」皆其證。又「無前」「無後」，義不可通。「無」疑當作「兑」，始譌爲「旡」，傳寫又爲「無」耳。御覽八百九十九引正作「兑前」「兑後」。又引注云：「豕馬之屬前小，牛羊後小。」是其證矣。前小即兑前，後小即兑後也。○呂傳元云：劉說非也。大戴禮記易本命篇作「戴角者無上齒，無角者膏而無前齒，有羽者（孔氏廣森補注云：羽亦當爲角。）脂而無後齒」。此文蓋即本之。今本脱二齒字，義不可通，且與戴角者無上齒句不對矣。御覽所據之淮南已誤，劉氏復據以證之，謬甚。○吴承仕云：劉說近之而未盡也。此文蓋有二本，許本作「兑前」「兑後」，高本作「先前」「先後」。王肅家語執轡篇注述淮南說曰：「無角者膏而無前，有角者脂而無後。膏豕屬而脂羊屬。無前後皆謂鋭小也。」(王肅以鋭小釋兑，可知王所見本亦作「兑」。今作「無」者，疑後人據誤本淮南改之。）及御覽引注作「前小」「後小」者，皆許慎義也。今注本爲高誘義，高本自作「先前」「先後」。酉陽襍俎引淮南子曰：「無角者膏而先前，有角者脂而先後。」先前，故注云「肥從前起」，先後，故注云「肥從後起」。緯書稱堯兑上豐下。豐、兑對文，如謂高亦作兑，則與注義正相反矣。且此文「無角」「有角」二語，與上文「四足」「戴角」二語，說義正同。蓋言天道惡盈，物力有極，予奪殊致，齾盈互乖，此儒家舊義也。（大戴記、春秋繁露、太玄、家語竝有此說。）今謂無角兑前，有角兑後，不獨與高注義不相應，亦與淮南本文義不相應也。然則高說視許爲優，從可知矣。「先」「无」形近，故今本亦譌爲「無」耳。又案：注「膏，豕也，熊猿之屬」，疑當作「膏，豕熊猿之屬」。與「脂，牛羊麋之屬」文正相對。「也」字衍。（爾雅翼引此注云：「無角者，熊豕之屬，有角者，麋羊之屬。」亦可證「也」爲衍文。）○向宗魯云：御覽八百九十九引此兩「無」字皆作「兑」。引注云：「豕馬之屬前小，牛羊後小。」「兑」與「鋭」同，故注以前小後小釋之，疑別本如此。家語執轡篇：「無角無前齒者膏，有角無後齒者脂。」王注云：「淮南取此義曰，『無角者膏而無前，有角者脂而無後』，無前後皆言鋭小也。」子雍所見淮南，必與御覽所引別本合，故注義亦同。其云淮南取此義者，正其取淮南義也。疑家語正文「無」字亦當爲「兑」，正文「齒」字亦衍。今本家語葢後人依大戴改之，故與注不相應。大戴作「無角者膏而無前齒，有角者脂而無後齒」，注云：「無前齒者，齒盛於後，不用前也。無後齒者，齒盛於前，不任後也。」據此則無前無後，皆以齒言也。高注本自用大戴義作「無前」「無後」，注中兩「肥」字疑皆「齕」之形誤，前後二字又互譌。原本當作「無前，齕從後起也，無後，齕從前起也」，卽盧辯所謂「齒盛於後不用前，齒盛於前不任後」之意。御覽八百六十四同今本作「無」，酉陽襍俎十六作「先」，卽「无」之譌。○金其源云：墬形：「戴角者無上齒，無角者膏而無前，有角者指而無後。」大戴禮易本命：「戴角者無上齒，無角者膏而無前齒，有羽者脂而無後齒。」家語執轡：「戴角者無上齒，無角無前齒者膏，有角無後齒者脂。」三書所載畧同。淮南子高注謂「膏，豕也熊猿之屬，無前，肥從前起也。指，牛羊麋之屬，無後，肥從後起也」。大戴禮盧注謂「凝者爲膏，無前齒者，盛於後，不用前也。釋者爲脂，齒盛於前，不任後也」。家語王注謂「淮南取此義曰『無角者膏而無前，有角者脂而無後』，膏豚屬而脂羊屬，無前後皆謂其鋭小者也」。注亦辭異而意同。大戴禮之「有羽者脂而無後齒」，盧注不言羽誤。説文脂下，段云「羽當爲角」。然各注俱但明無前後齒之爲有脂膏，而未明所以言因脂膏而無前後齒之故。禮内則注云：「肥凝者爲脂，釋者爲膏。」是膏脂皆肥也。漢書鄒陽傳「而後楚王、胡亥之聽」，師古注：「後猶下也。」是前後即上下也。膏無前脂無後者，皆所以明惟戴角者乃真無上齒。謂無角者或亦似無上齒，非無上齒，牙車上肥故也；有角者或似并無下齒，非無下齒，牙車下肥故也。○寧案：吴説似是也。向謂高注「肥」當爲「齕」，「前」「後」二字又互譌，雖與盧注意合，而「齕」字於義無據。高注非用大戴義也。疑大戴記衍二「齒」字，盧氏蓋依誤本爲説耳。金其源謂三句皆言齒之有無，而釋「無前」「無後」，無端增一「似」字，亦未敢輒從。晝生者類父，夜生者似母。至陰生牝，至陽生牡。○向宗魯云：「至陰生牝，至陽生牡」二句，今大戴本多脱去。或據家語及本書補之。案盧注云：「至陰至陽，類其多也，至陰爲男，至陽爲女者，即陰窮反陽，陽窮反陰之義。」據盧説，則大戴本作「至陰生牡，至陽生牝」。夫熊羆蟄藏，飛鳥時移。是故白水宜玉，黑水宜砥，砥者，皁石也。○馬宗霍云：説文無「皁」字。艸部云：「草，草斗，櫟實也。一曰象斗子。从艸早聲。」徐鉉曰：「今俗以此爲艸木之艸，别作皁字爲黑色之皁。案櫟實可以染帛爲黑色，故曰草。今書皁或从白从十，或从白从七，皆無意義，無以下筆。」據此則皁石猶言黑石也。又案説文厂部云：「厎，柔石也。」「砥」即「厎」之重文。柔石即磨石之細者。高氏不依本義訓柔石，而訓爲皁石者，案上文云：「白水宜玉。」下文云：「青水宜碧，赤水宜丹，黄水宜金。」玉色白，碧色青，丹色赤，金色黄，各以類從。本文言黑水，故高氏以皁石訓之矣。論其本字，則當作「草石」，今作「皁」者，後人從俗易之也。又案説文厂部云：「厲，旱石也。」段玉裁曰：「柔石，石之精細者；旱石者，剛於柔石者也。」書禹貢篇「礪砥砮丹」，僞孔傳云：「砥細於礪，皆磨石也。」孔穎達疏引鄭玄云：「礪，磨刀刃石也，精者曰砥。」「礪」即「厲」之隸增。是砥與厲同物，但有精粗之異。對言有别，散亦可通。故砥亦可訓爲旱石。「阜」與「旱」形近，高氏原注或本作「旱石」，後人不解「旱石」之義，改「旱」爲「阜」而取黑石之義，亦未可知。姑存兩説以待攷定。〇寧案：馬氏後説近之。脩務篇「劍待砥而後能利」，高注：「砥，厲石也。」説文：「砥，柔石。」「厲，旱石。」高氏以砥、厲爲一，此訓旱石，正與彼注合。今本作「阜」，蓋「旱」之形誤耳。文曰「白水宜玉，黑水宜砥」云云。説文：「玉，石之美者。」而砥則石之惡者。水有白黑之别，石有美惡之分，非必曰黑石而後相類也。青水宜碧，赤水宜丹，黄水宜金，清水宜龜，汾水濛濁而宜麻，泲水通和而宜麥，河水中濁而宜菽，〇王念孫云：「中濁」二字義不相屬，「濁」本作「調」，中調猶中和也。上文曰「濟水通和而宜麥」，義與此相近。今作中濁者，涉上文「汾水濛濁」而誤。（禮書引此已誤。）後漢書馮衍傳注引此作「河水調宜菽」。太平御覽百穀部五引此作「河水中調而宜菽。」雒水輕利而宜禾，渭水多力而宜黍，漢水重安而宜竹，〇王念孫云：太平御覽地部二十三、二十七引此「竹」下皆有「箭」字，今本脱之。（禮書引此已無「箭」字。）古人言物産者多並稱「竹箭」，故曰「漢水重安而宜竹箭」。周官職方氏曰：「其利金錫竹箭。」楚語曰：「楚有藪曰雲連徒洲，金木竹箭之所生。」皆是也。〇楊樹達云：王校非也。此文記諸水所宜之物，皆止一字，如漢水所宜獨作竹箭，則與上下文不類矣。説文竹部云：「箭，矢竹也。」則竹爲大名，而箭爲小名，言竹而箭自在其中。必云竹箭，於辭爲複累矣。且此文以菽竹穀爲韻，（菽、竹覺部，穀屋部，合韻。）若作竹箭，則又失其韻矣。王氏以周禮楚語連言竹箭，遂欲改此文爲竹箭，然則古書單言竹者多矣，豈當一一加之耶？此皆過信類書，遂致爲其所蔽，類書實未可盡信也。集證本不知王説之誤，據加「箭」字，大謬。江水肥仁而宜稻，平土之人慧而宜五穀。

東方川谷之所注，日月之所出。其人兑形小頭，隆鼻大口，鳶肩企行，竅通於目，筋氣屬焉，蒼色主肝，長大早知而不壽；其地宜麥，多虎豹。南方陽氣之所積，暑濕居之。其人脩形兑上，大口決眦，〇王念孫云：「眦」當爲「眦」，字之誤也。說文：「眦，目厓也。」鄭注鄉射禮曰：「決猶開也」。開眦謂大目也。大口決眦意相近。（曹植鼙舞歌曰：「張目決眥。」）太平御覽人事部四引此正作「眦」。〇寧案：藏本作「眦」，故王校云然。景宋本、莊本不誤。竅通於耳，血脈屬焉，赤色主心，早壯而夭；其地宜稻，多兕象。西方高土，川谷出焉，日月入焉。其人面末僂，脩頸卬行，竅通於鼻，末猶脊也。〇俞樾云：高注曰：「末猶脊也。」然則末僂者，謂其脊句僂也。「末」上不當有「面」字，疑是衍文。又案莊子外物篇「末僂而後耳」，釋文引李云：「末，上，謂頭前也。」蓋訓末爲上，又以上爲頭，故以末僂爲頭前。此說末字之義較合。說文木部：「木上爲末。」故人亦以上爲末矣。〇楊樹達云：莊子外物篇釋文引李頤二說：前說釋末僂爲頭前，後說訓末爲背膂。今案說文人部云：「僂，尫也。周公韈僂，或言背僂。」案古「末」「蔑」音同字通。越語姑蔑，吴越春秋作姑末。說文鬲部「鬻」或作「粖」。五篇下韋部韈訓足衣。本書說林篇字作「絉」。皆其證矣。然則本文之末僂，即說文之韈僂。許又云「或言背僂」者，白虎通聖人篇云「周公背僂」是也。據此許以「韈僂」「背僂」爲一，高訓末爲脊，李後說訓末爲背膂，三說義同，是也。至李前說以末爲頭，說固有徵。左傳昭公元年云「風淫末疾」，賈逵釋末疾爲首疾，服虔釋爲頭眩，周書武順解稱元首曰末，皆與李說相合。惟人首不得言僂，李釋爲頭前，說殊牽强。俞氏以說文木部之說申李此說，不悟高誘及李頤後說，固與說文「僂」

字下説相符契也。又案「面末僂」文義不完，以上下文「其人兑形小頭」諸句例衡之，疑此句脱去一字，俞氏疑「面」爲衍文，亦非也。○向宗魯云：「面末僂」於文不詞。俞以「面」爲衍文亦非。面上蓋脱「毛」字。五行大義五引春秋文耀鉤曰：「西方高土，日月所入。其人面多毛，象山多草木也。」考文耀鉤所言五方人形皆同淮南，則西方其人面多毛，亦本淮南，知本文面上當有「毛」字矣。御覽三百六十三引作「其人皆方面」，「方」亦疑「毛」之誤。又案李訓末爲上，是也。俞説謂李以上爲頭則非。左氏哀十四年傳：「有陳狗者，長而上僂。」注云：「背肩僂。」蓋肩背於身爲上，肩背僂則頭傾於前，故云頭前也。皮革屬焉，白色主肺，勇敢不仁；其地宜黍，多旄犀。旄讀近綢繆之「繆」，急氣言乃得之。○莊逵吉云：何休注公羊傳、劉熙釋名，竝有急氣籠口讀字之説。蓋當時有其法，即開魏音反語，周、沈切韻之漸矣。北方幽晦不明，天之所閉也，寒冰之所積也，○王念孫云：「寒水」當是「寒冰」，字之誤也。上文「北方曰積冰」，高注曰「北方寒，冰所積，因名爲積冰」是也。太平御覽引此正作「寒冰」。○向宗魯云：宋本正作「冰」。（浙局本亦改作「冰」。）上文「北方有不釋之冰」，亦其證。呂氏求人篇稱禹「北至積水積石之山」，「積水」亦「積冰」之誤。（説詳彼文。）蟄蟲之所伏也，其人翕形翕讀脅榦之「脅」。短頸，大肩下尻，竅通於陰，骨幹屬焉，黑色主腎，其人惷愚，惷讀人謂惷然無知之「惷」也，籠口言乃得。禽獸而壽；○王念孫云：自「翕形短頸」以下六句，皆承上「其人」二字言之，則「惷愚」上不當更有「其人」二字。上文東方、南方、西方皆無此二字，此即因上文「其人翕形」而誤衍也。（太平御覽引此已誤。）又案「禽獸」二字，妄人所加也。「惷愚而壽」與上文「早知而不壽」，文正相對，加入「禽獸」二字，則文不成義矣。太平御覽引無此二字。其地宜菽，菽，豆也。多犬馬。傳曰：「冀之北土，馬之所生。」言燕、代出馬也。中央四達，風氣之所通，雨露之所會也。其人大面短頤，美須惡肥，○馬宗霍云：說文肉部云：「肥，多肉也。」又云：「膏，肥也。」「肪，肥也。」是則多肉謂多膏肪也。惡猶甚也，過也。惡肥，謂體中膏肪過多也。竅通於口，膚肉屬焉，黃色主胃，慧聖而好治；其地宜禾，多牛羊及六畜。

木勝土，土勝水，水勝火，火勝金，金勝木。故禾春生秋死，禾者木，春木王而生，秋金王而死。菽夏生冬死，豆，火也，夏火王而生，冬水王而死。○寧案：注「豆」字當作「菽」，涉前注「菽，豆也」而誤。太平御覽八百三十七引正作「菽」。麥秋生夏死，麥，金也，金王而生，火王而死也。薺冬生中夏死。薺，水也，水王而生，土王而死也。○王念孫云：此本作「薺冬生而夏死」。後人以薺死於中夏，因改爲「中夏」。不知上文「禾春生秋死，菽夏生冬死，麥秋生夏死」，皆但言其時，而不言其月，薺亦然也。藝文類聚草部下、太平御覽百穀部一、菜部五引此並作「薺冬生而夏死」。○寧案：王念孫改「中」爲「而」，大謬。上文云：「木勝土，土勝水，水勝火，火勝金，金勝木。故禾春生秋死」云云。是「禾春生秋死」，承「金勝木」言之；「菽夏生冬死」，承「水勝火」言之；「麥秋生夏死」，承「火勝金」言之；「薺冬生中夏死」，承「土勝水」言之。時則篇曰：「季夏之月，招搖指未，昏心中，旦奎中。其位中央，其日戊己，盛德在土。」故曰「中夏」。故高注云：「薺，水也，水王而生，土王而死也。」若作冬生而夏死，則是水王而生，火王而死，是火勝水也，豈五行生剋之義乎？王念孫以中夏爲言月，混同於後人之以中夏爲五月，太平御覽八百三十七引又改中夏爲仲夏，皆未得中夏之義。藝文類聚草部下、太平御覽九百八十引，則皆後人泥於句法一律所改。木壯水老火生金囚土死，火壯木老土生水囚金死，土壯火老金生木囚水死，金壯土老水生火囚木死，水壯金老木生土囚火死。音有五聲，宮其主也；五聲，宮商角徵羽也。在中央，故爲主。〇吴承仕云：漢初爲傳訓者，皆與本文別行，及馬融爲周禮注欲省學者兩讀，故具載本文。此書高誘自序曰「爲之注解，悉載本文」，則高誘説淮南書，離句下注可知也。然今本注文，有連綴數句之注並寫於一處者。以各本及御覽引注互相比勘，則注文應分而各本誤合者，蓋多有之。如此文「五聲，宮商角徵羽也」八字，當在「音有五聲」句下，「在中央，故爲主」六字，當在「宮其主也」句下，如此則文注比順，無可疑殆。苟如今本所云，則奪誤不可通矣。此類甚衆，覽者可自尋之。〇寧案：道藏本、景宋本，「在中央」上皆有「宮」字，今本脱，知非誤合也。色有五章，黄其主也；〇馬宗霍云：書皋陶謨云：「以五采彰施于五色。」「彰」通作「章」，故本文云「色有五章」。僞孔傳云：「以五采明施于五色。」是訓章爲明也。考工記畫繢之事「雜四時五色之位以章之」，鄭玄注亦云：「章，明也。」本文「章」字義同。味有五變，甘其主也；位有五材，土其主也。是故鍊土生木，鍊木生火，鍊火生雲，雲，金氣所生也。鍊雲生水，鍊水反土。鍊甘生酸，鍊酸生辛，鍊辛生苦，鍊苦生鹹，鍊鹹反甘。鍊猶治也。〇寧案：太平御覽八百六十九引注在「鍊土生木」句下是也。變宮生徵，變徵生商，變商生羽，變羽生角，變角生宮。變猶化也。是故以水和土，以土和火，以火化金，以金治木，木復反土。五行相治，所以成器用。土，本也，故曰「五行相生以成器用」。〇寧案：注「生」當作「治」，下奪「所」字。此複舉正文，不得與之相異。道藏本、景宋本亦誤作「生」，唯「所」字不脱。

凡海外三十六國。〇王引之云論衡無形談天二篇並作三十五國，今歷數下文自脩股民至無繼民，實止三十五國，「六」字誤也。〇馬宗霍云：自此以下所述諸國，除天民、裸國民、豕喙民外，餘竝見山海經，其數適足三十六。王引之乃謂「歷數下文，自脩股民至無繼民，實止三十五國」，非也。劉文典淮南集解采王說，不加辨正。劉家立淮南集證逕從王說，改本文「六」字爲「五」，尤謬。○寧案：道藏本敚羽民，王氏據道藏本，故云然。然各本皆有羽民也。論衡談天篇稱淮南「列三十五國之異」，未具舉國名，疑所據淮南與道藏同，然無形篇稱「海外三十五國」，有羽民，則「六」字作「五」，仲任之過也。自西北至西南方有脩股民、天民、肅慎民、脩，長也。股，腳也。天民、肅慎，皆有國名也。傳曰：「肅慎、燕、亳吾北土。」是云西方，黨獨西方之國，自復有之耶？一曰：肅，敬也。慎，畏也。白民、沃民、女子民、丈夫民、白民，白身民。被髮，髮亦白。女子民，其貌無有須，皆如女子也。丈夫民，其狀皆如丈夫，衣黃衣冠，帶劍，皆西方之國也。奇股民、一臂民、三身民。奇，隻也。股，腳也。言其人一臂、一手、一鼻孔也。三身民蓋一頭有三身，皆西方之國也。○寧案：注「言」字上脱「一臂民」三字。既云一臂，不當又云一手，「手」字乃「目」字之誤。大荒西經云：「一臂國在其北，一臂、一目、一鼻孔。」即高注所本。爾雅釋地：「北方有比肩民。」郭注：「此即半體之人，各有一目、一鼻、一孔、一臂、一腳。」（「孔」上衍「一」字。文選王元長三月三日曲水詩序注引郭注正作「一鼻孔」。）即此一臂國也。自西南至東南方結胷民、○楊樹達云：結胷民上集證本有「有」字是也。上文云「自西北至西南方有脩民民」，下文云「自東南至東北方有大人國」，「自東北至西北方有跂踵民」，並有「有」字，是其證。羽民、讙頭國民、○楊樹達云：書堯典云：「放驩兜於崇山，竄三苗於三危。」下文有三苗民，知此驩頭即驩兜也。古「頭」「兜」二字音同字通。史記宋世家云「宋景公頭曼」，漢書古今人表作「宋景公兜欒」，是其證也。史記五帝紀云：「放驩兜於崇山以變南蠻。」集解引馬融書注云：「崇山，南裔也。」太平御覽四十九引盛弘之荆州記云：「崇山在澧陽縣南七十里。」與此文云西南，地望正合。裸國民、三苗民、交股民、不死民、穿胷民、反舌民、三苗，國名也，在豫章之彭蠡。交股民，腳相交切。不死民，不食也。穿胷，胷前穿孔達背。反舌民，語不可知而自相曉；一說：舌本在前，反向喉，故曰反舌也。南方之國名也。○向宗魯云：呂氏功名篇注云：「戎狄言語與中國相反，因謂反舌。一說：南方有反舌國，舌本在前，末倒向喉，故曰反舌。」據彼注則此注「反」上當有「末」字。豕喙民、鑿齒民、三頭民、脩臂民。豕喙民，其喙如豕。鑿齒民，吐一齒出口下長三尺也。三頭民，身有三頭也。脩臂民，一國民皆長臂，臂長於身。皆南方之國也。○寧案：海外南經「交股」作「交脛」，「穿胷」作「貫匈」，「反舌」作「歧舌」，「三頭」作「三首」，無裸國、豕喙二國。讙頭國又見大荒南經，三苗民又見大荒北經，作苗民。郭注：「三苗之民。」自東南至東北方有大人國、君子國、東南壚土，故大人也。君子國已說在上章也。○寧案：注「大人」二字誤倒，道藏本、景宋本作「人大」。又莊本無「章也」二字。據道藏本、宋本補。黑齒民、玄股民、其人黑齒，食稻，啖蛇，在湯谷上。玄股民，其股黑，兩鳥夾之，見山海經也。○陶方琦云：文選海賦注引許注：「其民不衣也。」「其民黑齒也。」按其人黑齒，此許與高同本海外東經之說，或許注羼入高注中者。海外東經黑齒國，郭注引東夷傳曰：「倭國東四十餘里有裸國，裸國東南有黑齒國，船行一年可至。」王逸楚辭招魂注：「黑齒，齒牙盡黑。」齊俗訓（無「題篇」字乃許注本。）「雖之夷狄徒倮之國」，許注：「徒倮，不衣也。」與此注同。毛民、勞民。其人體半生毛，若矢鏃也。勞民，正理躁擾不定也。皆東方國也。○寧案：毛民見大荒北經。注「正理」義不可通。集證本改「心理」亦非。蓋「生」字形近而誤也。蜀藏本正作「生理」。自東北至西北方有跂踵民、句嬰民、跂踵民踵不至地，以五指行也。句嬰讀爲九嬰，北方之國也。○莊逵吉云：古「句」「九」同聲，故齊桓公「九合」即「糾合」，此讀「句」爲「九」之證。○馬宗霍云：

海外北經作「跂踵國，其爲人大，兩足亦大。一曰大踵」，郭璞彼注云：「其人行腳跟不著地也。」與高注合。又案文選王元長三月三日曲水詩序「離身反踵之君」，李善注引高誘淮南子注曰：「反踵，國名。其人南行迹北嚮也。」據此，疑今本高注下當有「一曰反踵，其人南行迹北嚮也」十二字，傳寫奪之。而山海經「一曰大踵」，「大」與「反」形近，或亦「反踵」之譌，即李引高注之所本耳。○寧案：「跂踵」氾論篇作「反踵」。高注：「反踵國名。其人南行，武迹北向。」文選注引乃氾論篇注，馬氏以爲此之奪文，誤矣。疑彼文乃許注羼入。深目民、無腸民、柔利民、皆北方之國也。一目民、無繼民。一目民，目在面中央。無繼民，其民蓋無嗣也。北方之國也。○莊逵吉云：「無繼」即「無脊」，「脊」與「繼」通用字。雒棠武人在西北陬。皆日所入之山名也。硥魚在其南。硥魚如鯉魚也，有神聖者乘行九野。在無繼民之南。「硥」讀如「蚌」也。○寧案：硥魚，海外西經作「龍魚」。有神二人連臂，爲帝候夜，在其西南方。連臂大呼夜行。○向宗魯云：海外南經云：「有神人二八，連臂爲帝司夜於此野，晝十六人。」即淮南所本。郝懿行以淮南「人」字爲「八」字之誤，其說是也。○寧案：海外南經「晝十六人」下，郭注「疑此後人所增益語耳」。據郭注，則四字乃後人釋二八之詞。竊謂本文「人」字不誤，山海經「八」字乃「人」字之誤也。二書皆當讀於「臂」字絕句。經既曰「有神人二八連臂」，則「晝十六人」無義。若爲後人釋「二八」之詞，綴一「晝」字，亦不可解。蓋經本作「有神人二人連臂」。「晝十六人」者，卽所謂輪番守夜也。二人爲班，八班而晝。四字非後人增益語也。淮南則但曰「二人連臂」，不及其總數。向從郝說，欲據山海經誤文以改淮南之不誤，而不察經義之不可通矣。三株樹在其東北方，有玉樹在赤水之上。昆侖華邱在其東南方，在無繼民之東南也。爰有遺玉，○莊逵吉云：「遺玉」，說文解字作「璗玉」。青馬、視肉、其人不知言也。○馬宗霍云：「視肉」之名，海內外經、大荒經皆有之。高氏本文注云：「其人不知言也。」郭璞海外南經注云：「聚肉形如牛肝，有兩目也，食之無盡。尋復更生如故。」兩注不同，當各有所據。然「視肉」爲異物之一種。高以爲人，恐未必然。楊桃、甘樝、甘華百果所生。皆異物也。在木曰果，在地曰蓏。○劉績云：華丘疑嗟丘之誤。嗟音嗟。山海經：「嗟丘，爰有遺玉，青鳥、視肉、楊柳、甘柤、甘華百果所生。」○王念孫云：此非海外東經文也。「嗟」與「華」形聲皆不相近，若本是「嗟」字，無緣誤爲「華」。今案「華」字當是「苹」字之誤。「苹」與「平」古字通。（堯典「平秩東作」，馬融本「平」作「苹」。周官車僕「苹車之萃」，故書「苹」作「平」。說文「蒻蒲子可以爲平席」，王肅注顧命作「苹席」。）海外北經曰：「平丘在三桑東，爰有遺玉，青鳥、視肉，楊柳、甘柤、甘華百果所生。」此淮南所本也。隸書「苹」字或作「苹」，（見漢北海相景君碑陰。）又作「苹」，（見桐柏淮源廟碑。）並與「華」相似，故「苹」誤爲「華」矣。（說文「蒻蒲子可以爲平席」，文選秋興賦注引作「苹席」，亦是「平」通作「苹」，因誤爲「華」也。史記禮書「大路越席」，正義：「越席，謂蒲爲苹席。」亦是「苹席」之誤。○陶方琦云：此許注羼入高注中者。時則訓：「果實蚤成。」高注：「有覈曰果，無覈曰蓏。」其注呂覽本味篇說亦同。說文蓏字下云：「在木曰果，在地曰蓏。」說正同。幸有左證，方能別而出之。○寧案：王謂「苹」當作「平」是也。海外北經云：「三桑無枝在歐絲東，平丘在三桑東。」此云華丘在無繼民東南，三桑無枝在無繼民西。卽在苹丘西偏北，大向同。是淮南所據固海外北經文也。又嗟丘作「青馬視肉」，平丘作「青鳥視肉」，則此「馬」字亦當爲「鳥」。和邱在其東北陬，四方而高曰邱。鸞所自歌，鳳所自舞，故曰和邱，在無繼民東北陬也。三桑無枝在其西，夸父耽耳在其北方。耽耳，耳垂在肩上。耽讀褶衣之「褶」，或作攝，以兩手攝耳居海中。○王念孫云：「褶」「攝」二字，聲與「耽」不相近，「耽」

字無緣讀如「褶」，亦無緣通作「攝」也。「耽」皆當爲「耴」。今作「耽」者，後人以意改之耳。說文：「耴，耳垂也。从耳下垂，象形。春秋傳曰：秦公子耴。耴者，其耳下垂，故以爲名。」玉篇：「豬涉切。」是耳下垂謂之耴。故高注云：「耴耳，耳垂在肩上。」廣韻：「耴耳，國名」，正謂此也。（春秋：鄭公子輒字子耳。義與耴亦相近。）字或作「聶」。海外北經云：「聶耳之國，在無腸國東。爲人兩手聶其耳，縣居海水中。」卽高注所云「以兩手聶耳居海中」者也。「耴」與「聶」聲相近，故海外北經作「聶」。「耴」與「褶」「攝」聲亦相近，故高讀「耴」如「褶」，而字或作「攝」。後人多見「耽」，少見「耴」，又以說文云「耽，耳大垂也」，故改「耴」爲「耽」，而不知其與高注大相抵牾也。○寧案：王說是也。大荒北經別有「儋耳之國」，郭注：「其人耳大下儋，垂在肩上。」又呂氏春秋任數篇「北懷儋耳」，大荒西經注引作「闟耳」。儋、闟雙聲。字又作「瞻」。說文：「瞻，垂耳也，从耳詹聲。南方瞻耳之國。」古祇作「耽」，一變爲瞻耳，再變爲儋耳矣。此之耴耳，卽海外北經之聶耳。皆以耳大爲異，又「耴」「耽」形似，故與大荒北經相亂耳。

夸父棄其策，是爲鄧林。夸父，神獸也。飲河、渭不足，將飲西海，未至，道渴死。見山海經。策，杖也，其杖生木而成林。鄧猶木也。一曰：仙人也。○陶方琦云：文選潘岳西征賦注引許注：「策，杖也。」案此亦許注羼入高注中者。莊子齊物論司馬注：「策，杖也。」

昆吾丘在南方。昆吾，楚之祖，祝融之孫，陸終之子，爲夏伯也。詩云「昆吾夏桀」也。

軒轅邱在西方。軒轅，黃帝有天下之號也。

巫咸在其北方，巫咸，知天道，明吉凶。立登保之山。

暘谷榑桑在東方。暘谷，日之所出也。榑桑，在登保之山東北方也。○向宗魯云：暘谷當依經作湯谷。○寧案：依高注「東」下當有「北」字。

有娀在不周之北，長女簡翟，少女建疵。有娀，國名也。不周，山名也。「娀」讀如嵩高之「嵩」。簡翟建疵，姐妹二人，在瑤臺，帝嚳之妃也。天使玄鳥降卵，簡翟吞之以生契，是爲玄王，殷之祖也。詩云：「天命玄鳥，降而生商」也。○寧案：事見呂氏春秋音初篇。注「殷之祖也」，莊本無「也」字，據道藏本、景宋本補。**西王母在流沙之瀕。**地理志曰：「西王母石室在金城臨羌西北塞外。」○寧案：西山經云：「西王母居玉山。」大荒西經云：「西王母居崑崙之丘。」**樂民、拏閭在昆侖弱水之洲。**水中可居曰洲。**三危在樂民西。**三危，西極之山名也。○寧案：三危見西山經。郭注：「今在燉煌郡。」**宵明、燭光在河洲，所照方千里。**洲，水中所居者。燭光所照者方千里。○寧案：禮記檀弓疏引帝王世紀云：「舜長妃娥皇無子，次妃女英生商均，次妃癸比生二女宵明、燭光」是也。癸比，海内北經作登比。注，「所居」當作「可居」。詩關雎鄭箋：「水中可居者曰洲。」「所」草書作「𠩄」，與「可」形近而誤。上文注正作「可居」。又「燭光所照」，疑當作「光所燭照」。經郭注云：「宵明、燭光，卽二女字也。以能光照，因名云。」「言二女神光所燭及者方千里。」於義爲近。若作「燭光所照」，則不可解矣。**龍門在河淵。湍池在昆侖。**龍門在河中馮翊夏陽界。**玄燿不周。**玄燿，水名。一曰山名。○向宗魯云：「玄燿」下當有「在」字，與上下文一例。若無「在」字，則似玄燿、不周、申池同在海隅矣。不周在西北，申池，海隅在齊，相去絕遠。呂氏諭大篇：「地大則有常祥、不庭、歧母、羣抵、天翟、不周。」彼文六名同述，不周爲山，則其餘皆山名也。（呂注以不周爲山，餘爲獸名，文例不倫，大謬。郝氏大荒東經疏謂羣抵卽山海經之頵羝，常祥卽大荒西經海外西經常羊之山，不庭卽大荒南經不庭之山。予案郝說是也。天翟卽此文之玄燿。玄、天同義，本書婁見。燿從翟聲，自可通用。）玄燿卽天翟，當爲山名。注前說以爲水名，失之。玄燿在不周者，兩山相近，玄燿小而不周大，以大表小也。**申池在海隅。**海隅，藪也。○吴承仕云：上文九藪，「齊曰海隅」，則此注當云「海隅，齊藪也」。下文「孟諸在沛」，注云：「孟諸，宋澤也。」其比同。孟諸在沛。孟諸，宋澤也，在睢陽東北。少室、太室在冀州。少室、太室在陽城，嵩高山之別名。冀，堯都冀州，冀爲天下之號也。燭龍在雁門北，蔽于委羽之山，不見日。其神人面龍身而無足。蔽，至也。委羽，北方山名也。龍銜燭以照太陰，蓋長千里，視爲晝，瞑爲夜，吹爲冬，呼爲夏。○陶方琦云：初學記三、御覽九百二十九引許注：「不見日，故龍以目照之，蓋長千里，開爲晝，（御覽引「開」仍作「視」字。）瞑爲夜，吹爲冬，呼爲夏。」按：許注亦本海外北經說也。海外北經作「鍾山之神名燭陰，視爲晝，瞑爲夜，吹爲冬，呼爲夏」。御覽引括地志亦同。又大荒北經章尾山：「是燭九陰，是謂燭龍。」郭注引詩含神霧：「天不足西北，無有陰陽消息，故有龍銜精以照天門。淮南子曰：蔽于委羽之山，不見天日也。」○劉文典云：文選謝靈運擬魏太子鄴中集詩注引「蔽」作「第」。注同。○寧案：說文無第字，文選注引「第」當爲「茀」。詩衛風碩人「翟茀以朝」，傳：「茀，蔽也。」疏：「茀，車蔽也。婦人乘車不露見，車之前後設障以自隱蔽謂之茀。」說文：「茀，道多艸不可行。」引申故有蔽義。疑此高作蔽而許作茀。又案：道藏本、景宋本注作「一曰龍銜燭以照太陰」，莊本刪「一曰」二字。高注本非二說，此許高俱本海外北經，不得稱「一曰」。疑「一曰」二字乃「有」字分寫。后稷壠在建木西，建木在都廣。都廣，南方澤名。說其山，說其澤。壠，冢也。○寧案：海內經云：「西南黑水之間，有都廣之野，后稷葬焉。」又海內西經云：「后稷之葬，山水環之。」郭注「在都廣之野」，即本海內經爲說。上文「建木在都廣」，高注：「都廣，南方山名也。」而此曰「南方澤名」，蓋都廣之野，有山有水，故經曰「山水環之」。此亦云「說其山，說其澤」，故彼注云「南方山名」，而此云「南方澤名」也。其人死復蘇，其半魚，在其間。南方人死復生，或化爲魚，在都廣建木閒。○寧案：見大荒西經。郭注引「半」下有「爲」字。流黃、沃民在其北方三百里，狗國在其東。○寧案：海内北經云：「昆崙東有犬封國。」郭注：「生男爲狗，生女爲美人，是爲狗封之民也。」經又云：「犬封國曰犬戎國，狀如犬。」郭注：「言狗國也。」又見周書王會篇。王念孫云：「王肅曰：狗國，犬戎也。」雷澤有神，龍身人頭，鼓其腹而熙。雷澤，大澤也。鼓，擊也。熙，戲也。地理志曰：禹貢雷澤在濟陰城陽西北。城陽有堯冢。○寧案：見海内東經。

江出岷山，東流絶漢入海。左還北流，至于開母之北，右還東流，至于東極。岷山在蜀西徼外。絶猶過也。開母，山名，在東海中。河出積石。睢出荆山。河原出昆侖，伏流地中，方三千里，禹導而通之，故出積石。積石山在金城郡河關縣西南。荆山在左馮翊懷德縣之南，下有荆漂原，雝州浸也。○莊逵吉云：「睢出荆山」，「睢」字誤，當爲「洛」，古字作「雒」，故誤爲睢也。荆漂原當即彊梁原，古字「荆」「彊」相通，「漂」「梁」則字之誤也。孫編修謂「梁」古文作「㳻」，形與「漂」近。後人多見「漂」，少見「㳻」，因之而亂耳。○王念孫云：水經沮水注曰：「沮水出東汶陽郡沮陽縣西北景山，即荆山首也。（中山經：「荆山之首曰景山，睢水出焉，東南流注于江。」）故淮南子曰：『沮出荆山。』高誘云：『荆山在左馮翊懷德縣。』蓋以洛水有漆沮之名故也。斯謬證耳。」案此所謂沮水，乃「江漢睢漳」之睢，非漆沮之沮。所謂荆山，乃禹貢南條荆山，非北條荆山，故酈氏以高注爲謬證。莊伯鴻欲改「睢」爲「洛」，以合高注，不知洛水過荆山入渭，（地理志：「左馮翊懷德，禹貢北條荆山在南，下有彊梁原，洛水東南入渭。」）則不得言「洛出荆山」。且下文明言「洛出獵山」，何不察之甚也。又案：注「下有荆漂原」，地理志作「下有彊梁原」，水經渭水注作「下有荆渠」。○吴承仕云：朱本、景宋本注文「荆山」下並有「禹貢北條荆山」六字。案地理志：「左馮翊懷德，禹貢北條荆山在南，下有彊梁原。」此注正用地理志。莊本誤奪，應據補。○向宗魯云：注「方三千里」當作「萬三千里」，水之流不可以方里言之也。「萬」俗作「万」，故譌「方」。水經河水注一云：「高誘稱河出崑崙，伏流地中萬三千里，禹導而通之，出積石山。」其所見本正作「萬」。（吴承仕說同。）○于省吾云：案吴謂「万」譌爲「方」是也，以「万」爲俗書非也。晚周鉨文，「萬」字已作「万」，乃古文也。

淮出桐柏山。睢出羽山。桐柏山在南陽。清漳出楬戾。濁漳出發包。楬戾山在上黨治。發包山一名鹿苦山，亦在上黨長子。二漳合流，經魏郡入清河。○莊逵吉云：錢別駕云：「鹿苦」，地理志作「鹿谷」。「苦」字誤，應作「谷」。清漳，說文解字以爲出沾山大要谷，地理志以爲出大黽谷，「要」「黽」亦形近亂也。山海經云：「謁戾之山，沁水出焉。」水經同。葢沁、漳下流互受，故以沁水所出之山爲清漳所出耳。發包，水經作發鳩。古字「鳩」或爲「勼」，「勼」與「包」形近，亦聲同，因字因聲，故亦通用。「楬」「謁」亦同。○吴承仕云：注「治」當作「沾」。地理志：「上黨沾大黽谷，清漳水所出。」水經：「清漳水出上黨沾縣。」注引高誘淮南注曰：「謁戾山在沾縣。」各本並誤「沾」爲「治」，失之。濟出王屋。時、泗、沂出臺、台、術。王屋山在河東垣縣東北。時、泗、沂皆水名。臺、台、術皆山名。處則未聞也。○于鬯云：高注云：「時、泗、沂皆水名。」考水經當篇有泗水、沂水，無時水。時水見瓠子河、淄水兩篇中。酈道元注云：「時卽耏水也。音而。京相璠曰：今臨淄唯有澅水，卽地理志如水。耏、如聲相似。」然則如、時又一聲之轉，而亦稱時水。洛出獵山。獵山在北地西北夷中。洛東南流入渭。詩「瞻彼洛矣，維水泱泱」是也。汶出弗其，流合於濟。弗其山在北海朱虚縣東。○莊逵吉云：「弗其」地理志作「不其」，弗、不通用。○王引之云：水經汶水注曰：「按誘說，是乃東汶，非經所謂入濟者也，葢其誤證耳。」今按漢書地理志，琅邪郡朱虛有「東泰山，汶水所出，東至安邱入維」，此高注所本也。其水入維，不入濟，故酈氏以爲誤證。地理志又曰：泰山郡萊蕪有「原山，禹貢汶水出西南，（句）入泲。（古「濟」字。）」此則淮南之汶矣。汶出原山，而此云出弗其者，弗其蓋原山之別名，淮南與地理志，似異而實同也。禹貢錐指因高注誤證而並以淮南爲誤則過矣。弗其卽是原山，在萊蕪縣，與不其縣之不其山名相似，而地則不同。莊氏伯鴻以爲卽不其山，謬矣。○俞樾云：說文水部：「汶水出琅琊朱虛東泰山，東入濰。」又曰：「桑欽說汶水出泰山萊蕪西南入泲。」是汶水有二，一入濰，一入泲。泲卽濟也。高注曰：「弗其山在北海朱虛縣東。」是誤以入濰之汶說入濟之汶，王氏讀書襍志已辯正矣。惟弗其之名，未能塙指。漢書地理志曰：泰山郡萊蕪有原山，「禹貢汶水出西南入泲」。今原山在山東泰安府萊蕪縣東北七十里，亦名馬耳山。「弗其」二字，疑卽「馬耳」之誤。「弗」與「馬」，「其」與「耳」，字形皆相似。○劉文典云：「西流合於濟」，各本皆作「流合於濟」，敓「西」字，今據水經注所引補。○吳承仕云：水經汶水注引淮南子「汶出弗其，高誘云：山名也」。又引高誘云：「弗其，山名，在朱虛縣東。」兩引皆作「山名」，疑今本脫「名」字。**漢出嶓冢。**○王念孫云：說山篇「江出岷山，河出崑崙，濟出王屋，潁出少室，漢出嶓冢」，高注云：「已說在墬形也。」今墬形篇無「潁出少室」之文，蓋寫者脫去。**涇出薄落之山。**嶓冢山，漢陽縣西界，漢水所出，南入廣漢，東南至雝州入江。薄落之山，一名笄頭山，安定臨涇縣西，禹貢涇水所出，東南至陽陵入渭。○劉家立云：「之山」二字，涉注文而衍也。此節言山，凡雙名者無「山」字，單名者有「山」字。下文「釜出景」則又脫去「山」字。當併刪補。**渭出鳥鼠同穴。伊出上魏。**鳥鼠同穴山在隴西首陽西南，渭水所出，東會於灃，又入河，雝州川也。上魏，山名，處則未聞。○莊逵吉云：渭水，諸書皆作雍州浸，唯此書與周書作川。**雒出熊耳。**熊耳山在京師上雒西北也。○寧案：注「京師」當作「京兆」。京師非專名也。下文「丹水出高褚」，注云：「高褚一名冢嶺山，在京兆上雒。」是其比。浚出華竅。維出覆舟。○吳承仕云：御覽六十三引淮南子曰：「濰出覆舟山，蓋廣異名也。」案御覽所引，當是許注。說文：「濰，水出琅邪箕屋山。」此云覆舟，卽箕屋異名。疑許意如是。○寧案：吳說是也。水經濰水注云：「許慎、呂忱云：濰水出箕屋山。淮南子曰：濰水出覆舟山蓋廣異名也。」可爲吳氏之證。汾出燕京。燕京，山名也，在太原汾陽，汾水所出，西南至汾陽，冀州浸。○莊逵吉云：山海經、水經皆云汾出管涔山，古字「燕」「管」、「京」「涔」聲近通用。○向宗魯云：「燕」「管」、「京」「涔」聲類絶遠，何相近通用之有？水經汾水注御覽六十四引十三州志云：「汾水出武州之燕京山，亦管涔之異名也。」斯爲得之。衽出濆熊。淄出目飴。目飴山名。○李哲明云：目飴山未知所在。元和郡縣志淄川縣云：「淄水出縣治東南原山，去縣六十里。」與淮南所説不同。又志云：「宋置貝丘縣，隋開皇十八年改爲淄川。」竊疑淮南本文作「淄出原山」，讀者以山在貝丘境，因記「貝丘」二字於「原山」旁，傳寫訛捝，「貝丘原」並入正文，「貝」誤「目」，「原」與「食」形近，合「丘」字爲一，遂誤作「飴」，後人又省「山」字以適句耳。其竄誤之迹，可鉤考而知之。○吳承仕云：本文疑當作「淄出鉛」。注當作「鉛，山名」。今本「目」字誤衍，「飴」則「鉛」字形近之譌也。地理志：「泰山萊蕪縣原山，甾水所出。」水經注引「淮南子曰：『水出自飴山。』蓋山別名也。」寰宇記曰：「淄水出泰山萊蕪縣，淮南子謂之水出鉛山，蓋原山別名也。」（記文止此。）今謂鉛、原皆寒部，字聲紐亦近，明是一文。寰宇記引作「鉛」是也。水經注稱水出自鉛，校淮南者，或增「自」字於「鉛」字上，展轉傳寫，遂譌「自」爲「目」，譌「鉛」爲「飴」矣。注文目飴字，又據誤本改之耳。（邵瑞彭曰：左襄四年傳：「敗於狐駘。」杜注：「魯國番縣東南有目台亭。」目台卽目飴也。然，地望不近，淄水所出，舊來亦無異說，疑其非是。）○寧案：本文單名出「山」字，雙名不出「山」字。吳以爲當作「淄出鉛」，是也而未善也。李云當作「淄出原山」，是也而其所以說之非也。文本無注，曰「淄出鉛山」，蓋其爲山已明。水經淄水注引淮南子曰：「水出目飴山」。寰宇記曰：「淮南子謂之水出鉛山。」吴以爲「鉛」即「原」字，又誤「飴」，「自」字校淮南者所加，又誤作「目」，是也。遂作「淄出目飴山」。後人以雙名不應出「山」字，而目飴無注，以爲「山」字乃注文有挩誤，故依注例於「山」上加「目飴」，「山」下加「名」字，遂誤如今本耳。丹水出高褚。高褚一名冢嶺山，在京兆上雒，丹水所出，東至均入沔也。○劉績云：冢嶺山在陝西西安府商縣南，丹水出於此，東流至河南内鄉縣，與淅水合，流入漢江，非此所謂丹水也。高褚恐高都之譌。漢上黨高都縣莞谷，丹水所出，東南入絶水。（見地理志。）今山西澤州高平即高都，有丹水，源出仙公山，南流合白水入沁河，此丹水是。○王念孫云：劉說是也。北山經曰：「沁水之東有林焉，名曰丹林，丹水出焉，（舊本作「丹林之水」，衍「林之」二字，今依水經注删。）南流注於沁。」（舊本作「注於河」，涉上文「沁注於河」而誤，今依水經注改。）水經沁水注曰：「丹水出上黨高都縣故城東北阜下，東會絶水，又東南流，白水注之，又東南流，注於沁。」竹書紀年：「晉出公五年，丹水三日絶不流。」皆謂此丹水也。漢高都故城在今澤州府鳳臺縣東北。此作高褚，豈「都」字古通作「諸」，因誤爲「褚」與？○于鬯云：鬯謂「都」「諸」「褚」皆諧者聲，通在借例，何必「都」字可通「諸」，獨不可通「褚」而謂之誤？王氏精於音學，於此猶不能無拘，惜矣！戰國秦策「五都」，史記蘇代傳作「五渚」，亦其比也。○寧案：上下文皆不言某水出某，此丹水衍「水」字。股出嶕山。○王引之云：偏考地理書無股水之名，「股」疑當爲「般」。隸書「舟」字多作「月」，故「般」誤爲「股」。（漢巴郡太守張納功德叙「般桓弗就」，司隸校尉魯峻碑「陰平原般」，並作「股」，與「股」相似。爾雅釋水鉤「般」，釋文：「般李本作股。」）漢書地理志濟南郡般陽，應劭曰：「在般水之陽。」水經濟水注曰：「般水出般陽縣東南龍山，俗亦謂之爲左皋。」龍山蓋嶕山也，古今異名耳。鎬出鮮于。涼出茅盧石梁。鮮于、茅盧、石梁，皆山名也。〇莊逵吉云：郭璞山海經注引此作「薄出鮮于」。〇王引之云：北山經郭注引此「鎬」作「薄」。劉績曰：「鎬薄必有一誤。」引之曰：北山經薄水注引此文，則薄非誤字可知。「鎬」與「薄」形聲皆不相似，「薄」字亦無緣誤爲「鎬」。蓋「鎬」字下有出某山之文而今脱之，「薄出鮮于」又脱「薄」字，故混爲一條耳。〇寧案：王説不可據。北山經引作「薄」，通「亳」。荀子議兵篇「湯以薄」，楊注：「與亳同。」孟子滕文公下云「湯居亳」是也。蓋許本作「薄」，高本作「亳」。「亳」以形近誤作「高」。讀者以地理書無高水，故加水旁作「滈」，通作「鎬」。荀子議兵篇「武王以滈」，注：「滈與鎬同。」因誤如今本耳。汝出猛山。淇出大號。猛山一名高陵山，在汝南定陵縣，汝水所出，東南至新蔡入淮。大號山在河内共縣北。或曰在臨慮西。〇莊逵吉云：河内共縣，諸本及藏本皆作「卭」，攷河内無卭縣，當作「共」，故改之。晉出龍山結給。合出封羊。結給、合一名也。龍山，在晉陽之西北，晉水所出，東入汾。封羊山名。〇王引之云：「晉出龍山結給」，當作「晉出結紐」。「龍山」二字，因注而衍。「紐」字右畔作「合」，則因下句「合出封羊」而誤。注當作「結紐山一名龍山」。今本作「結給」，亦隨正文而誤，又脱「山」字，衍「合」字「也」字耳。水經晉水注曰：「晉書地道記及十三州志並言晉水出龍山，一云出結紐山，在晉陽縣西北。」太平御覽地部十引郡國志曰：「縣甕山一名龍山，一名結紐山，晉水出焉。」是結紐山乃晉水所出，故曰「晉出結紐」。「結紐」疊韻字，（「結」古讀若「吉」。）若作「結給」，則失其韻矣。且龍山即是結紐，不得並言龍山結紐也。注言結紐山一名龍山者，猶上注言發包山一名鹿谷山，薄落之山一名笄頭山，猛山一名高陵山。其云一名某山，乃高以當時山名釋之，不得闌入正文。遼出砥石。釜出景。砥石，山名，在塞外，遼水所出，南入海。景山在邯鄲西南，釜水所出，南澤入漳，其原浪沸湧，正勢如釜中湯，故曰釜，今謂之釜口。○吳承仕云：朱本作「南流入漳」。案御覽六十四引水經注曰：「滏水又東流注於漳。」此文「澤」即「流」字之譌。○向宗魯云：此文凡山之以一字名者，例有「山」字，此「景」下亦當有「山」字。北山經以景山爲景水所出。又云「神囷之山，滏水出焉」，與此文異。水經滏水注：「滏水發源出石鼓山南巖下，泉源奮湧，若釜之揚湯矣。」此注「原浪」疑「泉源」之譌。「正勢」二字疑倒。「今謂之釜口」者，北山經郭注云：「滏水今出臨水縣西釜口山。」（又見魏都賦注。）注，「澤」當作「流」。北山經謂「東流注於歐水」。郭注云：「入於漳。」岐出石橋。呼沱出魯平。魯平，山名。呼沱，并州之浸也，今中山漢昌呼沱河是。○莊逵吉云：孫編修云「魯平」疑當作「魯乎」。此山亦名武夫，古聲武魯、夫乎相近。又攷山海經名之爲泰戲，「戲」聲亦與夫、乎近，皆通用字。○呂傳元云：「呼沱」皆當爲「呼池」，「呼」與「虖」同。周禮職方氏：「并州其川虖池。」鄭注云：「虖池出鹵城。」禮記禮器：「晉人將有事於河，必先有事於惡池。」鄭注：「惡當爲呼，聲之誤也。呼池漚夷，并州川。」釋文：「池，大河反。」漢書地理志：「正北曰并州，其山曰恆山，藪曰昭餘祁，川曰虖池漚夷。」師古曰：「虖池出鹵城。虖音呼。池音徒河反。」是「呼沱」古作「呼池」也。（墨子兼愛中亦作「虖池」。戰國策秦韓中山策皆作「呼池」。）宋本、藏本、汪本、茅本皆未誤。莊氏蓋未達古字古義，遂改「池」爲「沱」，殊謬矣。泥塗淵出樠山。樠讀人姓樠氏之「樠」。○向宗魯云：古無樠氏，「樠」當爲「瞞」，涉正文而誤。廣韻二十六桓「瞞」下引風俗通云：「瞞氏荆蠻之後，本姓蠻，其枝裔隨音變改爲瞞氏。」邵姓解署同。又引司徒瞞成，瞞成見哀十六年左傳。雖有二說，其字皆作「瞞」，不作「樠」。○寧案：「樠氏」疑當作「郎氏」。後漢書馬援傳李賢注引「水經注云：『武陵有五溪，謂雄溪、樠溪、西溪、潕溪、辰溪，悉是蠻夷所居，故謂五溪蠻。』土俗雄作熊，樠作郎，潕作武」。今本漢書「郎」誤「朗」。宋諱「朗」爲「朗」，多譌混。維濕北流出於燕。流於北燕，北塞外也。○莊逵吉云：錢別駕云：「維濕」，「濕」字當作「漯」。漯水出右北平浚靡縣，東南至無終入庚，庚水至雍奴入海。出地理志。即經流燕京之水也。若濕出平原高唐，與此不涉，非是。

諸稽攝提，條風之所生也。諸稽攝提，天神之名也。艮爲條風。○楊樹達云「條」當作「融」，字之誤也。上文云：「東北曰炎風。」高注云：「艮氣所生，一曰融風也。」凡高注彼文所舉「一曰」云云，皆據此文爲言。（詳見上。）彼文炎風爲艮氣所生，注云「一曰融風」，則此文當作融風明矣。說文十三篇下風部云：「風，八風也。東方曰明庶風，東南曰清明風，南方曰景風，西南曰涼風，西方曰閶闔風，西北曰不周風，北方曰廣莫風，東北曰融風。」其文即本之淮南此文。明庶以下七風皆與本文相合。彼文云「東北曰融風」，則此文當作融風又明矣。上文云：「東方曰條風。」高注云：「震氣所生也。」然則條風自爲東方震氣所生之風，此爲東北方艮氣所生之風，不得爲條風也。○寧案：楊說非也。條風即融風，爲東北方艮氣之風，非東方震氣所生。說詳上文「八風」下。蓋上文誤以條風屬東方，楊氏遂據彼之誤文以改此文之不誤，傎矣。通視，明庶風之所生也。通視，天神也。明庶風，震卦之所生也。赤奮若，清明風之所生也。赤奮若，天神也。巽爲清明風也。共工，景風之所生也。共工，天神也，人面蛇身。離爲景風。諸比，涼風之所生也。諸比，天神也。坤爲涼風。○向宗魯云：郝懿行謂諸比即海外東經奢比之尸。案諸比北方之國，見本書覽冥篇，今本誤作「諸北」，說詳彼處。皐稽，閶闔風之所生也。皐稽，天神也。兌爲閶闔風。隅强，不周風之所生也。隅强，天神也。乾爲不周風。窮奇，廣莫風之所生也。窮奇，天神也，在北方道，足桀兩龍，其形如虎。坎爲廣莫風。○寧案：窮奇見海內北經。注：「桀」當爲「乘」，說文作「椉」，缺上故誤爲「桀」。山海經祝融、蓐收、勾芒皆曰「乘兩龍」，是其比。道藏本、景宋本正作「乘」。

窔生海人，窔，人之先人。○俞樾云：下文又曰「凡窔者生於庶人」，兩「窔」字皆「胈」字之誤。史記司馬相如傳：「躬胼胝無胈。」韋昭曰：「胈，戚中小毛也。」漢書相如傳注引孟康曰：「胈，毳膚皮也。」然則「凡胈者生於庶人」，與下「凡羽者生於庶鳥」、「凡毛者生於庶獸」、「凡鱗者生於庶魚」、「凡介者生於庶龜」一律。人以胈言，猶鳥、獸、魚、龜以羽、毛、鱗、介言也。其字本從「肉」，傳寫誤從「穴」，後人以從「穴」之字多上形下聲，因變爲「窔」矣。管子侈靡篇有「䳄」字，即「窵」字之誤。墨子備城門篇有「臏」字，即「竇」字之誤。說見本書。彼蓋先誤「穴」爲「肉」，後人以從「肉」之字多左形右聲，因變爲「䳄」爲「臏」，與此正可互證也。道藏本作「凡容者生於庶人」，則與「窔生海人」不相應，即與下文羽、毛、鱗、介不一律矣。又案「窔生海人」，「窔」下脫一字，說詳下條。○寧案：景宋本「窔」作「突」。氾論篇高注「馯馬，突馬也」，景宋本「突」作「窔」。干祿字書入聲：「窔、突，上俗下正。」下文「凡窔者生於庶人」，道藏本「窔」作「容」。「容」當爲「窔」。俞正燮據一切經音義引蒼頡篇謂作「突」者是，「突」即突凸也。言「凸生海人」，「凡凸者生於庶人」也。作「容」者，凹也，言「凹生海人」，「凡凹者生於庶人」也。（說詳癸巳存稿三。）兩「窔」字不應妄改。海人生若菌，菌讀羣下之「羣」。若菌生聖人，聖人生庶人，凡窔○莊逵吉云：此字藏本作「容」，恐非是，故從各本仍作「窔」。者生於庶人。羽嘉生飛龍，飛龍，羽嘉，飛蟲之先。飛龍有翼。○吴承仕云：御覽九百十四引注云：「羽嘉，飛蟲之先也。飛龍，龍之有羽者。」案今本注首「飛龍」二字誤衍。飛龍生鳳皇，鳳皇生鸞鳥，鸞鳥生庶鳥，凡羽者生於庶鳥。毛犢生應龍，應龍生建馬，建馬生麒麟，麒麟生庶獸，凡毛者生於庶獸。介鱗生蛟龍，介鱗，鱗蟲之先。蛟龍，有鱗甲之龍也。○俞樾云：蛟龍乃鱗蟲，非介蟲也，不當兼言介。上文「羽嘉生飛龍」，「毛犢生應龍」，下文「介潭生先龍」，曰羽嘉，曰毛犢，曰介潭，是羽、毛、介各有一字以配之，使成二名，則此文「鱗」下亦當有一字，傳寫脱去，又涉下文「介潭」而誤衍「介」字耳。以此推之，上文「窔生海人」，「窔」下亦必脱一字矣。○寧案：楚辭天問「河海應龍」，王逸注云：「有鱗曰蛟龍，有翼曰應龍。」此高注所本。案蛟爲龍屬，（説文：「蛟，龍之屬也。」）不得即謂之龍。古書言蛟龍皆爲二物，無稱蛟龍爲龍者。且龍皆有鱗，不得曰有鱗曰蛟龍。高氏承王注爲説，非確訓也。高注又加一「甲」字，蓋釋「介」字。俞氏以「介」字爲誤衍，疑非是。**蛟龍生鯤鯁，鯤鯁生建邪，建邪生庶魚，凡鱗者生於庶魚。介潭生先龍，**介，國也，龜之先。潭讀譚國之「譚」。○吴承仕云：朱本作「介，甲也」。案：甲介，經籍常詁，莊本作「國」者，涉下文「譚國」字而誤。**先龍生玄黿，玄黿生靈龜，靈龜生庶龜，凡介者生於庶龜。煖濕生容，**煖一讀暵，當風乾燥之貌也。**煖濕生於毛風，毛風生於濕玄，濕玄生羽風，羽風生煗介，煗介生鱗薄，鱗薄生煖介。**○向宗魯云：煗介、煖介，似是一物，必有衍字。○寧案：文云「煖濕生容，煖濕生於毛風，毛風生於濕玄」，即濕玄生毛風，毛風生煖濕，煖濕生容也。下文又云「濕玄生羽風」，是濕玄生毛風，又生羽風也。且上文言窔，言羽嘉，言毛犢，言介鱗，言介潭，皆云某生某，不曰某生於某也。且前者皆四生而此獨七生，文不一律。又案：下云「五類裸種興乎外」，五類者，人與鳥獸龜龍也。五者之外而有煖濕生容，則爲六類。五者皆爲結曰「凡某者生於庶某」，而此無結語。疑「容」字亦當爲「䆐」，則煖濕生容，亦就人類言之耳。文理錯亂，無可據正。**五類裸種興乎外，肖形而蕃。**肖，像也，言相代象而蕃多也。**日馮生陽閼，**日馮，木之先也。**陽閼生喬如，喬如生幹木，幹木生庶木，**

〇向宗魯云：御覽九百五十二引「喬如」俱作「鱗鮐」。有小注云：「音台。」酉陽襍俎十六引作「鱗胎」，「胎」亦「鮐」之形誤。

凡根拔木者生於庶木。〇王念孫云：「根拔」二字涉下文「根茇草」而誤衍也。下文言「根茇草」者，對後「浮生不根茇者」而言，若木則皆有根茇，不必別言之曰根拔木也。「凡木者生於庶木」，與上文「凡羽者生於庶鳥」，「凡毛者生於庶獸」，「凡鱗者生於庶魚」，「凡介者生於庶龜」，文同一例，不當有「根拔」二字也。又下文「根拔生程若，程若生玄玉，玄玉生醴泉，醴泉生皇辜，皇辜生庶草，凡根茇草者生於庶草」，高注「根拔生程若」曰：「根拔，根生草之先也。」（今本「草之」二字誤倒，據下注「浮生草之先」改。）案：「根拔」皆當作「招搖」，今作根拔者，亦因下文「根茇草」而誤。根茇草生於庶草，由庶草而上溯之，至於程若，是程若爲根茇草之先，不得言「根拔生程若」也。酉陽襍俎廣動植篇作「招搖生程若」，以下六句皆本淮南，則「根拔」爲「招搖」之誤明矣。〇寧案：「根拔生程若」，王謂「根拔」當作「招搖」，似是也。然此「凡根拔者生於庶木」，太平御覽九百五十二引作「凡根枝者生庶木」，（「生」下奪「於」字。）又引注云：「根枝木名也。」則「根拔」二字似非衍文。王謂涉下文「根茇草」而誤衍，則下文自作「根茇」，何得此作「拔」字？疑太平御覽作「根枝」是也。今本「拔」即「枝」之形誤，「木」字乃後人所加。作「根枝者生於庶木」正與上文「羽者生於庶鳥」「毛者生於庶獸」「鱗者生於庶魚」「介者生於庶龜」文同一例。說文：「枝，木別生條也。」「茇，草根也。」類各著其形徵，故鳥言羽，獸言毛，魚言鱗，龜言介，木言根枝，草言根茇。若作「木者生於庶木」，與此文同一例，則上文豈亦當作「鳥者生於庶鳥」「獸者生於庶獸」「魚者生於庶魚」「龜者生於庶龜」歟？下文則當作「草者生於庶草」也。此以根枝標木類，下文以根茇標草類，疑「根茇」下「草」字亦衍。

根拔生程若，根拔，根生之草先也。程若生玄玉，玄玉生醴泉，醴泉生皇辜，皇辜生庶草，凡根茇草者生於庶草。海閭生屈龍，海閭，浮草之先也。屈龍，游龍，鴻也。詩云：「隰有游龍。」言「屈」，字之誤。屈龍生容華，容華，芙蓉草花。容華生蔈，蔈，流也，無根水中草。○寧案：蔈，一作薸，同瓢。廣雅釋草「瓢，蓱也。」疏證：「瓢之爲言漂也。」猶此言「蔈，流也」，言其漂流水上。劉家立集證改作「蔈，流水中無根草」，殊妄。蔈生萍藻，萍藻生浮草，凡浮生不根茇者生於萍藻。○王念孫云：三「萍」字皆後人所加。（埤雅引此已誤。）「蔈」一作「薸」，「萍」一作「蓱」。呂氏春秋季春篇注曰：「萍，水薸也。」（今本「薸」誤作「藻」。）爾雅釋草注曰：「水中浮蓱，江東謂之薸。」則蔈即是萍，不得言蔈生萍藻。且萍藻爲二物，又不得言萍藻生浮草也。酉陽襍俎正作「蔈生藻，藻生浮草」。

正土之氣也御乎埃天，○莊逵吉云：太平御覽「御」作「仰」，下同。下有注云：「正土，中土也，其氣上曰埃央中天也。」○王念孫云：「也」字衍。下文「偏土之氣」四段，「氣」下皆無「也」字。太平御覽地部三十五引此亦無。○寧案：太平御覽七十引注作「埃天，中央也」。莊引「央」「天」二字誤倒。疑注當作「正土，中央土也。其氣上曰埃天，中央天也」。天稱中央，則土亦當稱中央，土稱中央土，則天亦當稱中央天也。上下文可互校。埃天五百歲生缺，○莊逵吉云：太平御覽作「砄」，注云：「砄，石名也。中央數五，故五百歲而一化。」似與「黃金」下注語相亂。○寧案：莊氏所引見太平御覽七十。又「黃澒」下注云：「黃澒，砄化水銀也。」當是許注。太平御覽八百十引「黃金千歲爲（今本作「生」。）黃龍」下注云：「玦，石也。中央數五，故五百歲一化。澒音胡貢反。澒，黃金水銀也。」是高注。今本在「黃澒五百歲生黃金」下。蓋高承許説而所繫正文不同，非相亂也。缺五百歲生黃埃，黃埃五百歲生黃澒，○王念孫云：此本作「埃天五百歲生缺，缺五百歲生黃澒」，其「生黃埃黃埃五百歲」八字，皆因上下文而誤衍也。（上文有「埃天」，下文有「黃泉之埃」。）下文「青天八百歲生青曾，青曾八百歲生青澒」，與此文同一例，（後二段並同。）則不當有「生黃埃」以下八字明矣。初學記寶器部、太平御覽珍寶部九引此並云「玦五百歲生黃澒」。（又引注云：「玦，石也。」）御覽地部三十五引此云：「埃天五百歲生砄，（又引注云：「砄，石名也。」）玉篇：「砄，音決，石也。」）砄五百歲生黃澒。」是其證。**黃澒五百歲生黃金，**黃金，石名也。中央數五，故五百歲而一化。澒，水銀也。○寧案：注，黃金不得曰石名也。「黃金」二字當是「砄」字涉正文「黃金」而誤。太平御覽八百十引「黃金千歲爲黃龍」，下注云：「玦，石也。中央數五，故五百歲一化。澒音胡貢反。澒，黃金水銀也。」即此條。（「澒音胡貢反」五字後人所加，下衍「黃金」二字。）太平御覽引作「玦」作「砄」，今本作「缺」，皆形近而誤也。又下文「赤金」下注云：「南方火，其色赤，其數七，故七百歲而一化。」「玄金」下注云：「北方水，其色黑，其數六，故六百歲而一化。」依注例，則此當作「中央土，其色黃，其數五，故五百歲而一化」。今本「中央」下脫「土其色黃其」五字。同例，下文注「東方木」「西方金」下皆脫「其」字。又太平御覽七十引注云：「黃澒五百歲化而爲黃金也。」是許注。**黃金千歲生黃龍，**○寧案：太平御覽八百十引此下有「秦以一鎰爲一金而重一斤，漢以一斤爲一金」十八字，疑是後人附記誤入正文。又七十引注云：「黃金之精爲黃龍也。」蓋許注。**黃龍入藏生黃泉，**○莊逵吉云：太平御覽下有注云：「黃泉黃龍之汋也。」○寧案：莊引太平御覽七十「汋」上脫「精」字。**黃泉之埃上爲黃雲。**○寧案：太平御覽七十引下有注云：「其氣上至天也。」**陰陽相薄爲雷，激揚爲電，**○寧案：太平御覽七十引有注云：「言黃氣之相激蕩也。」**上者就下，**○寧案：太平御覽七十引有注云：「其氣傷復於天下也。」**流水就通，而合于黃海。**黃海，中央之海。

○寧案：太平御覽七十引有注云：「言水從天下，則通流入於海也。」此注與上句注，今本合在卷尾而文畧異。蓋高承許說。偏土之氣御乎清天，○莊逵吉云：太平御覽下有注云：「偏土，方土也。」○寧案：太平御覽引注「方」上應有「東」字，與下三方同例。清天八百歲生青曾，○莊逵吉云：太平御覽下有注云：「青曾，青石也。東方數八，故八百歲而一化。」亦與下注語相亂。○王念孫云：「清天」當爲「青天」，謂東方天也。下「清泉」同。太平御覽地部引此正作「青天」「青泉」。○寧案：太平御覽七十引注，許、高之異也，非與下注語相亂也。青曾八百歲生青澒，青澒八百歲生青金，青金八百歲生青龍，東方木，色青，其數八，故八百歲而一化。○王念孫云：「八百歲」當爲「千歲」，上文「黃金千歲生黃龍」，即其證也。（後二段並同。）高注云：「東方木色青，其數八，故八百歲而一化。」此注本在上文「青澒八百歲生青金」之下，後誤入此句下，讀者因改「千」爲「八百」耳。太平御覽引此正作「青金千歲生青龍」。○向宗魯云：御覽九百二十九引河圖曰：「黃金千歲生黃龍，青金千歲生青龍，赤金千歲生赤龍，白金千歲生白龍，玄金千歲生玄龍。」與淮南文同可證。青龍入藏生青泉，青泉之埃上爲青雲。陰陽相薄爲雷，激揚爲電，上者就下，流水就通，而合于青海。東方之海。壯土之氣，御于赤天，○莊逵吉云：太平御覽引此下有注云：「壯土，南方之土。」○王念孫云：「壯土」當爲「牡土」，此對下文北方土爲牝土而言。「壯」字俗書作「壮」，與「牡」相似而誤。○寧案：王說是也。景宋本正作「牡土」。赤天七百歲生赤丹，○莊逵吉云：太平御覽注云：「赤丹，砂也。南方數七，故七百歲而一化。」赤丹七百歲生赤澒，○寧案：太平御覽引注當作「赤丹，丹砂也」。本草丹砂，黃奭引注重「丹」字。赤澒七百歲生赤金，南方火，其色赤，其數七，故七百歲而一化。○莊逵吉云：太平御覽此下注云：「丹砂不化爲沙而可以爲金，故氣赤澒也。」當有誤字而無攷。〇寧案：莊引太平御覽「沙」誤「白」，「氣」誤「曰」，改從御覽。赤金千歲生赤龍，赤龍入藏生赤泉，赤泉之埃上爲赤雲。陰陽相薄爲雷，激揚爲電，上者就下，流水就通，而合于赤海。南方之海。弱土之氣，御于白天，〇莊逵吉云：太平御覽下有注云：「弱土，西方土也。」白天九百歲生白礜，白礜九百歲生白澒，白澒九百歲生白金，白礜，礜石也。白澒，水銀也。西方金，色白，其數九，故九百歲而一化。〇寧案：太平御覽七十引「白礜」下有注云：「白礜，礜石也。西方數九，故九百歲一化也。」當是許注。疑注不當重「礜」字。說文：「礜，毒石也。」段注：「疑本作礜、石也。三字爲句。」是其比。白金千歲生白龍，白龍入藏生白泉，白泉之埃上爲白雲。陰陽相薄爲雷，激揚爲電，上者就下，流水就通，而合于白海。西方之海。牝土之氣，御于玄天，〇莊逵吉云：太平御覽下有注云：「牝土，北方土也。」玄天六百歲生玄砥，玄砥，黑石也。〇寧案：太平御覽七十引注云：「砥，石也。北方數六，故六百歲而一化也。」蓋許注。玄砥六百歲生玄澒，玄澒六百歲生玄金，北方水，其色黑，其數六，故六百歲而一化。玄金千歲生玄龍，玄龍入藏生玄泉，玄泉之埃上爲玄雲。陰陽相薄爲雷，激揚爲電，上者就下，流水就通，而合于玄海。北方之海。上者就下，天氣復從天流下也。其通流之水，皆入于海也。

淮南子集釋卷五

漢涿郡高誘注

時則訓

則，法也，四時、寒暑、十二月之常法也，故曰時則，因以題篇。

孟春之月：招搖指寅，招搖，斗建。昏參中，旦尾中。參，西方白虎之宿也，是月昏時中於南方。尾，東方蒼龍之宿也，是月將旦時中於南方。其位東方。其日甲乙，盛德在木。太皞之神治東方也。甲乙，木日也，盛德在木，木王東方也。○莊逵吉云：「太皞之神治東方也」八字，藏本無之。明葉近山本有。據下孟夏、孟秋、孟冬注語，則有者是也，因從之。○寧案：道藏本、中立本、茅本、景宋本皆有此八字。其蟲鱗。其音角。東方少陽，物去太陰。甲散散爲鱗，鱗蟲龍爲之長。角，木也，位在東方也。○陶方琦云：文選宋玉對楚王問注引許注：「鱗，龍之屬也。」按：周禮大司徒「其動物宜鱗物」，鄭注：「鱗物，魚龍之屬。」○吴承仕云：注文當作「甲散爲鱗」，各本並誤衍一「散」字。呂氏春秋孟春紀注正作「甲散爲鱗」，應據正。律中太蔟。其數八。律，管音也。陰衰陽發，萬物太蔟地而生，故曰「太蔟」。其數八，五行數五，木第三，故曰八也。○劉文典云：「萬物太蔟地而生」，「太」字疑衍。本書天文訓「音比太蔟」，注言「陰衰陽發，萬物蔟地而生，故曰太蔟」也。呂氏春秋孟春紀，高氏彼注：「太陰氣衰，少陽氣發，萬物動生，蔟地而出，故曰律中太蔟。」曰蔟地而生，曰蔟地而出，並無「太」字，是其證矣。其味酸。其臭羶。木味酸。酸之言鑽也，萬物鑽地而生。羶，木香羶。○陶方琦云：五行大義三引許注：「羶者羊臭，春物氣與羊相類。木所以酸者，象東方萬物之生；酸者鑽也，言萬物鑽地而出生，五味得酸乃達也。」案「酸之言鑽」十二字，疑許注羼入高注中者，觀下數則知之。說文：「羴，羊臭也。」或作羶。○向宗魯云：大義引作說文。陶定爲本書注者，亦由下數則推知之。**其祀户。祭先脾。**蟄伏之類始動生，出由户，故祀户也。脾屬土，陳設俎豆，脾在前也。春木勝土，言常食所勝也。一曰：脾屬木，自用其藏也。○莊逵吉云：錢别駕云：說文解字肉部曰：「腎，水藏也。」「肺，金藏也。」「脾，土藏也。」「肝，木藏也。」皆無異義。唯心部曰：「人心土藏，在心之中。博士說以爲火藏。」攷五經異義曰：「今尚書歐陽說：肝，木也。心，火也。脾，土也。肺，金也。腎，水也。古尚書說：脾，木也。肺，火也。心，土也。肝，金也。腎，水也。」案月令春祭脾，夏祭肺，季夏祭心，秋祭肝，冬祭腎，與古尚書說同。鄭康成駁之曰：「月令祭四時之位，與五藏上下之次：冬位在後而腎在下，夏位在前而肺在上，春位小前故祭先脾，秋位小却故祭先肝。腎也，脾也，俱在鬲下；肺也，心也，肝也，俱在鬲上。祭者必三，故有先後焉，不與五行之氣同也。今醫病之法，以肝爲木，心爲火，脾爲土，肺爲金，則有瘳也。若反其說，不死爲劇。」鄭說與素問合，與古尚書異。說文解字既以心爲土藏，而與肉部不侔者，疑後人以博士說改之。博士者，漢之醫官也。誘注此訓一說，卽許君之義也，知未必是許注矣。○寧案：注「常食所勝」，「常」當爲「先」。下文「夏祭先肺」注：「先用所勝也」；「秋祭先肝」注：「祭先之，用所勝也」。是其例。呂氏春秋孟春紀「祭先脾」，高注：「先食所勝也。」尤爲明證。又案：莊伯鴻引錢說所云博士，卽尚書歐陽博士也。後漢書儒林傳：「自歐陽生傳伏生尚書，至歙八世，皆爲博士。」由是尚書世有歐陽氏學，卽所謂今文尚書也。錢以爲漢之醫官，謬矣。**東風解凍。蟄蟲始振蘇。**東方木，火母也。氣温，故東風解冰凍。振，動。蘇，生也。魚上負冰。獺祭魚。是月之時，魚應陽而動，上負冰也。獺，獱也。是月之時，獺祭鯉魚於水邊，四面陳之，謂之祭魚也。○吴承仕云：朱本、景宋本並作「鯉魚應陽而動」。案：孟春紀注云：「魚，鯉鮒之屬也，應陽而動，上負冰。」此注當與彼同。爾雅翼云：「時則訓『魚上負冰，獺祭魚』。許慎皆曰鯉也。」可證莊本無「鯉」字者，乃傳寫失之。○寧案：吴説是也。道藏本、茅本亦有「鯉」字。玉燭寶典一引作「鯉應陽而動」。候鴈北。是月時候之應鴈從彭蠡來，北過周、洛至漢中，孕卵鷇也。○吴承仕云：「是月時候之應」，文不成義，當作「是月候時之雁」。下文「仲秋之月，候燕來」，注云：「候時之雁從北漠來。」孟春紀注亦作候時之雁。皆其明證。此文「候時」倒作「時候」，「應」字即「雁」字，形誤而衍也。下文季秋之月注，「候時」亦倒作「時候」，誤與此同。○寧案：注「漢中」當作「漠中」，形近而誤。下文「季秋之月，候鴈來」，注：「雁從北漠中來。」是其證。呂氏春秋孟春紀注：「候時之雁，從彭蠡來，至北極之沙漠也。」其義尤明。天子衣青衣，乘蒼龍，周禮馬八尺已上曰龍也。○寧案：道藏本、中立本、景宋本「八尺」皆誤「七尺」。「馬八尺以上爲龍」，見周禮夏官廋人。服蒼玉，建青旗，服，佩也。熊虎曰旗。○馬宗霍云：孟夏「建赤旗」下注云：「順火德也。」孟秋「建白旗」下注云：「順金德也。」孟冬「建玄旗」下注云：「順水德也。」以彼三注例之，則「建青旗」下注文亦當云「順木德也」。今本奪去。○寧案：馬説是也。呂氏春秋孟春紀「載青旂」下注云：「順木色也。」以下孟夏、孟秋、孟冬注云「順火」、「順金」、「順水」，與注淮南同。食麥與羊，麥，金穀也。羊，土畜也。是月金土以老，食所勝，先食麥，以麥爲主也。服八風水，爨萁燧火，取銅槃中露水服之，八方風所吹也。取其木燧之火炊之。其讀該備之「該」也。○莊逵吉云：易「箕子之明夷」，劉向曰：「今易箕子作荄兹。」是「箕」有「荄」音，因之「萁」亦有「該」音耳。○向宗魯云：本書每月皆云「服八風水」，月令呂紀皆無之。此門下方士竄入。所謂仙掌承露，正與此同。東宮御女青色衣，青采，鼓琴瑟。春王東方，故處東宮也。琴瑟，木也，春木王，故鼓之也。○馬宗霍云：孟夏南宮注云：「火王南方，故處南宮也」，孟秋西宮注云：「金王西方，故處西宮也」，孟冬北宮注云：「水王北方，故處北宮」。以彼三注例之，則此注「春王東方」疑當作「木王東方」。其兵矛。矛有鋒鋭，似萬物鑽地生。○寧案：玉燭寶典正月引注「生」上有「而」字，今本脱。宋本太平御覽十九引作「以萬物鑽地如生也」。「以」即「似」之殘形，「而」「如」古通。上文「其味酸」，注亦云「萬物鑽地而生」，皆可證。其畜羊。羊，土木之母，故畜之也。朝於青陽左个，以出春令。是月之朔，天子朝日于青陽左个。東向堂，故曰青陽。北頭室，故曰左个。个猶隔也。春令，寬和之令也。○莊逵吉云：各本此下襍用吕氏春秋注語，唯藏本如是，知藏本爲準。布德施惠，行慶賞，省徭賦。布陽德，施柔惠也。慶，善。賞，賜予也。省減徭役之勞，輕其賦斂也。立春之日，天子親率三公九卿大夫，以迎歲于東郊。率，使也。迎歲，逆春也。東郊，郭外八里之郊也。○陶方琦云：魏書五十五劉芳傳、北史四十二引許注：「東郊，八里郊也。」按劉芳傳引賈逵曰：「東郊，木帝太昊八里。」盧植：「東郊，八里郊也。」賈爲許之師，盧爲高之師，並用先師舊訓，故自同。○馬宗霍云：吕氏春秋、禮記月令「迎歲」並作「迎春」，高注所本也。淮南正文作「歲」者，鄭玄月令注引王居明堂禮曰：「出十五里迎歲。」是正文作「歲」，又本之王居明堂禮也。下文立夏之日立冬之日本書皆作「迎歲」，與此同。惟於立秋之日作「迎秋」，王念孫謂「亦當作迎歲」，是也。又案鄭君以出十五里迎歲爲殷禮。周近郊五十里。然則高注郭外八里之郊，與殷周禮皆不合。尋魏書及北史劉芳傳引盧植、賈逵、許慎及鄭玄別注，竝云東郊八里。高氏受學於盧，蓋即用其師說，其説亦即漢代之制也。下文高注「南郊，七里之郊也。西郊，九里之外郊也」。其里數皆用師說。北郊當同。今本北郊無注，可據劉芳傳所引高説「北郊六里之郊也」補之。○寧案：注「逆」字當作「迎」字，道藏本、中立本、茅本、景宋本皆奪，而莊本臆補之也。「迎」字無庸注釋，高注蓋釋「歳」字。下文立夏注：「迎歳，迎夏也。」是其證。又下文立秋下當有注云「迎歳，迎秋也」，王念孫已校補。立冬下當有注云「迎歳，迎冬也」，今本亦奪。**修除祠位，幣禱鬼神，犧牲用牡。**祠位，壇場屏攝之位也。幣，圭璧也。禱鬼神，求福祥也。人神曰鬼，天神曰神。犧牲用牡，尚蠲潔也。**禁伐木。**春木王，當長養，故禁之也。**毋覆巢殺胎夭，毋麛，毋卵，**胎，獸胎，懷姙未育者也。麛子曰夭，鹿子曰麛，卵未轂者，皆禁民不得取，蕃庶物也。○馬宗霍云：禮記月令孔穎達疏云：「胎謂在腹中未出，夭爲生而已出者。」孔釋「胎」與高注合，釋「夭」不合。爾雅釋獸「麇，其子麇」，邢昺疏云：「其所生之子名麇。」陸德明釋文云：「麇，於兆反。」是「麇」之音義與「夭」同，知高氏解「夭」本爾雅也。然「夭」本可泛指，高專指「麇」者，因下文「毋麛」，高以「鹿子曰麛」釋之。彼亦本之爾雅。麇鹿同類，故遂以「夭」爲「麇」耳。○寧案：孟春月令孔疏：「胎謂在腹中未出，夭爲生而已出者。」此以「胎夭」並舉，其義當如孔疏。又曲禮下「士不取麛卵」，孔疏云：「麛乃鹿之子，凡獸子亦得通名也。卵，鳥卵也。」此以「麛卵」並舉，其義當與曲禮同。高氏謂麛子曰夭，鹿子曰麛，雖本爾雅，似失此文之義。**毋聚衆置城郭，掩骼薶骴。**毋聚合大衆建置城郭，以妨害農功也。骼，骨有肉。掩覆薶藏之，慎生氣也。○吴承仕云：陳世宜曰：「月令注：『骨枯曰骼，肉腐曰骴。』孟春記注：『白骨曰骼，有肉曰髊。』此注當作骼，骨無肉。骴，骨有肉。」承仕案：陳説近之。吕氏春秋異用篇注：「骨有肉曰髊，無曰枯。」義並同。此注雖有奪文，但不得據改。**孟春行夏令則風雨不時，**○俞樾云：月令作「雨水不時」是也。仲春之月始雨水，則孟春之月而雨水，卽爲雨水不時矣。漢太初以後更改氣名，以雨水爲正月中，則正月雨水，不復爲異；於是改「雨水不時」爲「風雨不時」，非淮南之舊矣。呂氏春秋孟春紀亦作「風雨不時」，並太初以後人所追改。○向宗魯云：俞說誤。禮記孔疏詳言風少雨少，則記文本作「風雨」；今本月令作「雨水」非也。（王氏述聞已訂正。）淮南呂覽並不誤，且足證今本月令之譌。俞氏據誤文以改正書，何不思之甚也！○馬宗霍云：俞氏此說雖近似，但孔穎達月令正義前釋經文云：「孟春行夏令，雨水不時，天也。」後釋注文云：「此風雨不時者，謂風雨少，不得應時。所以風雨不應時者，以孟春建寅，其宿直箕星，箕星好風。孟春行夏令，寅氣不足，故風少，巳來乘之。四月純陽用事，純陽來乘，故雨少。」據此，則月令古本當亦有作「風雨不時」者，故孔疏前後岐出也。禮記疏義唐初尚存皇侃、熊安生二家，修正義者雖孔穎達主名，實不止孔氏一人。其前後岐出，自不足異。後漢書張敏傳李賢注，開元占經七十二候占，引月令並作「風雨不時」，與呂氏春秋淮南同。然則淮南本文未必後人所改，而孔氏「風雨不時」之解，正可援之以補高氏所未注矣。

草木旱落，國乃有恐。孟春木德用事，法當寬仁，而用火氣動于上，故草木旱落，國惶恐也。○俞樾云：月令作「草木蚤落」，呂氏春秋作「草木早槁」，此「旱」字卽「早」字之誤。○吳承仕云：朱本、景宋本文注並作「早」是也。又案孟春紀注云：「法當寬仁而行火令，火性炎上，故使草木槁落。」此注義與彼同，亦當作「法當寬仁而用火令」。各本竝奪「令」字，文不成義。○寧案：蔣維喬等曰：「呂氏春秋元本、李本、許本、張本、姜本、宋邦乂本、汪本、朱本注皆無『火令』二字，疑原始本然。」畢校本有。細檢本書高注，於孟春曰「孟春寬仁而行秋正金鐵之令」；於仲春曰「仲春陽氣長養而行秋節殺戮之令」，曰「仲春行冬陰之令」，曰「仲春行夏太陽之令」；於季春曰「季春行冬寒殺之令」，（今本「令」誤「氣也」。）曰「季春行夏亢陽之令」；於孟夏曰「孟夏而行金氣殺戮之令」，曰「行冬寒閉固之令」，曰「行春時啟蟄之令」；於仲夏曰「行春木王好生育之令」，曰「仲夏行秋成熟之令」；於季夏曰「春木王，木性墮落，陽發多風而行其令」，曰「冬陰肅殺而行其令」；於孟秋曰「孟秋陰也，復行冬水王之令」，曰「春陽亢燥而行其令」，曰「夏火王而行其令」；於仲秋曰「春陽氣而行其令」，曰「行炎陽之令」，曰「行冬寒氣激之令」；於季秋曰「季秋陰氣而行夏月霖雨之令」；於孟冬曰「冬爲閉藏，反行夏盛陽之令」；於季冬曰「季冬大寒而行春温之令」。呂氏春秋高注與此大同小異，唯皆不曰行木令、行火令、行金令、行水令。注孟春紀作「行火性炎上」，即此之「用火氣動於上」。雖語皆不貫，然「火令」二字，恐亦非高注原文，無以據正。疑「用」下脱「夏火王之令」五字。孟春紀「行」下脱文同。又案：正文「旱」字道藏本、茅本亦作「早」，俞校是。

行秋令則其民大疫，飄風暴雨總至，黎莠蓬蒿竝興。孟春寬仁而秋正金鐵之令，氣不和，故民疫疾；風雨猥至，故黎莠蓬蒿疏蘙之草竝興盛也。○吴承仕云：「而秋正金鐵之令」，朱本「而」作「行」。案：文當作「孟春寬仁而行秋正金鐵之令」。朱本奪「而」字，莊本奪「行」字，竝非也。又案：「疏蘙之草」，疏蘙異義，不得連文。疑「疏」當爲「㠩」，「㠩」即「荒」也。孟春紀注云：「荒穢滋生。」荒穢、㠩蘙字同。後人寫書者不識「㠩」字，以爲「疏」字之殘，遂改爲疏矣。○寧案：注「寬仁」當作「温仁」，涉上注「法當寬仁」而誤也。上文注云：「東方木，火母也，氣温。」又天文篇云：「太陰治春，欲行柔惠温良。」故此曰「孟春温仁」也。道藏本、中立本、茅本、景宋本皆作「温仁」。

行冬令則水潦爲敗，雨霜大雹，首稼不入。冬，陰也，水泉湧起，而春行之，故爲敗。氣不和，故雨霜大雹，植稼不熟也。○寧案：「雨霜大雹」，文不成義，以下十一月皆無此句式。月令作「雪霜大摯」。呂氏春秋孟春紀作「霜雪大摯」。玉燭寶典正月作「雪霜大擊」。摯亦擊也。（呂紀注作「雪霜」，寶典引高注同呂紀。）疑當從玉燭寶典。

正月官司空，其樹楊。

司空主土，春土受嘉穡，故官司空也。爾疋曰：「楊，蒲柳也。」楊木春光，故其樹楊也。○吳承仕云：「春光」當作「春先」。三月樹李，四月樹桃，注並以先後言之。夏小正：「正月柳梯。」古人楊柳通名。玉燭寶典引此注云：「楊春木，先春生，故其樹楊。」爾雅翼引此注正作「楊木春先」，是也。應據正。○寧案：注「嘉穡」，當爲「稼穡」，聲近而誤。中立本作「稼穡」。

仲春之月，招搖指卯，昏弧中，旦建星中。弧星在輿鬼南，是月昏時中于南方。建星在斗上，是月平旦時中于南方也。其位東方。其日甲乙。其蟲鱗。其音角。律中夾鍾。是月萬物去陰夾陽，聚地而生，故曰夾鍾也。其數八。其味酸。其臭羶。其祀户。祭先脾。始雨水。桃李始華。自冬冰雪至此春分穀雨，故曰始雨水。桃李于是皆秀華也。蒼庚鳴。鷹化爲鳩。蒼庚，爾疋曰：「商庚、黎黃、楚雀也。」齊人謂之摶黍，秦人謂之黃流離，幽、冀謂之黃鳥。一説：斲木也，至此月而鳴。鷹化爲鳩，喙正直不鷙搏也。鳩謂布穀也。○王引之云：次句内本無「始」字。今本有者，後人據月令旁記「始」字，因誤入正文也。高注曰「自冬冰雪至此春分穀雨，（案：「春分穀雨」四字，乃後人所改。逸周書時訓篇「雨水之日桃始華」，則非春分穀雨時也。呂氏春秋注作「自冬冰雪至此，土發而耕。」）故曰始雨水」，是首句有「始」字也。又曰「桃李于是皆秀華」，是次句無「始」字也。月令「桃始華，倉庚鳴」，皆三字爲句，若無「始」字，則句法參差矣。此文「桃李華，蒼庚鳴」，亦三字爲句，若加一「始」字，則句法又參差矣。故桃李華不言始而桃華則言始，倉庚鳴不言始而蟬鳴則言始，蟬鳴言始而寒蟬鳴則不言始，皆變文協句也。呂氏春秋仲春篇正作「桃李華」。○向宗魯云：「桃李始華」，呂氏無「始」字。此有者，後人依月令增之也。玉燭寶典二引月令「桃始華」，又云「呂氏春秋、淮南時則皆云『桃李華』」，是本書與呂氏同，與月令異也。○寧案：注摶黍，諸本「摶」誤「搏」。詩葛覃毛傳：「黃鳥，摶黍也。」釋文：「摶，徒端反。」今本不誤。天子衣青衣，乘蒼龍，服蒼玉，建青旗，食麥與羊，服八風水，爨其燧火，東宮御女青色衣，青采，鼓琴瑟。其兵矛。其畜羊。朝于青陽太廟。太廟，東向堂中央室。命有司省囹圄，去桎梏，毋笞掠，止獄訟。囹圄，法室也。省之，赦輕微也。在足曰桎，在手曰梏。毋笞掠，言不用也。止猶禁也。養幼小，存孤獨，以通句萌。順春陽，長養幼小，使繁茂也。無父曰孤，無子曰獨，皆存之，所以慎陽氣也。故草木不句萌者，以通達也。擇元日，令民社。元者，善之長也。日，從甲至癸也。社，所以爲民祈穀。嫌日不吉，故言擇元也。是月也，日夜分，雷始發聲，蟄蟲咸動蘇。分，等也。冬陰閉固，雷伏不發；是月陽升，雷始發聲也。咸，皆。動蘇，生也。先雷三日，振鐸以令於兆民曰：「雷且發聲，鐸，木鈴也，金口木舌爲鐸，所以振告萬民也。兆，大數。且猶將也。有不戒其容止者，生子不備，必有凶災。」以雷電合房室者，生子必有瘖聾通精癡狂之疾。故曰「不備必有凶災」也。令官市，同度量，鈞衡石，角斗稱，度，丈尺也。量，釜鍾也。鈞，等也。衡石，稱也，百二十斤爲石。角，平也。斗稱，量器也。○王念孫云：「稱」皆當爲「桶」。桶、稱字相近，又涉注内「衡石，稱也」而誤。説文：「桶，木方受六升。」廣雅曰：「方斛謂之桶。」斗、桶爲一類，故高注以桶爲量器，若作稱，則非量器矣。月令作「角斗甬」，鄭注曰：「甬，今斛也。」呂氏春秋作「角斗桶」。高彼注與此注同。史記商君傳「平斗桶」，義亦同也。下文仲秋之月「角斗桶」，「桶」字亦誤作「稱」。○沈濤云：呂氏春秋仲春紀作「角斗桶」。高氏彼注：「斗桶，量器也。」稱非量器，當爲「桶」字之誤。禮記作「角斗甬」。史記商君傳作「平斗桶」。「甬」正字，「桶」別字，「稱」誤字。仲秋紀作「甬」，疑後人據禮記改。端權槩。端，正也。稱錘曰權。槩，平斗斛者。○寧案：注，道藏本、景宋本皆作「端，正也。槩，平也」。今本乃後人從呂氏春秋所改。毋竭川澤，毋漉陂池，毋焚山林。○寧案：道藏本、中立本、景宋本有注云：「皆爲夭物盡類。」當據補。呂氏春秋作「皆爲盡類夭物」。毋作大事，以妨農功。大事，戎旅征伐之事，妨害農民之功也。祭不用犧牲，用圭璧，更皮幣。是月尚生育，故不用犧牲也。更，代也，以圭璧皮幣代犧牲也。皮謂鹿皮也。幣謂玄纁束帛也。禮記曰：「幣帛圭皮告于祖禰」者也。○于省吾云：按呂氏春秋仲春紀「祭」作「祀」。高注亦訓更爲代。如注說，則本文應作「更用圭璧皮幣」，不應曰「用圭璧更皮幣」也。晉語「姓利相更」，注：「更，續也。」此言用圭璧，又續之以皮幣也。仲春行秋令則其國大水，寒氣總至，寇戎來征。仲春陽中也。陽氣長養而行秋節殺戮之令，故寒氣猥至，寇兵來征伐其國也。行冬令則陽氣不勝，麥乃不熟，民多相殘。仲春行冬陰之令，陰氣勝陽，故陽不勝，則麥不升熟，民相殘賊也。行夏令則其國大旱，煗氣早來，蟲螟爲害。仲春行夏太陽之令，故大旱。陽氣熱，故煗。極陽生陰，故蟲螟作害也。食心曰螟。二月官倉，其樹杏。二月興農播穀，故官倉也。杏有竅在中，竅在中象陰布散在上，故其樹杏。○莊逵吉云：太平御覽注云：「杏有核在中，象陰在內，陽在外也。故其樹杏。」此稍異。○孫詒讓云：杏不可言有竅，「竅」當作「覈」，覈、核古今字。後「三月其樹李」注云：「李亦有核，說與杏同。」正冡此注而言。御覽是也。○寧案：孫校是也。又玉燭寶典二、太平御覽十九引注皆不重「覈在中」三字，當據刪。玉燭寶典引「陰」字下有「在內陽在外也是月陽氣」十字，當據補。正月陰衰陽發，二月不得言象陰布散在上。太平御覽引脫「是月陽氣布散在上」八字。

季春之月，招搖指辰，昏七星中，旦牽牛中。七星，南方朱鳥之宿，是月昏時中于南方。牽牛，北方玄武之宿，是月平旦時中于南方也。其位東方。其日甲乙。其蟲鱗。其音角。律中姑洗。姑，故也。洗，新也。是月陽氣養生，去故就新，故曰「姑洗」。○劉文典云：注「陽氣養生」，初學記歲時部引作「陽氣發生」。○寧案：孟春之月，律中太蔟，高注云「陰衰陽發，萬物蔟地而生」；仲春之月，律中夾鍾，高注云「萬物去陰夾陽，聚地而生」；此季春月，高注云「陽氣養生」。是由陽氣發生，至萬物夾陽而生，至陽氣養生萬物，步驟分明。此不得又作發生也。本書天文篇、呂氏春秋季春紀高注皆作「陽氣養生」。玉燭寶典三引同。初學記引非是。其數八。其味酸。其臭羶。其祀户。祭先脾。桐始華。田鼠化爲鴽。桐，梧桐也，是月生華。田鼠，鼢鼱鼠也。鴽，鶉也。青、徐謂之鴾，幽、冀謂之鶉。○向宗魯云：注兩「鶉」字皆「鶕」字之譌。玉燭寶典三云：「鴾古鶕字。」高誘淮南子注又作鳥旁音字。詁云：「鶕今鵪。」注：「鴽也。」然則鴾、鵪、鶕三字，同音一物，唯字有今古耳。」高注呂紀云：「鴽、鶕。青州謂之鴾鴾，周雒謂之鴽，幽州謂之䳺也。」亦其證。校者不識「鶕」字，臆改爲「鶉」，意則是，文則非也。○寧案：向校是也。爾雅釋鳥：「鴽，鵪也，青州呼鴾母。」郝懿行云：「鶉、鵪二鳥，本非同類。鶉黄黑褋文，大如秋雞，無尾；鵪較長大，黄色無文，又長頸長觜。鵪之言闇也。鶉之言純也。」如郝説，則改「鶕」爲「鶉」，非獨文非，意亦非也。虹始見。萍始生。虹，螮蝀也。詩云：「螮蝀在東，莫之敢指。」萍，水藻也，是月始生也。○寧案：螮蝀，今毛詩鄘風「螮」作「蝃」，字通。又案「水藻」乃「水藻」之誤。呂氏春秋季春紀高注：「萍，水藻也。」王念孫云：「『藻』乃『藻』字之誤。（説在墬形篇。）此注誤與呂紀同。天子衣青衣，乘蒼龍，服蒼玉，建青旗，食麥與羊，服八風水，爨其燧火，東宮御女青色衣，青采，鼓琴瑟。其兵矛。其畜羊。朝於青陽右个。東向堂，南頭室，故曰右个。舟牧覆舟，五覆五反，乃言具于天子。舟牧，主舟之官也。是月天子將乘舟而漁，故反覆而視之，恐有穿漏也。五覆五反，慎之至也。天子烏始乘舟，薦鮪於寢廟，乃爲麥祈實。烏猶安也。自冬至此而安乘舟，故曰「始乘」也。薦，進也。鮪魚似鯉而大，進此魚於寢廟，祈於宗祖求麥實。前曰廟，後曰寢。詩云：「寢廟奕奕。」言相連。○莊逵吉云：「烏始乘舟」，各本「烏」皆作「焉」。注「烏猶安也」，各本皆作「焉猶於也」。○吳承仕云：御覽九百三十六引此注云：「鮪，豆鰽魚也。天子乘舟捕魚者，以薦進廟也。」承仕案：豆鰽魚者，「豆」當爲「䱎」。說文「䱎鯍，鮪也」。䱎鯍亦作䱍鰽。上林賦：「䱍鰽螹離。」郭璞注：「䱍鰽，鮪也。」「䱎」省作「䱍」，又省作「亙」，隸變作「亘」。（宋景文筆記曰：「亘從二間舟，隸改舟爲曰。」）故傳寫又譌爲豆矣。今本注文與吕氏春秋季春紀注相應，爲高誘說。御覽引注與說文相應，則許慎說也。又案：注「以薦進廟」，「廟」上誤奪「寢」字。○金其源云：「天子烏始乘舟」，吕覽季春紀作「天子焉始乘舟」，禮月令但云「天子始乘舟」。高於淮南注「烏猶安也。自冬至此而安乘舟，故曰始乘也」。於吕覽則注「焉猶於此，自冬至此於是始乘舟」。按公羊隱公二年傳「託始焉爾」，注：「焉爾猶於是也。」禮檀弓「爾毋從從爾」，注：「爾，語助。」又宣公六年傳「則無人閨焉者」，注：「焉者於也。」禮三年問「焉使倍之」，注：「焉猶然也。」太玄務「厥道然」，注：「然猶是也。」則焉卽於是，故注謂「於是始乘舟」也。司馬相如難蜀父老「又烏能已」，注：「烏猶焉也。」是烏始、焉始皆謂於是始也。於是始乘舟者，非承隔年天子親往言，乃承告舟具備言，不當以自冬至此爲釋。是月也，生氣方盛，陽氣發泄，發泄猶布散也。句者畢出，萌者盡達，不可以內。天子命有司：發囷倉，助貧窮，振乏絶，無財曰貧。鰥寡孤獨曰窮。振，救也。○馬宗霍云：「句」「萌」二字已見上文，然高氏未釋。禮記月令鄭玄注云：「句，屈生者。芒而直曰萌。」可補高注。又高氏於本文釋貧窮，未釋乏絕。其注呂覽云：「行而無資曰乏，居而無食曰絕。」可以補此。月令孔穎達疏引蔡邕云：「無財曰貧，無親曰窮，暫無曰乏，不續曰絕。」又引皇侃云：「長無謂之貧窮，暫無謂之乏絕。」語雖各別，並可互參。開府庫，出幣帛，使諸侯，府庫，幣帛之藏也。使人聘問諸侯。○馬宗霍云：呂氏春秋、禮記月令「使」竝作「勉」。高氏本文注云：「使人聘問諸侯。」其注呂覽云：「勉進。」字異義亦異。鄭玄月令注云：「勉猶勸也。」孔穎達疏云：「謂王者勉勸此諸侯，今聘問有名之士，禮接德行之賢。」則以此語義與下文相屬，非高氏本注之意。聘名士，禮賢者。有名德之士，大賢之人，聘問禮之，將與爲治也。命司空：時雨將降，下水上騰，循行國邑，周視原野，司空主水土之官也。是月下水上騰，恐有浸漬，傷害五穀，故循行徧視之也。廣平曰原，郊外曰野。修利隄防，導通溝瀆，達路除道，從國始，至境止。田獵畢弋，罝罘羅罔，餧毒之藥，毋出九門。畢，掩罔也。弋，繳射也。詩曰：「弋鳧與鴈。」罝，兔罟也。詩曰：「肅肅兔罝。」畢羅，鳥罟也。詩曰：「鴛鴦于飛，畢之羅之。」罘，麋鹿罟。罔，其總名也。天子城門十二，東方三門，王氣所在，餧獸之毒藥所不得出，尚生育也。嫌餘九門得出，故特解之如其毋出。○于鬯云：高注云「畢，掩罔也」，又云「畢羅，鳥罟也」。既釋「畢」字，則畢羅之「畢」，蓋因下引詩「畢之羅之」而衍也。呂氏春秋季春紀高解云：「羅，鳥網也。」無「畢」字，可證。○蔣禮鴻云：餧毒，禮記月令篇、呂氏春秋季春紀并作「餧獸」，是也。此涉高注「餧獸之毒藥」而誤。又高注說非是，辨見經義述聞第十四。○寧案：注「王氣所在」，「王」當爲「生」。東方木王，當長養，故曰「生氣所在」也。蜀藏本、中立本正作「生」。又「解」，道藏本、中立本、景宋本作「戒」是也。呂氏春秋亦作「戒」。「如其毋出」，「其」當爲「言」。「其」古作「亓」，與「言」草書形近，故誤。呂氏春秋作「如言無也」。而、如古通。此高說「九門」誤。乃禁野虞，毋伐桑柘。桑柘皆可養蠶，故禁民伐之也。鳴鳩奮其羽，戴鵀降于桑，鳴鳩奮迅其羽，直刺上飛入雲中者是也。戴鵀，戴勝鳥也。詩曰：「鳲鳩在桑，其子在梅。」是也。○寧案：注引詩曹風鳲鳩篇，道藏本、中立本、景宋本作尸鳩，或字也。劉氏集解本作鳴鳩，涉正文而誤。具撲曲筥筐，撲，持也。三轉謂之撲。撲讀南陽人言山陵同。曲，簿也。青、徐謂之曲。圓底曰筥，方底曰筐，皆受桑器○。莊逵吉云：三轉謂之撲，錢別駕云當作「三輔謂之撲」。孫編修云：撲即曲簿。說文解字曰：「專六寸簿也。」「三轉」或當作「三專」。三專者，一尺有八寸。兩說無可定從，姑附之俟攷。○王念孫云：呂氏春秋季春篇作「挾曲」。高注曰：「挾讀曰朕。三輔謂之挾，關東謂之得。」月令作「曲植」。鄭注曰：「植，槌也。」案「撲」與「挾」皆「栚」字之誤　。（「栚」字本作「栚」，形與「撲」相近。「挾」字隸書作「挾」，形與「栚」亦相近。）栚讀若朕，架蠶薄之木也。持，陟革反。呂氏春秋注：「關東謂之得」，乃「𣙼」字之誤。「𣙼」與「㭙」同。（見玉篇、廣韻。）說文：「栚，槌之橫者也。」方言作㮳，云「槌，宋、魏、陳、楚、江、淮之間謂之植，自關而西謂之槌。其橫關西曰㮳，齊部謂之㭙」。郭璞曰：「槌，縣蠶薄柱也。」朕字古音本在蒸部，讀若澄清之「澄」。（說文謄、滕、賸、幐、騰、縢、媵、䲢、黱、塍、勝十一字竝從朕聲。淮南要畧「形埒之朕」，與應爲韻。又兵畧篇「凡物有朕，唯道無朕」，文子自然篇「朕」作「勝」。）說文𦩵字從夊朕聲，或作凌，從夊夌聲。是朕、夌古同聲。故呂氏春秋注云：「栚讀曰朕」，此注云：「栚讀南陽人言山陵同」。○陶方琦云：史記索隱十六、漢書周勃傳注引許注：「曲，葦薄也。」案說文「曲」作「𠚕」，「象器曲受物之形。或曰：曲，蠶薄也」。又苖字下云：「苖，蠶薄也。从艸𠚕聲。」蓋以萑葦爲之，故字從艸。莊子大宗師「或編曲」，釋文引李注：「曲，蠶薄也。」方言：「薄，宋、魏、陳、楚、江、淮之間謂之苖，或謂之𦵮，自關而西謂之薄，南楚謂之蓬薄。」蓬薄即葦薄。詩「八月萑葦」，毛傳：「豫畜萑葦，可以爲曲也。」后妃齋戒，東鄉親桑，省婦使，勸蠶事。○劉文典云：御覽八百二十五引「親」作「就」，「省」作「者」，「勸」作「觀」。○寧案：太平御覽引誤。呂氏春秋季春紀作「后妃齋戒，親東鄉躬桑，禁婦女無觀，省婦使，勸蠶事」。高注：「王者親耕，故后妃親桑也。以爲天下先，勸衆民也。觀，遊。省其他使，勸其趨蠶事。」高氏釋文義甚明。于省吾謂「使」「事」金文同字。月令作「省婦使以勸蠶事」，餘同。鄭注：「婦使，縫線組紃之事。」亦讀使爲事。釋文：「省，所景反。」太平御覽引三字皆形近而誤。宋本御覽「省」字不誤。命五庫，令百工，審金鐵、皮革、筋角、箭榦、脂膠、丹漆，無有不良。○桂馥云：「榦」借字，正作「稈」。長笛賦作「箭稾」是也。周禮夏官有稾人，掌弓弩之事。考工記「矢人爲矢，以其笴厚，爲之羽深」，鄭注：「笴讀爲稾，謂矢幹。」○馬宗霍云：呂氏春秋、禮記月令竝作「命工師，令百工審五庫之量：金鐵、皮革、筋角、齒羽、箭幹、脂膠、丹漆，無或不良」。高氏本文無注。鄭玄月令注云：「五庫，藏此諸物之舍也。」孔穎達疏引熊安生云：「五庫者，各以類相從：金鐵爲一庫，皮革筋爲一庫，角齒爲一庫，羽箭幹爲一庫，脂膠丹漆爲一庫。」太平御覽一百九十一引蔡邕月令章句云：「五庫者，一曰車庫，二曰兵庫，三曰祭器庫，四曰樂庫，五曰宴器庫。」蔡、鄭兩説不同，熊説即申鄭義者也。擇下旬吉日，大合樂，致歡欣。樂所以移風易俗也，故擇吉日大合之，以致歡和。乃合犪牛騰馬，游牝于牧。犪牛，持牛也。騰馬，騰駒跳蹏，善將羣者也。游從牝於所牧之地風合之。犪讀葛藟之「藟」。○寧案：注，持牛乃特牛之誤。呂氏春秋季春紀高注：「纍牛，父牛也。」説文：「特牛，父牛也。」（楚辭天問洪興祖補注引。）道藏本正作特牛。令國儺，九門磔攘，以畢春氣。儺，散宮室中區隅幽闇之處，擊鼓大呼，以逐不祥之氣，如今驅疫逐除是也。九門，三方九門也。磔大陽氣盡之，故曰畢春之氣也。○吴承仕云：「散宮室中區隅幽闇之處」，文不成義。「散」

下當沾「索」字，散索，猶云徧索矣。「磔大陽氣盡之」，朱本「大」作「犬」，是也。季春紀注云：「磔犬羊以攘陽氣盡之。」義與此同，應據正。又案注云：「故曰畢春之氣也。」「之」字疑衍。凡注言故曰者，皆復述本文，不當有「之」字。〇于省吾云：按吴説非是。方言三：「散，殺也。東齊曰散。」禮記鄉飲酒義「愁之以時察」，注：「察或爲殺。」是散、殺、察一聲之轉。散宫室中區隅幽闇之處，謂察宫室中區隅幽闇之處也。〇寧案：磔攘，吕氏春秋季春紀「攘」作「禳」。周禮天官女祝鄭注：「禳，攘也。」月令釋文：「禳，本又作攘。」古通。又案：注「散宫室中區隅幽闇之處」，吴謂「散」下沾「索」字，是也。周禮夏官方相氏：「帥百隸而時難，以索室毆疫。」論語鄉黨「鄉人儺」，正義曰：「索室驅逐疫鬼也。」吕氏春秋季春紀高注：「索宫中區隅幽闇之處。」字皆作「索」，不言察也。又案「大陽」乃「犬羊」之誤，吴説是也。仲秋月令孔疏云：「大儺用牛，其餘禳大者用羊用犬，小者用雞。」季冬稱大儺。此云國儺，故磔犬羊也。行是月令，甘雨至三旬。季春行冬令，則寒氣時發，草木皆肅，國有大恐。季春行冬寒殺之氣也，故寒氣時起。草木上竦曰肅也。〇寧案：注「寒殺之氣也」，「氣」當爲「令」，衍「也」字，涉正文「寒氣」而誤也。當依前後注例改。吕氏春秋作「寒殺氣之令」，衍「氣」字，正有「令」字。行夏令則民多疾疫，時雨不降，山陵不登。季春行夏亢陽之令，氣不和，故民疾疫。雨澤不降，故草木不登成也。行秋令則天多沉陰，淫雨早降，兵革竝起。秋金氣用事，水之母也。季春行之，故多沉陰爲雨也。金爲兵革，故竝起也。三月官鄉，其樹李。三月科民户口，故官鄉也。李亦有核，説與杏同。李後杏熟，故三月李也。〇孫詒讓云：注「科」當作「料」，形近而誤。料民，見國語周語。〇吴承仕云：孫説是也。朱本正作「料」，景宋本則誤與莊本同。〇寧案：太平御覽十九引亦作「料」。

孟夏之月：招摇指巳，昏翼中，旦婺女中。翼，南方朱鳥之宿，是月昏時中於南方。婺女一曰須女，北方玄武之宿，是月平旦中于南方。其位南方。其日丙丁。盛德在火。炎帝之神治南方也。丙丁，火日也。盛德在火，火王南方也。其蟲羽。其音徵。盛陽用事，鱗散羽。羽蟲，鳳爲長。徵，火也。○吴承仕云：「呂氏春秋孟夏紀注云：『鱗散而羽。』是也。此奪一字，文句不完。○寧案：注「羽蟲鳳爲長」，景宋本作「鳳之長」。此「爲」下奪「之」字，彼「之」下奪「爲」字。上文孟春注「鱗蟲龍爲之長」，下文孟秋注「毛蟲虎爲之長」，孟冬注「甲蟲龜爲之長」。是其例。呂氏春秋作「鳳爲之長」。律中仲呂。其數七。是月陽散在外，陰實在中，所以旅陽成功，故曰中呂。其數七，五行數五，火第二，故曰七也。○寧案：注「故曰中呂」，當依正文作「仲呂」。道藏本、中立本、景宋本不誤。其味苦。其臭焦。火味苦也。焦，火香焦。○寧案：五行大義三引許注：「焦者，火燒物有焦然之氣，夏氣同也。」其祀竈。祭先肺。祝融吴回爲高辛氏火正，死爲火神，託祀於竈。是月火王，故祀竈。肺，金也，祭祀之肉，先用所勝也。一曰：肺火，自用其藏也。螻蟈鳴。邱螾出。螻，螻蛄。蟈，蝦蟇也。四月陰氣始動於下，故鳴。○寧案：月令鄭注：「螻蟈，蛙也。」釋文引蔡邕章句以螻爲螻蛄，蟈爲蛙。又云蛙即蝦蟇也。説文亦以螻爲螻蛄。徐鉉以蟈爲蝦蟇之別名。是古有二說。呂氏春秋高注：「螻蟈，蝦蟇也。」一人所從，不能兩岐；且此螻蟈與邱螾對文，則是一物，應從呂覽。「螻蛄」二字，疑是後人所增。又案：注言螻蛄所以鳴，不言邱螾所以出，則於文不備。道藏本、景宋本作「故類應鳴也，邱螾蠢蝡也」。今本「故」下奪「類應」二字，「鳴」下奪「也邱螾蠢蝡也」六字。王瓜生。苦菜秀。王瓜，括樓也。爾雅曰：「不榮而實曰秀。」苦菜宜言榮也。天子衣赤衣，乘赤騮，服赤玉，建赤旗，順火色也。○吴承仕云：朱本、景宋本竝作「順火德」是也。上言盛德在火，此云火德，正承上文言之。下文孟冬月注，文亦云「順水德也」，是其比。又案：「乘赤騮」下，御覽八百四十一引注云：「騮，赤馬黑髮也。」「髮」當爲「髦」。髦謂鬣也。下文「乘白駱」注云：「白馬黑毛曰駱。」文例同。此亦舊注，各本並誤奪。○寧案：吴説是也。「順火色」，道藏本正作「順火德」。呂氏春秋孟夏紀同。鮑本太平御覽引注「赤馬黑髮」，宋本御覽正作「黑髦」。食菽與雞，菽，豆連皮也。雞、豆皆屬火之所養也。服八風水，爨柘燧火。南宮御女赤色衣，赤采，吹竽笙。火王南方，故處南宮也。竽笙空中，像陽，故吹之。其兵戟。戟有枝榦，象陽布散也。「戟」或作「弩」也。其畜雞。朝于明堂左个，以出夏令。南向堂當盛陽，故曰明堂。東頭室，故曰左个。居是室行是月之令也。雞羽蟲，陽也，故畜之。○寧案：注不得先釋明堂左个，後釋其畜雞也。「雞羽蟲，陽也，故畜之」八字，當在「其畜雞」下。下文孟秋注「狗金畜也」，誤與此同。孟春「其畜羊」，孟冬「其畜彘」，注皆分置，是其證。立夏之日，天子親率三公九卿大夫，以迎歲於南郊。迎歲，迎夏也。南郊，七里之郊也。○陶方琦云：魏書五十五劉芳傳、北史四十二引許注：「南郊，七里郊也。」案：劉芳傳引賈逵云：「南郊火帝七里。」（疑敓「祝融」二字。）盧植云：「南郊七里郊。」竝用先師舊訓，故同。還，乃賞賜，封諸侯，脩禮樂，饗左右。還，從南郊還也。賞賜有功，割土封爵。傳曰「賞以春夏，刑以秋冬」也。脩治禮樂，所以安上治民，移風易俗。左右，近臣也。命太尉，贊傑俊，選賢良，舉孝悌，太尉，卿官也。命，使也。贊，白也。才過千人爲傑。選擇賢良孝弟，舉而用之，蓋非太尉之職，故特命之也。○楊樹達云：俊傑連文，不宜單釋傑而舍俊不言，明此有奪文。孟夏紀注云：「千人爲俊，萬人爲傑。」則此注千人下奪「爲俊萬人」四字明矣。○吴承仕云：楊説是也。脩務篇注亦云「才千人爲俊」，與孟夏紀注同。朱本作「才智過人爲傑」，則後人所臆改。○寧案：楊樹達據呂氏春秋補「爲俊萬人」四字，作「千人爲俊」是也，作「萬人爲傑」非也。泰族篇云：「智過萬人者謂之英，千人者謂之俊，百人者謂之豪，十人者謂之傑。」此高注所本。故氾論篇注云「才過千人爲俊，百人爲豪，萬人爲英」，脩務篇注云「千人爲俊」，與泰族篇文合。此篇與氾論脩務皆高注，不得作萬人爲傑，以與釋「英」字自相抵牾矣。故「萬」字當作「十」字。呂氏春秋注乃後人以十爲小數所妄改。大藏音義四十七引淮南云「智出萬人爲英，千人爲俊」，五十三、八十八、一百引「才過千人曰俊」，即泰族篇文也。又十六引「智過千人爲傑」，四十六引「智出百人謂之豪，千人謂之傑」，四十七引「智出萬人爲英，千人爲傑」，六十七引「智過千人者謂之傑」，八十三引「智過千人曰傑」，凡五引，於豪、英皆與泰族篇合，而唯傑作智過千人者，蓋「千」字皆「十」字形近而誤，且以十字小數，故致誤易耳。吴承仕舉脩務注以證成楊氏之説，而不據泰族篇文以正「萬」字之誤，亦疏矣。**行爵出禄，佐天長養，繼脩增高，無有隳壞。毋興土功，毋伐大樹。令野虞，行田原，勸農事。驅獸畜，勿令害穀。天子以彘嘗麥，先薦寢廟。**是月麥始升，故以豕嘗麥。豕水畜，宜先薦寢廟，孝之至也。○吴承仕云：景宋本作「豕水畜，宜麥」。承仕案：有「麥」字是也。豕水畜，麥金穀，金生水，故曰宜。各本誤奪「麥」字，文不成義。○寧案：吴説非也。呂氏春秋孟夏紀高注云：「彘水畜，夏所宜食也。」以是知景宋本「宜麥」乃「宜夏」之誤。孟夏月令鄭注：「麥之新氣尤盛，以彘食之，散其熱也。彘水畜。」散其熱即此宜夏之義也。夏、麥草書形近。今本、藏本當補「夏」字。**聚畜百藥，靡草死。**是月陽氣極，藥草成，故聚積之也。靡草則葶歷之屬。○吴承仕云：天文篇：「五月爲小刑，薺麥、亭歷枯。」呂氏春秋孟夏紀：「靡草死。」注云：「靡草，薺、亭歷之類。」任地篇：「孟夏之昔，殺三葉。」注云：「三葉，薺、亭歷、菥蓂也。」

諸說並同。此注亦當云薺、亭歷。今本作「則」者，字之誤也。本草圖經云：「孟夏之月，靡草死。許慎、鄭康成注皆云，薺、亭歷之屬。」（政和本草十。）其云許注，即本篇高注文，引者誤高爲許耳。（邵瑞彭曰：「則」當作「葥」，即奚毒也，似非靡草之類。邵說未諦。）麥秋至，決小罪，斷薄刑。四月陽氣盛于上，及五月陰氣作于下，故曰麥秋至。決小罪，斷薄刑，順殺氣也。○寧案：注，「四月」，依上下注例當作「是月」，音近而誤。呂氏春秋孟夏紀注正作「是月」。孟夏行秋令，則苦雨數來，五穀不滋，四鄰入保。孟夏盛陽，當助長養，而行金氣殺戮之令，故苦雨殺穀，不得滋長也。四方之民來入城郭，自保守也。○于鬯云：小戴月令記、呂氏春秋孟夏紀「鄰」竝作「鄙」，此下文季夏、季冬亦竝言「四鄙入保」，疑「鄰」字非。○劉文典云：呂氏春秋孟夏紀：「四鄙入保。」高彼注云：「四境之民畏寇賊來，入城郭以自保守也。」禮月令鄭注：「小城曰保。」即此保字之義。莊子盜跖篇：「所過之邑，大國守城，小國入保。」城、保對文，可證。高氏此注與呂氏春秋注並以「自保守」釋之，非是。下文兩「四鄙入保」，注：「四界之民皆入城郭自保守也。」誤與此同。行冬令則草木早枯，後乃大水，敗壞城郭。行冬寒閉固之令，故草木早枯，大水敗壞其城郭，奸時違行之應也。○吳承仕云：孟夏紀注作「姦時逆行之徵」。此作「違」者，「逆」字形近而譌。○馬宗霍云：「敗壞城郭」，呂氏春秋、禮記月令「壞」並作「其」。高氏本文注云：「大水敗壞其城郭。」疑淮南本作「敗其城郭」，與呂覽月令同，而高注以「壞」字釋「敗」字，傳寫遂誤以注文入正文，又刪去「其」字耳。呂覽注但作「大水壞其城郭」，正高釋敗爲壞之切證也。行春令則螽蝗爲敗，暴風來格，秀草不實。孟夏當繼脩增高，助陽長養，而行春時啟蟄之令，故致螽蝗之敗。春木氣多風，故言暴風來至，使當秀之草不長茂。○寧案：「螽蝗」疑當作「蟲蝗」。注同。說文螽、蝗互訓，實爲一物，義複。且行春時啟螽之令，不得獨螽蝗爲敗也。蓋螽、蟲形近而誤。下文「仲冬行春令則蟲螟爲敗」，彼作「蟲螟」，此作「蟲蝗」，其比同。呂氏春秋正作「蟲蝗」，是其證。**四月官田，其樹桃。**四月勉農事，故官田也。桃説與杏同。後李熟，故四月桃也。

仲夏之月：招搖指午，昏亢中，旦危中。亢，東方蒼龍之宿，「是月昏時中于南方。危，北方玄武之宿，是月平旦時中于南方也。**其位南方。其日丙丁。其蟲羽。其音徵。律中蕤賓。**是月陰氣萎蕤在下，象主人也。陽氣在上，象賓客也。故曰蕤賓。**其數七。其味苦。其臭焦。其祀竈。祭先肺。小暑至。螳蜋生。**螳蜋，世謂之天馬，一名齒肬，沇豫謂之巨斧也。〇吴承仕云：「呂氏春秋仲夏紀注作「齕疣」。畢沅曰：「月令正義鄭答王瓚問作食肬，淮南注作齒肬，當是挩其半耳。初學記引此正作齕疣」。承仕案：畢説近之。朱本正作齕疣。玉燭寶典引此注亦作齕疣，與仲夏紀注同。莊本作「齒」者殘形，作「肬」者異文。〇寧案：畢説是也。方言：「螳螂謂之髦。」郭注：「江東呼爲石蜋，又名齕肬。」廣雅釋蟲：「齕肬，蟷蜋也。」又名食肬。本草：「桑螵蛸一名蝕肬。」王念孫云：「蝕與食同。食肬，螳蜋別名，非螵蛸也，本草誤也。」**鵙始鳴。反舌無聲。**鵙，伯勞鳥也。五月陰氣生於下，伯勞夏至應陰而鳴，殺蛇於木。傳曰：「伯趙氏，司至者。」反舌，百舌鳥也。能辨變其舌，反易其聲，以效百鳥之鳴，故謂百舌。無聲者，五月陽氣極於上，微陰起於下，百舌無陰，故無聲也。**天子衣赤衣，乘赤騮，服赤玉，載赤旗，食菽與雞，服八風水，爨柘燧火，南宮御女赤色衣，赤采，吹竽笙。其兵戟。其畜雞。朝于明堂太廟。**廟，南向堂，中央室也。**命樂師脩鞀、鞞、琴、瑟、管、簫，調竽、篪，飾鐘、磬，**管，一孔似笛。簫，今之歌籥是也。篪讀池澤之「池」。○于鬯云：姚藝諳廣文云：「飾當作飭。禮月令『飭鐘、磬、柷、敔』，鄭注云：『飭者，治其器物習其事之言。』」案：呂氏春秋仲夏紀亦同。月令作「飭」，飭、飾字通，讀「飾」爲「飭」，不必改字。○馬宗霍云：高注「一孔」之「一」當作「六」，字之誤也。周禮春官小師：「掌教簫管。」鄭司農注云：「管如篪，六孔。」爾雅釋樂郭璞注引賈逵周官解詁同。風俗通義引樂記：「管，漆竹，長一尺，六孔。」太平御覽五百八十引廣雅曰：「管象篪，長尺，圍寸，有六孔，無底。」皆管有六孔之證。諸書無言管爲一孔者，則本文高注「一」爲「六」之誤字無疑。○寧案：注「笛」，道藏本、景宋本皆作「篴」，字通。呂氏春秋作「蓫」，亦「篴」之形譌。周禮春官小師，鄭司農云：「管如篪，六孔。」鄭玄謂「管如篴而小，併兩而吹之。」是管之形制有二説，高注同後説。

執干、戚、戈、羽。干，盾也。戚，斧也。戈，戟屬也。羽，舞者所持翿也。

命有司，爲民祈祀山川百源，大雩帝，用盛樂。國之山川百源能興雲雨者，皆祈祀之也。雩，旱祭也。帝，上帝也。爲民祈雨，故用盛樂。盛樂，六代之樂也。

天子以雛嘗黍，雛，新雞也。不言嘗雞而言嘗黍者，以穀爲主也。○王念孫云：古無謂新雞爲雉者。「雉」皆當爲「䨩」，字之誤也。廣雅釋言云：「䨩，雡也。」（曹憲音而絹、而緣二反。）郭注爾雅釋言云：「今呼少雞爲鷚。」（「鷚」與「雡」同。）少雞卽新雞，故高注云：「䨩，新雞也。」月令作「以雛嘗黍」，其義一也。左思蜀都賦：「巖穴無豜豵，翳薈無麢鷚。」麢，鹿子也。義與䨩亦相近。茅一桂不知「雉」爲「䨩」之誤而改「雉」爲「雛」，（莊本同。）義則是而文則非矣。○馬宗霍云：「雉」字呂氏春秋、禮記月令竝作「雛」，爲茅、莊改字所本。高注呂覽云：「雛，春鷄也。」鷄與雡同。說文隹部云：「雡，鳥大雛也。一曰雉之莫子爲雡。」爾雅釋鳥：「雉之暮子爲鷚。」郭璞注云：「晚生者。」「暮」卽「莫」之隸增。知說文雡下一曰之訓，正本之爾雅。莫子猶稚子也。然則淮南本文作「雉」不誤。高注「新雞」當作「新雡」。蓋訾黍之雉乃雉之稚子，故高以新雡釋之也。此與呂覽注可以互證。「雡」、「雞」形近，世人少見「雡」，多見「雞」，傳寫遂誤爲「新雞」耳。茅、莊改「雉」爲「雛」固非，王氏以爲「雉」當爲「雡」，亦未必是。**羞以含桃，先薦寢廟。**羞，進也。含桃，鶯所含食，故言含桃。是月而熟，故進之。**禁民無刈藍以染，**爲藍青未成故。**毋燒灰，**是月草木未成，不夭物也。○顧廣圻云：「灰」疑當作「炭」。呂氏春秋作「炭」，（其注與此畧同。季秋草木黃落，乃伐薪爲炭。高意蓋據之而言也。）是其證也。灰字蓋依月令改耳。○馬宗霍云：「毋燒灰」，禮記月令同。呂氏春秋「灰」作「炭」。高氏本文注云：「是月草木未成，不夭物也。」不夭物卽不燒草木之意。說文火部云：「炭，燒木未灰也。」「灰，死火餘燼也。」然則本文亦似以作「炭」爲是。○寧案：顧、馬說非也。本文「灰」字不誤。說文：「炭，燒木餘也。」此高注云：「是月草木未成。」木可以成灰，而草則不可以成炭。故本經篇云：「燎木以爲炭，燔草而爲灰。」若作毋燒炭，則注不得言草也。下文季夏之月云：「土潤溽暑，大雨時行，利以殺草，糞田疇，以肥土疆。」呂氏季夏紀云：「是月也，土潤溽暑，大雨時行，燒薙行水，利以殺草，如以熱湯，可以糞田疇，可以美土疆。」卽淮南文所本。下文之殺草，卽呂紀之「燒薙行水，以利殺草」。是燒灰乃六月事。是月草木未成，不能收糞田美土之效，故曰毋燒灰也。又呂氏上農篇云：「制四時之禁，澤人不敢灰僇。」此云毋燒灰，卽不敢灰僇之義。五月言毋燒灰，六月言殺草，前後相應甚明，若作燒炭則非其指矣。呂氏仲夏紀作「燒炭」，乃「灰」字之誤。**毋暴布。**火盛日猛，暴布則脆傷也。**門閭無閉，關市無索。**門，城門也。閭，里門也。民順陽氣散布在外，當出入，故不閉也。關，要塞也。市，人聚也。無索，不征稅也。**挺重囚，益其食。**挺，緩也。○楊樹達云：挺字本作「⿰糸盈」。說文糸部云：「⿰糸盈，緩也。」或作綎。挺與綎並由𡈼聲孳乳，故「挺」得假爲「⿰糸盈」。下文「挺羣禁」同。**存鰥寡，**

振死事。老無妻曰鰥，老無夫曰寡也，皆存之。有先人爲死難，振起其子孫也。游牝別其羣，執騰駒，班馬政。是月牝馬懷胎已定，故別其羣，不欲騰駒蹏傷其胎育，故執之。班，告也。馬政，掌馬官也。騰駒，騰馬也。馬五尺以下曰駒也。○王念孫云：「馬政」本作「馬正」，（注同。）故高以爲掌馬官。呂氏春秋仲夏篇「班馬正」，高彼注亦云：「馬正，掌馬之官。」是其證。月令作「馬政」。鄭注云：「馬政，謂養馬之政教。」引周官廋人職曰：「掌十有二閑之政教。」鄭説是也。高不知「正」爲「政」之借字，故訓爲掌馬之官。若字本作「政」，則亦當訓爲政教矣。後人依月令改「正」爲「政」，而不知其戾於高注也。○馬宗霍云：「執騰駒」，呂氏春秋、禮記月令「執」竝作「縶」。陸德明禮記釋文出「則執」云：「執如字。蔡本作縶。」是陸氏所據月令古本與淮南本文合。考文引古本「縶」亦作「執」。○寧案：注「懷胎」疑當作「懷妊」，涉下「胎育」而誤。景宋本正作「妊」。呂氏春秋仲夏紀作「妊」，同「妊」。又案道藏本、中立本、景宋本「馬五尺」上有「周禮」二字。呂氏春秋作「周禮：五尺曰駒」。今本周禮無此文。夏官廋人：「六尺以上爲馬。」鄭司農云：「二歲爲駒。」日長至，陰陽争，死生分。○寧案：「日長至」上疑脱「是月也」三字。下文仲冬之月「日短至」上有三字，是其比。呂氏春秋仲夏紀亦有三字。淮南諱「長」。「長」當作「修」。道藏本、中立本、景宋本誤作「日短至」，故後人改「短」爲「長」耳。下文「仲夏至修」，是其證。君子齋戒，慎身無躁，節聲色，薄滋味，百官静，事無徑，以定晏陰之所成。事無徑，當先請，詳而後行也。晏陰，微陰也。○于鬯云：高注「晏陰，微陰也」，非也。呂氏春秋誣徒紀云：「取舍數變，固無恒心，若晏陰。」則晏陰之義可會。説已具彼校。上文云「陰陽争」，明晏陰即陰陽，唯其争，故定之也。又案：此句小戴月令記、呂氏仲夏紀皆有。高呂紀解云：「晏，安。陰，微陰。」則此注「晏」下恐脱一「安」字。然義仍非也。○吳承仕云：月令注：「晏，安也。」仲夏紀注：「晏，安。陰，微陰。」此注亦當云：「晏，（讀）安。（句）陰，（讀）微陰也。（句）」與呂氏注同。晏安本爲通詁，不與「陰」字連文。陰訓微陰者，仲夏之月，陰氣始起於下，故曰微陰。今本誤奪「安」字，義不可通。○馬宗霍云：「事無徑」，呂氏春秋、禮記月令「徑」竝作「刑」。鄭玄月令注云：「今月令刑爲徑。」是淮南本文正與今月令合。王念孫謂「呂氏春秋本亦作徑，今本作刑，後人以月令改之也。與高注不合」。其説殊確。但呂氏春秋注云：「事無徑，當精詳而後行也。」淮南注云：「事無徑，當先請詳而後行也。」一作「精詳」，一作「請詳」，二義有別。精請形近，未審孰是。又淮南注「請詳」上著一「先」字，尋繹其意，似謂百官作事當先請於上而詳審之，不能徑自施行也。王氏就月令爲説，以爲經文所言「皆養身之事，非指朝政。百官猶百體也」。淮南高注之意，恐不如是。○于省吾云：晏陰謂陽陰也。注説非。○寧案：注「請」字呂氏春秋作「精」，非也。注本作「事無徑，詳而後行，當先請也」。「當先請」三字，應在「詳而後行」下。景宋本作「事無徑，詳後行，當先謂也」。「詳」下脱「而」字，「請」誤作「謂」。道藏本作「事無徑，詳後行，當先請也」。亦脱「而」字而「請」字不誤。是其證。中立本作「謂所行當先請也」。「謂所行」即「詳後行」，疑是明人妄改。今本則後人依呂紀改之也。本非以「請詳」連文，安得有「精詳」之亂？若作當先精也，則文不成義矣。鹿角解。蟬始鳴。夏至鹿角解墮也。蟬鼓翼始鳴也。半夏生。木堇榮。半夏，藥草也。木堇朝榮莫落，樹高五六尺，其葉與安石榴相似也；是月生榮華，可用作蒸也。褋家謂之朝生，一名舜。詩云：「顏如舜華」也。○吳承仕云：「褋家」景宋本作「雜家」。承仕案：「雜家是也。」各本並作「褋家」。仲夏紀注亦同。「褋」即「雜」字形近之譌。雜家者，方土之名。高注每稱雜家。脩務篇：「吾必悲哭社。」注云：「社讀雜家謂公爲阿社之社。」（「吾必悲哭社」及注語見説山訓。）又「弔死問疾，以養孤孀」。注云：「雜家謂寡婦曰孀。」

皆高注稱雜家之證。高注又言胡家。氾論篇：「古者有鍪而綣領。」注云：「綣領，皮衣，屈而紩之，如今胡家韋襲，反褶以爲領也。」胡家亦方土之稱，與雜家同比。○寧案：吳說是也。道藏本、中立本亦作「雜家」。禁民無發火。發，起也。可以居高明，遠眺望，登邱陵，處臺榭。積土四方而高曰臺也。臺有屋曰榭也。順陽宣明也。一曰：望雲物，占氛祥也。○寧案：注「臺有屋曰榭」，道藏本、中立本、景宋本「屋」皆作「室」。作「室」非也。爾雅釋宮：「闍謂之臺。有木者謂之榭。」郭注：「臺上起屋。」書泰誓正義引李巡曰：「臺積土爲之，所以觀望也。臺上有屋謂之榭。」與今本高注合。又爾雅云：「無室曰榭。」孫炎曰：「榭但有堂也。」郭璞曰：「榭卽今之堂堭。」是臺上起屋與堂堭有別，皆不得曰「有室曰榭」也。此諸本作「室」乃誤字甚明。仲夏行冬令，則雹霰傷穀，道路不通，暴兵來至。冬水凍，故雹霰傷害五穀也。冬氣閉藏，又多雨水，故道陷壞不通利，暴害之兵橫來至也。○寧案：注「水凍」，景宋本作「冰凍」，呂氏春秋仲夏紀同，當據正。又「道」字下當依正文補「路」字，呂氏春秋高注正作「道路陷壞」。行春令則五穀不孰，百螣時起，其國乃饑。行春木王好生育之令，故五穀晚熟。百螣，動股蝗屬也，時起害穀，故國饑也。○馬宗霍云：高注云「行春木王好生育之令，故五穀晚熟」，據此則正文「不熟」疑當作「晚熟」，方與注相應。呂氏春秋、禮記月令並作「晚熟」，亦其證也。行秋令則草木零落，果實蚤成，民殃於疫。有核曰果，無核曰蓏。仲夏行秋成熟之令，故草木零落，果實蚤成。非其時氣，故民有疾疫也。○陶方琦云：齊民要術收種篇引許注：「在樹曰果，在地曰蓏。」按說文蓏字下云：「在木曰果，在地曰蓏。」與注淮南說同。地形訓「百果所生」下注云：「在木曰果，在地曰蓏。」當是許注羼入高注中。五月官相，其樹榆。是月陽氣長養，故官相。相，佐也。榆說未聞也。○莊逵吉云：太平御覽引作「陰氣長養」。○寧案：

莊所據太平御覽作「陰氣」乃「陽氣」之誤。下文季夏注云：「是月陽盛陰起，生養萬物。」則季夏陰氣方起，仲夏不當言陰氣長養矣。宋本御覽引作「養氣長養」，亦陽字音近而誤之證。玉燭寶典五引作「陽氣長養」。

季夏之月：招摇指未，昏心中，旦奎中。心，東方蒼龍之宿，是月昏時中于南方。奎，西方白虎之宿，是月平旦時中于南方也。其位中央。其日戊己。盛德在土。黄帝之神治中央也。戊己，土日也。盛德在土，土王中央。其蟲蠃。其音宫。羽落而爲蠃。蠃蟲麟爲之長。宫，土也，位中央，五音之主也。律中百鐘。其數五。百鐘，林鐘也。是月陽盛陰起，生養萬物，故曰百鐘。其數五，五行數土第五也。○于鬯云：林鐘稱百鐘，惟見於此。周禮大司樂職「歌函鐘」，鄭注云：「函鐘一名林鐘。」則林鐘又稱函鐘。竊疑此「百」字爲「函」字之誤。高本已誤爲「百」，故附會説之。其味甘。其臭香。土味甘也。土臭香也。○陶方琦云：五行大義三引許注曰：「土得中和之氣，故香也。」聖證論孔晁云：「能吐生百穀謂之土。」故云得中和之氣。其祀中霤。祭先心。土用事，故祀中霤。中霤，室中之祭祀后土也。心，火也，用所勝也。一曰：心土也，自用其藏也。○寧案：注，「心，火也」，此用今文尚書説。然中央土用事，土不勝火。祭先心，不得曰用所勝也。疑有誤。涼風始至。蟋蟀居奥。蟋蟀，蜻蛚趣織也。詩曰：「七月在野。」此曰居奥，不與經合。「奥」或作「壁」也。鷹乃學習。腐草化爲蚈。秋節將至，鷹自習擊也。蚈，馬蚿也。幽、冀謂之秦渠。蚈讀奚徑之「徑」也。○陶方琦云：御覽九百四十八引許注：「草得陰而死，極陰中反陽，故化爲蚈。蚈，馬蠸也。」按兵畧訓「若蚈之足」，許注：「蚈，馬蠸也。」正與此同。説文：「蠲，馬蠲也。」引明堂月令「腐草爲蠲」。（郭璞注爾雅馬䗃云：「馬蠲，蚐也。」）廣雅釋蟲：「蛆蟝、馬蜓，馬蚿也。」又曰：「馬䗃，螌蛆也。」蚈、蠸、蚿、蠲、䗃，皆一聲之轉。高注呂覽及説林訓皆作「蚈，馬蚿」。○吳承仕云：注文應云「蚈讀蹊徑之蹊」，今作「奚徑之徑」者，傳寫之譌也。蓋枅在清部，旁轉真，廣韻音苦堅切；對轉支，則音蹊徑之蹊。精神訓「素題不枅」，主術訓「朱儒枅櫨」，高注並讀枅爲雞。説文「䀏，蔽人視也，从目，幵聲，讀若攜手」。是其比。説林訓「善用人者，若蚈之足衆而不相害」，高注云：「蚈讀蹊徑之蹊。」呂氏春秋季夏紀高注亦讀蚈如蹊徑之蹊，是其證。而後來韻書並失收此音。○楊樹達云：「蚈」讀如「徑」，猶「宋鈃」或作「宋牼」也。「奚」，集證本作「蹊」，是也。孟子云：「山徑之蹊。」下「徑」字集證本作「蹊」，謬。○馬宗霍云：「腐草化爲蚈」，呂氏春秋同。禮記月令作「腐草爲螢」，無「化」字。孔穎達疏引蔡邕月令章句云：「鳩化爲鷹，鷹還化爲鳩，故稱化；今腐草爲螢，螢不復爲腐草，故不稱化。」據此，則呂覽、淮南亦不當有「化」字。説文虫部蠲下引「明堂月令曰：腐草爲蠲」。「蠲」與「蚈」一聲之轉，蠲即蚈也，亦不言化，又其旁證也。○于省吾云：按荀子非十二子「是墨翟宋鈃也」，注：「孟子作宋牼。」牼與鈃同音，口莖反。急就篇「銅鍾鼎銒鋗鉇銚」，顔注：「銒或作鈃。」是「蚈」可讀「徑」之證。○寧案：馬説是也。玉燭寶典六引呂氏春秋、淮南子時則並云「腐草爲蚈」，無「化」字。又案：注，吳云當作「讀蹊徑之蹊」是也。中立本作「讀汧水之汧也」，雖爲後人所改，而「汧」與「蹊」亦音近。楊、于説不可從。

天子衣黃衣，乘黃騮，服黃玉，建黃旗，黃，順土色也。黃謂登飴之登也。○吳承仕云：各本並作「天子衣苑黃」。朱本注作「苑讀宛飴之宛也」。王念孫曰：「高讀苑爲豋飴之豋。」承仕案：説文：「豋，豆飴也。黦，黑有文也。讀若飴豋字。」此苑黃之「苑」以同音假爲「黦」。高注讀苑爲豋飴之「豋」，正與説文讀黦同。朱本誤「豋」爲「宛」，莊本、景宋本誤「豋」爲「登」，皆形近致譌，未足駭異。而莊本「苑黃」誤爲「黃衣」，則注中讀音，雖閉户十年思之，不能得也。（坊間通行漢魏叢書本亦作「苑黃」，此世所公見也。劉文典集解獨據誤本作「黃衣」，於音讀亦無訓說，愚所未諭。）○寧案：玉燭寶典六引亦作「菀黃」。食稷與牛，稷、牛皆屬土也。服八風水，爨柘燧火。中宮御女黃色衣，黃采。其兵劍。季夏，中央也。劍有兩刃，喻無所生也。一曰：喻無所主，皆主之也。○莊逵吉云：太平御覽引作「無所不主」。○吳承仕云：御覽引注云：「劍有兩刃，諭無所不主也。」承仕案：此注作「無所生也」，「生」卽「主」字之譌，又奪一「不」字，應據御覽校補。「一曰」以下，則後人校釋之詞，非原注所宜有。○寧案：注，「生」乃「主」字之誤，吳說是也。中立本正作「主」。一曰句，「主」上奪「不」字，故曰皆主之也。太平御覽引卽一曰。吳以爲後人校釋之詞，而於上句沾不字，非是。玉燭寶典六引正作「喻無所主。一曰喻無所不主，皆主之」。其畜牛。朝于中宮。是月天子朝于中宮。○寧案：道藏本、中立本、景宋本注末有「中宮，太室」四字，當據補。乃命漁人，伐蛟取鼉，登龜取黿。漁人，掌漁官。漁讀相語之「語」也。蛟、鼉、黿皆魚屬也。鼉可作鼓。詩云：「鼉鼓洋洋。」黿可作羹。傳曰：「楚人獻黿于鄭靈公，靈公不與公子宋黿羹，公子怒，染指于鼎，嘗之而出。」是也。皆不害人，易得，故言取。蛟有鱗甲，能害人，難得，故言伐。龜神可決吉凶，入宗廟，尊之，故言登。○莊逵吉云：「鼉鼓洋洋」，詩異本也。古登有升義。三字疏解爲精。○于鬯云：「漁人」似當作「滂人」。作漁人者，後人因小戴月令記、呂氏季夏紀「漁師」而改之也。下文云：「令滂人入材葦」，據月令作「命澤人納材葦」，呂紀作「乃命虞人入材葦」。淮南卻亦當同月令作「澤人」，（呂紀「乃命虞人入材葦」，高解云：「虞人，掌山澤之官」；又「乃命虞人入山行木」，解云：「虞人掌山林之官」：兩虞人皆發解，疑前之虞人，亦本同月令作「澤人」，今本正文及注皆誤。故淮南允當同月令，不當同誤本之呂紀。）不當作滂人，蓋卽此文之字而誤出於下。月令鄭注云「今月令漁師作榜人」，此其證矣。榜、滂同聲通用。今月令作榜，淮南作滂，一也。文選子虛賦：

「榜人歌，聲流喝。」郭璞注張揖曰：「榜，船也。」引「月令曰：『命榜人。』榜人，船長也」。張所引月令，即鄭所謂「今月令」。榜人爲船長，即是漁師矣。固與伐蛟取鼉登龜取黿各事義合，而與入材葦則不合。高注云「漁人，掌漁官」，疑亦本作「滂人，掌漁官」。而下文注云「滂人，掌池澤官」，則明是澤人之解也。○吳承仕云：段玉裁曰：「洋洋當爲韸韸。呂覽注正作韸韸。詩釋文：『逢逢一作韸韸。』」承仕案：朱本正作「逢逢」。本作「洋洋」者，傳寫之譌。莊氏以爲異文，失之。令滂人，入材葦。滂人，掌池澤官也。入材葦，供國用也。○俞樾云：池澤之官，不聞謂之滂人。高注非也。「滂人」當作「榜人」。月令「命漁師伐蛟」，鄭注曰：「今月令漁師爲榜人。」文選司馬相如子虛賦「榜人歌」，張揖曰：「榜，船也。月令曰『命榜人』，榜人，船長也。」張所據月令，即鄭君所謂今月令；船長之義，亦必月令舊説也。淮南書用榜人，字正本月令。高氏以爲掌池澤官，蓋據月令作「命澤人納材葦」，故云然耳，非榜人之本義也。後人因高注「池澤」之文，疑榜字從木無義，改「榜」爲「滂」，而古義湮矣。○楊樹達云：俞校改「滂」爲「榜」，與鄭君所稱今月令合，似得其實矣。然滂、榜皆非正字也。説文八篇下舟部云：「舫，船師也。」船師即張揖所謂船長。然則今月令假「榜」爲「舫」，淮南書假「滂」爲「舫」，同一假字也，安所見從木者爲合於古義乎？○蔣禮鴻云：此文漁人當月令漁師，滂人當月令澤人。今月令漁師作榜人，非澤人作榜人。俞氏乃據與此文上句相當之月令異文以改下句，殊爲鹵莽。今按呂氏春秋季夏紀作「乃命虞人入材葦」。高氏於彼注云：「虞，掌山澤之官。材葦，供國用也。」與此文注同。但山澤、池澤小異耳。然則滂人亦當作虞人，滂、虞二字形畧相近，故轉寫錯誤耳。又材者山之所出，葦者澤之所出，呂氏春秋注作掌山澤之官，其義爲長。命四監大夫令百縣之秩芻，以養犧牲，周制，天子地方千里，分爲百縣，縣有四郡。故春秋傳言「上大夫受縣，下大夫受郡」。秦初置三十六郡以監縣耳。此云百縣者，謂周制畿内之縣也。四監，監四郡大夫也。秩，常也。常所當出芻，聚之以養犧牲也。○楊樹達云：「令」字無義。集證本作「合」，與禮記月令合，是也。高注「聚」字正訓「合」字。○寧案：楊謂「令」當作「合」，是也，而未盡也。「合」上不當有「夫」字，涉注文「監四郡大夫」而衍也。注云：「四監，監四郡大夫。」則不得曰「四監大夫」也。下文季冬「乃命四監收秩薪」，不曰四監大夫，是其證。季夏月令正作「命四監大合百縣之秩芻」，無「夫」字。玉燭寶典引月令同。孔疏正義曰：「以四監合其秩芻，以共皇天上帝。其事既大，又異於上。」故曰大合也。季冬紀、季冬月令亦皆作「命四監」，不曰大夫。季夏紀誤與此同。又案：注，道藏本、中立本、景宋本「縣有四郡」下有「郡有四鄙」四字，今本奪。季夏紀作「郡有鄙」，鄙上奪「四」字。以供皇天上帝、名山大川、四方之神、宗廟社稷，爲民祈福行惠。令弔死問疾，存視長老，行稃鬻，○馬宗霍云：説文禾部云：「稃，稽也。」「稽，穅也。」「穅，穀皮也。」此處與「鬻」連文，字當作「粰」，从米不從禾。説文米部雖無粰字，廣雅釋器云：「粰，饘也。」則粰鬻猶饘鬻矣。下文仲秋「行稃鬻飲食」同。○寧案：「稃」，原文作「粰」，從道藏本、景宋本及下文仲秋改。厚席蓐，○莊逵吉云：説文解字葬字「從死在茻中。一其中，所以薦之」。此云厚席蓐者，蓋言葬義，故下云「以送萬物歸也」。以送萬物歸也。命婦官染采，黼黻文章，青黄白黑，莫不質良，婦人能別五色，故染采。白與黑爲黼，青與黑爲黻，黑與赤爲文，赤與白爲章。質，美也。良，善也。○寧案：注當作青與赤爲文。周禮考工記畫繢：「青與赤謂之文，赤與白謂之章，白與黑謂之黼，黑與青謂之黻。」此高注所本。又周禮天官典絲鄭注：「青與赤謂之文。」皆其證。呂氏春秋季夏紀高注，黻誤文不誤。以給宗廟之服，必宣以明。宜，徧也。明，鮮明也。是月也，樹木方盛，勿敢斬伐。不可以合諸侯，起土功，動衆興兵，必有天殃。殃，罰。土潤溽暑，大雨時行，利以殺草糞田疇，以肥土疆。是月大暑，土潤溽暑，溼重也。又有時雨，可以殺草爲糞，美土疆。土分畔者也。○寧案：注，「土分畔者也」，當爲「疆，介畔者也」。景宋本作「爲美土疆，疆土分畔者也」。重「疆」字是也，衍下「土」字。説文：「畺，界也。或从彊土。」「界」通「介」。「介」以形似誤爲「分」。楚辭哀郢「悲江介之遺風」，王注：「介一作界。」補注：「薛君韓詩章句曰：介，界也。」呂氏春秋季夏紀正作「界畔」。季夏行春令，則穀實解落，多風欬，民乃遷徙。春木王，木性墮落，陽發多風而行其令，故穀實解落，民疾病風，欬嗽上氣，象春陽布散，民遷徙者也。○寧案：呂氏春秋季夏紀作「國多風欬」。此上下文皆以四字爲句，疑當據補「國」字。行秋令則邱隰水潦，稼穡不孰，乃多女災。邱，高也。隰，卑也。言高下皆有水潦，故殺稼令不熟也。陰氣過差，故多女災。女災，生子不育也。○莊逵吉云：女災，鄭康成以爲敗任，是卽生子不育之義也。行冬令則風寒不時，鷹隼蚤摯，四鄙入保。冬陰肅殺而行其令，故寒風不節，鷹隼蚤摯擊。四界之民，皆入城郭保聚也。○吳承仕云：記月令字作「鷙」。釋文云：「音至，亦作鷙，擊也。」詩常武「如飛如翰」，傳曰：「摯如翰。」正義曰：「摯，擊也。」此注亦訓摯爲擊。文當作「摯，擊也」。傳寫誤奪一「摯」字。六月官少内，其樹梓。六月植稼成熟，故官少内也。梓説未聞也。○寧案：玉燭寶典引「梓」作「樺」，注同。注「植稼」作「稼穡」。

孟秋之月，招摇指申，昏斗中，旦畢中。斗，北方玄武之宿，是月昏時中於南方。畢，西方白虎之宿，是月平旦時中於南方也。其位西方。其日庚辛。盛德在金。少昊之神治西方也。庚辛，金也。盛德在金，金王西方也。○寧案：上文孟春注云：「甲乙木日也」，孟夏注云：「丙丁火日也」，下文孟冬注云：「壬癸水日也」，則此「庚辛金」下例當有「日」字。其蟲毛。其音商。金氣寒。倮者衣毛，毛蟲虎爲之長。商，金也，位在西方。律中夷則。其數九。夷，傷也。則，法也。是月陽衰陰盛，萬物凋傷，應法成性，故曰夷則也。其數九，五行數五，金第四，故曰九也。其味辛。其臭腥。金味辛也。金臭腥也。○陶方琦云：五行大義三引許注曰：「未熟之氣腥也。西方金之氣象，此味辛者，物得辛乃萎殺也。」元命苞云：「陰害故辛，殺義故辛刺，陰氣使然也。」其祀門。祭先肝。孟秋始内，入由門，故祀門也。肝，木也，祭先之，用所勝也。一曰：肝沈金，自用其藏也。涼風至。白露降。寒蟬鳴。○吴承仕云：御覽九百四十四引有注云：「寒蟬，青蟬也。蟲陰類，感氣鳴也。」承仕案：呂氏春秋孟秋紀注云：「寒蟬得寒氣，鼓翼而鳴，時候應也。」義與此同。疑御覽所引乃高注之佚文。鷹乃祭鳥，用始行戮。是月鷹摶鷙，殺鳥於大澤之中，四面陳之，世謂之祭鳥。用是時乃始行殺戮刑罰，順秋氣也。天子衣白衣，乘白駱，服白玉，建白旗，白，順金色也。白馬黑毛曰駱。○莊逵吉云：黑毛之「毛」讀曰「旄」，謂尾及鬣也。爾雅曰：「白馬黑鬣駱。」○向宗魯云：爾雅釋畜：「白馬黑鬣駱。」釋文云：「白馬黑鬣，舍人同，衆家竝作髦。」又魯頌傳「白馬黑鬣曰駱」，釋文云：「樊、孫爾雅并作白馬黑髦。」此注「毛」當作「髦」，蓋高氏所據爾雅本與樊、孫等同也。（詩正義云：「髦即是鬣，皆謂馬之鬉也。定本集注髦字皆作鬣。」據正義説則毛詩舊本多作「髦」，孔氏所用本亦作「髦」，宋本集注蓋用郭本爾雅改今注，注疏本亦後人依爾雅及疏所引定本集注改之，而不知其與疏文不相應也。）食麻與犬，服八風水，爨柘燧火。西宫御女白色衣，白采。撞白鐘。金王西，故處西宫也。○王念孫云：白鐘之「白」，因上文而衍。春鼓琴瑟，夏吹竽笙，秋撞鐘，冬擊磬石，「鐘」上不宜有「白」字。而北堂書鈔歲時部二、藝文類聚歲時部上、太平御覽時序部九引此皆有「白」字，則其誤久矣。○王紹蘭云：白鐘之「白」非衍文。春言鼓琴瑟，夏言吹竽笙，冬言擊磬石，皆三字爲句；若此文無「白」字，但言撞鐘，則句法參差，非其例矣。且石卽磬也，「磬」下加「石」以足句，猶「鐘」上加「白」以足句耳。管子五行篇「昔者，黄帝以其緩急作五聲，以政五鐘。令其五鐘：一曰青鐘大音，二曰赤鐘重心，三曰黄鐘灑光，四曰景鐘昧其明，五曰黑鐘隱其常」。景鐘與青鐘、黄鐘、赤鐘、黑鐘竝列，則白鐘卽景鐘也。説文：「顥，白貌，从頁从景。」是景爲白之證。○吴承仕云：注文當作「金王西方」。孟春月注：「春王東方，故處東宫。」孟冬月注：「水王北方，故處北宫。」文例正同。○寧案：王紹蘭説是也。書堯典：「分命和仲，宅西，曰昧谷。」傳曰：「昧，冥也，日入於谷而天下冥，故曰昧谷。」景鐘昧其明，義與彼同。西方色白，知白鐘卽景鐘也。又案：玉燭寶典引高注正作「金王西方」。其兵戈。○莊逵吉云：太平御覽引作「其兵鉞」。○王念孫云：戈當爲戉，字之誤也。説文：「戉，大斧也，从戈𠄌聲。（𠄌音厥。）司馬法曰：『夏執玄戉，殷執白戚，周左杖黄戉，右把白髦。』」徐鍇曰：「今作鉞。」（説文：「鉞，車鑾聲也，从金戉聲。詩曰：『鑾聲鉞鉞。』」今詩作噦。）藝文類聚、太平御覽引此並作「其兵鉞」，是其證也。四時之兵，春用矛，夏用戟，季夏用劍，秋用鉞，冬用鎩，五者皆不同類。戈與戟同類，夏用戟，則秋不用戈矣。莊二十五年穀梁傳「天子救日陳五兵」，徐邈曰：「矛在東，戟在南，鉞在西，楯在北，弓矢在中央。」彼言鉞在西，正與此秋用鉞同義。又案：説文引司馬法作「戉」，今經傳皆作「鉞」，未必非後人所改。此「戉」字若不誤爲「戈」，則後人亦必改爲「鉞」矣。（史記周本紀「斬以玄鉞」，太平御覽皇親部一引作「玄戈」，「戈」亦「戉」之誤。）○劉文典云：顔師古匡謬正俗云：「黄帝素問及淮南子等諸書説五方之兵，東方其兵矛，南方其兵弩，中央其兵劍，西方其兵戈，北方其兵鎩。」是小顔所見本正作「其兵戈」。御覽引作「鉞」，蓋襲藝文類聚耳。其畜狗。朝于總章左个，以出秋令：總章，西向堂也。西方總成萬物而章明之，故曰總章。左个，南頭室也。居是室行是月之令。狗，金畜也。求不孝不悌，戮暴傲悍而罰之，以助損氣。損氣，陰氣。○馬宗霍云：戮暴連文，戮猶暴也，不得從本義訓爲戮殺。呂氏春秋貴因篇「讒慝勝良命曰戮」，高誘彼注云：「戮，暴也。」是其證。「戮」通作「勠」。說文力部云：「勠，并力也。」由并力之義引申之，故得訓暴。立秋之日，天子親率三公九卿大夫，以迎秋于西郊。西郊，九里之外郊也。○王念孫云：「迎秋」本作「迎歲」，後人依月令改之耳。上文孟春、孟夏及下文孟冬並作迎歲。高注曰：「迎歲，迎春也。」又曰：「迎歲，迎夏也。」則此亦當云「迎歲，迎秋也」。後人既改「迎歲」爲「迎秋」，又删去高注，斯爲妄矣。○陶方琦云：魏書五十五劉芳傳、北史四十二引許注：「西郊，九里郊也。」按劉芳傳引賈逵曰：「西郊，金帝少昊，九里。」盧植云：「西郊，九里。」許、高並用先師舊訓，故同。○寧案：注「九里之外郊」，據呂氏春秋高注及魏書、北史劉芳傳引删「外」字。還，乃賞軍率武人於朝。軍率，軍將也。武勇者，功名也。○吴承仕云：注，朱本作「武勇立功名者也」。案：文當作「武人，武勇立功名者也」。朱本有奪文，莊本尤非。命將率，選卒厲兵，簡練桀俊，專任有功，以征不義，詰誅暴慢，順彼四方。順，循也。四方，天下也。○于鬯云：高注云：「順，循也。」小戴月令記鄭注云：「順猶服也。」竊謂皆未是也。呂氏孟秋紀作「巡彼遠方」，「順」即當讀爲「巡」。巡、順並諧川聲，假借之通例也。○馬宗霍云：「順彼四方」，呂氏春秋孟秋紀、禮記月令「四方」并作「遠方」。「順」字呂氏春秋作「巡」。高氏本文注云：「順，循也。」其注呂覽云：「巡，行也。」案說文彳部循訓「行順」，白虎通巡狩篇「巡者，循也」，則知順猶巡也。鄭玄月令注訓順爲服，與高異。命有司，脩法制，繕囹圄，禁姦塞邪，審決獄，平詞訟。決，斷也。平，治也。

天地始肅，不可以贏。肅，殺也，殺氣始行也。贏，盛也，故曰不可也。是月農始升穀，○寧案：依上下文例，「是月」下疑當有「也」字。呂氏孟秋紀亦有「也」字。天子嘗新，先薦寢廟。升，成。薦，進也。命百官，始收斂。孟秋始内也。完隄防，謹障塞，以備水潦。脩城郭，繕宮室。是月月麗於畢，俾滂沱矣，故備水潦也。毋以封侯、立大官，行重幣，出大使。行是月令，涼風至三旬。封侯，列土封邑也。大官，九命之爵也。重幣，金帛之幣也。大使，命卿使之。金氣收斂，皆所不宜行也。○寧案：道藏本、中立本、景宋本注末有「故言毋也」四字，今本奪。孟秋行冬令，則陰氣大盛，介蟲敗穀，戎兵乃來。孟秋，陰也，復行冬水王之令，故陰氣勝也，其介蟲敗穀也。陰氣并，故戎兵來也。○寧案：高注「陰也」當作「金也」，金、「侌」形近，故誤。「其介蟲」以下，亦文義不順。呂氏孟秋紀作「介蟲，龜屬。冬玄武，故介甲之蟲敗其穀也。金水相并，則戎兵來侵爲害」。行春令則其國乃旱，陽氣復還，五穀無實。春陽亢燥而行其令，故旱也。陽氣還者，此月涼風而反行温風之令，故敗穀，令無實也。行夏令則冬多火災，寒暑不節，民多瘧疾。夏火王而行其令，故多火災。寒暑相干，故不節，多瘧疾。瘧疾，寒暑所生也。○馬宗霍云：本文云「冬多火災」，高注不言冬，「冬」字疑誤衍。呂氏春秋亦無「冬」字。禮記月令作「國多火災」，言國則不限於冬也。○寧案：馬説是也，蓋「冬」即「多」字之誤而衍。注「多瘧疾」上奪「使民」二字。道藏本、景宋本作「使瘧疾」，有「使」字，又奪「民多」二字。呂氏春秋高注作「使民病」，是「多」上有「使民」二字明矣。

七月官庫，其樹楝。庫，兵府也。秋節整兵，故官庫也。其樹楝，楝實鳳皇所食。今雒城旁有樹。楝實秋孰，故其樹楝也。楝讀練染之「練」也。○吴承仕云：玉燭寶典引此注云：「今雒城旁有楝樹，實秋熟，故其樹楝。」文句比順。

今本誤倒，應據正。

仲秋之月，招摇指酉，昏牽牛中，旦觜嶲中。牽牛，北方玄武之宿，是月昏時中于南方。觜嶲，西方白虎之宿，是月平旦時中于南方也。其位西方。其日庚辛。其蟲毛。其音商。律中南吕。其數九。南，任也。言陽氣吕旅而志助陰，陰任成萬物也。其味辛。其臭腥。其祀門。祭先肝。涼風至。候鴈來。玄鳥歸。羣鳥翔。候時之鴈從北漠中來，過周、雒，南至彭蠡也。玄鳥歸，秋分後歸蟄所也。羣鳥翔，寒氣至，羣鳥肥盛，試其羽翼而高翔。翔者，六翮不動也。或作「養」，養育其羽毛也。○莊逵吉云：諸家釋翔皆曰回飛，唯高氏以爲大飛不動，亦曰六翮不動，又曰翼一上一下曰翔，義更精。○沈濤云：吕氏春秋紀作「羣鳥養羞」。高氏彼注曰：「寒氣將至，羣鳥養進其毛羽御寒也。」雖訓羞爲進，與禮記鄭注訓爲所食者不同，而其爲養羞則同。疑淮南注本作「或作養羞，養進其羽毛也」。淺人不知羞有進義，遂刪去「羞」字，改「進」爲「育」耳。又淮南注許、高二家每相亂，恐作翔者爲許慎本。○于省吾云：按禮注「養食」既不詞，吕注「養進」亦不詞，且於「養進」下必須增「羽毛」二字，尤爲望文演訓。疑淮南所據本是也。養與翔並諧羊聲。（説文：養从食羊聲。）作養者，翔之假字耳。秋高鳥飛，故曰羣鳥翔。月令、吕氏春秋作「養羞」者，「養」與「羞」古文相似。説文古文「養」作「𢼊」，金文「羞」字通作「𦍒」，「羞」字涉旁注而誤入正文耳。天子衣白衣，乘白駱，服白玉，建白旗，食麻與犬，服八風水，爨柘燧火。西宫御女白色衣，白采。撞白鐘。其兵戈。其畜犬。朝于總章太廟。總章，西向堂也。太廟，中央室也。命有司，申嚴百刑，斬殺必當，無或枉橈，枉，曲也。橈，弱也。言平直也。決獄不當，反受其殃。反，還。是月也，養長老，○馬宗霍云：「養長老」，呂氏春秋、禮記月令並作「養衰老」。高氏本文無注。呂覽注云：「陰氣發，老年衰，故共養之。」似作「衰老」爲是。衰、長二字形近，疑傳寫之異。○寧案：馬說是也。下文中央之極亦云「養老衰」。授几杖，行稃鬻飲食。乃命宰祝，行犧牲，案芻豢，草養曰芻，穀養曰豢。案其簿書閱租之。豢讀宦學之「宦」。○吳承仕云：朱本「閱租」作「閱視」。案閱視是也。「租」卽「視」字之壞。下文「案度程」注云：「案，視也。」是其證。視肥臞全粹，全，無虧缺也。粹，毛色純也。粹讀禍祟之「祟」。察物色，課比類，量小大，視少長，莫不中度。天子乃儺，以御秋氣。儺猶除也。御，止也。止秋氣不使爲害。儺讀躁難之「難」。「氣」或作「兵」。○寧案：「以御」下有奪文。呂氏春秋仲秋紀作「天子乃儺，禦佐疾，以通秋氣」。高注：「禦，止也。佐疾謂療也，儺以止之也。通達秋氣，使不壅閉。」（「療」當爲「癘」。）禮仲秋月令作「天子乃難，以達秋氣」。鄭注引王居明堂禮曰：「九門磔禳，以發陳氣，禦止疾疫。」疏云：「秋時涼氣新至，發去陽之陳氣，防禦禁止疾疫之事也。」據此則所禦者乃疾疫而非秋氣。秋氣當通達之，使不壅閉。疑此「以御」下當據呂氏春秋補「佐疾以通」四字。「佐」同「左」，「左疾」謂「邪疾」。此高注云：「御，止也，止秋氣不使爲害。」秋氣乃涼氣，涼氣新至，惡乎御之？呂覽與本篇皆高注，不得二說相乖，蓋此文其誤已久，高氏先注淮南，因據誤文爲說耳。以犬嘗麻，先薦寢廟。是月可以築城郭，建都邑，國有先君之宗廟曰都，無曰邑。都曰城，邑曰築。穿竇窖，脩囷倉。穿竇所以通水，不欲地濕也。穿窖所以盛穀也。窖讀窖藏人物之「窖」。○寧案：可曰窖藏物，不可曰窖藏人。集證本作「讀人窖藏物之窖」，是也。乃命有司，趣民收斂畜采，○寧案：「采」蜀藏本作「菜」。呂氏春秋、禮記月令同。古通。多積聚，勸種宿麥，若或失時，行罪無疑。是月也，雷乃始收，蟄蟲培戶。○于省吾云：按「培」應讀作「附」，培、附音近相假。左襄二十四年傳「部婁無松柏」，風俗通山澤篇作「培塿無松柏」。説文阜部：「附婁，小土山也。」部、培、附一音之轉，培戶卽附戶。呂氏春秋仲秋紀作「蟄蟲俯戶」，「俯」亦「附」之借字。彼注云：「俯近其所蟄之戶。」「俯近」卽「附近」，尤其明證矣。殺氣浸盛，陽氣日衰，水始涸，涸，凝竭。「涸」或作「盛」，盛言陰勝也。日夜分。一度量，平權衡，正鈞石，角斗稱，理關市，來商旅，理，通也。入貨財，以便民事。四方來集，遠方皆至。○寧案：「遠方」當作「遠鄉」，涉上「四方」而誤。景宋本正作「遠鄉」，呂氏春秋仲秋紀、禮記月令同。是其證。財物不匱，上無乏用，百事乃遂。遂，成也。仲秋行春令，則秋雨不降，草木生榮，國有大恐。春陽氣而行其令，故雨不降。又温煦之仁，故草木生榮華也。氣相干，必有災咎，故國大惶恐。行夏令則其國乃旱，蟄蟲不藏，五穀皆復生。行炎陽之令，故旱涸。氣熱，故蟄蟲不藏，使五穀復生。行冬令則風災數起，收雷先行，草木蚤死。行冬寒氣激之令，故有風災。又冬閉藏，故收雷先行，草木蚤死也。八月官尉，其樹柘。尉，戎官，是月治兵，故官尉。傳曰：「羊舌大夫爲中軍尉。」柘説未聞也。

季秋之月：招摇指戌，昏虚中，旦柳中。虚，北方玄武之宿，是月昏時中于南方。柳，南方朱雀之宿，是月平旦時中于南方也。其位西方。其日庚辛。其蟲毛。其音商。律中無射。陰氣上升，陽氣下降，萬物隨陽而藏，無射出見也。其數九。其味辛。其臭腥。其祀門。祭先肝。候鴈來。賓雀入大水爲蛤。是月時候之鴈從北漠中來，南之彭蠡。蓋以爲八月來者，其父母也，是月來者，蓋其子也。羽翼稺弱，故在後爾。賓雀者，老雀也。栖宿人堂宇之間如賓客者也，故謂之賓。大水，海水也。傳曰：「雀入海爲蛤」也。○陶方琦云：御覽九百四十一引許注：「雀，依屋之雀，本飛鳥也，隨陽下藏，故爲蛤。」高作賓雀，與注呂覽同。今月令鄭注：「來賓，言其客止未去。」屬上鴻鴈解，與許合也。說文「雀，依人小鳥也」，故注淮南亦曰「依屋之雀，本飛鳥」。○金其源云：高注以「來」字爲句，賓爵爲老爵；禮月令鄭注則以「賓」字爲句，謂仲秋先至者爲主，季秋後至者爲賓，說有不同。依汲冢周書時訓解云：「寒露之日，鴻鴈來賓。又五日，爵入大水化爲蛤。」則鄭說爲有據。○寧案：注「堂宇」上，道藏本、中立本、景宋本皆有「家」字，當據補。菊有黃華。豺乃祭獸戮禽。豺，似狗而長尾，其色黃。是月時，豺殺獸四面陳之，世謂之祭獸。戮猶殺也。天子衣白衣，乘白駱，服白玉，建白旗，食麻與犬，服八風水，爨柘燧火。西宮御女白色衣，白采。撞白鐘。其兵戈。其畜犬。朝于總章右个。西向堂北頭室，故謂右个也。命有司，申嚴號令。百官貴賤，無不務入，以會天地之藏，無有宣出。乃命冢宰，農事備收，舉五穀之要，冢，大也。宰，治也。卿官也。要，簿書也。藏帝籍之收於神倉。天子籍田千畝，故曰帝籍之收。籍田所收之穀也。神倉倉也。○寧案：注文義不順。曰「神倉倉也」，尤爲辭費。呂氏春秋季秋紀注云：「天子籍田千畝，其所收穀也，故謂之帝籍之收。於倉受穀，以供上帝神祇之祀，故謂之神倉。」疑此當作「天子籍田千畝，故曰帝籍。帝籍之收，籍田所收之穀也。於倉受穀，以供上帝神祇之祀，故曰神倉也」。今本「帝籍」二字當重，「神倉」上奪「於倉受穀，以供上帝神祇之祀，故曰」十四字，下衍「倉」字。是月也，霜始降，百工休。霜降天寒，朱漆難成，故百工休止，不復作器也。乃命有司曰：「寒氣總至，民力不堪，其皆入室。」詩曰：「入此室處。」是也。上丁，入學習吹，大饗帝，嘗犧牲，合諸侯，制百縣，是月上旬丁日，入學宫吹笙竽，習禮樂。饗上帝，用犧牲。合諸侯之制，度車服之差，各以其命數也。百縣，圻内之縣，言百，舉全數爾。五家爲鄰，五鄰爲里，四里爲酇，五酇爲鄙，五鄙爲縣。然則縣二千五百家也。○莊逵吉云：注，「學宫」本或作「學官」。○呂傳元云：宋本、藏本、汪本、茅本皆作「學官」，「宫」字誤。爲來歲受朔日，與諸侯所稅於民輕重之法，貢歲之數，以遠近土地所宜爲度。來歲，明年。受朔日，如今計吏朝賀，豫明年之曆日也。度者，職貢多少有常也。乃教於田獵，以習五戎。戎，兵也。刀、劍、矛、戟、矢曰五戎。命太僕及七騶咸駕，戴荏，○劉績云：戴荏，記作「載旌旐」。疑「荏」乃「旌」字之誤。○王念孫云：劉說是也。隸書「旌」字或作「㫌」，與「荏」相似而誤。載、戴古字通。○金其源云：戴荏，禮月令則曰「載旌旐」，呂覽則曰「載旍旐」。按釋名釋姿容：「戴，載也，載之於頭也。」爾雅釋草：「蘇，荏也。」方言：「蘇亦荏也。關之東西或謂之蘇，或謂之荏。」司馬長卿子虛賦「蒙鶡蘇」，索隱云：「蘇，析羽也。」周禮春官司常：「析羽爲旌。」是「戴」即「載」也，「荏」即「旌」也。廣韻「旍」同「旌」。五經文字：「旌從生，作旍譌。」則三書同物而異名也。授車以級，皆正設于屏外，級，等也，授當車者以高下各隨其等級。正，立。設，陳也。天子外屏，屏，樹垣也。爾雅曰：門内之垣，謂之樹垣者也。○寧案：爾雅釋宫云：「屏謂之樹。」注當作「天子外屏，屏，樹垣也，門内之垣。爾雅曰『屏謂之樹』是也。」今本「爾雅曰」三字誤在「門内之垣」上，下脱「屏」字，衍「垣」字。「者」乃「是」之誤。呂氏季秋紀注云：「天子外屏，屏，樹垣也。爾雅曰『屏謂之樹』，論語曰『樹塞門』者也」，是其證。說詳主術訓。司徒搢朴，北嚮以贊之。搢，插也。朴，以教導也。插置帶間，贊相威儀也。司徒主衆，教導之也。天子乃厲服廣飾，執弓操矢以獵。是月天子尚武，乃服猛厲之服，廣其所佩之飾以取禽。○顧廣圻云：「獵」疑當作「射」。注「取」亦疑當作「射」。呂氏春秋作「射」，注作「以射禽也」，是其證也。月令作「獵」。鄭注云：「今月令獵爲射。」考淮南子及呂氏春秋每有與今月令同者，然則改「射」爲「獵」誤。○于鬯云：姚藝諳廣文云：「廣當爲厲。禮月令『天子乃厲飾』無『厲服』二字，然不作『廣飾』。」案：呂氏季秋紀正作「天子乃厲服厲飭」。（飭通。）然俞平議又據此「廣」字以訂彼「厲」字之誤，蓋因高此注言廣其所佩之飾，「廣」字似是也。鬯妄謂「厲服厲飾」下「厲」字卽涉上「厲」字而衍。「厲服廣飾」，既衍而又誤其字。「天子乃厲服飾」，義自見。（今案姚説當是厲服厲飾，句法猶青色衣青采，赤色衣赤采之類。）○寧案：陳其猷氏校呂氏春秋云：「厲飭不誤，謂佩猛厲之飾物，備取禽也；若作廣飭，殊非其旨，蓋增廣其飾物，何所用之？徒增罣礙而已。淮南當依此訂正。『射』字月令淮南作『獵』亦誤。蓋此所言乃行獵之禮，並非行獵。故執弓操矢射以若干發，以示行獵之形式，如孟春所言天子耕籍田三推，以示耕田之形式，正可爲比。後人不知此是儀式，誤以此爲行獵，因改『射』爲『獵』耳。」愚謂陳氏校「獵」爲「射」，是也，謂「廣」當爲「厲」，似未必然也。高注云：「廣其所佩之飾。」則淮南自作廣飾。惟其乃行獵之禮，並非行獵，已厲其服，復廣其飾，隆禮也，夫何礙？使如陳説，不識何以改高注也。命主祠，祭禽四方。命，教也。主祠，典祀之官也。祭禽四方，祀始設禽獸者于四方，報其功。不知其神所在，故博求之于四方也。是月草木黄落，乃伐薪爲炭，蟄蟲咸俛，乃趨獄刑，毋留有罪，俛，伏也，青州謂伏爲俛。無留，言當斷也。收禄秩之不當，供養之不宜者。不當，謂無德受禄也。不宜，謂不孝也。一曰：所養者無勳於國，其先人又無賢德，所不宜養，故收也。通路除道，從境始，至國而后已。○王念孫云：「后」字後人所加。季春言從國始，至境止；季秋言從境始，至國而已。已，亦止也，無庸加后字。是月天子乃以犬嘗麻，先薦寢廟。孝之至也。○馬宗霍云：「以犬嘗麻」，呂氏春秋、禮記月令「麻」並作「稻」。高氏本文無注。呂覽注云：「稻始升，故嘗之。」鄭玄月令注云：「稻始孰也。」與高説合。然則淮南本文「嘗麻」，疑亦當作「嘗稻」。且嘗麻仲秋已見，不得又見於季秋也。初學記二十七引蔡邕月令章句云：「十月穫稻，人君嘗其先熟，故在季秋九月熟者，謂之半夏稻。」此説可互證。季秋行夏令，則其國大水，冬藏殃敗，民多鼽窒。季秋陰氣而行夏月霖雨之令，故大水。火氣熱，故冬藏殃敗也。火金相干，故民鼽窒，鼻不通利也。鼽讀怨仇之「仇」。行冬令則國多盜賊，邊竟不寧，土地分裂。冬水純陰，奸謀所生，故多盜賊，使邊竟之民不安寧也。則土地見侵削，爲鄰國所分裂也。行春令則煖風來至，民氣解隋，師旅竝興。春氣陽温，故煖風至，民氣解隋也。木干金，故師旅竝興也。二千五百人爲師，五百人爲旅也。九月官候，其樹槐。候，望也。是月繕脩守備，故曰官候也。槐，懷也，可以懷來遠人也。

孟冬之月，招搖指亥，昏危中，旦七星中。危，北方玄武之宿，是月昏時中于南方。七星，南方朱雀之宿，是月平旦時中于南方。其位北方。其日壬癸。盛德在水。顓頊之神治北方也。壬癸，水日也。盛德在水，水王北方也。其蟲介。其音羽。介，甲也。象冬閉固，皮漫胡也。甲蟲龜爲之長。羽屬水也。律中應鐘。其數六。陰應于陽，轉成其功，萬物聚成，故曰應鐘。其數六，五行數五，水第一，故曰六也。其味鹹。其臭腐。水味鹹也。水臭腐也。○陶方琦云：「五行大義三引作『其臭朽』。又引許注曰：『朽爛之氣。』北方氣同。此其味鹹者，北方物鹹，所以堅之也，猶五味得鹹乃堅也。」按五行大義此下又引許君云：「鹹者，銜也。」即説文。説文：「鹹，銜也，北方味也。」

其祀井。祭先腎。井水給人，故祀也。「井」或作「行」。行，門内地，冬守在内，故祀也。腎，水，自用其藏也。水始冰。地始凍。雉入大水爲蜃。虹藏不見。蜃，蛤也。大水，淮也。傳曰：「雉入於淮爲蜃。」虹，陰中之陽也，是月陰盛，故不見。○寧案：太平御覽九百四十一引注云：「雉，陽鳥也，三歲而死。極陽切陰，故隨陰氣入水爲蜃。蜃，大蛤也。」當是許注。天子衣黑衣，乘玄驪，服玄玉，建玄旗，順水德也。熊與虎曰旗。食黍與彘，○吳承仕云：御覽八百四十二引注曰：「黍彘小類，時宜也。」案：文疑當作「黍火類，時宜也」。「彘」字衍。「小」爲「火」之譌。記月令鄭注云：「黍秀舒散屬火，寒時食之，亦以安性也。」此注義與鄭同，疑是許、高舊説。○馬宗霍云：余謂「水」「小」形近，「小類」疑是「水類」之誤，「彘」字亦非衍。案説文引孔子説禾入水爲黍。本篇下文「其畜彘」，高注云：「彘，水畜。」故此注以黍、彘爲水類也。孟冬盛德在水，故又曰「時宜」也。若如吳説作火類，則不與時宜矣。○寧案：馬説非也。上文孟夏「天子以彘嘗麥」，高注云：「豕水畜，宜夏。」（今本脱「夏」字，説見前。）孟夏月令云：「以彘食之，散其熱也。彘水畜。」呂氏春秋孟夏紀高注云：「彘水畜，夏所宜食也。」孟冬月令鄭注云：「黍秀舒散屬火，寒時食之，亦以安性也。」是知「時宜」二字，義在寒熱相濟。馬氏謂「黍、彘爲水類，孟冬盛德在水，故又曰時宜也」，則是以寒時宜食寒，熱時宜食熱爲時宜，義適相反矣。吳説是。服八風水，爨松燧火。○劉文典云：御覽二十七引注云：「改火也。」北宮御女黑色衣，黑采。擊磬石。水王北方，故處北宮。其兵鎩。其畜彘。鎩者却内，象陰閉。彘，水畜。朝于玄堂左个，以出冬令。北向堂西頭室，故曰左个。居是室行此月令也。命有司，脩羣禁，順陰閉，諸所當禁，皆使有司禁也。禁外徙，閉門閭，大搜客。傳曰：「禁舊客，爲露情也；有新客搜出之，爲觀釁也。」門，城門也。閭，里門也。嚴閉之，守備也。斷罰刑，殺當罪，諸罰刑當決也。當罰正罪，故殺之也。阿上亂法者誅。阿意曲從，取容於上，以亂法度也。誅，治也。立冬之日，天子親率三公九卿大夫，以迎歲于北郊。○陶方琦云：魏書五十五劉芳傳、北史四十二引許注：「北郊，六里郊也。」又引高注：「北郊，六里之郊也。」案：劉芳傳引賈逵曰：「北郊，水帝顓頊，六里。」盧植云：「北郊，六里郊也。」許、高並用先師舊訓，故同。還，乃賞死事，存孤寡。有忠節蹈義死王事者，賞其子孫也。幼無父曰孤，無夫曰寡，皆存慰矜恤之。是月，命太祝禱祀神位，占龜策，○顧廣圻云：「神位占」三字疑衍。呂氏春秋「祝」作「卜」，「祀」作「祠」，無「神位占」三字。注云：「故命太卜禱祠龜策。」月令作「命太史釁龜策」。鄭注云：「今月令曰釁祠，祠衍字。」皆可證無此三字。審卦兆，以察吉凶。於是天子始裘，命百官謹蓋藏，命司徒行積聚，脩城郭，警門閭，脩楗閉，慎管籥，固封璽，封璽，印封也。○劉文典云：禮記月令「璽」作「疆」。鄭注：「今月令疆或作璽。」説文土部：「璽，王者之印也，以主土。（據玉篇引。）从土，爾聲。」璽字從土，以主土者，故「封疆」或作「封璽」。應劭漢官儀、蔡邕獨斷引月令並作「固封璽」，皆據今月令。北堂書鈔百五十六引淮南此文作「固封疆」，與古月令合，疑是許、高二家之異。○于省吾云：注「印封」，即近所發之封泥也。脩邊境，○寧案：北堂書鈔引「脩」作「備」是也。邊境而曰脩，於詞不當。呂氏春秋、禮記月令皆作「備邊境」。完要塞，絶蹊徑，飾喪紀，審棺槨衣衾之薄厚，飾，治也。紀，數也，二十五月之數也。棺槨衣衾，薄厚各有差等，故審之。營邱壠之小大高痺，使貴賤卑尊，各有等級。營，度也。邱壠，冢也。小大高下各有度量也。○寧案：説文、玉篇、集韻無「痺」字。廣韻：「痺，下也。」而集韻作「庳」，疑「痺」即「庳」之誤字。（周禮夏官司弓矢「痺矢」，阮元以爲當作「庳」。）此文道藏本、中立本、景宋本皆作「庫」。是月也，工師效功，陳祭器，案度程，堅致爲上；案，視也。度，法也。堅致，功牢也。爲，故也。上，盛也。○莊逵吉云：「堅致」，禮記作「功致」，故注云：「功，牢也。」致，卽密緻之「緻」，古無「緻」字。工事苦慢，作爲淫巧，必行其罪。苦，惡也。慢，不牢也。淫巧，非常之巧也。故行其罪。苦讀盬會之「盬」。○寧案：注，「盬會之盬」當作「盬鹵之盬」。景宋本作「鹽會之鹽」，道藏本作「監會之監」，誤益甚。周禮天官「鹽人苦鹽」，注「杜子春讀苦爲盬」，故高氏借「盬鹵」作音釋。「鹵」通「魯」，與「會」形近，故誤耳。中立本正作「盬鹵」。是月也，大飲蒸，天子祈來年於天宗，蒸，冬祭也。于是時大飲酒而祭，求明年之福祥也。凡屬天上之神，日月星辰皆爲天宗也。大禱祭于公社，畢，饗先祖。禱，求也。公社，后土之祭也。生爲上公，死爲貴神，故曰公也。畢，饗先祖，先公後私之義。○吴承仕云：注，景宋本作「公社，國社也，后土之祭也」。承仕案：景宋本是也。白虎通曰：「王者二社：爲天下立社，曰太社，自爲立社，曰王社；諸侯爲百姓立社，曰國社，自爲立社，曰侯社。」注釋公社爲國社者，示別於他社也。○寧案：吴説是也。道藏本、中立本作「公社也，后土之祭也」，奪「國社」二字，「也」字未奪，兩「社」字相亂而誤。勞農夫以休息之。命將率講武，肄射御，角力勁。肄，習也。勁，強貌。○吴承仕云：朱本「肄習也」下有「角猶試也」四字。承仕案：呂氏春秋孟冬紀注亦有此語，應據補。○寧案：吴據朱本補四字非是。道藏本、景宋本作「肄，習也。角，平地也。勁，強貌也」。「地」當是「抵」字形音相近而誤。後人不解其義，故據呂氏春秋改如朱本耳。漢書武帝紀：「元封三年春，作角抵戲。」注文穎曰：「名此樂爲角抵者，兩兩相當角力，角技藝射御，故名角抵。」師古曰：「抵者，當也。」又廣雅：「角，抵也。」高訓角爲平抵，亦卽兩兩相當角力，角技藝射御之意也。當據宋本、藏本校補。乃命水虞漁師，收水泉池澤之賦，虞，掌水官也。師，長也。賦，税也。毋或侵牟。牟，多。○于省吾云：按注説非是。牟與蟊、蝥、蛑音近字通。説文：「蟊，蟲食艸根者。」重文作「蝥」。古文作「蛑」。漢書景帝紀「侵牟萬民」，李奇曰：「牟，食苗根蟲也。侵牟食民，比之蛑賊也。」東海廟碑「收責侵侔」，以「侔」爲之。詩桑柔「降此蟊賊」，箋：「蟲食苗根曰蟊，食節曰賊。」是侵蛑乃古人成語，注訓爲多，於義未符。孟冬行春令，則涷閉不密，地氣發泄，民多流亡。春陽氣散越，故涷閉不密，地氣發泄也。民多流亡，象陽氣布散。行夏令則多暴風，方冬不寒，蟄蟲復出。冬當閉藏，反行夏盛陽之令，故多暴疾。陽氣温，故盛冬不寒，令蟄伏之蟲復出也。○寧案：正文言多暴風，注言多暴疾，文不相應。吕氏春秋孟冬紀高注作多暴疾之風，此「暴疾」下當據補「之風」二字。行秋令則雪霜不時，小兵時起，土地侵削。秋氣干冬大寒，不當雪而雪，不當霜而霜，故曰不時也。小兵數起，鄰國來伐，侵削其土地。十月官司馬，其樹檀。冬閉講武，故官司馬也。檀，陰木也。

仲冬之月，招揺指子，昏壁中，旦軫中。東壁，北方玄武之宿，是月昏時中于南方。軫，南方朱鳥之宿，是月平旦時中于南方也。其位北方。其日壬癸。其蟲介。其音羽。律中黄鐘。其數六。黄鐘者，陽氣聚于下，陰氣盛于上，萬物黄萌于地中，故曰黄鐘也。其味鹹。其臭腐。其祀井。祭先腎。冰益壯。地始坼。鳱鴠不鳴。虎始交。鳱鴠，山鳥，是月陰盛，故不鳴也。虎，陽中之陰也，陰氣盛，以類發也。交讀將校之「校」。○吴承仕云：朱本「山鳥」下有「陽物也」三字。（景宋本止有一「陽」字。）承仕案：吕氏春秋仲冬紀注亦云「陽物也」。莊本誤奪。天子衣黑衣，乘鐵驪，服玄玉，建玄旗，食黍與彘，服八風水，爨松燧火。北宮御女黑色衣，黑采。擊磬石。其兵鎩。其畜彘。朝于玄堂太廟。北向堂中央室，故曰太廟。命有司曰：「土事無作，無發室居，及起大衆。」是謂發天地之藏。〇寧案：「是謂發天地之藏」與上文不屬。月令上有「地氣沮泄」四字，仲冬紀則云「發蓋藏，起大衆，地氣且泄」。疑此亦當作「發室居，起大衆，地氣且泄，是謂發天地之藏」。諸蟄則死，民必疾疫，有隨以喪。〇莊逵吉云：「有」諸本皆作「又」。急捕盜賊，誅淫泆詐僞之人，命曰暢月。陰氣在上，民人空閒，故命曰暢月。命奄尹，申宮令，奄，官也。尹，正也。申宮令，重戒敕也。〇吴承仕云：文當作「奄，宮官也」。仲冬紀注云：「奄，宮官也。」是其證。「宮」「官」形近，傳寫誤奪「宮」字。審門閭，謹房室，必重閉。助陰氣也。省婦事。乃命大酋，秫稻必齊，麴糵必時，酋，主酤酒官也。醞釀米麴使化熟，故謂之酋。酋讀酋豪之「酋」。齊讀齊和之「齊」也。作麴糵當得其時，不時則不成也。湛熺必潔，水泉必香，湛，漬也。熺炊必令圭潔也。水泉香則酒善也。湛讀審釜之「審」。熺炊熾火之熾也。〇桂馥云：「熺」借字，當爲「饎」。特牲饋食禮「主婦視饎爨於西堂下」，鄭注：「炊黍稷曰饎。」〇吴承仕云：吕氏春秋仲冬紀「湛饎必潔」，高注云：「讀瀋釜之瀋」是也。此作審者，瀋形之殘，應據正。「熺炊熾火之熾」，「炊」上誤奪一「讀」字。〇于省吾云：按「圭潔」即「蠲潔」。熺亦作饎、糦、𩜁、喜。詩天保「吉蠲爲饎」，傳：「饎，酒食也。」玄鳥「大糦是承」，箋：「糦，黍稷也。」説文饎之重文作「𩜁」。大豐毀「事喜上帝」。詩七月「田畯至喜」，箋：「喜讀爲饎。」均其證也。〇寧案：注「審釜之審」，審當爲「瀋」，吴説是也。哀公三年左傳「猶拾瀋也」，釋文：「尺審反。北土呼汁爲瀋。」由汁義引申之，瀋釜猶沃釜也。又案：「熺炊熾火之熾」，「炊」當爲「讀」，涉上「熺炊」而誤。禮記月令作「湛熾必潔」，故高讀「熺」爲「熾」也。吕氏春秋高注正作「讀熾火之熾」。

陶器必良，火齊必得，無有差忒。陶器，瓦器也。炊亨必得其適，故曰無有差忒也。天子乃命有司，祀四海大川名澤。能興雲雨，故祀之。是月也，農有不收藏積聚，牛馬畜獸有放失者，取之不詰。詰，呵問也。山林藪澤，有能取疏食田獵禽獸者，野虞教導之。其有相侵奪，罪之不赦。大加刑也。

○吴承仕云：「大加刑也」，「大」字無義。仲冬紀注云：「必罰之也。」蓋以必罰釋不赦。此文「大」亦當作「必」，義與彼同。

是月也，日短至，陰陽爭。君子齋戒，處必掩，身欲静，去聲色，禁嗜欲，聲，絲竹金石之聲也。色，美色也。有貪欲濫求者禁之。寧身體，安形性。閉情欲也。是月也，荔挺出，芸始生，邱螾結，麋角解，荔，馬荔草也。芸，芸蒿，菜名。邱螾，蟲也。結，屈結也。麋角解墮。皆應微陽氣也。○陶方琦云：説文艸部芸字下、爾雅釋草疏、御覽九百八十二引許注：「芸草可以死復生。」案説文「芸，草也，似苜蓿」，與鄭君月令注「芸，香艸」，説亦合。高注呂覽皆訓作菜。芸生於冬至一陽初生之月，故云死復生。○金其源云：「荔挺出」，高於淮南時則注：「荔，馬荔草也。」於呂覽仲冬紀注：「荔，馬荔，挺，生出也。」鄭於禮記月令注：「荔挺，馬䪼也。」與高異。顔氏家訓書證曰：「月令云『荔挺出』，鄭玄注云：『荔挺，馬䪼也。』説文云：『荔似蒲而小，根可爲刷。』廣雅：『馬薤，荔也。』通俗文亦云馬藺。易統通卦驗玄圖云：『荔挺不出，則國多火災。』蔡邕月令章句云：『荔似挺。』高誘注呂氏春秋云：『荔草挺出也。』然則月令注荔挺爲草名，誤矣。」而廣雅疏證謂「檢月令篇中，凡言萍始生，王瓜生，半夏生，芸始生，草名二字者則但言生，一字者則言始生，以足其文，未有狀其生之皃者。倘經意專以『荔』之一字爲草名，則但言荔始出可矣，何煩又言挺也？且據顔氏引易通卦驗『荔挺不出』，則以『荔挺』二字爲草名者，自漢時已然。又逸周書時訓篇『荔挺不生，卿士專權』，亦與通卦驗同。鄭氏殆相承舊說，非臆斷也。」竊謂諸說，高注外，都未審馬荔之非馬薤也。蓋公羊隱公元年「乘馬」注：「天子馬曰龍。」是以六馬亦曰六龍。則馬荔即龍荔。龍荔者，桂海志云「出嶺南，狀如小荔，而肉味如龍眼」，本草云「狀如小荔支」，即後漢書和帝紀云「舊南海獻龍眼荔支」是也。文選蜀都賦云：「旁挺龍目，側生荔枝。」可見馬荔綴樹旁側，故曰挺生出也。其作馬薤者，本草蠡實，釋名云：「馬藺子、馬楝子、馬薤、馬帚。」頌曰：『馬藺子北人譌爲馬楝子。』廣雅云：『馬薤，荔也。』時珍曰：『爾雅云：荓音瓶，馬帚也。此即荔草，謂其可爲馬刷，故名。』」則馬薤即爾雅云荓馬帚。說文云「荔似蒲而小，根可爲刷」者，乃蠡實之異名，與馬荔無涉者也。舊說之所以或名荔挺者，當爲挺與枝字義相同之故。荀子解蔽「心枝則無知」注「枝，旁引如樹枝也」。說文：「挺，拔也。」一切經音義引蒼頡篇「拔，引也」。素問五常政大論「其變振拉摧拔」，注：「拔謂出本。」俱是旁引之義。故或以荔枝爲荔挺耳。○寧案：「荔挺出」疑當作「荔以挺」。注當作「荔，草。挺，出也」。顏氏家訓書證篇引高誘注呂氏春秋云：「荔，草。挺，出也。」太平御覽一千引同。（今本高注作「荔，馬荔。挺，生出也」。）家訓所引，當是呂氏春秋高注原文，其注淮南應與之相同。以出訓挺，則正文「挺」下不應有「出」字。蔡邕月令章句云：「荔似挺。」盧文弨云：「荔似挺，語不明，據本草圖經引作『荔以挺出』，當是也。」案太平御覽一千引月令章句正作「荔以挺出」，「以」字是也。本書與呂氏春秋今作「荔挺出」，乃後人依月令改之也。至顏氏家訓以月令注荔挺爲草名爲誤，王念孫云：「月令自言荔莛，他書自言荔，兩不相妨也。」（說詳廣雅疏證。）又案：注「麋角解墮」下奪「水泉湧動」四字。上四句皆注，不得「水泉動」無注。今本注文亦當在「水泉動」下。據呂氏春秋訂正。

水泉動，則伐樹木，取竹箭。罷官之無事，器之無用者。罷，省。涂闕庭門閭，築囹圄，所以助天地之閉。仲冬行夏令，則其國乃旱，氛霧冥冥，雷乃發聲。夏氣炎陽，故其國旱也。清濁相干，故氛霧冥冥也。十一月雷發聲，非其時，故言乃也。行秋令則其時雨水，瓜瓠不成，國有大兵。秋，金氣，水之母也，故雨水。水金用事，故有大兵也。○李哲明云：「其時雨水」，文義太空。月令、吕覽竝作「天時雨汁」，當從之。注亦當據吕覽改。○吴承仕云：景宋本作「金用事」，「金」上無「水」字。承仕案：行秋令故云金用事。誤衍「水」字，文不成義。○馬宗霍云：「其時雨水」，吕氏春秋、禮記月令竝作「天時雨汁」。高氏吕覽注云：「秋金，水之母也。冬節白露，故雨汁也。」鄭玄月令注云：「雨汁者，水雪襍下也。」案雨水常見，似非異徵，疑作「雨汁」爲長。○寧案：作「雨汁」是也。月令孔穎達正義曰：「天時雨汁，天災也。」此「其」字亦當爲「天」。「其」字古作「亓」，與「天」形近，故誤耳。又案：注「水金用事」，仲冬紀高注亦作「金用事」。吴説是。行春令則蟲螟爲敗，水泉咸竭，民多疾癘。春陽氣，蟄伏生，故蟲螟敗穀，水泉竭也。陽干陰，氣不和，故多疾癘也。○蔣超伯云：「水泉咸竭」，「咸」字當依吕覽作減，或減或竭，非皆竭也。左昭二十六年「則有晉、鄭咸黜不端」，正義曰：「咸諸本或作減。」○馬宗霍云：「水泉咸竭」，禮記月令同。吕氏春秋「咸」作「減」。古咸、減通用。考工記輈人注「輪軹與軫轐大小之減」，陸德明釋文作「之咸」，云：「咸本又作減。」左氏昭公二十六年傳「咸黜不端」，孔穎達正義云：「諸本咸或作減。」史記司馬相如傳「上咸五下登三」，司馬貞索隱本「咸」作「減」，云：「今本減或作咸，是與韋昭之説符也。」皆二字相通之證。○寧案：注「蟄伏生」，「生」疑「出」之形誤。蟄伏之蟲可言出，不可言生也。上文「孟冬行夏令則蟄蟲復出」，注云「蟄伏之蟲復出也」，是也。

十一月官都尉，其樹棗。冬成軍師，故官都尉。棗取其赤心。

季冬之月，招摇指丑，昏婁中，旦氐中。婁，西方白虎之宿，是月昏時中于南方。氐，東方蒼龍之宿，是月平旦時中于南方也。其位北方。其日壬癸。其蟲介。其音羽。律中大呂。呂，旅也。萬物萌動于黃泉，未能達見，所以旅旅去陰卽陽，助其成功，故曰大呂。○寧案：呂氏春秋季冬紀高注作「萬物萌動於黃泉，未能達見。呂，旅也，所以旅去陰卽陽，助其成功」，畢校删「去」字。疑此亦當删「旅去」二字。旅陰卽陽，文義已足，「去」字蓋後人據誤本呂氏春秋所加；又天文篇云「大呂者旅旅而去也」，故又據天文篇重「旅」字耳。天文篇不當重「旅」字。其數六。其味鹹。其臭腐。其祀井。祭先腎。鴈北鄉。鵲加巢。鴈在彭蠡之水，皆北向，將至北漠中也。鵲感陽而動，上加巢也。○王念孫云：「加」讀爲「架」，謂搆架之也。召南鵲巢箋曰：「鵲之作巢，冬至架之，至春乃成。」釋文：「架之，俗本或作加功。」（案「之」作「功」者非，「架」作「加」則古字通用。劉昌宗讀「加」爲「架」是也。匡謬正俗謂加功力作巢，非是。）本經篇「大夏曾加」，高注：「謂以材木相乘架。」是加、架古字通。此言鵲加巢，卽鄭箋所謂冬至架之者，非謂增加其巢也。天文篇曰：「日冬至，鵲始加巢。」月令曰：「季冬之日，鵲始巢。」義並與此同。召南正義引推度災云：「鵲以復至之月始作室家。」是也。雉雊。雞呼卵。詩云：「雉之朝雊，尚求其雌。」是也。雞呼鳴求卵也。天子衣黑衣，乘鐵驪，服玄玉，建玄旗，食麥與彘，服八風水，爨松燧火。北宮御女黑色衣，黑采。擊磬石。其兵鎩。其畜彘。朝于玄堂右个。右个，東頭室也。命有司大儺旁磔，出土牛。大儺，今之逐陰驅疫，爲陽導也。旁磔，四面皆磔犬羊，以禳四方之疾疫也。出土牛，今鄉縣出勸農耕之土牛於外是也。○寧案：「出土牛」下脱「以送寒氣」四字。上文季春之月「令國人儺，九門磔攘，以畢春氣」，呂氏春秋亦云「以畢春氣」，月令同；上文仲秋之月「天子乃儺，以御佐疾，以通秋氣」，（今本奪「佐疾以通」四字。）呂氏春秋同，月令作「以達秋氣」：則春秋皆明其所以儺，而此季冬獨不及，則文義不備，呂氏春秋季冬紀作「大儺旁磔，出土牛，以送寒氣」，月令同，則此當有「以送寒氣」四字明矣。後漢書禮儀志中亦云：「是月也，立土牛六頭於國都郡縣城外丑地，以送大寒。」又案：注云「出勸農耕之土牛於外」，似文義未足。呂氏春秋作「於東門外」。命漁師始漁。是月將捕魚，故命其長也。漁讀論語之「語」。天子親往射漁，先薦寢廟。令民出五種。令農計耦耕事，脩耒耜，具田器。耦，合。命樂師大合吹而罷。乃命四監收秩薪，以供寢廟及百祀之薪燎。是月也，日窮于次，月窮于紀，星周于天，歲將更始。十二次窮于牽牛中也。紀，道。窮于故宿也。星周于天者，謂二十八舍更見南方，至是月周匝也。○寧案：呂氏春秋季冬紀高注有二說，此其後說。「窮于故宿」上據沾「月」字。其前說云：「次，宿也。是月，日周於牽牛，故曰日窮于次也。月遇日相合爲紀，月終紀，光盡而復生曰朔，故曰月窮于紀。日有常行，行於中道，五星隨之，故曰星迴于天也。」令靜農民，無有所使。天子乃與公卿大夫飾國典，論時令，以待嗣歲之宜。乃命太史，次諸侯之列，賦之犧牲，賦，布。以供皇天上帝社稷之芻享。○馬宗霍云：「芻享」連文無義。呂氏春秋、禮記月令皆無「芻」字。疑本文「芻」字蓋涉下文「芻豢」而誤衍也。乃命同姓之國，供寢廟之芻豢，卿士大夫至于庶民，供山林名川之祀。季冬行秋令，則白露蚤降，介蟲爲祅，四鄙入保。秋節白露，故白露蚤降，介甲之蟲爲祅災。金氣爲兵，故四竟之民入城郭自保守也。行春令則胎夭傷，國多痼疾，命之曰逆。季冬大寒而行春溫之令，氣不和，故胎養夭傷，國多篤疾，逆風氣之由也。故命之曰逆也。○寧案：「則胎夭傷」，疑有脱文。上下文「則」字下皆四字爲句，何此獨作三字？呂氏春秋、禮記月令皆作「胎夭多傷」，謂胎夭多有傷折，非俱傷也。此「夭」下亦當據補「多」字。行夏令則水潦敗國，時雪不降，冰凍消釋。夏氣炎陽，又多霖雨，故水潦敗國也。時雪當降而不降，冰凍不當消釋而消釋，皆干時之徵也。十二月官獄，其樹櫟。十二月歲盡刑斷，故獄官也。櫟可以爲車轂。木不出火，惟櫟爲然，亦應除氣也。○寧案：注「獄官」二字誤倒。「除」字乃「陰」字形近而譌。據中立本及玉燭寶典引正。

五位

東方之極：自碣石山過朝鮮，貫大人之國，碣石在遼西界海水西畔。朝鮮、樂浪之縣也。貫，通也。大人國在其東。○莊逵吉云：太平御覽引無「山」字。注云：「碣石在東北海中。朝鮮，東夷。東方有大人之國也。」○寧案：太平御覽三十七引注作碣石山，莊脱「山」字。其引五方注文皆與今本異，當是許本。東至日出之次，榑木之地，青土樹木之野，榑木，榑桑。○莊逵吉云：太平御覽此下有注云：「皆日所出之地也。」○王引之云：「青土」當爲「青邱」，字之誤也。（御覽引此已誤。）本經篇「繳大風於青邱之野」，（今本「野」誤作「澤」。辯見本經。）高注曰：「青邱，東方之邱名。」卽此所云東至青邱之野也。呂氏春秋求人篇亦云：「禹東至榑木之地，日出之野，青邱之鄉。」海外東經云：「青邱國在朝陽北。」逸周書王會篇「青邱狐九尾」，孔晁曰：「青邱海東地名。」服虔注漢書司馬相如傳云：「青丘國在海東三百里。」太皞句芒之所司者萬二千里。太皞伏羲氏，東方木德之帝也。句芒，木神。司，主也。其令曰：挺羣禁，開閉闔，通窮窒，達障塞，行優游，棄怨惡，解役罪，免憂患，休罸刑，開關梁，宣出財，○楊樹達云：宣出財，義不可通。尚書大傳「出」作「庫」，是也。當據改。○寧案：出、庫形不相似，無緣致誤，疑當作「出庫財」，庫誤爲宣，又誤倒耳。和外怨，撫四方，行柔惠，止剛强。剛强侵陵人，不循軌度者，禁止之也。南方之極：自北户孫之外，北户孫，國名也。日在其北，皆爲北向户，故曰北户孫。○莊逵吉云：太平御覽作北户烏孫。注云：北户，日在其北，向以爲户。○李哲明云：按藝文類聚引此文無「孫」字，爾雅、吕覽但作北户，注亦僅及北户，知今本正文誤衍「孫」字，後人乃於「孫」上加「烏」字耳。○寧案：道藏本、景宋本注末無「孫」字。文選思玄賦六臣注引正文及注同今本。李善注引正文無「孫」字。引注云：「北户、孤竹，國名也。」李引無「孫」字是也。墜形篇北户作反户，注云：「言其在日之南，皆爲北鄉户，故反其户也。」與此注合，亦無「孫」字。爾雅釋地云：「觚竹、北户、西王母、日下，謂之四荒。」蓋讀者書「孤竹」（即觚竹）二字於北户旁，以誌其類，寫者誤入正文，故注有作「北户、孤竹，國名」之本也。後脱「竹」字，「孤」與「孫」形近，遂誤作北户孫。校者又或於「孫」上加「烏」字，如太平御覽引。不知孤竹在北，烏孫在西北，與北户大相逕庭。雖諸本譌亂，然其致誤之迹，猶可考索而知也。貫顓頊之國，○寧案：太平御覽三十七引注云：「南方有顓頊之國也。」蓋許注。南至委火炎風之野，赤帝祝融之所司者，萬二千里。赤帝，炎帝少典之子，號爲神農，南方火德之帝也。祝融，顓頊之孫，老童之子吴回也。一名黎，爲高辛氏火正，號爲祝融，死爲火神也。○莊逵吉云：太平御覽此下有注云：「赤帝，著明審諟也。祝，屬。融，工也。萬物盛長，屬而工也。」程文學云：「此亦古注，宜存。然未定卽是高、許二家耳。」○寧案：太平御覽三十七引注「屬續而工也」，莊引奪「續」字。其令曰：爵有德，賞有功，惠賢良，救飢渴，舉力農，振貧窮，惠孤寡，憂罷疾，出大禄，行大賞，起毁宗，立無後，封建侯，立賢輔。應陽施也。中央之極，自昆侖東絶兩恒山，自，從也。絶猶過也。恒山，常山。言兩，未聞也。○莊逵吉云：太平御覽無「兩」字。注云：「恒山，北岳。」○梁玉繩云：江都劉師峻北嶽考云：「曲陽在隋爲恒陽縣，恒山距縣西北百四十里。若渾源州在元初爲恒陰縣，恒山在州南二十里。」山南曰陽，山北曰陰。此兩恒山蓋指山南山北而言，猶上黨郡戰國西周策稱兩上黨也。○寧案：太平御覽三十七引無「兩」字，當是許、高之異。引注云：「崑崙在西方。恒山，北岳也。」蓋許注。日月之所道，○寧案：太平御覽三十七引注云：「謂二十八宿舍在地之分野。」蓋許注。江、漢之所出，日月照其所經過之道。江出岷山，漢出番冢也。衆民之野，五穀之所宜，○寧案：太平御覽三十七引「衆」作「人」，無「所」字。龍門、河、濟相貫，以息壤堙洪水之州，○莊逵吉云：太平御覽此下有注云：「禹以息土堙洪水，以爲中國九州。州，水中可居也。」東至於碣石，黄帝后土之所司者萬二千里。黄帝，少典之子，以土德王天下，號爲軒轅氏，死爲中央土德之帝。后土者，句龍氏之子，名曰后土，能平九土，死祀爲土神也。○莊逵吉云：太平御覽此注有云：「黄，中色，地道載物，故稱名也。」○寧案：宋本太平御覽三十七引注作「黄，中色，帝道諟。地道載物，故稱后也」。莊引有奪誤。其令曰：平而不阿，明而不苛，包裹覆露，露，潤。無不囊懷，溥氾無私，正靜以和，行稃鬻，養老衰，弔死問疾，以送萬物之歸。土，四方之主也。故曰萬物之歸。○楊樹達云：「溥氾無私，正靜以和」二句，文倒。當作正靜以和，溥氾無私。知者，此文首二句以阿、苛爲韻，下八句以懷、私、衰、歸爲韻。若如今本，則失其韻矣。此蓋由淺人不知古音者，欲以和字與上文阿、苛爲韻，故妄乙之，而不知其不可通也。西方之極：自昆侖絶流沙、沈羽，西至三危之國，流沙，蓋在昆侖之西南爾。○莊逵吉云：太平御覽此注有云：「沈羽，弱水弱沈羽毛也。」○寧案：宋本太平御覽引注云：「沈羽，弱水也，其弱至沈毛羽也。」與莊引文小異。石城金室，飲氣之民，不死之野。少皞、蓐收之所司者萬二千里。少皞，黃帝之子青陽也，名摯，以金德王天下，號爲金天氏，死爲西方金德之帝也。蓐收，金天氏之裔子曰脩，死祀爲金神也。○莊逵吉云：太平御覽此注有云：「少皞，白帝之號。少皞，用物浩成也。○寧案：注「金天氏之裔子曰脩，死祀爲金神也」，「脩」字當爲「該」，乃後人妄改。左傳昭公二十九年：「少皞氏有四叔：曰重，曰該，曰脩，曰熙。實能金木及水。使重爲句芒，該爲蓐收，（注：金正。）脩及熙爲玄冥。（注：「二子相代爲水正。」）」此高注所本。故孟秋月令鄭注云：「少皞氏之子曰該，爲金官。」呂氏春秋孟秋紀高注亦云：「少皞氏裔子曰該，死託祀爲金神。」皆其明證。今本作「脩」者，蓋該、脩二名相亂而後人改之耳。呂覽淮南皆高注，高氏不得該於彼而脩於此也。道藏本、中立本、景宋本作「金天氏之裔子曰脩禮，死爲金神」，則「禮」又「祀」字之誤，（景宋本「禮」書作「礼」，與「祀」形近。）「死」「祀」二字誤倒。（黃帝后土、顓頊玄冥注皆作死祀爲某神。此「死」下例當有「祀」字。南方祝融作「死爲火神」，「祀」字誤奪。）劉文典集解本從宋本、藏本作「脩禮」，不能是正，又於「死」下加一「祀」字，謬矣。又案宋本太平御覽三十七引注云：「少皞，白帝之號。少皞陰用事，物浩成也。蓐，茂也，萬物茂可收用也。」（鮑刻本「浩」作「告」。餘同。）莊引有奪誤。其令曰：審用法，誅必辜，備盜賊，禁姦邪，飾羣牧，謹著聚，○李哲明云：謹著聚者，蓋言土著聚居，必致其謹也。○楊樹達云：李釋著爲土著，殊爲淺陋。「著」當讀爲「貯」。古「者」「宁」二字音同。説文木部「楮」或作「柠」，是其證也。貯、聚義近，故二字連用，謂所積聚之物也。尚書大傳作「貯聚」，其明證矣。○寧案：楊説是也。中立本正作「貯」。太平御覽三十三引同。又案：「飾羣牧」，太平御覽二十四引「飾」作「飭」。飭、飾古通。脩城郭，補決竇，塞蹊徑，遏溝瀆，止流水，雝谿谷，○寧案：太平御覽二十四引「雝」作「擁」，三十七引作「壅」，古通。詩小雅無將大車「塵雝」，釋文：「又作壅。」爾雅釋地雝洲，即雍州。漢書夏侯嬰傳「面雍樹馳」，師古曰：「雍讀曰擁。」又雝、擁相通之證。守門閭，陳兵甲，選百官，誅不法。應金斷也。北方之極：自九澤窮夏晦之極，北至令正之谷，九澤，北方之澤。夏，大也。晦，暝也。○莊逵吉云：太平御覽「令正」作「令止」。注云：令止，丁令，北海胡地。○寧案：太平御覽三十七引「晦」作「海」。注云：「夏海，大海也。」蓋許本。有凍寒積冰，雪雹霜霰，漂潤羣水之野，顓頊玄冥之所司者萬二千里。顓頊，黃帝之孫也，以水德王天下，號高陽氏，死爲北方水德之帝也。其神玄冥者，金天氏有適子曰昧，爲玄冥師，死而祀爲主水之神也。○莊逵吉云：太平御覽此下有注云：「顓頊，黑帝號。項，大，言陰用事，振翕而寒也。陰閉不視，故神爲玄冥也。」○寧案：莊引太平御覽三十七「號」上奪「之」字，「言」下奪「大」字，「視」當爲「見」。據宋本、鮑本補正。其令曰：申羣禁，固閉藏，脩障塞，繕關梁，禁外徙，斷罰刑，殺當罪，閉關閭，大搜客，○王念孫云：古書無以「關閭」二字連文者。「關」當爲「門」，此涉上文「關梁」而誤也。上文及天文篇並云「閉門閭，大搜客」。春秋繁露五行順逆篇云「閉門閭，大搜索」。太平御覽時序部十二引此作「守門閭」。止交游，禁夜樂，蚤閉晏開，以塞姦人，已得執之必固。○王念孫云：「塞」本作「索」，此後人以意改之也。蚤閉晏開，以索姦人，即上文所謂閉門閭，大搜客也。下句「姦人已得」，正謂索而得之。若改「索」爲「塞」，則與下句義不相屬矣。「姦人」下當更有「姦人」二字。「德」讀爲「得」。「蚤閉晏開，以索姦人，姦人已得，執之必固」，皆以四字爲句。若第三句無「姦人」二字，則文不成義矣。太平御覽時序部十二、地部二引此「塞」作「索」，「德」作「得」是也。

但無「姦人」二字，則所見本已誤。○楊樹達云：王校改「塞」爲「索」，讀「德」爲「得」是也；謂「姦人」二字當重則非是。此當以「索」字爲句。此文句法長短本不一律，「蚤閉晏開以索」六字爲句，與下文「雖有盛尊之親」六字爲句者正同。且文以客、索、固、赦、度爲韻，若作「以索姦人」，則失其韻矣。「執」當讀爲「縶」。○寧案：王説是也。景宋本「塞」字正作「索」。太平御覽二十七引不重「姦人」二字。三十七引正作「蚤閉晏開，以索姦人，姦人已得，執之必固」，可爲王説之證。天節已幾，○莊逵吉云：太平御覽此下注云：「幾，終也。」刑殺無赦。雖有盛尊之親，斷以法度，毋行水，毋發藏，毋釋罪。應陰殺也。○莊逵吉云：太平御覽作「毋釋刑罪」。○寧案：太平御覽三十七引有「刑」字，二十七引同今本。

六合

孟春與孟秋爲合，仲春與仲秋爲合，季春與季秋爲合，孟夏與孟冬爲合，仲夏與仲冬爲合，季夏與季冬爲合。孟春始贏，孟秋始縮；贏，長也。縮，短也。○寧案：太平御覽十七又十九又二十四引「贏」作「盈」，古通。左傳襄公三十一年「以隸人之垣以贏諸侯」，正義：「贏讀爲盈。」仲春始出，仲秋始内；出，二月播種。内，八月收斂。季春大出，季秋大内；孟夏始緩，孟冬始急；緩，四月陽安。急，十月寒肅。○寧案：注「安」當爲「炎」，字之誤也。下文注云「旱象炎陽」，可證。太平御覽十七、二十四引正作「陽炎」。仲夏至脩，仲冬至短；夏至北極，冬至南極，短脩皆在至前也。季夏德畢，季冬刑畢。德畢，陽施結。刑畢，刑獄盡。○寧案：太平御覽十七、二十四引注作「德畢，陽施窮也；刑畢，陰殺盡也」，於義爲長。天文篇云：「日冬至則斗北中繩，陰氣極，陽氣萌，故曰冬至爲德。」高注：「德，始生也。」德始生，陽施也。又曰：「日夏至則斗南中繩，陽氣極，陰氣萌，故曰夏至爲刑。」高注：「刑，始殺也。」刑始殺，陰殺也，非僅就刑獄言之也。今本「結」疑當爲「竭」，音近而譌。竭猶窮也。故正月失政，七月涼風不至；二月失政，八月雷不藏；三月失政，九月不下霜；四月失政，十月不凍；五月失政，十一月蟄蟲冬出其鄉；六月失政，十二月草木不脱；不脱，葉槁著樹不零落也。七月失政，正月大寒不解；東風不解凍也。八月失政，二月雷不發；不發聲也。九月失政，三月春風不濟；濟，止。十月失政，四月草木不實；實，長。十一月失政，五月下雹霜；十二月失政，六月五穀疾狂。疾狂，不華而實也。春行夏令泄，象盛陽發泄也。○俞樾云：下云冬行春令泄，不當重複。且上文云仲春始出，季春大出，則春日發泄，不足爲咎也。管子幼官篇作「春行夏政閹」，當從之。蓋發泄太過，故奄然而息也。方言及廣雅並曰：「奄，息也。」閹與奄通，因脱「閹」字而寫者以「泄」字補之，殊非其義。高注曰：「象盛陽發泄也。」是其所據本已誤。夫下文「冬行春令泄」，高注曰：「象春氣布散發泄也。」然則，布散發泄，自是春氣所固然，豈行夏令所致乎？卽此可知其非矣。行秋令水，水生于申，故水也。行冬令肅。象氣肅急。夏行春令風，象春木氣多也。○寧案：注文不成義。「也」字當爲「風」。上文「孟夏行春令則暴風來格」，注：「春木氣多風。」是其證。景宋本不誤。行秋令蕪，象秋氣蕪穢生。行冬令格，格，竐也。象冬斷刑，恩澤致格不流下。○王引之云：高説非也。「格」讀爲「落」，謂夏行冬令則草木零落也。「格」字從木各聲，古讀如「各」。（説見唐韻正。）格與落聲相近，字相通。史記酷吏傳「置伯格長」，徐廣曰：「古村落字亦作格。」村落之落通作格，猶零落之落通作格也。月令云：「仲夏行秋令則草木零落。」管子幼官篇「夏行冬政落」，（四時篇同。）尹知章曰：「寒氣肅殺，故凋落也。」春秋繁露五行五事篇云：「秋行冬政則落。」又云：「夏行冬政則落。」皆其明證矣。○吴承仕云：注讀「格」與「閣」同，故訓爲𦤶。「恩澤致格」，「致」亦「𦤶」字形近之譌。秋行夏令華，象夏氣樹華茂。行春令榮，象春氣生榮華。行冬令秏。秏，零落也。冬行春令泄，象春氣布散發泄也。行夏令旱，旱象炎陽。行秋令霧。秋氣陰亂，故霧。

制度

陰陽大制有六度：天爲繩，地爲準，春爲規，夏爲衡，秋爲矩，冬爲權。繩者所以繩萬物也，繩，正。準者所以準萬物也，規者所以員萬物也，衡者所以平萬物也，矩者所以方萬物也，權者所以權萬物也。繩之爲度也，直而不爭，○俞樾云：「爭」讀爲「䋊」。儀禮士喪禮鄭注曰：「䋊，屈也。江、沔之間謂縈收繩索爲䋊。」故此曰：「繩之爲度也，直而不䋊。」○馬宗霍云：俞氏釋争爲屈，是也。其破字爲「䋊」，非也。説文𠬪部云：「爭，引也，从𠬪厂。」徐鉉曰：「厂音曳。𠬪，二手也，而曳之，爭之道也。」厂有屈曲之象，其訓爲引。引者牽引，亦有收斂之義。素問四時刺逆從論「皮膚引急」，王冰注云：「引謂牽引。」又五常政大論「是謂收引」，王注云：「引，斂也。」即其證。收斂即含曲屈之意。蟲有蚯蚓，一名曲蟮。又其旁證。然則由争引之義引申之，「爭」亦自可訓屈，不必破字爲「䋊」也。脩而不窮，久而不弊，遠而不忘，與天合德，與神合明，所欲則得，所惡則亡，自古及今，不可移匡，○俞樾云：移之言迆也。説文辵部：「迆，衺行也。」移亦有衺義。禮記玉藻篇：「手足毋移。」正義曰：「移謂靡迆搖動也。」是其證也。「匡」與「軭」通。説文車部：「軭，車戾也。」考工記「輪雖敝不匡」，「匡」即「軭」字。不移匡，言不衺曲也。○馬宗霍云：俞説雖若有據，但上文「直而不爭」，爭亦爲屈曲。此文又云衺曲，於義爲複。今案禮記郊特牲篇「以移民也」，鄭玄注云：「移之言羨也。」國語越語「月盈而匡」，韋昭注云：「匡，虧也。」本文「移匡」疑當以「羨虧」爲訓。「羨」謂有餘，「虧」謂不足。「移匡」連文，亦即「增減」之意。此蓋言繩之爲度，不可增，不可減，適如其度。故下文云「厥德孔密」，無羨無虧，正所謂「密」也。○于省吾云：俞樾以移匡爲迆框，訓爲衺曲，非是。「匡」應讀作「枉」。周禮考工記輪人「則輪雖敝不匡」，鄭司農注：「匡，枉也。」越語「月盈而匡」，注：「匡，虧也。」匡訓虧，是亦讀「匡」爲「枉」。氾論「小枉而大直」，注：「枉，曲也。」不可移枉，言不可移動枉曲，存其本真也。厥德孔密，廣大以容，○寧案：道藏本、中立本、景宋本作「廣大以容衆」非。下文「準之爲度也」，亦曰「廣大以容」，是其比。此言繩，彼言準，同有是德。規曰「廣大以寬」，寬亦容也。猶準曰「發通而有紀」，規曰「發通有紀」；準曰「周密而不泄」，權亦然，文複無害也。且加一「衆」字則句法參差矣。是故上帝以爲物宗。宗，本。準之爲度也，平而不險，均而不阿，廣大以容，寬裕以和，柔而不剛，鋭而不挫，鋭，利也。挫，折也。流而不滯，流，行也。滯，止也。易而不穢，○馬宗霍云：「穢」通作「劌」。説文刀部云：「劌，利傷也。」利傷者，謂以芒刃傷物，引申爲凡傷之稱。禮記聘義篇「廉而不劌」，鄭玄注云：「劌，傷也。」本文亦謂易而不傷，猶上文「鋭而不挫」也。若從本字以「蕪穢」「濁穢」訓之，則非其義矣。發通而有紀，紀，道也。周密而不泄，準平而不失，萬物皆平，民無險謀，怨惡不生。是故上帝以爲物平。平，正。讀評議之評。規之爲度也，轉而不復，員而不垸，復，遏也。垸，轉也。優而不縱，廣大以寬，感動有理，發通有紀，優優簡簡，百怨不起。優簡，寬舒之貌。○吳承仕云：御覽十九引注作「優優簡簡」。是也。當據補。規度不失，生氣乃理。氣類理達。衡之爲度也，緩而不後，平而不怨，施而不德，弔而不責，○莊逵吉云：太平御覽引作「匪而不責」。○馬宗霍云：「弔而不責」與上文「施而不德」爲平行句。弔猶恤也，問也。彼謂施予而不自爲德，此謂恤問而不責難人也。左氏襄公十四年傳「有君不弔」，杜預注云：「弔，恤也。」史記宋微子世家「魯使臧文仲弔水」，裴駰集解引賈逵云：「問凶曰弔。」是弔有恤問之義也。莊逵吉謂御覽引作「匪而不責」，「匪」蓋「弔」字形近之誤，不足據。當平民禄，以繼不足，○寧案：道藏本、景宋本「當」皆作「常」。太平御覽二十三引同。應據改。敎敎陽陽，唯德是行，養長化育，萬物蕃昌，以成五穀，以實封疆，其政不失，天地乃明。明，理。矩之爲度也，肅而不悖，剛而不憒，○寧案：「憒」當爲「轒」。本經篇「剛而不轒」，高注：「轒，折也。」原道篇「堅强而不轒」，注同。取而無怨，內而無害，威厲而不懾，令行而不廢，殺伐既得，仇敵乃克，矩正不失，百誅乃服。權之爲度也，急而不贏，殺而不割，充滿以實，周密而不泄，敗物而弗取，罪殺而不赦，誠信以必，堅慤以固，糞除苛慝，不可以曲，故冬正將行，必弱以强，必柔以剛，權正而不失，萬物乃藏。明堂之制，靜而法準，動而法繩，春治以規，秋治以矩，冬治以權，夏治以衡，是故燥溼寒暑以節至，甘雨膏露以時降。

淮南子集釋卷六

漢涿郡高誘注

覽冥訓

覽觀幽冥變化之端，至精感天，通達無極，故曰「覽冥」，因以題篇。

昔者，師曠奏白雪之音，而神物爲之下降，風雨暴至，平公癃病，晉國赤地。白雪，太乙五十弦琴瑟樂名也。神物即神化之物，謂玄鶴之屬來至，無頭鬼類操戈以舞也。平公，晉悼公之子彪也。癃病，篤疾。赤地，旱也。唯聖君能御此異，使無災耳。平公德薄不能堪，故篤病而大旱。○陶方琦云：大藏音義引許注曰：「癃，癘疾也。」癘爲惡疾，當讀爲「盭」。周禮疾醫：「四時皆有癘疾。」注：「氣不和之疾。」説文：「癃，罷病也。」蒼頡篇：「癃，固疾也。」○吴承仕云：注文「琴」字誤衍，當删。通典百四十四引世本：「瑟，庖羲作，五十弦。黄帝使素女鼓瑟，哀不自勝，乃破爲二十五弦。」（爾雅邢疏引同。）封禪書：「太帝使素女鼓五十弦瑟，悲，帝禁不止，故破爲二十五弦。於是禱祀太一后土，始用樂舞。」此注稱太乙五十弦瑟，正與世本封禪書相應，是其切證。又案此文述晉平公事，始見於韓非子。史記説苑論衡因之，並云師涓援琴而寫之。而風俗通説之以瑟，初學記引韓非子亦作瑟。疑韓子舊本自作瑟，不作琴也。氾論篇曰：「師曠之施瑟柱，無不中音。」亦此注文當作瑟之旁證。○寧案：吴説注文衍「琴」字是也。文選琴賦注引作「白雪，五十絃瑟樂曲名」，文賦注引作「白雪，五十絃瑟樂曲名」，皆無「琴」字。今本「樂」下又脱「曲」字，事見韓非子十過篇。庶女叫天，

雷電下擊，景公臺隕，支體傷折，海水大出。庶賤之女，齊之寡婦，無子不嫁，事姑謹敬。姑無男有女，女利母財，令母嫁婦，婦益不肯。女殺母以誣寡婦，婦不能自明，寃結叫天，天爲作雷電，下擊景公之臺。隕，壞也。毁景公之支體，海水爲之大溢出也。○梁玉繩云：齊寡婦事，不知何出。後漢書劉瑜傳、袁紹傳，文選求通親親表、詣建平王上書諸注並引淮南：「鄒衍事燕惠王盡忠，左右譖之。王繫之。仰天而哭，五月，天爲之下霜。」今無此文。○陶方琦云：文選詣建平王上書注引許注云：「庶女，齊之少寡，無子，養姑。姑無男有女。女利母財而殺母，以誣告寡婦。婦不能自解，故寃告天。」此高承用許注。○劉文典云：「叫天」下脱「而」字，與上文「師曠奏白雪之音，而神物爲之下降」句不一律。北堂書鈔百五十二、初學記一、藝文類聚二引並有「而」字，當據增。又案：「叫天」，御覽六十引作「告天」，事類賦天部引説苑云：「庶女者，齊之寡婦，養姑。姑女利母財，而殺母以告寡婦。婦不能自解，以寃告天，而大風襲於齊殿。」「叫」亦作「告」，與御覽六十引文合。御覽引文，「景公臺隕」句下，又引注云：「景公，齊景公也。雷擊景公臺，隕壞之也。」「枝體傷折」句下，引注云：「景公爲雷霆所傷折。」「庶女告天」句下所引注，既與文選詣建平王上書注引許注合，則此二注必許君注矣。○向宗魯云：鄒衍條又見御覽十四、二十三、初學記事類賦二注。○寧案：注，「婦益不肯」，道藏本、中立本、景宋本「益」皆作「終」，北堂書鈔一百五十二、太平御覽十三引同，當據正。

夫瞽師庶女，位賤尚葈，權輕飛羽。尚，主也。葈者，葈耳，菜名也，幽、冀謂之檀菜，雒下謂之胡葈。主是官者，至微賤也。瞽師庶女，復賤於主葈之官，故曰「權輕飛羽」也。○王引之云：主葈耳之官，書傳未聞。尚葈，蓋卽周官「典枲下士二人」者，典亦主也。（見周官典婦功注。）言典枲本賤官，瞽師庶女則又賤於典枲。枲謂麻枲，非謂枲耳也。○洪頤煊云：周禮天官「典枲掌布緦縷紵之麻草之物」，是庶女爲之。賈疏：「枲，麻也。」葈卽枲字。○于鬯云：「尚」蓋「㡀」字形近之誤，「㡀」卽「敝」也。說文㡀部云：「㡀，敗衣也。」又云：「敝，一曰敗衣。」明二字同。葈卽枲字，謂枲著也。論語子罕篇「衣敝緼袍」，何集解引孔曰「緼，枲著」。陸釋文引鄭注：「緼，枲也。」是鄭卽謂枲著爲枲。盧文弨校釋文本，據藝文類聚改鄭注「枲也」作「絮也」，絮、枲一聲之轉，然謂枲著爲枲之古義滅矣。今吾鄉音卻謂衣木綿著者曰枲，不作「絮」音，以絲棉著者則謂之胎。其實胎、枲並諧台聲，以胎例枲，知枲著之曰枲，不由絮音轉也。盧氏之改「枲」爲「絮」，實大不可。㡀葈者，敝枲著也，卽所謂敝緼也。故下文云「權輕飛羽」。㡀葈，物之至賤者也，飛羽，物之至輕者也，謂瞽師庶女位賤如敝枲，權輕如飛羽也。以飛羽偶㡀葈，其義尤明。高注不知「尚」字之誤，以尚葈爲官名，夫官雖小，焉可以喻賤？又何以與飛羽對乎？○寧案：正文云「位賤尚葈」，謂瞽師庶女之位賤於尚葈也。今注文「瞽師庶女」下脫「之位」二字，則與正文不相應。道藏本、中立本、茅本、景宋本皆有二字。于鬯謂「尚」字乃「㡀」字之誤，其說近之。然而，專精厲意，委務積神，上通九天，激厲至精。九天，八方中央也。以精誠感之。由此觀之，上天之誅也，雖在壙虛幽閒，遼遠隱匿，重襲石室，界障險阻，其無所逃之亦明矣。上天，上帝也，上帝神明。言人有罪惡，雖自隱蔽竄藏，猶見誅害也。故曰「無所逃」也。○寧案：注，莊本脫「故曰無所逃也」六字，據宋本、藏本補。武王伐紂，渡于孟津，陽侯之波，逆流而擊，疾風晦冥，人馬不相見。陽侯，陵陽國侯也。其國近水，休水而死，其神能爲大波，有所傷害，因謂之陽侯之波。○梁玉繩云：漢書揚雄傳注應劭曰：「陽侯有罪自投江，其神爲大波。」此當別有所據。然陶潛四八目本論語摘輔象以陽侯爲伏羲六佐之一，主江海，路史所云陽侯司渡也。淮南子所稱，當指此陽侯。周方叔卮林亦依斯說。○俞樾云：

陽陵自是漢侯國，史記高祖功臣侯表有陽陵侯傅寬是也。高注以說古之陽侯，殆失之矣。春秋閔二年「齊人遷陽」。杜注曰：「國名。」正義曰：「世本無陽國，不知何姓。杜世族譜土地名，闕不知所在。」古之陽侯，當即此陽國之侯。水經「沂水南逕陽都縣故城東，縣故陽國城」，是其所在矣。○于鬯云：高注云：「陽侯，陵陽國侯也。」氾論訓注「陵陽」作「陽陵」。然文選南都賦李注引此注無「陵」字，竊謂無「陵」字者是。○吳承仕云：注「陵陽國侯」「陵」字疑衍。文選南都賦、江賦注引高注，並作陽國侯，是也。楚辭、漢賦、博物志、聖賢羣輔録等述此事皆云陽侯，無稱陵陽侯者。是其證。○寧案：孟津，太平御覽七十一、八十四引作盟津，六十一引同今本。盟、孟古通，疑許本作「盟」也。注「陵陽國侯」，無「陵」字是也。揚雄反離騷云：「陵陽侯之素波。」豈淺人誤將「陵陽」二字連讀，故妄增此「陵」字歟？又案「休水而死」，道藏本、中立本、茅本、景宋本皆作「溺死於水」，南都賦、蜀都賦、吳都賦李善注引同。然，既曰「溺死」，則不必曰「於水」也。今本於義爲長。

於是武王左操黃鉞，右秉白旄，瞋目而撝之曰：「余任天下誰敢害吾意者！」於是風濟而波罷。

○王念孫云：「右秉白旄」，「秉」本作「執」，此後人依牧誓改之也。論衡感虛篇引此正作「執」。（論衡稱傳書言「武王伐紂渡孟津」云云，共十二句，皆與此同。是所引即淮南之文也。）太平御覽地部二十六、三十六、皇王部九引此亦作「執」。泰族篇亦云：「武王左操黃鉞，右執白旄。」「執」與「秉」同義，無煩據彼以改此也。「任」當爲「在」，字之誤也。（道應篇「本在於身」，「在」字亦誤作「任」。）「余在」爲句，「天下誰敢害吾意者」爲句。孟子引書曰「四方有罪無罪，惟我在，天下曷敢有越厥志」，句法與此相似。論衡感虛篇、藝文類聚儀飾部、太平御覽地部二十六、三十六、皇王部九、儀式部一引此並作「余在」。「害」讀爲「曷」，（古字以「害」爲「曷」，通見詩書。）曷，止也。言誰敢止吾意也。爾雅：「曷，遏，止也。」商頌長發篇

「則莫我敢曷」，荀子議兵篇引作「則莫我敢遏」。○寧案：諸本注云：「濟，止。」莊本脱。魯陽公與韓搆難，戰酣日暮，援戈而撝之，日爲之反三舍。魯陽，楚之縣公，楚平王之孫，司馬子期之子，國語所稱魯陽文子也。楚僭號稱王，其守縣大夫皆稱公，故曰魯陽公，今南陽魯陽是也。酣，對戰合樂時也。撝下令反，却行三舍。舍，次宿也。○陶方琦云：文選郭璞遊仙詩注引許注：「二十八宿，一宿爲一舍也。」按論衡感虚篇：「星之在天也，爲日月舍，猶地有郵亭，爲長吏廨也。二十八宿有分度，一舍十度，或增或減。言日反三舍，乃三十度也。」廣雅釋詁「宿，舍也」。○劉文典云：文選吴都賦注、郭璞遊仙詩注、弔魏武帝文注引「搆」竝作「遘」，疑是許本。又吴都賦注引「魯陽公」下有「楚將也」三字，疑亦許注之羼入正文者也。○寧案：國語楚語「惠王以梁與魯陽文子」，韋注：「文子，平公之孫，司馬子期子魯陽公也。」與高注合。又案：道藏本、中立本、景宋本「所稱」作「所謂」，「撝下」作「撝日」，當據改。夫全性保真，不虧其身，遭急迫難，精通于天。若乃未始出其宗者，何爲而不成？精通于天者，謂聖人質成上通，爲天所助。宗者，道之本也，謂性不外逸，生與道同也。○吴承仕云：「質成」當爲「質誠」，蓋以質誠釋精也。主術篇「抱質效誠，感動天地」，此質誠連文之證。○于省吾云：吴承仕謂「『質成』當爲『質誠』，蓋以質誠釋精也」。案成、誠古字通，不煩改字。詩「我行其野，成不以富」，論語顔淵作「誠不以富」。禮記經解「繩墨誠陳」，注：「誠猶審也，或作成。」是其證。夫死生同域，不可脅陵，勇武一人，爲三軍雄。武，士也。江、淮間謂士爲武。○莊逵吉云：意林引作「勇士一人」，是竟改「武」爲「士」，非異本也。彼直求名耳，而能自要者尚猶若此。又況夫宫天地，懷萬物，以天地爲宫室。懷猶囊也。○陳季臯云：「宫」當作「官」，形近而誤。莊子德充符作「官」，即淮南所本。文子精誠篇亦作「官」，又本淮南也。

則「宮」爲「官」之誤明矣。○馬宗霍云：「宮」當讀如爾雅釋山「大山宮小山霍」之「宮」。郭璞注云：「宮謂圍繞之。禮記曰『君爲廬宮之』是也。」郭引禮記見喪服大記，鄭玄彼注云：「宮謂圍障之也。」郭即用鄭義注爾雅。本文「宮天地」，猶原道篇所謂「包裹天地」，非以天地爲宮室也。懷當讀如書堯典「懷山襄陵」之「懷」。僞孔傳訓「懷」爲「包」。孔穎達疏申傳云：「懷藏包裹之義，故懷爲包也。」天地且在所包裹，萬物更無論矣。故本文「懷萬物」，又猶原道篇所謂「呴諭覆育萬物羣生」也。葢本文雖託言於寓形之人，而實以言道。高氏釋懷爲囊，其義尚近，釋「宮」爲「宮室」，似失之矣。○寧案：「宮」當作「官」，陳說是也。若作宮，謂包裹，則包裹天地而萬物在其中，下云「懷萬物」，文則累矣。管子宙合篇「故不官于物而旁通於道」，房注：「官，主也。」此「官天地」謂主宰天地。**而友造化，**造化，陰陽也，與之相朋友。**含至和，直偶于人形，**外直偶與人同形，而內有大道也。○俞樾云：「偶」與「寓」通，言特寄寓於人之形耳。高注曰「外直偶與人同形」，則增出「同」字矣。**觀九鑽，一知之所不知，**九謂九天，一，龜也。觀九天之變，鑽龜占兆，所不知事亦云然也。○俞樾云：高說迂曲。九、一皆以數言也。數始於一而極於九，至十則復爲一矣。素問三部九候論曰：「天地之至數，始於一，終於九焉。」是其義也。故古人之言，凡至少者以一言之，如孟子「一杯水」「一鉤金」是也；至多者以九言之，如公羊傳「叛者九國」是也。觀九鑽一，言所觀覽者多，而所鑽鑿者少也。精神篇曰：「能知一，則無一之不知也，不能知一，則無一之能知也。」是其義。○蔣禮鴻云：高說非是。此當讀觀九鑽，句，一知之所不知，句。莊子德充符篇曰：「夫保始之徵，不懼之實，勇士一人，雄入於九軍。將求名而能自要者，而猶若是，而況官天地，府萬物，直寓六骸，象耳目，一知之所知，而心未嘗死者乎！」即淮南子所本。此云「直偶於人形」，即莊子之「寓六骸」；「觀九鑽」，即莊子之「象耳目」也。觀者形觀，九鑽即九竅，精神篇所謂「人亦有四肢五藏九竅三百六十節」（今本作三百六十六節，依王念孫説刪下「六」字。）是也。觀九鑽者，謂以九竅爲形觀耳。友人任銘善曰，觀即五官之「官」。大戴記「文王官人」即觀人，官、觀互通。○寧案：蔣説是也，而未盡也，據莊子，文衍「不」字。成玄英疏：「一知，智也。所知，境也。能知之智，照所知之境。」觀高注則文誤已久。而心未嘗死者乎！心未嘗死者，謂心生與道同者也，不與觀九鑽一等也。昔雍門子以哭見於孟嘗君，雍門子名周，善彈琴，又善哭。雍門，齊西門也，居近之，因以爲氏。哭猶歌也。見猶感也。孟嘗君，齊相田文。○向宗魯云：雍門周事見説苑善説、桓譚新論琴道。繆稱篇云：「雍門子以哭見孟嘗君，流涕霑纓。」已而陳辭通意，撫心發聲，孟嘗君爲之增欷歍唈，流涕狼戾不可止。增，重也。歍唈，失聲也。狼戾，猶交横也。歍讀鴛鴦之「鴦」也。唈讀左傳嬖人婤姶之「姶」。○吴承仕云：歍讀鴦者，魚陽對轉，古今字書、韻書，並失收此音。精神形於內，而外諭哀於人心，此不傳之道。言能以精神哀悲感傷人心，不可學而得之，故曰「不傳之道」也。○寧案：注，「精神」當作「精誠」，涉正文「精神」而誤也。道藏本、中立本、茅本、景宋本皆作「誠」。上文云「專精厲意，委務積神」，猶此言「精神形於內」也。彼注云：「以精誠感之。」彼言以精誠感天，此謂以精誠感人，其義一也。使俗人不得其君形者而效其容，必爲人笑。君形者，言至精爲形也。○顧廣圻云：注，「爲形」下當補「君」字。○寧案：顧説是。説山篇「君形者亡焉」，高注：「生氣者，人形之君。」彼言生氣爲形君，此言至精爲形君。下文高注：「君，主。」故蒲且子之連鳥於百仞之上，蒲且子，楚人，善弋射者。七尺曰仞。而詹何之鶩魚於大淵之中，此皆得清淨之道，太浩之和也。詹何，楚人，知道術者也。言其善鈎，令魚馳騖來趨鈎餌，故曰「鶩魚」。得其精微，故曰「太浩之和」也。

夫物類之相應，玄妙深微，知不能論，○俞樾云：論者知也。説山篇「以小明大，以近論遠」，高注曰：「論，知也。」此「論」字不訓爲「知」，蓋以正文已有「知」字故耳。不知正文「知」字當讀爲「智」，知不能論，謂智者不能知也。説文心部「惀，欲知之皃」，「論」與「惀」通。下文曰「心意之論，不足以定是非」，「論」亦知也。○劉文典云：俞説非也。下文「得失之度，深微窈冥，難以知論，不可以辯説也」，正與此文一例。論與説爲對文，非作「知」解明矣。○向宗魯云：俞説自通。下文「知論」連文，「辯説」連文，猶云難以智知，不可以辯解也。**辯不能解。故東風至而酒湛溢，**東風，木風也。酒湛，清酒也。米物下湛，故曰湛。木味酸，酸風入酒，故酒酢而湛者沸溢，物類相感也。○王念孫云：如高説，以酒湛爲清酒，則當言湛酒溢，不當言酒湛溢。故又申之曰：「酒酢而湛者沸溢」，殆失之迂矣。今案「湛溢」二字當連讀，「湛」與「淫」同，（爾雅「久雨謂之淫」，論衡明雩篇「久雨爲湛」，「湛」即「淫」也。「湛」字或作「沈」，微子「我用沈酗于酒」，「沈酗」即淫酗。史記宋世家「紂沈湎于酒」，太史公自序「帝辛湛湎」，揚雄光禄勳箴「桀、紂淫湎」，「淫湎」即「湛湎」。樂書「流沔沈佚」，「沈佚」即淫泆，「淫」與「湛」「沈」義同，而字亦相通。考工記㡛氏「淫之以蜃」，杜子春云：「淫當爲湛。」齊語「擇其淫亂者而先征之」，管子小匡篇「淫」作「沈」。莊子天下篇「禹沐甚雨」，崔譔本「甚」作「湛」，音淫，淮南修務篇作「禹沐淫雨」。）淫溢猶衍溢也。酒性温，故東風至而酒爲之加長。春秋繁露同類相動篇曰：「水得夜益長數分，東風而酒湛溢，故陽益陽而陰益陰。」義與此同也。○陶方琦云：太平廣記百九十一、事類賦風部引許注：「東方，震方也。酒汎，清酒也。木味酸，相感故也。」御覽九引畧同，惟「酒汎清酒也」作「清酌酒也」。太平廣記引許注後又引高注云：「酒汎爲米麪麴之汎者，風至而沸動。」此乃高注，故與許注文異，益知今高注本中，羼入許注不少。「汎」字今高本作「湛」，蓋

「汎」字乃「沉」字之誤文，沉、湛古通。○寧案：據太平廣記百六十一（陶誤爲百九十一。）引許、高二注，則正文高本作「酒汎」，而許本作「酒湛」，如陶說。今本乃高本，作「酒湛」者，蓋後人據羼入之許注而改之耳。疑原書本作「汎」。太平廣記又引李淳風云：「春秋間於地廕下停春酒者，甕上蟻汎皆逐風而移。」「酒汎」即「蟻汎」。許本誤爲「沉」，故許注據天官酒正「造清」而曲爲之解，王氏念孫又據誤文爲說。陶氏反以「汎」爲「沉」之誤文，恐非。蠶咡絲而商弦絕，或感之也；老蠶上下絲於口，故曰咡絲。新絲出，故絲脆，商於五音最細而急，故絕也。「咡」或作「珥」。蠶老時，絲在身中正黃，達見于外如珥也。商，西方金音也，蠶，午火也，火壯金困，應商而已。或有新故相感者也。○吳承仕云：景宋本「金困」作「金囚」，朱本作「金囚」，案「金囚」是也。墬形篇：「木壯、水老、火生、金囚、土死。」緯書說五行更王，壯作王，老作休，生作相，名異而實同。注依淮南墬形說，故云火壯金囚，此五行相勝之舊義也。形近誤作「困」，失之遠矣。又案：「應商而已」，「已」當作「絕」，謂火壯金囚，故商金應之而絕也。「已」即「絕」字之壞。爾雅翼引此注「困」正作「囚」，「已」正作「絕」。○寧案：太平御覽八百十四、八百二十五引「咡」作「餌」。注：「商金聲，春蠶吐絲金死，故絕也。」當是許注。天文篇作「珥」，高注云：「蠶老絲成，自中徹外，視之如金精珥，表裏見，故曰『珥絲』。一曰，弄絲於口，商音清，弦細而急，故先絕也。」二說與御覽異，與此畧同而前後互易，故高注之一曰，非必許說也。又案：「困」當爲「囚」，吳說是。道藏本、茅本皆作「囚」。畫隨灰而月運闕，鯨魚死而彗星出，或動之也。運讀連圍之圍也。運者，軍也，將有軍事相圍守，則月運出也。以蘆草灰隨牖下月光中令圜畫，缺其一面，則月暈亦缺於上也。鯨魚，大魚，長數里，死于海邊。魚之身賤也，彗星爲變異，人之害也，類相動也。○莊逵吉云：太平御覽引許昚注云：「有軍事相圍守則月暈，以蘆灰環，闕其一面，則月暈亦闕于上。」〇陶方琦云：「運者軍也」以下，或卽許注羼入高注中者。許作「暈」，説文：「暈，日月气也。」漢書天文志如淳曰：「暈讀曰運。」則高本作「運」亦合也。呂覽明理篇「有暈珥」。高注：「气圍繞日周帀，有似軍營相圍守，故曰暈也。」「運」作「圍」解，與此注同。博物志引「凡月暈隨灰畫之，隨所畫而闕，淮南子云。未詳其法」。〇劉文典云：暈，説文新坿古作「煇」、作「運」，則高本作「運」是也。北堂書鈔百五十引作「暈」。〇吴承仕云：朱東光本作「運讀運圍之圍」也。承仕案：注當云「運讀運圍之運」。漢書天文志：「兩軍相當，日暈，圍在中中勝，在外外勝。」注意蓋謂此之「月運」字，讀與天文志「暈圍」之暈同，（暈、運音同。）作音兼釋義也。脂、諄對轉，運、圍雖可相通，然天文志暈圍列爲二名，名實竝殊，卽不得讀運爲圍矣。史記天官書集解引如淳曰：「暈讀曰運。」此舊來運無圍音之證。〇寧案：注「連圍」，連乃運字之壞，中立本正作運，故吴説云然。

故聖人在位，懷道而不言，澤及萬民。

聖人行自然無爲之道，故澤及萬民也。

君臣乖心，則背譎見於天，神氣相應徵矣。

日旁五色氣，在兩邊外出爲背，外向爲譎，內向爲珥，在上外出爲冠。〇寧案：「背譎」，呂氏春秋明理篇作「倍僪」，漢書天文志作「背穴」。注引孟康曰：「背，形如背字也。穴多作鐍，其形如玉鐍也。」如淳曰：「向外爲背，有氣刺日爲鐍。鐍，抉傷也。」晉書天文志作「背璚」。開元占經卷七引春秋感精符曰「君臣乖錯不和則日背璚」。案莊子胠篋篇「固扃鐍」，音義曰：「鐍，古穴反。李云紐也。崔云環舌也。」則鐍爲環之有舌者，故如淳曰「有氣刺日爲鐍」也。作背譎、背穴、背璚、倍僪皆背鐍之假字。又案：高注有奪誤，當作「在兩邊外出爲背，在上外向爲譎，在兩邊內向爲珥，在上內向爲冠」。呂氏春秋高注云：「在兩旁反出爲倍，在上反出爲僪，在上內向爲冠，兩旁內向爲珥。」是其證。今本次句脱「在上」二字，第三句脱「在兩邊」三字，則文義不明。末句「內向」誤作「外出」，致冠、譎相亂。

故山

雲草莽，水雲魚鱗，山中氣出雲似草莽。水氣出雲似魚鱗。旱雲煙火，涔雲波水，各象其形，類所以感之。旱雲，亢陽氣，似煙火。涔，大潦水也，雲出於涔，似波水也。〇王引之云：「煙」當爲「熛」，字之誤也。（高注同。）説文：「熛，火飛也，讀若標。」一切經音義十四引三倉曰：「熛，迸火也。」旱雲熛火，涔雲波水，猶言旱雲如火，涔雲如水耳。熛火與波水對文，若作煙火，則與下句不類矣。又齊俗篇「譬若水之下流，煙之上尋也」，「煙」亦當爲「熛」。熛之上尋，猶言火之上尋，故與水之下流對文。天文篇曰，「火上尋，水下流」，是其證也。若以煙、水相對，則非其旨矣。藝文類聚火部「煙」下引此作「煙之上尋」，則此字之誤已久。〇劉文典云：此言雲之形狀象草莽、魚鱗、煙火、波水也。熛者迸火，即俗語所謂火星也。雲之狀可以象煙，不得象火星。王説既無依據，又違物情，其失也迂矣。〇楊樹達云：「煙」字不誤，王校非也。説文火部云：「煙，火氣也。」煙爲火氣，故云「煙火」，猶波爲水文，下句云「波水」也。煙火與波水，文正相對，王云與下句不類，非也。主術篇云：「飛鳥之歸若煙雲。」惟煙與雲類，故彼文以「煙雲」連言，而此文以煙擬雲。若熛爲迸火，豈有雲而類火之迸散者乎？王氏亦知其義難通也，則云「旱雲煙火，涔雲波水，猶言旱雲如火，涔雲如水」。果如其説，則上文「山雲草莽，水雲魚鱗」，亦可云山雲如莽，水雲如鱗乎？且此文本之呂氏春秋應同篇，彼文亦云「煙火」，尤其明證。王氏既校改此文，又欲改呂氏春秋之文，必欲盡滅其跡而後已，可謂蔽之甚者矣。齊俗篇「煙之上尋」，「煙」字亦不誤。説文屮部云：「熏，火煙上出也。」此云「煙之上尋」，猶説文云「火煙上出」也。煙爲火氣，云「煙之上尋」，猶天文篇言「火上尋」也。王氏必欲改爲「熛」，且以天文篇之「火上尋」爲證，安所見熛爲火而煙則非火乎？安所見熛與水可以爲對文而煙與水不可爲對文乎？劉家立集證不知王氏之誤説，而徑改二篇之「煙」字爲「熛」，斯爲大謬矣。〇于省吾云：注

「涔，大滀水也，雲出於涔，似波水也。」案説林篇「宮池涔則溢」，注：「涔，多水也。」莊子大宗師「滀乎進我色也」，釋文引簡文注：「滀，聚也。」達生「忿滀之氣」，釋文引李注：「滀，結聚也。」涔雲謂含雨醲厚之雲也，注謂雲出於涔，似於本義未符。涔雲與上句旱雲對文，以是明之。

夫陽燧取火於日，方諸取露於月，「夫」讀大夫之「夫」，已説在上。一説水火從太極來，在人手中，非所能説知。○王念孫云：「夫陽燧」本作「夫燧」，今本有「陽」字者，後人所加也。彼蓋誤以「夫」爲語詞，又以天文篇「陽燧見日則然而爲火，方諸見月則津而爲水」，故加入「陽」字，不知「夫燧」即「陽燧」也。夫燧與方諸相對爲文。周官司烜氏「掌以夫遂取明火於日」，（「遂」與「燧」同。）鄭注曰：「夫遂，陽遂也。」下文云：「夫燧之取火，慈石之引鐵」，並以「夫燧」二字連文。故高注云：「夫讀大夫之夫」，則「夫」非語詞明矣。○寧案：太平御覽十二引「方諸取露於月」，又引高誘曰：「方諸，陰燧也。」天文篇「方諸見月則津而爲水」，高注亦云「方諸，陰燧」，蓋此有注而今本脱之也。

天地之間，巧歷不能舉其數，巧，工也。天地之間，物類相感者衆多，雖工爲歷術者，不能悉舉其數也。手徵忽怳不能覽其光。言手雖覽得微物，不能得其光。一説：天道廣大，手雖能徵其忽怳無形者，不能覽得日月之光也。○于鬯云：「覽」讀爲「擥」。説文手部云：「擥，撮持也。」故高注云：「言手覽得微物，不能得其光。」注中「覽」亦「擥」字，或體作「擥」「攬」。○吴承仕云：文選陸士衡擬古詩注引「天道廣遠」以下二十三字，題爲高誘注，然則一説以上十二字乃許慎注也。義同而文句繁簡異耳。○楊樹達云：覽，説文訓觀。光爲可觀之物，不得云不能覽。此覽假爲擥。説文手部云：「擥，撮持也，从手監聲。」此以聲類同假借耳。注二説皆云「覽得」，皆讀「覽」爲「擥」也。又按注云「手雖覽得微物，不能得其光」，是正文當作「手徵」。一説云「手雖能徵其忽怳」，則又自作「徵」。文選陸士衡擬古詩注引「天道廣遠」以下云云，題爲高誘注，然則前説乃許慎注，許本作「徵」也。友人吴君檢齋著淮南舊注校理，謂二説義同而文句繁簡異。愚謂二説「微」「徵」文異，説自不同，吴君偶失之。○于省吾云：「徵」謂驗也，「覽」應讀作「攬」。廣雅釋詁：「攬，持也。」注謂「不能覽得日月之光」，是亦讀「覽」爲「攬」，言以手驗之則忽怳莫測，不能攬持日月之光也。○蔣禮鴻云：注二説皆晦曲難解，惟據前説則淮南本作「微」。蓋作「微」者是也。「手微」二字當爲「玄微」之誤。「玄」字隸書作「玄」與「手」形近，因誤爲「手」。覽其光者，「覽」卽「覽冥」之「覽」，謂觀覽也。「光」當爲「兆」或「灷」之形誤。篆文「光」作「炗」，與「兆」「灷」皆相近。説文朕字从舟灷聲，「灷」卽「朕」之省形存聲字也。玄微忽怳不能覽其兆或灷者，卽上文所云「物類之相應，玄妙深微，知不能論，辯不能解」也。太平廣記一百六十一所引感應經，其書引淮南子云：「陽燧之取火於日，方諸之取露於月，天地之間，玄微忽恍，巧曆所不能推其數。然以掌握之中，引類於太極之上，而水火可立致者，陰陽相感動然之也。」其文與今本大同而正作「玄微」。三國魏志管輅傳注引輅别傳，載輅與徐季龍論雲龍風虎感應之理，曰：「君不見陰陽燧在掌握之中，形不出手，乃上引太陽之火，下引太陰之水。」蓋輅所見淮南子亦作「手徵」，因以謂不出掌握而能徵召水火，其實乃據誤文耳。○寧案：「天地之間，巧曆不能舉其數」，與上文義不相屬。下接「手徵忽怳」，義亦難明。文有脱誤。楊謂正文當作「手微」，然「手微忽怳」，成何文字也？爲之注曰，「手雖覽得微物」，是增一「覽」字也。蔣據太平廣記引，謂當作「玄微忽怳」，惜未正其前後錯亂。如蔣説，則注言「手雖能徵其忽怳無形者」，「徵」字將何以改之？又謂「光」當爲「兆」「朕」，然注文二説皆有「光」字。且注文若作「不能覽得日月之兆」或「朕」，則義不可通矣。愚謂此文當作「天地之間，玄微忽怳。巧曆不能舉其數，手徵不能覽其光」。（「覽」讀爲「擥」，如于説。）「玄微忽怳」，謂同氣相動，乃總上之詞。太平廣記一百六十一所引感應經引淮南「天地之間」下正有「玄微忽恍」四字，是其明證。「巧曆不能舉其數，手徵不能覽其光」，相對爲文。高注「手雖覽得微物，不能得其光」，微物指火與露。若作「手徵忽怳」，則注不得言「覽得微物」也。一説云云。案尚書洪範「念用庶徵」，正義曰：「念用天時衆氣之應驗。」是「徵」有應驗義。此一曰謂陰陽感應，忽怳無形，非人所能説知，而應驗於人掌握之中，而不能覽得日月之光也。蔣謂管輅所見淮南子亦作「手徵」是也，謂其實據誤文非也。蓋此「天地之間玄微忽怳」，「玄微」誤作「手徵」。故後人删此二字而移「忽怳」於下句「手徵」之下，而義遂不可通矣。**然以掌握之中，引類於太極之上，**太極，天地始形之時也。上猶初也。**而水火可立致者，陰陽同氣相動也。**動猶化也。○俞樾云：高氏注「太極之上」曰：「太極，天地始形之時也，上猶初也。」此説殊失其義。周易繫辭傳「易有太極」，釋文曰：「太極，天也。」然則，太極之上，言天之上也。上文曰「夫陽燧取火於日，方諸取露於月」，此云「引類於太極之上，而水火可立致」，即以取火於日取露於月而言。日月麗乎天，故曰「太極之上」也。注以爲天地始形之初，則與上義不相屬矣。○寧案：周易繫辭傳「易有太極，是生兩儀」，正義曰：「太極謂天地未分之前，元氣混而爲一，即是太初太一也。故老子云道生一，即此太極是也。又謂混元既分，即有天地，故曰太極生兩儀。」又「大衍之數五十」，正義引馬季長云：「易有太極，謂北辰也。太極生兩儀，兩儀生日月。」據此，天地乃兩儀，非太極也。繫辭傳注云：「夫有必始於無，故太極生兩儀也。太極者，無稱之稱，不可得而名也。」故陸德明釋文云：「太極，无也。」（據景宋本。）俞謂釋文云「太極天也」，「天」字當是「无」字之誤。俞氏據誤本爲説，亦疏矣。竊謂此「太極之上」即由無生有之義，與上文「玄妙深微」相應，不當以日月實之。**此傅説之所以騎辰尾也。**言殷王武丁夢得賢人，使工寫其象旁求之，得傅説於傅巖，遂以爲相，爲高宗成八十一符，致中興也。死託精於辰尾星，一名天策。○寧案：注，道藏本、中立本、景宋本「辰尾」下有「之」字，「策」下有「也」字。

故至陰飂飂，至陽赫赫，兩者交接成和而萬物生焉。衆雄而無雌，又何化之所能造乎？○寧案：莊子田子方篇：「至陰肅肅，至陽赫赫，肅肅出乎天，赫赫發乎地，兩者交通成和而物生焉。」應帝王篇：「衆雌而無雄，而又奚卵焉。」（列子黃帝篇同。）此淮南所本。所謂不言之辯，不道之道也。故召遠者，使無爲焉，遠者，四夷也。欲致化四夷者，當以無爲，無爲則夷荒自至也。親近者，使無事焉，近者，諸夏也。欲親近者，當以無事，無事則近人自親附之。○王念孫云：高説非也。「親近者使無事焉」，「使」當作「言」。無爲無事，猶今人言無用也。此言使不足以召遠，言不足以親近，惟誠足以動之耳。今本「言」作「使」者，涉上句「使」字而誤。高云「欲親近者，當以無事」，「以」字正釋「使」字，則所見本已誤作「使」。管子形勢篇曰：「召遠者，使無爲焉，親近者，言無事焉，唯夜行者獨有之也。」（形勢解曰：民利之則來，害之則去。故欲民者，先起其利，雖不召而民自至；設其所惡，雖召之而民不來也：故曰「召遠者使無爲焉」。道之純厚，遇之有實，雖不言曰「吾親民」，而民親矣；道之不厚，遇之無實，雖言曰「吾親民」，民不親也：故曰「親近者言無事焉」。所謂夜行者，心行也，能心行德，天下莫能與之爭矣：故曰「唯夜行者獨有之」也。）此卽淮南所本。文子精誠篇曰：「夫召遠者使無爲焉，親近者言無事焉，唯夜行者能有之」，又本於淮南也。（或謂文子所用乃管子之文，非淮南之文。今知不然者，淮南唯此五句與管子同，其上下文皆管子所無也。文子上下文皆與淮南同，則皆本於淮南明矣。又管子作「唯夜行者獨有之」，淮南作「惟夜行者爲能有之」。文子與淮南同，是此五句亦本於淮南，非本於管子也。）

惟夜行者爲能有之。夜行，喻陰行也，陰行神化，故能有天下也。一説：言入道者，如夜行幽冥之中，爲能有召遠親近之道也。○于省吾云：按上文「故召遠者使無爲焉，親近者使無事焉」，如以「陰行」爲言，不知陰行亦須行也，與「無爲」「無事」之義不相應。「夜」應讀作「舍」。說文：「夜，舍也，天下休舍也。」夜、舍疊韻。墨子非儒下「隱知豫力」，孫詒讓讀「豫」爲「舍」，豫、夜古字通，易豫卦，歸藏作夜卦。詳易經新證。「豫」可讀爲「舍」，則「夜」可讀作「舍」明矣。惟舍行者爲能有之，言惟釋去其行者爲能有之也。舍行與無爲無事之義正相涵也。○寧案：于說大謬。上句「親近者使無事焉」，王念孫云：「使當作言，無爲無事，猶今人言無用也。」王校甚塙。于謂「陰行」與「無爲」「無事」義不相應，而「夜」應讀作「舍」，似未讀王氏襍志。管子形勢篇房注，「夜行」亦訓陰行，即本高注。故卻走馬以糞，而車軌不接於遠方之外，卻走馬以糞，老子詞也。止馬不以走，但以糞，糞田也。行至德之效也。一說：國君無道，則戎馬生於郊。無事，止走馬以糞田也。故兵車之軌，不接遠方之外。兩輪之間爲軌。○寧案：見老子四十六章。是謂坐馳陸沉，晝冥宵明，言坐行神化，疾于馳傳，沉浮冥明，與道合也。以冬鑠膠，以夏造冰。

夫道者，無私就也，無私去也，能者有餘，拙者不足，言以非時鑠膠造冰，難成之也。天道無私就去，能行道，功有餘也。○劉文典云：「夫」當爲「天」，字之誤也。文子精誠篇、御覽二十七引此文並作「天道」，是其證也。高注「天道無私就去」，是所見本正作「天道」。主術篇：「天道玄默，無容無則。」是「天道」二字見於本書者。○寧案：管子形勢篇「萬物之於人也，無私近也，無私遠也，巧者有餘，而拙者不足。其功順天者天助之，其功逆天者天違之」，即淮南所本。注當從太平御覽二十七引作「能行道者有餘，不能者不足」。今本「功」字即「者」字草書形譌，又脫下句，則於文不備。順之者利，逆之者凶。譬如隋侯之珠，和氏之璧，得之者富，失之者貧。隋侯，漢東之國，姬姓諸侯也。隋侯見大蛇傷斷，以藥傅之，後蛇于江中銜大珠以報之，因曰隋侯之珠，蓋明月珠也。楚人卞和得美玉璞于荆山之下，以獻武王。王以示玉人，玉人以爲石，刖其左足。文王即位，復獻之，以爲石，刖其右足。抱璞不釋而泣血。及成王即位，又獻之。成王曰：「先君輕刖而重剖石。」遂剖視之，果得美玉，以爲璧，蓋純白夜光。文王在春秋前，成王不以告，故不書也。○莊逵吉云：「文王」至「不書」十四字，葉近山、茅一桂二本皆有，藏本無，今增入。○劉文典云：文選西都賦注、南都賦注、劉越石答盧諶詩注、夏侯常侍誄注引竝作「得之而富，失之而貧」。又案西都賦注、南都賦注引高注，「漢東」皆作「漢中」，「以藥傅」下有「而塗」二字，（夏侯常侍誄注同。）「江中」作「夜中」。惟夏侯常侍誄注作「大江中」，與今注合，疑後人所改也。○向宗魯云：宋本亦有「文王」至「不書」十四字，然實不可通。文王當魯桓、莊時，不得云在春秋前。此等事且無赴告之理，又非春秋所得書也。答賓戲注引正文仍同今本，又引注文仍作「江中」，惟「而塗」二字未挩。○寧案：道藏本、中立本皆有「文王」至「不書」十四字，茅本無，莊誤。潘正叔贈陸機詩注引正文亦作「得之而富，失之而貧」。（文選六臣本。）夏侯常侍誄注引正文未引注，劉失檢。道藏本、中立本、茅本、景宋本皆作「漢東之國」，說林篇注亦云「隋國在漢東」，西都賦、南都賦注引作「漢中」疑誤。與楊德祖書注引「傅」下有「而塗」二字，「江中」作「大江中」，「珠」上無「大」字，劉誤作夏侯常侍誄。

得失之度，深微窈冥，難以知論，不可以辯說也。何以知其然？今夫地黄主屬骨而甘草主生肉之藥也，以其屬骨，責其生肉，以其生肉，論其屬骨，是猶王孫綽之欲倍偏枯之藥，而欲以生殊死之人，亦可謂失論矣。

王孫綽，蓋周人也，一曰，衞人王孫賈之後也。言一劑藥愈偏枯之病，欲倍其劑以生已死之人。○王念孫云：下「欲」字因上「欲」字而衍，「欲倍偏枯之藥而以生殊死之人」作一句讀，不當更有「欲」字。高注曰「欲倍其劑以生已死之人」，則無下「欲」字明矣。〇劉文典云：御覽九百八十四引注云：「王孫綽，魯人也。」疑許君注也。〇向宗魯云：呂氏春秋別類篇「魯人有公孫綽者，告人曰：『我能起死人。』人問其故。對曰：『我固能治偏枯。今吾倍所以爲偏枯之藥，則可以起死人矣。』」案此注可疑。御覽引注云「王孫綽魯人也」，正與呂氏合。高於呂注引「淮南記曰王孫綽」，是高非不知文出呂氏，而又以爲周人，蓋非其舊矣。〇楊樹達云：呂氏春秋別類篇「魯人有公孫綽者」云云，此淮南所本。案呂氏春秋明云魯人，而注云周人，又云衞人，蓋高先訓淮南，後釋呂覽，（見高氏呂氏春秋序。）故彼注引淮南記而此與呂覽不合也。〇寧案：楊以爲高氏先訓淮南，後釋呂覽，故注與呂覽不合。然太平御覽引注曰「魯人」，則非與呂覽不合也。劉氏以爲太平御覽引乃許君注，則與呂覽合者爲許君，不合者高氏，劉氏豈有說乎？向以爲此注「蓋非其舊」，可謂慎矣！若夫以火能焦木也，因使銷金，則道行矣；若以慈石之能連鐵也，而求其引瓦，則難矣。〇于省吾云：劉文典云：「連鐵」御覽七百六十七引作「運鐵」。按作「連」者是也。孟子梁惠王「從流下而忘反謂之連」，注：「連，引也。」「連鐵」卽引鐵也。下云「而求其引瓦則難矣」，「引」與「連」互文耳。〇寧案：于說是也。呂氏春秋精通篇：「慈石召鐵，或引之也。」高注：「石，鐵之母也。以有慈石，故能引其子，石之不慈者，亦不能引也。」彼言召鐵，此言連鐵，於「引」義一也。上文高注，「運讀連圍之圍」，「運」誤爲「連」，太平御覽引此文「連」誤爲「運」，正「連」「運」互誤之例。物固不可以輕重論也。夫燧之取火於日，〇王念孫云：「於日」二字，因上文「取火於日」而衍。夫燧之取火，慈石之引鐵，蟹之敗漆，葵之鄉日，各相對爲文，則此處不當有「於日」二字。〇楊樹達云：夫燧必置於日下始能取火，故必云「取火於日」而其義始完。周禮秋官司烜氏云：「掌以夫燧取明火於日。」本篇上文云：「夫燧取火於日。」皆其證也。此與下文之引鐵、敗漆、鄉日，事有不同，故立文亦不同。若删「於日」二字，則於義不備。又此文以日、鐵、漆、日爲韻，若無「於日」二字，則下三句皆有韻，而首句無韻矣。至「日」字再見者，古人不避重韻，詩經以下皆然，説詳余著古書疑義舉例續補。劉家立集證不知王校之誤，删去「於日」二字以從之，斯爲大謬矣。○寧案：楊説泥矣。此「夫燧之取火」，蓋約舉其事。正以夫燧必置於日下始能取火，更無二義，且承上文「夫燧取火於日」言之，則此蒙上而省。必綴「於日」二字，文則累矣。周禮秋官司烜氏云「掌以夫燧取火於日」，文非重出，不當約言之，不可爲例。若以此爲於義不備，則氾論篇「百里奚之飯牛，伊尹之負鼎，太公之鼓刀，甯戚之商歌」，非惟同一句式，可謂事有相同者也，豈必曰百里奚之飯牛於秦，伊尹之負鼎干湯，太公之鼓刀於肆，甯戚之商歌於齊，而後始謂之於義備乎？若謂「日」字與下三句協韻，則古人首句不入韻者甚多，詩衛風氓「及爾偕老，老使我怨，淇則有岸，隰則有泮，總角之宴，言笑晏晏，信誓旦旦，不思其反」，卽其一例。王念孫謂「於日」二字涉上而衍，實爲得之。**慈石之引鐵，蟹之敗漆，**以蟹置漆中則敗壞不燥，不任用也。○寧案：説山篇「漆見蟹而不乾」，卽高注所本。太平御覽九百四十二引注云：「置蟹漆中，則漆敗也。」當是許注。**葵之鄉日，雖有明智，弗能然也。**然猶明也。○楊樹達云：然義不明，高説亦未諦。竊疑「然」當讀爲「難」，文謂夫燧取火四事，證驗顯明，雖明智之士，不能駁難也。説文火部「然」或作「𤑪」，从艸難聲。然、難古音同，故得通用也。○寧案：「弗能然」謂弗能明其所以然，故曰「然猶明也」。**故耳目之察，不足以分物理，心意之論，不足以定是非。故以智爲治者，難以持國，唯通于太和而持自然之應者，爲能有之。**能有持國之術。**故嶢山崩而薄落之水涸，**嶢山在雍州也。薄落水在馮翊臨晉，山窮相通也。一曰：薄落，涇水也。〇寧案：注有譌奪。道藏本、中立本、景宋本重「臨晉」二字。中立本「窮」作「窟」。區治生而淳鉤之劍成；區讀歌謳之「謳」。區，越人，善治劍工也。淳鉤，古大鋭劍也。〇寧案：「鉤」當爲「鈞」，道藏本、中立本、茅本、景宋本皆作「鈞」。說詳修務篇王念孫校「純鈞魚腸」。紂爲無道，左强在側，左强，紂之諛臣也，教紂無道，勸以貪淫也。太公竝世，故武王之功立。立，成。由是觀之，利害之路，禍福之門，不可求而得也。言其門户不可豫求而得知，忽然來至，無形兆也。

夫道之與德，若韋之與革，遠之則邇，近之則遠，革之質象道，韋之質象德。欲去遠之，道反在人側，欲以事求之，去人已遠也。無事者近人，有事者遠人。〇金其源云：注不易曉。此乃申説利害禍福之不可求而得，以韋革取譬。周禮春官司服「凡兵事韋弁服」，注：「韋弁以韎韋爲弁，又以爲衣裳。」詩鄭風出其東門序「兵革不息」，疏：「革謂甲胄之屬，以皮革爲之。」所以備弓矢。謂服韋革在身，則弓矢可不及身，故曰近之則遠。不服韋革在身，則弓矢可及身，故曰遠之則邇。言道德之可以遠禍害，猶韋革之於弓矢也。故曰道之與德，若韋之與革。不得其道，若觀鯈魚。鯈魚，小魚也，在水中可觀見，見而不可得，道亦如之。〇王念孫云：「近之則遠」，「遠」當作「疏」，此涉上句「遠」字而誤也。德、革爲韻，疏、魚爲韻，若作「遠」則失其韻矣。泰族篇「遠之則邇，延之則疏」，亦與除、虚、餘爲韻。泰族篇之「延」字當作「近」。今據泰族之「疏」字，以正此篇「遠」字之誤，并據此篇之「近」字，以正泰族「延」字之誤。文子精誠篇正作「近之即疏」。〇寧案：鯈景宋本作「鯈」，道藏本同今本，作「鯈」是也。説文：「鯈，魚名。从魚攸聲。（直由切。）」玉篇：「鯈，白鯈魚也。」莊子秋水篇「鯈魚出游從容」，（本或作「鯈」。）釋文：「鯈魚，李音由，白魚也。爾雅云：鮋，黑鰦。郭注：即白鯈也。一音篠，謂白鯈魚也。」蓋儵即白鯈，又儵、鯈形近，故二字相混。馬叙倫莊子義證以爲「儵」借爲「鯈」。

故聖若鏡，不將不迎，將，送也。應而不藏，應猶隨也，謂鏡隨人形好醜，不自藏匿者也。○王念孫云：「聖」下脱「人」字，意林及太平御覽人事部四十二服用部十九引此竝有「人」字，莊子應帝王篇「至人之用心若鏡」，文子精誠篇「是故聖人若鏡」，亦皆有「人」字。○楊樹達云：此文本莊子應帝王篇。郭注云：「來即應，去即止。」其説是也。不藏謂不藏物，非謂不自藏匿，高注説非。○寧案：莊子應帝王篇作「聖人之用心若鏡」，疑此「聖」下脱「心」字。中立本正作「聖心若鏡」。又案：高注「不自藏匿」，謂於人形好醜，不以己意有所隱匿，楊氏非之，似於義未達。

故萬化而無傷。其得之，乃失之，其失之，非乃得之也？自謂得，乃失道者也；自謂失道，未必不得道也。○王念孫云：「非」字義不可通，衍文也。高注云：「自謂失道，未必不得道也。」則無非字明矣。劉本作「其失之也，乃得之也」，此依文子精誠篇改。○俞樾云：「非」上脱「未始」二字，「非」下衍「乃」字，本作「其失之，未始非得之也」，故高注曰：「自謂得道，乃失道者也；自謂失道，未必不得道也。」各依正文爲説耳。文子精誠篇曰：「其得之也，乃失之也；其失之也，乃得之也。」雖用淮南文，然意同而字句固小異矣。不得據彼改此，而轉與高注不合也。○于鬯云：「也」讀「邪」。○吴承仕云：注，朱本作「自謂得道」。案：有「道」字是也。「自謂失道」與「自謂得道」對文成義。又案：本文「也」字疑當讀爲「邪」。○于省吾云：按王以「非」字爲衍文，俞謂「非」上脱「未始」二字，「非」下衍「乃」字，不言其致衍致脱之由，均意爲增損，了無依據。「其失之，非乃得之也」，既無衍文，亦無脱文。「也」「邪」古字通，詳經傳釋詞。「其失之，非乃得之邪」，此係反詰之語。正言之，其失之，乃得之也。文子作「其失之也，乃得之也」，已昧淮南之語妙矣。○蔣禮鴻云：「也」字通作「邪」，見經傳釋詞。莊子胠篋篇曰：「然則鄉之所謂知者，不乃爲大盜積者也？」「不乃爲大盜積者也」與「非乃失之也」句法一律，「也」字皆當讀作「邪」。王、俞忽忘也、邪字通，議删議增，并失之矣。俞氏古書疑義舉例謂莊子「不乃爲大盜積者也」衍「不」字，亦非。○寧案：注，吴氏據中立本沾「道」字是也。「道」下猶當有「是」字，於義爲長。道藏本、茅本、景宋本皆作「是乃失道者也」。又案：也讀爲邪，于、吴、蔣説是也。楊樹達説同。集證本改本文以從俞説，大謬。

今夫調弦者，叩宮宮應，彈角角動，此同聲相和者也。叩大宮則少宮應，彈大角則少角動，故曰「同音相和」。○楊樹達云：「弦」當作「瑟」，此因下文「改調一弦」「弦」字而誤。惟瑟二十五弦，故下文云：改調一弦，鼓之二十五弦皆應。若但云「調弦」，則既不知所調者何器，而下文二十五弦之語亦無所承矣。莊子徐无鬼篇云：「於是爲之調瑟，廢一於堂，廢一於室，鼓宮宮動，鼓角角動，音律同矣。夫或改調一弦，於五音無當也，鼓之二十五弦皆動，未始異於聲，而音之君已。且若是者邪？」此淮南文所本。彼文作「調瑟」，其明證也。春秋繁露同類相動篇云：「試調琴瑟而錯之，鼓其宮則他宮應之，鼓其商則他商應之，五音比而自鳴，非有神，其數然也。」與此文義相類，而文亦云調琴瑟，又其證也。○寧案：「同聲相和」，「聲」當作「音」。莊子徐无鬼篇：「鼓宮宮動，鼓角角動，音律同矣。」此淮南所本，莊子作「音」。齊俗篇「故叩宮而宮應，彈角而角動，此同音之相應也」，作「音」與莊子同，知此不當有異矣。高注「故曰同音相和」，尤爲明證。

夫有改調一弦，其於五音無所比，鼓之而二十五弦皆應，此未始異於聲而音之君已形也。一弦，宮音也，音之君也，故二十五弦皆和也。一説：改調一弦，不比五音，謂一聲宮音也，故曰未始異于聲也。五主于一聲，故曰音之君已形。君，主。形，見也。○楊樹達云：二説皆謂一弦爲宮音，（蓋高許二説。）其説殊不可通。若果爲宮音，則叩宮宮應而已，焉能鼓之而二十五弦皆應乎！且既爲宮音矣，安能云於五音無所比乎！竊謂改調一弦者，指道言之，此譬喻之辭，非實謂弦也。下文云「鉗且大丙之御，除轡舍銜，去鞭棄策，車莫動而自舉，馬莫使而自走」，以弗御御之，與此文意正同。郭象解莊，亦未了此義，亦當正之。○寧案：楊説是也。齊俗篇云：「故叩宮而宮應，彈角而角動，此同音之相應也。其於五音無所比而二十五絃皆應，此不傳之道也。」文與此同，惟無「改調一絃」句。彼下文云：「故蕭條者形之君，而寂寞者音之主也。」其以「其於五音無所比」喻道，文意甚明。於五音無所比者，寂寞、蕭條是也。泰族篇亦云：「琴不鳴而二十五絃各以其聲應。」則此「一絃」非謂宮音審矣。故通於太和者，惛若純醉，而甘臥以游其中，而不知其所由至也。太和謂等死生之和，齊窮達之端。其中，道之中也。不自知所至此也。○呂傳元云：「純」，文子精誠篇作「醇」。説文：「純，絲也。」段注純與醇音同。「醇，不澆酒也。」是文子用正字，淮南用借字。純温以淪，鈍悶以終，若未始出其宗，純，一也。温，和也。淪，没也，喻潛伏也。鈍悶，無情也，欲終始于道。宗，本也，若未有其形。○寧案：注「也欲」二字誤倒。是謂大通。

今夫赤螭青虬之游冀州也，赤螭、青虬，皆龍屬。天清地定，毒獸不作，飛鳥不駭，人榛薄，食薦梅，薦梅，草實也，狀如桑椹，其色赤，生江濱。○楊樹達云：主術篇亦云「入榛薄」，高注云：「聚木爲榛，深草爲薄。」榛、薄爲二事，則薦梅亦當爲二事。高以薦梅爲一物，殆非也。説文十篇上廌部云：「薦，獸之所食草，从艸从廌。古者神人以廌遺黃帝。帝曰何食？曰食薦。」赤螭青虬，蓋亦廌之類，故亦食薦耳。○陳直云：「人」下當脱「入」字。主術訓云：「孔墨博通，而不能與山居者入榛薄險阻也。」可證。○寧案：「人」字當爲「入」。蜀藏本、中立本、茅本、景宋本皆作「入」，莊本誤作「人」。陳氏以「人」字上屬爲句，謂「人」下當脱「入」字，非是。「毒獸不作，飛鳥不駭」對文。又案：

楊樹達謂「榛薄爲二事，薦梅亦當爲二事」，並據説文爲解，謬矣。下文「虎狼不妄噬，鷙鳥不妄搏」，虎、狼二物，豈鷙鳥亦當爲二物邪？爾雅義疏云：「淮南覽冥篇『食薦梅』，薦梅即藨莓，莓、梅聲同，薦、藨形誤。」郝説是也。大藏音義九十九「紅莓」，引許注淮南子云：「莓，實似桑甚，生江濱。」與高注合，蓋即此處注文，知許本作「莓」也。又引郭注爾雅云：「即藨，音皮表反，莓也。子似覆盆而大，赤，酢甜可食。」故藨莓連文，可爲郝説之證。噆味含甘，步不出頃畝之區，而蛇鱓輕之，以爲不能與之争於江海之中；噆味，長美也。蛇鱓自以爲能勝赤螭青虬。○楊樹達云：説文二篇上口部云：「噆，嗛也。」「嗛，口有所銜也。」○馬宗霍云：高氏釋噆味爲長美，謂味長而美也。然説文口部云「噆，嗛也」，「嗛，口有所銜也」，無長義。惟「嘾」下云：「含深也。」含之深者其味長。「嘾」從「覃」聲，覃部云：「覃，長味也。」是其義也。依高訓「噆」蓋通作「嘾」。「噆」從「贊」聲，「覃」聲「贊」聲，古音同在侵部也。又就聲類言，廣韻「噆，七感切」，屬清母，爲齒音；「嘾，徒感切」，屬定母，爲舌音。「噆」得通「嘾」，蓋爲齒舌相轉，亦猶儀禮士虞禮鄭玄注，「齊、魯之間謂祭爲墮」也。方音自有此例。若乃至於玄雲之素朝，玄，黑，素，白也。黑雲升合於明朝也。○王念孫云：「玄雲之素朝」，衍「之」字。高注曰：「玄，黑。素，白也。」是「玄雲」「素朝」相對爲文，「雲」下不當有「之」字。且兩句皆以四字爲句，加一「之」字則句法參差矣。文選南都賦、魏都賦注引此皆無「之」字。○于鬯云：「若乃」二字當在「與之」之上。陰陽交争，降扶風，雜凍雨，扶摇而登之，降，下也。扶風，疾風也。凍雨，暴雨也。扶摇，發動也。登，上也，上風雨而去。○向宗魯云：「凍」字無義，當作「涷」。爾雅釋天：「暴雨謂之涷。」郭注：「江東謂暴雨爲涷。」郝疏引此注證之是也。○于省吾云：注：「降，下也。扶風，疾風也。」按：「降」「隆」古字通，「隆」應讀作「臨」。禮記喪服小記注「不貳降」，釋文：「降本作隆。」詩都人士箋「無隆殺也」，疏：「定本隆作降。」皇矣「與爾臨衝」，韓詩「臨」作「隆」。然則「隆扶風」卽「臨扶風」。上言「赤螭青虬之游冀州也，人榛薄，食薦梅」，是就地言，自「若乃至於玄雲之素朝，陰陽交争」以下，始言由下而上，故曰「臨扶風，雜凍雨」，扶摇而登之」。「扶摇而登之」卽承「臨扶風雜凍雨」言，若作「下扶風」，則不詞矣，且與上下文義不符。威動天地，聲震海内，四海之内，悉畏之也。蛇鱓著泥百仞之中，百仞，七百尺也。度深曰仞，傳曰「仞溝洫」也。熊羆匍匐邱山磛巖，虎豹襲穴而不敢咆，襲，入。咆，嗥。猨狖顛蹶而失木枝，狖讀中山人相遺物之「遺」。狖，猨屬，長尾而卬鼻。○趙森甫云：按「狖」誤，當作「貁」。説文豸部「貁从豸穴聲」，辵部「遺从辵貴聲」，音不相近，而高讀如「遺」音。一切經音義六，「貁古文蜼」。段氏説文注云：「周禮爾雅山海經有『蜼』字，許無『蜼』，『貁』卽『蜼』。廣雅曰：『貁，蜼也』是也。釋獸曰：『蜼卬鼻而長尾。』周禮注曰：『蜼，禺屬，卬鼻而長尾。』郭景純曰：『蜼似獮猴而大，尾長數尺，零陵南康人呼之曰餘，建平人呼之音相贈遺之遺。』又爾雅釋文蜼音誄。字林余繡反，或餘季、餘水二反。余繡之音正與貁同，餘季之音又與遺相合，蜼有遺音，則貁亦有遺音矣。是皆方音之轉也。○寧案：説文虫部「蜼如母猴，卬鼻長尾，从虫隹聲。余季切」。何謂許無「蜼」也？段説而趙亦未攷。又大藏音義二十七「狖」下云：「切韻：『蟲名，似鼠作鼬，獸名，似猨作貁。』」貁是古字。」又況直蛇鱓之類乎？○王念孫云：下言「又況直蛇鱓之類」，則上文「著泥百仞之中」者，非謂蛇鱓也。且蛇鱓在淺水之中，亦不得言百仞。「蛇」當作「蚖」，「蚖」與「黿」同。（史記太史公自序「黿鱓與處」，索隱：「本作蚖鱓。」卽黿鼉字也。書大傳「河蚖江鱓」，亦與黿鼉同。）「鱓」與「鼉」同。（説文：「鱓，魚也，皮可以爲鼓。」夏小正傳：「剝鱓以爲鼓也。」吕氏春秋古樂篇：「鱓乃偃寢，以其尾鼓其腹。」）言蚖鱓（徒何反。）且伏於深淵而不敢出，況蛇鱓（音善。）之類乎！今本

「蚖」作「蛇」者，涉上下文蛇鱓而誤。○王引之云：暫巖乃高峻貌。龍乘風雨而熊羆畏避，則當伏於幽隱之地，山巔高峻，非所以藏身也。「暫巖」當作「之巖」。王逸注七諫曰「巖，穴也」，（莊子山木篇「豐狐文豹，伏於巖穴」。）言熊羆匍匐於邱山之穴而不敢出也。下文「虎豹襲穴而不敢咆」，正與此同義。且「蚖鱓著泥百仞之中，熊羆匍匐邱山之巖」，二句相對爲文，若作「暫巖」則義不明，而句亦不協矣。「暫」字蓋出後人所改。○楊樹達云：王校誤也。說文九篇下石部云：「暫，礹石也。」「礹，石山也。」玉篇云：「暫礹，山石貌也。」淮南之「暫巖」，即說文玉篇之「暫礹」。蓋丘山爲土山，而暫巖爲石山，故以丘山暫巖連言之，非謂高峻貌也。上林賦云「嶄巖嵾嵳」，高唐賦云「登巉巖而下望」，西都賦云「蹶嶄巖」，嶄巖、巉巖並與說文暫巖同。王氏不知「巖」爲「礹」之假字，誤釋暫巖爲高峻貌，遂欲改「暫」爲「之」以與上文相配，不知此二句意偶而文不偶，亦猶下文「虎豹襲穴而不敢咆，猨狖顛蹶而失木枝」，意偶而文亦不偶也。王氏第求文句之整齊，憑臆改字，可謂武斷。劉家立集證不知王氏之誤，竟改「暫」爲「之」以從之，斯爲謬矣。○蔣禮鴻云：王氏據上「百仞之中」句例改「暫」作「之」，「暫」「之」二字形聲縣殊，無由致誤，王改殊爲專輒。今按莊子在宥篇曰，「賢者伏處大山嵁巖之下」，俞樾曰：「嵁當爲湛。文選封禪文李注：『湛，深也。』湛巖猶深巖。因其以山巖言，故變从水者爲从山耳。山言其大，巖言其深，義正相應。」俞說是也。此文暫巖「暫」字義與「漸」同。荀子修身篇曰「知慮漸深」，是漸亦深也。「暫」之爲「漸」與「嵁」之爲「湛」，變從水之字而從山從石，其比正同。荀子勸學篇「蘭槐之根是爲芷，其漸之滫，君子不近，小人不服」，大畧篇「蘭茝稾本，漸於蜜醴，一佩易之」，晏子春秋襍上篇「蘭本三年而成，湛之苦酒，則君子不近，庶人不佩，湛之縻（蓋當作麋。）醢而賈匹馬矣」。「漸」「湛」之同有深義，猶其同有浸漬之義也。丘山暫巖即莊子之大山嵁巖。丘亦大也。漢書楚元王傳

「丘嫂」，張晏曰：「丘，大也。」本書精神篇「禍福之至雖如丘山」，高注：「丘山諭大。」莊子外物篇「大林丘山之善於人也，亦神者不勝」，丘山與大林爲對，則丘山亦即大山。此云「匍匐丘山嶅巖」，莊子云「伏處大山嵁巖之下」，義正一律。然則「嶅」字不當作「之」，「巖」字亦不當訓「穴」，古人文字不皆對切。王氏必謂改字而句始協，亦其固矣。

鳳皇之翔至德也，雄曰鳳，雌曰皇。爲至德之君而來翔也。

雷霆不作，風雨不興，川谷不澹，澹，溢。○楊樹達云：說文水部云：「澹，水搖也。」淮南正用此字本義，與下「搖」字爲對文，高訓溢，非是。○馬宗霍云：說文水部云：「澹，水搖也。」高氏不從本義訓「搖」而訓爲「溢」者，蓋以下句「草木不搖」已見「搖」字，故以「溢」字易之耳。不溢謂川谷之水不爲之泛溢也。「澹」得訓「溢」，蓋讀「澹」爲「贍」。漢書食貨志上顏師古注云：「澹，古贍字。」小爾雅廣言云：「贍，足也。」禮記大傳篇：「無不贍者」，孔穎達疏云：「贍是優足之餘也。」優足有餘與「溢」義正合。○寧案：楊說近之。作、興同義，澹、搖亦同義。川谷不澹，卽海不揚波之義。溢則爲災，與作、興、搖三字不類矣。

草木不搖，而燕雀佼之，以爲不能與之爭於宇宙之間。燕雀自以爲能佼健於鳳皇也。「佼」或作「詨」。宇，屋簷也。宙，棟梁也。易曰：「上棟下宇。」○莊逵吉云：說文解字「宇，屋邊也」，義與此同。○王念孫云：高說非也。「佼」讀爲「姣」。廣雅曰：「姣，侮也。」言燕雀輕侮鳳皇也。上文云「赤螭青虬之游冀州也，蛇鱓輕之，以爲不能與之爭於江海之中」，是其證也。作「佼」者，借字耳。○向宗魯云：「宇宙」乃「宇棟」之誤。燕雀之飛過宇棟，不能極宇宙也。正文作「宇棟」，故注引「上棟下宇」以證之。又注云：「宇，屋簷也。宙，棟梁也。」蓋以梁釋棟，後人習見「宇宙」連文，因譌「宇棟」爲「宇宙」，又因已誤之正文加「宙」字於注文「棟」字上，不知凡「宇宙」連文者，皆訓上下四方，往古來今，曾無訓爲屋簷及棟梁者。說文：「宙，舟輿所極覆也。」段氏謂循還往復，故字從「由」，與往古來今義近。其説是也。乃又引此注以爲「宙」之本義，自相矛盾。若「宙」之本義爲棟梁，自當次於「宙」字之後。許知「宇宙」連文者爲引申義而非本義，故岐而二之。高氏以「梁」釋「棟」者，説文「杗，棟也。」爾雅曰：「杗廇謂之梁」，是梁棟則通稱也。○寧案：注，道藏本、景宋本「誒」字下有「誒哭也」三字。中立本「哭」作「呼」。

還至其曾逝萬仞之上，翺翔四海之外，曾猶高也。逝猶飛也，一曰回也。翼一上一下曰翺，不摇曰翔。外猶表也。○莊逵吉云：古「曾」與「層」通，此「曾」即「層」字。○孫詒讓云：「還」字無義，當爲「遝」之誤，「遝」與「逮」同。墨子兼愛下篇云：「遝至乎夏王桀」，今本「遝」亦誤「還」，是其證。○吳承仕云：洪興祖楚辭補注引淮南此文並引注云：「翼一上一下曰翺，直刺不動曰翔。」與俶真篇注文同，是也。今本誤奪「直刺」二字，文義不具。○馬宗霍云：本文「還」字不誤。説文辵部云：「還，復也。」穀梁襄公十九年傳云：「還者，事未畢之辭也。」引申之與「及」同意，「還至」猶「及至」也。漢書地理志下「飲食還給」，顔師古注云：「還，及也。」是「還」得訓「及」之證。墨子非攻下篇（孫作兼愛下篇，偶失檢。）作「還」亦不誤。孫氏以爲「還字無義」，非也。劉家立淮南集證本改「還至」爲「逮至」，蓋即襲之孫説。○寧案：馬説可從也。墨子非攻下篇「還至乎夏王桀」「還至乎商王紂」，文凡兩見。集證本改「還」爲「逮」，或本之中立本，亦臆定不可從。

過昆侖之疏圃，飲砥柱之湍瀨，疏圃在昆侖之上，過猶歷也。砥柱，河之隘也，在河東大陽之東。湍，涆水，至疾；瀨，清：皆激涆急流。○劉文典云：御覽九百十五引「湍瀨」作「洊瀨」。○寧案：洊與砥柱義不相應，疑是湍字形譌。俶真篇亦云湍瀨。

遭回蒙汜之渚，遭回猶倘佯也。蒙汜，日所出之地。池決復入爲渚，渚，小洲也。○吳承仕云：爾雅：「水決之澤爲汧，決復入爲汜，水中可居者曰洲，小洲曰陼。」此注當作「池決復入爲汜。渚，小洲也」。上句釋汜，下句釋渚，與雅訓合。各本並誤「氾」爲「渚」，義不可通。○于省吾云：注，「澶回猶倘佯也」。按下句「尚佯冀州之際」，「澶回」與「倘佯」義雖相近，然究有别也。原道「澶回川谷之閒」，注，「澶回猶委曲也」。本經「曲拂澶迴」，注，「澶迴，轉流也」。楚辭離世「下江、湘以澶迴」，注，「澶迴，運轉而行也」。「迴」「回」古字通。是澶回謂轉回也。楚辭涉江「入溆浦余儃佪兮，迷不知吾所如」，「儃佪」即「澶迴」也。○寧案：「下江、湘以澶迴」，見楚辭九歎怨思，一本以怨思爲離世，非是。**尚佯冀州之際，徑躡都廣，入日抑節，**躡，至也。都廣，東南之山名，衆帝所自上下也。言鳳皇過都廣之野，送日入于抑節之地，言其翔之廣也。「躡」或作「絶」。徑，過。絶，歷也。○于省吾云：「送日入于抑節之地」，按：「抑節」即「弭節」，「抑」「弭」古同訓。精神「捧心抑腹」，注：「抑，按也。」楚辭惜誦「情沈抑而不達兮」，注：「抑，按也。」本經「抑減怒瀨，以揚激波」，注：「抑，止也。」「按」與「止」義相因。離騷「吾令羲和弭節兮」，注：「弭，按也。」湘君「夕弭節兮北渚」，注：「弭，按也。」詩沔水「不可弭忘」，傳：「弭，止也。」抑節猶言按節、止節也。○馬宗霍云：説文印部云：「𢑏，按也，从反印。」俗从手作「抑」，是抑節猶按節也。文選司馬相如子虛賦「案節未舒」，注引司馬彪曰：「案節，行得節。」李善曰：「天文志曰，案節徐行。」服虔曰，謂行遲也。」亦與弭節同意。楚辭離騷「吾令羲和弭節兮」，王逸注云：「弭，按也，按節徐步也。」然則本文「入日抑節」，蓋謂鳳皇行及日之所入，而爰止爰息，行爲之遲，少作裴回也。高注「抑節」二字似未了。**羽翼弱水，暮宿風穴。**濯羽翼於弱水之上。風穴，北方寒風從地出也。○王念孫云：「羽翼弱水」四字，文不成義，「羽翼」當作「濯羽」，故高注云「濯羽翼於弱水之上」。今本作「羽翼」，即涉注内「羽翼」而誤也。舊本北堂書鈔地部二穴下引此，正作「濯羽弱水，暮宿風穴」。（陳禹謨本删去。）文選辯命論注、白帖九十四並同。説文「鳳，濯羽弱水，莫宿風穴」，即用淮南之文。○陶方琦云：

文選辯命論注引許注：「風穴，風所從出。」按博物志禊篇云：「風山之首，方高三百里，風穴如電突深三十里。」文選風賦注引十洲記曰：「玄洲在北海上，有風聲響如雷，上對天之西北門也。」説文「鳳，濯羽弱水，莫宿風穴」，卽用淮南之文。當此之時，鴻鵠鶬鸖，莫不憚驚伏竄，注喙江裔，注喙，喙注地不敢動也。裔，邊也。○于省吾云：注喙，按注説非是。上云「鴻鵠鶬鸖，莫不憚驚伏竄」，此言「注喙江裔」，「注喙」卽「拄喙」，謂喙不動也。文選枚乘七發：「蚑蟜螻蟻聞之，拄喙而不能前。」「拄」「注」字通。拄喙，謂其喙之不動，非謂其注地也。○寧案：「鸖」，景宋本作「鶴」，同。史記衛世家懿公好鸖，左傳閔二年作「鶴」。又況直燕雀之類乎？此明於小動之迹，而不知大節之所由者也。

昔者，王良造父之御也，王良，晉大夫郵無恤子良也，所謂御良也。一名孫無政。爲趙簡子御，死而託精于天駟星，天文有王良星是也。造父嬴姓，伯翳之後，飛廉之子，爲周穆王御。○寧案：注，御良，「御」當爲「郵」，字之誤也。孫無政當作郵無政。左傳哀公二年「郵無恤御簡子」，注：「郵無恤，王良也。」晉語晉陽事，郵無恤作郵無正。韋注：「無正，晉大夫郵良伯樂也。」正作郵良。呂氏春秋審分篇高注：「王良，晉大夫孫無正郵良也。」「郵」字不誤「御」而誤「孫」。景宋本、蜀藏本郵無恤皆誤作御無恤，惟中立本作郵良、郵無恤不誤。又案：呂氏春秋似順篇言晉陽事，以國語郵無政爲孫明。注云：「孫明，孫無政郵良也。」孫明卽秦伯樂孫陽，而審分篇注則以王良爲孫無正，是以晉之王良與秦之孫陽混爲一人。此注郵無恤一名孫無政，疑高氏因伯樂而誤也。上車攝轡，馬爲整齊而斂諧，整齊，不差也。斂諧，馬容體足調諧也。投足調均，勞逸若一，一，同也。心怡氣和，體便輕畢，畢，疾也。安勞樂進，馳鶩若滅，滅，没也，言疾也。左右若鞭，周旋若環，左右，謂騑驂也。步趨之力，若被鞭矣。一説：言掉鞭教，諭其易也。周旋若環，如人志也。○俞樾云：「鞭」當讀爲「緶」。説文糸部：「緶，交枲也。」段氏玉裁曰：「謂以枲二股交辮之也。」交絲爲辮，交枲爲緶，此云「左右若緶」，言如枲之交辮也。「左右若緶，周旋若環」兩句一律，高以本字讀之，故所列二説皆非。○楊樹達云：緶爲交組不解之物，馬果如緶，其動作之貌，當何如乎？俞氏第求文詞之對偶，而不顧文義之難通，可謂謬矣。「鞭」當從高前説，釋爲若被鞭爲是。惟高釋「左右」爲驂騑，的爲誤解。今案左右周旋，皆據馬之動作言之，左右若鞭，謂馬或左或右，無不中節，有如被鞭也。世皆以爲巧，然未見其貴者也。○劉文典云：御覽八百九十六引作「世皆以爲工，然而未甚貴也」。○寧案：太平御覽八百九十六引誤。「工」字乃「巧」字缺其右半，「甚」字乃「其」字形近而譌，上脱「見」字，「貴」下脱「者」字。若作「未甚貴」，則猶有可貴者存，文義不符。三百五十九引同今本，惟脱「者」字。若夫鉗且大丙之御，此二人太乙之御也。一説：古得道之人，以神氣御陰陽也。○劉文典云：「御」下舊脱「也」字，與上文「昔者王良造父之御也」不一律，今據文選東京賦注、御覽三百五十九、七百四十六、八百九十六引補。除轡銜，去鞭棄策，○劉文典云：「除轡銜」三字爲句，「去鞭棄策」四字爲句，文不一律。御覽三百五十九引作「除轡舍銜，去鞭棄策」，多一「舍」字，是也。八百九十六引作「除轡銜，去轠軼」，疑後人妄改以就已誤之上句也。○寧案：劉據太平御覽三百五十九沾「舍」字，是也。至謂八百九十六引作「除轡銜，去轠軼」，乃後人妄改以就上句之誤，則去一「棄」字足也，何妄改者之不憚煩而必「轠軼」也？且太平御覽七百四十六引作「除轡銜，棄箠策」，以爲妄改，庶幾近之。疑作「去轠軼」殆許、高之異。車莫動而自舉，馬莫使而自走也。但以車馬爲主爾，神氣扶之也。日行月動，星燿而玄運，燿，有。玄，天也。

運，行也。○吴承仕云：「燿」不得訓「有」，疑「有」當爲「明」，草書「明」「有」二文，形頗近似，故致譌。以「明」訓「燿」，本書之常詁。（邵説同。）○寧案：吴説是也，蜀藏本正作明。電奔而鬼騰，進退屈伸，不見朕垠。朕，兆朕也。垠，形狀也。○寧案：太平御覽七百四十六、八百九十六引「騰」皆作「駭」。故不招指，不咄叱，過歸鴈於碣石，御疾，到自息止，乃使北歸于碣石之山，而中之鴈得之過去也。「過」讀責過之「過」。○馬宗霍云：高注不甚可解，疑有錯亂。碣石，北方山名。北歸之鴈指碣石以爲鄉，其飛尤速，張華所謂「矯翼而增逝」也。説文「過」與「越」同訓「度」，則「過」猶「越」也。此言善御者，其行之疾，超越歸飛之鴈之北鄉碣石也。下句「軼鶤雞於姑餘」意同。兩句皆泛喻御疾，本不必以某方某地實之。高氏於下句注云：「言自碣石過歸鴈，便復東南軼過鶤雞於姑餘山也。」亦失之固。○寧案：注首據道藏本、中立本、景宋本沾「言其」二字。軼鶤雞於姑餘，自後過前曰軼。姑餘，山名，在吴。鶤雞，鳳皇之別名。言其御疾，自碣石過歸鴈，便復東南軼過鶤雞於姑餘山也。○蔣超伯云：鶤雞凡三説。一雞之高三尺者。爾雅：「雞三尺爲鶤。」郭注：「陽溝巨鶤，古之名雞。」一鴻鵠之類。管子輕重甲篇：「非千鈞之弩，不能中鵾雞鵠鵰。」公孫乘月賦：「鵾雞舞於蘭渚，蟋蟀鳴於西堂。」與此注鳳皇之別名，共三説也。○于省吾云：姑餘即姑蘇，越絶書外傳紀地傳作姑胥，餘、蘇、胥古音同隸魚部，故相通借。史記越世家「越遂復棲吴王於姑蘇之山」，是注以姑蘇爲山名之證。騁若飛，騖若絶，縱矢躡風，追猋歸忽，縱，履也，足疾及箭矢。躡，蹈也。一説：矢在後不能及，故言縱。其行疾能及矢，言躡。追猋及之。猋，光中有影者。忽然便歸。皆極言疾也。○王念孫云：高謂猋爲光中有影者，於古無據。又言忽然便歸，亦失之。猋忽皆謂疾風也。爾雅「扶搖謂之猋」，郭璞曰：「暴風從下上也。」説文：「飇，扶搖風也。」「颮，疾風也。」飇颮通作猋忽。張衡思玄賦曰「乘猋忽兮馳虛無」是也。「追猋歸忽」，即承上「躡風」而申言之。「歸忽」猶言「歸風」。説林篇曰「以兔之走，使大如馬，則逮日歸風」是也。「縱矢躡風，追猋歸忽」二句，相對爲文，若以「歸忽」爲「忽然便歸」，則與上文不類矣。○楊樹達云：高蓋讀「縱」爲蹤迹之「蹤」，故訓爲履。○馬宗霍云：説文糸部云：「縱，緩也。一曰舍也。」「舍」與「捨」通。高注所稱一説「矢在後不能及」，與説文縱之第二義正合。言行之疾者捨矢而前也。高訓「縱」爲「履」，則字當从足不从糸。然説文足部無「蹤」字。劉熙釋名釋言語云：「蹤，從也，人形從之也。」古即假「從」爲之。從从辵，从辵猶从足也。詩召南羔羊篇「委蛇委蛇」，毛傳云：「委蛇，行可從迹也。」陸德明釋文云：「從字亦作蹤。」漢書淮南王安傳「從迹連王」，張湯傳「上問變事從跡安起」，顏師古注云：「從讀曰蹤。」皆其證。縱从從聲，故亦通作蹤。漢袁良碑「王尊發縱于平陽」，石門頌「君其繼縱」，夏承碑「紹縱先軌」，魯峻碑「比縱豹産」，外黄碑「莫與比縱」，趙圉令碑「羡其縱高」，郭仲奇碑「有山甫之縱」，此並以「縱」爲「蹤」。疑「蹤」蓋漢末俗字，雖見於釋名，刻石猶不用之，故淮南本文亦作「縱」矣。考蹤迹本字當作「𢓜」。説文彳部云：「𢓜，相迹也。」謂後迹與前迹相繼也。亦通作「踵」。説文足部云：「踵，追也。」今則「蹤」行而「𢓜」廢。知「縱」可通「蹤」者更鮮矣。

朝發榑桑，日入落棠， 榑桑，日所出也。落棠，山名，日所入也。○王念孫云：「日入」當作「入日」，今本作「日入」，蓋涉高注「日所入」三字而誤，不知高注自謂落棠山爲日所入，非正釋「入日」二字也。入日者，及日於將入也。朝發榑桑，謂與日俱出，入日落棠，謂與日俱入。上言「追猋」，此言「入日」，皆狀其行之疾也。若云「日入落棠」，則非其指矣。上文云鳳凰「徑躡都廣，入日抑節」，正與此「入日落棠」同意。海外北經「夸父與日逐走，入日」，郭璞曰：「言及日於將入也。」意亦與此同。○于鬯云：「日」字疑「暮」之壞文，否則「夕」字之誤。○寧案：于疑「日」字乃「暮」之壞文，其説近之。山海經言夸父與日逐走，故郭注謂「及日於將入」。此極言鉗且大丙御行之速，與日俱出入，無與日逐走、日入而後及之之意。日本刻改正淮南鴻烈解正作「暮入」，與「朝發」對文。此假弗用而能以成其用者也，弗用，無爲。非慮思之察，手爪之巧也。嗜欲形於胷中，而精神踰於六馬，此以弗御御之者也。言藏嗜欲之形於胷臆之中。喻，和也。以弗御御之，以道術御也。○陳觀樓云：「踰」當爲「喻」，字之誤也。喻，曉也，言馬曉喻人意也。太平御覽獸部八引此正作「喻」。○吴承仕云：陳説非也。疑高注本自作「調」，故訓爲「和」。主術篇「馬體調於車，御心和於馬」，氾論篇「緩急調乎手，御心調乎馬」，文義正與此同，是其明證。如此文自爲「喻」，安得訓爲「和」邪？「調」形近譌作「諭」，故又轉寫作「喻」耳。又案：主術篇「古聖王至精形於內，而好憎忘於外」，注云：「形，見也。」立文與此同例。此注亦當訓「形」爲「見」，而注言「藏嗜欲之形於胷臆之中」，違失文意。疑高注説義失之，非關傳寫之譌。

昔者黄帝治天下，而力牧、太山稽輔之，力牧、太山稽，黄帝師。孟子曰：王者師臣也。○吴承仕云：呂氏春秋當染篇：「湯染於伊尹、仲虺。」注：「孟子曰：王者師臣也。」畢沅曰：「當出外書，或約與景丑語。」承仕案：荀子堯問篇：「諸侯自爲得師者王，得友者霸。」白虎通引韓詩内傳云：「師臣者帝，友臣者王。」趙岐孟子注云：「王者師臣，霸者友臣。」是蓋古有其語，畢説出於外書者近之。或高注别有所本，傳寫誤作孟子，亦未可定。○寧案：漢書古今人表亦云「太山稽黄帝師」。以治日月之行，律律，度也。治陰陽之氣，節四時之度，○陳觀樓云：「律」下本無「治」字，律陰陽之氣，與上下相對爲文。讀者誤以「律」字上屬爲句，則「陰陽之氣」四字，文不成義，故又加治字耳。高注「律，度也」三字，本在「律陰陽之氣」下，傳寫誤在「律」字之下，「陰陽」之上，隔斷上下文義，遂致讀者之惑。○王念孫云：文子精誠篇作「調日月之行，治陰陽之氣」，此用淮南而改其文也。後人不知「律」字之下屬爲句，故依文子加「治」字耳。○寧案：陳、王說疑非。若此文本作「治日月之行，律陰陽之氣」，則後人何獨於「陰陽」上加「治」字，令二字相複也？若謂注文「律，度也」三字，本在「陰陽之氣」下，則此文四句皆五字句，且同一句式，又無注文隔斷上下文義，讀者雖淺人，何得以「律」字上屬，作上六下四斷句，令「陰陽之氣」四字文不成義也？竊謂「治日月之行」「治」本作「理」，蓋涉下而誤。後人不知「治」字乃「理」字之誤，以二「治」字複，擬改下「治」字爲「律」，故書「律」字於側，並爲之注曰「律，度也」。寫者不知而並書之，故如今本耳。北堂書鈔四引正作「理日月之行，治陰陽之氣」。太平御覽七十九引作「以理日月星辰之行，（「星辰」二字衍。）治陰陽之氣」，景宋本文子「調」字亦作「理」，是其證。正律歷之數；別男女，異雌雄，明上下，等貴賤，使强不掩弱，衆不暴寡；○寧案：北堂書鈔三十二、藝文類聚十一、太平御覽七十九引竝作「使强不得掩弱，衆不得暴寡」，兩「得」字據沾。人民保命而不夭，安其性命，不夭折也。○劉家立云：「人」字乃衍文。「民保命而不夭，歲時孰而不凶」，皆六字爲句，下文「百官正而無私」四句亦同。此蓋由唐人避諱改「民」爲「人」，後之校書者記「民」字於旁，而寫者遂誤入正文也。文子精誠篇作「民保命而不夭」，無「人」字。歲時孰而不凶，不凶，無災害也。百官正而無私，皆在公也。上下調而無尤，君臣調和，無尤過也。法令明而不闇，輔佐公而不阿，卿士公正，不立私曲從也。○吳承仕云：注，御覽七十九引作「阿意曲從」，文義較順。田者不侵畔，漁者不爭隈，隈，曲深處，魚所聚也。○寧案：文選贈何劭王濟詩注、七命注引「隈」作「坻」，當是許本。道不拾遺，市不豫賈，城郭不關，關，閉也。邑無盜賊，鄙旅之人，相讓以財，言所有餘。狗彘吐菽粟於路，○寧案：藝文類聚十一、太平御覽七十九引「路」上有「道」字。而無忿爭之心；於是日月精明，星辰不失其行，○劉家立云：「精明」二字，疑是衍文。此言黃帝治天下，日月星辰皆不失其行度，故風雨時節，五穀登熟也。若作「日月精明」，則「星辰」二字當屬下讀，文義俱不可通。文子精誠篇正作「日月星辰不失其行」。○寧案：本經篇云：「日月淑清而揚光，五星循軌而不失其行。」義與此同。此「星辰」蓋指五星也。漢書天文志云：「五星贏縮，必有天應見杓。」故別於日月言之。劉氏何謂義不可通也？藝文類聚十一、太平御覽七十九引皆作「日月精明」，文子襲此文，不可爲據。風雨時節，五穀登孰，虎狼不妄噬，鷙鳥不妄搏，鳳皇翔於庭，翔猶止也。麒麟游於郊，游，行也。郊，邑外也。青龍進駕，飛黃伏皁，飛黃，乘黃也，出西方，狀如狐，背上有角，壽千歲。皁，櫪也。○陶方琦云：占經百十五引許注「飛黃出西方，狀如狐，背乘之壽三千歲，伏皁櫪而食焉」。按占經引皆許注，雖高注多同，或卽羼入之義也。御覽引符瑞圖：「騰黃，神馬也，一名乘黃，亦曰飛黃，或曰紫黃。狀如狐，背上有兩角。」海外西經：「白民國有乘黃，其狀如狐，背上有角。」漢書禮樂志作訾黃，卽符瑞圖之紫黃，故應劭注「訾黃卽乘黃」。○劉文典云：高注「壽千歲」，「千」上脫「三」字。文選赭白馬賦注引正作「乘之壽三千歲也」。藝文類聚十一引作「乘之壽一千歲」，文雖小異，然足攷其脫誤之跡。○向宗魯云：注「壽」上脫「乘之」二字，當依選注、類聚、占經、御覽引補。海內北經：「犬封國有文馬，名曰吉量，乘之壽千歲。」○于省吾云：按召卣：「白懋父賜召白馬，妦黃豬散。」「妦」字當係从女丰聲，「妦」「飛」音近，疑飛黃古作妦黃。○寧案：海外西經白民國作「乘之壽二千歲」，「二」亦當爲「三」，積畫易誤。郭注引周書曰：「白民乘黃，似狐，背上有兩角。卽飛黃也。」又案：方言：「櫪，梁宋齊楚北燕之間或謂之皁。」此高注所本。郭璞注：「養馬器也。」史記鄒陽傳「牛驥同皁」，集解引漢書音義曰：「食牛馬器，以木作如槽也。」諸北儋耳之國，莫不獻其貢職。皆北極夷國也。○向宗魯云：「諸北」乃「諸比」之誤。儋耳卽山海經大荒北經之儋耳，諸比卽海外東經「奢比之尸」。「奢」與「諸」皆從者聲，故通用。然猶未及虙戲氏之道也。

往古之時，四極廢，九州裂，廢，頓也。裂，分也。天不兼覆，地不周載，火爁炎而不滅，水浩洋而不息，息，消。○王念孫云：「炎」當爲「焱」，字之誤也。說文：「焱，火華也。」玉篇：「弋贍切。」廣韻：「爁，力驗切。爁焱，火延也。」太平御覽皇王部三引此作「爁焱」，與廣韻合。「洋」當爲「溔」，亦字之誤也。玉篇：「溔，弋沼切。」司馬相如上林賦「灝溔潢漾」，郭璞曰：「皆水無涯際貌也。」左思魏都賦「河汾浩涆而皓溔」，李善注引廣雅曰：「皓溔，大也。」「灝」「皓」並與「浩」通。御覽地部二十四引此作「浩溔」，皇王部三引此作「皓溔」，爁焱、浩溔皆疊韻，浩洋則非疊韻，蓋後人多見「炎」「洋」，少見「焱」「溔」，故「焱」誤爲「炎」，「溔」誤爲「洋」矣。○劉文典云：「浩洋」，初學記地部中引作「浩瀚」，藝文類聚八作「浩漾」，白帖三作「浩蕩」，是唐代已自數本各異。○寧案：景宋本、鮑本太平御覽地部二十四作「浩漾」，與王所據本畧異。猛獸食顓民，顓，善。鷙鳥攫老弱。攫，撮。於是女媧鍊五色石以補蒼天，女媧陰帝，佐虙戲治者也。三皇時，天不足西北，故補之。師說如是。斷鼇足以立四極，鼇，大龜。天廢頓，以鼇足柱之。楚詞曰「鼇載山下，其何以安之」是也。○吳承仕云：邵瑞彭曰：「天問云「鼇戴山抃」，注文省作「卞」，故譌爲「下」，應據楚詞正之。○向宗魯云：天問「下」作「抃」。(「載」作「戴」，古通。)殺黑龍以濟冀州，黑龍，水精也。力牧、太稽殺之以止雨。濟，朝也。冀，九州中，謂今四海之內。○吳承仕云：御覽七十八引此注「太稽」作「太山稽」，「朝」作「乾」。案御覽引注是也。雨止則水乾，故亦訓「濟」爲「乾」。本經篇「鴻水漏，九州乾」，呂氏春秋愛類篇「禹疏河決江，乾東土」，文並相應。形誤作

「朝」，則義不可説。○楊樹達云：「濟」訓「乾」，別無所見，疑非是。「濟」蓋假爲「霽」。説文十一篇下雨部云：「霽，雨止也。」謂使冀州晴霽。積蘆灰以止淫水。蘆，葦也，生于水，故積聚其灰以止淫水。平地出水爲淫水。蒼天補，四極正，淫水涸，冀州平，狡蟲死，蟲，狩也。○于省吾云：注「蟲，狩也」，按「狩」「獸」古字通。甲骨文「狩」字作「獸」，即古「獸」字。詩車攻「搏獸于敖」，後漢書安帝紀注作「搏狩於敖」，是其證也。禮記儒行「鷙蟲攫搏」，疏，「蟲是鳥獸通名」。上云「猛獸食顓民」，此言「狡蟲死，顓民生」，注以蟲爲就猛獸言，故云「蟲，獸也」。顓民生。背方州，抱圓天，方州，地也。和春陽夏，○馬宗霍云：「陽夏」與「和春」相對，疑「陽」當作「煬」。説文火部云：「煬，炙燥也。」方言十三云：「煬，炙也。」郭璞方言注：「今江東呼火熾猛爲煬。」禮記月令「立夏盛德在火」，火性燥，故曰煬夏。本書俶真篇、精神篇竝有「抱德煬和」之語。「煬和」連文，又本文「煬」與「和」對之旁證也。今作「陽夏」，蓋涉下文陰陽之「陽」而誤。殺秋約冬，枕方寢繩，方，榘四寸也。寢繩，直身而卧也。○楊樹達云：寢繩謂織繩爲牀，人寢其上。高説非。陰陽之所壅沈不通者，竅理之，逆氣戾物傷民厚積者，絶止之。逆氣，亂氣也。傷害民物之積財，故絶止之。○王念孫云：「陰陽之所壅沈不通者」，當依文子精誠篇作「陰陽所擁，（擁、壅古字通。）沈滯不通者」。今本「所」上衍「之」字，「沈」下脱「滯」字，則句法參差，且與下文不對。（若以「壅沈」二字連讀，則文不成義。）○向宗魯云：壅沈猶言壅塞沈滯，非不成義。以文例求之，似不當有「所」字。○楊樹達云：古書「所」字，恆表見被之義。「陰陽之所壅沈不通者竅理之」，謂陰陽之被壅沈不通者，則竅理之也。壅沈卽壅滯之意，文自可通。本篇云：「衆雄而無雌，又何化之所能造乎？」説林篇云：「嗜慾在外，則明所蔽矣。」脩務篇云：「無本業所脩，方術所務，焉得無有睥睨掩鼻之容哉！」皆用「所」爲「見」字之義。○馬宗霍云：王校未必是。文子用本書多所改竄，亦未可盡據。余謂本文「所」字爲語助，在句中不爲義。「沈」猶「滯」也，「壅沈」即壅滯之意。「竅」猶通也，言陰陽之壅滯不通者則通理之也。國語周語「以揚沈伏」，韋昭注云：「沈，滯也。」是「沈」得訓「滯」之證。本書俶真篇「竅理天地」，高氏彼注云：「竅，通也。」是「竅」得訓通之證。劉家立淮南集證本「竅理」作「竅理」，不言所據，殊爲妄改。

當此之時，卧倨倨，興眄眄，倨倨，卧無思慮也。「倨」讀虛田之「虛」。眄眄然，視無智巧貌也。○王念孫云：「眄眄」（俗書「眄」字如此。）當爲「盱盱」。「盱」字本作「旴」，形與「眄」相近，故誤爲「眄」。（脩務篇「以身解於陽盱之河」，今本「盱」誤作「眄」。晉書陸機傳豪士賦序「偃仰瞪盱」，文選「盱」作「眄」。）莊子應帝王篇「其卧徐徐，其覺于于」，司馬彪曰：「于于，無所知貌。」正與高注無智巧之意相合。盜跖篇曰「卧居居起于于」，「于」與「盱」聲近而義同也。說文：「盱，張目也。」俶真篇曰：「萬民睢睢盱盱然，莫不竦身而載聽視。」魯靈光殿賦「鴻荒朴略，厥狀睢盱」，張載曰：「睢盱，質朴之形。」劇秦美新曰：「天地未袪，睢睢盱盱。」故高云：「盱盱然，視無智巧貌也。」若「眄」爲邪視，則與無智巧之意不合矣。且莊子以徐、于爲韻，居、于爲韻，此以倨、盱爲韻，若作「眄」則失其韻矣。○洪頤煊云：眄眄當是盱盱之譌。「盱」說文作「旴」，與「眄」字形相近。倨、盱合韻。莊子寓言篇：「老子曰：而睢睢，而盱盱，而誰與居。」廣雅釋訓：「睢睢盱盱，氣也。」○寧案：高注「虛田」不詞，疑「田」當爲「白」，字之誤也。莊子人間世「虛室生白」，故曰「虛白之虛」也。蜀藏本正作白。

一自以爲馬，一自以爲牛，其行蹎蹎，其視瞑瞑，蹎讀填寘之「填」。○向宗魯云：莊子馬蹄篇：「其行填填，其視顛顛。」釋文：「填填，淮南作莫莫。顛顛，淮南作瞑瞑。」侗然皆得其和，莫知所由生。○馬宗霍云：說文人部云：「侗，大皃，从人同聲。」段玉裁謂「此義未見其證」。然同義近大，則侗得爲大皃矣。論語「侗而不願』」，孔注曰：『侗，未成器之人。』按此大義之引申，猶言渾沌未鑿也。」今案段引論語及孔注見泰伯篇。皇侃疏云：「侗謂籠侗。」「籠侗」猶今俗語之「籠統」。籠統者，無所分別之意，與渾沌未鑿亦近。本文「侗然」承上文「其行蹎蹎，其視瞑瞑」而言，正當取此爲義。又莊子山木篇「侗乎其無識」，郭象注云：「任其純朴而已。」陸德明釋文云：「侗乎，無知貌。」此之「侗然」猶彼之「侗乎」，亦可互證也。**浮游不知所求，魍魎不知所往。**○劉文典云：「求」當爲「來」，字之誤也。北堂書鈔十五引正作「浮游不知所來」，是其證也。「不知所來」，「不知所往」，相對爲文，且承上句「莫知所由生」而言。若作「求」則文既不相對，又與上句之義不相應矣。○向宗魯云：書鈔所引乃鈔者臆改，不足爲據。莊子在宥篇「鴻濛曰：浮游不知所求，猖狂不知所往」，卽此文所本。且此文句有韻，「浮游」與「求」韻，「魍魎」與「往」韻。（莊子作「猖狂」亦韻，彼下文「游者鞅掌以觀無妄」亦韻。）○寧案：「求」字不誤，向說是也，楊樹達說與向同。又案：魍魎卽罔兩。楚辭七諫哀命：「哀形體之離解兮，神罔兩而無舍。」王注：「罔兩，無所據依貌也。」又作「罔養」。後漢書馬嚴傳：「更共罔養，以崇虛名。」李賢注：「罔養，猶依違也。」文選七啟李善注：「依違，猶徘徊也。」與王注合，莊子作「猖狂」，義亦近。文子精誠篇誤作「自養」。大藏音義六、二十六、四十一、四十三引淮南子「魍魎狀如三歲小兒，赤黑色、赤目、赤爪、長耳、美髮」，與道應篇許注異，當是高注佚文。**當此之時，禽獸蝮蛇，無不匿其爪牙，藏其螫毒，**○王念孫云：「蝮蛇」本作「蟲蛇」，此後人妄改之也。禽獸、蟲蛇，相對爲文，所包者甚廣；改「蟲蛇」爲「蝮蛇」則舉一漏百，且與「禽獸」二字不類矣。文子精誠篇正作「禽獸蟲蛇」。韓子五蠹篇亦云「人民不勝禽獸蟲蛇」。○寧案：王說是也。古「虫」「蟲」不分。說文「虫一名蝮」，又「蝮，蟲也」。蓋「蟲」書作「虫」，因誤爲「蝮」耳。**無有攫噬之心。考其功烈，上際九天，下契黃壚，**

上與九天交接，下契至黃壚。黃泉下壚土也。壚讀繩纑之「纑」。○劉文典云：注「黃泉下壚土也」，文選曹子建責躬詩注引作「泉下有壚山」。○寧案：注當重「黃壚」二字，「黃泉下」下脱「有」字。文選引「泉」上脱「黃」字，「山」字乃「土」字之誤。可互校。道藏本、中立本、茅本、景宋本皆作「黃泉下有壚土」也。名聲被後世，光暉重萬物。使萬物有交暉也。○王念孫云：「重」字義不可通。爾雅釋魚疏引此作「光暉熏萬物」是也。熏猶熏炙也，謂光暉熏炙萬物。（韓詩外傳曰：「名聲足以薰炙之。」「薰」與「熏」同。）故高注曰「使萬物有暉光」也。○寧案：注「交暉」乃「灮暉」之誤，「灮」「交」形似。道藏本、中立本、茅本、景宋本皆作「灮暉」。乘雷車，○陶方琦云：御覽九百三十引作「乘雲車」，又引許注云：「雲雷之車。」○寧案：太平御覽引「雷車」作「雲車」非是。原道篇「乘雲車」，王念孫校「雲」當爲「雷」，可以例此。服駕應龍，驂青虬，駕應德之龍。在中爲服，在旁爲驂。有角爲龍，無角爲虬。一説：應龍，有翼之龍也。○王念孫云：「服應龍，驂青虬」，相對爲文。故高注曰：「在中爲服，在旁爲驂。」「服」下不當有「駕」字。此後人據高注旁記「駕」字，因誤入正文也。不知高注「駕應德之龍」，是解「服應龍」三字，非正文内有「駕」字也。一切經音義一、太平御覽鱗介部二及爾雅疏引此俱無「駕」字。○陶方琦云：御覽九百三十引許注「服，轅中也。應龍，有翼之龍。青虬，青龍」。按高注所云一説，多爲許注，與御覽引正合。説文：「服，一曰車右騎。」衛策「拊驂無答服」，韋注：「轅中曰服。」蓋與許注淮南同。廣雅：「有翼曰應龍。」大荒東經「應龍處南極」，郭注：「應龍，龍有翼者也。」説文：「虬，龍子有角者。」高作無角，説亦異。援絶瑞，席蘿圖，殊絶之瑞應，援而致之也，羅列圖籍以爲席蓐。一説：蘿圖，車上席也。○王念孫云：「援絶瑞」，本作「援絶應」，此亦涉注文而誤也。案正文作「絶應」，故注釋之曰「殊絶之瑞應」；若正文本作「絶瑞」，則無庸加「應」字以釋之矣。爾雅疏引此作「絶瑞」，則所見本已誤。御覽引此正作「絶應」。○陶方琦云：御覽九百三十引許注：「蘿圖，車上席也。」按高注一説，卽許義也，與上同。蘿圖爲車上席，未詳，或疑「席」是「飾」字之誤。○于省吾云：王説非是。增字以釋正文，注之常例，御覽不可爲據，且「應」有吉凶，於文義不符。「蘿」應讀「籙」，二字同聲，並來母字。「籙」亦作「録」作「緑」。人間篇：「秦皇挾録圖。」注：「挾，鋪也。秦博士盧生使入海還，奏圖録書於始皇帝。」墨子非攻下：「河出緑圖。」文選張平子東京賦：「高祖膺籙受圖。」注：「膺籙，謂當五勝之籙。受圖，卯金刀之語。」文選王元長永明十一年策秀才文：「朕秉籙御天。」注：「尚書旋璣鈐曰：『河圖，命紀也。圖天地帝王終始存亡之期，録代之矩。』籙與録同也。」此謂援致絶瑞，席籍籙圖也。○寧案：太平御覽九百三十宋本、鮑本引皆作「絶瑞」，與王所據本異。又案：高注云：「羅列圖籍以爲席蓐」，是正文固作「羅」也。「一説」上應脱「羅或作蘿」四字，蓋高作「羅」，許作「蘿」也。太平御覽九百三十引許注，正作「蘿圖，車上蓆也」，與此一説合。

黃雲絡，前白螭，後奔蛇，「絡」讀道路之「路」，謂車之垂絡也。黃雲之氣絡其車，白螭導在于前，奔蛇，騰蛇也，從在于後，皆瑞應也。○陶方琦云：御覽九百三十引「黃雲絡」作「雲黃路」，又引許注云：「雲黃，所乘路車。」按爾雅疏引作「雲黃璐」，「璐」卽「路」字。「乘」字疑作「垂」，謂所垂路車上也。續博物志引作「震黃路」。又按御覽「前白螭」下引許注云：「白螭先道。」「後奔蛇」，御覽引作「後賁蛇」，「賁」與「奔」同，許注本作「賁」。爾雅釋蟲疏引許注：「奔蛇，馳蛇也。」許以「馳」字釋「奔」，與高注文畧異。○俞樾云：「黃雲絡」當作「絡黃雲」，方與上下文句法一律。高注曰「黃雲之氣絡其車」，正説絡黃雲之義，猶下注曰「白螭導在于前」，是説正文「前白螭」之義，「奔蛇，騰蛇也，從在于後」，是説正文「後奔蛇」之義，非正文作「白螭前奔蛇後」也。後人因注文「絡」字在「黃雲」之下，輒改正文作「黃雲絡」以合之，謬矣。

浮游消摇，道鬼

神，登九天，九天，八方中央。朝帝於靈門，在朝于上帝靈門也。○吳承仕云：注文「在」字疑衍。○楊樹達云：「在」乃「往」字形近之譌。劉家立集證删「在」字非是。○寧案：注「在」乃「言」字之譌。宓穆休于太祖之下，宓，寧。穆，和。休，息也。太祖，道之太宗也。然而不彰其功，不揚其聲，彰、揚皆明也。隱真人之道，以從天地之固然。隱，藏也。真人，真德之人。固自然也。○陳季皐曰：「隱」當爲「㥯」之借。説文：「有所依也。」言依隱真人之道，以從天地之自然也。高注訓隱藏，未愜。○寧案：陳説是也。孟子公孫丑章下「隱几而卧」，趙注：「隱倚其几而卧也。」即此「隱」字之義。何則？道德上通而智故消滅也。智故，巧詐。

逮至夏桀之時，主闇晦而不明，道瀾漫而不修，仁義道不復修飾之，故曰「瀾漫」。○蔣超伯云：莊子齊物論：「瞿鵲子曰，夫子以爲孟浪之言，而我以爲妙道之行也。」向秀注：「孟浪音漫瀾，無所趣舍之謂。」今本「瀾漫」當倒作「漫瀾」也。○寧案：注，「修飾」，道藏本、景宋本作「修設」，無「之」字。作設是也。本經篇「修禮樂」，高注「修，設也」，以設訓修與此同。「之」字疑當在「仁義」下。棄捐五帝之恩刑，推蹶三王之法籍。○劉文典云：北堂書鈔四十一引無「捐」字，「推蹶」作「壞」。是以至德滅而不揚，帝道揜而不興。興，舉也。○向宗魯云：御覽八十二引尸子文，下稱又曰者三，其二皆見本書，蓋淮南之文誤作又曰耳。故其注皆與高注同，非真尸子文也。（汪輯尸子亦誤收，羅氏路史亦從御覽轉引，非見原書也。）此文蓋本賈子耳痺篇，（上文「上天之誅也」云云，亦本賈子可證。）惟賈子傳本多誤，不可據校。舉事戾蒼天，發號逆四時，戾，反也。春秋縮其和，天地除其德，縮，藏也，言和氣不復行也。言其所施日惡不自知也，故曰「除其德」也。仁君處位而不安，大夫隱道而不言，不爲民所安，隱仁義之道，不正諫直言也。論語曰「國無道，危行言遜」也。○于鬯云：此承上夏桀之時言，則此仁君當指夏諸侯之仁者，或即指湯。桀因湯於夏臺，則湯信有處位不安之事矣。高注謂不爲民所安，非也。○馬宗霍云：此文承夏桀之時而言，則仁君蓋謂諸侯邦君之仁者。呂氏春秋稱「桀爲無道，暴戾頑貪，凌轢諸侯，以及兆民」，故仁君不得安其位。史記夏本紀曰：「桀不務德而武傷百姓，百姓弗堪，迺召湯而囚之夏臺，已而釋之。」湯即當時之仁君。囚之釋之，是處位不安之證也。若如高注，乃是民不安其君，則不得謂之仁君矣。似失原文之意。劉家立淮南集證本改「仁君」爲「人君」，殊謬。羣臣準上意而懷當，準，望。懷，思。當，合也。取合主意，不復以道正諫也。○俞樾云：「懷當」二字，甚爲不辭，高注亦曲說耳。「懷當」乃「壞常」之誤，言羣臣皆準上意而敗壞其典常也。文子上禮篇作「羣臣推上意而壞常」，是其明證。○向宗魯云：「懷當」二字自可通，且高注已明。文子出於高注後，安可據以改本書？故文子乃臆改，俞氏亦妄説也。○楊樹達云：詮言篇云：「無以塞之，則妄發而邀當。」「懷當」與「邀當」義近，字不誤。文子作「壞常」，或是誤字，或僞撰文子者妄改淮南之文。俞氏欲據以改字，殊爲淺陋。○寧案：「懷當」不誤。春秋繁露離合根篇亦云：「心不自慮而羣臣效當。」唯句意正反畧殊耳。疏骨肉而自容，邪人參耦比周而陰謀，陰謀，私謀也。居君臣父子之閒而競載，○向宗魯云：「載」字句絶。爾雅釋詁：「載，僞也。」○于省吾云：「載」「哉」古字通。詩文王「陳錫載周」，左傳、國語並引作「陳錫哉周」；書洛誥「丕視功載」，即「丕視功哉」；禮記中庸注「文王初載」之載，釋文：「載本或作哉。」金文「哉」字多假「才」爲之，隸古定尚書亦然。「競才」謂以才能相競争，故下云「驕主而像其意」也。○馬宗霍云：「載」猶「事」也，又猶「生」也。此謂邪人居人君臣父子之閒而競相生事也。競相生事即争構是非之意。下文「是故君臣乖而不親，骨肉疏而不附」，即承此文爲言。乖與疏皆邪人争構之所致也。訓「載」爲「事」，見周禮地官序官載師鄭玄注。「載」之訓「生」，詳本書原道篇「嗜欲不載」條。楊樹達淮南子證聞云「競載謂争乘車」，失之。○寧案：上言居君臣父子之閒，故「載」字義當於下文「乖」「疏」二字求之，向、馬説皆是也。驕主而像其意，像猶隨也。亂人以成其事。是故君臣乖而不親，骨肉疏而不附，植社槁而⿰土雩裂，言不禋於神也。○王念孫云：説文玉篇廣韻集韻皆無「⿰土雩」字，「⿰土雩」當爲「⿰土虖」，隸書之誤也。（隸書「虖」字或作「雽」，「雩」字或作「雽」，二形相近，故「虖」誤爲「雩」。漢書王子侯表虖葭康侯澤，史記作雩殷，又匈奴傳郎中係虖淺，史記作係雩淺。説文「⿰木虖，木也」，今作「樗」，玉篇「嫭，胡故切，好皃，或作「嫮」」，皆其例也。）説文「罅，裂也」，又曰「⿰土虖，坼也」。「⿰土虖」「罅」古字通。賈子耳痺篇作「置社槁而分裂」。○楊樹達云：禮記祭法云：「大夫以下成羣立社曰置社。」孔疏云：「爲之特置，故曰置社。」「植社」與「置社」同。賈子新書耳痺篇有此數語，正作「置社」。太平御覽八百八十引紀年云：「夏桀末年社坼裂。」容臺振而掩覆，容臺，行禮容之臺。言不能行禮，故天文振動而敗也。○楊樹達云：注文「文」字，御覽八十二引作「大」是也。注末「之」字，集解本作「也」。犬羣嘷而入淵，言將滅壞，犬失其主，故嘷而入淵也。一説：言犬禍也。○寧案：注「犬失其主」，疑「主」當爲「生」，形近而譌。鮑刻本太平御覽引作「性」，生、性字通。謂失其正性。豕銜蓐而席澳，豕銜其蓐席入之澳，言豕禍也。一説：銜蓐自藏。○吳承仕云：御覽八十二引注「入之澳」作「入人隩內」。（御覽引本文同作「隩」。）案：注文當作：「豕銜其蓐，（讀）席人之澳。（句）」席，藉也。豕席澳與犬入淵對文。各本誤「人」爲「入」，御覽又誤衍「入」字，並不可通。○向宗魯云：此文「豕」當作「彘」，「澳」當作「隩」，注文亦多譌。御覽作「彘銜藪而席隩」。注云：「彘銜蓐席，入人隩內，言彘禍。」此文「隩」

乃「奥」之借，謂室西南隅也。（今本注文「入之澳」乃「入人澳内」之訛。）賈子作「彘銜菹而席奥」，字正作「彘」作「奥」。（賈子「菹」字當作「苴」，苴，薦也，亦席蓐之意。）知當從御覽作「隩」者，以主術篇「隩窔之間」字正作「隩」也。○寧案：注，尊者主奥，豕入奥，故曰豕禍。道藏本、中立本、景宋本「自藏」下有「處也」二字。美人挐首墨面而不容，挐首，亂頭也。草與髮并編爲挐首，不修容飾也。曼聲吞炭内閉而不歌，曼聲，善歌也。見世亂衰將滅，故吞炭自敗音聲，閉氣不復動也。○楊樹達云：戰國策云：「豫讓吞炭爲啞。」注「亂衰」，御覽八十二引作「衰亂」是也。「閉氣不復動」，彼作「閉氣而不歌」，此「動」字誤，當從彼作「歌」。○寧案：注，「衰」乃「哀」字之誤，下屬爲句。因形似誤作「衰」，故後人倒作「衰亂」耳。「見世衰亂」，文義已足，則不得又綴「將滅」二字，太平御覽引當是誤本。中立本、景宋本正作「哀將滅」。喪不盡其哀，獵不聽其樂，言時亂，禮壞，不盡在哀，樂崩，故不復聽田獵之樂。○俞樾云：高注曰「樂崩，故不復聽田獵之樂」，是此「樂」字是「喜樂」字而非「音樂」字，乃言「不聽」，於義未安。「聽」疑「德」字之誤。家語本命篇「効匹夫之聽」，王注曰：「聽宜爲德。」是其例也。「德」與「得」通，「不德其樂」即不得其樂，言雖田獵而不得其樂也，正與上句「喪不盡其哀」文義一律。後人不知「德」爲「得」之叚字，遂臆改爲「聽」耳。○吴承仕云：朱本「在」作「其」。案注言「不盡其哀」，即複述本文也，作「在」無義。○楊樹達云：高云「樂崩，故不復聽田獵之樂」，是高讀「樂」爲音樂字，非以爲喜樂字也。俞説誤解高義。惟此文以哀、樂對言，「樂」當爲喜樂字。高以文有「聽」字，故以爲音樂字，實是誤解。俞氏欲解「聽」爲「德」，無據改字，亦不可從。愚疑「聽」字當讀爲「逞」。文選思玄賦注引字林云：「逞，盡也。」又西京賦云：「逞欲畋魰。」薛綜注云：「逞，極也。」「獵不聽其樂」，謂獵不盡其樂，與「喪不盡其哀」語意正同。説文聽从𡈼聲，逞从呈聲，呈从𡈼聲，故

「聽」得叚爲「逞」矣。○于省吾云：俞以聽爲聽聞，故不得其義而臆改爲「德」。周語「民是以聽」，注：「聽，從也。」廣雅釋詁：「聽，從也。」此言雖田獵而不從其所樂也。西老折勝，黄神嘯吟，西王母折其頭上所戴勝，爲時無法度。黄帝之神，傷道之衰，故嘯吟而長嘆也。○孫詒讓云：「老」當作「姥」。廣韻十姥云：「姥，老母。」古書多以「姥」爲「母」，故西王母亦稱西姥。郭璞山海經圖讚不死樹讚云：「請藥西姥，烏得如羿。」正與此同。○陶方琦云：占經七十四引許注：「鬼神失其臨。」按臨者，或即鑒臨之意。○劉文典云：北堂書鈔四十二引「折勝」作「折膝」。○于省吾云：案書鈔不解「勝」字之義而改爲「膝」。漢書司馬相如傳：「覩西王母暠然白首，戴勝而穴處兮。」注：「勝，婦人首飾也，漢代謂之華勝。」釋名釋首飾：「華勝：華，象草木華也。勝，言人形容正等，一人著之則勝也。蔽髮前爲飾也。」續漢書輿服志后夫人服：「簪以瑇瑁爲擿，長一尺，端爲華勝，上爲鳳凰爵，以翡翠爲毛羽，下有白珠，垂黄金鑷。左右一横簪之，以安蔮結。」惠棟云：「山海經曰：『西王母戴勝。』郭璞云：『勝，玉勝也。』按簪端華勝，或以玉爲，故郭云玉勝也。」飛鳥鎩翼，走獸廢脚，鎩翼，縱翼也。廢脚，跛蹇也。言桀無道，田獵煩數，鳥獸悉被創夷也。○劉文典云：北堂書鈔百五十八引「廢脚」作「廢足」。文選於安城答靈運詩注、江文通襍體詩注引許君注：「鎩，殘羽也。」○楊樹達云：「廢」無跛蹇之義，疑「廢」當讀爲「癶」。說文癶部云：「癶，足刺癶也，从止从㞢，讀若撥。」足刺撥者，行步不正。「刺撥」或倒爲「撥刺」。修務篇云：「琴或撥刺枉撓。」注云：「撥刺，不正。」是也。故高以跛蹇言之。蓋「廢」從「發」聲，「發」從「癶」聲，故得通假耳。又案：注「縱翼」，集證本作「殘翼」，是也。御覽八十二引注作「殘翼」。又注「鎩翼廢脚」，（「創夷」下集解及集證並脱此四字。）「鎩翼」御覽引作「殘翼」，亦御覽是，當據正。或謂一切經音義引字林云：「鎩，張翼也。」「縱翼」與「張翼」義同，則「縱翼」義可通。不悟此文乃就鳥獸之被創夷言之，言「縱翼」則非其旨，故知「縱」爲誤字也。又案：文選蜀都賦注引許注云：「鎩，殘也。」○寧案：「走獸廢脚」，鮑本太平御覽八十二引作「走獸決蹄」，引注云：「鎩翼，殘翼，決蹄，蹇足也。（宋本御覽作「決，致蹇也」。）言桀無道，田獵鳥獸，悉被創殘，翼廢脚折。」與此文畧異。楊樹達謂注文「鎩翼廢脚」，（今本「創夷」下脱此四字，道藏本、中立本、景宋本皆不脱。）「鎩翼」當從太平御覽作「殘翼」。楊説是。鮑本太平御覽「創」下脱「夷」字，故後人以「殘」字上屬爲句，於「脚」下妄加「折」字。若作「鎩」則不當有此誤。宋本太平御覽亦脱「夷」字，然「脚」下無「折」字。山無峻幹，澤無注水，峻幹，美材也。注水，渟水。言山澤不以時故也。○吴承仕云：太平御覽八十二引注「山澤」上有「入」字。案：「入山澤不以時」，蓋約孟子對梁惠王語。今本誤脱「入」字，文句不完，應據太平御覽補。○向宗魯云：注「山澤」上當依太平御覽補「入」字。○楊樹達云：説文十一篇上水部注訓深池，注水蓋謂深水。然注文「渟水」太平御覽八十二引作「清水」，與説文窪字訓清水相合，然則高注乃讀「注」爲「窪」也。狐狸首穴，馬牛放失，田無立禾，路無莎薠，莎，草名也。莎薠讀猿猴蹯蹂之蹯。狀如葴，葴如葭也。○王引之云：「莎薠」本作「薠莎」，故高注先釋薠，後釋莎。道藏本誤作「莎薠」。（洪興祖楚辭九歌補注引此已誤。）注内「薠」上又衍一「莎」字。劉績不能是正，反移「莎」字之注於前，以就已誤之正文，斯爲謬矣。（莊本同。）莎與禾、嬴、施爲韻，（各本「嬴」作「理」，乃後人所改，辯見下。「施」字古讀若婆娑之娑。説見唐韻正。）若作「莎薠」，則失其韻矣。金積折廉，璧襲無理，金氣積聚，折其鋒廉也。璧文襲重。言用之煩數，皆鈍無復文理也。「璧」讀「辟」也。○孫詒讓云：王充論衡量知篇云：「銅未鑄鑠曰積石。」是「積」爲礦樸之名，「金積」即金樸也。高釋爲金氣積聚，望文生訓，與「折廉」之文不相貫矣。○王引之云：高解「璧襲無理」曰：「璧文襲重，言用之煩數，皆鈍無復文理也。」文子上禮篇「無理」作

「無蠃」。案「蠃」當作「蠃」，淮南原文當亦是「蠃」字，非「理」字。本經篇「冠無觚蠃之理」，高彼注云：「蠃讀指端蠃文之蠃。」（今本「蠃」字皆誤爲「蠃」，莊本改爲「蠃」，是也。晏子春秋諫篇「觚蠃」作「觚羸」，「羸」字古亦讀若「蠃」，故與「蠃」通也。本經篇又曰：「蠃鏤雕琢，詭文回波。」「蠃鏤」亦謂轉刻如蠃文也，故彼注云「蠃鏤，文章鏤」。今本「蠃」字亦誤爲「蠃」。）指端蠃文，今人猶有此語，謂其文之旋轉如蠃也。璧形圓，故謂其文曰蠃，久而漫滅，故曰無蠃。此注「璧文」上當有「蠃」字。「蠃，璧文」，是釋「蠃」字之義。「襲，重」，是釋「襲」字之義。「言用之煩數，皆鈍無復文理也」，是統釋「璧襲無蠃」四字之義。文子作「無蠃」，而此注言無文理，故知其字之本作「蠃」也。後人不解「蠃」字之義，又見注内有無文理之語，遂改「蠃」爲「理」，而不知注内「璧文」二字正釋「蠃」字也。且「蠃」與禾、莎、施爲韻，改「蠃」爲「理」，則失其韻矣。○張文虎云：疑「理」本作「蠡」，有力底、力戈音，誤讀力底，故音近爲理。文子自作「蠃」，「蠃」即「蠡」也。○馬宗霍云：高釋「金積」爲「金氣積聚」，孫氏譏其望文生訓，是也。但孫謂「金積即金樸」，其説亦非。余疑「金」謂金器，與下句「璧」爲玉器相對。爾雅釋器：「黄金謂之璗，其美者謂之鏐。白金謂之銀，其美者謂之鐐。」書禹貢：「厥貢爲金三品。」僞孔傳云：「金銀銅也。」據此，則凡金銀銅所製之器，皆可以金目之。金性堅，以金爲器，必有廉隅。玉篇广部云：「廉，棱也。」「積」謂積久。金器積久則生衣而剥蝕，剥蝕則其廉棱必損折，故曰「金積折廉」也。「璧」者，瑞玉圜也。「襲」猶積也。「理」從玉，説文訓爲治玉。徐鍇曰：「物之脈理惟玉最密，故從玉。」治玉必循其脈理，脈理即文理也，因之玉文亦謂之理。玉器積久則塵封垢蔽，文理漫漶，故曰「璧襲無理」也。高注「璧文」之「璧」，疑當作「理」，蓋以「文」字釋「理」字之義。其釋「襲」爲重，重與積義亦相近。惟又以「用之煩數」一語申之，則似未允。金之折廉，璧之無理，正緣積久不用耳。王引之據文子上禮篇「無理」作「無贏」，謂「贏當作贏，淮南原文當亦是贏字，非理字」。雖持之有故，殊爲迂曲。又謂此注「言用之煩數，皆鈍無復文理也」，是統釋「璧襲無贏」四字之義，此亦微誤。注文「鈍」字乃釋上句「金積折廉」，「無文理」則釋下句，兼兩句而釋之，故曰「皆」，非專釋下句也。又案：上文「田無立禾，路無莎薠」，王氏謂「莎薠本作薠莎，贏與禾、莎、施爲韻，改贏爲理則失其韻矣」。其實淮南之文，不必處處有韻。就如王說，以韻求之，則古音理在「之」部，禾、莎、施在「歌」部，「之」與「歌」亦得通轉。「之」入「歌」類，如「而」聲之「腝」或作「䰭」是；「歌」入「之」類，如「靡」讀若泲水之「泲」是。準此爲例，「理」亦可讀如「羅」，斯與禾、莎、施相叶矣。○寧案：馬說似是也。「金積」與「璧襲」對文，孫氏以「積」爲礦樸之名，則不對矣。王謂「理」當爲「贏」，注文「璧文」上當有「贏」字。璧文釋「贏」，重釋「襲」。然注例不當先釋「贏」而後釋「襲」。馬謂「璧」乃「理」字之誤，而注文先釋「理」，後釋「襲」，亦與注例不合。竊謂此蓋以「金氣積聚，折其鋒廉也」（氣通器。）釋「金積折廉」，「璧文襲重，言用之煩數，皆鈍無復文理也」釋「璧襲無理」，文理甚明，無庸增字改字。張謂「理」本作「釐」，讀力戈音。然本書「贏」字屢見，無用「釐」者，蓋亦以「理」爲誤文，又泥於以力戈音叶禾、莎、施故也。磬龜無腹，磬，空也，象磬。數鑽以卜，故空盡無腹也。言桀爲無道，不脩仁德，但數占龜，莫得吉兆也。詩曰「握粟出卜，自何能穀」，又曰「我龜既厭，不我告猶」，是也。○蔣超伯云：說文引詩作「缾之窒矣」，「窒，空也」。此磬龜亦當作「窒」字耳。文子上禮篇易其文曰「殼龜無腹」。蓍策日施。易曰：「再三瀆，瀆則不告也。」

晚世之時，七國異族，諸侯制法，各殊習俗，晚世，春秋之後，戰國之末。七國，齊、楚、燕、趙、韓、魏、秦也。齊姓田，楚姓芈，燕姓姚，趙姓趙，韓姓韓，魏姓魏，秦姓嬴，故異族也。○于鬯云：高注云燕姓姚，與史記燕世家與周同姓姬氏之說不合，豈高別有所本，抑刊誤與？當俟檢核。至齊在戰國以田爲氏，趙、韓、魏春秋時已各以氏著以爲姓，固不必誅論也。〇向宗魯云：「姚」疑「姬」之誤。史記燕世家云「召公與周同姓」，穀梁莊三十年傳云「燕，周之分子」，（白虎通、帝王世紀以爲文王子。論衡氣壽篇以爲周公兄。）則燕固姬姓也。或據樂記封黃帝之後於薊，以召公爲黃帝後，（韓詩外傳同。）然黃帝亦姬姓也。呂覽、周本紀皆云封黃帝之後於祝，帝堯之後於薊，與樂記互易，然堯後亦非姚姓也。縱橫間之，舉兵而相角。蘇秦約縱，張儀連橫。南與北合爲縱，西與東合爲橫。故曰縱成則楚王，橫成則秦帝也。〇寧案：注，道藏本、中立本、景宋本作「故曰縱橫成則秦帝也」，有奪文。莊本於「縱」下補「成則楚王」四字。然此高注「故曰」上，乃釋「縱橫」二字，疑下當作「故曰縱橫。縱成則楚王，橫成則秦帝也」。三本「故曰縱橫」下奪「縱成則楚王橫」六字，葢兩橫字相亂而誤。今本「故曰」下當補「縱橫」二字。攻城濫殺，覆高危安，掘墳墓，揚人骸，大衝車，高重京，衝車，大鐵著其轅端，馬被甲，車被兵，所以衝于敵城也。古者伐不敬，取其鯨鯢，收其骸尸，聚土而瘞之，以爲京觀，故曰高重壘京觀也。〇王念孫云：「高重京」，「京」當爲「壘」。注云「故曰高重壘」，即其證也。注「京觀也」上當更有一「壘」字，「壘，京觀也」四字，即承上注言之。今本正文「壘」作「京」，涉注文「京觀」而誤。注內又脱一「壘」字。文子上禮篇作「高重壘」，是其明證矣。高以上文言「濫殺」，故謂重壘爲京觀，今案衝車所以攻，重壘所以守，此二句別爲一義。高重壘，即所謂深溝高壘，非京觀之謂也。〇向宗魯云：高注誠誤，然其據本是「京」字，故以京觀解之。若正文作壘，高亦無緣致誤矣。注文「壘」字乃纍土之意，「故曰高重壘京觀也」八字連讀，乃釋正文「高重京」之意，非京上更有「壘」字也。（凡注中稱「故曰」有二例：一複舉正文不加增減；一重舉正文之意，加字以明之。通觀全書，屬於後例者甚多。王氏概以前例求之，故誤。）作文子者，知京觀義與上句不符，故改作「壘」，不知京亦壘也。爾雅「絶高爲之京」，說文「京，人所爲絶高丘也」，故凡人力所築，皆得京名。公孫瓚以易京自保，即其類也。除戰道，便死路，犯嚴敵，殘不義，百往一反，名聲苟盛也。言百人行戰皆死，一人得還反也。一說：百人行伐，一反得勝爾。○劉文典云：注「一說百人行伐，一反得勝爾」，「人」當作「往」，涉上百人而誤也。蓋前說以人數言之，後說以往反之次數言之也。若作「百人」則非其指矣。是故質壯輕足者爲甲卒甲，鎧也。在車曰士，步曰卒。千里之外。○楊樹達云：「是故質壯輕足者爲甲卒千里之外」十四字爲一句，當連讀，謂質壯輕足者爲甲卒於千里之外也。高於「甲卒」下設注，集證本於「卒」字斷句，皆非是。家老羸弱，悽愴於内，廝徒馬圉，軵車奉饟廝，役。徒，衆也。牛曰牧，馬曰圉。軵，推也。饟，資糧也。軵讀楫拊之「拊」也。○桂馥云：今注作「楫拊之拊」，當云讀若「搑付之搑」。說文：「搑，推擣也。」「軵，反推車令有所付也。讀若茸。」○寧案：唐本玉篇車部引「『軵車奉輸』，許叔重曰：『軵，推也。』」此高承許說。類書無輸字，蓋「餉」之誤。說文：「餉，饟也。」「周人謂餉曰饟。」蓋許本作「餉」，高本作「饟」也。道路遼遠，霜雪亟集，短褐不完，短褐，處器物之人也。褐，毛布，如今之馬衣也。不完，言民窮也。○陶方琦云：後漢書王望傳注引「短」作「裋」。後漢書注、列子釋文又引許注：「楚人謂袍曰裋。」按說文「裋，豎使布長襦也，从衣豆聲」。徐廣曰：「裋一作短，小襦也。」廣雅「袍，長襦也」，說文以襦爲短衣，兹曰長襦，乃稍長于襦，因別言之。袍與裋皆長於襦，故漢書貢禹傳注「裋者，謂僮豎所著布長襦也」，與說文裋訓長襦同。○劉文典云：裋本字，短假字也。史記孟嘗君列傳「而士不得短褐」，索隱：「短音豎，豎褐，謂褐衣而豎裁之，以其省而便事也。」文選王命論「思有短褐之褻」，漢書「短」作

「䄈」，蓋「短」「䄈」皆從豆得聲，故得通用也。○寧案：注「處器物之人也」下脱「短或作䄈字」五字，據道藏本、中立本、景宋本補。又褐非人，「人」字當作「衣」，蜀藏本不誤。**人羸車獘，泥塗至膝，相攜於道，奮首於路，**攜，引也。奮首，民疲于役，頓仆于路，僅能摇頭耳，言疲困也。故曰奮首。○俞樾云：高説極爲迂曲，原文本作「奮於首路」。首猶嚮也。漢書司馬遷傳「北首争死敵」，師古曰：「首，嚮也。」是其義也。「相攜於道，奮於首路」，言不得已自奮勉而嚮路也。兵畧篇曰：「百姓之隨逮肆刑，挽輅首路死者，一旦不知千萬之數。」正以「首路」連文，可證此篇之誤。○于省吾云：俞氏訓首爲嚮，是也，改爲「奮於首路」則非。「奮首於路」謂奮勉以向於路，注云「故曰奮首」，則正文本作「奮首於路」明矣。如俞説，既與注文不符，且與上句「相攜於道」非對文矣。○馬宗霍云：高釋「奮首」爲「摇頭」，非也。俞説「本作奮於首路，首猶嚮也」，亦非也。余謂「相攜於道，奮首於路」兩語承「人羸車獘」之下。「相攜於道」，言徒步之人。「奮首於路」，言輓車之人。徒步者則手相攜持牽引，輓車者則奮首前嚮。説文奞部云：「奮，翬也。從奞在田上。」「奞，鳥張毛羽自奮也。」引申之，則奮有仰舉之義。凡輓車曳重，行必曲躬蹻足。足蹻則首必仰，此勢之自然。「奮首」猶仰首矣。○寧案：曲禮「奮衣由右上」，鄭注：「奮，振去塵也。」是奮有振義。輓車者頭必應力振動，故曰「奮首」也。**身枕格而死。**格，捞牀也。言收民役賦，不畢者，捞之於格上，不得下，枕格而死。○王念孫云：高説「枕格」之義非也。「格」音胡格反，與「輅」同，謂輓車之横木也。晏子春秋外篇曰：「擁轅執輅。」漢書婁敬傳「敬脱輓輅」，應劭曰：「輅謂以木當胸以輓輦也。」（見文選西京賦注。）孟康音胡格反。身枕格而死，謂困極而仆，身枕輓車之木而死也。兵畧篇曰：「百姓之挽輅首路死者，一旦不知千萬之數。」高彼注曰：「輅，輓輦横木也。」挽輅首路而死，即此所謂「奮首於路，身枕格而死」也。人間篇又曰：「羸弱服格於道，病者不得養，死者不得葬。」兵略篇作「輅」，此及人間篇作「格」，字異而義同也。「奮首於路，身枕格而死」，皆承上「人贏車弊」而言，若以「身枕格」句爲死於搒掠，則與上文全不相屬矣。○寧案：注「枕格而死」上脱「故曰」二字，下脱「也」字，據道藏本、景宋本補。所謂兼國有地者，伏尸數十萬，破車以千百數，傷弓弩矛戟矢石之創者扶舉於路，○向宗魯云：「扶舉」乃「扶轝」之誤，與「輿」同，「扶輿」謂輿死扶傷也。呂氏期賢篇「扶傷輿死」，本書兵略篇有「輿死扶傷」語，蓋漢前常語也。○寧案：向説是也。宋本太平御覽三百三十九引正作「扶輿於路」，可爲向説之證。故世至於枕人頭，食人肉，葅人肝，飲人血，甘之于芻豢。甘猶耆也。○譚獻云：「甘猶嗜也」下當有「淮南之人，因牛食芻，謂之芻豢，有驗於此」十六字，誤羼俶真篇中。○劉文典云：太平御覽三百三十九引「芻豢」下有「牛羊」二字。又引注云：「芻牛肉，豢豕肉。」○寧案：太平御覽引注曰「芻牛肉，豢豕肉」，則正文「芻豢」下不得更有「牛羊」二字。孟秋月令注云：「養牛羊曰芻，犬豕曰豢。」蓋讀者於「芻」字旁注「牛羊」二字，故誤入正文耳。孟子告子上篇「猶芻豢之悦我口」，正義引説文「牛馬曰芻，犬豕曰豢」，可證太平御覽引當是許注。故自三代以後者，天下未嘗得安其情性而樂其習俗，保其脩命天而不夭於人虐也。虐，害。所以然者何也？諸侯力征，天下合而爲一家。○王念孫云：「天而不夭於人虐也」，「天」字與上下文義不相屬，此因上文「天下」而誤衍也。太平御覽兵部七十引此無「天」字。「天下合而爲一家」，「合」上脱「不」字。太平御覽引此有「不」字，文子上禮篇同。○蔣禮鴻云：「天而不夭於人虐」，「天」謂全其天性也。原道篇曰：「牛岐蹏而戴角，馬被毛而全足者，天也；絡馬之口，穿牛之鼻者，人也。」又曰：「故聖人不以人滑天。」「天而不夭於人虐」，即不以人滑天。絡馬口，穿牛鼻，亦人虐矣。「天」「人」二字，正相對待，不可謂衍「天」字。○寧案：「保其脩命而不夭於人虐」，與「安其情性而樂其習俗」同一句式，且「天」字與「保其脩命」義複。從王説。又「一家」下當據太平御覽補「也」字。

逮至當今之時，天子在上位，天子，漢孝武皇帝。持以道德，輔以仁義，近者獻其智，遠者懷其德，拱揖指麾而四海賓服，春秋冬夏皆獻其貢職，天下混而爲一，混，同。子孫相代，此五帝之所以迎天德也。夫聖人者，不能生時，時至而弗失也。輔佐有能，○寧案：「有能」疑當作「賢能」。下言「消知能」，若作「輔佐有能」，則將何以別之？「賢能」與「讒佞」，正以賢不肖相對舉，有能者不必賢，讒佞不必無能也。葢「賢」字俗書作「貣」，「有」字隸書作「有」，二形相似，因以致誤。黜讒佞之端，息巧辯之説，除刻削之法，去煩苛之事，屏流言之迹，塞朋黨之門，消知能，消除知巧之能。脩太常，○劉家立云：文子上禮篇作「循太常」，「脩」乃「循」之誤。隳肢體，絀聰明，去其小聰明，并大利欲者也。○寧案：注義不可通，景宋本無「并」字「者」字。大通混冥，解意釋神，漠然若無魂魄，使萬物各復歸其根，則是所脩伏犧氏之迹，而反五常之道也。反，復。

夫鉗且大丙不施轡銜，而以善御聞於天下，伏戲女媧不設法度，而以至德遺於後世，何則？至虛無純一，而不嚶喋苛事也。嚶喋，猶深算也，言不采取煩苛之事。○于省吾云：「嚶喋」既訓爲「深算」，則「不采取煩苛之事」應作「不深算煩苛之事」。但「嚶喋」本無「深算」之義，則「深算」二字必有誤也。此本作「嚶喋，采算也」。「采」字譌作「罙」，又與「算」字相連，後人因增水旁爲「深」耳。「算」「選」古字通。詩柏舟「不可選也」，三家詩

「選」作「算」，漢書公孫賀等傳贊「斗筲之徒，何足選也」，論語子路「選」作「算」，是其證。廣雅釋詁：「選，擇也。」俶真篇「而錯擇名利」，注：「擇，取也。」是采選卽采取。又按「嘍喋」卽「唼喋」。漢書司馬相如傳「唼喋青藻」，注「唼喋，銜食也」。「唼」同「啑」。玄應一切經音義八引字書：「啑，喋也。」文選上林賦注引通俗文「水鳥食謂之啑」。鳥之啄食，擇而取之，故引申有采取之義也。○馬宗霍云：「嘍喋」二字，不見於説文，篇韻諸書，亦有「喋」無「嘍」。玉篇口部云：「喋，便語也。」廣韻三十怗云：「喋，徒協切。便語。」集韻三十怗云：「喋，達協切。一曰多言。」又案史記匈奴傳「嗟土室之人，顧無多辭令喋喋而佔佔」，裴駰集解云：「喋喋，利口也。」司馬貞索隱引服虔曰：「口舌爲喋。」「便語」「多言」「利口」「口舌」，義皆相近。「嘍」字疑爲「唼」之異體。集韻三十三狎以「唼」爲「啑」之重文，音同翣。二十九葉又收「啑」字，音同接，訓曰多言，則與「喋」義同。然則「嘍喋」連文，葢爲多言之貌。本文當亦取此爲義。「不嘍喋苛事」者，言以虛無純一爲治，不須煩其教令以苛察爲事也。高訓「嘍喋」爲「深算」，未知何據。吴任臣字彙補收「嘍」字，從納切，音雜。其義訓卽全採高氏此注。

周書曰：「掩雉不得，更順其風。」言掩雉雖不得，當更從其上風，順其道理也。言可行與不，猶當以道德爲本，喻申、韓之法失之也。○寧案：注，「申、韓」當作「申、商」。史記以申、韓同傳，稱其學皆本黄、老，故世以申、韓並稱，而申可概韓。此言申、韓、商鞅之爲治，故以申、商概申、韓、商鞅，作「申、韓」則商鞅失舉矣。道藏本、景宋本皆作「申、商」。今若夫申、韓、商鞅之爲治也，申，申不害也。韓，韓非也。商鞅，公孫鞅。三子之術，皆爲刻削之法也。挬拔其根，蕪棄其本，而不窮究其所由生。何以至此也？鑿五刑，爲刻削，乃背道德之本，而爭於錐刀之末，錐刀之末謂小利，言盡爭之也。○吴承仕云：「謂小利」，景宋本「謂」作「論」，朱本作「諭」，朱本是也。此文出左氏昭六年傳。杜注云：「錐刀末，諭小利。」文與此同。○寧案：蜀藏本作「喻」，通「諭」。**斬艾百姓，殫盡太半，**斬艾百姓，以草木喻也，不養之也。殫，病也。太半，過半也。○莊逵吉云：凡數三分有二爲太半，有一爲少半，韋昭說也。○寧案：「艾」古與「刈」通。漢書匈奴傳「艾朝鮮之旃」，顏注：「艾讀曰刈，刈，絶也。」時則篇「禁民無刈藍以染」，禮月令正作「艾」。**而忻忻然常自以爲治，**忻忻猶自喜，得意之貌也。**是猶抱薪而救火，鑿竇而出水。**○王念孫云：「出」當爲「止」，字之誤也。欲止水而鑿竇，則水從竇入而愈不可止。若鑿竇而出水，則固其宜耳。文子精誠篇「鑿渠而止水，抱薪而救火」，卽用淮南之文。又說林篇：「若被蓑而救火，毁瀆而止水。」「毁」當爲「鑿」。（太平御覽火部一引此已誤。）俗書「鑿」字或作「毁」，因誤而爲「毁」。（顏氏家訓書證篇說俗字云：「鼓外設皮，鑿頭生毁。」）「瀆」與「竇」同。意林引此正作「被蓑救火，鑿瀆止水」。今據說林之「止水」以正「出」字之誤，并據此篇之「鑿竇」以正說林「毁」字之誤。**夫井植生梓而不容甕，溝植生條而不容舟，不過三月必死。**植謂材也，椽杙于溝邊，因生爲條木也。以喻申、韓、商鞅之所爲法，比于梓條也。○王念孫云：「梓」當爲「⿰木羍」，「⿰木羍」古「櫱」字也。說文：「𣡌，伐木餘也。商書曰：『若顛木之有甹𣡌。』」或作「櫱」，古文作「⿰木羍」。（⿰木羍字從木羍聲。說文：「羍，小羊也。从羊大聲。或省作𦍒。」）爾雅：「枿，餘也。」李巡曰：「枿，槁木之餘也。」釋文：「枿，本或作⿰木羍。」盤庚「若顛木之有由櫱」，釋文：「櫱，本或作枿。」馬云：顛木而肄生曰枿。」魯語「山不槎櫱」，韋注曰：「以株生曰櫱。」「櫱」、「枿」、「𣡌」並與「⿰木羍」同，是「⿰木羍」爲伐木更生之名，故本經篇高注曰：「⿰木羍，滋生也。」又說文「甹，木生條也。商書曰：『若顛木之有甹枿。』」是「條」與「⿰木羍」義相近，故此篇云：「井植生⿰木羍」，「溝植生條」。俶真篇「百事之莖葉條⿰木羍」，高注云：「⿰木羍讀詩頌『苞有三櫱』同。」是其明證矣。又俶真篇「十人養之，一人拔之，（今本「十」誤作「一」，「一」誤作「十」，辯見俶真。）則必無餘梓」，高注亦讀「梓」爲「櫱」。「梓」字篆文作「㭱」，隸變作「梓」，形與「梓」相似，因誤爲「梓」矣。○吴承仕云：注「椽杙」當作「椓杙」，字之誤也。詩兔罝「椓之丁丁」，傳云：「丁丁，椓杙聲。」揚雄傳「椓截巀而爲弋」，是「椓杙」之義。（「梓」當爲「梓」，王念孫已具說。）○楊樹達云：「三月」疑當作「三日」。**所以然者何也？皆狂生而無其本者也。**○楊樹達云：荀子君道篇云「狂生者不胥時而落」及此「狂」字，皆假爲「㞷」。說文云：「㞷，艸木妄生也。」「狂」字從㞷聲，故假「狂」爲「㞷」也。**河九折注於海而流不絕者，昆侖之輸也。**折，曲。○王念孫云：藝文類聚水部上、初學記地部中、太平御覽地部二十六及文選海賦注引此，並云「河水九折注海而流不絕者，有昆侖之輸也」，較今本爲長。○劉文典云：白帖六引「河」下亦有「水」字。○寧案：文選海賦注引「昆侖」上無「有」字，王誤。**潦水不泄，瀇瀁極望，旬月不雨，則涸而枯澤，受瀷而無源者。**瀷，雨潰疾流者，故曰「無源」。瀷讀燕人強春言敕同也。○莊逵吉云：「強春」疑當作「強秦」。○俞樾云：「者」當作「也」，「澤」字絕句。「如」「而」古通用。涸而枯澤者，涸如枯澤也。此言潦水雖瀇瀁極望，然旬月不雨，則涸如枯澤矣。所以然者，以其受瀷而無源也。與上文「河九折注於海而流不絕者，昆侖之輸也」正相對成義。句末「也」字誤作「者」，則文義轉似不了矣。○陶方琦云：文選江賦郭璞注引作「潦水旬月不雨，則涸而枯澤，受瀷而無源者也」。又引許注：「瀷，湊漏之流也。」按管子宙合「泉踰瀷而不盡」，注：「瀷，湊漏之流也。」江賦「磴之以瀿瀷」，皆同許義。○寧案：瀷，諸家均未詳。管子及文選江賦注均誤。唐本玉篇引作「瀵」，並引許注「瀵，湊漏之源也」。（「源」乃「流」字之誤。）爾雅釋水：「瀵，大出尾下。」說文：「瀵，水漫也，从水糞聲。」玉篇引郭璞曰：「汾陰有水，口如車輪，濆沸涌出。」以「濆」釋「瀵」，與此注合。「濆」同「噴」。列子湯問篇「神瀵」，張注：「山頂之泉曰瀵。」故曰「無源者」。説文「瀷」乃「潩」之異體，後人收入，無潰義，知此「瀷」字固當作「瀵」也。管子宙合篇「薄承瀵而不滿」，（今本誤作「瀷」。）亦即此文之義。又案注，莊氏謂「春」當爲「秦」，是也。説山篇高注「荷讀如燕人強秦言胡同也」，可爲莊氏之證。「敕」字未校。當是「粉」字形近而誤。「瀵」「粉」同韻，皆讀方問切，故高注曰「瀵讀燕人強秦言粉同也」。本經篇「淌游瀷淢」，注「瀷讀燕人強春言敕之敕」，誤與此同。（案説文：「淢，疾流也。」又本經「抑淢怒瀨」，高注：「淢，怒水也。瀨，疾流也。」淢、瀨並舉，蓋變文成義。彼「瀷淢」連文，「瀷」與「淢」義不相近，故彼文「瀷」亦當爲「瀵」，注當作「燕人強秦言粉之粉」。）

譬若羿請不死之藥於西王母，姮娥竊以奔月，姮娥，羿妻。羿請不死之藥於西王母，未及服之，姮娥盜食之，得仙，奔入月中爲月精。「奔月」或作「坌肉」，藥坌肉以爲死畜之藥，復可生也。○莊逵吉云：「姮娥」諸本皆作「恒」，唯意林作「姮」，文選注引此作「常」。淮南王當諱「恒」，不應作「恒」，疑意林是也。○洪頤煊云：歸藏云：「昔常娥以不死之藥服之，遂奔爲月精。」「恒」改爲「常」，是漢人避諱字。張衡靈憲作「姮娥」，説文無「姮」字，後人所造。○陶方琦云：文選郭璞遊仙詩注、初學記引許注：「常娥，羿妻也，逃月中，蓋上虛夫人是也。」初學記引正文尚有「託身於月，是謂蟾蜍，而爲月精」十二字。許、高異本也。許作「常」，「常」與「恒」義同，淮南王當諱「恒」字，許本是也。初學記、文選補亡詩注、御覽皆引淮南注有「月一名夜光，月御曰望舒，亦曰纖阿」，疑即此處許氏注文。○劉家立云：「常娥」本作「常儀」。元人白珽湛淵靜語云：淮南子載常娥事，許慎注：「常娥，羿妻也。」羿請不死之藥於西王母，常娥竊之奔月。後漢張衡遂引爲證，且云「常娥託身於月，是爲蟾蜍」，尤可笑也。余舊讀漢志，見謂黃帝使羲和占日，常儀占月，車區占星，疑常娥即常儀之誤，然不敢臆決也。及讀周官注云，「儀」「義」二字，古皆音「俄」。而洪丞相适嘗引詩「實維我儀」協「在彼中河」，「樂且有儀」亦協「中阿」。揚雄太玄亦以「各遵其儀」，協「不偏不頗」，而漢碑「蓼莪」皆書作「蓼儀」。然後自信常娥即常儀，明矣。後人因其職占月，故啟此恍忽怪誕之論。○寧案：劉氏引湛淵靜語以爲「常娥」即「常儀」。案「常儀占月」又見呂氏春秋勿躬篇，一作「尚儀」。畢沅曰：「尚儀即常儀，古讀儀爲何，後世遂有嫦娥之鄙言。」說與白氏同，皆附會之言，不可從也。「常娥」本作「恒娥」，避漢諱改「常」。若謂常娥即常儀，則相傳爲后羿妻者，固名常娥也，其作恒娥，將何以釋之？蓋作「恒」在先而「常」在後，則不得以避漢諱之「常」，附會常儀也。竊謂神話自作常娥，史家自有常儀。春秋末以後，學者於神話多以怪誕不經目之，故以常理爲之臆說，而神話面目全非矣。此其例。悵然有喪，無以續之。言羿悵然失志，若有所喪亡，不能復得不死藥以續之。何則？不知不死之藥所由生也。羿不知不死之藥所由生也。申、韓、商鞅之等，不得治之根本，如乞藥矣。一說：羿謂命在藥，不知命自在天也，故或欲得知不死藥之所由出生也。是故乞火不若取燧，寄汲不若鑿井。